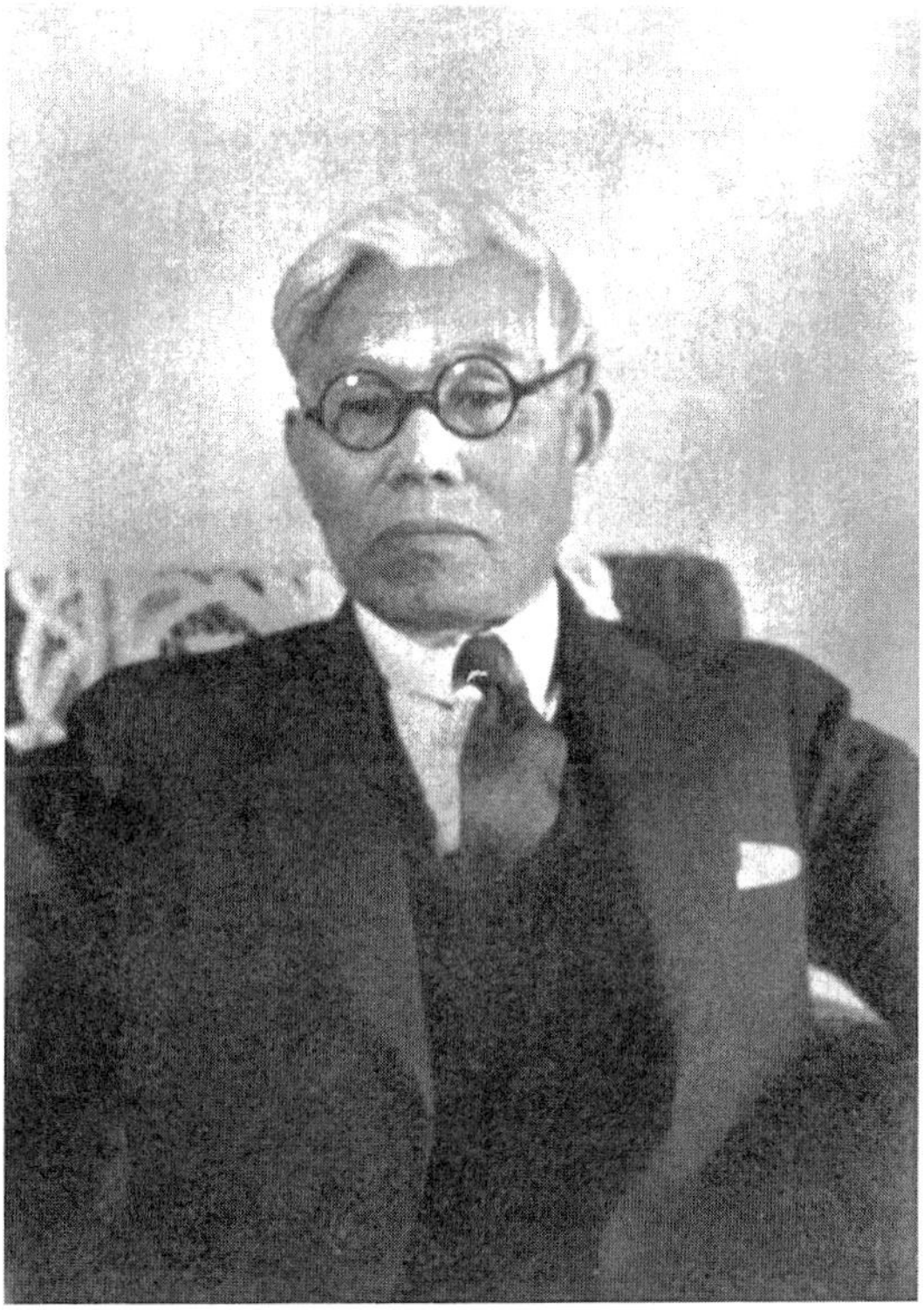

1945年第17代満鉄総裁当時の山崎元幹(写真提供：満鉄会)

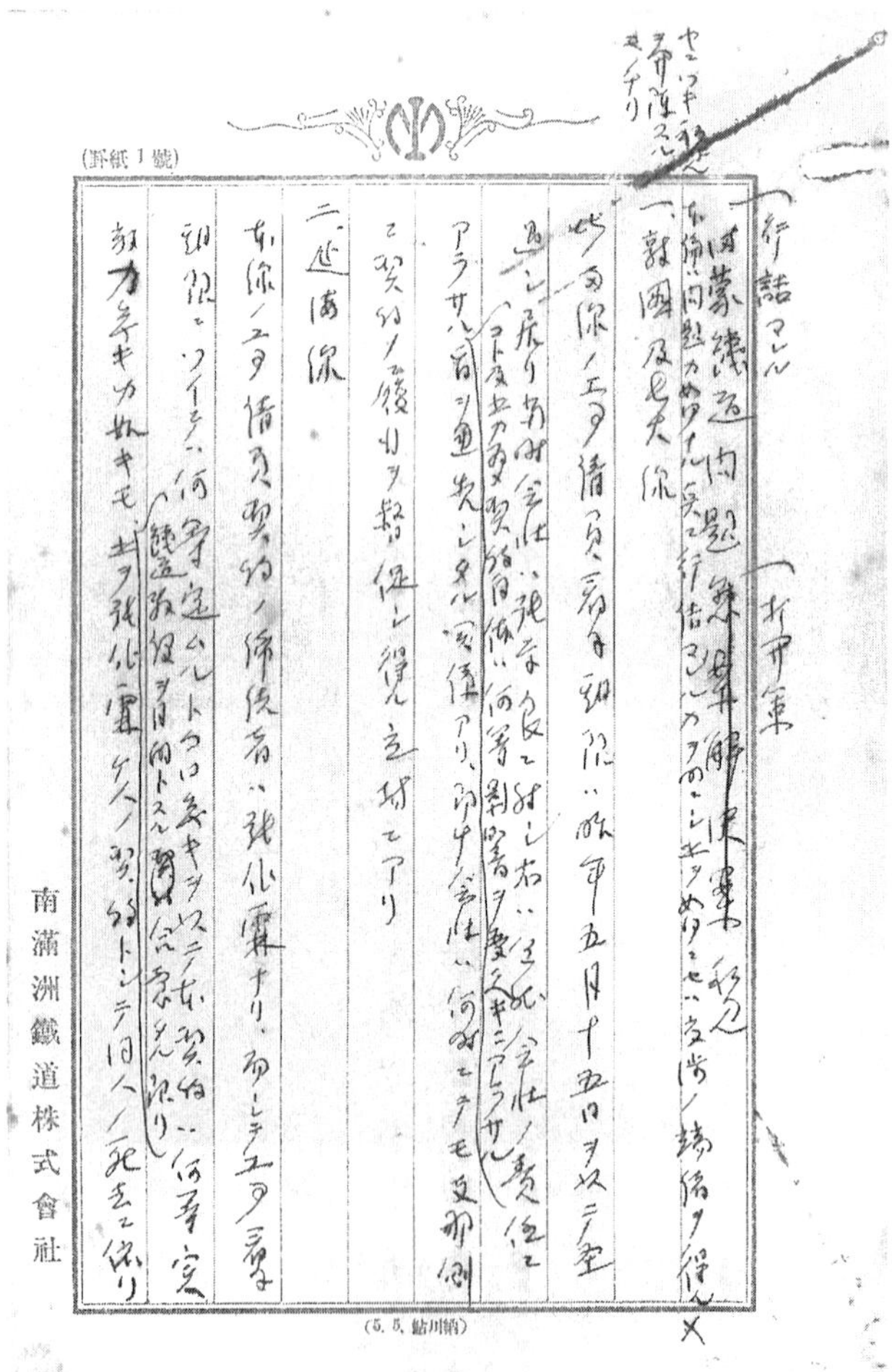

山﨑元幹自筆『行詰まれる満蒙鉄道問題打開策私見』草案原稿の冒頭(正文は，文書 111 に掲載)用紙は満鉄罫紙一号を使用している．

史料 満鉄と満洲事変

山崎元幹文書

上

満洲事変前史

アジア経済研究所図書館……編
井村哲郎・加藤聖文……編集協力

岩波書店

刊行にあたって

近年、日本の近現代史研究においては、日本の戦争責任と東アジアの歴史認識問題に関わる研究が活発となっている。また、メディアでも、これまで長く保管されてきた写真、映像史料等をひも解き、日本はなぜ、またいかにして、戦争への道を選んだのかといった問い、あるいは、当時の戦争報道の在り方等について、あらためて考察しようとする動きが顕著となっている。

こうした中、満洲事変から八〇年、太平洋戦争開始から七〇年の今年、アジア経済研究所(以下、アジ研と略称する)から、図書館所蔵の南満洲鉄道株式会社(以下、満鉄と略称する)の文書が『史料 満鉄と満洲事変——山崎元幹文書』として刊行されることになった。実に意義深いことであると思う。アジ研図書館所蔵の満鉄文書は、満鉄最後の総裁だった山崎元幹が日本で保管していた業務文書で、一九二八年から一九三六年までに記録され、その内容は、張学良政権との交渉、満洲事変直前の社内動向、満洲事変直後の満鉄の対応、満洲国建国期における満鉄事業の拡大、満鉄改組問題など、満鉄四〇年の歴史のなかでも特に激動期に関わるものである。日本最大の国策会社であった満鉄が満洲事変にどう関与し、どのような役割を担い、どのように変容していったか、本史料をもとに、満鉄の歴史について新しい研究の生まれることを期待する。また、これまでの満洲事変研究は、史料的には、関東軍、外務省の史料に主として依拠せざるを得なかったと思うが、日本の満洲経営の牽引役であった満鉄文書の利用によって、より重層的で複眼的な研究の生まれることを期待したい。

アジ研図書館が、満鉄刊行物など、旧植民地関係資料に本格的に関与したのは、『旧植民地関係機関刊行物総合目録』(一九七三—一九八一年刊、全五巻)の編纂事業だった。アジ研は二〇〇六年、この総合目録と図書館所蔵の約四千点の満鉄刊行物をデジタルアーカイブ『近現代アジアのなかの日本』としてインターネット上で公開した。アジ研図書館スタッフが山﨑文書の重要性を強く認識するようになったのは、この文書のデジタル化のプロセスにおいてのことだった。山﨑文書の多くは手書き文書や蒟蒻(こんにゃく)版資料、青焼きコピー、和文タイプ文書の写しで、劣化が進行し、きわめて読みにくいものだった。したがって、デジタル化においても、画像をそのまま公開するのではなく、新たに翻刻する必要があった。この作業は、通常の図書館業務から一歩も二歩も踏み込んだ新しい試みであり、山﨑文書のような貴重な史料を研究者に広く提供しようという図書館スタッフの熱意なしには不可能な作業だった。このため、翻刻作業にあたっては、アジ研図書館に「山﨑文書作業プロジェクト」が組織され、泉沢久美子、佐々木茂子、澤田裕子、菅原房子、高橋宗生の五名の職員がこれに参加し、さらに、アジ研図書館の元職員でこの文書の購入にあたった井村哲郎氏(国際日本文化研究センター特任教授)と加藤聖文氏(人間文化研究機構国文学研究資料館助教)に本プロジェクトの外部委員を務めていただいた。山﨑文書は全体で五三〇点、三〇〇〇頁以上にも及ぶものであるが、本書では四四九点を公開する。文書の整理は図書館職員にとってはじめての経験であり、また日常業務の合間を縫っての作業であったため、プロジェクトの開始から本史料の刊行まで、およそ五年を費やすことになった。本書は五名の図書館職員の献身的努力と井村、加藤、両氏の全面的な編集協力によって、はじめて実現できたものであり、この七名の方々に心から御礼を申し上げたい。また、翻刻作業においては、実に多くの方々の協力をいただいた。ここに感謝の意を表します。

二〇一一年九月　満洲事変から八〇年を経て

日本貿易振興機構アジア経済研究所
所長　白石　隆

凡　例

一　本書は、アジア経済研究所が所蔵する「山﨑元幹文書」全五三〇点のうち四四九点を収録する。本書に収録しなかった文書については、下巻に収める『アジア経済研究所所蔵山﨑元幹文書目録』を参照されたい。

二　翻刻に際しては、次のような方針に従った。

1　掲載文書の分類・配列は編者が行った。各文書には上巻・下巻それぞれ「1」からの番号を付した。文書名は文書の最初に記載されている「件名」としたが、「件名」が記載されていない場合は、『アジア経済研究所所蔵山﨑元幹文書目録』の細目等を〔　〕を付して使用した。

2　満鉄の機密文書は「特秘」、「極秘」、「秘」、「軍事機密」とされている。原文に押印、または、手稿されている場合は、文書の先頭に記載した。

3　文書に引かれた鉛筆、赤ペン等による下線は、すべて削除した。また、山﨑元幹により訂正された箇所は訂正後の文章のみを翻刻した。

4　文章に押印または記載された通知先、または回覧先については省略した。

5　本文表記は原文に従ったが、必要に応じて次のような訂正・整理を加えた。

・漢字は原則として新字体に改め、略字、異体字、俗字は現行の字体にした。ただし、当時の慣用的な字遣いや当て字は、そのまま残した場合もある。

・原文の仮名遣いは基本的にカタカナであるが、読みやすさを考慮し、平仮名に改めた。

・仮名の清濁は適宜補正した。

・原文の振り仮名はそのまま記載した。難読と思われる箇所には適宜現代仮名遣いにより〔　〕内に振り仮名を付した。

・原則として段落・改行は原文に従い、句読点の補記も最低限にとどめた。

・誤字、誤植については編者の判断で訂正したが、特定できない場合のみ〔ママ〕を付した。
・原文書が横組みのものも縦組みにしたが、図表などについては、そのまま翻刻したものもある。
・判読不能な箇所は、文字数分の□で示した。また、字数が不明な場合、あるいは、振り仮名のみ記され、仮名に当たる漢字が空白のままの箇所は、□□で示した。
・原文が空白となっている箇所は〔空白〕と記した。
・必要に応じて注を、各文書末に付した。

目　次

第一部

満鉄資料とは何か

第一章　満鉄編纂史資料の現在

井村哲郎

はじめに

明治三九（一九〇六）年に設立された南満洲鉄道株式会社（満鉄）は、日本が中国東北を支配・経営するための中心的組織の一つとして昭和二〇（一九四五）年まで約四〇年間にわたって存続した。当初、満鉄は長春―大連・旅順間（本線）と安東―奉天間（安奉線）を経営し、特産物である大豆および撫順炭を中心とする貨物輸送によって莫大な利益をあげ、駅周辺に設定された付属地で商業施設・学校・病院・ホテルなどを経営した。昭和七（一九三二）年日本が満洲国を作り上げた後、中国側経営の鉄道を満洲国は接収し、満鉄はそれら路線の経営を受託した。その経営と新線建設のために満鉄は鉄路総局・鉄道建設局（のち、鉄道総局）を設置し、日本敗戦まで満洲国全域の鉄道を経営した。

満鉄は、形のうえでは民間企業であったが、日本政府監督下の国策会社であった。このため、監督官庁である拓務省、外務省や軍などの日本政府諸機関との間の照会文書を数多く作成していた。ほかに当然社内文書や業務資料も作成している。さらに日本の企業としては珍しく設立当初から調査部門を重視し、調査報告書を多数編纂した。このうち文書は本社文書課が文書管理規定にしたがって管理していたが、これらは現在は中国・瀋陽の遼寧省档案館に所蔵されている。しかし後に見るように、文書は敗戦前後にかなりの部分が焼却され、また戦後ソ連軍によって接収されたものもあるため、現存する文書は本来文書課が保管した量からは大幅に減少しているとされる。業務上作成された資料はそれぞれの作成箇所と資料部門が保管していたが、戦後大部分が散逸した。統計・図面類を中心に瀋陽鉄路局工会図書館が多数所蔵しているが[1]、これらがこの図書館に所蔵された経緯は今はあきらかにはできない。また、調査報告書は、主に調査関係組織の資料部門が保管したが、散逸したものも多く、公刊されたものを中心に各地の図書館に所蔵されているにすぎない。

満鉄の活動を検討するためには、文書、社業資料・社業調査報告書などを厳密に検証する必要がある。しかし、これらの資料が図書館などにはそれほど所蔵されていないという事情によって、その重要性にもかかわらず、これまで研究はさほど進んでおらず、未解明の領域も多い。対照的に、満鉄の調査関係部局が作成・刊行した調査資料はさかんに利用されてきた。これは、東北を中心とする旧中国の社会、政治、経済の研究に際して、満鉄の残した文献の利用価値が高かったためである。

しかしながら、膨大な量にのぼった満鉄編纂の史資料には現存するものも多い。本章では、それらの史資料が現在どのような状況にあるかをあきらかにする。

1　調査報告・業務資料

日本がはじめて中国に本格的な利権を獲得して設立された満鉄にとっては、経営安定のため、また中国東北の産業や政治経済の実態を把握するためにも調査が必要とされた。

満鉄は、創立の翌年、明治四〇（一九〇七）年に調査部を設置した。調査部は翌明治四一（一九〇八）年調査課に改組された。調査課は、社業統計の作成、資料の収集を行い、中国東北、中東鉄道沿線、ロシア極東、シベリアの経済調査などを行い、多数の報告書を残している[3]。さらに、明治四一年には、東アジアを中心とする世界経済調査を行うために東亜経済調査局を東京支社に設置した[2]。また、時期はやや後になるが、「満蒙」の資源開発のために、中央試験所、農事試験場、地質調査所、鉄道技術関係の試験研究機関が設置された。満鉄が創設時から調査を重視したことについては、初代総裁後藤新平の台湾での経験が反映しているとされている。このこと自体は事実であるが、後藤の総裁在任期間は短かかったため、調査活動に後藤が与えた影響についてはさらに厳密に吟味する必要があろう。

昭和二(一九二七)年社業合理化のために臨時経済調査委員会が設置され、「満蒙」の経済事情などを調査している。この組織は昭和五(一九三〇)年に廃止されるが、調査委員会方式は、経済調査会(経調)の各種委員会や後に上海事務所調査室を中心に組織された調査部支那抗戦力調査委員会などアドホックな組織による調査の原型にあたる。(4)

満洲事変後の昭和七(一九三二)年一月末経調が設置された。経調は、関東軍の「経済参謀本部」として、満洲国の政策立案および満洲国経済の基礎調査を行った。昭和一一(一九三六)年一〇月には経調は廃止され、産業部が設立された。産業部は、産業関係調査組織、研究機関を統合して、昭和一二年度に開始される満洲国の五カ年計画の産業部門別の立案を行うために設立された。しかし、昭和一二(一九三七)年一二月鮎川義介率いる日本産業株式会社が満洲国に移駐して設立された満洲重工業開発株式会社が満鉄子会社の重化学工業を傘下におさめたため、翌年四月産業部は調査部に改組された。

その後、昭和一四(一九三九)年四月調査部は拡充された。拡充調査部(大調査部ともいわれる)は、中央試験所を取り込み、最盛時の調査員は二〇〇〇名を越え、予算一〇〇〇万円を擁して、新京支社調査室、哈爾浜の北満経済調査所、奉天の鉄道総局調査局、北京の北支経済調査所、上海事務所調査室、張家口経済調査所、東京支社調査室、東亜経済調査局を傘下におさめる、「日満支」全域を対象とする大調査機構であった。拡充調査部は広範な調査を行うと同時に、「統一的業務計画」(綜合調査)として、昭和一五(一九四〇)年度は「日満支インフレーション調査」を、昭和一六、一七(一九四一、四二)年度に「戦時経済調査」を行ったが、昭和一七、一八(一九四二、四三)年に調査部の中堅職員に共産主義者がいるとして関東憲兵隊によって引き起こされた「満鉄調査部事件」によって中堅職員が検挙されたため調査部は崩壊し、(5)昭和一八(一九四三)年五月一日調査局が設置された。調査局では、社会科学、人文科学関係調査研究は著しく縮小され、社業調査、自然科学・技術研究が中心となった。

満鉄においてもっとも活発に調査が行われたのは日本が関与・支配した期間がもっとも長かった中国東北である。華北、華中では、かなり遅れて一九三〇年代に日本が軍事的支配をめざしたことにともなって、調査体制が整えられ、昭和一二(一九三七)年日中戦争開始以降本格的な調査が行われるようになった。

こうした満鉄調査組織の作成した報告書は何回か処分されたようである。産業部が廃されて調査部が設立された昭和一三（一九三八）年には、産業部に所属したスタッフの高揚感が喪われ、資料は散逸するにまかされたとされる。[6] また「満鉄調査部事件」後にも関係者とされた人々の著作が処分されている。その後、アジア太平洋戦争の戦局の悪化のために、調査研究自体が衰微していった。昭和一七（一九四二）年以降に作成された調査報告で現存するものはきわめて少ない。その理由は、紙不足、情報管理の強化などによって、報告書の印刷部数が激減し、配布が限定されたことも関係しているが、また日本敗戦時に、この時期に作成されたものを中心に焼却されたためでもある。

満鉄が調査資料を編纂したのは、会社経営のためであり、また日本の中国支配のためであったが、そのような調査研究であっても、調査時の中国の経済社会の実態をある程度あきらかにしているものも多く、それぞれの調査報告が扱っている時期と地域を研究するために現在も役立つ。

なお、満鉄はかなり早い時期から、情報活動を行っている。明治四二（一九〇九）年には奉天公所を設置し、情報収集と東北官憲との交渉に当たらせた。奉天公所の初代所長は現役軍人の佐藤安之助であった。軍と一体になって、張作霖政権や辛亥革命後の北京の情報を収集していたのである。[7] 情報活動は、中国東北の現地官憲、また中国の政治経済社会の動向を探るためであった。情報部門が収集した情報量は膨大なものであったが、これらはほとんど残されていない。もともと情報は発行部数が少なく、しかもその性格から、社外に配布されることは少なかったためである。本資料集にも収録されている「時局報告」や「綜合情報」など一部が残されているだけである。

また、満鉄は会社業務の遂行のために、駅・出先機関などが数多くの業務資料を作成し、本社主管部に送付していた。貨物や旅客の統計、農産物の作柄・出廻調査などがその代表であるが、各部はそれらを取り纏めていた。こうした業務資料も、調査課が編纂していた統計月報、統計年報などをのぞくと、現存するものは少ない。遼寧省档案館の満鉄档案にはこうした業務資料も存在していると考えられるが、満鉄档案は未開放である。

2　文書の焼却・破棄・接収

満鉄が作成した史資料の現状をあきらかにする前提として、それらが戦後どのように扱われたかについて次に述べる。日本の占領地にあった機関では、満鉄と同様に、多数の文書や資料が作成されていた。これらは、日本敗戦前後にかなりの量が焼却・廃棄され、また国共内戦下で散逸した。華北や華中の日本の傀儡政権の文書集がいくつも中国で編纂刊行されているが[8]、それらの政権と密接に関わった日本側機関の作成した文書はごく一部を除いて、残されていないのである。

一方、東京にあった満鉄東京支社、東亜経済調査局、日本で最初の本格的なアジア研究機関であった東亜研究所などが所蔵した文書も焼却処分が行われた。これらの機関が所蔵した文献は、日本敗戦後連合軍のWDC(Washington Document Center)とATIS(Allied Translator and Interpreter Service)が接収した[9]。日本国内に残された文献は接収を免れた大学図書館などの機関や個人が所蔵した文献や文書に限られている。このため、公刊された調査資料が多い。

文書処分は、日本がアジア太平洋戦争下で占領、あるいは傀儡国家を作りあげていた地域でほぼ同様に行われた。ここでは比較的あきらかにしやすい満洲国の場合を例にとって、文書処分の実態を記しておきたい。満洲国における文書廃棄は戦後の日本人満洲国官吏の処遇などが危惧されたためであろう、徹底的であった。満洲国崩壊前後の史資料の処分については、傅雨[10]や張輔麟[11]がまとめている。これら二つの文章は、文書焼却を決定した時間が相違するなど、細部に食い違いがあるが、大筋ではほぼ一致した叙述である。

張輔麟は、総務庁次長であったとされる王賢湋の回想[12]や古海忠之の撫順戦犯管理所における自述を主に利用している。張によれば、満洲国の公文書の廃棄が組織的に初めて指示されたのは一九四五年八月一五日午後五時満洲国国務院総務庁長官室で開催された会議においてであった。参加者は総務庁長官、各部次長、特殊会社・準特殊会社の責任者である。この会議において武部六蔵総務庁長官は、出席者に文書の整理を求めた。「整理」とは、文書の焼却処分のことである。翌一六日午後再び総務庁長官室に各部次長など主要な日本人官吏が集まり、日本敗戦後の満洲国の善後処置を決定したが、そこで機密文書の全てを焼却することが決定された。その結果満洲国の政策決定に重要な役割を果たした国務院と総務庁の文書は焼却された。また、八月九日のソ連参戦の日から文書焼却が一部で行われていたともされる。こうした事実は、満洲国崩壊当時総務庁次長であった古海忠之の自述書にも詳細に記されている。古海は次のように記している。

一、一九四五年日本敗戦直後八月一六日午前十時総務長官室ニ日系次長及総務庁並各部外局長ヲ招致シ、今後ノ処置ヲ協議シタ。ソシテ来ルベキ東北統治機関ガ出来ル迄或ハ蘇聯側ノ命令ガアル迄引続キ毎日出務スルコト其他ト共ニ機密文書ノ焼却モ協議決定シタ。総務庁ニ於テハ機密文書及印刷物以外ノ文書ヲ十六日、十七日ニ亘リ暖房室ノ大炉ニ依ツテ焼却シタ。私ハ総務庁次長ノ地位ニ依ツテ保管シテヰタ機密文書即チ軍機密事項ニ関スル書類（関東軍ノ物資労務動員計画関係及物資労務要求文書）国家機密関係書類（物資動員計画関係及国力判定資源関係書類）臨時日系次長会議非公表書類（非常時対策民族政策関・特・演関係文書）等ハ私自身ノ手ニ依ツテ細々ニ引裂キタル上大炉ニ投ジ焼却シタ。（以上ノ文書ハ数量ハ大ナルモノニ非ズ日常次長室備付ノ中型金庫中ニ保管シテヰタモノデアル。）其他ノ秘密書類綴リ及印刷物以外ハ全部暖房室大炉ニ依ツテ焼却シタ。此等機密文書及其他文書ノ焼却ハ各自各処ノ責任ニ於テ実施シ総務長官、各処長、各科長等全部同一ノ処置ヲ採ツタモノデアツテ総務庁ニ在ツタ書類ノ大部分ガ焼却サレタ事ハ十六、十七ノ両日ハ暖房ガ熱クテ困ツタ事実ニ依ツテ知ラレル。斯クノ如ク偽満洲国及自己ノ満洲侵略乃至ハ中国人民ニ対スル侵害行為ヲ隠蔽スル為機密文書其他ヲ焼却シタ事ハ明カニ中国人民ニ犯罪ヲ犯シタモノデアリマシタ。現在自己ノ犯行ヲ深ク認識シ茲ニ認罪スル次第デアリマス。一九五四年七月二十二日記。[13]

このように、満洲国の重要政策に関連する文書は短期間に焼却された。満鉄の場合には、これほど詳細にはあきらかではないが、大連の満鉄文書課でもほぼ同様の処置がとられた[14]。昭和一五（一九四〇）年以降に作成された満鉄の文書が遼寧省档案館にはほとんど存在しないのは[15]、このためであろう。なお、たとえば関東憲兵隊の文書で、焼却しきれなかった文書は地下に埋められた[16]。

こうした経過を経て、満洲国の中央官庁、関東軍、関東庁、満洲国の特殊会社、満鉄などが作成した文書は組織的に処分された。現在残っていることが判明しているのは、吉林省档案館が所蔵する満洲中央銀行、満洲電業株式会社の文書、一部の満洲国中央官庁、関東軍・関東憲兵隊などの文書の一部、遼寧省档案館所蔵の満鉄文書などである。これらの文書の概要は、東北の档案館が編纂した「档案館指南」に記述されている[17]。

他方、満洲国や満鉄の図書館や資料室が管理していた文献の場合には、文書とはまったく異なった道をたどる。一九四五年八月九日のソ連参戦以降のソ連軍の侵攻にともない、東北の大都市はソ連軍が支配した。ソ連軍は占領期間中に、貴重書や技術文献を接収しソ連に持ち去ったが、大連市図書館の例を除いて、その実態はあきらかではない[18]。以下に述べるように、図書館が所蔵した文献はさまざまの変遷をたどり、現在は中国東北三省の主要図書館が所蔵している場合が多い。

日本敗戦後、中国共産党はいちはやく東北に入り、奥地の農村地帯を中心に東北解放区を建設していく。一九四六年三月二七日共産軍が哈爾浜を接収すると同時に、蔵書数三万冊弱であった旧哈爾浜市立図書館も接収された。接収当時の哈爾浜市立図書館には少数の日本語文献が所蔵されていただけであったが、哈爾浜の旧満洲国および日本側機関には多数の日本語文献が所蔵されており、それらは東北日報社（哈爾浜）で集中管理された。同年五月には国民政府軍の攻撃を避けるために、長春の満洲国皇宮が所蔵していた宋・元以来の善本古籍四万冊余りを佳木斯に疎開させ、同年冬には日本語の資源関係資料を含む重要な文献を同じく佳木斯に疎開させた。四七年の中共中央「中国土地法大綱」には、古籍、学術的価値の高い書籍、外国語文献の保存がうたわれている。それだけ、破壊もあったということの証左であろう。四八年二月には、東北図書館籌備処が哈爾浜に設立され、同年八月哈爾浜市図書館は東北図書館に改組され、東北日報社が保管していた日本語文献五万冊前後が東北図書館に移管された。同年一一月の瀋陽解放に際して、東北文物処は文献・文書の散逸を防ぐためにその救出保管の通知を発した。さらに、瀋陽の張学良旧邸に設置されていた国民政府の瀋陽博物院籌備委員会図書館とその蔵書二七万冊、および遼寧省図書館の蔵書四万冊余を接収し、東北図書館分館とした。四九年一月東北図書館は哈爾浜から瀋陽に移転し、その蔵書約一一万冊を瀋陽に移している。このとき哈爾浜に残された五万冊余の蔵書を基礎に、新たな哈爾浜市図書館が設置された。四九年東北図書館が瀋陽に移ったあと、瀋陽市内の各機関が所蔵していた日本語文献は東北図書館に集中された。その数は、東北統計局蔵書一〇万冊、旧満鉄奉天図書館蔵書六、七万冊、遼寧郵政管理局、放送局、医学院、その他の蔵書合計二〇万冊であった。建国当初は、中国語新刊図書の整理が優先されたために、これらの日本語文献の整理は進まなかったが、第一次五カ年計画の実施にともない、五〇年代前半に科学技術文献、経済建設関係文献を中心に日本語文献の利用要求が増加したために、半年間で六万冊余りの簡易整理を行い、産業技術関係の文献目録をいくつか編纂している[19]。五五年六月には、日本語文献の複本を北京図書館、科学院図書館、中国人民大学図書館、東北人民大学図書館、東北師範大学図書館、瀋陽師範学院図書館などに移管し、さらに吉林省図書館、黒龍江省図書館が設立された際にも、重複図書を同様に移管している。これらの合計は一〇余万冊に達したとされる[20]。また、遼寧省档案館が設立された際にも約三万冊の資料が移管された[21]。

中国の他地域についてはこれまで本格的には調査されていないが、北京の中国科学院文献情報中心には満鉄調査部資料室旧蔵の報告書が所蔵されており、中国社会科学院近代史研究所図書館には同じく満鉄調査部資料室が日々作成していた新聞記事切抜が所蔵されている。これらの資料が大連から北京の機関に移された時期と理由は現在のところあきらかにはできないが、中華人民共和国の国家的な研究・文化政策が関わっていたと推測できる。また、華中で活発な調査活動を行った満鉄上海事務所調査室が所蔵した資料三万一七九〇冊は、国民政府軍事委員会国際問題研究所に引き渡されたとされる。しかし、その後の行方は今までのところあきらかではない。

3　史資料の現状

戦後の中国東北では、東北再建に役立てるために、国民党も共産党も満鉄・満洲国の機関などが編纂した調査報告書などの文献文書を利用した[22]。新中国成立以降は、各地の図書館がこれらの文献文書を所蔵した。中国東北では、注(19)に掲げた文献目録のほかに、かなり早い時期から、遼寧省図書館を中心にいくつかの目録が編纂されている。たとえば、一九五八年には遼寧省内の二七図書館を対象とするロシア語、日本語、西欧諸語の雑誌約八〇〇〇点余りを収録した『遼寧地区外文期刊聯合目録[23]』が、六二年には『全国日文期刊聯合目録[24]』が編纂された。さらに八〇年代には『東北地方文献聯合目録』全三冊[25]、遼寧省内の档案館のガイドである『遼寧档案通覧[26]』が刊行された。これらの目録やガイドは、満鉄編纂の資料や文書のみを収録したものではないが、各機関での整理が進むにつれて強まった日本語文献への関心の反映であった。

なお、一九五〇年代に国家的プロジェクトとして開始された満鉄史研究は、当時吉林大学の蘇崇民、吉林省社会科学院の解学詩を中心に開始されたが、その研究過程で多くの資料が収集された。このうち解学詩が収集したものは吉林省社会科学院満鉄資料館の蔵書のもととなっている。なお、この研究成果は『満鉄史資料』[27]として刊行されている。後に触れるように、九〇年代以降、戦前の日本語史資料を所蔵する図書館や档案館の所蔵状況があきらかになり、日本語文献の蔵書目録を刊行する機関も出て来た。それらには、満鉄編纂の資料が多数含まれている。さらに、『中国館蔵満鉄資料聯合目録』[28]が二〇〇七年に刊行されたことによって、ようやく現存する資料の状況がほぼあきらかになった。これらについては後に改めて触れる。また満鉄の文書や編纂した報告書を特定テーマで編輯した資料集が続々と出版されるようになった[29]。今後これらを利用した研究の深化が期待される。

1　国内の概況

満鉄の残した資料に関する戦後最初の包括的な目録は、一九六六年刊行の John Young 編の *The Research Activities of the South Manchurian Railway Company, 1907-1945*[30]である。この目録は中国系アメリカ人の楊覚勇が八年間を費やして米国議会図書館(U. S. Library of Congress)をはじめとするアメリカの主要東アジア図書館と日本の図書館合計三三機関を調査し、六二八四点を採録したものである。日本での調査には元満鉄調査部員が協力している。本目録の編纂時点では未整理のものも多かったために、現存する満鉄調査機関の報告書を網羅したものではないが、先駆的な業績として重要である。その後一九七九年に『旧植民地関係機関刊行物総合目録――南満州鉄道株式会社編』[31]がアジア経済研究所によって刊行された。この目録は、Young の目録とは異なり、国内の主要図書館と米国議会図書館などアメリカの東アジア図書館五館合計五〇館が所蔵する満鉄の全組織が編纂刊行した文献と一部の文書を収録したものであり、現在も利用される総合目録である。本目録は、機関名カード目録や冊子体目録を持つ全国の主要図書館で、「南満洲鉄道株式会社」を標目とする記述を集めて編纂されたため、満鉄の刊行物を多数所蔵していても、機関名目録を作成していない図書館は対象としていない。また、この時期には中国の図書館の状況があきらかではなかったために、中国の図書館からは採録されていない。この目録の刊行と前後して、個々の書名は省略するが、国内の旧植民地関係史料を多数所蔵する機関で目録が編纂されるようにもなった[32]。

さらに、アジア経済研究所図書資料部の後身である日本貿易振興機構アジア経済研究所図書館は、Webcatなどを利用して、また、いくつかの資料室は遡及入力も行って、前記目録の改訂版を作成した。ウェブサイト「近現代アジアのなかの日本」である。そこでは、国内の機関が所蔵する旧植民地関係資料を横断検索でき、また、アジア経済研究所図書館がマイクロフィルムで所蔵する資料の本文を画像でみることができる。満鉄や旧外地機関が編纂刊行した文献の検索のためには必須のツールである。

最近では国内のほとんどの図書館のOPACで所蔵文献の検索ができ、またWebcatによって大学図書館を中心に横断検索が可能である。また文献の相互貸借も容易になっている。しかし、文献名を正確には知らない場合や、ある主題や地域に関する文献を網羅的に探すときには、こうしたデータベースは不便である。また、戦前期の図書を多数所蔵している図書館には、OPACへの遡及入力が終わっていない機関も多い点にも留意して、文献を探す必要がある。探索している文献のタイトルがはっきりしない場合、関連する文献もあわせて探す場合には、現在でも冊子体目録は有用である。これらの目録にどのようなものがあるのかについては注(32)にかかげた論文を参照されたい。なお、最近京都大学が所蔵する東アジア関係図書・植民地関係の目録が編纂された。一つは、『京都大学東アジア関連文献目録[33]』、もう一つは『京都大学農学部図書室 旧植民地関係資料目録(未定稿)[34]』である。前者は、京都大学経済学部、農学部、人文科学研究所所蔵の戦前期の東アジア関係の文献を収録しており、後者は農学部図書室が所蔵する文献を独自に編纂したものである。いずれも、満鉄の刊行物を多数収録している。

ほかに、『満洲農業関係文献目録[35]』は、満鉄編纂の農業関係調査研究文献や作柄調査の報告を多数採録している。

2　アメリカの状況

次にアメリカの状況について簡単に触れる。日本敗戦後、中央官庁、陸海軍、東亜研究所、満鉄東亜経済調査局、満鉄東京文社などの所蔵した文献はWDCとATISによって接収され、それらはその後米国議会図書館に移管された[36]。したがって、アメリカで満鉄の編纂した資料をもっとも多く所蔵しているのは米国議会図書館である。世界でも最大級の満鉄コレクションである。現在では、議会図書館の日本コレクションが所蔵する関連文献はほぼ整理が完了し、LC-OPACで検索が可能である。ただし、LC-OPAC（かつてのMARC）以前のNational Union Catalog時期に整理された文献は、LC-OPACにはローマ字表記で入力され、かつ校正を経ていないために誤りも多い。このため、検索は非常に不便である。またLC-OPACは、CJK scriptという特殊な形式で漢字入力されているため、通常の検索ではローマ字表記でしか読めないものが大多数であり、同音異義語や同音の固有名詞が多い日本語の場合には探しにくい。RLIN（Research Library Information Network）あるいはOCLC（Online Computer Library Center）に加入すると漢字・カナも読めるが、国内でこれらに入っている機関は少ない。

議会図書館が所蔵する満鉄刊行物についてはいくつか目録が作成されている[37]。また『米国議会図書館所蔵 戦前期アジア関係日本語逐次刊行物目録[38]』は、LC-OPACでは検索しにくい雑誌、年鑑などの目録であり、このなかにも満鉄編纂の雑誌が含まれている。

なお、アメリカの他の東アジアコレクションが所蔵する戦前期日本語文献は、議会図書館日本コレクションから供給された重複本が多い。

3　中国の状況

先に触れたように、満鉄は本社を大連におき、各地に出先機関や調査組織をおいていたため、それらの機関では多くの業務資料や調査報告を保管していた。しかし、敗戦時の焼却や破棄があったこと、一九四五年八月に東北に進出したソ連軍が満鉄の調査報告に強い関心を示して接収したこと（この点はアメリカ軍が日本国内で行ったことと同様である）、またその後の国共内戦期の混乱によって散逸した。残された史資料は、新中国成立後の第一次五カ年計画期にかなり利用されたようであり、遼寧省図書館などが日本語の資源や技術に関わる資料の文献目録を作成している[39]。その後日本語の史資料の状況はながらく不明であったが、一九九〇年代になってようやく目録が編纂されるようになり、また整理の終ったものが公開されるようになってきた。

中国でこれまで編纂された目録には以下のようなものがある。まず、吉林省社会科学院満鉄資料館『吉林省社会科学院満鉄資料館　館蔵資料目録[40]』、遼寧省档案館『遼寧省档案館館蔵日文資料目録[41]』が一九九五年に刊行されている。

吉林省社会科学院満鉄資料館は、中国における満鉄研究の権威である解学詩が長年の資料収集の成果を公開した資料センターであると同時に、満鉄研究センターとしても活発に活動している。満鉄史研究、近現代東北史研究にとって重要な資料を多数所蔵しており、それらはすべて公開されていることが特色である。その後、満鉄資料館は蔵書目録の第二巻、第三巻を刊行した[42]。この目録によって満鉄資料館の蔵書の全体像があきらかになった。これらの目録はいずれも完成度の高いものであるが、著者名索引があるとさらに使いやすいものになったと考えられる。満鉄資料館では、ほかに解学詩総編審『満鉄調査期刊載文目録』二冊[43]と、解学詩主編『満鉄調査報告目録』三冊[44]を刊行した。前者は、満鉄の調査部門が刊行していた六〇タイトルあまりの雑誌から四万タイトルを超える論文・記事を採録したものであり、各記事毎に掲載雑誌の中国での所蔵機関が記されている。巻頭に編集の説明と満鉄の調査逐次刊行物の概略に関する周到な解題が付されている。後者は、満鉄調査機関が編纂印刷した調査報告書の目録である。上巻の単行書編は分類目録、中巻の保管番号付き資料編は編纂組織別、下巻の叢書編は叢書名別の目録と、やや特殊な編成をとっている。

『遼寧省档案館館蔵日文資料目録』は、やはり数多くの満鉄編纂の資料を収録しており、これらはすべて公開されている。中国東北の近現代史・満鉄史研究には必須の目録である。遼寧省档案館は、満鉄本社文書課が管理した満鉄文書（満鉄档案）を保管している档案館である。戦後ソ連軍が大連を管理した際に、調査部を中心とする档案がソ連に持ち出され、また大連での散逸もあった。一九六〇年代初めに東北図書館から分離して東北档案館が成立した際に、満鉄档案は東北档案館の管轄となった。その後六九年に東北档案館が遼寧省档案館に改組された際に、遼寧省档案館の管理となったものである。しかし、実際には満鉄档案はながく大連鉄道局公安処が管理しており、遼寧省档案館に運び込まれたのは七九年である。八〇年代に入って本格的に整理が開始され、現在ほぼ整理は終わったとされる。しかし、一万三八七一巻におよぶ満鉄档案は公開されておらず、特定主題について満鉄档案を編纂した資料集の刊行が積極的に続けられている[45]。前述した吉林省社会科学院満鉄資料館とあわせて、遼寧省档案館は豊富な満鉄編纂刊行物を所蔵しており、中国では数少ない図書資料を全面的に公開している機関である。これら二館の資料には、もともと文書として作成されたものも含まれている。もちろんほかにも所蔵資料を公開している図書館はあるが、満鉄編纂資料の数という点では、これら二館には及ばない。

中国科学院文献情報中心（もと中国科学院図書館）には、大連の満鉄調査部資料室が所蔵していた資料の一部が所蔵されており、マイクロフィルムが作成されている。その目録が、『「南満洲鉄道株式会社調査部」資料目録[46]』である。中国科学院文献情報中心は中国国内でも屈指の日本語文献を所蔵する機関であり、整備がまたれる。ほかに、中国社会科学院近代史研究所には、調査課時期から長く行われていた新聞記事切抜が所蔵されており、マイクロフィルム化を計画している。

なお、日本語文献を比較的多数所蔵する図書館を中心に目録が編纂されている。『張家口市図書館　館蔵日文図書文献目録[47]』、『大連図書館蔵満鉄資料目録[48]』、『上海図書館館蔵旧版日文文献総目[49]』、『天津図書館館蔵旧版日文書目[50]』などである。これら公共図書館の所蔵文献は原則として公開されている。しかし、これらの目録には満鉄の刊行物はそれほど含まれているわけではない。その理由は、これらの図書館の蔵書は、現地在住の日本人向け公共図書館を継承し、あるいはそれらの蔵書を接収したためである。このため、現地在住日本人の文化活動をそれぞれの地域でこれらの図書館がどのように支えようとしていたのかを検討するためならばともかく、それぞれの地域の日本支配の実態をあきらかにする資料はそれほど含まれているわけではない。とはいえ、日本国内には所在しない現地出版の図書が含まれていることもあるため、注意を要する。たとえば、大連図書館は満鉄大連図書館が前身である。満鉄大連図書館は公共図書館であったため、日本国内でも見られる一般書を多数所蔵していた。『大連図書館蔵満鉄資料目録』もそうした図書を中心に編成されている。大連図書館は、他に戦前期の東北に関わる図書・雑誌・新聞・文書を多数所蔵しているが、本目録には収録されていない。公開がまたれる。ほかに、遼寧省図書館は所蔵する戦前期の日本語文献の整理を行った。東北図書館の後身である遼寧省図書館は中国でも屈指の日本語文献の量を有する。整理の終った文献は Webcat にアップロードされているが、特蔵部が管理している。

ところで、注目すべき総合目録に、中国近現代史史料学学会満鉄資料研究分会が編纂し、二〇〇七年に刊行された満鉄資料編輯出版委員会編『中国館蔵満鉄資料聯合目録』がある。これは、全三〇巻、収録点数三五万点にのぼる膨大な目録である。[51] この目録によって、中国国内の戦前期の日本語文献は相当程度あきらかになった。排列はピンインのアルファベット順である。書名索引、著者名索引が付されており、使いやすい。収録対象機関は、全国の満鉄資料を比較的多数所蔵する省図書館、市図書館、大学図書館、中国社会科学院各研究所図書館、撫順鉱務局档案館、鉄道部、東北の鉄路局図書館・档案館など全国の五五機関である。[52] たとえば中国医科大学は、かつての奉天医科大学の建物を使用しており、中国科学院大連化学物理研究所は、満鉄中央試験所の後身ともいえる機関である。これらの機関にどのような満鉄の編纂資料が所蔵されているのかは、これまで調査されたことはなかった。本目録によって、そうした機関も含めて蔵書があきらかになった。ただ、遼寧省档案館、吉林省社会科学院満鉄資料館、日本語の歴史文献を多数所蔵する東北師範大学図書館は収録対象とはなっていない。これら三機関は、中国東北、満洲国、満鉄についての刊行物を多数所蔵するという点では中国屈指であり、日本国内、またアメリカ議会図書館にも所蔵されていない資料を多数所蔵しているのである。

本目録の特徴は、「満鉄資料」という概念を新たに設定して編纂していることである。その定義は、第一に、満鉄本部、各地の満鉄の機関、満鉄の関係会社の作成した資料であり、第二に、満鉄のさまざまの機関が所蔵していた資料（これらの機関の蔵書印の押された図書）である。[53] このような資料群を「満鉄資料」としたうえで、これに該当する図書を対象に編纂された総合目録である。しかし、このように定義した場合には、満鉄が編纂した史資料だけではなく、満鉄大連図書館など、在留日本人向けに付属地に満鉄が設置していた図書館の所蔵文献も含まれることになる。大規模なものでは満鉄大連図書館、満鉄奉天図書館である。それらは公共図書館でもあったため、日本国内で刊行された図書など一般図書をむしろ多数所蔵していた。[54] そこでは、満鉄や興亜院など日本の中国支配に大きな役割を果たした機関の報告書は、公刊されたものを除いて、ほとんど所蔵されていなかった。『中国館蔵満鉄資料聯合目録』には一般図書が多数を占めているのはそうした理由からである。その意味では、満鉄資料の目録とはいえない。たとえば満鉄大連図書館が所蔵した図書という意味で、「満鉄大連図書館旧蔵資料」という言い方は可能であろうが、満鉄の各機関が所蔵した資料の全体を「満鉄資料」と定義するこことは、史資料がもともと持っていた性格をあいまいにするものである。ただ、先のような定義を採用したことによって、中国に現存する戦前期刊行の日本語図書を多数収録できたという利点がある。日中戦争の最中に、中国の図書館等が日本語図書を収集することは困難であり、日本軍による略奪をいかに防ぐかが課題であった[55]。日本語文献は、日本軍支配地域あるいは日本の傀儡政権下の図書館でだけ収集が可能であった。したがって、こうした目録の編纂によって、戦時下に中国支配をめざした日本が、占領地域に作り上げたコレクションがどのようなものであったのかをあきらかにすることはできよう。

他方、収録対象機関である中国社会科学院経済研究所や法学研究所、あるいは鉄道部や鉄路局図書館・档案館などでは、これまでどのような図書が所蔵されているのかまったくあきらかではなかった。こうした機関の所蔵資料を収録したことは本目録の大きな功績である。また、戦後の図書の散逸（あるいは再編）の過程で、行方不明となった文献が本目録には収録されている。もともと満鉄の調査部資料室や現地調査機関の資料室が所蔵していた調査資料は、先に触れた上海事務所調査室の場合のように、日本敗戦後の混乱のなかで行方不明となり、また散逸した。東北では、ソ連軍によって接収されたものがあり、国民政府に引き渡されたものは内戦期の混乱のなかで、所在不明になった。内戦に中国共産党が勝利した結果、かなりの部分が中共軍によって接収されたが、それらの少なくとも一部の現在の所蔵状況があきらかになった。なお、副次的な効用ではあるが、本目録の編纂が中国の図書館においてながく未整理のままであった戦前刊行の日本語図書の整理を推進したため、中国国内の図書館が所蔵する戦前発行の日本語図書が収録されているという利点がある。このように整理が進む中で、いくつかの図書館では、戦前期の日本語資料は、資料保存などさまざまの理由から閲覧を認めてはいない。この総合目録の編纂が、こうした課題を改善する方向に向かっているかどうかは不明である。むしろ現状では、公開から遠ざかっている機関さえ存在する。これには、資料を劣化と破損から守るという保存の問題もからんでいる。この点は中国だけではなく、日本でも同様である。保存を図ると同時に、これらの文献を利用者の閲覧に供する代替手段の確保が今後の課題であろう。

4　文書史料について

満鉄史研究にとって重要な史料には、調査報告書などのほかに、満鉄内部の動向を記す文書、政府・軍との間で交わされた満鉄経営や情報に関わる往復文書などがある。満鉄史研究という点ではこうした文書のほうが重要であろう。遼寧省档案館が所蔵する満鉄文書課保管の満鉄文書が公開されていないとはいえ、丹念に探すと、たとえば『社業調査彙報』など、それぞれの時点で何が満鉄の業務において課題となっていたのかをあきらかにできる資料も存在している。

さらに重要なのは国内に残されている文書である。本資料集が対象としている「山﨑元幹文書」もその一つである。文書自体はそれだけでは何かをあきらかにするものは少ない。さまざまの他の文書、文献資料、そして当時の新聞や雑誌の報道などとつきあわせを行って初めてそこに記されている内容があきらかになる。

国内にあるそうした文書群を以下にあげておきたい。

奥州市の後藤新平記念館が所蔵する後藤新平文書には、後藤が満鉄総裁であった明治三九（一九〇六）年から明治四一（一九〇八）年の時期の文書が含まれており、マイクロ化されている。満鉄関係は四リールからなり、満鉄の創設準備に関する文書類、関東都督との往復文書、経営根本方針草稿などを含んでいる。『後藤新平文書目録　マイクロフィルム版』[56]が編纂されている。

早稲田大学図書館が所蔵する「岡松参太郎文書」には、初期の満鉄の文書などが含まれている。岡松は台湾総督府が行った旧慣調査事業を後藤新平の下で主導し、その後満鉄が創設された際に、後藤に乞われて京都帝大教授在任のまま、満鉄調査担当理事となった。岡松文書もマイクロ化されており、このうち一一リールが満鉄関係である。『早稲田大学図書館所蔵　岡松参太郎文書目録』[57]が編纂されている。

昭和七（一九三二）年から昭和一〇（一九三五）年まで満鉄副総裁であった八田嘉明が残した、早稲田大学現代政治経済研究所所蔵「八田嘉明文書」は、満鉄の改組問題、華北進出、経営収支などに関わる社内文書が多数含まれている。マイクロフィルムが出版されており、文書目録も編纂されている[58]。

「村上義一文書」は、慶應義塾図書館が所蔵しており、現在ではマイクロフィルムが出版され、また『マイクロフィルム版 慶應義塾図書館所蔵 村上義一文書 収録文書目録[59]』が編纂されている。村上は昭和五(一九三〇)年から昭和九(一九三四)年にかけて四年間満鉄理事として鉄道部を主管していた。張学良政権と満蒙鉄道問題、満鉄包囲網、満洲事変後の鉄道処理、満洲国成立に関わる鉄道問題(満鉄の受託経営)、満鉄改組問題などに関わる社内文書、関東軍特務部、閣議決定などの記録を含んでいる。

八田文書、村上文書には、本書収録の山崎元幹文書と重なる時期、関連する主題の文書が多く含まれており、これらは相互補完的に利用すべき文書群である。

また、国立国会図書館憲政資料室所蔵「山崎元幹関係文書」には、主に満鉄の重役会議控(昭和七年度)、一九三七年以降の満洲電業株式会社の運営に関する資料が収録されている。「山崎元幹関係文書目録(仮)」が作成されており、マイクロフィルムで閲覧することとされている。

小田原市立図書館の「山崎元幹文庫」には、山崎元幹旧蔵の蔵書・満鉄刊行物、重役会議等文書があり、マイクロフィルムが出版されている。『マイクロフィルム版 小田原市立図書館所蔵 山崎元幹満鉄関係資料 収録資料目録[60]』が編纂されている。

なお、早稲田大学中央図書館にも山崎元幹旧蔵の文書が所蔵されている。

国立国会図書館、小田原市立図書館、早稲田大学、アジア経済研究所がそれぞれ所蔵する「山崎文書」はもとは一体のものであったと考えられる。

ほかに、外務省外交史料館が所蔵する「南満洲鉄道関係一件」がマイクロフィルム化されている。その目録は『マイクロフィルム版 外務省外交史料館所蔵 南満洲鉄道関係外務省文書――収録明細書[61]』である。

なお、満洲事変前後に、満鉄は熱心に海外弘報の発信と海外情報の収集を行った。その一例が、Henry W. Kinney の活動である。Kinney の活動状況については、外務省外交史料館が所蔵する「満洲諸問題ニ関スル満鉄嘱託「キニー」報告一件」(A. 6. 1. 2. 2)があり、この時期の満鉄情報としては珍しく上海、アメリカなどのジャーナリスト、知識人、政治家などの動向や世論を記したものである。満洲事変前後の満鉄国際情報活動の一端をあきらかにしている。

また、「中島宗一文書[62]」は、満鉄経済調査会第四部主査であった中島宗一が集めたと考えられる満鉄改組関係の文書一七点からなる。

なお、公刊された史料ではあるが、「現代史資料」に収録されている『満鉄[63]』がある。本書は松岡洋右が満鉄理事であった時期、大正一二(一九二三)年から大正一五(一九二六)年の間に保管した重役会議記録、「処務週報」、各種情報、報告書を収録している。

以下二点は、満洲事変前後の軍、日本政府の動向を記す文書を含んでいる。

東京大学教養学部総合文化研究科国際社会科学専攻が所蔵する「片倉衷文書」は、関東軍参謀もつとめた片倉衷の旧蔵文書であり、満洲事変のメモ、日満経済共同委員会、満洲産業開発五カ年計画関係などの研究には欠かせない。『片倉衷関係文書目録[64]』が編纂されている。

国立国会図書館憲政資料室が所蔵する「川崎寅雄関係文書」は直接には満鉄に関わらないが、川崎はリットン調査団の訪問当時通訳を務めた関係から、満洲事変関係資料(新聞記事、日本政府声明等)、リットン調査団との折衝関係資料が含まれており、関連資料としていいであろう。

国立公文書館に付設されているアジア歴史資料センター(http://www.jacar.go.jp)は、電子文書館としてすでに有名である。外務省外交史料館、防衛省防衛研究所図書館、国立公文書館の所蔵する外交文書や陸海軍文書を画像化して、インターネットで公開している。すべての文書が電子化されるまでにはなお時間を要するが、昭和期の文書のかなりの部分は閲覧可能である。これまでほとんど知られていなかった満鉄に関する文書多数(満鉄発、あるいは政府・軍から満鉄に宛てられた文書、情報など)が含まれており、役立つ。外務省、陸海軍と満鉄との関係を研究するためには必須の文書を多数発見することができ、これまで知られていない文書も丹念に検索すると発見できる。文書の構造がわかりにくいこと、またモノクロの画面のため、原文書の作成過程がわかりにくいという難点があるが、インターネットで文書検索が可能であることは大きな利点である。

おわりに

以上見てきたように、文書類は満鉄史研究においてもっとも重要な役割を担うはずのものである。遼寧省档案館所蔵の満鉄档案が未公開であるとはいえ、先に触れたような文書群が、マイクロフィルム化され、またウェブサイトで公開されたことによって、限られた時期と主題についてではあるが、保存の問題もある程度解決し利用が可能になっている。

一方、文献の場合には、多くの文献目録編纂によって、現在では満鉄関係資料だけでなく、戦前期に刊行された文献で、国内と中国、アメリカに所在する日本語文献も相当あきらかになる。未解明であるのは、ロシアである。戦後の東北でソ連が接収した文献や文書は、現在でも所在不明である。ロシアのどの機関が所蔵するのか、またどのような文献が現存するのかを、今後調査することが必要となる。

これら戦前の文献や、満鉄が編纂した資料は、中国近代史や満鉄史研究のためには必要不可欠のものである。しかし、現状では、資料整理が進み目録が編纂された場合には、利用が制限される機関が存在している。その最大の理由は、一九四〇年代の史資料を中心に紙の劣化が甚だしく、保存を優先しなければならないためである。内外を問わずどの図書館でも、これ以上の紙質の劣化を防ぐための史資料の保存と閲覧をいかに両立させるかが課題となっている。歴史研究の進展のために、また後の研究者による先行研究の再検証のためにも、これらの文献や文書を利用できることが重要である。いわば歴史遺産でもある文献や文書の保存と利用の両立が必要なのである。資料の劣化と消失を防ぎ、かつ閲覧利用も可能にするためには、現在ではさまざまの技術が応用できる。そのためには膨大な作業と費用を必要とするが、それこそが、現在考えられ、採られるべき方策であろう。

注

(1) 瀋陽鉄路局工会図書館は満鉄奉天図書館の建物をながく使用していたが、二〇〇九年この建物は取り壊された。筆者はその後の蔵書状況については把握していない。
(2) 清国とロシアの間に結ばれた条約にもとづく鉄道。当時日本では、東清鉄道、東支鉄道と称された。満洲里―哈爾浜―綏芬河、哈爾浜―大連間を結ぶ。日露戦争の結果、長春―大連間が日本に割譲され、満鉄が設立された。
(3) 南満洲鉄道株式会社調査課『安奉沿線旧慣調査資料』明治四二年／同『北満洲経済調査資料』上・下、明治四三年／同『南満洲経済調査資料』六冊、明治四三年―大正元年／同『露国極東経済調査資料』明治四三年／同『西部西伯利亜経済調査資料』明治四四年、など多数。
(4) 伊藤武雄は、臨時経済調査委員会の調査方法と調査成果を高く評価している。伊藤武雄「調査課時代(一)」井村哲郎編『満鉄調査部――関係者の証言』アジア経済研究所、一九九六年、六―七頁。
(5) 「満鉄調査部事件」については、関東憲兵隊司令部編『在満日系共産主義運動』昭和一九年、昭和四四年巌南堂復刻／松村高夫「フレームアップとしての満鉄調査部事件(一九四二―四三年)」『三田学会雑誌』第九五巻第一号、二〇〇二年四月／解学詩『隔世遺志――評論満鉄調査部』人民出版社、二〇〇三年／小林英夫・福井紳一『満鉄調査部事件の真相――新発見史料が語る「知の集団」の見果てぬ夢』小学館、二〇〇四年／松村高夫「フレーム・アップと「抵抗」――満鉄調査部事件」松村高夫・柳沢遊・江田憲治編『満鉄の調査と研究――その「神話」と実像』青木書店、二〇〇八年、第八章、など参照。
(6) 轟啓治「調査部拡大の方向」『満鉄調査彙報』第二巻第一〇号、一九三八年一〇月、一―二頁に次のような記述がある。「資料は勝手放題に持ち去るに任せ、又残った資料は燃やして了ったあの当時の空気と云ふものは……それが少しも不思議に思はれぬ程普通の事であった」。これは昭和一三(一九三八)年の調査部発足当時の状況を記したものである。
(7) さしあたり、井村哲郎「辛亥革命と満鉄――奉天公所の情報活動を中心に」『東アジア――歴史と文化』第一五号、二〇〇六年三月、参照。
(8) 中国第二歴史档案館編『汪偽国民政府公報』江蘇古籍出版社、一九九一年、一五冊／同編『汪偽政府行政院会議録』档案出版社、一九九二年、全三一冊、など多数。
(9) 外交文書、陸海軍文書はWDCによって接収されたが、後にマイクロ化され、原文書は日本に返還された。WDCとATISによる文献文書の接収については、井村哲郎「GHQによる日本の接収資料とその後」／同「GHQによる日本の接収資料とその後

――二」／Yoshimura, Yoshiko, "The Washington Document Center (WDC) and the WDC Collection in the Japanese Section" を参照。いずれも、井村哲郎編『米国議会図書館所蔵 戦前期アジア関係日本語逐次刊行物目録』アジア経済研究所、一九九五年、所収。なお、これまで明らかではなかった WDC の活動については、アメリカ国立公文書館が所蔵する O. C. Special Acquistion Section, WDC (Adv). 3/31/1946, 5/20/1946 (APO 500). Report on Wasington Document Center Library Project が外務省外交史料館熱田見子氏によって発見された（Ito, Eiichi, Asian Division, Library of Congress のご教示による）。

(10) 傅雨「毀灰侵華罪証――日本侵略者銷毀档案」『蘭台内外』第九〇期、一九九五年。

(11) 張輔麟『偽満末日』吉林教育出版社、一九九三年、一五五―一五八頁。

(12) 王賢湋「王賢湋的回想」北京、一九六二年（出版社、出版地など不明）。筆者未見。また王賢湋がこの時期総務庁次長であったことも筆者未確認。

(13) 古海忠之筆供「偽満洲国機密文書焼却ニ関スル罪行」中央档案館整理『日本侵華戦犯筆供』第五巻、中国档案出版社、二〇〇五年、八〇〇―八〇一頁。

(14) 満鉄の文書焼却については、さしあたり、笹倉正夫『人民版日記――ある科学者の証言』番町書房、一九七三年／富永孝子『大連 空白の六百日――戦後、そこで何が起ったか』新評論、一九八六年、五六頁参照。

(15) 遼寧省档案局副局長趙煥林氏のご教示による。

(16) 吉林省档案館が所蔵する関東憲兵隊の文書は、旧関東軍司令部前の広場の地下から発見された。この文書の一部は、吉林省档案館『日本関東憲兵隊報告集』第一輯―第四輯、広西師範大学出版社、二〇〇五年、に収録されている。ほかに「満鉄調査部事件」の検挙者の手記などが画像化されている。また、大連市档案館や鞍山市档案館などに残されている「紙灰档案」は焼却しきれなかったものが、後に発見され保存されているものである。

(17) 黒龍江省档案館編『黒龍江省档案館指南』档案出版社、一九九四年／遼寧省档案館編『遼寧省档案館指南』档案出版社、一九九四年／吉林省档案館編『吉林省档案館指南』档案出版社、一九九六年／大連市档案館編『大連市档案館指南』档案出版社、一九九六年、など参照。

(18) 大連図書館でのソ連軍の文献接収については、竹中憲一が、戦後大連市図書館副館長であった孫克力からの聞き取りをまとめている。それによると、ソ連軍が旅大地区を占領していた一九五〇年まで大連市図書館の館長はソ連人であった。日本敗戦直後には混乱のため盗難があり、またソ連はその後ポポフ文化考察団が調査し、約五〇〇〇冊の善本を接収した。五四年にこれらは中国に返還されたが、旅大図書館ではなく、北京図書館の蔵書となったとしている（竹中憲一「満鉄大連図書館の戦後、そして大連市档案館」『近現代東北アジア地域史研究会 News Letter』第一一号、一九九九年一二月）。なお、五〇〇〇冊の善本以外の文献が接収されたかどうかについては、今後の調査に俟たなければならない。

(19) 遼寧省図書館「館蔵日文地質調査参考書目」一九五三年／同「館蔵日文建築設計参考書目」一九五三年／同「館蔵中国歴史（五四―抗日戦争勝利時期）資料目録（日文部分）」一九五四年／同「日偽『特許公報』専題索引目録」一九五四年／同「館蔵日本化学特許総覧資料索引――食品及日用品製造部分」一九五五年、など。

(20) 以上の叙述は、劉発「東北図書館簡史」／史維記「館蔵旧日文図書資料的捜集、整理和利用」（いずれも遼寧省図書館『遼寧省図書館開館三十五周年紀年文集――一九四八―一九八三年』一九八三年所収）による。

(21) 遼寧省档案局副局長趙煥林氏のご教示による。

(22) 国民党側では、「張公権文書」（原文書はフーバー研究所所蔵）、東北物資調節委員会「東北経済小叢書」一九四七年、また、共産党側には、東北人民政府東北財経委員会調査統計処『偽満時期東北経済統計（一九三一―一九四五年）』一九四九年、がある。

(23) 遼寧地区中心図書館委員会編輯組『遼寧地区外文期刊聯合目録』一九五九年。

(24) 遼寧地区中心図書館委員会等編『全国日文期刊聯合目録』一九六二年。

(25) 遼寧省図書館編『東北地方文献聯合目録』第一輯　報刊部分、東北地方文献聯合目録編輯組、一九八一年／大連市図書館編『東北地方文献聯合目録』第二輯　外文（日、西、俄）図書部分　上冊、日文図書部分、東北地方文献聯合目録編輯組、一九八四年／大連市図書館・吉林省図書館・黒龍江省図書館編『東北地方文献聯合目録』第二輯　外文（日、西、俄）図書部分　下冊、東北地方文献聯合目録編輯組、一九八四年。

(26) 遼寧省档案科学技術研究所編『遼寧档案通覧』档案出版社、一九八八年。

(27) 吉林省社会科学院《満鉄史資料》編輯組編『満鉄史資料　第二巻　路権篇』中華書局、一九七九年、四冊／吉林省社会科学院・解学詩主編『満鉄史資料　第四巻　煤鉄篇』中華書局、一九八七年、四冊、が刊行されている。現在、「満鉄史資料」の続篇が編纂され、刊行が予定されている。

(28) 満鉄資料編輯出版委員会編『中国館蔵満鉄資料聯合目録』東方出版中心、二〇〇七年、三〇冊。

(29) 『南満州鉄道株式会社社報』遼寧省档案館所蔵、柏書房、一九九四年、マイクロフィルム／遼寧省档案館・小林英夫編『満鉄と盧溝橋事件』柏書房、一九九七年、三冊／遼寧省档案館・小林英夫編『満鉄経済調査会史料』柏書房、一九八八年、六冊／遼寧省档案館編『満鉄与侵華日軍　満鉄密档』広西師範大学出版社、一九九九年、二一冊／同編『満鉄与労工』広西師範大学出版社、二〇〇三年、一八冊／同編『満鉄与移民　満鉄密档』広西師範大学出版社、二〇〇三年、六冊／同編『満鉄機構』広西師範大学出版社、二〇〇四年、全二四冊／黒龍江省档案館、遼寧省档案館編『満鉄調査報告』第一輯—第五輯、広西師範大学出版社、二〇〇五—二〇一〇年。

(30) Young, John, ed., *The Research Activities of the South Manchurian Railway Company, 1907–1945: A History and Bibliography*, New York, The East Asian Institute, Columbia University, 1966.

(31) アジア経済研究所図書資料部編『旧植民地関係機関刊行物総合目録——南満州鉄道株式会社編』アジア経済研究所、一九七九年。

(32) 井村哲郎「「満洲国」関係資料解題」山本有造編『「満洲国」の研究』一九九五年、緑蔭書房、一九九五年／同「戦前期日本の中国関係蔵書目録」同「日本の中国調査機関——国策調査機関設置問題と満鉄調査組織を中心に」末廣昭編『地域研究としてのアジア』岩波書店、二〇〇六年〈岩波講座『「帝国」日本の学知』第六巻〉所収、参照。

(33) 京都大学大学院経済学研究科上海センター『京都大学東アジア関連文献目録』二冊、二〇〇六年。上巻は、経済学部所蔵、下巻は、農学部・人文科学研究所所蔵である。

(34) 京都大学農学部図書室『京都大学農学部図書室　旧植民地関係資料目録（満洲国・満鉄・朝鮮・台湾・中国・蒙古・樺太・南洋庁）（未定稿）』二〇一〇年。

(35) 井村哲郎『満洲農業関係文献目録』二〇〇八年（平成一七年度—平成一九年度科学研究費補助金　基盤研究（C）「戦前期日本のアジア研究機関——「満洲国」調査機関を中心に」研究成果報告書）。

(36) 接収から米国議会図書館への移管までの概史は、注（9）に掲げた論文を参照。

(37) Library of Congress. Reference Dept., *Manchuria: An Annotated Bibliography*, Washington, DC, 1951／Young, John ed., *The Research Activities of the South Manchurian Railway Company, 1907–1945*／アジア経済研究所図書資料部編『旧植民地関係機関刊行物総合目録　南満州鉄道株式会社編』／井村哲郎「『旧植民地関係機関刊行物総合目録』満州国・関東州編、満鉄編補遺」『アジア経済資料月報』第三四巻第一一号、一九九二年一一月、など。

(38) 井村哲郎編『米国議会図書館所蔵　戦前期アジア関係日本語逐次刊行物目録』。

(39) 注（19）に掲げた文献の他に、北京図書館編「北京図書館蔵　中国経済日文資料参考書目録」一九五五年、などがある。

(40) 吉林省社会科学院満鉄資料館『吉林省社会科学院満鉄資料館 館蔵資料目録』吉林文史出版社、一九九五年。
(41) 遼寧省档案館『遼寧省档案館館蔵日文資料目録』上・下、遼寧古籍出版社、一九九五年。
(42) 吉林省社会科学院満鉄資料館『吉林省社会科学院満鉄資料館 館蔵資料目録』第二―三巻、吉林文史出版社、二〇〇三年。
(43) 解学詩総編審『満鉄調査期刊載文目録』上・下、吉林文史出版社、二〇〇四年。
(44) 解学詩主編『満鉄調査報告目録』上・中・下、吉林人民出版社、二〇〇五年。
(45) 注(29)参照。
(46) 中国科学院図書館編『「南満洲鉄道株式会社調査部」資料目録』([n. p., n. d.])。
(47) 張家口市図書館編『張家口市図書館 館蔵日文図書文献目録』二〇〇二年。
(48) 大連市図書館編『大連図書館蔵満鉄資料目録』遼寧人民出版社、二〇〇二年。
(49) 上海図書館編『上海図書館館蔵旧版日文文献総目』上海科学技術文献出版社、二〇〇一年。
(50) 天津図書館編『天津図書館館蔵旧版日文書目』(一)―(四)、天津社会科学院出版社、一九六六年。
(51) 各巻の構成は次の通りである。第一巻「綜合図書」、第二巻「宗教・哲学(一)」、第三巻「哲学(二)・教育」、第四巻「文学(一)」、第五巻「文学(二)」、第六巻「語言・文学・歴史(一)」、第七巻「歴史(二)・伝記」、第八巻「地理」、第九巻「政治(一)」、第一〇巻「政治(二)・法律・経済(一)」、第一一巻「経済(二)・財政(一)」、第一二巻「財政(二)・社会(一)」、第一三巻「社会(二)・風俗・統計・植民」、第一四巻「数学・理学・医学(一)」、第一五巻「医学(二)・工程学」、第一六巻「建築学・軍事・芸術・体育」、第一七巻「産業総論・農業(一)」、第一八巻「農業(二)」、第一九巻「商業」、第二〇巻「工業」、第二一巻「交通・通信」、第二二巻「剪報・報刊」、第二三巻「書名索引(一)」、第二四巻「書名索引(二)」、第二五巻「書名索引(三)・著者索引(一)」、第二六巻「著者索引(二)」、第二七巻「西文俄文部分(一)」、第二八巻「西文俄文部分(二)」、第二九巻「西文俄文部分(三)」、第三〇巻「西文俄文部分索引」。
(52) 収録機関は、以下の通りである。公共図書館では、大連図書館、山東省図書館、上海図書館、天津図書館、長春市図書館、遼寧省図書館、吉林省図書館、吉林市図書館、瀋陽市図書館、国家図書館、青島市図書館、南京図書館、哈爾浜市図書館、黒龍江省図書館、張家口市図書館、営口市図書館、錦州市図書館。教育機関では、山東大学図書館、大連理工大学図書館、中国人民大学図書館、中国農業大学西校区図書館、中国医科大学図書館、中共中央党校図書館、大連海事大学図書館、北京大学図書館、北京師範大学図書館、北京交通大学図書館、遼寧大学図書館、吉林大学図書館、延辺農学院図書館、南開大学図書館、青海師範大学図書館、黒龍江大学図書館。研究機関では、中国科学院文献情報中心、中国科学院大連化学物理研究所、上海社会科学院歴史研究所図書館、中国社会科学院近代史研究所図書館、中国社会科学院経済研究所図書館、中国社会科学院法学研究所図書館、黒龍江省社会科学院歴史研究所文献信息中心、天津社会科学院図書館、中国農業科学院農業経済与信息服務中心、吉林省農業科学院科技文献信息中心。鉄道・交通関係機関では、中国鉄路工会瀋陽鉄路局図書館、交通部科学研究院文献館、鉄道部科学技術信息研究所図書館、長春鉄路分局档案室、吉林鉄路分局档案室、斉斉哈爾鉄路分局档案室、瀋陽鉄路局档案館、哈爾浜鉄路局档案館、鉄道部档案史志中心。その他に、中国中医科学院図書館、中共中央編訳局図書館、撫順礦務局档案館である。

(53) 沈友益「中国近現代史史料学学会満鉄資料研究分会の活動について」(国際シンポジウム「中国東北と日本」二〇〇四年一〇月に提出のペーパー)による。

(54) 大連図書館には、大谷光瑞文庫、満蒙文庫など満鉄が収集したコレクションも所蔵されている。なお満鉄の図書館活動については、村上美代治『満鉄図書館史』村上美代治、二〇一〇年、が詳しい。

(55) この点については、岡村敬二『遺された蔵書――満鉄図書館・海外日本図書館の歴史』阿吽社、一九九四年、が論じている。

(56) 最近ＤＶＤ版が刊行された。水沢市立後藤新平記念館編『後藤新平文書目録　マイクロフィルム版』水沢市立後藤新平記念館、一九八〇年／『マイクロフィルム版「後藤新平文書」収録目録』改訂版、雄松堂アーカイブズ、二〇一〇年。

(57) 早稲田大学図書館・早稲田大学東アジア法研究所編集『早稲田大学図書館所蔵　岡松参太郎文書目録』雄松堂、二〇〇八年。

(58) 早稲田大学現代政治経済研究所編『早稲田大学現代政治経済研究所所蔵　八田嘉明文書目録』雄松堂出版、一九九六年。

(59)『慶應義塾図書館所蔵　村上義一文書　収録文書目録』雄松堂出版、二〇〇三年。

(60)『マイクロフィルム版　小田原市立図書館所蔵　山崎元幹満鉄関係資料　収録資料目録』雄松堂フィルム出版、二〇〇五年。

(61)『マイクロフィルム版　外務省外交史料館所蔵　南満州鉄道関係外務省文書――収録明細書』雄松堂出版、二〇〇四年。

(62)「中島宗一文書　満鉄改組関係」の複製は故岡部牧夫氏コレクションに含まれている。ただし原文書の所蔵先などは筆者は未確認である。

(63)『満鉄』(一)―(三)、みすず書房、一九六六―六七年(現代史資料31―33)。

(64) 片倉文書研究会『片倉衷関係文書目録』一九八九年。

第二章　山﨑元幹文書の史料学的考察[1]——私文書から見た満鉄史研究の可能性

加藤聖文

はじめに

満鉄は大連に本社を置いていたため、社内の業務文書の大半は大連の満鉄本社または大戦末期に実質的本社機能を担っていた新京本部に、本社と現地間とのやりとりなどに関する文書は、東京支社や紐育事務所など現地出先機関に保管されていた。また、現業関係文書は奉天の鉄路総局や各地の鉄路局、沙河口工場や大連病院などそれぞれの機関・組織で保管されていた。これらは、現在の中国にあったため、東京支社が保管していた文書を除いた満鉄文書の大半は敗戦後にソ連軍に接収され、その後、新中国成立後に中華人民共和国へ引き渡された。そのような経緯を経て、現在は遼寧省档案館が業務文書の大部分を保管している。

だが、遼寧省档案館が所蔵する満鉄文書は刊行物類を除けば、原則的に非公開であるため、満鉄本体が所蔵していた業務文書を駆使した研究は相当の困難を要するのが現状である[2]。

中国にはこれ以外にも、長春市に満鉄関係を専門とした満鉄資料館がある。所蔵史料は館長の解学詩が独力で中国各地において収集したものであり、刊行物類だけではなく文書類も貴重なものが多い。また、遼寧省档案館のような公的機関ではないため閲覧も自由である。ただし、文書自体はまとまった史料群をそのまま収集したのではなく、散逸していた史料を集めたため史料の一点一点が独立しており、史料群と呼べるような一定のまとまりを持ったものではなく、コレクションといえるものである[3]。

このように中国に残されている満鉄史料を調査するには大きな制約があるため、満鉄を研究する場合、日本国内に残された史料か敗戦後米国に押収された史料を組み合わせつつ行わなければならない。ただし、米国に押収されたものは東京支社や東亜経済調査局の保管分が多くを占めていたが、多くは印刷物であり文書類は少ない。

一方、国内の満鉄関係史料は大学機関などに所蔵されているものは大半が刊行物や調査報告書であり、満鉄内部の政策決定過程を窺えるようなものは少ない。

満鉄文書も含めて、一般的に組織が作成した業務文書は、政策が立案され決定を経て実施されるまでの過程を示すものであるが、あくまでも骨組みに止まるものであって、業務文書が政策決定過程のあらゆる側面で発生した記録をすべてカバーしているわけではない。立案検討段階での参考資料や会議での配付資料、関係者の私的なメモや意見書などは業務文書ではなく、個人的に残される私文書に含まれる。いわば、政策決定過程の肉の部分が私文書に当たるといえよう。

このようなことから、満鉄研究も他の日本近現代研究と同じく、関係者が個人的に所有していた私文書によって中枢の政策決定過程を窺ってゆくことが絶対的に必要となってくる。しかし、満鉄関係者の私文書はそれほど多いとは言えず、これらの発掘は極めて急務のことといえよう[4]。

1　満鉄関係者の私文書

では、満鉄関係者の私文書の現状について触れてみよう。まず、満鉄創立期に関しては後藤新平文書が有名であるが[5]、その他の人物については、岡松参太郎文書以外はほとんど所在が明らかになっていない[6]。

第一次大戦前後期についても、ほとんどないのが現状である。唯一、撫順炭鉱および鞍山製鉄所関係を中心とした井上匡四郎文書が挙げられるのみである[7]。

第一次大戦後の一九二〇年代前中期に関しては、松岡洋右が所蔵していた松岡洋右文書がある。これは、松岡が満鉄理事であった一九二〇年代前中期における満鉄の活動を知るうえで貴重なものとなっており、満鉄文書のなかでもその重要性は抜きんでている。この松岡文書は『現代史資料』において復刻がなされており[8]、当該期における満鉄研究の基礎的文献となっている。

満洲事変前については、木村鋭市文書が挙げられる[9]。また、満洲事変から一九三〇年代前中期までは村上義一文書[10]、および八田嘉明文書が質量共に充実した史料群である[11]。

この他、満洲事変期の総裁であった内田康哉の個人文書について説明しておこう。内田が所持していた文書は、日記や書簡、主に外交関係の書類などから構成されていたが、一九四一年に外務省が内田の伝記を編纂することになり、内田家から外務省へ貸し出された。しかし、一九四二年一月九日に外務省が火災となり、伝記編纂室が保管していた内田文書の大半が焼失してしまったため、日記類などほとんどの原本は喪われた。ただし、伝記編纂用として主要な文書のいくつかが筆写されていたことが幸いし、現在では日記抜録遺稿写、伝記草稿および焼失を免れた一部の文書がかろうじて残っている[12]。残存文書のなかで満鉄総裁時代に関わるものは、在任期間中の日記抜録と満洲事変前後の資料写、満鉄総裁時代の伝記草稿が挙げられる。なお、伝記編纂は火災後も続けられて伝記稿本が完成したが、未刊のまま敗戦を迎え、現在、伝記稿本は外務省外交史料館で公開されている[13]。伝記稿本のなかにも、内田の満鉄総裁時代が記述されているが、内田康哉文書にある伝記草稿と基本的には同じものである。

このように、個人文書があまり残っていない満鉄史料のなかで満洲事変前後期が一番充実しているといえる。一方、満洲事変以降になると数量的に大きく減少する。

例えば、断片的な個人文書としては、山﨑が副総裁時代に総裁であった小日山直登の文書が国立国会図書館憲政資料室において二〇〇七年一〇月から公開されている。ただし、文書量は二七点と少なく、満鉄関係は小日山自身が起訴された満鉄事件の公判記録類に限られている[14]。

さらに、一九三八年から一九四二年まで満鉄理事を務めた猪子一到の文書が一九七六年一〇月に満鉄会へ寄贈されたとされるが、現在はその所在を確認できない[15]。

また、十河信二が寄贈した図書が東京大学社会科学研究所に所蔵されているが、これは文書類ではなく印刷物中心であり、満鉄のみのものではなく個人蔵書としての性格が強いものである。[16] さらに、林博太郎の個人蔵書も学習院大学図書館に寄贈されているが、満鉄関係のものは皆無である。[17]

以上のように断片的に満鉄関係の私文書は存在するが、当然のことながらこれらの史料によって満鉄の全時代をカバーできるものではない。史料的に空白期となっている時期も多く、特に一九一〇年代、一九二〇年代前期、一九三〇年代後期から敗戦までといった四つの時期の史料が欠落している。よって、今後はこれらの時期の文書がどれだけ発掘されるかが満鉄史研究の重要な課題となっているが、[18] そうしたなかで山﨑元幹が所蔵していた私文書が重要な位置を占めてくるのである。

以下の稿では、本資料集に掲載されたアジア経済研究所所蔵の山﨑元幹文書と他機関が所蔵する山﨑文書とをあわせて検証するなかで、一九二〇年代後半から敗戦までの満鉄に関わる第一級資料である山﨑元幹文書の特徴を明らかにする。

2　散逸した山﨑元幹文書

満鉄最後の総裁として知られる山﨑元幹は、一九一六年五月の満鉄入社後、途中一九三七年九月から一九四二年四月の満洲電業副社長として満鉄を離れた時期を除けば、敗戦による満鉄の消滅まで一貫して満鉄に関わり続けた人物であった。また、山﨑は満洲事変後に理事・副総裁・総裁と満鉄での主要なポストを歴任し、満鉄内部での重要な政策決定に関与していた点でも注目すべきものがある。

しかし、このように満鉄史において重要な人物であったということだけが山﨑の特徴ではない。山﨑のもっとも大きな特徴は、彼自身が関わった多量の満鉄文書を几帳面に保管し、戦後まで残していたことにあり、これほど多量の満鉄文書を個人で所蔵していた人物は類例を見ないのである。

山﨑文書は、山﨑自身が関わった満鉄業務文書を丹念に保管していたものであり、特に文書課長および渉外課長・総務部次長といった満鉄の経営中枢に長きにわたって参画していたことが、長期にわたる重要文書を大量に含む結果となった。

このような多量の満鉄文書が残された理由は、山﨑自身の几帳面な性格によるともいえるが、それと同時に戦争前に多くの文書が国内へ移送されたことと、それらが奇跡的に戦災を免れたことも大きな要因であった。

一九三六年一〇月に山﨑は満鉄理事の任期満了によって国内へ引揚げることとなった。以後翌三七年九月に満洲電業副社長となるまでの約一年間を国内で過ごすことになるが、このようなことは、山﨑が一九一六年に満鉄に入社して以来、初めてのことであった。この時、山﨑は小田原に自宅を新築し、満鉄時代の文書類も満洲から移送したのである[19]。

以上のように、山﨑の理事時代までに関係した満鉄文書は小田原の自宅に保管されることになり、もし山﨑が国内へ引揚げず、そのまま満洲に留まっていた場合は、おそらく喪われたであろう満鉄文書の多くが国内に残されることになった。

山﨑が再び満洲へ渡るのは満洲電業株式会社の副社長となった一九三七年であったが、それ以降満鉄総裁として敗戦をむかえるまで山﨑は国内へ戻ることはなかった。しかし、この時期から敗戦まで山﨑が関係した満電および満鉄関係の文書も現在残されている。この理由は、敗戦前までのある時期にまとめて国内へ移送されたのか、または敗戦直前の文書も残されていることから山﨑が敗戦後に国内へ引揚げる際に持ち帰ったものなのかはっきりしない。山﨑が敗戦後の一九四七年一〇月に中国から引揚げる際、国内へ持ち帰ったものは、①歴代満鉄総裁肖像画、②蔵書（和漢の古典中心）、③日誌、④ノート（留用中の経書研究）などとされており[20]、文書類に関しては携行して持ち帰ったのかは明らかではない。

戦後の山﨑は小田原の自宅を終の棲家としたため、満鉄関係の史料は全て小田原の自宅に保管されていた。しかし、実子に恵まれなかったことと一九六二年に病を患ったことから、翌六三年以降、身辺の整理を始めた[21]。

まず、同年に福岡県立文化会館図書部へ蔵書約二〇〇〇冊を寄贈、次いで一九六六年には松岡洋右伝記刊行会へ満鉄関係史料八〇五点を寄贈した。

そして、同年五月から一九六八年八月まで、前後一〇回にわたって小田原市立図書館に約二〇〇〇点の図書・絵画などを寄贈したが、このなかに重役会議記録などの満鉄文書が含まれていた。この他、足柄史談会へ富士山研究に関する図書五三冊が寄贈されている（寄贈年月不明）[22]。

このように、山﨑の生前から山﨑文書はいくつかの機関・組織に分散していったが、さらに一九七一年一月の山﨑の死後、山﨑邸に残されていた日記・ノート類・原稿・書簡・写真などは満鉄会の保管を経て、最終的には郷里福岡県糸島郡二丈町の墓所に納められたのである㉓。

墓所に納められた遺品のなかで重要なのは、日記と山﨑が戦後になって事項別に書きまとめた「第二山﨑メモ」と呼ばれるものが挙げられる。なお、日記（一冊、一九四五―四七年）は山﨑が帰国後に米軍に一時提供された。日記全体の公表は、山﨑の遺言によって禁じられていたが日記・第二山﨑メモなどを基にして、一九四五年八月から四七年九月までの出来事を部分的に紹介したものが『満鉄最後の総裁　山﨑元幹』に掲載されている㉔。

以上のような分散経緯のなかで、松岡洋右伝記刊行会への寄贈分がその後の山﨑文書の散逸と大きく関わることになるのである。

松岡洋右伝記刊行会への寄贈経緯は次のようなものであった。伝記刊行会は、松岡家の書生であった荻原極が編纂・執筆の実質的な中心人物であり、精力的に史料発掘も行っていた。そして、その過程で松岡家所蔵の満鉄文書が発掘され、これらは『現代史資料　満鉄』（全三巻）として公刊されることになった。その際、公刊本を荻原は山﨑へ贈呈し、これをきっかけとして山﨑より満鉄会の藤原豊四郎を通じて山﨑が所蔵する満鉄文書の伝記刊行会への寄贈の意向が伝えられ㉕、一九六六年九月二〇日付で渉外関係を中心とする文書八〇五点が伝記編纂会へ寄贈された㉖。

松岡洋右伝記刊行会へ寄贈された山﨑文書は鉄道交渉関係が中心であったが、松岡伝では、そのなかの吉敦鉄道建設交渉の経緯を記録したものと山本条太郎総裁から仙石貢新総裁への引継書類（満蒙鉄道借款関係）が紹介されている（両文書とも本史料集に掲載）。

しかし、松岡洋右伝記刊行会は、一九七四年に松岡伝を刊行したことでその役割を終え、組織は解散することになった。それと同時に、伝記刊行会へ寄贈された山﨑文書の所在が全く不明となってしまった。そして、松岡洋右伝記刊行会の解散前後から山﨑文書の一部が古書として市場に現れ始めるのである。

まず、一九七三年七月に国立国会図書館憲政資料室が古書店を通じて山﨑文書の一部を購入した。内容は一九三二年の重役会議資料と満洲電業関係の文書から構成されており、分量的には多くはないが、満電関係が一つのまとまりをもったものとなっている。満洲電業関係が中心であることと、流出したのが松岡伝刊行前であることから、伝記刊行会への寄贈文書ではないと考えられるが、流出経路は今となっては全く不明である。

つづいて、一九八〇年と八五年に早稲田大学社会科学研究所が山﨑文書の一部を購入した。これは分量としてはそれほど多くはないものの、満鉄末期を示す文書として極めて貴重なものであった。こちらも内容から判断すると刊行会への寄贈文書ではなく、別のルートから流出した可能性も考えられる。ただし、満洲事変期の文書が一部、さらには松岡理事用にまとめられた情報類も混入していることから、松岡洋右伝記刊行会に寄贈されたものである可能性は否定できない。

そして最後に、一九九四年八月、古書店目録に山﨑文書の一部ではないかと思われるものが現れた。この古書目録によると、文書の多くは満洲事変前後の鉄道交渉関係から成り立っており、文書の一部には山﨑の印または山﨑自身が執筆したものであるとの注意書きが記載されていた。また、なかには明らかに松岡伝でも収録されている吉敦鉄道建設交渉および山本・仙石総裁引継書類が含まれていたのである(27)。

この古書目録に現れたものは、おそらく山﨑が松岡洋右伝記刊行会へ寄贈した史料の一部、またはその大半ではないかと思われる。そして、この文書をアジア経済研究所が購入して現在に至っているのである。

このように、山﨑文書は正規の手続きによって寄贈されたものは小田原市立図書館のみであり、山﨑の死後、四機関がそれぞれ全く異なる経緯で所蔵するに至っている。以下、それぞれの機関が所蔵する山﨑元幹文書の概要を見てみよう。

3　他機関所蔵山﨑元幹文書の概要

1　小田原市立図書館所蔵

小田原市立図書館が所蔵する「山﨑元幹文庫」は、一九六六年五月から一九六八年八月までの間に、前後一〇回にわたって山﨑本人から寄贈された約二〇〇〇点の図書・絵画である。そのコレクションのなかに文書が含まれている(28)。文書は、一九三二年から三六年にかけての重役会議決議録が中心である。この他には一九三一年から三六年にかけての処務週報、ノートや撫順炭鉱関係の書類も数点含まれている。なお、山崎文庫には、文書以外にも満鉄による刊行物や資料も含まれており、全体的にはこのような刊行物や資料が多い。

文書のなかでも重役会議決議録は、満鉄の最高意志決定を示すものである。満洲事変以後に関東軍との協力関係の下で事業の拡張を進め、やがて満鉄改組問題と在満機構改革を経て満鉄の性格が変わっていく重要な時期にあたるものとして重要である。また、そうした意志決定を導くものとして、処務週報などの情報類が重要な意味を持っている。重役会議決議録と処務週報はほぼ同時期のものであって、二つの文書が残されていることの持つ意義は大きい。

ただし、小田原市立図書館所蔵の山﨑文書は、最終決定文書であって、決定過程を示す文書ではないという史料的限界がある。したがって、後述する村上義一文書や八田嘉明文書などと合わせて活用していく必要がある。

2　国立国会図書館憲政資料室所蔵

国立国会図書館憲政資料室が所蔵する文書は、一九七三年七月に古書店を通じて購入したものである。分量もそれほど多くはなく、重役会議決議録が一九三二年の分のみ存在する。

この山﨑文書は、満鉄よりも満洲電業関係が中心であって、山﨑が一時的に満鉄を離れて満電副社長を務めていた一九三七年から四二年にかけての文書である。

満電関係については、早稲田大学中央図書館所蔵の山﨑文書にも数点含まれているが、憲政資料室所蔵分の方がまとまっており、重役会議決議録など満鉄関係のものは何らかの理由で満電関係の文書群に混在したものと考えられる。なお、憲政資料室はこの文書を古書店から購入しているため、それ以前の経緯については全く不明である。この文書群は松岡洋右伝記刊行会へ山﨑が寄贈した文書群には含まれず、山﨑の死後、何らかの事情で流出したものと推測される。

3　早稲田大学中央図書館所蔵

早稲田大学社会科学研究所は、一九八〇年四月および一九八五年一月の二回にかけて山﨑文書の一部を古書店から購入した。一九八〇年購入分は予決算関係・重役会議録・重役会議案・処務週報・処務旬報・電報および書簡類・満鉄経済調査会関係などであり、一九八五年購入分は重役会議関係書類・満鉄諸資料・統計類・綜合情報・刊行資料・満洲電業関係・満洲電気化学工業関係・日満実業協会関係などからなっていた。

二度にわたって購入した史料のなかで、一九四三―四五年の満鉄終末期の文書が特筆すべきものである。具体的には一九四一―四五年度の予決算関係書類が中心であるが、その他に一九四三年から四四年の重役会議記録および処務週報、一九四四年から四五年の処務旬報、一九四四年の統計資料が満鉄終末期の数少ない文書として貴重なものとなっている。

この他、満洲事変期の文書として仙石総裁宛書簡草稿と内田総裁より若槻首相・幣原外相宛書簡草稿（山崎の筆になるもの）などは満洲事変前後期における満鉄内部の動向を知る上で重要な内容を含んだものとなっている。

また、「大正十三年中情報」と表記された綴があるが、これは松岡洋右が理事在職中に所持していたものであり、なぜ山崎文書に入っているのか疑問である。山崎が文書課長という立場から保管していたものか、本来は松岡文書であったものが松岡洋右伝記刊行会での伝記編纂の過程で紛れ込んだものかとも考えられるが、結局のところそれを解明する手掛かりは全くない。なお、アジア経済研究所所蔵の文書のなかにもこれと同じような性格を持つ松岡理事用の情報綴が含まれている（本資料集掲載の「支那内治外交関係　外交関係〈排外、利権回収運動〉」）。内容から見ると両書には関連性があると推測でき、早大所蔵分とアジア経済研究所所蔵分はもともと同じ文書群であった可能性が高い。

さらに、早稲田大学社会科学研究所は、前述した山崎文書の他にも「山崎」・「山サキ」などの印が押されている調査報告書類などの資料を別の年に古書店から購入している。これらは、山崎文書か否かを断定することは困難であるが、おそらく山崎が所蔵していたものである可能性が高い。少なくとも現在早稲田大学中央図書館に配架されている資料のなかにはこうした蔵書印の押されたものが散見される。

なお、早稲田大学社会科学研究所が廃止されたことに伴い、早稲田大学社会科学研究所が所蔵していた文書および図書類は早稲田大学中央図書館へ引き継がれた。図書類を除く山崎文書は中央図書館特別資料閲覧室において一時的に保管されているが、正式な移管手続きが行われていないため公開体制が整っていないままである（ただし、閲覧することは可能[29]）。

４　墓所納入の山﨑元幹文書

前述したように、山﨑の手許に残された日記・書簡など私的な文書は、遺品として墓所に納められ、近年までその全容は明らかではなかった。二〇〇九年、筆者が山﨑家の許可を得て文書の調査を行った。その結果明らかとなったのは、『満鉄最後の総裁　山﨑元幹』では、日記は一九四五年から四七年までのものだけと紹介されていたが、実際には昭和二年から晩年まで書き連ねられていた日記の存在が確認されたことである。さらに、日記の他にもメモ・備忘録や書簡類も多数存在することが確認された。とくに、満洲事変前から満鉄改組にいたる満鉄の激動期のなかで毎日書き綴られていた日記は、満鉄史研究にとってもっとも重要な記録になると思われる。

山﨑元幹が残した日記は、一九二七年から一九三六年、および一九四五年から一九六一年までの期間にわたるものである（多くが一年日記ではなく、五年日記または三年日記を使用）。また、一九三七年から一九四四年までの日記は敗戦後新京で紛失したため、その欠落部分を補うために「自昭和十二年至十九年重要日誌／自昭和二十年至二十二年終戦関係メモ」といった記憶をもとにまとめられた備忘録がある[30]。また、留用期間中については、日記の他に「在満留用期間中終戦メモ」も存在する。なお、満鉄初期については、「一高時代ノ日誌補遺／満鉄入社ヨリ海外留学迄ノ日誌補遺」が残されており、山﨑の満鉄時代はほぼカバーされているといってよい。

この他、書簡がある程度まとまって残されている。期間は昭和戦前期から戦後にかけてが中心であり、就任祝のようなものも多いが、満洲事変期から満鉄改組にかけての人事関係なども含まれている。また、文書類は満鉄時代の草稿や挨拶原稿、さらには戦後に『満鉄会報』などに執筆した回想原稿が中心である。

これらは、現在四機関に分散している山﨑元幹文書が満鉄の業務文書であるのに対して、山﨑の個人的な行動や考えが窺える私文書と位置づけられる。四機関の文書と組み合わせつつ分析することでより立体的な満鉄史研究が可能となるであろう[31]。

4　アジア経済研究所所蔵山﨑元幹文書の史料的特徴

アジア経済研究所が所蔵する山﨑元幹文書は、前述したように一九九四年に古書店を通じて購入したものである。文書は、一九二八年から三六年にかけてのものであり、山﨑が文書課長・渉外課長から総務部次長を経て理事を務めた時期にあたる。そのため、内容も張学良政権との交渉や満洲事変前夜の満鉄の社内動向、事変勃発後の満鉄の対応、満洲国建国期における満鉄の事業拡大、満鉄改組による変化など、四〇年にわたる満鉄の歴史のなかでももっとも激動期にあたる重要な文書が多く含まれている。また、満洲事変研究という側面から見ても事変の一端――というよりも実質的な主役であった満鉄の動向を明らかにする文書として貴重である。

本節では、山﨑文書と年代的に重なる他の私文書とあわせて山﨑文書が持つ特徴を明らかにする。

1　同時代期の満鉄関係個人文書

前述したように、一九二〇年代後半から三〇年代中期までの満鉄文書は比較的多く残されているといえる。なかでも代表的なのは、満洲事変前では木村鋭市文書、事変後は村上義一文書と八田嘉明文書である。

・木村鋭市文書（スタンフォード大学フーバー研究所所蔵）　スタンフォード大学フーバー研究所に所蔵されている木村鋭市文書は、木村の理事時代（一九三〇年八月―三一年七月）に蓄積された文書群である。

具体的には、一九三〇年度と三一年度の綜合資料が中心となっている。木村は理事兼交渉部長であったことから張学良政権と交渉する際の参考として多くの情報を入手する立場にあった。そのため、このような情報類が一括して残されたのである。これらはあくまでも満鉄が収集した情報をまとめたものであって、政策決定過程を窺えるような文書ではない。

また、配布先は限られていたが複数部作成されていたため、日本国内でも京都大学経済学部図書館や国立国会図書館にも同じ文書がいくつか所蔵されている。

なお、この他にも一九二〇年代後半に華北に満鉄が権利として獲得していた滄石鉄道の契約調印から破棄に至る過程の文書があり、こちらが情報類ばかりではなく経緯を示す文書や担当者間のやり取りを示す文書など政策決定過程を窺えるような文書群となっている。また、新邱炭鉱など満鉄経営の炭鉱をめぐる張学良との交渉問題に関わる文書もある。

山﨑文書との関連においては、「鉄路交渉予備会議録」など鉄道交渉に関係する交渉部作成の文書が多く含まれており、木村文書の綜合資料を補完資料として活用できると考えられる。この他、滄石鉄道に関しても「滄石鉄道ニ関スル経緯」など後に一連の経緯を満鉄総務部でまとめた文書があり、木村文書にある滄石鉄道関係文書とあわせて活用できよう。

・村上義一文書（慶應義塾図書館所蔵）　慶應義塾図書館に所蔵されている村上義一文書は、村上の満鉄理事時代（一九三〇年五月―三四年七月）に蓄積された文書群である。数量が一〇〇〇点におよび、満鉄関係の個人文書群としては有数のものであるといえる。

具体的には、①事変前の張学良政権との鉄道交渉関係、②事変中の鉄道運営と新線建設関係、③満洲国建国後の鉄道委託経営および新線建設関係、④満鉄改組問題関係、⑤北満鉄路譲渡問題関係、などから構成される。

村上が満鉄理事となったのは一九三〇年五月であるため、事変前の文書はそれほど多くはないが、張学良政権との鉄道敷設交渉関係の他に貨物輸送量の分析や中国側鉄道との運賃比較など経営の細部に関わるものが多い。

事変勃発後は、中国側鉄道の接収に伴う経営委任および吉会鉄道（京図線）をはじめとする新線建設計画と建設着工に関わるものが中心である。

満洲国建国後は、天図線買収や羅津港築港計画などを含めて吉会鉄道建設に関わる関東軍や日本政府との具体的な交渉関係、満洲国内の鉄道網整備計画とその実施に関わるもの、また事業拡大に伴う満鉄本体の組織改革など村上文書のなかでも中心を占めるものとなっている。

この他、満洲産業開発計画も含めて満鉄改組問題に関わる文書は、後述する八田嘉明文書と合わせて改組問題に対する満鉄側の対応を窺える点で数少ない貴重なものとなっている。

また、北満鉄路譲渡問題は外務省記録など日本政府の文書とは別に、現在残っている満鉄側の文書としてもっとも充実したものであるといえよう。

村上は運輸担当理事であったことから、残された文書群も満鉄の鉄道を中心とした運輸関係が中核を占めている。したがって張学良政権との鉄道交渉も渉外担当理事の木村鋭市が残した文書とは性格が異なっており、また事変後についても関東軍・満洲国政府・日本政府との交渉に関わる文書が多いが、双方の主張の摺り合わせといった政治的なものよりもむしろ関東軍などからの命令に基づく実施といった技術的なものが多いのが特徴である。

・八田嘉明文書（早稲田大学現代政治経済研究所所蔵）　早稲田大学現代政治経済研究所に所蔵されている八田嘉明文書は、八田の満鉄副総裁時代（一九三二年四月―三五年八月）に蓄積された文書群である。
具体的には、①満洲国建国後の鉄道経営委託および新線建設関係、②満洲産業開発および統制経済関係、③外資導入問題関係、④満鉄改組問題関係、⑤華北進出関係、などから構成される。

八田は満洲国建国後に着任したため、事変前および事変中の文書は、就任後に入手したものがわずかにある程度である。文書群の中心となるのは、村上文書と同じく鉄道委託経営と新線建設関係であり、次いで満洲国における産業開発および経済統制に関わるものも多い（外資導入関係も含む）。

八田文書のなかで特に重要視されるものは、満鉄改組問題に関わる一連の文書であろう。この問題は八田自身が満鉄側の中心人物として深く関わっていたことから、関東軍などとのやり取りや、満鉄内部の動向など満鉄改組問題に関する満鉄側文書としてもっとも重要な内容を含んでいる。

これ以外にも、八田時代から始まっていた華北進出に関わる文書も貴重である。また、リットン調査団関係や北満鉄路譲渡関係、鉄路愛護村関係など興味深い文書もある。

八田は副総裁という立場にあったことから、理事であった木村や村上と異なり、文書群には満鉄の経営全体に関わるものも多く含まれている。また、満鉄改組問題など関東軍とのやり取りなどが窺えるような文書も多く、鉄道委託経営や新線建設など同じ問題でも命令の実施に関わる文書が多かった村上文書とは性格を異にしているのが特徴である。

2　山﨑元幹文書の全体像

アジア経済研究所が所蔵する山﨑元幹文書は、満洲事変前の張学良政権との鉄道交渉関係、事変中から事変後にかけての鉄道委託経営と新線建設関係、満洲国建国後の満鉄改組問題などから構成される。

・満洲事変以前　満洲事変勃発後は前述した村上文書や八田文書と内容的に重なるものが多いが、事変前に関しては、山﨑が文書課長と渉外課長という要職を歴任していたことから、張学良政権との鉄道交渉に関わる重要な文書が多く含まれている。木村文書では情報類に止まっているのに比して、山﨑文書では交渉過程に関わる文書が中心であることが最大の特徴となっている。

具体的には、渉外担当理事として木村の前任者であった斎藤良衛時代からの文書が含まれているのが注目されよう。また、斎藤の後任となった木村と張学良との会見記録など内容も充実しており、張学良の易幟前夜の緊迫した情勢や並行線問題などに見られる易幟後の張学良政権の対満鉄強硬姿勢、事変前夜の鉄道交渉を通じて満鉄社内に危機感と緊張が高まっていく様子などが手に取るように理解できるものとなっている。

このような動きは外務省記録にも見出すことができるが、満鉄側の文書としてはこの山﨑文書以外にはなく、満鉄に関わる記録として貴重である。

また、満鉄の各部局が具体的にどのような活動をしていたのかは意外と明らかになっていない。そうした視点からも満鉄交渉部の役割と活動を満鉄側の文書から知る手掛かりにもなり、これらの文書の分析を通じて満洲事変に至る過程を重層的に明らかにし得るといえよう。

・満洲事変　満洲事変の勃発と満鉄の対応に関わる文書は、この文書群の中核ともいえる。この時期に山﨑は総務部次長という満鉄全体を見渡すことのできる立場にいたことが、貴重な文書が蓄積された背景にある。事変前夜の張学良政権との緊張関係から事変勃発後に関東軍からの要請に応じて満鉄が事変に積極的に関わっていく様子が克明に理解できるという点で満洲事変史研究にとって不可欠の史料といえよう。

満洲事変への満鉄の関わりについては、戦前に満鉄が事変への具体的な協力をまとめた『満洲事変と満鉄』を編纂しており、戦後に復刻版も出されて研究もそれに依拠してきた(32)。だが、満洲事変に関しては、石原莞爾や片倉衷、本庄繁など事変を起こした関東軍側の文書を中心にして研究が進められてきたため、関東軍中心の研究になりがちとなり、満鉄はどちらかといえば脇役扱いであった。しかし、実際の事変において満鉄の協力がなければ関東軍の軍事作戦は成り立たなかったのであり、また関東軍が建国した満洲国を人材と資金の両面をもって支えたのは満鉄であった。いわば、満鉄がなければ満洲事変の成功も満洲国の誕生も叶わなかったのである。

こうしたことから、満洲事変史研究にとって満鉄の事変への具体的な関わりを明らかにすることは極めて重要なことであり、そのための根本史料となるのがこの山﨑文書なのである。

文書には、事変勃発によって満洲各地から送られてくる現地情報、また同時に送られてくる日本政府内部の動向といった情報類も多いが、重役会議における満鉄の方針決定や新線建設の動き、関東軍への協力、政府および関東軍とのやり取りなども含まれている。前述した村上文書が政策実施過程を示す文書であるのに対して、山﨑文書は政策決定過程が窺える文書であるといえよう。

・満洲事変以後　満洲事変から満洲国建国を経て満鉄が事業を拡大するなかで起きた満鉄改組問題に関わる文書は、前述した八田文書と村上文書にも多く残されている。この当時、山﨑は総務担当理事として満鉄社内でも重要な位置にいた。そのため、山﨑文書にある満鉄改組問題関係は改組問題に関わった人物、とりわけ八田副総裁とのやり取りが残されており、要綱案やメモなどを含む八田文書と付き合わせることで満鉄内部の改組問題への対応がかなり明らかになると思われる。また、満鉄改組問題において山﨑が果たした役割の重要性も無視できなくなるであろう。

満洲事変以後の文書に関しては、改組問題が中心であり、山﨑の理事時代（一九三二年一〇月―三六年一〇月）のうち前半期に該当する。後半期はあまり含まれておらず、小田原市立図書館所蔵分の重役会議決議録が該当するにとどまる。

おわりに――山﨑元幹文書の可能性

満鉄史研究にとって遼寧省档案館が所蔵する満鉄本社の文書が自由に活用できない状況下では、満鉄関係者の私文書を発掘し、私文書を中心に満鉄史研究を深化させることに期待せざるを得ないのが現状である。

そうした意味において山﨑文書が持つ重要性は極めて高いといえよう。とりわけ、満洲事変前夜の満鉄については、これまで外務省記録に多くを依拠していたが、これはあくまでも外務省に集積された満鉄に関わる文書でしかなく、満鉄の主体的な動きはなかなか明らかにはならない。

また、満洲事変期についても同様で、多くが片倉衷などの私文書（例えば機密政略日誌）に依拠してきたため、ここでも満鉄は受動的な存在としてしかあらわれない。同様に、外務省記録においては政府と満鉄首脳部とのやり取りは明らかになるものの、実際に満鉄が事変に積極的に関わる流れを作っていった満鉄中堅クラスの動きは見えてこなかった。こうした史料的欠陥を山﨑文書は十分に補うものであって、今後、満洲事変期研究の第一級史料として大いに活用されてゆくであろう。

山﨑文書は、これまで紹介した機関の所蔵分を繋ぎ合わせると文書課長時代から総裁時代まで、山﨑の満鉄時代の主要な部分をほぼ網羅することが可能になる。これは、山﨑個人にとどまらず満鉄にとっても重要な時期をカバーすることになる。満鉄中興の祖といわれた山本条太郎総裁時代から張学良政権との緊張関係を経て満洲事変の勃発、事変による事業拡張から一転、満鉄改組による関東軍の影響力浸透といった満鉄の激動期の一級資料として満鉄史研究にとって益するところが大きい。

山﨑は、満鉄を語るために存在していたような人物であって、これほどの史料を残した彼の存在がなければ満鉄研究を進めることができなかったといえる。

山﨑文書に関しては本来の完全な姿がどのようなものであったのか再構成することは困難であり、山﨑文書がすべて世に現れたとは断言できないが、アジア経済研究所が所蔵する山﨑文書が公開されたことによって、ひとまず山﨑の死後に散逸して原秩序を失った文書群の復元は一つの区切りを迎えたといえるであろう。

今後は、山﨑文書以外の私文書を積極的に発掘するなかで、私文書による満鉄史研究の進展が図られるよう努力する必要があると同時に、そうした文書を受け入れる体制の整備も急がれる課題となっている。

山﨑文書にも関わることであるが、満鉄会が戦後の活動のなかで多くの私文書を調査し、また実際に受入もしてきた。その一部はすでにアジア経済研究所に移管されているが、まだ満鉄会に残されているものもあり、そうした資料の引受先も含めた保存管理も大きな問題となっている。

また、満鉄会が収集したもののなかで、猪子文書のように所在不明となったものもあり、こうした所在不明文書の再調査も必要となろう。これまで公開された山﨑文書は厳密にいえば業務のなかで派生した組織文書であって、日記や手紙など本来の私文書ではない。今後は多くの満鉄関係者の私文書を発掘し、それらを組み合わせることで、より具体的かつ立体的な満鉄史が構築できると確信する。

注

（１）本稿は、拙稿「満鉄史研究と山﨑元幹文書――戦後における散逸の経緯と復元への試論」『近代中国研究彙報』第二四号、二〇〇二年三月、を基に、その後明らかになった資料所在情報などを付け加えて大幅に加筆訂正したものである。

（２）遼寧省档案館が所蔵する満鉄史料に関しては、公開されているのは刊行物中心である。目録としては、『遼寧省档案館日文資料目録』上・下巻、遼寧古籍出版社、があり、ここに記載されているものしか閲覧できない。

（３）満鉄資料館に関しては、『吉林省社会科学院満鉄資料館　館蔵資料目録』全三冊、吉林文史出版社、がある。

(4)日本近現代史研究における個人文書の重要性を指摘したものとしては、拙稿「敗戦と公文書廃棄——植民地・占領地における実態」『史料館研究紀要』第三四号、二〇〇二年三月、参照。
(5)水沢市立後藤新平記念館所蔵。雄松堂よりマイクロフィルムおよび目録刊行。また、近年に未整理であった文書を収録した追補版が出ている。
(6)岡松参太郎文書は早稲田大学中央図書館が所蔵している。また、雄松堂よりマイクロフィルムおよび目録が刊行されている。
(7)国学院大学図書館所蔵。雄松堂よりマイクロフィルムおよび目録刊行。この他、筆者は以前、中村雄次郎の遺族に資料の所在を尋ねたことがあるが、残念ながら資料は現存していないとの回答を得ている。
(8)伊藤武雄・荻原極・藤井満洲男編『現代史資料31—33 満鉄』全三巻、みすず書房、一九六六—六七年。なお、松岡洋右文書に関しては、筆者が松岡家と連絡を取り、文書の所在を確認していただいたが、結局見つからず、現在は所在不明となっている。
(9)スタンフォード大学フーバー研究所所蔵。仮目録あり。
(10)慶應義塾大学法学部所蔵。目録としては、村上義一文書研究会「村上義一文書(満鉄関係記録)目録」『法学研究』第四九巻第四号、一九七六年四月、がある。また、雄松堂よりマイクロフィルムおよび目録刊行。
(11)早稲田大学現代政治経済研究所所蔵。雄松堂よりマイクロフィルムおよび目録刊行。
(12)現存する内田康哉文書は、内田の郷里である氷川町竜北歴史郷土館に所蔵されている。
(13)内田康哉の伝記は本来、外交史料館に残されている草稿からするとかなりの分量を予定していたが、火災とそれに続く日本の敗戦によって伝記刊行は未刊に終わり、結局、戦後になって草稿を大幅に圧縮した『内田康哉』内田康哉伝記編纂委員会・鹿島平和研究所編、鹿島研究所出版会、一九六九年、が刊行された。
(14)国立国会図書館憲政資料室所蔵。仮目録あり。
(15)満鉄会編・発行『満鉄資料を求めて——有馬勝良遺稿集』一九八六年、三二—三四頁。筆者の調査では、満鉄会においてその存在を確認できなかった。
(16)東京大学社会科学研究所所蔵。図書台帳を基にした仮目録あり。この他、十河家から郷里の西条市に十河の遺品・蔵書が寄贈されている。これらは西条市立図書館・十河信二記念館・こどもの国の三機関で展示されているが、文書類はほとんどない。また、遺族に文書類の所在を確認したところ、西条市へ寄贈したもの以外は現存していないとのことであった。
(17)学習院大学図書館所蔵。仮目録あり。

(18) 満鉄資料に関する所在情報については、前掲『満鉄資料を求めて――有馬勝良遺稿集』が唯一のものである。これは元満鉄社員であった有馬勝良氏が生前に「満鉄資料の所在目録」の完成を目指して一九七五年から開始した満鉄関係資料の所在調査と収集の足跡を記録したものである。有馬氏の構想は本人の死によって中絶し、その後満鉄資料に関する本格的な所在調査と資料収集は行われていない。

(19) 山崎が国内へ引揚げる際に作成した図書目録が小田原市立図書館「山崎元幹文庫」のなかに存在する。

(20) 満鉄会編・発行『満鉄最後の総裁　山崎元幹』一九七三年、七二四―七二六頁。

(21) 前掲書、七三五頁。

(22) 前掲書、七三六頁。

(23) 前掲書、同頁。

(24) 前掲書、六七六―七三〇頁。

(25) 松岡洋右伝記刊行会編『松岡洋右――その人と生涯』講談社、一九七四年、一二六〇―一二六一頁。

(26) 前掲『満鉄最後の総裁　山崎元幹』七二六頁。なお、寄贈の際の寄贈目録が満鉄会に存在するとされるが、現在のところ満鉄会では所在不明となっている。

(27) 『戦塵冊――昭和史に関する目録』第七集、二の橋書店古書目録、一九九四年。

(28) 小田原市立図書館「山崎文庫」は、文書類および満鉄刊行物を中心として雄松堂からマイクロフィルムおよび目録が刊行されている。

(29) 早稲田大学中央図書館特別資料室が保管している山崎元幹文書については、前掲「満鉄史研究と山崎元幹文書」に文書目録を掲載してある。なお、今後同文書の保管先が替わる可能性があるが、学内で管理されることは同じである。

(30) 『満鉄最後の総裁　山崎元幹』において「第二山崎メモ」として紹介されているのは、「自昭和十二年至十九年重要日誌／自昭和二十年至二十二年終戦関係メモ」のことを指すと思われる。

(31) 山崎元幹の私文書類は、現在筆者が整理作業と目録化を行っている。

(32) 南満洲鉄道株式会社編『満洲事変と満鉄』上・下巻、原書房復刻版、一九七四年。

山﨑元幹略歴および山﨑文書散逸経緯

1889年　7月	福岡県に生まれる.
1916年　5月	東京帝国大学卒業，満鉄入社.
1923年　9月	社長室文書課参事.
1925年　6月	撫順炭鉱参事.
8月	同炭鉱庶務部長.
1927年10月	社長室文書課長.
1929年　6月	総裁室文書課長.
1930年　6月	交渉部渉外課長.
1931年　7月	総務部次長.
1932年10月	理事.
1936年10月　3日	理事退任.
10月14日	満洲を離れ内地に帰還，小田原に自宅を新築(これまでの保管文書を移す).
1937年　9月	満洲電業株式会社副社長.
1942年　4月	満鉄副総裁.
1945年　5月	総裁.
9月27日	総裁解任，引き続き留用となる.
1947年10月　2日	葫蘆島出港，日本へ帰国(日記などを持ち帰るが，帰国後米軍に日記1冊提供).
1948年　6月30日	米軍に提供していた日記(1945—47年分1冊)返還される.
1951年　8月	公職追放解除.
1963年	福岡県立文化会館図書部へ蔵書約2000冊寄贈.
1966年　9月	松岡洋右伝記刊行会へ文書805点寄贈.
5月—68年8月	小田原市立図書館に図書・絵画約2000点寄贈.
1971年　1月	死没．日記などの遺品類は満鉄会の保管を経て，郷里の墓所に納められる.
1973年　7月	国立国会図書館憲政資料室が古書店より山﨑文書購入.
1974年	『松岡洋右――その人と生涯』刊行，伝記刊行会解散.
1980年	早稲田大学社会科学研究所が古書店より山﨑文書を購入.
1985年	同研究所が古書店より山﨑文書を購入.
1994年	アジア経済研究所が古書店より山﨑文書を購入.

第二部

満洲事変前史

解題　満鉄と張学良政権——満洲事変前史

加藤聖文

1　時代背景

本文書が関係する時期は、山﨑元幹が文書課長から渉外課長を経て総務部次長となる時期と重なる。満鉄の中枢部にあたるこれらの部署の責任者に就いていたことが、山﨑の手許に満鉄の重要文書が蓄積される結果になったといえよう。また、この時期は、国民政府に合流した張学良政権による利権回収が積極的に進められた結果、満鉄とのあいだで利害衝突が起き、解決の糸口が見つからないまま、満洲事変が勃発するという満鉄にとってもっとも激動の時代でもあった。

満鉄は、張作霖政権末期の一九二七年一〇月一五日に山本条太郎が張作霖とのあいだで山本・張協約（新満蒙五鉄道協約）を結び、これまで懸案となっていた鉄道敷設交渉をまとめた。協約では、①敦化—老頭溝—図們線・②長春—大賚線・③吉林—五常線・④洮南—索倫線・⑤延吉—海林線の五路線の敷設が取り決められ、以後、細目交渉の妥結を待って敷設工事が開始される予定であった。

しかし、この協約を締結して間もなく、国民革命軍に敗れて東北へ逃れてきた張作霖が、関東軍によって爆殺され、父の死を受けて東北軍閥の指導者となった張学良は、東北を除く中国全土を統一した蔣介石率いる国民政府への合流を図ろうとし、一九二八年一二月二九日に国民政府への合流を宣言し、ここに中華民国国民政府による完全統一が完成した（東北易幟）。

中国本土で高まっていたナショナリズムを背景とした国権回復要求と列強への抵抗運動は、この易幟を機に東北へも拡大し、張学良政権は東北に依然として権益を持ち続ける外国勢力（日本・ソ連）の駆逐を図るようになる。

張学良は日本の権益の象徴であり、また実態としても東北経済に巨大な影響力を及ぼしていた満鉄を牽制するために、東北交通委員会を組織して満鉄包囲線計画を実施しようとした。満鉄包囲線とは、満鉄本線の東西両側に並行線（錦州―瑷琿線と瀋陽―海龍線）を敷設し、葫蘆島に新しい貿易港を築いて、これまで大連に流れていた満洲の物産品を吸収し、満洲の物流の主導権を握って満鉄に大打撃を与えようというものであった。

ちなみに、西の並行線となる錦瑷線は、張作霖政権時代に開通していた洮昂線を錦州まで延伸させることでほぼ完成する計画であった。また、東の並行線となる瀋海線（日本側は奉海線と呼称）は、もともと一九一三年一〇月に結ばれた満蒙五鉄道協約の一部として日本が敷設権を握っていたが、洮昂線の建設を満鉄が請け負った際、交換条件として満鉄が敷設権を放棄していたため、日本側が異議を唱える権利は失われていた。

張学良は包囲線計画の実現を図る一方、張作霖時代に満鉄とのあいだで結ばれた山本・張協約の実施の延引を図ったため、満鉄が求めた張学良との鉄道敷設交渉は完全に行き詰まってしまったのである。

また、張学良はソ連に対しても強硬姿勢をもって臨み、帝政ロシアの権益をソ連が引き継いでいた東支鉄道（中東鉄路）に対する圧力を加え、一九二九年七月に実力で回収するにいたった。しかし、この強行策はソ連の軍事的反撃を招き、ソ連軍に惨敗した結果、一二月二二日に結ばれたハバロフスク協定によって現状復帰を約せざるを得なくなったという失敗に終わった。

張学良の対ソ強行策は失敗に終わったが、満鉄包囲線による対日強硬策は継続され、事態はいよいよ悪化の一途を辿っていく。

一方、張作霖政権末期には、軍事費膨張による重税と紙幣乱発によるインフレーションが東北経済の悪化をもたらしていたが、この時期になると世界恐慌が東北にも波及し、加えて中ソ紛争の混乱が経済の悪化に拍車をかけていた。経済悪化は張学良政権にとって大打撃であったが、満鉄にとっても大打撃となり、経常収支の記録的悪化が深刻になっていった。満鉄の経営悪化は東北経済全体の問題であったが、満鉄および日本政府はその要因を張学良政権による政治的圧迫に求めようとした。

そして、満鉄にとって八方塞がりの状況下で、満鉄社内では中堅クラスを中心に強硬論が芽生え始め、それが満洲事変勃発後の関東軍への積極的な協力の土壌となるのである。

このように政治環境も経済環境もともに満鉄にとってもっとも多難な時代に山﨑は、満鉄の中枢にいたことが、満洲事変前後期の満鉄中枢部の政策判断に関わる記録が残されるという幸運につながるのである。

2　本文書群の特徴と問題点

満洲事変以後に関しては、村上義一文書（慶應義塾大学図書館）や八田嘉明文書（早稲田大学現代政治経済研究所）によって満鉄の動きが明らかとなっているが、山本条太郎時代から満洲事変前夜にかけての満鉄関係者の個人文書は、木村鋭市文書（スタンフォード大学フーバー研究所）か前掲の村上義一文書のみであって、満洲事変にいたる時代のなかでもっとも重要な張学良政権と満鉄との交渉を分析するためには、これまで外務省記録だけが依拠できる史料であったといえよう。したがって、研究史上では張学良政権の利権回収政策への日本側の対応はもっぱら外務省が主体的な政治アクターとして取り上げられ、満鉄は実際の当事者であるにもかかわらず史料的制約から補助的な政治アクターとしてしか扱われず、その実際の動きはほとんど明らかにされてこなかった。

しかし、アジア経済研究所が所蔵する山﨑元幹文書によって、張学良政権に対する満鉄の主体的な動きを垣間見ることが可能となり、これまでの張学良政権と外務省という分析視角ではない、別の角度からの分析が可能となり、満洲事変前史をより複合的にとらえることが可能になったといえよう。

このように、山﨑文書が持つ史料的重要性はきわめて高いが、いくつかの問題も抱えている。山﨑文書は満鉄関係者のなかでも特筆すべき質量ではあるが、会社として体系的に管理されていた組織文書ではなく、あくまでも個人文書、いわゆる個人の手許に偶々残った断片化した組織文書であるため、文書全体の体系性を把握することがきわめて困難となっている。また、前述したように山﨑文書全体が解体して散逸してしまっているため、よりその傾向が強いといえる。

さらに問題なのは、アジア経済研究所が所蔵するまでに原秩序が崩壊してしまっており、それぞれの文書の連関性を復元できないものが多々発生していることである。アジア経済研究所が購入した時点で、文書群は古書店によって分類整理された状態となっていたが、それ以前の段階（おそらく松岡洋右伝記刊行会）においても原秩序が失われていたと思われる。なお、文書にはところどころ書き込みや赤線が引かれているが、これは山﨑自身が行ったものだけではなく、第三者によるものと思われるものも散見された。翻刻において文書にあるアンダーラインなどの部分を明記しなかったのは、以上のような理由からである。

目録では山﨑の役職に対応したシリーズ・レベルを設定したが、必ずしも年代が一致しないものも含まれている。その理由は、原秩序が崩壊しているため、文書の前後のつながりがあるものとないものに明確に分離できず、分離できないものはそのまま連続した文書としているからである。

本史料集では、山﨑元幹文書の体系性をできる限り復元しようと試みているが、前記のような問題点を含んでいることを踏まえて活用していただくことを望みたい。

3　第二部章別解題

本史料集の史料部分は、第二部（満洲事変前の文書収録）・第三部（満洲事変期の文書収録）・第四部（満鉄改組関係の文書収録）であるが、ここでは満洲事変勃発前までの満鉄文書を掲載した第二部について解説する。

第二部は第一章「張学良政権との鉄道交渉」・第二章「満鉄の懸案解決方針」・第三章「張学良政権による利権回収」の三章構成となっている。これらの文書は山﨑が交渉部渉外課長時代（一九三〇年六月一四日―一九三一年七月一五日）のものが中心である。これに斎藤良衛理事時代の交渉関係および東支鉄道関係の情報類からなる文書課長時代（一九二七年一〇月二二日―一九三〇年六月一三日）の文書が続き、満洲事変勃発までの総務部次長時代（一九三一年七月一六日―一九三一年一〇月三日)のものもいくつか含まれる。以下、各章ごとの掲載史料についての解説を加えよう。

1　張学良政権との鉄道交渉

第一章は張学良政権との鉄道交渉に関わる文書を「山本総裁時代」「仙石総裁時代」「予備会議関係情報」「交渉準備関係」の四節に分けて掲載した。

第一節「山本総裁時代」は、山本条太郎総裁時代の文書であり、山﨑の文書課長在任中とほぼ重なる。一九二七年一〇月、山﨑は撫順炭鉱庶務課長から社長室文書課長に転任した。この時期の満鉄は山本条太郎社長(一九二九年六月より総裁)によって事業拡張が進められ、長年にわたって懸案となっていた鉄道敷設問題も山本・張協約締結により解決の道筋が立ち、まさに発展期に差し掛かったと見られていた。しかし、翌年には張作霖爆殺事件が起こり、張学良によって易幟が行われると満鉄をめぐる環境は一八〇度変わってしまう。

山﨑はこうした激動期に一九三〇年六月まで文書課長という要職に就いていた。文書課は社長(後には総裁)直属の組織で満鉄中枢部において行われる経営・政策決定に直接関わる情報や記録が集中する要の組織である。この組織の実質的な責任者を三年近く務めた山﨑は満鉄の意志決定に大きな影響を及ぼすと同時に、最高機密に属する情報や記録を見ることができる立場にあった。

アジア経済研究所が所蔵する山﨑元幹文書のなかで、文書課長時代に関連する文書群は、張学良政権との鉄道敷設問題をめぐる交渉過程および張学良政権による東支鉄道利権回収に関わる情報が中核となっているが、文書課長の在任期間の長さに比べると文書量は多いとはいえない。

第一節に掲載した文書は、「渉外関係電報類」として一括されていたものである。これらは、渉外担当理事の斎藤良衛から山本社長および松岡洋右副社長に宛てられた電報である。とくに松岡宛が中心であることから、山﨑から松岡洋右伝記刊行会へ寄贈されたものと考えられる。文書は、一九二八年末に行われた張学良による国民政府への合流(易幟)前後のきわめて短期間のものであるが、満鉄が張学良政権とのあいだで鉄道敷設交渉の進展をいかに急いでいたかが、楊宇霆殺害(一九二九年一月一〇日)を絡めつつ窺える興味深いものとなっている。

結局、満鉄が求めた張学良との鉄道交渉は、楊宇霆殺害後は完全に暗礁に乗り上げ、国内でも田中義一内閣が張作霖爆殺事件の処理を誤ったため総辞職した。その後継内閣として、一九二九年七月二日に浜口雄幸内閣が成立すると山本総裁も退任に追いやられた(総裁進退問題に関する電報を一点掲載)。

なお、第一節に掲載した電報類には、満洲事変期の電報(六点)が合綴されていた。これらはいつ合綴されたのか不明であるが、おそらく山﨑自身によって合綴されたものであろう。本節では一九二九年までの文書(二九点)を掲載し、以降の文書(六点)は第三部第一章第一節(五点)および第二章第二節(一点)に掲載した。

第二節は、山本総裁の後を受けた仙石貢総裁時代に行われた鉄道交渉に関わる文書を掲載した。

一九三〇年六月に山﨑は、職制改正によって新設された交渉部の渉外課長に転任した。満鉄にとっては、鉄道敷設交渉が暗礁に乗り上げる一方、張学良政権による満鉄包囲線計画が具体化しはじめると同時に、東北の経済不況も加わって収益が記録的に悪化していくという多難な時期であり、山﨑は渉外課長という対張学良政権交渉の責任者として、もっとも重要な地位に着くことになる。

渉外課長時代の文書は、山﨑の立場を反映して張学良政権との鉄道敷設交渉といった政策レベルのものから運賃協定や工事費支払いといった実務レベルのものまで多岐にわたって残されている。また、満鉄包囲線計画に対する対抗策の立案など満鉄内部の具体的な対応が窺える文書もあり、当該期の満洲政策に関する史料として興味深いものが多い。

仙石総裁時代の張学良政権との鉄道交渉に関する文書は、渉外部長である木村鋭市理事と張学良との会見記録および外務省から木村への電報が中心である。なかでも一九三一年一月に行われた木村と張学良はじめ政権関係者との会談を記録した「鉄道交渉日誌第一回」は満洲事変勃発前夜の満鉄と張学良政権との関係が窺えるものとして重要である。なお、「奉公秘三〇第一号一　一月二十二日木村理事張司令会見録」は「鉄道交渉日誌　第一回」の添付書類第四号と同文であるが、「鉄道交渉日誌」には掲載されていない後半部分が存在するため掲載した。

なお、従来の研究では山本総裁時代は満鉄主導で鉄道交渉が進められ、外務省との連携が不十分であったことが指摘されているが、仙石総裁期になると外務省との連携による対張交渉が進められたとされる。こうした変化は山﨑文書からも窺えるが、実際には満鉄と外務省とのあいだでの緊密な連携の下、対張交渉が進められたわけではなく、満鉄社内で深刻な意見対立が存在していたことが山﨑文書から窺える。

仙石総裁時代の満鉄の鉄道交渉方針については、本資料集掲載の「鉄道交渉に関する具体案」「鉄道交渉今後の方針並方法に就ての卑見」(両文書は一括されていたもの)、および「〔借款調整問題解決方策案〕」が関係する。これらは交渉担当理事の木村鋭市によって作成されたものであるが、これは満鉄の方針ではなく、あくまでも木村個人の考えでしかない。しかも文面からは満鉄の方針に対する批判的な姿勢が窺え、当時、鉄道交渉方針をめぐって木村が満鉄社内で孤立していたとも受け止められる内容である。(1)

木村は、新線(長大線および敦図線)は中国側が認めた満鉄の既得権であって、容易に実現できると社内では思われているが、現実は張学良政権の遷延策によって実現されず、実力行使という強硬手段を執らない以上、「隠忍寛容の態度」と「重大なる対価の供与」を満鉄社内で合意しておく必要があるとの立場に立っていた。なかでも張学良との会談において、南京の国民政府との関係を考えると「臨機応変気永に隠忍寛容の態度を持し以て終局の目的を達せん事を期」すべきとの信念を持ち、しかもこの方針は日本政府が仙石総裁に指示したことでもあるとも述べていたのである。木村としては、三月一五日の重役会議では、新線問題解決の交換条件として取り上げられた借款整理問題についても「蝦を以て鯛を釣らんとするもの」であって交渉カードとしての有効性に疑問を投げかけていた。そして、近年の国際環境の変化を見れば、満蒙権益維持に関しては「根本的に思想を改むるの必要を痛感」、「名を与へて実を採るの方針」に転換することを求めていた。木村が作成したこの一連の文書は、これまで満鉄(そして日本政府)が求めてきた満蒙権益拡張路線の根本的転換を図ろうとしたものとしてきわめて重要なものであって、緊張が高まりつつあった張学良政権との関係にも影響を与える可能性があった。しかし、結果として木村の方針は満鉄の方針とはならず、張学良政権との対立は解消されないまま満洲事変を迎えることになる。

実は、前記の文書の内、「鉄道交渉今後の方針並方法に就ての卑見」の下書と見られる文書が、早稲田大学所蔵山﨑文書のなかに残されている（「中国との鉄道交渉における全権としての権限と交渉方針」）。文書は木村から仙石宛の体裁を取っているが、下書（訂正を含む）は山﨑の筆跡で書かれたものであって、おそらく木村が部下である山﨑に命じて書かせたものであろう。(2)

この文書で木村は「本年（筆者註・一九三一年。以下括弧内は筆者註）三月十五日ノ重役会議ニ於テ小職ハ大蔵（公望・計画部長）、神鞭（常孝・運輸部長）、村上（義一・鉄道部長）ノ三理事ト共ニ全権ノ恩命ヲ忝ウシタルカ、退イテ考フルニ小職ノ立場ニ関シ大ナルノ疑念無キ能ハス」と述べて、職務分担の不明確さに不満をあらわしていた。(3)特に木村は大蔵が新線・並行線問題担当になったことに対して強い不満があったらしく、連絡運輸・借款整理問題と新線・並行線問題といった事案別に担当を分け、また、予備的接触と本交渉との連動性を考慮に入れない分担制では充分な交渉ができないとして木村自身の辞意を漏らすほどであった。

そして、木村の不満の淵源は、着任早々の一九三一年一月二二日に行われた張学良との会見であったことがこの文書から窺える。木村と張学良との会見は本資料集にも掲載されているが、ここで木村が単なる就任挨拶から踏み込んだ提案を行ったことが仙石総裁の不満を招いたようで、木村は着任早々から仙石との関係がギクシャクしてしまったのである。外務省亜細亜局長から転任してきた木村としては、着任時から外務省との連携を取りつつ、張学良との会見に臨んだのであって、仙石の不満は理解しがたいものであった。(4)

この文書の後半部分が本資料集掲載の「鉄道交渉今後の方針並方法に就ての卑見」の下書部分となっており、おそらく木村の不満と辞意に触れた前半部分は削除されて後半部分のみ清書されて一九三六年四月に幣原外相に木村から手渡されたのであろう。

このように、仙石と木村（外務省）との間では、対張交渉の方法をめぐって十分な意思疎通が図られず、むしろ認識の齟齬が解消されないまま両者の対立にまで発展してしまっていたのである。

なお、木村と外務省との対張交渉に関する連携に関しては、本資料集掲載文書の他に、外務省記録「満蒙問題ニ関スル交渉一件　蔣介石全国統一後ニ於ケル満蒙鉄道ニ関スル日、支交渉関係」に木村と外務省との往復電信が残されているので、あわせて参照する必要がある。

この時期の仙石について山﨑は後年の回想でアルコール中毒であったと述べているが、[5]日記でも上司である木村に同情的な記述が目立つ。[6]木村と仙石との対立は、五月になって木村が交渉全権であることを仙石が確認して決定的な対立は回避されたが、[7]まもなく仙石が病に倒れて総裁を辞任する結果となった。満鉄にとって満洲事変前夜のもっとも緊迫した時期に内部で意思不統一が顕在化したことは、計り知れないダメージをもたらしたといえよう。

仙石の後任は、外務省の重鎮である内田康哉が就任するが、内田の選任理由は、仙石時代の外務省と満鉄とのギクシャクした関係の改善を図り、第二次幣原外交下の対張交渉の足並みをそろえようとしたためであったと思われる（しかし、結果的には内田は満洲事変後、政府の不拡大方針に背き幣原外交を崩壊へと導く[8]）。

本書第二節・第三節・第四節掲載の文書は、このような背景があることを前提に読み解く必要があろう。

第二節掲載文書は、交渉担当理事の木村と張学良政権との交渉全体に関わる文書であるが、第三節は、鉄道連絡や運賃協定などについて中国側鉄路局内部で開かれた予備会議に関する情報記録を掲載した。これらの情報は満鉄出先機関からもたらされた「奉天駅長報」および「奉天公所長報」を交渉部資料課（一九三一年八月以降は総務部調査課）がまとめたものであり、張学良政権内部の対応を満鉄がどこまで把握していたのかを知ることのできる文書として貴重である。

また、第四節は、交渉にあたって満鉄内部での検討が窺える文書を掲載した。前述したように、満鉄は対張交渉を木村ら四理事の分担制とし、それぞれ担当理事の下に専門委員を任命して具体的な交渉チームを構成した。山﨑は専門委員に任命されて借款整理を担当するようになった。山﨑文書に借款整理関係の文書が残されているのは、このような事情からである。山﨑元幹文書には、専門委員選定に関わる重役会議用資料と第一回および第二回打合会の記録、ならびに山﨑自身が作成した借款整理案とそれに対する竹中政一経理部次長の反対意見が残されている。本節では打合会開催関係の文書を掲載したが、これ以外の借款整理関係文書は第二章第四節に掲載した。

その他、第四節に掲載されている借款整理関係以外の文書は、第二節掲載の鉄道交渉文書に関連するものである。「契約上対張作霖の閲字に関する研究」は山﨑自身が作成したものであるが、渉外課長として木村の対張交渉用に作成したものであろう。また、「満洲鉄道交渉関係人物調査表送付の件」「鉄道交渉に関する日支双方の主張予想」は鉄道交渉に臨んで満鉄側が張学良政権内部の情報をどこまで把握していたのかが窺え、また第三節掲載文書とも関わる文書である。

以上、第三節および第四節掲載文書は、満洲事変によって張学良政権側との交渉も断絶してしまうので、文書自体も結果がないままで終わっているが、満洲事変前夜に行われた鉄道交渉の具体的な内容を知ることのできるものといえよう。

２　満鉄の懸案解決方針

第二章はこの時期の具体的な問題に対応すべく満鉄社内で作成・検討された文書を掲載した。前述したように、この時期の満鉄と張学良政権との懸案事項は、満鉄が既得権として獲得していた鉄道の早期実現が最重要課題であったが、張学良政権が並行線建設（満鉄包囲線）を計画して実行に移そうとしたことから、並行線問題が懸案として加わった。そして、鉄道新設および並行線問題解決の取引材料として浮上したのが、借款整理と連絡運賃協定締結であった。第二章では、このような背景を踏まえ、第一節で方針全般、第二節は鉄道新設計画、第三節は連絡運輸・並行線問題、第四節は借款整理問題、以上四節に分けて関連文書を掲載した。

第一節「方針全般」は、満鉄社内での全般的な方針決定に関わる文書を掲載した。ここでは主に重役会議に提出・配布された資料が中心である。なかでも「昭和四年十二月十六日重役会議にて決定　満蒙鉄道関係案件処理案」は、続く「対支懸案処理方針の件」とあわせて仙石総裁時代の満鉄の方針を示す文書であるが、添付された斎藤理事による「満蒙鉄道懸案解決私案」は、前述の満蒙政策の転換を訴えた木村の文書に通ずるものであり、交渉担当者の間で根本的な方針転換の必要性が強く認識されていたことは注目すべきである。

この他、重役会議関係書類では、満鉄の予決算関係や経営悪化に伴う経費削減に関わる文書が多い。なお、重役会議関係書類はひとまとまりになっているが、本書では満洲事変前後で分割した。本節掲載文書と第三部第二章第一節掲載の重役会議関係書類がそれに該当する。

本節は一九二九年から一九三一年までの仙石総裁時代の文書を掲載したが、山本総裁から仙石総裁への引継文書として

「満蒙鉄道借款契約に関する件」が含まれており、山本時代の鉄道問題関係文書として重要なものといえよう。

この他、本節では、重役会議関係文書以外には、協議関係および満鉄が参考資料としてまとめた文書を掲載した。

第二節は、満鉄側による鉄道敷設計画全般に関わる文書を掲載した。この時期、満鉄が強く求めていた路線は、吉会線（吉林―会寧）と長大線（長春―大賚）であり、特に吉林から敦化まで開通していた吉敦線を会寧まで延長することが最優先とされていた。本節では、日本政府内で吉敦線開通後の方針を確認した「吉会鉄道完成に関する協議会」と「吉敦鉄道建設及貸金額交渉経緯」を掲載した。このうち前者は、村上義一文書にも残されており、両文書は内容も添付資料も同じであるが、村上文書にはある添付資料（「昭和三年九月ノ会議ニ於テ天図改築線ヲ採用セル主要事項」）が山﨑文書にはない。

また、後者の「吉敦鉄道建設及貸金額交渉経緯」は、別冊第一号・第二号とセットになった文書であり、『松岡洋右――その人と生涯』に収録されているものと同じ内容であることから、山﨑から松岡洋右伝記刊行会に寄贈されたものと思われる。内容は、松岡洋右が理事時代に張作霖とのあいだで行った吉敦線敷設交渉の経緯をまとめたものである。満鉄が敷設の見返りに張作霖側へ資金提供を行った経緯が具体的な数字とともに明らかになっている点で一九二〇年代に行われた鉄道敷設交渉の実態が窺える貴重な史料といえるが、こうした経緯が満洲事変直前の一九三一年六月にまとめられた点に着目する必要がある。山本・張協約で取り決められた五路線のなかでもこの吉敦延長線（敦化―会寧）は最重要路線として位置づけられており、満鉄は張学良政権に対してその実現を強く求めていたが、交渉は完全に停滞していた。そうした背景のなかで吉敦延長線を実現するために満鉄側が記録をまとめたとも考えられるが、それよりも張学良側との懸案になっていた借款整理問題が交渉に上った時に備えて、満鉄側が準備資料としてこれまでの経緯をまとめたものだと考えるべきであろう。

この他、本節では、吉会線以外に浜黒鉄道（哈爾浜―黒河）に関する文書の他、新線計画全体に関わる文書を掲載した。

第三節は、連絡運輸および並行線問題、第四節は借款整理問題といったより個別具体的な内容を含んだ文書を掲載した。

特に借款整理問題については、前述したように山﨑自身が専門委員として関わっていたことから、山﨑自身が立案した文書も含まれていることも特徴である。例えば、「行詰まれる満蒙鉄道問題打開策私見」といった山﨑の私案からは、満鉄が窮地に陥っている時に山﨑がどのような解決策をとろうとしていたのかを知ることができる点で重要であろう。

さらに、この時期の山﨑が渉外課長としての具体的な関与と同時に、張学良の攻勢に対して満鉄がどのように臨もうとしていたのかが具体的にわかるものが、借款整理関係の一連の文書として残されている。

満鉄包囲線の一部となった四洮鉄路・洮昂鉄路、および日本側が敷設を求め続けていた吉会鉄道の一部である吉長鉄路・吉敦鉄路は、日本側が張作霖政権に対して借款を供与、または鉄道建設を請け負って敷設した鉄道路線であったが、両鉄路とも日本側から資金が出ている以上、鉄路局に日本人顧問が満鉄から送り込まれていた。実際の経営についての決定権は中国側にあったが、日本側の影響が皆無とはいえず、張学良としては両鉄路局を完全に掌握するためには日本側の影響力を排除する必要があった。そのためには、両鉄路局がかかえる日本側借款を整理する必要があり、一九三〇年末に張学良から借款整理の意向が日本側へ伝えられたことが「張学良との会見関係電報」(第一章第二節掲載)から明らかになる。満鉄としても借款整理を新線建設の取引材料としようといった動きもあり、満鉄側でも各種の資料を集めて借款整理が行われた場合のシミュレーションを行っていた。前述したように交渉部長の木村は取引材料としての有効性に疑問を抱いていたが、借款整理そのものを否定していたわけではなく、部下である山﨑を原案作成の中心人物としたのであろう。

借款整理を中心に山﨑文書に含まれる当該期の文書は、この時期、満鉄が張学良政権の利権回収政策に対して、どのような情報を集め、どのような想定をして、どのように対抗しようとしていたのかが窺えるものとして貴重である。

なお、第二章掲載の山﨑文書の多くは村上義一文書と重なるものが多い[9]。この時期の交渉全権となった理事のなかで個人文書が残されているのは、村上と木村のみであるが、村上の場合は、実際的な問題となっていた運賃並びに連絡運輸問題担当であったことから特に技術面にわたる具体的な文書が多く残されている[10]。交渉関係が中心で、具体的な部分は借款整理関係が中心となっている山﨑文書にはない文書も多く、当該期の張学良政権と満鉄との関係をより深く明らかにするためには、この二つの文書をあわせて活用することが必要といえよう。

3　張学良政権による利権回収

第三章では、張学良政権による利権回収の具体的な動きを示す文書を二節に分けて掲載した。

第一節は、一九二九年前半に起きた張学良政権による東支鉄道回収関係の文書を掲載した。これらは哈爾浜事務所など満鉄出先機関などからもたらされた情報類であり、資料として一括されていたものである。

日本とのあいだで政治的駆け引きが続いている頃、張学良はソ連の権益下にある東支鉄道の回収にも動き出していた。張学良は一九二九年七月一〇日に東支鉄道のソ連人幹部を一斉に追放して実力回収を行うが、その以前から東支鉄道に対して圧力を加えていた。山﨑文書に含まれる「東支鉄道回収問題関係情報」は、実力回収直前の張学良政権と東支鉄道との政治的緊張が窺える内容となっている。なお、張学良政権が試みた東支鉄道の実力回収は、中ソの国交断絶（七月一八日）を経て一〇月一二日に武力衝突にまで発展する。張学良軍はソ連軍に惨敗し、一二月二二日に調印されたハバロフスク協定によって現状復帰という結果に終わった。以後、張学良政権は利権回収の矛先を満鉄に向けるようになるが、同時に中ソ紛争を機に東北経済の悪化が深刻化し満鉄経営悪化の一因になった点においても、一九二九年の東支鉄道をめぐる紛争は、満鉄に大きな影響をもたらしたといえよう。

第二節は、東北および中国本土における利権回収の動きに関する情報および満鉄側の分析を掲載した。このなかで、アジア経済研究所が所蔵する山﨑元幹文書のなかでもっとも古い時期のものである「支那内治外交関係　外交関係（排外、利権回収運動）」を掲載した。これは山﨑が文書課参事であった時期であるが、文書は松岡洋右理事用にまとめられたものである。この事例と同じく、早稲田大学が所蔵する山﨑元幹文書にも松岡洋右理事用の文書が含まれている（「大正十三年六月中情報　松岡理事」）。このようなことからも、アジア経済研究所と早稲田大学が所蔵する山﨑元幹文書は、松岡洋右伝記刊行会へ山﨑から寄贈された文書群であると推測されよう。文書自体はもともと松岡洋右のものであったものが伝記編纂の過程で山﨑が寄贈した文書群に混入したとも考えられるが、文書課にいた山﨑が松岡理事用に作成された文書を管理し、結果的に山﨑元幹文書の一部となった可能性が高いと思われる。

この他の文書は山﨑の渉外課長時代のもの三点と総務部次長時代のもの一点である。このうち、「交資綜第十四号　昭和五年九月二十六日　資料課　最近に於ける東北四省の鉄道敷設計画」は村上文書にも同じものが存在する。

注

（1）「山崎元幹日記」（一九三一年一月一〇日）では、「木村理事カ徒ラニ外務省ヨリ人ヲ入ル、事ニ対シ社内ニ反感アル事ヲ伝ヘソノ形式外交ハ結局失敗」と外務省に対する満鉄社内の反発が根強いことを伝えている。
（2）「山崎元幹日記」（一九三一年三月一八日）に「木村理事上京ノ上、総裁ノ信任ニツキ膝詰メ談判ヲセラル、要領ニツキ打合ス。アルヒハ之カ理事ノ辞職事由トナル筈」とあり、おそらくこの文書が作成された時期と重なると思われる。
（3）具体的な分担は、村上が運賃並びに連絡運輸問題担当、神鞭が工事費問題担当、大蔵が新線並びに並行線問題担当であった（外務省記録「満蒙鉄道問題ニ関スル交渉一件」外務省外交史料館所蔵）。
（4）木村・張学良会見に対する仙石の不満は、一九三一年一月二八日の重役会議で表面化した。「山崎元幹日記」には「総裁ハソノ第一項新線問題ニツキ理事カ我方ヨリ進ンテ言及シタル事ヲ打合イ反トシテ動カヌ、（中略）ソノ他交渉方針ニツキ今迄ノ総裁ノ了解ハ全然画餅ニ帰シタリ」とある。
（5）財団法人満鉄会編『山崎元幹・田村羊三　思い出の満鉄』龍渓書舎、一九八六年、二六―二七頁。
（6）例えば「山崎元幹日記」（一九三一年一月二九日）では、「頑迷ナル総裁ノ下ニ理事ノ立場同情ニ堪ヘス」とある。
（7）「山崎元幹日記」（一九三一年五月五日）では、「総裁ハ木村理事ノ対支鉄道交渉全権タル事ヲ快諾」との十河信二理事経由の情報が記述されているが、おそらくこの時点で仙石と木村との決定的対立は回避されたと思われる。
（8）内田が総裁就任後の八月一六日に木村と会談しているが、「我カ方面ノ硬化ヲ憂ヒ」た木村に対して、内田は「諸案件解決ノ急ヲ力説」し、木村の隠忍寛容方針は内田もいれるところとならなかった（「内田伯日記抜録　下」氷川町竜北歴史郷土館所蔵）。
（9）例えば、「満蒙鉄道問題に関する協議要領」「支那鉄道と満鉄との運輸上に於ける対抗関係調　昭和六年二月現在」（以上第一節掲載）、「連絡運輸、運賃、並行線又は競争線に関する協定案骨子」「吉林を中心とし海港に至る特定運賃協定の必要」「支那借款鉄道経営参加条件の変改案骨子」（以上第三節掲載）、「四洮鉄道会計主任権限に関する実際」（第四節掲載）が挙げられる。
（10）木村鋭市文書は、情報類をまとめた「綜合資料」が中心であり、それ以外は、華北の滄石鉄道（滄州―石家荘）建設に関わる文書群と張学良政権による炭鉱の利権回収に関わる文書群のみであり、交渉そのものに関わる文書は含まれていない。

第一章　張学良政権との鉄道交渉

第一節　山本総裁時代

1　斎藤理事発・社長、藤根理事宛電報

極秘
昭和３年10月13日午後10時30分発　11月11日後10時42分局著
＃43号（暗号）
本日張学良の江藤に対する談話要領左の通
鉄道問題に付ては余も常蔭槐も吉会及長大の敷設に異議無く殊に張作相は吉林方面の反対を慰撫する等最も熱心に本件の成功を望み居るに付此の点田中首相及山本社長へ呉々も伝言頼む
土地問題に付林総領事より近日何等要求ある模様なるが此の議は極めて重要問題にして民意が果して之を容るるや否や不明なるのみならず東三省のみにて此の種大問題を決行せば余りに重き責任を負ふこととなるを以て日本政府にして真に実行せんとならば先づ南京政府の了解を求めらるるを可とす　然らざれば当分鉄道問題の解決に止めて土地問題の提案延期せらるる様希望して止まぬ自分の政府委員任命は保安会に諮りたる結果受くることに決したり。

2　斎藤理事発（奉天にて）・社長宛電報

昭和３年10月29日ＰＭ８時40分発　８時50分着
張作相は昨日朝奉天発奉海線臨時列車にて海龍に向ひ騎馬にて海吉線を四日間の予定にて巡視を為し吉林に帰任す
随て従来錦州方面に駐屯せる吉林第五軍約一万は全部撤兵し今日より四日間満鉄線にて輸送吉林省内各地原駐屯地に帰還せしむべしと

3　斎藤理事発・社長宛電報

極秘

昭和3年11月3日午後4時35分発　午後4時36分著

#八〇(暗号)

保安会より昨日張作相に電報を発し鉄道問題の責任は保安会林にて執る故速に敷設に同意せられ度しと勧誘したる由一方吉林省議会議長は楊宇霆の旨を承け前記保安会決議の模様等を作相に説明する為本夜吉林に向ふ筈

尚当地に入込める鉄道反対の吉林側運動者は当地要人等の気乗せざるに落胆し不日帰吉の由なるが一方吉林地元に於ても反対運動は漸次下火となれり　明日四日帰連委細申上ぐ

4　斎藤理事発(奉天にて)・松岡副社長宛電報

極秘

昭和3年11月21日PM3時30分発　4時17分著

#85

鉄道問題交渉永引き誠に御申訳なし目下支那官民の日本に対する神経極めて鋭敏にて社長御来奉のとき学良総領事館にて晩餐後胃病起り両三日引籠り中林が学良を毒殺したりと噂され又両三日前も総領事が城内居住日本人の引揚げを内密命令したりとか其他愚にも付かぬものながら人騒がせの風説が誠しやかに流布され居る程なれば学良や楊宇霆等が殊に社長御来奉後熱心になり来りたるも空気悪しき為やり憎きことは事実なり　殊に最近日本の新聞に対し強硬外交連盟説など出てからは尚更らのことと思はる　当方も不能ながら全力を尽して日夜急速解決に焦慮し居るも右様の次第につき少し時日を藉(か)し下さる様御願するの余儀なきを遺憾と存ず(社長に電済み)

5　斎藤理事発・(奉天にて)副社長宛電報

極秘

昭和3年11月27日午後5時15分発6時22分著

本日常蔭槐は江藤に対し奉天側議員は翟省長の手にて、黒龍議員側は自分の手にて諒解付いた吉林側は未だ運ばぬ故作相に部下を奉天に派する様申送つた処作相は保安会責任を負ひ正式連省議会を通過せば問題なき故吉林議員の諒解は奉天側にて付けられ度しと返電した云々

目下吉林省議会開会中とて吉林議員重なる者奉天に居らぬ常の部下を奉天に派し云々と云ふは腑に落ちぬも昨日秀村(明朝来奉)を(ハルビン吉林ニヤリ(?)/ハルヒリンニヤリ)在吉議員を至急諒解せしむる様取計方を　張景恵と相談せしむる筈　尚吉林出身の莫徳恵、

劉哲二人にも努力方を学良より話して貰ふことにした　以上の次第故　結果までには少しかかる見込

6　斎藤理事発・副社長宛電報

極秘

昭和3年12月5日午後4時5分発　4時18分著

＃一三一(暗号)

陶尚銘及交渉署日本科長安詳二名総司令より拘禁さる此の外被拘禁者二名ある由なるも姓氏不明、丁鑑修は昨午後以来拘禁の疑あり趙欣伯は昨夜大連に避難したり此の四人と日本側とは従来相当親密の間柄なり拘禁の理由は共産党との関係露見と噂さるるも陶、安両名家宅捜索の際支那憲兵は日本人との往復書類を全部押収したりとの事故日本関係にての拘禁と思はるも然りとせば目下の交渉問題にも直接間接に影響ありと思はる成行注意中尚前記四名は小職等とは無関係なるが奉特務機関が同人等を相当利用し居りたる事実あり

御参考迄(社長電済)

7　東京支社長発・副社長宛電報

極秘

昭和3年12月5日午後4時58分発　6時40分著

＃二〇〇七(暗号)

在満領事特別任用令に関する件に付吉田次官の回答左の通

現行任用令の解釈は総領事とすることも領事として後に総領事とすることも不可能なり任用令の字句を領事官と改正せば出来る事となるが其の改正は頗る困難なり只勅任総領事のみは外交通関に経験あるものを特別銓衡(せんこう)することを得る途あるのみ

8　斎藤理事発・副社長宛電報

極秘

昭和3年12月8日午後4時50分発　5時15分著

＃一〇二(暗号)

其の後学良、翟省長、常蔭槐等を歴訪したるが何れも問題の停頓は結局吉林側議員の来奉遅延の為と称し居るに付更に吉林に督促を求め其の結果学良より更めて督促電報を発し且昨日(コウケイメイ)を吉林に派遣したり楊宇霆の言に依れば張作相は他の用件の為二三日中に出奉すべしとの事なるが右事実とせば問題促進に相当効果あるべし

陶、安事件は鉄道問題には左したる影響無き見込み

(社長電済)

9　斎藤理事発・副社長宛電報

極秘
昭和4年1月10日午後5時発　5時40分著
#一〇五四（暗号）
作相が林中佐に対し学良より蔣介石に電報したる由申し居たるは前電の通にて甚だ気懸りなりしにより十日江藤より学良に聞かせたるに学良の云ふ所に依れば右電報の内容は鉄道問題従来の経過を述べ契約実行は到底避け難きを以て東三省官辺は日本の要求に応ずる事に決定したり、就ては貴下限りの御含みとして申上ぐ公表等は絶対に避けられ度しとの意味のものにて別に蔣よりの回答を求め居らず他方蔣としても東三省の決定を非なりとすること能はざるべく又進んで賛意を表する訳にも行かざるべきに付結局何等返答を送らざるものと思はるると答へたる由
作相を事落着迄奉天に居る様当方より申出て学良承諾す
（社長スミ）

10　斎藤理事発・副社長宛電報

極秘
昭和4年1月10日午後3時50分発　4時5分著
#一三八（暗号）
本日江藤学良に面会先電九日夜の学良、作相、常蔭槐会議の模様を尋ねたるに愈々（いよいよ）契約実行のことに決定したるも交通委員会にて満鉄側への要求事項研究中なるに付常より要求提出迄待たれ度しと申し居りたるが江藤は更に常蔭槐を往訪したるに常は契約実行の暁は必ず吉林方面に於てゴタゴタ起るべく其の為には是非共聯省議会を通過せしむる要あるに付明日保安会を召集し三省々議会代表者九名を列席せしめ東三省として必ず実行すべき方針を決定したる旨明確に官辺意向を伝へ聯省議会を必ず通過せしむるに極力尽力すべき旨を命令する筈なり
尚提出要求は研究中なるが自分は急用にて三四日後哈爾浜に帰らねばならぬ故旧正月後社長に来奉を願ひて万事決し度しと申し居たるに付江藤より旧正月迄待つことの不可なる所以を説きたるに然らばせめて吉長吉会海〔ママ〕両鉄道の改制（カイセイ）位は至急出来（シキウデキ）まじきやとの事なりしを以て江藤より双方兎も角専門家を呼び寄せて予備会議を開くことにし度しと述べ引取りたり（社長スミ）

11　斎藤理事発・副社長宛電報

極秘

昭和４年１月11日午後５時10分発　午後５時44分局著
＃１６１（暗号）
本日作相は深沢（フカザワ）に対し
「楊等は学良を陥るるの行動あり見るに見兼ねたることと内部（南方と云はず）より命令もあり今日の挙に出でたり」
と語りたる由（社長スミ）

12　斎藤理事発・副社長宛電報

極秘
昭和４年１月12日午後５時10分発　５時42分著
＃一一八（暗号）
鉄道問題に関する学良の南京に電報の件学良と作相の言葉に相違ある事前電申上げたる如くなるが張景恵の十二日秀村に語る所に拠れば右電報は
「南北妥協の今日外交問題を中央政府に移すは当然なるも鉄道問題のみは張大元帥の極め置かれ三省現当局も承知の上の事なるに付他の外交問題とは別箇に取扱ひ三省のみにて決定し度しと思ふ御意見如何」
との主旨にて作相の言と附合す、之に対する南京政府の回答は既に到達し本日学良江藤に右返電を示したるが其の主旨は
「事情御申出の如しとせば貴意に従ふべし只民心の反動を生ぜざる様適当措置せられ度し」
と云ふにありて小職の最も懸念し居たる南方関係は之にて一安堵なり、併し鉄道問題以外の外交問題は一々南京の指示を受くべきものと想像せられ物によりては南京に話すを得策とする事あるべしと思はる（社長スミ）

13　斎藤理事発・副社長宛電報

極秘
昭和４年１月12日午後３時15分発　４時16分著
＃九五（暗号）
町野江藤一二日学良に会見す、学良曰く鉄道問題は必ず実行する確（ママ）き決心を有す只貸すに時を以てせられ度し将来の為山本社長とは堅く手を握り度し（田中首相は嫌ひなりと云ひたる由此の旨社長に伝へ乞ふと）

14　斎藤理事発・副社長宛電報

昭和４年１月12日午後５時25分発　午後５時40分著
＃一三〇
電見町野に御趣旨伝へたるも急速帰朝の要あり遺憾ながら行くこと能はず不悪との事にて本日陸路帰東したり

15　斎藤理事発・副社長宛電報

極秘
昭和4年1月12日午後9時5分発　9時35分著
#一七三(暗号)
十二日作相は林中佐に対し
「楊問題と鉄道問題は全然別箇のものなり楊が殺されても鉄道は必ず実行す但し楊問題の一始末もあり且保安委員会を廃し政務委員会を設け又議会を廃して党部を組織する等内政上の大問題あり之が片着かねば鉄道の事は話が進まず夫迄は約一ケ月を要すべし」
と述べ林より夫迄日本側が到底待てぬ事情ありと告げたるも作相は支那にも支那の事情あることは日本側も充分了解すべき筈なりとて急速解決を不可能とする意見らしき由
前電張景恵、学良及作相の言に徴するに先方は内政問題を理由として茲〔ここ〕暫くは引張る意向と察せらるるに付当方は急速解決の為全力を注ぐ積り(社長スミ)

16　斎藤理事発・副社長宛電報

極秘
昭和4年1月12日午後9時5分発　9時50分著
#一七四(暗号)
十二日張景恵秀村に対し
「鉄道問題は自分の山本社長に対する約束もあり必ず実行す安心あれ、但し楊事件の後始末等にて茲一週間位は仲々進行せざるべし、南方の意見は憂慮に及ばず」
南方よりの返電ありたる事実は知らざりし由
「民衆運動は少くとも吉林の関する限りは必ず抑へ附くべし、一〇月の民衆運動に対する自分の手並を見て安心あれ」と語り又南方の意見如何に拘らず実行の意気込ありやを疑ふとの秀村の問に対し張は
「蔣介石、馮玉祥の不和は近来相当緊張し蔣は閻錫山と提携し更に東三省とも結ぶ事となれり、南北妥協も全く之が為なり、南方に戦乱の起るは茲三四月の後なるべく其の際東三省はじつと見て居て蔣、馮双方の弱るに乗じ三省は独立的地位(独立すとは云はず)に立つべし此の方針の為には何としても、日本の支援を必要とす　之南方の意見を無視しても鉄道問題を実行せんとする所以なり、一方蔣介石も三省との連絡の必要上前記請訓に対しては結局承諾すべし」
と答へ次に秀村は楊宇霆銃殺問題の為三省に混乱起り鉄道問題の解決も自然不利益とならずやと答ひたるに対し

「夫は全然反対なり楊一派は武力を有せざるを以て二巨魁の亡き後彼等は何事も出来ず又今回の挙に依りて学良と作相其の他の旧派と合体し時局は却て平定すべし、楊は三省内部攪乱を企て居たり又楊は日本側に対し鉄道問題に賛成の意見を発表し学良に対しても同意見を述べ居るも日本を利用こそすれ決して好意を持つ男にあらず仮令(たとい)表面賛成しても裏面に於て民衆運動を起す等の術策を有し事の成功を妨げるのみならず学良を困難の地位に立たしむるに相違なし、同人の銃殺は此の見地よりすれば却て好結果を齎(もたら)すべし」と語れり(社長スミ)

17　斎藤理事発・副社長宛電報

極秘
昭和4年1月13日午後5時45分発　6時46分著
#八〇(暗号)
鉄道問題に付先方が依然遷延策を採る方針なるべきは前電の通なり当方は此の機を逸せず飽迄(あくまで)速決にて進む積りにて江藤、林、秀村其の他の向より極力運動し一方総領事よりも厳重交渉の筈なり
然るに先方は余程田中内閣の運命を気にして居り学良は江藤及小職に対して以前より此の事を尋ね翟省長も小職に対して尋ね居り当方は現内閣は益々鞏固(きょうこ)となれりと新聞記事等を根拠として色々説明を試みたり、併し先方は尚安心せず(民政党代議士中追て内閣更迭すべきに付夫迄懸案解決を延せと云ふ不謹慎なる言動を為したるものあり)
然るに本日の東京電報には床次氏現内閣と手を切る事となり両三日中声明書を発表すべしとの記事あり交渉に相当悪影響を及すべし、就ては実際の政情殊に議会の事小職の含み迄に御内報煩し度し
尚作相が頻(しきり)に武器を希望し居り政府が希望に応ずることを同人に明言し其の代償として鉄道即決を求むる事も相当有効手段と思はる此の点も政府の方針御内示を得度しと存ず
(社長スミ)

18　斎藤理事発・副社長宛電報

極秘
昭和4年1月12日午前3時15分発　4時8分局着
#96(暗号)
楊事件に関する学良の通電の要旨は鎌田より電の通にて処分の主たる理由楊常の南北妥協反対、灤河撤兵阻止及京奉線車輌返還反対の事項なるが右の中車輌問題が2人の反対に依り阻止せられたるは事実にて楊は江藤其の他の日本人

に対し右の意味を述べ居たり
又灤河撤兵は学良の方針にして過般来所属部隊の引上げを命じぼつぼつ実行し居たるに拘らず約1箇月前より撤兵を中止したるは訝しと思ひ居たるが一面要人会議に学良が楊の引上げ阻止の通電を突き附けて楊常を尋問したりとの事にて、王家楨の林総領事に対する談話中にも本人等が之を自白したりと云ふ事あり旁々〔かたがた〕楊常両人の南京政府に対し反抗的態度を有したるは事実なり、而して過般南京政府王交通次長京奉線車両返還交渉の為来奉の際楊常両人が其の要求を峻拒し王は楊等に対し非常なる反感を持ちて帰りたる事実あり、南京帰着後の王の行動は想像に難からず
而〔しか〕も通電の文勢より見るに南方に対する弁明と見るの外無く殊に上海の有力新聞にも特に送附したる事実より見るも今回の処分が南京政府の命令に出でたるは疑無きが如し
他方学良が東三省の統一殊に自己の地位を鞏固にする為両人等排斥の意思ありしは1、2箇月前学良が江藤に対し古き連中を漸次遠ざけねばならぬと内話し而も之は誰にも云つて呉れては困ると云ひたる事に徴しても明かなり
(小職も過般副社長に楊は何時か学良がやつつけるに相違無しと申上げたる事あり)
加之〔しかのみならず〕作相の両人に対する反感は非常のものにて小職が作相に楊の名を云ひたる時も色を為したること両度あり、孫伝芳が江藤に対し鉄道問題も処分の大きな理由なりと云ひたる事は右通電中
「両人が洮昂鉄道の全権を握り収入を私したり」
と在るを見れば或は小職等交渉の問題其のものを指すものにあらずとも解せらるるが此の点は本日江藤学良に面会の上にて見当附くべしと思ふ(社長スミ)

19　斎藤理事発・副社長宛電報

極秘
昭和4年1月14日午後5時45分発　5時58分著
#一七七(暗号)
十四日林総領事学良に面会す、鉄道問題に関する会談要領左の通り
林「鉄道問題の其の後成行如何」
学良「此の問題は南京政府の意向と民論の反対を考慮せざるべからず」
林「南京政府より東三省政府の意向に従ひ差支へ無しとの返電ありしにあらずや」
学良「然り然れども意味不明の点あり更めて電報にて(請負契約を有効と認むるや否や若し認めずとせば其の理由

如何)と照会し回答未だ来らず」
林「契約既に成立し今日は実行問題のみ南方より主義を認め来りたる今日此の種照会の要無し」
学良「之は南北妥協の今日仕方無し」
林「日本政府は取極上の権益を飽迄擁護すべし　南方より万一契約を認めずと云ひ来り東三省が契約を実行せざるが如き事あらば事態急迫し貴下の地位も危くなるべく之誠に懸念に堪えず又民意を云々せらるるも之は誠意だにあらば取扱決して困難にあらず」
学良「やることはやるも段取は当方に任せ置かれ度し」
要領右の通にて会談は結局不得要領に終りたるが先方が聯省議会の意見如何に拘らず至急実行すべしと云ひ居たるに楊の死後態度が急に後戻りしたるは甚だ困りたる事なるが江藤今夜学良と会見充分説得を試みる筈(社長スミ)

20　斎藤理事発・副社長宛電報

極秘
昭和4年1月16日PM4時4分発　4時50分著
鉄道問題従来の経過より見れば学良、作相共に主義として契約実行を言明せること一再ならず楊の死後態度変更したるも全然前言を翻したる訳にあらず　唯実行の時期問題となると言を左右に托して明言せず　遷延策を試み居るものと見ざるべからず　然れども幸今日に至りては町野、江藤、林其他諸君の努力に依り問題は重点が対南関係と聯省議会会議問題とに帰着し来りたるは累次の電報にて御承知の通りなり　右の内　対南方関係は最初は学良の電報に対し民論の反対に気を付けよとの条件附にて承認の返電あり之れにて此の問題は打切り得るに拘らず　学良は更に契約の効力□(ラウム)の意見を問合せ居りもー一度位は電報の往復を要す等云ひ居り五日間には決定すと答へ居るも果して可然や疑へば疑はれ　万一南方が反対し来りたる時かまはず実行するの決意ありやとの江藤の問ひに対し学良はいや　南方は反対せずと思ふとて明確なる回答を避け作相も総領事、林中佐に対し同様返答し居る等の事情より見て未だ安心出来ず　見様に依りては悲観さるるがもー五日との先方の約束もあることなれば其の間嚇かしもしすかしもして南方の態度に不拘(かかわらず)実行せしむる様　極力努力する積りなり　此の点に関し□(アライソウジ)ノ□(オオタイ)対する談話に依れば　張景恵の十五日学良をして蔣介石に宛鉄道問題は已に契約済のものなれば　決行すべしとの意味の電報を出させたれば一両日中には何等かの返電あるべく　尤(もっと)も其の回答の如何に拘らず遅くとも本日内には解決せしむべしと談話したる由なるが若し然りとせば昨年十二月三十一日学良の江藤に対する談話と差なく至極結構なるが　楊死後学良も作相も此処まては明確に答へ居らず　出来得る丈け右様の言質を取るに努むる積りなり

次に聯省議会問題につき作相は妥協の結果自然消滅となるに付之れに替るべき地方党部にかくる筈なりと述べ居るが之れにては　時期も永引き又党部には自然南方の人も入るべく　結局否決せられざるやを恐れ是非共　之れにかけざる様色々運動したるが　学良は最近に至り矢張り連合にかけると云ふ　作相　張景恵も昨今にては同様云ひ居るにつき　党部にかくることだけは　免れ得るものと想像せらる併し聯省議会側よりの情報に依れば　国賊呼はりが　恐ろしく進んで賛成はし兼ぬと云ひ　賛成の決議は蓋(けだ)し出来兼ぬべしと思はるるにつき　過般来学良　作相、張景恵に対して夫々（聯省議会の通過は不可能の見込なるが若し否決でもせられたらば対日関係悪化し三省要路者の地位にも影響すべき重大事の起ることあるべきを以て宜しく大局より処断すべし最善の方法は学良より聯省議員の重なる者に対し三省政府共同責任にて実行すべき旨を通達しどしどし実行することとなり）との趣旨にて手を分ち説得を試み居たるも今日迄中々思ふに任せざりしが　十五日　作相は林中佐に対し本問題は一応政務委員会にかけ三省政府協同責任実行を決議したる上重なる三省議員に対し其の趣旨を述べ議員の諒解を得るに努むべしと云ひ居るにつき　当方希望通り進むべき余地なきにあらずと観察せらる此点学良の意見は不明なれば江藤より更に説得を試み小職も明日及明後日学良及び張作相に篤と談じ入るる筈（社長スミ）

21　斎藤理事発・副社長宛電報

極秘

昭和4年1月17日ＰＭ8時30分　8時51分著

十七日小職鎌田同道張作相を往訪　鉄道問題促進方につき長時間に亘り種々説明を試みたる処作相は余も総司令も契約実行を決意し居るも南北妥協の今日南京に経伺せざる訳には行かざるのみならず　幾分にても南方に責任を持たせることが若き総司令を苦境より救ふに効ありと信じ南京に打電したるが返答要領を得ざるに依り二度目の電報を発したるが返答未だ来らず　先方より万一反対の電報来らば更に東三省当局の苦境を充分訴へて説明を試みるべく　南方と雖も東三省の対日特殊関係を無視するが如きこと万無しと信ず、とて楽観し居り小職は南方の対日態度を説き又已決の本問題につき今更ら南方の同意を求むるの要なきを説き総司令よりの数度の請訓に対し南方が反対せば重大なる結果を来し支那の為にも張家の為にも甚だ不幸なる事態を生ずべし然るに鉄道問題解決せば日本の対東三省感情も融和し殊に山本社長の□（ホントウニセオイテ）三省開発及び張家自身の為め努力せらるる決心を利用せざるは極めて不得策なりとて武器問題をも香ばし　且責任を南方に分担せしめんとの目的も先方が反対し来らば却而総司令の責任を重からしむる道理なるを以て速かに南方関係を打切り過日の総司令の約束の如く処置するを得策とすと強く説きたるに対し　作相は南方の返事は直ぐ来る故待たれ度　若(も)し反対の返事にして幾分にても南方にて責任を分つものと解せらるる筋あらば其れにて満足なり　全部向ふに押し付くる意思なしと答へ尚小職より近々方本仁来奉の由に付南京との交渉は是非其れ迄に打切る様懇々話し置きたり　他方聯省議会問題に関し小職より各方面の情報を基礎とし悲観説を述べ十二月三十一日学良より江藤に対しなしたる談話通り単に主なる議員の諒解を取るに止むるに非ざれば危険なる旨を告げたるに対し　作相は自分も左様思ひ過般自ら議員に対し鉄道敷設は吉林開発上より利益なること及び日本に侵略意思あらば吉会線の有無を問はざること三省政府はいよ〳〵契約実行の決心をなしたること等を告げ若し日本の要求を拒絶せば日本は安奉線の時同様の自由行動を取るべく其際自分としては責任上力を以て之れを阻止せざるを得ず　之れが為両国に戦端を開くこととなるべしと嚇し極力説明に努めたる結果今日に於ては形勢悪しからずとて之れ亦楽観し居るにつき小職より決して安心出来ざる次第を説き是非とも本件当方希望通り計ふ様懇望したるも　作相の回答要領を得ず此の為当方は極力先方を押して見たるも　何日頃実行するや等の具体的問題に触るると常に楨途の議論を為し要領を得ず　学良張景恵と口を合せて体裁よき事のみを云ひて遷延を策するものと察するの外なく或は日本議会の形勢等を考慮し暫く引づる意思と察せらる　然しグヅ〳〵し居りては再び形勢悪化の虞あるを以て目下各方面より一斎に押しつつあり(社長済)

22　斎藤理事発・副社長宛電報

極秘

十八日学良　江藤に対し左の通語れり南京政府より第二回目の回電あり要旨は「総司令の日本に対する用意と苦心とは充分諒とするを以て貴方の意見通り取計はれ差支なし但し南方対日関係の現状に鑑み関係の良くなるまで遷延策を取られ度し」と云ふにあり此の上南方と電報を往復するの

要なし只実行後南方がぐづ〳〵云はざる様諒解を取る為至急□□（コジヤクグ）を南京に遣し其の結果を見る積りなり又聯省議会は議に上すも到底賛成決議をなす見込なきを以て　彼等は賛成はせずとも反対せざる様充分諒解を遂ぐべく　其の上にて実行に着手すべし之等の手続き完了までには約二週間を要すべし但し二週間の約束は学良江藤の約束とし日本側へ示さす様せられ度し尚聯省議会操縦の為奉天議会の反対者の首魁〔しゅかい〕たる王副議長は秘書に任命し同じく反対主張者たる孫議員は南京に特派することとし色々懐柔に苦心し居れりと語れり

小職等は今日迄一歩々々先方を引づり来りたるも学良は屡々色々なる新口実を作り数々引延し来れるにつき前記二週間の約束もあてにならず　元より楽観し難く此際は只ひた押しの外なしと存じ小職も同日王家楨を経て学良に対し一日も遷延し難き事情を詳説し右江藤に対する談話の再考方を求め且近く学良を往訪する筈　尚総領事よりも強く押して貰ふことに打合せ済（社長済）

23　斎藤理事発・副社長宛電報

極秘

昭和4年1月20日ＰＭ6時30分発　8時39分著

廿日小職鎌田同伴、作相と会見　作相曰く（昨夜の政務委員会　学良、作相、袁金鎧、莫徳恵、劉哲、劉尚清（リュウセキセイ）、湯玉麟、沈鴻烈　翟省長　王樹翰（オオキヨウカン）列席に於て総司令は鉄道問題は此上遷延し難き事情を述べ事件進行につき政務委員会に於て責任を負ふことを求めたるに満場一致にて可決し審議の結果□（オオ）奉天交渉署長□（セウ）吉林交渉署長斎（セイ）吉敦副局長、□□（ハテキチン）王翰文の五名を委員に任命し条件を商議せしむることとせり）　小職曰く（新鉄道の条件は已に決定し今更ら審議の要なし　元来吉会線敷設は新民屯奉天間鉄道を支那側へ譲渡の際及び間島を支那領土と認めたる際其の代償として決定せられ其後も支那政府が屡々同線を承認したり然るに支那側は自分の取まへ丈けはさつさと取り日本に与ふべき代償を与へずして今日に至れり日本は已に多大の犠牲を払ひたり而のみならず　昨年五月の協定は条件極度に支那側に有利にして之れ以上条件商議の必要も無ければ又商議したりとて之れ以上の有利なる条件を与へること不能）
作相曰く（新契約の条件は余も大体之れを知るも其他の鉄道契約の改正を求むる要あるものあり　例へば吉敦吉長合同の如き　既設鉄道の金利問題如きこと之れなり　之れ民論を緩和する上に於て必要なり支那側の困難なる事情は諒察せられ度し）　小職曰く（支那側に困難なる事情ある如く

に日本側にも是れ以上べん〳〵と既設鉄道の利息問題等を商議し居れぬ事情あり日本側は支那側の遷延策に対し極めて強き反感を有し殊に最近に至り強硬論台頭し満鉄は或は手を引かねばならぬこととなるやも不知　其の結果は支那側に有利ならざるは貴下の夙(つと)に承知せらるる処なるべし山本社長に於かれては支那に充分好意を持たれ公正なる支那側の要求は出来得る限り之れに応ずるの用意あるも契約実行が斯く遷延せらるるに於ては其の好意も期待し得ざるべし日本政府は日本の権益擁護の為には極めて強硬なる意見を有す遷延は却而支那に不利益なり）　作相曰く（山本社長は支那人間に最も評判宜き方なり此人とならば話し運ぶも外の人にては其の望み少きを承知す）　小職曰く（然らば契約に従ひ速かに局長を任命し測量に着手するを最上策とす若し支那側に要求あらば契約実行と別に協議を進むることとすべし）　作相曰く（条件の商議以前に局長任命することは出来ぬ）　小職曰く（新局長任命は必ずしも必要ならず新線の事務を吉敦局長をして兼ねしむるも　一策なるべく同時に兎も角測量に取りかかる事に是非同意せられ度し）　作相曰く（余よりも総司令に貴意を伝ふれば　貴下よりも説得せられ度し）　小職曰く（総司令には明日会見すべきにつき　貴下よりも余の意見に賛成の趣旨にて総司令を説かれ度し）　作相応諾　小職曰く（昨夜の政務委員会にて対南方交渉打切りとなりたるや）　作相（南方へは鉄道問題はやらねばならぬ故委員をして条件を研究せしむることとせりと通告せしめたれば是れ以上交渉の要なし）　小職（聯省議会附議問題は如何）　作相（聯省議会は自然消滅する故之れにかくる要なし）

会談大要右の通りにして条件商議にて永引かせ日本政情をも見極め一方日本の対南方商議の発展を見て決定せんとする意思と観察せらるるに付条件商議要求をはね付けせめて先づ局長任命と測量開始とを実行することに同意せしむる為全力を尽す積りなり尚総司令は本日王家楨を小職の許に遣はし自分は責任を以て鉄道問題を解決すべしと云はしめたり此の機会に同人に対しても前記作相に対すると略(ほぼ)同様の話しをなし置き明日十時半小職学良を訪問する筈（社長スミ）

24　斎藤理事発・副社長宛電報

極秘

昭和4年1月21日ＰＭ5時40分発　7時0分著

#135

廿一日小職学良と会見、十九日政務委員会案即ち五名の委員をして条件を研究せしむる案につき、今更条件の研究は必要なきこと審議しても新契約以上の譲歩出来難き次第を前電作相に対すると同様の趣旨にて述べたるが　学良は委員案は自分等の努力に依り　漸く政務委員会を通過したること故　変更は困難なり又支那人上下の対日感情極めて険悪なる際故　人民に対し新鉄道の敷設条件が公正なることを知らしめ且新鉄道敷設に依り既設鉄道の条件を緩和して貰ふ等の利益あることを知らしむる必要上委員をして研究(外部には満鉄側と商議することとせず)せしむることに決定したり　委員は両三日中全部出揃ふにつき之れと会見せられ度しと答へたるにつき　小職より　政務委員会の決定を変更する位は対外交渉上　有勝のことなり　又人民は総司令に於て　納得せしむるの義務あり　已に成立しゆる契約の義務履行につき人民の反対を云々すべきにあらず　満鉄株を三省政府に持たせる事等は人民の諒解を得る最も好き道理にあらずや　況〔いわ〕んや吾等は支那側の公正なる要求は之れに応ずべしと云ふに於てをや　人民の反対を理由として更に一層重大なる外交上の困難を惹起するは取らずと述べ　学良は尚種々困難なる事情を繰り返したるにつき　困難は双方にあり　之れを云ひ合つて居らば限りなし　余の虞〔おそ〕るる処は満鉄が従来穏和に穏和にと交渉を進め来れる事に対し　近来日本側の不満を増し且有力者間に支那側の遷延策に甚しき反感を持ち此際交渉を政府当局の手に移すべしとの強硬論すらあり此儘に推移せば　延ひて総司令に対する日本従来の同情消滅し貴下の地位にも一大変動を来すが如きことなしとせず　此等の点を考へ慎重考慮せられ度しと述べ　学良は日本が力でやるとならば　余は手を引くやも知れずと云ひたるにつき　其んな事の無き様にとて小職等は苦心し居れり　此の難局を避くるの途は速かに局長を任命し　測量を開始するにあり　若し支那側に何等か希望あらば　公正のものならば　好意的考慮を加ふべし只支那の希望に対する商議の問題は全然契約実行の問題と　折〔ママ〕り離さざるべからずと強く主張したるに学良は自分としては測量開始に断じて反対にはあらず　此の事は何れ委員会に商議せしむべしと答へたるにつき　当方は委員との会見を拒絶する意思にはあらざるも局長任命測量開始が先決問題なりと押し問答を重ねたるも先方の明答を得るに至らず　尚対南方問題及聯省議会問題につき学良は作相と略々同様の談話をなせり(社長済)

25　斎藤理事発・副社長宛電報

昭和4年1月23日ＰＭ3時26分発　6時5分著

＃1□□

（特秘）鉄道問題最近の経過殊に小職の二十日作相との会見二十一日学良との会見等より察するに先方は全然誠意なしとは認めざるも出来得れば何かと口実を設け遷延を試み居るものと察せらる、当方は飽く迄局長任命測量開始を先決問題として先方の委員案に対抗する方針にて本廿三日総領事も此の趣旨にて学良と厳談を試み小職等も更に引続き極力交渉し出来得れば学生冬期休業中に片付くる為最善の努力を為す積りなるが先方の態度前述の如しとせば出来るには出来る見込なるが或は急速解決の望み薄と懸念せらる東京方面にては局面打開策として強力処理を主張する有力者ありと伝聞するが之れ決して目的を達する所以にあらず日本側の有する権利は工事請負権にして安奉線の如き建設権にあらず又無理に建設せば日本が列国の感情を害するは別問題としても新鉄道と支那側鉄道との連絡は到底望み難きのみならず鉄道沿線各種の事業に対する将来の日本人参加の望みを失ひ更に満蒙に於ける邦人の経済発展を阻害すること極めて大なりと信ず又交渉を外務省に移す議論あり、近く総領事より外務省に移管を上申する形勢あれど　之れ交渉不成功を予期して掛るべき最後の奥手に取つて置くべきものにて未だ其の時機にあらずと存ず　小職等は随分思ひ切りたる強硬論を主張し言葉の上の強硬は何人が交渉の任に当りても之れ以上には出でざるべく総領事としても結局同じ議論を繰返す外なかるべし　更に進んで強硬の態度に出づとせば十九日社長宛副社長電報の通り本件及土地問題を提げて談判し結局は政府と政府との正面衝突を覚悟の上ならざるべからず　其の結果は元より軽々に予断し難きも小職の見る処に依れば日本側が余りに強硬手段に出づれば学良は失脚せずとも限らず　南京と呼応して民衆運動を煽動し飽迄消極的抵抗を試みるべく然らざるも自ら手を引きて中央政府と交渉せよと突き放つべし　斯くては鉄道促進の目的に遠ざかるのみならず学良は南京に近づき延ひては政府の対南京交渉にも悪影響を及ぼすは必常なり随て此の意見は交渉促進の考へより出でたりとせば甚だしき矛盾なり　昨日小職総領事に面会の節林は余に対し事件は結局進展せざるを以て本日学良と会見の際交渉は爾後自分にて引受くべしと断言し極めて強硬に談判する外なしと申したるに付、引受けて成功の見込ありやと反問したるに言葉の上の強硬は結局効果なし先方がうんと云はねば大孤山奉天附近の日本側買収土地を強力を以て経営する等力を以て臨まざるべからず　答へる位にして別に成案なかりしを以て小職は暫く当方の最終的努力に委せ置かれ度く到底望みなしと見極め付かば社長、副社長に経伺の上当方より進んで移管を申出べしと告げ置きたり　支那の遷延策の腹癒（はらい）せの為めとならば　兎も角鉄道敷設の目的を達せんとならば短気は禁物と存ず　強硬態度に出づべきや否やは支那側に契約実行の意思ありや否やに依り決すべきものなり　若し先方に全然誠意なしとせば他の各種の懸案と一括して突付け強硬手段に訴ふることも考へられざるにあらざるが小職は必ずしも先方に全然誠意なしとは考へず（別電参照）先方は少くとも日本議会の形勢と日本の対南京交渉の成行きとを顧慮すとの小職の観測当りとせば依然小職等の手にて厳重交渉を続け急速解決に全力を尽すと同時に急がば廻れの方策にて出来得る限り無理の利かぬ様に心掛くるの外なしと存ず日本の南京交渉好転し議会も切り抜けうることが事実となりて現れば交渉好転の望みなきに非ずと信ず　此際無理押しに押しては既設鉄道の利子の問題や其の他に色々不利益を思はざるべからざるはめに陥るべく　又三省人民の日本に対する感情の極めて険悪なること及び学良の地位の甚だ堅からざることに鑑みれば学良が逃を打つことなしとも云へず、現に学良が二十一日の小職との会見に於て日本が強力にて臨まば手を引くやも知れずと云ひ居れる位なり日本に依らねば　学良の地位危しとの議論も屢々やつて見たるが学良としては日本に依ることに依り南方其他より国賊呼ばはりされ却而民心を失ひ不平分子や□□（シンカ）等之れに乗ずる事を恐れ日本に依り度くとも依れぬ現状にあるを以て此の議論が怜悧（レイリ）なる学良に相当こたへても直に実行を泊まる程の決心を為さしめ難しと存ず　若し又以上の方針にても尚目的を達せずば結局は支那内部の紛争に乗じ一気呵成にやる外なく例へば馮玉祥対蒋介石、学良連盟等の紛争を利用するが如し此の紛争は恐くは甚だ遠きことにあらざるべく張景恵の如きは四五日頃と見込を付け居り作相も孫副官に対し近く南方に動乱あるべしと語れる由なり　平時に到底出来ぬ仕事が内乱時に容易に出来たる例は過去日支交渉に例少からず交渉の結果の各方面に重大関係を有し政府も社長、副社長に置かれても急速の解決を希望せらるる事情は小職は篤と承知し居るも過去六ケ月の体験よりして敢て右卑見開陳し現在の交渉が甘く行かぬ場合急がば廻れ主義に依るべきか玉砕主義を取るべきかの根本的御方針を承知し置くこと小生の懸引き上極めて必要なりと存ず何分御指図乞ふ

終りに臨み小職等卑才にして今日迄社長副社長の御期待に副ひ得ざりしは誠に申訳なく深く責任を感じ伏して罪を待つ次第なり

社長に御伝へ乞ふ

26　斎藤理事発・副社長宛電報

昭和4年1月23日PM6時30分発　7時59分著

#25□

（特秘）（別電）鉄道問題に対する支那側の態度につき二様の観察あり総領事の如きは学良作相等には全然誠意なく過去六ケ月間の小職等の交渉は只単に先方に愚弄されたるものと信じ其他にも此等の説を為すものあるも小職は而か信ぜず　支那側最初の三、四ケ月間こそ出来る丈け逃げを打ちたれ其後事態幾分改まりたりと信ず　而して最初の支那側態度の主たる理由は学良作相其他の要人並に民間が日本の奉天集兵其他の高圧政策に対し悪しき反感を持ちたること口にこそ出さざれ張作霖の爆死を日本の行為なりと確信し居ること（劉哲其他一、二の要人は之れを交渉の進行せざる最大原因なりと日本人側に明言したることあり）鉄道敷設を日本の三省侵略の一手段と考へたること日本は鉄道に不必要なる多額の金を高利にて貸し付け返済を不可能ならしめたる上　後日自ら管理せんとの野望ありと考へたる事等なるが　小職等は可成広き範囲に亘り右等誤解を解くに努め殊に社長以下満鉄当局の公正和平の方針を高唱したる結果　欲目かは知らねども今日は少くとも満鉄に対する従来の反感は幾分緩和されたりと信ず　現に十月頃まで小職に対し洮昂線車輛問題や吉林兵輸送拒絶、吉敦工事費等持出して日本を攻撃し居たる作相は昨今山本社長の最近の態度を賞揚し又学良は江藤に対し田中内閣は嫌ひなるが山本社長とならば話しが出来ると云ひ居れり鉄道問題自身に関する先方の態度より見るも初めの程は互に責任をなすり合ひ計りして交渉の端緒すら見出し難き苦境にありしが十一月中保安会責任を持つこととなりてより学良作相共鉄道は必ず実行すべしと云ひ出し聯省議会議員の説得にも相当手を入れたるは事実なり旧臘南北妥協後の学良の対南方交渉にも態度甚だ緩慢なりしとは云へ兎も角何とかかとか南京を押し付けたり学良の小職及び江藤に対し云ふ処に依れば今回の関税交渉や済南事件に対しても数次南京宛長文の電報を発し日本と争ふことの支那就中（なかんずく）東三省に不利益なる旨の意見を致したりとの事にて態度の漸次緩和し来りたるは否むべからず　今回の提案たる委員会案も一方よりして見れば遷延策と考へらるるも従来に比し他方幾分の進展とも見られざるにあらず　又廿一日作相が帰任の直前　林議長に対し鉄道はやる事に決定し万事は委員に一任したり学生正月休み明け前に　解決し度しと思ふ委員等の決定の実施つき宜敷頼むと云ひ居れり　又委員に任命されたる□□（セウイク）が総司令の招電に対し病と称して出奉を忌避したるに対し作相より二度迄も出奉を奨めたる等先方に於ては必ずしも鉄道敷設を何処までも回避せんとするものとは　想像されず　併しながら過去に於て学良は初め色々な口実を捉へて遷延を試したるが　之れは最近に至りては　やらせぬ為めのものにあらずして南方に対する気兼ねと人民の反対論を気に病みてのことと解せらる　対南方の問題は已に解決せられたるを以て　暫らく措き民意の気兼は同情すべき事情あり　学良は弱年にもあり又親の威光にて総司令となりたる丈けに地位に対して不安あり　昨年十一月頃迄は学良のハイカラ政策に対し旧派の反感甚しく保安会の有力者にして小職に対し学良への不満を語り楊宇霆等の野心家は之れを利用したる形跡もあり張宗昌の礫州〔ママ〕幡居も目の上のこぶなりしなり　其後宗昌没落し楊、常死したる今日も三省官民の信望篤からず　色々と人気取り策を取り居り南北妥協も幾分は人気取りとも考へらるる現状故あれ程の民衆運動を惹起したる鉄道問題の即決に躊躇する事に付き幾分同情すべき事情あり又他方民衆運動を起したる近因中に関東庁□□（ムフウセンダン）なる新聞?・禁止解除?・総領事の土地問題提起其他日本側の責に帰すべき事情もあり理屈から云へば已定の契約上の義務履行に民論を云々するは怪しからぬことにて小職等も強く此の点を主張し来り元々進んでやる気の無き鉄道問題なればこそ民論を持たせ楊、常問題には民論を無視したる矛盾あれども之れを以て直に学良に契約実行の意思なしとは断ずべからず　以上の次第につき鉄道は全然出来ぬものと決め込み無暗〔むやみ〕な強硬手段を採るが如きは尚早と存ず　先方の決心は気は進まねども日本側より迫らるれば可成後難の来らぬ程度にていや／＼ながら応ずるの外なしと云ふ程度のものなれば此方の押し工合に依りては望み全然なしと云ふを得ずと存ず　御見込に依り社長へ御転電乞ふ

27　斎藤理事発・副社長宛電報

極秘

昭和4年1月23日午後6時30分発　7時17分著

#2□

総領事廿三日学良に対し局長任命、測量開始を強硬に主張したるも先方承諾せず　学良は民意が可とするか南方が命令するかの場合以外実行出来ずと跳付け総領事より更に張家の利害と日支将来の関係とよりじゅん／＼として即時決行を迫りたるに学良はどん／＼兵力にて敷設したらば如何

そうすれば余の立場は却而楽になるべしと逆捻(さかね)じを喰はす等結局要領を得ずして別れたり　之れは総領事も小職も予期したる処にて当方としては総領事より只強く出て貰へば夫れにて満足にてこちらとして別個に学良説得に努むる筈
尚総領事が会見中学良は（南方よりの正式訓令は外交は全部南京でやる故総司令にて決定の限りにあらずと申し来りたるが蒋介石より私電の形式にて地方的解決を許し来れり妥協前此種問題は地方的に解決すべき明確なる諒解故蒋の私電通り取計ふべし）と告げたる由社長済

28　吉林公所長発・副社長、斎藤理事、情報課長宛電報

極秘
昭和4年2月13日午後5時35分発　7時10分著
#三四（暗号）
十二日参謀長の小職に内話せる処左の通り
日本側後援の下に恭親王を擁立して帝政を再現せんとするの計画は必ずしも不可ならずと雖も之が時期及支那側人物の選択には多大の注意を払はざる可からず本年三月南京政府は同地に全国大会を開く予定なるが其の結果は何人にても予想し得るが如く必ず南方派の四分五裂を来し全国民は三民主義委員制度の不可なるを極端に感知すべきに付其の際本計画を実行すれば輿論の反対無かるべしと信ず　若し速急に之を行はんか其の結果日本及前清皇室に累するのみならず南方は英米人に縋りて或は国際間に大動乱を惹起する事無きを保せずと思考す
又本計画に参与せる張宗昌褚玉璞を始め馬賊の頭目共は国民に信頼せられて大事を成し得る程度の人物ならず　宜しく前清朝の遺老にして徳望あるものを起用し支那国民が大総統政治委員政治に飽きたる機を見計らひ英国式の君主立憲制度を採用すること適切なりと信ず

29　総裁発・副総裁宛電報

極秘
昭和4年7月2日午後6時46分発　8時著
#二四二九
極秘に付特に御注意乞ふ
小職の進退に付いては責任上可成速に目下計画中の事業の組織及其の輪郭を整へ然る後進退を決する考へなり、御含み願ふ
尚此の際の事なれば土地其の他の買収等聊(いささか)にても疑惑を招き易き事項の決定は差控へることに願ひ度し
小生帰連の日未定追て電す

第二節　仙石総裁時代

30　吉田外務次官発・木村理事宛電報

極秘　暗電
昭和五年十一月十八日午后七時半著

張学良は満鉄関係借款又は立替金等にして鉄道の収益を以て償還すること困難なるものは、今次の債権者会議に於て整理して貰ひ度意向を有するやの情報あり
　御参考迄

31　吉田次官発・木村理事宛電報

極秘　暗号
昭和五年十一月十九日午后

　　張との会見期の件

大淵支社長に御托送の谷局長宛貴翰拝見せり。貴社内の御意見纏り御同慶に存ず。尚本件折衝に関し、我方より進んで切り出すべきものに非ずとの貴意一応御尤乍ら、張学良は其の南京滞在中国民政府当局との間に満洲鉄道問題に付ても協議を遂げたる形跡あり、今後も（当方着電によれば張は二十四、五日頃迄南京に滞在する趣なり）同問題に関し何等か新たなる策動を開始するに非ずやとも推察せらるる処、当方としても本件の如き重大且つ複雑なる問題が一朝一夕にして解決せられ得べきものとは認め居らず。又別段内政上の理由のために無理に之が促進を計らんとするが如き考には非るも、前記支那側の態度に顧み此際、先方の機先を制して本件折衝の途を開き置くこと緊要なり、と思考し居る次第に付、林総領事とも御連絡の上、学良の着奉を待ち機を逸せず、兎に角同人と会談せらるることに願度、尚林総領事に対しては本電を転電すると共に、右会談を容易ならしむる様貴方と相談の上支那側との連絡等予め手配方依命電報し置きたり
　追而（おって）独乙側北満鉄道投資問題に関する在独代理大使宛回訓支社を通じ貴方に電報せり、御含迄
　　在支公使に転電せり

32　東京支社長発・木村理事宛電報

極秘　写
昭和五年十一月十七日

#二九(暗号)
外務大臣より在独東郷代理大使宛十一月十五日左の通発電ありたり
○十一月六日貴電に対し満洲に於ける鉄道問題に就ては日支両鉄道共栄の根本義に立脚して当面の対抗的情勢を打破し適当の協調を計らんと期しつつある次第にて機宜対策の詳細に就ては不日貴方に通報の手筈なるところ貴電計画線中(1)吉林より哈府に向ふものは吉海、奉海、京奉等既成線と連絡し、(2)斉々哈爾より(ブラゴヘ)に向ふものは洮昂、四洮、打通、京奉等既成線と連絡し夫々〔それぞれ〕満鉄の東西に於て競争線を形成し之を包囲するの結果となるべく(3)哈爾浜より東北に向ふもの又連絡情況如何によりては右競争線を更に有力ならしむるものと想像せらるる次第にて前記善後策緒に就くに先立ち本件諸線の計画促進せらるることは満鉄の将来にとり極めて重大なるを以て此の機会を利用し満洲に於ける鉄道問題に対する我方の立場を明かにし置くこと然るべしと思考するに就てはこの際貴官より左記の主旨を独乙政府当局に御申入れありたく在京同国代表者よりは未だ何等申出なきも申出ありたる節は同様の主旨にて応酬の所存なり
満洲に於ける鉄道問題に関し独乙政府当局が帝国政府の意向を尊重せられんとする厚意は感謝に堪えず元来我が対満方針は従来屢々表明せる通何等門戸開放機会均等主義に違反せんとするものに非ず同地方の経済的開発は大いに歓迎するところなるが我方に於て重要なる国家的利害に関係ある満鉄を包囲孤立に陥らしむる如き支那側鉄道計画は之を黙視し得るものに非ず尤〔もっと〕も支那側にして満鉄の死命を制するが如き極端なる方策をとらざる限り同鉄道をして支那側諸鉄道と連絡協調して両者と共存共栄を計らしめ又列国と共に支那側鉄道計画の促進に協力するの用意あるものなり問題の鉄道計画が果して如何なる意図に出るものなりや之を知るに由なきも少くとも満鉄に対し前述の如き問題の打撃を与ふべき諸線の延長若〔もしく〕は之を有力ならしむるの目的に出居るが如き感無くんばあらず従て今日の事態に於て之等諸線の促進を見んが我国の輿論の沸騰は之を予知するに難からず

33　鉄道交渉日誌　第一回

(自一月二十一日至一月三十一日)

中華民国国民政府副司令張学良昭和六年一月十八日帰奉せるを以て木村理事は理事就任挨拶を兼ね機会あれば政府の訓令に依る鉄道問題に関する交渉精神を張学良に述べむと

し一月二十一日赴奉す
交渉経過左の通り
一月二十一日
木村理事は岸田嘱託、松隈秘書、穂積技師を帯同、午前九時発の急行列車にて大連出発午後三時三十分着奉理事公館に入り後総領事館及特務機関を訪問したる上総領事主催の宴会に出席す
列席者　林総領事（主催者）、森島・森岡・佐藤・三浦の各領事、関島書記生
　木村理事、鈴木少将、立川警察署長、入江公所長、小倉地方事務所長、岸田嘱託、松隈秘書、穂積技師
散会午後九時
一月二十一日
林総領事は学良に勲章贈与後、鉄道関係未解決事項につき木村理事を相手方として虚心坦懐具体的交渉に応ぜらるることに致し度と述べたるに、張学良は理事と会見提案の要領を承りたる上方針を決定すべしと述ぶ（別紙第一号書類参照）
一月二十二日
鎌田嘱託来奉一行に加はる
理事林総領事を訪問、張学良と会見に関し種々打合せをなす
学良との会談は左記に依ることに決す
一、満鉄理事に転ぜる所以
二、今後の覚悟（軟弱外交と言はるるも敢て意に介せず）
1、既往の行懸りに執着する意志必ずしもなし
2、幾多の懸案あるも右に対しては
イ、冷静なる挙措
ロ、共存共栄の徹底的実現
ハ、少くとも鉄道関係懸案解決の歩を進め妥協互譲の精神を発揚す
ニ、懸案の具体的説明
A、支那側計画線
B、並行線問題
右は政治上の問題とせず技術上及事務上の見地より何等解決の方法を講じたく斯くして之等の諸懸案を全然政治問題より離脱せしむるを得べし更に懸案としては寧ろ先決を要するものあり即ち
C、運賃及連絡運輸協定問題
D、借款鉄道契約関係の合理的解決
ホ、最後の解決には中央政府の承認を要すべきも、事東北に関する現実の問題なるを以て副司令限り処決

せらるべきものなり
　此の見地より非公式に御高説を拝聴したき所存なり
と
午後五時理事は鎌田を帯同長官公署に出向張学良と会見、午後五時半より六時半に亘り会談をなし帰館す
交渉部次長には別紙二号の通り発電
新聞記者には左の通り発表することに決定
　午後五時半より長官公署に於て張司令と会見、理事は就任の挨拶を兼ね種々の懇談をなし当面の懸案問題に就きても言及し隔意なき意見の交換をなし再会を約して午後六時半辞去せりと
会見録作成のため夜を徹して一行努力す
一月二十三日
総領事館より木村理事発外務大臣宛別紙三号の通り発電
本電報写交渉部次長宛発送す
理事左記私宅を訪問す
　臧式毅（遼寧省主席）、劉哲（東北政務委員）、袁金鎧（同上）、王鏡寰（省政府委員）、高紀毅（交通委員会副委員長、省政府委員）、盧景貴（交通委員会委員）、蔣斌（同上）
高紀毅本日天津より帰奉す

一月二十四日
会見録別紙第四号、総領事館に二通、本社に一通、公所に一通発送す
総領事館は前記三号及第四号書類を左記領事館に送付せりと
北京・南京・上海の公使館及領事館には三号電を転電し、会見録第四号書類は暗号に訳し郵送
天津・哈爾浜・吉林・長春・安東・牛荘・鄭家屯・満洲里・斉々哈爾各領事館には第三号第四号を暗号とし郵送
理事名刺挨拶個所左の通り
　王樹翰（東北政務委員）、翟文選（同上）、莫徳恵（東支理事長）、王家楨、周大文（本渓湖煤鉄公司総弁）、朱光沐（長官公署秘書長）、陶尚銘（長官公署秘書）、劉風竹（東北大学副校長）、沈鴻烈（東北海軍司令）、張志良（瀋海鉄路総理）、陳文学（省政府委員兼民政庁長）、張振鷺（同財政庁長）、呉家象（同教育庁長）、劉鶴齢（同農鉱庁長）、彭済群（同建設庁長）、邢士廉（省政府委員）、高維岳（同上）、米春霖（兵工廠督弁）、張煥相（航空司令）、栄臻（軍事庁長）、王樹常（軍令庁長）、何豊林（参議）、沈瑞麟（同上）、羅文幹（同上）、湯爾和（同上）、陳興亜（憲兵司令）、李徳新（商埠局総弁遼寧市

長）、労勉（北寧弁事処）、李毅（瀋陽県長）、趙欣伯、王長春（秘書）、白銘鎮（省公安局長）
日本側
警察署長、商工会議所会頭、民会長、城内派出所主任、領事館警察
張学良に手交すべき覚書別紙五号書類作成
総領事一通、本社一通、公所に一通送付す
理事と張学良との対話会見録作成す、別紙六号書類の通り
一月二十五日
理事奉天神社参拝後、柴山顧問及妹尾顧問訪問
一月二十六日
午前十一時理事は入江公所長、鎌田嘱託、木村公所員を帯同張作相を訪問す、会談要領別紙第七号書類の通り
午後一時半湯爾和来訪す
午後二時四十分　王鏡寰来訪す
午後三時　劉哲来訪
午後三時十分　高紀毅、程式峻を帯同来訪、会談要領別紙第八号書類の通り
午後四時鎌田嘱託長官公署に出向し六時十分張学良に覚書を手交す
午後七時　理事一行長官公署学良主催の宴会に出席す
列席者
日本側　木村理事、森島領事、森岡領事、藤村領事、岸田嘱託、入江公所長、鎌田嘱託、穂積技師、赤塚交渉部員、松隈秘書、鈴木少将、妹尾大佐、柴山中佐
支那側　張司令（主催者）、王樹翰、王鏡寰、高紀毅、臧式毅、陶尚銘
散会午後八時二十分
湯爾和の森岡領事に対する内話に関する外務大臣宛電報別紙第九号書類の通り
一月二十七日
臨時交渉事務関係者詰所を公所応接室に移す
午前十一時　王樹翰来訪す、会見要領別紙第十号書類の通り
午後一時　王家楨来訪す、会談要領別紙第十一号書類の通り
午後三時　朱光沐来訪す、会談要領別紙第十二号書類の通り
午後六時より奉天日本側新聞及各通信記者を金楽に招待す

鉄道交渉に関する支那新聞論調に関し林総領事より外務大臣宛左の電報を発せり

日支鉄道交渉に関する当地方支那新聞の論調等に就きては絶へず注意中なるが一月一十三日醒時報が木村理事が中央政府との交渉を避けて張副司令を相手に交渉を試みむとするは東北侵略の野心を有すると共に中国の統一を害するものなりとの趣旨の記事を掲げたる外何等記事並論説を掲載せるものなし

右書類本社、公所に送付す

吉林公所嘱託峰旗より理事宛鉄道問題に関する電報要領左の通り

林鶴泉は、張作相の意中なりとて峰旗に左の通り語りたりと

「木村理事は吉会・長大問題に触れずして従来の懸案解決のみを提議されしに対し学良・作相共に悪感を懐かず好意を以て解決を計るべしと余に告げたりと」(1)

一月二十八日

正午王家楨主催の招宴に理事出席す

列席者

日本側　木村理事、森島領事、森岡領事、入江公所長、鎌田・岸田嘱託、松隈秘書、竹内克己

支那側　王家楨(主催者)、高紀毅、鄒作華、徐箴(電信局長)

同日竹内克己氏が王家楨より聴取せりとて岸田嘱託に語りし要点左の通り

王家楨主催の宴会終了後、王はヤマトホテルに投宿の竹内克己氏を訪ひ約一時間に亘り談話したるに王氏は鉄道問題に関し竹内に左の通り語る

理事が学良に提出せる覚書を学良は高紀毅に示せり高は各項につき部下に研究を命じ其の結果を学良に報告する予定にて学良は右に依り理事に返答をなす筈なり、右返答は今後十日間位を要する見込なりと

自分は学良より覚書写を受取り右に就き南京政府と協議することとなつて居る

学良の回答なるものは今後の方針交渉順序等に関する事項を避け単に支那側の意見陳述に止まるものと思考す

学良は理事の提案が案外なるに安心したる程度にて支那より進むで協調の挙に出づるには相当の時日を要すべしと

午後六時省政府(遼寧省政府、遼寧省民政庁)臧式毅主催の宴会に理事出席す

列席者
　日本側　木村理事、鈴木少将、森島・森岡・藤村各領事、岸田・鎌田嘱託、入江公所長、水尾参事、木村公所員、小倉地方事務所長、中島地方事務所員、松隈秘書、穂積技師、赤塚渉外課員、宮越省政府顧問
　計十六名
　支那側　臧主席（主催者）、呉教育庁長、彭建設庁長、劉農鉱庁長、王特派交渉員（王鏡寰）、高省政府委員（高維岳）、邢省政府委員、高省政府委員（高紀毅）、陶秘書、曹秘書　計十名
　張財政庁長不参
散会午後八時
一月二十九日
午前十一時呼海鉄路局長高雲崑来訪
午後一時　理事深沢氏主催の招宴に出席
支那側　王樹翰、袁金鎧、湯爾和、劉風竹、米春霖、
日本側　深沢（主催者）
　木村理事、松隈秘書、入江公所長、鎌田嘱託
山崎渉外課長急行にて来奉、理事と打合せを為す
午後四時　周龍光、伝鋭来訪
入江公所長は交通委員会を訪ひ盧景貴と鉄道問題に関し会談す
一月三十日
午前十一時張作相来訪、理事と約五十分会談をなす、会談要領本社に発電す　別紙第十四号書類の通り
写総領事館に送る
対話会見録別紙第十五号書類の通り
午後一時　吉長吉敦局長郭代理として羅秘書来訪
午後二時半　林総領事来訪
午後四時半　米督弁来訪
午後六時　理事　湯爾和主催の宴会に出席
一月三十一日
午後二時半　理事来公せられ交渉に関し打合
午後六時　王鏡寰主催の宴会に出席

添付書類

第一号
二十一日張学良との会見に関する外務大臣宛電報要領
二十一日学良に勲章贈与後御訓令の趣旨に基き満洲に於ける日支両国の関係を説明したる上南京、漢口両事件大体解決し近く条約改正交渉開始の機運に向へるは貴我両国並に東亜大局のため慶賀すべき処なるが東北側との関係に於て

神経過敏なる両国の新聞其の他現政府反対の立場にある一部の者の無責任なる言論により最近面白からざる風評世間に伝へらるるは外務大臣及本官等責任の地位に立つものとして至極遺憾に考へ居る次第なり事実日本側としては此際新規に利己的要求を提出せむとするものにあらずして張副司令と共に誠心誠意を以て満洲に関する諸懸案主として鉄道関係の未解決事項を協議解決せむとするに過ぎざるを以て副司令に於ても本日来奉の満鉄木村理事を相手方として虚心坦懐に具体的交渉に応ぜらるることと致し度し（洮南領事館問題の件省略）と述べたるに学良は鉄道交渉に関しては自己の権限によりて片付け得べき事項は悦んで解決に努むべきも然らざる事項は解決困難なり　何れ木村理事と会見し日本側提案の要領を承りたる上方針を決定すべしと述べたる上自分は対日関係に於ては終始円満を主眼とせるに不拘〔かかわらず〕最近日本新聞が自分の真意に疑を挟み恰も日本に対抗するの意図を以て満鉄に圧迫を加へつつあるが如き論議をなし居るは了解に苦しむ次第にして其原因が奈辺にあるやに就ては疑なきを得ず云々と述べ居たり。

第二号

極秘暗号

奉天公所長発交渉部次長宛　一月二十二日

本日午後五時木村理事は鎌田嘱託を帯同、張副司令を長官公署に訪問し就任挨拶の後時余に亘りて鉄道問題に関し隔意なき懇談を遂げたり。尚新聞社方面に対しては大体左の通発表することとせり。御含み迄委細追報す

「午後五時半より長官公署に於て張副司令と会見、理事は就任挨拶を兼ね種々懇談を遂げ当面の懸案問題にも言及し隔意なき意見の交換をなし再会を約して午後六時半辞去せり」

第三号

木村理事発外務大臣宛

電報第一号（二十三日）

一月二十二日午后五時張副司令を訪問し就任挨拶を為したる後直に懸案に関する話合を求めたる処張は之を快諾したるも問題の性質により夫々中央又は地方に於て権限を異にするものありとて逸くも逃げを張りたるを以て小職は法理論形式論を離れ専ら事務的見地より実際の権力者と非公式に率直なる下話を遂ぐるを妨げずと大体御指示の趣旨に従ひ日支両国民の感情疎隔し且両国間空気の険悪なる今日先づ軽微なる懸案を一掃し冷静に将来の大策を考慮する基礎

を作ること今次交渉の要点なりとて最も抽象的に一、新線問題、二、併行線問題、三、鉄道の接続連絡運賃協定問題、四、借款整理問題を転述したるが併行線に関連する問題は特に先方の態度に鑑み最初の試としては稍(やや)緩和的に左の通り提議せり

イ、将来敷設せらるべき鉄道又は条約及契約に依り日本の関係ある鉄道は現下の空気にありては容易に解決を見ること困難なるに付空気改善の後に於て中国側が共存共栄の主旨に依り希望せらるるに於ては日本としては其の建設に対し極力援助協議するに吝(やぶさか)ならざることを茲(ここ)に言明す　但し目下直に日本関係の新線に対し強要せんとするの意志なきことも亦(また)茲に言明するを憚らず

ロ、最近数年以来両国間に政治的外交問題となり居る並行線に関しては事態極めて複雑微妙なるものある処私見を以てせば本問題に付実際的利害関係を有する両国鉄道当事者間に技術的事務的に之を解決するの方法は可能なるものと信ず　而して当事者間の実務的解決妥協案を各自の政府に於て認むれば政治的外交的問題は自ら消滅するに至るべし

右に関しては貴副司令に於て可能性ありとの御考にて日本側と話合を試みらるるの御意向を有せらるるや否や

ハ、日支両国鉄道の競争問題に就ても新聞紙上満鉄は支那側鉄道の包囲に依り収益上大打撃を受けつつあり等報道せらるる処一地方に幾多の鉄道が存在する以上勢ひ競争を免かるるを得ず外間に伝へらるる日支両鉄道の減収は世界的不況の結果にして已むを得ざる処なり然れ共鉄道の競争に関しては二つの憂ふべき影響あり即ち㈠は満洲に於ける特異の関係に依るものにして満鉄としては競争の挑戦に応ずるの準備と実力とを有するも激烈なる競争の結果は最近に於ける空気悪化の状態に鑑み勢ひ政治的問題と化し真に不測の事態を招来する惧れあり　㈡は世界的共通の経済的問題にして無謀なる競争の結果は双方共に損害を受け其の間只第三者のみ利益を収むる結果互に自覚妥協するの已むを得ざるに至る実例尠からず。

斯くの如く満洲に於ける日支両国鉄道間に経済上政治上憂ふべき結果を発生せしむるは甚だ面白からざるに依り此の際虚心坦懐双方に取り互譲的合理的なる鉄道の接続運輸の連絡及運賃の協定を為すことは相互の利益にして且賢明の策なりと信ず而して第二項に述べたる並行線問題と雖(いえど)も本問題に関連して解決の方法あるべしとも思はる

此の間張は何等言を挟まず並行線問題の如きをも頗る冷静

に聴収したる後自分亦率直に所見を開陳すべしとて東北要路の日本に対する誠意に於て終始何等変る所なきことを力説し日本側諸新聞の報道を一種の悪宣伝と批評し特に日支交渉に当りては双方共に夫々相互の立場を了解尊重するを必要とす自分としても民論を尊重せざるを得ざるを以て何等か民利を挙ぐるの実を示し先づ以て国民の誤解を匡正し政治を行ふ外なしとて暗に鉄道交渉上に就ても日本側に於て支那を利するの実例を示さむことを望むが如く見受けられたり尚張は早速関係当局者に協議の上更に会談の機を得たき所存なる旨を述べ会談約一時間半にして辞去せり

第四号

一月二十二日木村理事　張司令会見録

一月二十二日午后五時林総領事と打合の結果張学良を往訪し就職挨拶和平統一に対する祝意を述べたる上直に懸案問題に付談合を求めたるに張は之を快諾し唯問題の性質上中央政府に於て決すべきもの並自分に於て回答し得べきものあるべく委曲拝承の上考究すべしとて逸早く逃路を張りたるが小職は先づ満鉄入社の理由を卒直に述ぶべしとて、㈠昨日林総領事より開陳の政府の方針は小職入社勧告当時よりの既定方針にして右の趣旨を実現するには先づ日本と特殊密接の関係にある満洲問題の中心満鉄の諸問題に付多年の官歴を捨て赤裸々の一市民として面子法理等の形式に拘束せらるることなく率直に意見を交換し得る地位に立ち円満解決に努力すること、㈡数年来両国民の感情の疎隔満洲に於ける雰囲気の険悪特に目立ち憂慮すべき実情に鑑み先づ軽微なる諸問題にして両国民感情刺戟の禍因たるものを円満に解決し感情の融和空気の緩和により徐々に重要なる問題殊に経済的協調の大策実現の基礎を確立すること、従而〔したがって〕満鉄関係諸問題の解決に努力し真に中日共存共栄の根本的実現の第一歩に入らむとするに外ならずと前置して今回の交渉の真意は中国国内法制、中央東北の政治的外交的権限問題に触るるの要なく専ら事務的見地より非公式に率直なる商議を遂ぐるに於ては寧ろ簡単に円満なる解決を期し得べく右の結果大体の成案を得たる上にて必要の場合両国政府の承認を得ることと致し度く而して小職に於て差当り申述べむとする問題四あり

(1)将来敷設せらるべき鉄道又は条約及契約に依り日本の関係ある鉄道は今日の空気にありては容易に解決を見ること困難なるを以て空気改善後に於て中国側が共存共栄の主旨に依り希望せらるるに於ては日本は其の建設に対し極力援助協戮〔きょうりく〕するに吝ならざることを茲に言明す、但し

目下直に日本関係新線に対し強要せんとする意思なきことも亦言明を憚からず。

(2)数年来日支両国間に政治的外交問題となり居る並行線に関しては事態甚だ複雑微妙となり居る処小職の考にては本問題の実際的利害関係を有する鉄道当事者間に技術的事務的に解決の方法可能性ありと信ず　而して各自の政府に於て当事者間の実務的解決妥協案を認むれば自ら政治的外交的問題は消滅すべし

右に関しては総司令に於て可能性ありとの御考へにて話合を試みらるる御意向なりや否や

(3)日支鉄道競争問題に就ても満鉄が支那側鉄道に包囲せられ収益に大打撃を蒙りつつあり等新聞紙に報導せらるる処一地方に幾多鉄道現存する以上競争は免かれず外間に伝へらるる中日両鉄道の収入減は世界不況の結果にして已むを得ざるものなり然れ共鉄道の競争に関しては二つの憂ふべき影響あり即ち㈠は満洲に於ける特異の関係に基くものにして満鉄に於ては競争の挑戦に対し之に応ずるの実力と準備とあるも激烈なる競争の結果は最近の空気悪化に鑑み勢ひ政治的問題とも化し真に不測の事態を発生せしむるの虞あり、㈡は世界的共通の経済的問題にして世界何処にありても競争の結果は双方損害を受け其の間利益を収むるものは只第三者のみにして無謀なる競争の結果は互に自覚妥協するの已むを得ざるに至る実例甚だ多し

斯の如く満洲に於ける日支鉄道間に於て経済上政治上に憂慮すべき結果を招来せしむるは甚だ面白からざるを以て此際虚心坦懐双方互譲的合理的なる鉄道の接続運輸の連絡及運賃の協定を為すことは相互の利益にして賢明の策なりと信ず

第二項に述べたる並行線問題と雖本問題に関連して解決の方法あるべしと思はる

(4)満鉄の支那に対する鉄道借款整理は今日迄請負契約鉄道例へば吉敦洮昂両鉄道の如き当然借款契約に改めらるべきものなるに今尚ほ正式借款契約の成立を見るに至らず又已に契約更新せらるべきものも未解決の状態にあり借款利子整理に就ても未だ決定せず、其額は多額に上れり如斯〔かくのごとく〕巨額の借款未整理の儘放棄せらるるに於ては所謂強硬外交論者は之を国論煽動の種とすべきを以て出来得る限り速に整理を要す本問題に就ては社内に於ても種々反対意見あるも小職は総裁の諒解を求め支那鉄道並満鉄の立場を考慮し合理的の整理を遂ぐるの全権を委ねられ居り　換言すれば多少の非難を受くるも貴方の希望

に好意的考慮を加ふるに吝ならず

との趣旨を敷衍説示〔とき〕し之に因り喧々囂々たる所謂満蒙交渉の内容甚だ簡単明瞭なるものなることを諒解せらるべく且総司令の東北四省に於ける威力は夙に中央政府の重視する処なるを以て総司令との間に得たる談合は素より中央政府に於ても之を尊重すべきを確信して疑はずと述べたるに之に対し学良は自分も亦卒直に所見を述ぶべしとて東北要路の日本に対する誠意に於て終始渝〔かわ〕らざることを力説したる上独り日本のみならず支那に於ても責任ある地位に立つ者の挙措に関しては政治的事由等に因り輒〔やや〕もすれば各種の悪宣伝を伝ふるものあり　国際外交は甚だ機微且困難にして当事者相互の立場あるを以て事を処理するに当つては右等相互の立場に対し同情ある理解を以てせられざるべからず況むや民論尊重の現代に於て国民の思想にも多大の変化あり　四囲の事情亦著しく変遷せるを以て当局者として之に善処せむが為には慎重なる考慮を要し国民をして満足せしむるの実を挙示せざるべかざるは篤と諒承を求めたしと述べたる末尤も自分は鉄道の問題に通暁せざる点あるを以て早速関係当局者に委曲を伝達したる上更に貴職と会談の機を得度き所存なる旨を答へたるに付小職は国務多忙の際貴重なる時間を割き卒直なる意見を拝聴し得たるを感謝し尚ほ場合に拠つては関係当局の指名を請ひ委細商議を進め度く小職亦之が為め引続き滞奉の上商議の開始を御待ち致度き所存なりと提言したるに学良は早速関係当局に伝達の上何分の挨拶に及ぶべき旨を約したるに付小職も本日陳述せる要領を念の為め覚書として送付すべき旨を約し午後六時半辞去せり

第五号

一月二十二日張総司令閣下拝訪の際小職に於て閣下の切実なる考慮を邀〔むか〕へたる問題の要項概ね左の如し

㈠将来敷設せらるべき鉄道にして条約及契約に依り日本の関係ある鉄道は現下の雰囲気裡に在ては容易に解決を見ること困難なるべきを以て将来何時にても中国側に於て共存共栄の趣旨に依り新鉄路建設に付協戮を希望せらるるに於ては満鉄は極力援助協戮するに吝ならざることを茲に言明す但し目下直に日本関係新線に対し何等強要せむとするの意志なきことも亦言明を憚からず

㈡数年来中日両国間に紛糾せる政治的外交問題となれる並行線鉄路に関し小職の見る処を以てせば本問題に実際的利害関係を有する鉄道当事者間に技術的事務的に解決の可能性ありと信ず各自の政府に於て当事者間の実務的解

決妥協案を承認するに於ては政治的外交的問題は自ら消滅すべしと思はる
右に関しては総司令閣下に於て可能性ありとの御見込を以て話合を試みらるるの御意向なりや否や
㈢中日鉄道競争問題に就ても一地方に幾多鉄道現存する以上競争は免れず然れ共鉄道の競争に関しては二つの憂ふべき影響あり即ち
第一は満洲に於ける特異の関係に基くものにして満鉄に於ては競争の挑戦に対し之に応ずるの実力と準備とを有するも中日両鉄路の激烈なる競争の結果は最近の空気悪化に鑑み或は恐る民心を刺激し政治的問題と化し意外の悪影響を来さざるなきを保せず
第二は一般経済的見地より世界何処にありても両鉄路競争の結果は相共に損害を受け其間利益を収むるものは只第三者のみにして無謀なる競争の後結局互に自省妥協に終るを常とす
斯の如く満洲に於ける中日鉄道間に於て経済上政治上に憂慮すべき結果を招来せしむるは甚だ面白からざるを以て此際虚心坦懐互譲的合理的なる鉄道の接続運輸の連絡及運賃の協定をなすことは相互の利益にして賢明の策なりと信ず。
第二項に述べたる並行線問題と雖も本問題に関連して解決の方法あるべしとも思料せらる。
㈣中国の満鉄に対する鉄道借款は今日迄請負契約鉄道例へば吉敦洮昂両鉄道の如き当然借款契約に改めらるべきものなるに今尚正式借款契約の成立を見るに至らず又既に契約更新せらるべきものも未解決の状態にあり借款利子整理に就ても未だ決定せず相当巨額に達せり斯くの如き巨額の借款未整理の儘放棄せらるるに於ては所謂強硬外交論者は国論煽動の種とすべきを以て出来得る限り速に整理を要す本問題に就ては小職は中国鉄道並満鉄の立場を考慮し合理的の調整を商議するの権を委ねられ居れり

第六号
特秘　木村理事と張司令との会見録（第一回）
時　日　昭和六年一月二十二日　自午後五時半
　　　　　　　　　　　　　　　至午後六時半
場　所　長官公署
列席者　支那側　張副司令　陶尚銘
　　　　日本側　木村理事　鎌田囑託
木村理事
公務御多忙の際貴重の時間を割いて御面会下された事に

対し衷心より感謝の意を表します　鎌田は張大元帥との関係もあり又貴司令も御存じであるから鎌田を帯同した次第である

張司令

外国人や支那の外交官から久しく御高名を承つて居りました

理事

二十年間の外交生活を止めて理事に就任したにつき早速御挨拶に来るべきでありますが総司令は国事多端の折柄であり自分も又再三東京に行き機会を失して居りましたが今日御目に掛りたるを非常に光栄とし敬意を表する次第であります　今後共御遠慮なく打解けて御話を願いたいと思ひます

司令

仙石総裁の人となりを能く承知して居ります何〔ど〕うか打解けて隔意ない話を致したい

理事

何事も卒直に話そうと云ふことを伺ひ非常に悦ばしく感ずる自分は此機会に於て内外共に希望して居つた中国統一に向ひ総司令が決断された結果統一が出来た事に対し祝意と敬意を表します次に小職の使命たる鉄道問題交渉に関し甚の精神骨子を卒直に申述べ御諒解を得たいと思ひます

司令

事柄に依りては自分の職責上取計ひ得ることもあり又南方の意見或は自分の内輪の意見もある事ですから自分の権限にて取計ひ得ることは御相談に応じ得るも、中央政府に関することは中央と相談決定を要しますが兎に角御話を承りたい

理事

卒直に申上げますが小職が理事に就職した理由を御話申上ぐれば今回交渉を要する精神が能く御判りになることと思ひます。昨日総領事から日本政府の意向を申上た次第でありますが小職入社勧告された当時既に日本政府の方針が定められてありまして右趣旨を実行するには多年の官歴を捨てて赤裸々の一市民となり面子法理等の形式に拘束せらるることなく共存共栄和平主義に依り卒直に意見を交換し得る立場となつて円満解決に努力せんと考へたのであります

小職は数年前に比し中日両国民の感情の疎隔殊に満洲に於て雰囲気の険悪が目立ち誠に憂慮すべき実状にあり殊に満鉄との間の懸案事項が多いのであります　右は満鉄

の仕事が中日双互関係事項が多いからでありますが此等の問題は大局より見れば甚だ軽微なる問題であるのに斯く不穏の空気が漲るに至りたるは甚だ遺憾とする所でありますこれを放任し置けば空気益々悪化するに至り将来雄々敷〔ゆゆしき〕問題を惹起するやも不計〔はからず〕今の内に相互に妥協互譲の精神に依り何人に示しても公正にして合理的なる解決をなし悪化せる空気を根本より除去することが中日両国の為最も重要且必要であることを感得致し両国民の刺戟禍因となるものを円満に解決し感情の融和空気の緩和により徐々に重要なる問題殊に経済的協調の大策実現の基礎を確立し真に中日共存共栄の根本義実現の第一歩に入らむと覚悟し中国国内法制中央東北の政治的外交的権限問題に触るることを避け専ら事務的見地に於て非公式に卒直に商議を遂げ簡単に円満なる解決をなさんと志し理事の職を引受けたる次第であります

尚小職は満鉄の諸懸案解決交渉に関し

一、兎角一国の責任代表者或は威厳を重んずる文武官の厳格なる交渉に於ては国威或は面子又は法理に拘束せられて一度意見の衝突あれば問題は「デッドロック」に陥ることが多いのである　我方に於て何事も卒直に委曲を申述べたる場合貴方に於て一市民に対する心持にて非公式に卒直に応対せらるるなれば隔意ない談合を重ね得る事となり之に依り腹蔵なき意見の交換を遂ぐることが出来る

二、総ての問題を解決せんとするに当り利害関係ある両方の鉄道関係者間に於て事務的に政治関係を全く離れ実際的に談じ合ひをすれば却て簡単に円満なる解決を期することが出来る

以上二つの考へから初対面を顧みず卒直に御話し致したいと思ふのであります　先程総司令が中央政府で決定すべきものとか総司令自身に於て解決し得べきものとか述べられましたが問題を法理的のものとせず事務的に非公式に話し合ふ事は少しも差支なきことと信じます　総司令の様な東北四省の実権を握られ且中央政府に対しても重きをなして居らるる以上本問題に関し決定せられたる事項は中央政府に於ても総司令の意志を尊重せらるるものと思ひますから法理的政治的問題を離れ非公式に御相談をして大体の成案が出来た上必要の場合両国政府の承認を得ることに致したく小職に於て差当り申述べんとする問題は四つあります

1、将来敷設せらるべき鉄道又は条約及契約に依り日本の関係ある鉄道は今日の空気にありては容易に解決を

見ること困難なるを以て空気改善後に於て中国側が共存共栄の趣旨に依り希望せらるるに於ては日本は其の建設に対し極力援助協戮するに吝ならざることを茲に言明致します但し目下直に日本関係新線に対し強要せんとする意志なきことも亦言明致します

2、数年来日支両国間に政治的外交問題となり居る並行線に関しては事態甚だ複雑微妙となつて居りますが小職の考にては本問題の実際的利害関係を有する鉄道当事者間に於て技術的事務的に解決し得る可能性ありと信じます各自の政府に於て当事者間の実務的解決妥協案を認むれば自ら政治的外交的問題は消滅することと思ひます

之に関しては総司令に於て可能性ありとの御考へにて話合を試みらるる御意向なりや否や

3、日支鉄道競争問題に就ても満鉄が支那側鉄道に包囲せられ収益に大打撃を蒙りつつあり等種々新聞紙に報導されて居りますが一地方に幾多鉄道現存する以上競争は免れない外間に伝ふる中日両鉄道の収入減は世界的不況の結果で已むを得ないのである然し鉄道競争に関しては二つの憂ふべき影響があります即ち

第一は満洲に於ける特異の関係に基くもので満鉄に於ては競争の挑戦に対し之に応ずるの実力と準備がありますが激烈なる競争の結果は最近の空気悪化に鑑み勢ひ政治的問題とも化し真に不測の事態を発生せしむるの虞があります

第二は世界的共通の経済的問題で世界何処にあつても競争の結果は双方損害を受け其の間利益を収むるものは只第三者のみで無謀なる競争の結果は互に自覚妥協するの已むを得ざるに至つた実例甚だ多いのであります

斯の如く満洲に於ける日支鉄道間に於て経済上政治上に憂慮すべき結果を招来せしむることは甚だ面白からざることで此際虚心坦懐双方互譲的合理的なる鉄道の接続運輸の連絡及運賃の協定を為すことは相互の利益にして賢明の策なりと信ずるのであります

第二項に述べた並行線問題も本問題に関連して解決の方法があるだろうと思はれるのであります

4、満鉄の支那に対する鉄道借款整理は今日迄請負契約鉄道例へば吉敦洮昂両鉄道の如き当然借款契約に改めらるべきものであるに今尚ほ正式借款契約の成立を見るに至らず又已に契約更新せらるべきものも未解決の状態にあり借款利子整理に就ても未だ決定して居りま

せん然も其額は多額となつて居ります如斯巨額の借款を未整理の儘放棄せらるるに於ては所謂強硬外交論者は之を国論煽動の種としますから出来得る限り速に整理を要します本問題に就ては社内に於ても種々反対意見ありますが小職は総裁の諒解を求め支那鉄道並満鉄の立場を考慮して合理的の整理を遂ぐるの全権を委ねられて居ります換言すれば多少の非難を受くるも貴方の希望に好意的考慮を加ふるに吝ならざるものでありまず

世間に喧々囂々伝へらるる所謂満蒙交渉の内容は実は斯くの如く簡単明瞭なるものなること以上小職の陳述に依り初めて御諒解せられたることと思ひます。

司令

自分も卒直に自分の考を貴職に述べます

(一)昨日林総領事に御話した通り自分は東北と日本との間に円満を欠くと云ふ日本側新聞其他に盛かんに伝へらるるが従来自分並部下は終始日本に対する誠心誠意に於て毫も変化はないかかる誤解の伝りたる原因が何処にありや諒解に苦しんで居る兎角猜疑心より問題を起すものである

思ふに日本のみならず支那に於ても責任ある地位に立つ者の挙措に関して政治的事由等に因り輒もすれば各種の悪宣伝を伝ふる者あり　国際外交は機微且困難であつて当事者相互の立場があるから事を処理するに当つては右等相互の立場に対し同情ある理解を以てせられねばならん此点より幣原外相に対しても同情して居る

(二)中日両国の当事者は互に其の立場を諒解し同情的の眼を以て見なければ円満なる解決は出来ない

(三)前任者の仕事を後任者が引受ける時は相当困難の立場に置かれるから後任者の苦しき立場を相互に諒解せねばならぬ

(四)民論を重しとする現代にありては以前とは国民の思想に非常なる変化があり且四囲の事情も非常に変化しているから古き人は現在の事情を諒解すること困難である例へば自分の如きも直ぐ時代遅れになる故当局者は常に将来云ふことを眼中に置いて問題を処理せねばならない従て東北四省の当局者としても目先の事ばかりでなく長い将来の事を考へて仕事をせなければ国民の信頼を得ること困難である此点が政治家の立場として最も重要の点であるから当局者の立場を困難ならしめない様に公正なる立場に於て民衆の反感を買はない様

に万事処理することが必要である

㈤以上の事情に依り当局者として善処せんが為めには慎重なる考慮を必要とし国民をして満足せしむるの実を示されんことを希望せざるを得ないのであることは篤と御諒承を願ひたい

以上は自分が総司令としての立場でなく個人としての意見を卒直に申述べたもので自分は鉄道の問題に通ぜず夫れ夫れ当事者に貴職の卒直なる御話を伝へて更に一度貴職と会談の機を作りたいと思ふ

理事

国務多忙の際貴総司令の貴重なる時間を割き卒直なる御意見を開陳せられたるは欣幸の至りに堪へません小職は之れが為来訪したるものなる故貴総司令は御多忙の事にもあり場合に拠つては関係当局者の指名を請ひ委細商議を開始することにしたく小職も亦之が為め引続滞奉の上談合開始を御待ちしたき所存である尚貴総司令御熟考の資料として今日会見の際申述べたることを簡略に覚書に記述して提出致します

右に依り小職と貴司令との会見は勿論当事者との会談につきて期待して居ります

司令

関係当局に伝達の上何分の御返事を致します

右にて会談終る

第七号

木村理事と張作相との会談要領

時　日　一月二十六日　自午前十一時〇分
　　　　　　　　　　　至午前十一時四十五分

場　所　商埠地張作相公館

列席者　日本側　木村理事、入江公所長、鎌田嘱託、木村公所員
　　　　支那側　張作相、孫書堂

木村理事

先づ就任挨拶を述べ外務省を辞して満鉄に入り外交生活を脱して一市民となりたる次第を述べたる後、二十二日自分は張司令（学良）と会見し本国政府より示されたる鉄道問題に関する交渉精神を述べたるが多分閣下は既に御存知の事と思ひますが自分は今後共此の精神に基き礼服を脱ぎ捨てて一市民として卒直に御相談申上げる考へで居りますから御承知を願ひ度

張作相

自身は早く吉林に帰る筈でありましたが目下財政会議が

始まつて居る為今少しく滞在することになりました為に理事に親しく御目に掛かることが出来て誠に欣快に存じます

理事が張司令と面会されたことは承知して居りますが其の後張司令と会ふ機会がなかつた為御話の内容は存じて居りません

理事

自分は本件に就き今後共度々奉天に参りますし又吉林関係の鉄道問題につきては直接自分が吉林に出掛け貴副司令なり幕僚に御会ひして種々御話したいと考へて居りますから形式を抜きにして卒直に御互に意見を交換せば従来難問題であつたものも簡単に解決することが出来る事と思ひます

尚自分の伝言を先日来奉した峰旗に通して置きましたから既に御聞き取りの事と思ひます

張作相

峰旗氏には未だ面会して居りません

東北鉄道問題に関する限り自分で出来得る事は御相談に応ずる考へであります

理事

自分の友人で貴副司令を能く存じて居るものの話に依りまするに副司令は何事によらず非常に打解けて御話下され誠に心持よく各種複雑なる問題も談笑の内に定めらると言ふことを聞いて居りましたが今日御目にかかつて見ると果して自分が聞いて居りました通り非常に打解けたる御話を伺ひ誠に愉快に感じます

右にて会談終了

引続き副司令の子息日本見学の事等につき漫談し午前十一時四十五分辞去

第八号

木村理事と高紀毅との会談要領

時　日　一月二十六日　自午後三時十分
至午後三時五十分

場　所　理事公館

列席者　日本側　木村理事、入江公所長
支那側　高紀毅、程式峻

木村理事

先づ就任挨拶を述べ外務省を辞して満鉄に入り外交生活を脱して一市民となりたる次第を述べたる後、早速御目に掛かりたいと思つておりましたが所用の為東京へ再三往復したり致しまして予て入江を通じ御伝へ申上げて置きましたが今日迄延引致した次第であります去る二十二日張司令に御目に掛かり本国政府より示されたる鉄道問題に関する交渉精神を述べて置きましたが貴下は既に御聞及びの事と思ひます自分は張司令に就任挨拶を述べる丈けの考へでありましたが張司令は非常に卒直なる態度で話をされたので自分も自由な形式抜の話をすることが出来たことを非常に愉快に思つて居ります元来自分は満鉄の一代表者でありますが外務省とは従来の因念より全然関係なしとは言ひ難いので謂はば半官半民の身分であります貴下も形式は官吏であるが実務上より言へば所謂民業に従事して居られ自分と同じく矢張り半官半民の位置に居らるると言つてもよいのである即ち自分と貴下とは同じ様な関係であり斯く実務に当るものが卒直に意見の交換を為すことが問題解決の捷径であると信ず

元より自分は日本の利害に於て特種の立場にあり貴下も中国の利害に於て其の立場を重んじなければならぬ関係上相互の立場に依りては主張すべきこともあるし又議論すべき点もあろうと思ひますが要するに虚心坦懐相互に形式を棄てて腹蔵なき意見の交換をなせば必ずしも問題の解決が困難ではないと思はるるのであります今後鉄道問題に関しては屢々御目に掛かり張司令に言へない事でも相互に意見の交換をしたいと思ふ

　註—学良より交渉精神につき聴取せられしやとの理事の質問に対しては高は何等語らず

高紀毅

自分も全く同感である鉄道問題に関しては自分の方でも日本側に対し不満の点があるし又貴方に於ても種々不満の点があろうと思ふ此等の問題につき貴我との間に腹蔵なき意見の交換をなし接衝することとせば問題の解決に資する所あるだろうと思ふ

理事

鉄道問題につきては日本人側各種の方面から種々の謡言捏造等の話を耳にしますが自分は一切之を信じない殊に新聞等に於て屢々此の種の虚報の事実が伝へられて居るが斯くの如きは甚だしき誤解を招く種となりますので困つたものと思つて居ります斯かる事は直接の責任者である貴我の間に直接に腹蔵なく意見の交換を為すこととすれば一切の誤解を除去し得ることと思ふ

高紀毅

新聞に伝ふるが如き事は元より意に介するに足らざるもので彼等は夜夢を見て之を昼記事に造り出すが如き捏造をやるものであるから自分も一切之等を信じて居らない。

要は隔意なく責任者同志の間に意見の交換をなすこと第一義であることに於て全く貴下と同意見である

理事

先達張司令に御目に掛かつた時御話した事は単に一般的に本国政府より示されたる方針を述べたるもので何れ貴下始め専門当事者に諮問せられ具体的に各種の問題につき御相談あることと思ふが細かい専門的のことは専門家間に協議をすればよいのであるが専門家は相互意見を主張し妥協点を見出すこと困難なる場合なきに非ずと思はる斯かる場合には貴我の間に妥協点を求め然る後必要に応じ上司に請訓して確定することにしたいと思ふ自分は本鉄道問題に就きては事態の性質上一朝一夕に解決し得るものではないと思ふので解決を急がないが張司令と再会の機会を得て更に懇談を遂げたいと思つて居る。貴下可成早く再会し得る様御尽力を願ひたい。

高紀毅

御話能く判りました。何れ其の内緩くり御目に掛かることとし今日は之で失礼します

右にて会談終る

第九号

奉公秘三〇第一号四

二十六日湯爾和の森岡領事に対する内話に関する外務大臣宛電報（二十六日発電）

二十二日木村理事学良訪問直後学良に面会し同理事の談話の要領及之に対する学良の意向を訊ねたる処学良は満洲鉄道問題に関しては最近日本新聞紙上種々不穏当の報道もあり満鉄側より如何なる提案を為すべきやにつき天津滞在中より各般の予想の下に応待並対策考究中なりしが帰奉後林総領事の談を聞き次で直接木村理事より四ケ条より成る満鉄の意向を聞くに及び初めて日本政府の意の在る所を承知し漸く安堵したり右程度の談合ならば自分としても交渉を回避すべき理由なく寧ろ進むで商議したき考なりと語れり尚自分（湯）は学良より相談したき事ありとて来奉方勧誘ありたるに依り学良を訪問したる次第なるが其の際の模様に ては鉄道交渉の状況に依りては学良を代表し日本に赴き意志の疎通に当ることとなるべき見込みなりしが木村理事の提案に依れば別段日支関係重大化すべき虞れもなき様なるを以て遠からず北平に帰還するやも知れず

第十号

木村理事と王樹翰との会談要領

時　日　一月二十七日　自午前十一時〇分
　　　　　　　　　　　至午前十一時四十分
場　所　理事公館
列席者　日本側　木村理事、深沢嘱託
　　　　支那側　王樹翰(秘書庁長)
王樹翰来訪理事と漫談的に種々談話したる後
王樹翰は左の通り語る
　理事が去る二十二日張司令と会見された後直に自分が張司令に会ひましたが張司令は左の通り語る
　理事と会ひ種々話を聞いたが卒直なる態度なると日本側の提案が合理的の事項なるに安心した尚鉄道問題に関しては日本側丈けの利益許りでなく支那側も利益ある話であつて此の様な話なれば話を進行させてもよいと申述べて居られました

第十一号
　木村理事と王家楨との会談要領
時　日　一月二十七日　自午後一時〇分
　　　　　　　　　　　至午後一時三十分
場　所　理事公館
列席者　日本側　木村領事、入江公所長
　　　　支那側　王家楨
木村理事
　一月二十二日張学良に話されたる要領を述べらる
王家楨
　貴下の御話は極めて結構である自分は之に同意する、張司令も恐らく誠意を披瀝して交渉に応ずることと思ふ
　尚明日正午会食の際懇談せむとて辞去せり

第十二号
　木村理事と朱光沐との会談要領②
時　日　一月二十七日　午後三時
場　所　理事公館
列席者　日本側　木村理事、入江公所長、木村公所員
　　　　支那側　朱光沐(秘書長)
理事
　鉄道交渉に就き張司令と最も近き処長の努力に待つ所が多いと思ふ、今後公私共に家族的の御交際を願ひたい
朱光沐
　従来理事の御高名博識の事は承知致して居ります自分は北京大学を卒業直に張司令の処に参り外国の事情をよく存じませんから今後種々御教示に預〔ママ〕る点が多いと思ひま

す
自分の妻は朱啓黔の第四女で曽て仏蘭西、亜米利加に永く居り外国語を少し話しますから理事の夫人が見えたら是非御交際願ひます
今後は人を介することなく直接往来し種々仏蘭西語にて御話致したい鉄道問題に就きては自分は出来得る丈けの事は必ず努めますから御承知置願ひます

理事
宜敷御願ひ致します

朱光沐
理事は家庭的の交際をしたしと申されたるに御土産を持つて来られたるは甚だ其の意を得ない　自分は御返し申そうと思ひましたが初めて御会ひした事でもあり其の為に感情を害する事あつては面白からずと思ひ其の儘納めた次第であります。今後右の如きことは止めて戴きたい

理事
単に名刺代りに過ぎないのであります

右にて会談終る

第十三号
昭和六年一月二十七日　午後十時着

外務次官発
木村理事宛

貴職段々の御努力により折角支那側にても多少とも乗気となり来れる目下の状態に於て一時にても交渉中止の上大連に引上げらるるに於ては、さなきだに交渉を回避せむとするの嫌ある支那側に対し隙を見するが如き結果を招来せざるやの懸念あるのみならず目下議会開会中稍もすれば日支間殊に日満関係の紛糾を画策する者に対し乗ずべき機会を与ふる惧れありと存ぜらる、就ては支那側に於て若し何等かの口実を設けて交渉を回避せむとする素振ある場合は今此の日満関係機微の際右回避は反て前述画策を為す者に対し機会を与ふることとなる旨を篤と御説明の上交渉続行方御取計ひあらむこと希望に堪へず

第十四号
奉公秘二〇第一号九　電信条（暗号）
昭和六年一月三十日
木村理事
交渉部次長殿
総裁へ
三十日来訪せる張作相の談に依れば二十三日第一回政務委員会に於て小職の会談の要領を張学良より説明の上我方の

提議は堅実味あり小職の交渉の精神も真面目に且和平的なるが故に本交渉を開始すべしとの意向を明白にし更に第二回の会合を催し小職の口上書の漢訳を基礎として再び協議することとなれるが作相自身も此の精神にて進行せば円満の解決を見るべしと信ずと述べ双方共に自己の立場を固執し対手方に強要するの態度に出でざるに於ては妥協案を見出し得べしと附言せり

作相の性格に徴し斯かる断言的言明をなせるは相当支那側の議熱し居るものと察せらる。程式峻の極秘としての内報に依れば已に高紀毅は本交渉開始の内命を受け各鉄道局長に至急調査報告提出を命じたりとのことなり。山﨑に伝言せる本社の準備につき至急御配慮御決定を仰ぐ

本電外務大臣へ転電済

第十五号

　　木村理事と張作相との会談要領

時　日　一月三十日　自午前十一時〔〇〕分

　　　　　　　　　　至午前十一時五十分

場　所　理事公館

列席者　日本側　木村理事、入江公所長、木村公所員

　　　　支那側　張作相、孫書堂

張作相

先達木村理事が張総司令と会見の際話されたる要領は前回の国務委員会に於て張総司令より話がありました、其の際張総司令は木村理事より提議された交渉要旨は極めて堅実味あり交渉の精神も真面目にて和平的のものである故に本交渉を開始すべきものであると賛意を表して居られました

更に第二回の会合をなし理事の提案を漢訳して再び協議することになつて居ります、自分も理事の話された精神で進行せば円満なる解決を見ることが出来ると信じます

木村理事

張総司令に話したる交渉精神を申上げむとて卒直なる態度を以て述べたる後日支関係は往々言論機関の誤報により傷けらるること多く甚だ困つて居る

張作相

新聞に喧伝されたる支那側満蒙鉄道政策乃至満鉄反抗策に就ては過日鈴木特務機関長来訪された際自分は詳しく御話を致して置きましたが一応内容を申上げる

支那は現在の国勢並財政上より見て新聞に伝ふるが如き計画が、どうしたら出来るでせうか　自分は了解に苦しむ次第で全く誤りたる喧伝に過ぎないのであります

最近の新聞に依れば排日とか排貨とか盛に捏造記事を掲載されてありますが孰れも真相ではありません、例へば排貨の点を申述ぶれば銀の暴落の為最近外貨の購買力が激減したのは金が銀の約二倍以上となり
又米貨は約四倍となつたからであつて現在の様に経済界が疲弊して居る際に高価の外貨を買はないからとて排貨と看做す事は出来ない
専門家より聞く所に依ると支那の鉄道運賃は満鉄の運賃に比較すると一車の場合一七四元の差がある
　註、何処の区間に就きて比較したるものなるや語らざるを以て不明なり
又皇姑屯に約四十軒の糧桟があつたが最近銀の暴落の結果二軒になつて終つた其の一は自分の関係して居るもので今一つは張司令の関係して居るものである
尚旧年関を越したら経済界が一層疲弊し糧桟の戸閉するのが多くなるだろうと思つて居る
斯くの如く支那の財政状態が疲弊して居る為鉄道に必要なる輪転材とか其の他の機械類等が非常に買ひにくいのであるのに事情を知らずして排貨と称せられて居るのは甚だ遺憾である
鉄道方面に就きて言へば満洲が現在の如く平和の状態にあるは曽て二十七八年前日本が露西亜の侵略に対抗して日露戦争となり其の結果斯く安定し居ることは識者が認めて居る所であつて満鉄と東北四省とは密接の関係にあり支那人が東北に於ける満鉄の地位を悪くなさむと思ふ[3]ことは出来ないのであつて満鉄も発展し支那も発展する様にしなければならない、又一方日本人としても満鉄丈けが栄へて他の支那鉄道が衰微することを望むものもなからむと思ふ　従て日本人は支那人が貧乏になれとは願はないであらうと思ふ
以上の意味に於て木村理事の交渉要領は何等侵略的の意味が含まれて居らないし尚従来の条件を此の際綺麗に解決せむとする事に就きては支那側も之を悦んで交渉に応じなければならむと思ふ
従来日支間に於て種々問題の惹起するは多く無知識なる下級人民が事を起したものである
今後の交渉は相手方が各自の意見のみを固持せば解決は出来ないのである、例ば木村理事が自分の言ひ分丈けを主張し又張司令が自身の立場のみに依り意見を主張するならば交渉は何時迄も成立しないのであるから相互に譲り合ふことにしたい
理事

貴下の御意志は能く解りました

今言はれた相方より歩み寄ることは交渉の常道であります、最近日本の新聞記者で満鉄に反感を抱くものは今度小職の来奉に就きて種々の批評をなすものあり甚だしきは今日の交渉を以て単なる議会答弁の為なりとの説をなすものもありますが自分は飽く迄も総司令に述べた精神に基き仮令如何なる批評を受くるも頓着せず非常なる勇気と努力とを以て交渉の貫徹を図らむと思つて居ります

張作相

大笑して曰く、新聞記者が斯くの如きことを言ふならば自分等と共に大いに努力して懸案を解決して見せ此の種の新聞記者に意見を聞くことにしませう

註、張作相は木村理事に大いに同情したる態度を示す

理事

新聞で貴下が国民政府委員に就任されたことを見、心から祝意を表します

張作相

自分は元々南京の国民政府の委員となる意志はなきも今や中国は一歩一歩建設の時代に入りつつあり斯かる重要の時機に自分が南京の重要の椅子に据はるも名許りで却て支那の建設上に障害多きことと思ひ実務をなし得る人を委員とする方がよいと思つて辞退したが蔣介石及東北の幹部が之を許して呉れない為昨日已むを得ず就任した次第であります、自ら顧み甚だ慚愧に堪へません

理事

夫れは、そうでない張司令の南京行は支那全国統一上極めて重大視しなければならない之に依りて支那は兎も角も全国が統一され東北と中央との関係が愈々(いよいよ)密接となつて来たのである

斯かる時に東北の首脳者である貴下が南京政府の枢要なる地位に就かれることは最も必要なることである、今建設の時機に入りつつあると述べられたが誠に其の通りである、私共の総裁仙石さんも「満蒙が本当の意味の建設と言ふ事に対して計画をなされ、然も之に対して何等の誤解を生ずる虞れさへなければ満鉄として出来得る丈けの援助を惜まないし満鉄にて足らざれば日本政府より援助を乞ふことも出来る、一億円位の金は支那の真の建設の為ならば悦んで投資する考へである、但し之は支那側より要求があつた時のみに限られるものである」と話されたことがある

張作相

理事の言はるること能く解りました

尚張作相は張司令の政務委員会の話を更に繰り返して辞去す

時に午前十一時五十分

注

(1) 手書きで以下の記載あり。「外務次官より木村理事宛電報別紙第十三号書類の通り」。

(2) 欄外に手書きで以下の記載あり。「黔(交通系の重鎮)」。

(3) 「並行線問題は如何」と書き込みあり。

34 奉公秘三〇第一号一　一月二十二日　木村理事張司令会見録

特秘

一月二十二日午后五時林総領事と打合の結果張学良を往訪し就職挨拶和平統一に対する祝意を述べたる上直に懸案問題に付談合を求めたるに張は之を快諾し唯問題の性質上中央政府に於て決すべきもの並自分に於て回答し得べきものあるべく委曲拝承の上考究すべしとて逸早く逃路を張りたるが小職は先づ満鉄入社の理由を率直に述ぶべしとて、

(一)昨日林総領事より開陳の政府の方針は小職入社勧告当時よりの既定方針にして右の趣旨を実現するには先づ日本と特殊密接の関係にある満洲問題の中心満鉄の諸問題に付多年の官歴を捨て赤裸々の一市民として面子法理等の形式に拘束せらるることなく卒直に意見を交換し得る地位に立ち円満解決に努力すること、(二)数年来両国民の感情の疎隔満洲に於ける雰囲気の険悪特に目立ち憂慮すべき実状に鑑み先づ軽微なる諸問題にして両国民感情刺戟の禍因たるものを円満に解決し感情の融和空気の緩和により徐々に重要なる問題殊に経済的協調の大策実現の基礎を確立すること、従而満鉄関係諸問題の解決に努力し真に中日共存共栄の根本的実現の第一歩に入らむとするに外ならずと前置して今回の交渉の真意は中国国内法制、中央東北の政治的外交的権限問題に触るるの要なく専ら事務的見地より非公式に卒直なる商議を遂ぐるに於ては寧ろ簡単に円満なる解決を期し得べく右の結果大体の成案を得たる上にて必要の場合両国政府の承認を得ることと致し度く而して小職に於て差当り申述べむとする問題四あり

(1)将来敷設せらるべき鉄道又は条約及契約に依り日本の関係ある鉄道は今日の空気にありては容易に解決を見ること困難なるを以て空気改善後に於て中国側が共存共栄の主旨に依り希望せらるるに於ては日本は其の建設に対し極力援助協戮(きょうりく)するに吝ならざることを茲に言明す、但し目下直に日本関係新線に対し強要せんとする意思なきこ

とも亦言明を憚からず

(2)数年来日支両国間に政治的外交問題となり居る並行線に関しては事態甚だ複雑微妙となり居る処小職の考にては本問題の実際的利害関係を有する鉄道当事者間に技術的事務的に解決の方法可能性ありと信ず　而して各自の政府に於て当事者間の実務的解決妥協案を認むれば自ら政治的外交的問題は消滅すべし

右に関しては総司令に於て可能性ありとの御考へにて話合を試みらるる御意向なりや否や

(3)日支鉄道競争問題に就ても満鉄が支那側鉄道に包囲せられ収益に大打撃を蒙りつつあり等新聞紙に報導せらるる処一地方に幾多鉄道現存する以上競争は免かれず外間に伝へらるる中日両鉄道の収入減は世界不況の結果にして已むを得ざるものなり然れ共鉄道の競争に関しては二つの憂ふべき影響あり則ち㈠は満洲に於ける特異の関係に基くものにして満鉄に於ては競争の挑戦に対し之に応ずるの実力と準備とあるも激烈なる競争の結果は最近の空気悪化に鑑み勢ひ政治的問題とも化し真に不測の事態を発生せしむるの虞あり、㈡は世界的共通の経済的問題にして世界何処にありても競争の結果は双方損害を受け其の間利益を収むるものは只第三者のみにして無謀なる競争の結果は互に自覚妥協するの已むを得ざるに至る実例甚だ多し

斯の如く満洲に於ける日支鉄道間に於て経済上政治上に憂慮すべき結果を招来せしむるは甚だ面白からざるを以て此際虚心坦懐双方互譲的合理的なる鉄道の接続運輸の連絡及運賃の協定を為すことは相互の利益にして賢明の策なりと信ず

第二項に述べたる並行線問題と雖本問題に関連して解決の方法あるべしとも思はる

(4)満鉄の支那に対する鉄道借款整理は今日迄請負契約鉄道例へば吉敦洮昂両鉄道の如き当然借款契約に改めらるべきものなるに今尚ほ正式借款契約の成立を見るに至らば又已に契約更新せらるべきものも未解決の状態にあり借款利子整理に就ても未だ決定せず、其額は多額に上れり如斯(かくのごとく)巨額の借款未整理の儘放棄せらるるに於ては所謂強硬外交論者は之を国論煽動の種とすべきを以て出来得る限り速に整理を要す本問題に就ては社内に於ても種々反対意見あるも小職は総裁の諒解を求め支那鉄道並満鉄の立場を考慮し合理的の整理を遂ぐるの全権を委ねられ居り換言すれば多少の非難を受くるも貴方の希望に好意的考慮を加ふるに吝ならず

との趣旨を敷衍説示し之に因り喧々囂々たる所謂満蒙交渉の内容甚だ簡単明瞭なるものなることを諒解せらるべく且総司令の東北四省に於ける威力は夙に中央政府の重視する処なるを以て総司令との間に得たる談合は素より中央政府に於ても之を尊重すべきを確信して疑はずと述べたるに之に対し学良は自分も亦卒直に所見を述ぶべしとて東北要路の日本に対する誠意に於て終始渝(かわ)らざることを力説したる上独り日本のみならず支那に於ても責任ある地位に立つ者の挙措に関しては政治的事由等に因り〔空白〕もすれば各種の悪宣伝を伝ふるものあり国際外交は甚だ機微且困難にして当事者相互の立場あるを以て事を処理するに当つては右等相互の立場に対し同情ある理解を以てせられざるべからず況むや民論尊重の現代に於て国民の思想にも多大の変化あり　四囲の事情亦著しく変遷せるを以て当局者として之に善処せむが為には慎重なる考慮を要し国民をして満足せしむるの実を挙示せざるべからざるは篤と諒承を求めたしと述べたる末尤も自分は鉄道の問題に通暁せざる点あるを以て早速関係当局者に委曲を伝達したる上更に貴職と会談の機を得度き所存なる旨を答へたるに付小職は国務多忙の際貴重なる時間を割き卒直なる意見を拝聴し得たるを感謝し尚ほ場合に拠つては関係当局の指名を請ひ委細商議を進め度く小職亦之が為め引続き滞奉の上商議の開始を御待ち致度き所存なりと提言したるに学良は早速関係当局に伝達の上何分の挨拶に及ぶべき旨を約したるに付小職も本日陳述せる要領を念の為め覚書として送付すべき旨を約し午後六時半辞去せり

特秘

奉公秘三〇第一号二

一月二十二日張総司令閣下拝訪の際小職に於て閣下の切実なる考慮を邀(むか)へたる問題の要項概ね左の如し

(一)将来敷設せらるべき鉄道にして条約及契約に依り日本の関係ある鉄道は現下の雰囲気裡に在ては容易に解決を見ること困難なるべきを以て将来何時にても中国側に於て共存共栄の趣旨に依り新鉄路建設に付協戮を希望せらるるに於ては満鉄は極力援助協戮するに吝ならざることを茲に言明す但し目下直に日本関係新線に対し何等強要せむとするの意志なきことも亦言明を憚からず

(二)数年来中日両国間に紛糾せる政治的外交問題となれる並行線鉄路に関し小職の見る処を以てせば本問題に実際的利害関係を有する鉄道当事者間に技術的事務的に解決の

可能性ありと信ず各自の政府に於て当事者間の実務的解決妥協案を承認するに於ては政治的外交的問題は自ら消滅すべしと思はる
右に関しては総司令閣下に於て可能性ありとの御見込を以て話合を試みらるるの御意向なりや否や
㈢中日鉄道競争問題に就ても一地方に幾多鉄道現存する以上競争は免れず然れ共鉄道の競争に関しては二つの憂ふべき影響あり即ち
第一は満洲に於ける特異の関係に基くものにして満鉄に於ては競争の挑戦に対し之に応ずるの実力と準備とを有するも中日両鉄路の激烈なる競争の結果は最近の空気悪化に鑑み或は恐る民心を刺激し政治的問題と化し意外の悪影響を来さざるなきを保せず
第二は一般経済的見地より世界何処にありても両鉄道競争の結果は相共に損害を受け其間利益を収むるものは只第三者のみにして無謀なる競争の後結局互に自省妥協に終るを常とす
斯の如く満洲に於ける中日鉄道間に於て経済上政治上に憂慮すべき結果を招来せしむるは甚だ面白からざるを以て此際虚心坦懐互譲的合理的なる鉄道の接続運輸の連絡及運賃の協定をなすことは相互の利益にして賢明の策なりと信ず
第二項に述べたる並行線問題と雖も本問題に関連して解決の方法あるべしとも思料せらる
㈣中国の満鉄に対する鉄道借款は今日迄請負契約鉄道例へば吉敦洮昂両鉄道の如き当然借款契約に改めらるべきものなるに今尚正式借款契約の成立を見るに至らず又既に契約更新せらるべきものも未解決の状態にあり借款利子整理に就ても未だ決定せず相当巨額に達せり斯くの如き巨額の借款未整理の儘放棄せらるるに於ては所謂強硬外交論者は国論煽動の種とすべきを以て出来得る限り速に整理を要す本問題に就ては小職は中国鉄道並満鉄の立場を考慮し合理的の調整を商議するの権を委ねられ居れり

一月二十二日張総司令に提示せる覚書の解釈

第一項
「将来敷設せらるべき鉄道」とは支那側計画鉄道のみならず日本側計画鉄道をも含む
「条約及契約に依り日本の関係ある鉄道」とは満蒙五鉄道(大正二年)満蒙四鉄道(大正七年)及昭和二、三年の満蒙五鉄道(吉敦延長線、長大線、延海線、洮索線、吉五線)並其の他の関係鉄道を指す

「新鉄路建設」とは広義にして将来敷設せらるべき日支計画鉄道を指す
「但し目下直に日本関係新線に対し何等強要せむとする意志なきこと」とあるは、直に日本関係新線即吉敦延長及長大等の建設を強要せざるも或時期に於て折衝実施する意志あるを示す
第二項
「政治的外交問題となれる並行線鉄路」とは抗議提出のもの、打通線及吉海線を言ふ
第三項
「中日鉄道競争問題」とは既成鉄道は勿論今後建設せらるべき新線を包含す
「鉄道の接続」とは既成鉄道
　吉林に於ける吉長―吉海接続
　通遼に於ける打通―四洮連絡設備
の外今後建設せらるべき鉄道との接続を意味す
「運輸の連絡及運賃の協定をなすこと」とは左記鉄道間に於て公正にして合理的なる協定をなすことを意味す
1、吉長、吉海、瀋海、満鉄四路
2、北寧、四洮、満鉄三路
3、洮昂、四洮、斉克、満鉄四路
4、其の他必要に応じ他鉄道と満鉄
第四項
「中国の満鉄に対する鉄道借款」とは左記鉄道
吉長、吉敦、四洮、洮昂を指す、吉長レール立替金は
　吉長借款中に包含す
「契約更新」とは四洮借款更新を意味す
「斯くの如き巨額の借款」とは吉長レール立替金、吉敦工事費、洮昂工事費等並四洮借款金額の元利併算額を指す
「借款利子整理に就ても未だ決定せず」とは主として四洮借款利子を指す、四洮は不当の利子低減を要求して借款更新に応ぜず、利子の一部を支払ひたるのみにて残額整理未済なり、又洮昂・吉敦は工事費に異議を称へ且利子低減を希望しつつあり
「合理的の調整を商議」とは、最後の妥協案としては吉敦、洮昂工事費の減額、一般利子の低減に就ても考慮すべきも、差当りては公正にして合理的の調整を商議することを指す
覚書は外交文書には非ず。総括的に交渉を要する事項に就き現実の事情より精神を記述せるものにして、特に真面目な喧しきものに非ず。只右精神を支那側にて同意するに於

ては談合の上具体的問題に移り専門委員間に於て協議解決を図らむとするものなり。従て該覚書[1]は心持丈けを述べたるものに過ぎず、並行線及競争線乃至新鉄路建設の如きも何れの線なるやは之を広義に解釈し具体的に挙示せざりしものなり

注

（1）手書きで欄外に以下の記載あり。「一月二十二日木村理事が張学良へ手交せられたる意見書の解釈、二月十二日奉天にて受く」。

35　競争線及並行線に関する木村理事の高紀毅宛メモ案

極秘

（第一）競争線又は並行線問題は本来政治的問題に非らず交通機能の発達に当り之と利害全く相反する競争線又は並行線の建設を回避せざるべからざるは必然の数なりとす、さればこそ英支関係として滬寧鉄道、京奉鉄道、粤漢鉄道（米支借款を英支借款に更正）中日関係として南満鉄道に夫々鉄道保護に関する規定あり、之等の規定は各国が中国に投資する以上、当該鉄道の利益を確保する為単なる実務的見地より取極められたるものなり、然るに輓近満洲に於て南満鉄道に対する競争線又は並行線の一部実現又は計画に因り、此の実務的問題は政治的外交的問題化し紛糾を醸しつつあるは顕著なる事実にして誠に遺憾とする処なり、蓋し中日両国民の感情の疎隔が其の因をなしたるなるべし、換言すれば実務的平和裡に解決せらるべき競争線又は並行線建設問題を感情上より重大なる政治的問題と見做し争議の重点とせる結果に外ならずと思考せらる

（第二）冷静に本問題を看察すれば事務的に解決し得らるべき可能性ありと信ず、蓋し小職の卑見によれば所謂既設鉄道保護約款の中に表し居る並行線とは必ずしも幾何学的並行線の意味に非らず、寧ろ既設の鉄道に対し輸送範囲を切実に減縮し、重大なる損害を招来する競争線を意味し多くは大体の形式に於て並行線の形を作るものを云ふ、然して所謂並行線建設阻止の重点は果して実際上有害なりや否やに存し、又は両線の利害を調節して両立し得るや否やに在り、若し有害なりとせば其の損害を除却し両立し得る様解決方法を研究するを得べく、是〔これ〕実に利害関係を有する両鉄道当事者の当然の義務にして正に誠意を披瀝し懇談を遂げ、技術的事務的に協戮方法並共利共栄の解決案を作成する要ありと為す所以なり

（第三）若し夫れ新競争線と既設鉄道保護約款との調節方法

に就ても既に日支間に協議の先例なしとせず、即ち昭和二年張大元帥と山本総裁との協約第五条乃至第七条の如き其の一好例なり此の趣旨に於て事務的及技術的懇談に依り一面、連絡運輸其の他の協定を以て競争避止の実を挙げ他面、並行線又は競争線に因る既成線に対する損害を出来得る限り減少せしむることに依り所謂保護約款の精神を実際的に実行し得べく、此の種協定が両国政府の承認を得ば形式的理論的の論議は勿論政治的外交的争議も亦自ら消滅すべきものと信ず

（第四）之を要するに小職の見る処を以てせば、満鉄と打通線吉海線其の他今後に於て計画せらるることあるべき競争線又は並行線に関しては、前三項の精神に拠り従来輙もすれば政治的に転化せる問題を実務的平和的に解決し得べき妥協案を考究せば、茲に本問題の事務的解決に達すること必しも難事に非ずと思考せらる

本問題が今日迄中日両国間に於て種々なる実務以外の見地より殊更に問題を重大化せしめ、双互面子の問題となれるを遺憾とするものにして如上の妥協解決案を得ば此の機微なる両国官民の面子問題も自然に消滅すべしと思考す

以上の見地より小職は本問題の解決が両国々民感情問題機微なる面子問題、而して政治的外交的問題化せるに際し之が円満解決を以て重大なる意義あると信ずるものにして、今回赴奉東北要路と懇談の一主要事項と思惟する所以なり

高委員長は小職の提出せる四問題中の第三第四両項は鉄道実務事項なるに依り商議すべきも、第一項第二項は事政治及外交の範囲に属し自己の権限内に於て処理し難き事情ありと述べられたるが、並行線問題に関しては如上の理由により、せめて個人的に私見の交換を為し研究を遂げ何等か妥協点を求めんとするものなり

或は斯かる問題は事外交に関する限り外交部、鉄道に関する限り鉄道部即ち中央政府と折衝すべきものなりとの説あるも、斯くては最も利害関係深き東北政権、殊に張副司令閣下並貴下の立場を無視するの結果を招来せむことを私かに憂ふるものなり、仍（よっ）て東北に於て事務的実務的に研究を重ね彼我意見の一致を見たる上中央政府と交渉すること、事の自然の順序なるべし、小職来奉の主旨実に茲に存す、此の意味に於て競争線又は並行線問題は私話懇談の中に了解を見、解決を促進せむことを庶幾（こいねが）ふ

36　何四洮鉄路局長来訪懇談要旨

極秘　木村理事より受く　6・2・12

二月四日午後三時半四洮局長何瑞章来訪せるが、何は今回理事より張学良に提示せる口上書の精神が堅実而も極めて公平なることを承知し特に個人の資格に於て将来四洮との交渉に関し懇談を遂げたしと前提し以下の如き説明をなしたり。

四洮鉄路の債務は民国十九年（昭和五年）五月末既に金貨四千七百余万円を計上し、昨年夏以来の銀暴落に依り其の換算数字は一躍現大洋一億元余の巨字を示すに至れり。尤も近年来四洮の営業は之を往年に比し漸次発展の過程を辿りつつありと雖も、債務に対する九分の利率は四洮現在の経済状態を以てしては到底其の債務を果し得ざるは勿論若し此の儘永続せむか四洮は遂に死地に陥るの外なし。惟ふに四洮鉄路が従来其の貨物の大半を満鉄に輸送することに依り生命を繋ぎ来れるは明白にして、本路をして再び立つ能はざる苦境に陥らしむるは軈（やが）て満鉄も相当の影響を蒙る結果となり、寧ろ日本としても取らざる策なりと信ずるが故に来るべき交渉に際し、理事の職権範囲に於て本路債務利率引下に関し、特に考慮を払はれ度、とて縷々該鉄路の苦境を訴へたり

右に対し理事は今次我方の交渉精神が支那側当路の間に漸く諒解せられつつあるを喜ぶと述べ、次で今後の交渉方針に就きては㈠双方とも卒直に隔意なき意見を交換すること、㈡互に相手方の立場を尊重すること、㈢交渉は双方とも相当の結果を期待す即ち give and take の原則に依るべきものなること、以上の三要素を以て終始すべし、と述べ四洮に関して同様此の三原則を守りたし、殊に貴意を得置きたきは日本が是迄満洲に於ける支那側各鉄路の建設に力を致したるも要は単なる金貸業の立場よりせるに非ずして、之に依て満鉄が間接に利益を享有するを予期したるにあり、従て四洮借款の調整に就ても満鉄の受くる間接利益が大なれば大なる程借款条件もより多く支那側に有利に考慮し得べし、（The more the indirect profit of S. M. R. the more favorable the conditions of loan to China）と言ふ点をよく了解あり度、更に交渉の順序は最初双方より選派せる専門委員をして充分議を尽さしめ而して後理事と貴方代表者との間に最後の取極をなし度と応答せる処、何局長は一々之に賛意を表し将来の交渉に対しては充分誠意を以て当る旨声明せり。

37 〔借款調整問題解決方策案〕

特秘

㈠三月六日（六年）高紀毅と会談の経過は既報の如く従来張学良との会談の際提示せる問題四項中直に実行可能なるものに付稍〔やや〕具体的意見交換を為し特に鉄道実務の範囲に属するものに就き専門委員を任命することとし先づ支那側に於て之を選定し満鉄側に於ても之に応じて選任することに談合を遂げ、更に小職と高との間に隔意なき私話を続行して円満なる進捗を期することとせり

高紀毅との数次の会談は小職をして益々高の直截簡明なる人物なりとの信念を深からしめ殊に高が余人を排し小職との間に隔意なき私話を試み以て商議の進捗を計らむとする真摯なる態度は小職に最も良好なる印象を与へたり

㈡今後高との私話続行に当つては勢ひ具体的意見の開陳を要することあるべき処曩〔さき〕に小職の提議せる四問題（即ち一月二十三日附口上書）は頗る抽象的に各懸案に対する商議の態度を挙示したるに止まり何等具体的解決案を示せるものに非ず素より右具体的解決案は一に総裁の高裁を俟て確定せしむべきものなりと雖今後高との私話に際し小職としては其の妥当と認むる処を差当り全然小職一箇の所見として開陳することあるべく右は洵〔まこと〕に不得已処なりとす。

㈢小職赴奉以来未巳に一箇月其の間実質的進捗を見ざるは素より小職不敏の致す処なりと雖極めて微妙なる雰囲気に於て漸く支那側要人との接触を図り何事も懇談的に商議の進捗を期し仮令部分的にせよ実質的談合の開始に迄誘致し得たるは小職の秘かに欣幸とする処にして其の間に於ける小職の苦心は幸に御諒察を請はざるべからざる処なり。当初外務大臣は特に小職に対し内外の関係上本商議の間断無き進行に努むべき旨内訓せられたるが第二回目の学良との会談により態〔わざ〕と商議の範囲問題の内容に触るることなく今後の商議の精神態度を決し之を公表して漸く実質的談合の域に迄進捗せしめたり。

一方帝国議会も終局に近づきたるを以て前記政府の方針遂行の第一段は右会談によりて一応終了せりと信ず

㈣茲に愈々実質的商議に入るに当り今後の措置振に関する小職の卑見を披瀝して御高鑑を仰がむと欲す

(1)省主席委員臧式毅は重厚の士にして小職とは常に胸襟を開いて談合しつつあり、臧は今次の商議は彼我の見解接近せり、隔意なき懇談に拠り之が促進を期し得べし、只偏に小職に於て忍耐寛容の精神を以て終始し気

長く円満なる妥結を期せむことを繰返し勧告せり。

(2)秘書長王樹翰も其の信頼する邦人を通じ前記臧と全然同様の所見を小職に伝致せり

(3)斯の如く既に最も枢機に携はれる臧、王両人の意見一致せるのみならず赤塚前総領事が支那側要路と会談せる際に於ても各要路の説く処亦全く前記臧王の謂ふ処と符節を同ふせり

(五)東北方面との交渉を促進すると同時に若くは之が談合開始に先ち〔さきだ〕小職自ら南京に前往して同政府要路との接洽を期すべしとの説なきに非ざるも東北要路の意見は全く之に反せり、現に二月二十七日小職張学良と会見の際学良も本問題に関しては未だ何等南京政府に申送れることなし、早目に申送るに於ては中央より種々の容喙を招くの虞あり旁当地に於て先づ懇談を重ねしむることを得策且必要と思考し今後当地に於ける談合進捗の模様に応じ南京に具報することとしたき所存なりと語れり之を実際に照し小職は南京政府要路に旧知を有し同方面との接洽に必ずしも不便を感ずるものに非らずと雖、先以て満洲に於て最高の実力を具備する権力者張学良及其の幕僚との諒解を求むべきは当然の事理と謂ふべく仍て小職は一月二十二日張学良との第一回会見に於て張の東北四省に於ける威力〔ママ〕は夙に中央政府の重視する処なるを以て張との間に得たる談合は素より中央政府に於ても之を尊重すべきを確信して疑はずと述べ更に三月六日高紀毅との会談に於ても小職は元来本問題の解決は之を理論上よりせば南京政府との間に折衝すべきものなるべきも、斯くては事実上最も利害関係深き東北殊に張副司令並に高の立場を無視するの結果に終るの虞ありと卒直に提言せる処、高も全然之に賛意を表せり

(六)学良との会談殊に高紀毅との談合に於て支那側の意図は我方提案第三項(連絡運輸)及第四項(借款調整問題)に局限せむと欲するものの如しと雖小職の見る処を以てせば未だ必ずしも然らず、第一項(新線)及第二項(並行線)に就ても相当談合に応ずることを拒斥せむとするものに非ざるべし。蓋し東北と南方との微妙なる政治的関係に鑑み苟くも〔いやし〕事東北に関する問題に関し之が処理に当り全然南京政府の節度に服することを快しとするものに非ず、東北の事は東北に於て決すべしとの抱負を有するは必然なり去迚〔さりとて〕亦支那国民の通有性として自ら全責任を荷ふの決意と勇気とに乏しく為に第一項及第二項に対して曖昧なる態度を持しつつあるものと観測せらる。要するに第一項及第二項の問題は今後の推移に従ひ臨機応変の対策

を講じ最も気永に隠忍寛容の態度を以て我方方針の達成に努力すべきものとす

(七)前記第一項及第二項の問題の商議に対しては当初より支那側に難色ありと雖亦必ずしも之を絶対に拒否せむとするものにも非ざるが如く嘗て臧式毅及王樹翰は小職に対し出来得る限り軽微なる問題より開談するの得策なるを説きたることあり、仍て三月二十七日張学良との会談に於て小職は現在満蒙に於て解決を俟つ懸案極めて多しと雖、事の性質に依り緩急軽重の別あり、先づ急を要する問題乃至軽微なる問題より解決を計り、両国民感情の好転を俟て徐ろに不急又は重大なる問題の懇談に進むの外なしと述べて結局、我方提案全部に就き商議するの底意を暗示したるに学良も同感の意を表せり

学良の態度応酬振に拠り小職は学良が全然政治的関係ある重大懸案に就て絶対に懇談を避けむとするものにあらざるの意向を其の言外に感知せしめむとする風あるを感得せり。惟ふに学良の地位と其の性格は容易に人を信ぜず、従て二三回の交渉に過ぎざる小職に直に信頼せざるのみならず常に通訳の任に当れる秘書陶尚銘は資性軽躁の嫌あり、学良も深き信任を与えざるものの如く、従て未だ打明けて其の底意を明白に話し得る場合に達せずと考へ居るものの如し、小職として此の隔意の原因を取除き直接に秘密に安心して学良が其の内心の実を吐き得る状態迄漕ぎ附けること最も肝要なりと信ず、即ち之が為に相当の時日と当方の根気と目立たずして内談の出来る状態を作り出すことに今後努力を要す

今日迄張作霖の死後此の内面的而かも対支交渉に不可欠の条件が日本側、殊に満鉄側に欠如せることは遺憾ながら之を確認せざるを得ず小職の今後の努力は之を機会に此の内面的関係の再建に向けざるを得ずと思考す此の点は小職就任の当初親しく総裁に申上置きたれば御諒解を得ることと信ず

(八)実質的交渉の当事者選任に就きても学良は周到の注意を払へるものの如く、仄聞する処に依れば最初臧式毅次で翟文選の如き政治的地位高き人々を交渉の委員に擬せしが、何れも之を辞退し現に外交部交渉署長王鏡寰も其の一員たる筈なりしが、臧、翟の辞退と共に沙汰止となり、結局高紀毅の簡命を見たるものなりと伝へらる。高の如きも心中私かに輿論の向背を憂惧し、最近の第一回懇談の際にも此の点に関し切に其の苦境を愬（うった）へたる程なり之に依り察するに学良等の底意は先づ借款条件の緩和、運輸連絡の達成位の実務的軽微の問題より瀬踏みを為し、

我方の態度出方如何により重大なる政治的意義ある鉄道其他の問題にも条件次第にて適当の潮合に乗出さむとの底意と思考せらる。高紀毅任命の事績及臧王等の小職に対する忠言並学良の小職並赤塚前総領事に対する日本側の面子を立つることの言明等と照合して必ずしも無稽の夢想に非らずと信ず

(九)只今後交渉の促進に当り銘記せざるべからざるは二月二十七日張学良との会談に拠り彼我の間に意見の一致を見たる要項即ち(1)実際的見地より非公式懇談又は商議の形式と為すこと(2)相互に腹蔵なく卒直に意見を交換し且相互に彼我の立場を尊重して共利共栄の解決案に達する為め友誼的商議を為すこと(3)以上の形式精神に基き懇談の結果解決可能なりや否やを各問題に就き検討することの三点にして更に我方として切実考慮せざるべからざるは一月二十二日小職に対する張学良の説話にして、当時学良は当事者相互の立場に対し同情ある理解を以てせざるべからざる旨を力説し進むで国民の思想に多大の変化を来し四囲の事情亦著しく変遷せる今日に於ては当局者として之に善処せむが為めには慎重なる考慮を要し国民をして満足せしむるの実を挙示せざるべからざることを強調せることとなり。以上学良の説話の底意は要するに対日商議に対し何等かの対償を求めむとするに在るは概ね推想に難からず。然り而して其の所謂対償を奈辺に求むべきやに関しては親しく面陳の機に譲るべし

(十)前序を追ふて小職の採るべき方針を要述せり幸にして如上私見を容納せらるるに於ては切に政府及総裁の御諒解を仰がざるべからざる要点あり、即ち幸に小職を信任せらるるに於ては尠くとも対内関係の憂惧を離脱し得たる今日に在つては政府及総裁に於て悠々閑々の態度を持続せられむことにして、万一交渉の速成を強要せらるることありとするも到底刻下の雰囲気に於て之を達成し得べくもあらず、将又(はたまた)前述の如く東北権力者の微妙なる政治的関係を洞察し、差当ては三月六日高紀毅との談合に従ひ彼我専門委員を選任して其の専門的自由の立場より忌憚なき意見の交換を遂げしめ時日遷延を計りつつ其の間小職は張学良以下首脳部との私的接衝に力(つと)め以て大成を期せむとす

(土)之を要するに小職は専門家をして忌憚なき討議を尽さしめ以て商議を中断せしむることなく時日の遷延を計る一面に於て支那側の最も期待せる借款調整問題の如きに対しても我方に於て難きを忍びても出来得る限り譲歩を敢てするの底意を決し且之を示すの要ありと信ず。支那側

が先づ借款調整問題を提起して我方の態度を探り之を以て一般問題に対する瀬踏みとせむとするは明白にして我方に於ても亦之に応じて公正寛容なる態度を示し、以て之に拠り一般空気の緩和を期すること得策且必要なりと信ず。而して其の間小職は前叙の如く張学良との私的交驩に努め学良をして安心して其の内心の実を吐き得る状態に達せしむる為め双方の信頼し得る邦人を利用し目立たざる方法に於て屢々直接隔意なき談合を為すに努力し同時に一面学良の信任あり且有力者たる臧式毅、王樹翰、湯爾和等との会談の機を作り学良に献言せしむるに力むべし

翻て満洲に於て解決を要する懸案は極めて多く啻(ただ)に当面の問題のみに止まらず、例へば殖産部関係の土地問題又は年来の懸案にして製鋼事業の基礎たる振興公司の問題の如き今の内に出来得る限り公正なる解決を講ずるの要あり、而かも斯くの如きは在来の如く幾多文書の往復論駁に依り決せらるべきに非ず懇談的接衝により角立たざる手段にて解決を期するの外なし、之が為めには此の際難きを忍むで比較的軽微の借款調整問題に付出来得る限り寛容なる解決を期するの英断に出づるを得策と信ず、斯くして消極的なれども従来の懸案を解決し支那側の対日殊に対満鉄空気緩和せらるるに至るべし、而して其の機熟するを俟ち徐々に積極的なる新線建設問題、其の他総裁予ての御抱負たる公明なる経済的援助又は協力の大計の樹立一歩を進むるを得べしと思考せられ、借款調整問題に関する若干の譲歩の如きは如上百年の大計確立の見地よりせば寧ろ軽微なる対償と謂はざるべからず

只対支交渉の進捗に当つては随時の過程等に関しては一切を交渉の代表者に委任し代表者に対しては全幅の信頼を寄せられ代表者をして隠忍自重根気よく有終の美を完(まっと)ふせしむるの裁量権限を附与せられむことを冀望せざるを得ず、素より対支交渉の常として商議の進行に伴ひ外間種々の批判中傷なきを保せずと雖、右等外間の風説に拘泥することなく根本策を確立の上は其の実行に付、偏(ひとえ)に代表者を信頼せられ対支交渉の真髄たる内談的交歓の為、必要ならば代表者の具申に応じ寛大なる援助を与へられむことを冀望す

敢て卑見を具して御高裁を仰ぐ

38　鉄道交渉に関する具体案

特秘

交渉問題左記四項目に関し譲歩する場合に於ける最大限度

の腹案次の通
左記四項目は不可分のものとして処理すること、尚交渉中更に譲歩するを適当と認めらるる事情発生したる際には其後の交渉方針につき総裁の指揮を受くること
一、新線布設に関する問題
敦図、長大両線に関する協約の遂行に付ては必ずしも交渉の当初より提議するを必要とせざるも時機を見て提議し終局に於て協議を纏むること
二、競争線布設に関する問題
競争線問題に付ては既設線と将来建設せらるることあるべき線との二者を区分し
イ、既設線に関しては連絡運輸並運賃協定が成立せし場合には曩に提出せる抗議を撤回すること
ロ、将来の競争線に関しては具体的に線路を指定し又は一定の地域を区画して之を阻止することをなさず単に明治三十八年満洲に関する日清善後協約附属諒解事項を厳守せしむる様予め先方の注意を喚起し置くこと
若し支那側に於て競争線建設に着手せんとしたる際には之を阻止することに付政府に於て充分の処置を採る様総裁より政府の諒解を得置かれ度きこと
三、借款調整に関する件
イ、当方の要求せる洮昂、吉敦両工事費及四洮第六次短期借款金額と九分の複利計算を以て算出せる延滞利息の合計金額約壱億円に付其の約一割の金額を減免すること
ロ、借款金額に対する将来の金利を七分五厘迄引下ぐること
(参考)減免額一割に相当する金額約一千万円計算の基礎は次の通
A、洮昂線工事実費金額中従来議論ありし会社総掛り費約百九十万円
B、吉敦工事請負金額工事費中の金利其他約二百五十万円
C、四洮其他の貸金に対する延滞利息計算を従来の複利九分を改め複利七分五厘とすることによる差額約五百余万円
四、連絡運輸及運賃協定に関する問題
連絡運輸及運賃協定に関しては左記要項によるものとす而して右協定は共存共栄の趣旨により之を協定するものなり、尚完全なる数量協定に付ては連絡運輸及運賃協定実施後の実績に鑑み他日考慮するものとす

A、連運協定

1、連運を為すべき運輸機関

(イ)西側

社と四洮、洮昂、斉克、洮索其他将来建設さるる延長線

(ロ)東側

a、社と吉長、吉敦其他将来建設さるる延長線

b、社、瀋海、吉海線

c、社、瀋海、吉海、吉長、吉敦其他将来建設さるる延長線

d、社、北寧線（貨物）

2、連運の種類

(イ)貨物連運

(ロ)旅客連運

3、旅客連運協定要点

(イ)旅客及手小荷物の連運

(ロ)客車の直通

a、社―吉長―吉林及吉林以遠間の直通

b、社―四洮―洮昂、斉克間の直通

(ハ)運賃は各鉄路「ローカル」運賃の合算額とす但し必要ある場合は別に協議決定すること

4、貨物連運の協定要点

(イ)車輛の直通

(ロ)貨物は連帯責任による連絡運輸を為すこと

(ハ)運賃料金は各鉄路「ローカル」運賃の合算額とす但し必要ある区間は別途運賃の協定を為すこと

B、運賃協定

1、運賃協定の範囲

貨物中特産に限ること但し他の貨物に付必要の場合は別途協定すること

2、運賃の建値

第三国貨幣（米弗）

3、運賃協定区間

(イ)東側

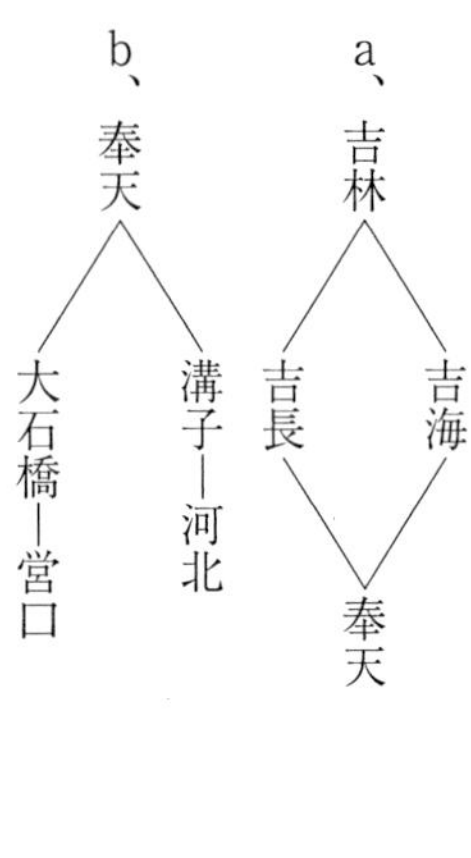

c、奉天
- 大連
- 葫蘆島又は秦皇島

(ロ)西側

a、鄭家屯
- 四平街―営口
- 打通―河北

b、鄭家屯
- 四平街―大連
- 打通―葫蘆島又は秦皇島

4、協定運賃

協定区間に対する運賃率及料金率を同額にすることを原則とす但し両経路現行賃率の差額を折半したるものを標準とすることとし之に次の方法を加味すること即ち

(イ)吉林以遠発協定貨物の吉林に於ける両経路向輸送数量の割合が一定の割合に達せざるときは社及吉海、瀋海は同額の金額を相互支払ふこと而して一定の割合とは社及吉長側六〇％中国側四〇％とし、支払ふべき金額は社の収得運賃より輸送コストを差引きたる残額の二分の一に相当する額を標準とし交渉すること但し先方に対しては計算内容を示さざること

(ロ)他の協定区間に付ても前号に準ず

(ハ)本運賃及填補方法は暫定的のものとし相当年間の実績により更に協議決定すること

5、運賃共同低減の場合

貨物吸収の必要上相互提携して運賃率を低減特定するの必要生じたる場合は各鉄道に於て其の低減額を分担することとその分担の方法は其の都度之を定むること

39　鉄道交渉今後の方針並方法に就ての卑見①

極秘

一、新線布設促進問題

三月十五日の重役会議に依れば新線即ち長大敦図両線は我既得権にして其の実施は何時にても容易又は可能なるかの如く論議せられたるが此の点に関し小職は大なる疑問を有するものなり、固より右両線に関しては建造請負契約存在し、法律上形式上之を我権利と見る事何等妨無し、然も世に所謂紙上の権利なるものに非ざるが、紙上の権利ならば敦図線に関しては既に間島に関する協約あ

り、更に西原借款契約あり、長大線の一部即ち長春洮南線に関しても第一次の満蒙五鉄道協定あり、更に西原借款契約あり、而も西原借款契約は吉会線に関しては千万円の前渡金を犠牲とし、長洮線外四線に関しては二千万円の前渡金を犠牲としたり、然も両線に関する限り吉林敦化間の線を除き他は何れも実現を見ずして山本総裁の建造請負契約締結に及べり、それさへ張作霖が田中首相に約したる五線中の僅に二線に過ず、且五百万円の現金交附を対価とせり、加之（しかのみならず）猶正規の手続を経たる前期二線の建造請負契約すら張作霖亡後の東北官憲は言を左右に託して之が実行を肯ぜず実力を行使して之を実施せしむれば或は可能ならん、然らざる限り之が実施には我に於て予め重大なる用意を要す、一は隠忍寛容の態度之れなり、二は重大なる対価の供与之れなり、即ち我は国民の感情の緩和するを俟ち徐ろに新線問題の解決を図るを必要とし、此の意味に於て小職は這般の張学良等の会談に於て先方の態度は兎も角く、南京との関係より推し臨機応変気永に隠忍寛容の態度を持し以て終局の目的を達せん事を期したり、之れ小職の私見にあらず、実に我政府の総裁に指令するところ、正に本問題解決の最後の関鍵たらずんばあらず

三月十五日の重役会議の決議は他の案件を以てすれば会社の解決の交換条件と為したれども卑見を以てすれば新線問題複利計算による借款元利総額の一割即僅に千万円の減額を以て本問題を解決せんことは恰も蝦を以て鯛を釣らんとするもの、果して成功せば真に勿怪の幸のみ蓋し支那側現当事者にとり単に名義に止まり何等現実に把握し得ざる利益即借款元利の調整は東北官憲のみを相手としても之を以て充分の対価とは云ひ難かる可く、或は之を以て並行線問題の如き理論的法律的譲歩の対価とする事は出来得可し、然も之を以て新線問題解決の対価とする事は不可能なりと信ず、況んや本問題を南京政府と交渉するの外無き場合又はその承認を求むる場合に想到すれば take の相手が give の相手と異なるを如何せん、即ち新線問題は中央政府を相手とする場合は固より東北を相手とする場合と雖も借款調整の問題と分離し之を独立して解決するの外なかるべし、況んや借款調整はそれ自体 give & take にして借款契約の成立に依り債権を確立し条件を確定せば会社の為めにも利益なるに於てをや、新線問題を他の問題より分離して解決するには更に相当重大なる対価を要す、既に山本総裁は契約責任者たる張作霖に対し五百万円の支出を約したり、独り張学良のみ

ならず、或は南京政府をも相手とせざる可からざるやも知れざる今日に於ては更に多額の支出を必要とすることあるべし、而も之は断じて公表す可き対価にあらず、先方の要求する対価は更に一歩を進め他に公表可能にして加之国民を満足せしむるに足る重大なるものなるやも計り難し或は進んで現行契約の内容自体に触れざる可からざるやも知れず、即ち新線問題は現契約に執着して請負契約を主張す可きや、或は洮索線の如く単に材料供給の形式に依る事実上の借款に満足すべきや、或は吉会の終端たる清津港内に「サロニカ」港の実例「ハンバルグ」港の近き例の如く支那の為自由港として一部分を永租せしむるの大決心を要するや鮮(すくな)くとも大連の例に倣へて対支輸出入関税徴収の為支那の海関設置を許すことも政策として考慮の余地なきに非ず。兎に角契約の実質に大変改を要すと思考す而して小職は領事裁判権の撤廃、之に伴ふ在支外国人の特権の廃滅、内外人の均等待遇の域に進まんとする列国対支那の関係の自然の趨勢に照し独り我満蒙のみが武陵桃源の夢を貪る可きにあらざるを信ず、即ち満蒙に於ける我権利の獲得又は之が維持に関しては此の際根本的に思想を改むるの必要を痛感し小職は満蒙に於ける我権利を深くして、然も狭からしむるよりは寧ろ浅くとも普遍的に之が広きを求むるの外実行性に乏しく又名を与へて実を採るの方針に拠るべく、これこそ我終局の目的を達成する所以なりと確信し、同一の理論より新線問題に関しても仮令浅くとも広く我権利を拡張し実行し時に名義上彼にとりて重大にして実質上却て我に益ある条件を進んで彼に提供し以て一日も早く新線の促成を希図するに如かずと思考し徐ろに意見を開陳するの機会を待望し居りたり、之れ単なる小職の創意にあらず、思想の片鱗は拓務大臣の指令長大線に関する部分に於て自弁鉄道として建設を促すも可なりとして既に表現せられたり

二、現存借款契約改訂問題

吉敦線と合併する為め吉長線の現契約を改訂する事に就ては松岡葉往復文に明に規定せられ居り、吉敦線借款契約成立と同時に必然起るべき問題なるに係らず其具体案の審議を留保せられたるが、果して具体的の交渉に際し重役会議の空気を支配したるが如き態度、即吉長線に就ては委任経営を存続し又は四洮線の如く三主任を会社より入るることを以て契約改訂の必須条件とするとの決意を我方に於て執らんか、之れ即ち我方の重大なる背信としてそれ自体交渉全部決を裂せしむる禍因となる事を深

思せざる可からず、既存契約中の借款鉄道経営干与条件の緩和に就ても重役会議に於て何等決定せらるるところ無かりしが、之に関しても小職の根本意見が之と異なる事は前述の理論に依りて察知せらる可しと信ず。若し夫れ四洮の如き借款契約を永久に存続し又は新に他線に就ても期待することは今日の時務を知らざる論なり、

以上縷述したるところ、顧ればその余りに重役会議の決議と乖離するを知る、乃ち会議の席上小職が敢て之に就き言及せざりし所以のものは此の根本的に異なる思想の闡明が極めて容易ならざるを信じ、而して総裁の急迫せる上京を控え問題を紛糾せしめんより、兎も角くも一応何等かの決議を得、之を対象とし之を基礎として他日更めて卑見を開陳するの便なるを信じたればなり

三、今後の交渉方法問題

終りに尚数言総裁の明鑑を仰ぎ度きものあり、そは総裁の全権及専門委員に対せらるる態度なり、既に全権及専門委員の任命成り各自はその愉快なる抱負と重大なる責任とを堅持し任に奉天に赴かんとす、之れ我社創業以来未曾有の大事なり、願くばその責任の重大なるに免じ、総裁に於かれては人に対しては全腹〔ママ〕の信任を寄せられ、行動に対しては寛容なる援助を与へられんことを、評するは易く戦ふは難し、張作霖亡き後の東北の我方に対する態度は極めて険悪なり、東北が形式上南京の節度に服したる今日の日本東北南京の三角関係は極めて微妙なり、而も我国の対東北懸案は山積して三百の多きに達す、土地問題、鉱山問題一として緊要ならざるは無く、之が解決は実は我国運の消長の懸る所なり、今次その前衛戦として鉄道問題の交渉に当る者は先づ此の雰囲気裡に在りて只管〔ひたすら〕日支内面的関係の再建に全力を傾注せざる可からず。次に交渉は易より難に、緩より急に、軽より重に、抽象的より具体的に、更に鉄道問題に関しては実務より政策に順次堅実なる歩一歩を移すを必要とす、当事者は又常に懇談的態度に出で忍耐寛容の精神を以て終始するの必要あり、之が為めには曲折に富む私話の形式をとる事も亦極めて必要なる可く、之等は既に張学良自身、その信望厚き臧式毅、王樹翰、湯爾和の異口同音小職に希望したるところ、否先方の言を俟つ迄も無く我方に於ても当然心得べきモットーにして、先づ形式上軟弱の誹ありとも隠忍の態度を持し、殊に私話に依る相手の底意を確むる間は常に友好的寛容の態度に出て、而も実質的交渉に入りたる上は寧ろ最初に於て忌憚なく卒直に相手の不合理なる主張過大なる要求は之を論駁す可く、硬軟使

ひ分けは対支人操縦の秘策なり
小職従来の行動は単に支那側の肚を探ぐること以外に出で居らず問題は今後に在り、小職は邦家の為め又我社の為め全権又は専門委員諸君の健闘を祈りて止まず、願くば総裁に於ても今次の交渉の円満なる妥結を期せらるる為め交渉の途中に於て迂余曲折に拘泥せらるることなく藉すに相当時日を以てせられん事を、又願くは総裁日頃の抱負たる日本の支那に対する経済的援助を実現し以て日支の共働共栄なる終局の目的を達成せられんことを、

注

（1）右下に以下の記載あり。「六年四月木村理事より外務大臣に手交せられたるもの」「六年三月十五日重役会議に就て意見」。

40　満洲に於ける日支鉄道問題（外務省案、未定稿）

一、満洲に於ける日支間の鉄道問題に関しては世上種々の論議を見居るも問題の起因は支那側の満鉄競争線建設に存すと謂ふべし即ち日本は日露戦争の結果満鉄を露国より継承し鋭意之が改善を計り今日の繁栄を招来したるものなるが一方支那側も右満鉄の繁栄に刺戟を受け自ら各種鉄道敷設に着手するに至り満鉄会社は之に資金技術を供給したることあり然るに近時支那に於ける国権回収熱勃興と共に支那側にては満鉄圧迫を目的としたる競争線建設を実行し前記満鉄借款線の如きも却て右競争線に利用せられつつあり即ち今や満鉄の東部には吉海、奉海両線を連ねて京奉線に連絡する競争線あり西部には京奉線の打虎山駅を起点とする打通線及之と通遼鄭家屯線、鄭家屯洮南線に依り洮昂線と連絡する一体の競争線あり支那側計画は之等競争線に依り満鉄の両側に於ける貨物を連山湾若〔もしく〕は営口に搬出し以て満鉄の貨物吸収範囲を其の両側僅かに四、五十哩〔マイル〕の地域に局限し斯くて漸次満鉄を死地に導き結局満鉄回収の目的を達せむとするに在るやに想像せらる

二、鉄道の如き企業は或程度迄競争線に対する保障を必要とするものにして同一国の支配下に在る数線の間にては当該政府等に於て之が統制を為し得べきが満鉄の如き国際的立場を有するものに付ては右保障は自然国際的取極に依るの外なく是れ日本が明治三十八年の日清北京会議に際し支那側より満鉄の競争線又は妨害線の不建設に関する声明を取付けたる所以にして前記両競争線の基幹を成す打通海吉両線の敷設に対しては日本は抗議を提出したるも支那側は之を無視して建設を実行したる次第なり

元来日本は満洲の経済的開発を希望する点に於て何人にも劣るものに非ず従て支那側が同地方に鉄道を建設するは原則として何等異議を挟む意向なく支那側さへ希望すれば単独若は列国資本家と共に寧ろ其の建設に援助を与ふるにも躊躇せざるものにて前記打通海吉両線の如きも既成のものにてはあり満鉄と是等諸線との間に永続性ある連絡協定さへ出来れば之に対する抗議を撤回することも為し得ざるに非ざるも現在の支那側計画線中には満鉄挑戦を目的とし其の実現を見むが満鉄に致命的打撃を与ふること明白なる如きもの無きに非ず斯る線に対しては日本側として満鉄の生存問題として之が阻止に付凡ゆる手段を執らざるを得ざるべきは寧ろ当然と謂ふべし

第三節　予備会議関係情報

41　**特第一号　東北鉄路事務協商委員会第十五次予備会々議録（奉天駅長報）**

特秘　写　昭和六年五月二十日　　交渉部　資料課長

（訳文）

日時　　中華民国二十年四月二十八日午后二時

場所　　北寧路駐瀋弁事処会議室

出席委員　郭続潤・万国賓（請暇中）・李銘書・何瑞章・労勉・尹寿松

記録　　陳士侯

議事日程

一、第一三次会議録・第一一次会議録を審査すること

二、四洮・洮昂合同草案の研究

李委員を公選して主席となす

主席は日程に照し第一三次会議録・第一一次会議録を審査し署名す

何委員　一三次会議録に「本席は合併問題に対し」云々の記載あるを閲て、記載錯誤なれば「合併問題に対し本席は賛同なれども此中先決問題あり、四鄭合同取消及び将来如何にして利息を支払ふかは已に別に商権書を与へあれば参考討論せられたし」と改むべきである

又合同起草の際、四鄭に対する一項は明確に言明するを要し原載条文に明確を誤れば意味曖昧にして全然反対になることあり、必ず明確に照改するを要す。

主席　前回会議にて議決せし四洮・洮昂両路合併に関しては、秘書長より四洮・洮昂合同草案を提出するに付研究を加へられたし。

尹委員　本合同草案を訂立せんとする経過は本席は先づ

（以下未入手）

42　**奉駅特二号　四昂鉄路借款契約草案（奉天駅長報）**

特秘　昭和六年五月二十日　　交渉部　資料課長

（訳文）

甲乙両者は中華民国八年九月八日即大正八年九月八日締結の四洮鉄路借款契約及中華民国十三年九月三日即大正十三年九月三日締結の洮昂鉄路請負工事前渡金契約並に中華民国四年十二月十七日即大正四年十二月十七日締結の四鄭鉄

路借款契約による債務を償還するの目的を以て四洮洮昂両路を合併し中華民国政府鉄道部直轄四昂鉄路と改称、借款契約を締結す、双方条項を議定すること左の如し

一、本契約借款総額は日金―円となす

（全額交附とし割引扣（こうじょ）除をなさず）

名称は四昂鉄路借款と称し本契約効力発生の日より借款完済の日迄毎年―厘の利子を支払ふものとす（即ち百円につき年額利息―円）

前項の借款は専ら四洮鉄路借款、四鄭鉄路公債及洮昂前渡金の元利償還に充て他に流用することを得ず

二、本契約に定むる借款総額は四十年を以て償還期限となす、即ち自中華民国二十年　　月　　日至中華民国六十年　　月　　日とし、第一年より第十年に至る間は只利息を支払ひ第十一年より元金の償還を開始す、其年賦償還額は附表を以て之を定む但し償還期間内に於ても甲の便宜に依り随時借款全額或は其一部分を償還することを得

三、本借款の元利金は本路所有に属する動産及不動産を以て担保となす

前項に定むる担保は借款未償還前に在りては本契約以外の担保に供することを得ず

四、本路の営業収入は均しく中国貨幣を以て中日両国の信用確実なる銀行に各別預入れ、各銀行当時発表の利息に拠り、利息支払を声明す

五、本契約は効力発生の日より本借款完済の日迄会計事務に堪能なる日本人一名を任用して会計処長となす

会計処長は四昂鉄路管理局々長（以下単に局長と称す）の命令に従ひ専ら会計事務を管掌するものとす、其の記帳方法は凡て中国々有鉄路会計則例に拠り、一切の収支証票類を処理し、局長と共に之に署名するものとす

会計処長の任用は局長に於て決定の上、鉄道部に申請して其の准許を受くべし、但し、不適任なる場合は局長に於て随時辞退することを得　其の契約続訂の手続は亦此に同じ

会計処長は事務処理の必要に応じて局長に日本人雇用の認可を請求することを得　但し二人を超ゆることを得ず

前項の日本人は凡て局長の指揮管轄監督に帰す但し不適任なる場合は局長に於て随時罷免更迭し得

六、乙が本契約に於て享有すべき権利の全部或は一部を他人に譲渡せんとする場合は先づ甲に商議し其の承認を得べし

七、甲が本契約借款の未償還以前に於て何時たりとも債券

の発行を本路に有利なりと認めたる場合は乙に対し中華民国政府四昂鉄路公債の発行を提議することを得、乙は之が商議を承諾すべし

八、本契約は政府の批准を申請し、双方批准を交換したる日より効力を発生し、第一条に定むる借款総額を完済したる時に至り、其効力を失ふものとす

九、本契約効力発生の日より、中華民国八年九月八日即大正八年九月八日締結の四洮鉄路借款契約及其附属文書、中華民国四年十二月七日即大正四年十二月七日締結の四鄭鉄路借款契約及其附属文書並に中華民国十三年九月三日即大正十三年九月三日締結の洮昂鉄路請負工事前渡金契約及其附属文書は凡て一律に此を廃棄す

十、本契約は中日両文を以て各一部を作成し、甲乙各一部宛を保存す、字義に関し疑義を生じたる場合は華文を以て標準となすべし

43　奉公資第二四二号　鉄道交渉支那側委員の無統制暴露

特秘　写　昭和六年五月二十二日　　奉天公所長

資料課長殿

五月十九日午后、遼寧総站楼上に於て東北交通委員会名を以て各鉄道車務主管者会議を招集し、今次鉄道交渉への準備として満鉄側より提起せる

一、運賃協定問題

二、東北各鉄道連運問題

二問題に付き

専門委員、郭続潤、労勉、李銘書、尹寿松、何瑞章

各路関係、徐済(北寧)、張国棟(瀋海)、張銘盛(吉海)

張競択(呼海)、葉在鋌(吉長)、洮昂より孫某

各員出席して約二時間半に亘り協議をなしたる処最初郭委員は今次満鉄より提出せられたる問題中前記二項は交渉に応ぜざるべからざる形勢にありと述べ討論に入りたるところ、李、何、尹の三名を除く外は何れも不賛成にて、議論沸騰、停止する所を知らず遂に何等の結果なく、再研究をなすべしとのみにて解散せり。本情報提出者の意向を聞くに今回の準備会議に於て支那側各委員間の此の無統制を暴露せる原因は㈠郭続潤が勝手に交通委員会名を用ひて召集せる本会議に不満を抱けること、故に当然列席すべき交委会当事者は故意に出席せざりし由である㈡今席提示せる議題は総て吉海、吉長の接軌問題を成功せんが為の交換条件なれば、其の為に東北各鉄道が其の犠牲になるのは真平なり、と云ふにありと(修瀋海車務処連運股主任報)

44　奉駅特三号　洮昂契約の分断（奉天駅長報）

特秘　昭和六年五月二十五日　　交渉部　資料課長

（訳文）

一、債務の担保

(1)借款の元利に対しては本鉄道所有の動産不動産及鉄道一切の収入金を以て第一次の担保と為し該担保品は本契約以外の債務の担保と為すことを得ず

(2)利息は本鉄道の収入金又は東三省総司令奉天省長に於て適当と認むる其他の収入金を以て支払ふものとす

二、利益

(1)借款年利は九厘とす

(2)期間は四十年とし十一年より三十年に分ちて完済することとし四十年の期間内に在りても何時たりとも借款を完済したるときは該契約は無効とす

(3)日本人顧問一名日本人助手二名を聘用し顧問は本鉄道一切の収支各金銭を代管し帳表に関しては局長と共に署名捺印するものとす

(4)全線の竣工引継後六個月以内に立替金の支払を完了せざるときは前記の条件に依り之を借款に改定す

三、該鉄道（洮昂）は弊社（満鉄）と営業上連運関係あるを以て該鉄道の列車の運転運賃を定めんとするときは将来弊社と協商の上之を決定すべし

四、諸掛費問題　洮昂提案

五、短期借款利息問題　洮昂提案

45　奉駅特第四号　洮昂路提出決算相差額（奉天駅長報）

特秘　写　昭和六年五月二十七日　交渉部　資料課長

洮昂線に於て計算しました首題の表入手致しましたから報告致します(1)

洮昂路提出決算相差額

区　別	予算額	満鉄決算額	本局決算額	決算相差額
測量費		94,002.25	94,002.25	0
土工費	665,112.29	585,995.83	585,995.83	0
橋梁費	598,729.98	540,537.15	540,537.15	0
電報及電話費	380,158.04	317,497.25	317,496.76	.49
車站房屋費	2,007,456.72	2,000,826.3	1,926,729.181	74,097.119
軌道費	3,862,458.26	2,952,662.45	2,925,002.6	27,659.85
建築列車費	696,181.67	728,470.52	725,028.03	3,442.49
運送費（大車）	297,543.25	264,460.05	264,460.05	0
建築用具費		10,344.29	10,344.29	0
共計	8,492,640.21	7,494,796.09	7,389,596.141	105,199.949

表内に於ける満鉄決算額と本局決算額との合計差額一〇五、一九九・九四九は交渉に提出すべし

注

（1）　文書に以下のメモ用紙の添付あり。「数字の検討」。

46　奉駅特第五号　吉敦契約の分晰（奉天駅長）

特秘　写　昭和六年五月二十九日　交渉部　資料課長

（訳文）

一、債務担保

(1)本鉄道の凡(すべて)有動産不動産及其の収入を以て第一次担保と為す

(2)本契約以外の債務担保と為すことを得ず

一、債権者の利益

(1)立替金の利息は九厘とす

(2)工事竣工後一ケ年を経過するも尚立替金の完済を為さざるときは何時にても相当金額を以て買収する権利を有す

(3)工事期間内日本人一名を聘用し総工程司と為し竣工後は之を辞退すべし

(4)本鉄道全体の運輸を開始したるときは局長は会社よりの立替金完済に至る迄会社内に於て会計事務に精通せ

る日本人員を聘傭し之を会計主任と為すべし、但し不適任なるときは局長に於て随時辞退することを得[1]

一、関係重大なる附属文書

(1)吉敦鉄道請負工事契約は元来吉会鉄道正式借款の準備にして吉敦鉄道は即ち吉会鉄道の一部分なれば本請負工事契約は即ち吉会鉄道正式契約訂結以前に於ける吉林幹線促成の一方法なれば若し将来吉会鉄道開通し該線に合併し政府が該借款を以て買収せんとするときは会社は之を承諾すべきことを附属文書を以て声明す

一、吉長鉄道回収権に関する附属文書

(1)本鉄道の工事完成し運輸を開始したるときは吉長鉄道と共同経営の必要あるを以て総長は本鉄道完成以前に会社と之を商議するものとす

(2)吉敦全線開通の際、会社に対し吉敦吉長両鉄道合併の方法並に吉長契約内必要なる改廃を提議したる場合会社は之が商議を承諾するものとす(附属文書[2])

注

(1)　欄外に以下の手書きあり。「会計主任の聘傭と吉長吉敦合弁方法及吉長契約改廃の提議は何れも運輸を開始したるとき又は吉敦全線開通の際即ち同時に交換的に詮議すべきものとす即ち吉長吉敦の合併吉長契約の改廃は支那側が吉敦を正式に受領し会計主任を聘傭せざる限り会社は之が協議を応諾すべき限にあらず」。

(2)　欄外に以下の手書きあり。「吉敦延長線は吉敦契約に依れば支那側が当然之が促成をはからざるべからず(吉敦往復文書一)吉長レール借款亦支那側の希望に応じたるものなれば之を正式の借款に直す□約を有す(吉敦往復文書二)」。

47　奉公資第二六八号　支那側鉄道交渉議題に関する件(奉天公所長報)

特秘　写　昭和六年五月二十九日　交渉部　資料課長

北寧総站三階会議室は毎週火曜日より金曜日迄午後二時より二時間位、鉄道交渉準備会議場に充てられて居る。目下議題の選定をなしつゝある由なるも各委員の統制とれず、万国賓の如きは(目下南京より天津に帰る)病気欠席を理由に曽(かつ)て一度も出席したことなく何時も徐嘉沢をして代行せしめて居るが郭或は高紀毅に対し大なる不満を抱くものの如し。準備会議の全般を通じ各委員は何れも自鉄道の利益となることのみを主張し他を顧みず、殊に労勉は自説を固持して翻へさざる気性にて遂に無結果の儘会議を終る例乏しからず。只郭と李は気脈相通じ議事の進行に努めあり、郭が今回吉長局長に抜擢せられたるは李銘書の労に依るところ大にして李は又郭が満鉄と好関係にあるを利用し吉海、吉長の接軌問題を完成し将来吉同線との連絡を夢見あり、事実郭は吉林省政府よりも、頻りに接軌問題をせかれ居るものにして現局長の地位を保たんが為には是非今回の会議に於て本問題を解決しなければならぬ破目にあり相当気をもみ居るも前月以来南下せる高紀毅は目下尚北平にあり、南京政府との打合内容及高の心底不明なるため更に一歩を進めたる提出議案の研究をなし得ざるものの如く郭は其の何れかを決定せんが為本二十七日午前十時二十分発北寧線にて北平に赴くものであろう。今毎日準備会議場に在りて謄写を専任する事務員の支那側提出議題に関し語る所如左

一、吉長、吉敦併合問題

一、吉長に於ける満鉄側の人員を制限し、吉長鉄道の経済を豊にする問題

一、四洮、洮昂の満鉄借款利率の軽減問題（最初は五分と切出し、最大限度六分止の主張を以て進むこと）

一、吉長、吉海接軌問題

一、満鉄回収の如き政治問題には全然触れぬこと

（註）曩（さき）にも報告せる通当所は目下Eを通じ交渉会議事務員某と資料提供交渉中であるが本資料はEに対し当方より　件名を指定し某より取らしめたるものである[1]

注

（1）　メモ用紙に以下の記載あり。「吉長の日本人人員制限案、中川代表の意見を詳細聴取しおく事」。

48　奉駅特第六号　運賃協定打合せ会議録

一、（奉天駅長報）

特秘　昭和六年六月二日　　交渉部　資料課長

（訳文）

（承前）利害衝突するなり、今満鉄は富豪にして吾鉄道は乞食の如きものなれば富豪乞食と協定せんと欲す勢必ずや乞食を餓死せしむるのみ、故に協定と称する謂なし

二、連運に関するもの

連運は此上絶対に拡張する能はず、瀋海四洮吉長は既に連運を実行し居れば只現在の弁法に依り現状を維持すべく契約も亦変更の必要なし其他の各鉄道は如何なることありとも加入すべからず

三、相手方提案たる「競争は人民を激発し政治問題を惹起する恐れありとの一語」に関しては力（つと）めて弁駁（べんばく）を加ふべし各鉄道は生存するとも収入不足に因りて利息の支払にも既に問題ある状態なれば競争に依り日本人民の反感を

激発して政治問題を惹起する理由なし、寧ろ只恐るるは満鉄が各鉄道をして彼との協定を強迫し其の生路を断絶したる場合中国人民が起ちて運動することを憂慮すべく其の責任は全く日本側に在り

四、会議に関するもの

1、会議の際は通訳を用ふべし

2、代表を指定して発言すべし

3、先づ満鉄代表に対して意見を要求し退会後慎重審議決定の上日本側に回答すべく未だ議決を経ざる事項は随意に言論の発表を為さざること（以上北寧運輸副処長譚氏案）

主席（敦氏）譚副処長の提出したる第四項の各件は既に本会に於て決定したる弁法あり

吉海王課長　本問題は吉海瀋海の前途に関係する処甚大にして且つ両鉄道の死命を制するものなれば日本側之を提出せる勢必ず力争すべし、諸氏に於ても両鉄道と共に其の弁法を考究されたし

吉敦韓科長　此の二日間に於て大体の討論を為し既に決定せりと雖今更に一歩を進めて研究し方法を講じて本案の拒絶を為すことを要す、日本側の所謂競争の結果政治問題惹起の虞ありとは威嚇の詞なりと雖日本人の狡獪なる事実が遂に如斯結果を演出するやも計り難ければ第一に方法を講じて協定を為さざること、第二に其の不正当なる手段を剔発（てきはつ）すること、第三に今後合理的方法を以て営業を弁理し不正当なる方法を用ひて我鉄道と競争せざることを要求すべく本席は委員会に対し交渉に際して特別の注意あらんことを希望す（以下尚続く模様なるも未だ入手せず）

49　奉駅特第七号　運賃協定に関する打合会議記録　二、（奉天駅長報）

特秘　写　昭和六年六月三日　　交渉部　資料課長

（訳文）

（承前）協定に際しては只種々なる問題を提出し強て応酬をなし終て結果なからしむるを以て主旨と為すべし

吉海王課長　今回満鉄より提出したる協定問題に対し若し中国側に於て之と協定為さざれば勢必ず劇烈なる競争を激発し我国各鉄道及商業上には必ずや鉅大（きょだい）なる損失を受くべく此点は顧慮せざるべからず

主席（郭氏）　競争は元より必然の趨勢なるべし

譚副処長（北寧）　若し同一線路に在れば自然競争関係あるも非同一線路に在りては則ち関係尚浅し例ば瀋海吉海と

満鉄とが競争し一線が収入せざるに至れば則ち其の利益は依然中国商人の所得となるが如し況て満鉄は日本の東北省に於ける経済的根拠機関なれば決して其の国内より資金を取寄せて之を償ふが如き理由なきを以て顧慮の要なきものと思はる

何委員　中国海関は未だ完全なる自主を以て本国商工業を保護する能はざる以上は只鉄道運賃率の自由伸縮を恃むのみなるが若し此上他国と協定して其の束縛を甘受せんが則ち本国商工業は将来永久に発展の望なかるべく又東北の各鉄道は満鉄東支を除けば総て中華民国の国有鉄道なれば仮令日本人が満鉄と運輸上競争の事実ありと為すとも亦中国人が自己生存の挙を図るものなるを以て如何なる罪名をも加ふる能はず或は運賃率協定の拒絶後満鉄が我と一層激烈なる競争を発生せしむる虞あり而して我の応戦実力と準備は皆満鉄に及ばざるを以て関係各鉄道は将に破滅の危険に陥るを深く恐るるものあり此誠に熟慮を加へざるべからず且充分なる準備を以て之が対抗を謀るべし但し本席が惟ふには仮令満鉄との競争に因りて一二鉄道が対抗出来ずして竟(つい)に破産するものありとも其他の各鉄道は必ずしも全部が其の影響を受けざるべく其時満鉄は必ず競争に因りて大なる損害を受くるは固より言を待たず之を要するに運賃の協定をなし東北各鉄道をして全部其の束縛を受け而して東北物産をして国有鉄道の保護政策を利用して其の発達を図る能はざらしむるよりは寧ろ一二鉄道を犠牲にして之と徹底的競争を為すに如かず

労委員　競争すれば則ち運賃は必ず減ぜらるるを以て我国農工商業に利益を与ふるものなれば只管(ひたすら)各鉄道の努力如何を問ふのみ

吉海王課長　競争は経済影響を発生せしめざるを以て本より問題なし

尹委員　我国鉄道一切の運賃率は政府の法令を遵守すべきものなれば若し外人と競争せば（以下未入手）

50　奉駅特第八号　運賃協定打合会議記録

三、（奉天駅長報）

特秘　昭和六年六月四日　　交渉部　資料課長

（訳文）

（承前）（以下は郭主席の口述なりと言ふ）

一、運賃協定は決して為す能はず

二、寧ろ一二鉄道を犠牲にして彼と徹底的競争をなすとも協定して自ら束縛を受くる能はず

四、国際会社は内地に於て営業をなすが之を交渉署に詢〔ママ〕ね届出なければ即ち直ちに駆逐すべし
五、競争の標準は如何なる運賃を以て根拠となすや、地方の情勢は日に変遷するが故に各鉄道の運賃も亦之に随て改正すべく之を競争と謂ふことを得ず
六、従前吉海瀋海の運賃割引及値上は凡て税〔ぜいえん〕捐問題に関するものなり
七、梅西支線の運賃割引は貨物を吸収するが為にして依然大連港より輸出するものなり
以上の各項を総合するに或は大綱を決定し或は詳細に理由を具し或は断然たる手段を採用する等各々精確なる見解あり極めて感服する所なり、只本席等将来交渉の衝に当るに際し本件の関係重大なること豈〔あに〕只東北の一隅に止まらんや、故に対応の方策はより慎重なるを以てより可となすを以て尚諸君の継続討論を請ふ
譚帮弁　本席は電報を接受するや直ちに来瀋したるを以て本案に対しては何等仄聞する所なきが故に一として準備する所なし、昨日の討議に依て始めて本案の重要なるを知り、昨夜詳細なる計画をなしたるが其理由の数件を略述するにつき討議を乞ふ
一、運賃協定に関するもの
(1)満鉄と協定するは尚其時期に非ず、何となれば各鉄道各種の施設満鉄に及ばざるもの左の七点あるが故なり
A、車輛数満鉄の如く多からず
B、設備は満鉄の如く完備せず
C、大連に匹敵する良港なし
D、国際会社と同様なる補助機関なし
E、船運の設備及連運方法なし
F、混合保管の弁法なし
G、各鉄道の収入は尚利息の支払に不足し自ら生存を謀るに暇なきを以て更に協定を論ずべきに非ず
(2)凡そ協定は双方共、同等の性質、同等の程度なかるべからず(以下未入手)

51　奉駅特第九号　洮昂鉄路諸掛費不承認の理由
（奉天駅長報）

特秘　写　昭和六年六月六日　交渉部　資料課長
洮昂鉄道請負工事諸掛費の件に関し交渉準備委員会に於て首題の如く不承認の理由を決議印刷したものを入手しましたから原文及訳文各一部宛報告致します。尚此の続が少しある模様ですが入手出来ませんでしたから御諒承願ひます。

（奉天駅長）

（訳文）(1)

民国〔大正〕十三年九月三日に双方訂結せる立替契約に附属する預算表に合計一千二百九十二万元とあり之は双方協定せる一定範囲の借款及一定範囲の項目にして該預算額内の各項工事支出は必ず本局の審査承認を経たる後始めて支出出来るものなり又十四年七月三十日に双方訂結せる建造費支払弁法第十条内に「測量及工事に関する監督及事務費用は項目毎に区分し詳細なる預算を作製し預め鉄路局の承認を経たるものを以て有効とす」云々と記載あり該会社の諸掛費内容に列記する監査費及直接工事監督費は事前に於て何等預算を作製して本局の許可を得たるものに非ず事後此種の費用を提出するも支払弁法第十条の規定により当然無効とす例へば甲が僅に或種の物品を指定して乙に其の代理購入を委託したる場合指定以外の費用に付甲の承認を要求するが如し豈斯る理由あらんや、殊に諸掛費内の交渉費踏査費請負経費等に至りては最も理由なきものなり茲〔ここ〕に夫々詳細に弁駁すれば左の如し

　交渉事務費(2)

交渉事務は満鉄自己の交際なれば其の費用は断じて本局より償ふこと能はず満鉄の立替に依る鉄道修築請負は其の請負の利益如何は偖措〔さてお〕き即ち立替を借款に改訂することに因りても亦莫大の利益あり満鉄は利益を謀る為に支出したる此の少数の交際費迄も本局より取らんと欲するが何ぞ如斯理由あらんや例へば本局が屢々〔しばしば〕満鉄を接待したる費用は本局の交際なるが若し之を満鉄に要求したる場合果して承認出来るや況や此種費用は大藪顧問の説に依れば鉄道修築前に於て北平奉天間往復の交際に用ひたるものなりとのことなるが其当時は契約も尚未だ成立せざりしものなれば満鉄の交際に用したる費用を何ぞ本局に於て負担するを得んや

　踏査費(3)

踏査費は測量工事の一なるが各種の測量は総て工事申請書に依り本局の審査署名あるものは本局固より承認すべきも此種踏査費は既に申請書もなく又未だ本局の許可を経ざるものなれば本局は承認し難し所謂此種踏査費は双方の契約訂結以前の事にして本局とは関係なきものなれば一層承認し難し。

（以下未入手）

注

(1) この文書に以下のメモの添付あり。「疑問　一、建造費支払弁法第十条の手続は何時為したりや、十三年九月三日契約係付建造見積書のみにて押し通し松岡于協定の後初めて弁法第十条の手続を履行したるにあらずや　二、会社が支那側

の承認を受くべく提出したる経費内訳及その提出日付」。

（２）　欄外に以下の手書きあり。「請負金額中に入るるが当然なり借款に改訂する事に依りても支払か遅滞されたり、利率を値切られたり、満鉄を除外としたる連運又は運賃政策をとらば満鉄は必ずしも利益とならず請負工事も満鉄の営業なり市井の同業者と同様に利益を期待せざるを得ず」。

（３）　欄外に以下の手書きあり。「之とても請負経費の中に入るるべきは当然なり」。

52　奉駅特第十号　洮昂諸掛費不承認の理由

二（奉天駅長報）

特秘　写　昭和六年六月十一日　交渉部　資料課長

（訳文）

大藪顧問の十七年五月二十五日付来函に依れば「会社の諸掛費は満鉄が貴路の建設に着手の日より竣工引渡に至る迄二年有余の一切の監督費及満鉄が貴路工事の建設材料購買に対する特別準備資金の利子並に其他一切の請負工事経費を総括したるものを言ふ」云々とあるが満鉄の諸掛費内容には単に本社費及直接工事監督費を列記するのみにして既に項目も区分さる、即ち請負経費の一項は蓋し大藪の所謂特別準備材料資金の利息並に其他一切の請負工事経費を包含するものにして該百四十七万元は亦其の大多数を占むるなり茲に其の所謂資金利息及請負工事経費を区分弁駁すれば左の如し

一、資金利息①

原契約に附属する交換文書には既に立替金利息起算期日を明定しあり即ち全線工事引渡の日より遡り工事引渡以前に於ける一切の立替金には均く利息を附することを得ずとあり其の意味至つて明瞭なれば材料の購買及各種工事費は当然契約の利息起算期日に依り処理すべきものにして所謂特別準備資金の利息は殊に根拠とすべき理由なきが故に本局に於ては決して承認する能はず、原契約には満鉄に於て資金の立替を為すべきこと及工事引渡の日より利息の起算を為すべきことを双方明定せるも資金使用の日より利息を起算すべきことは規定せず

工事引渡前に於ける凡有契約以内の経費は即ち満鉄に於て随時立替払すべきものにして本局は契約以外の第三者の如何なる関係をも承認する能はず即ち本局は只立替金が満鉄に於て契約以外の第三者より利息借したる金なることは決して承認する能はず其の一切の立替金は当然契約に依り工事引渡の日より利息の起算を為すべく資金使用の日より利息を起算するが如き本局は当然承認せず。②

又例ば車輛立替金の如き其の条件が実際立替の日より利息を起算すべき旨明定あるものは本局に於ても元より異議なきも建造費立替契約には工事引渡の日より利息を起算する旨明載されあれば双方共当然遵守すべきものなり。

二、工事請負経費

工事請負慣例に依れば工事請負人は只請負価格の請求を為し得るのみにして未だ請負価格の外に別に費用を請求する理由あるを聞かず況んや原定契約にも工事請負経費の規定無きに於てをや、故に満鉄が該費用を提出するは毫も理由なし。(3)

注

(1)　欄外に以下の手書きあり。「吉敦のこと各分段引渡の日より利子を附す　工事期間二年間に於ける多額の利子を欲したればなり　洮昂のこと測量及工事に関する監督及事務費用は各項目に区分し詳細なる予算を作成し予め路局の承認を得るものとす　工事期間中の利子は事務費用なり　之れ請負の普通の観念なり　支那に於ても苟(いやしく)も他人の金を以て鉄道を建設する場合金利を要求せざる場合は有り得べからず　加之会社が要求せんとする金利は値し分に過ず」。

(2)　欄外に以下の手書きあり。「請負金額一二、九二〇、〇〇〇とあり請負の観念に依れば請負者が与へられたる債権なりその内容について著しく不合理ならざる限りとやかく云ふべきにあらず」「車輛立替金の如きは明文なりとも立替日より利子を附くる事当然なり　売掛代金なればなり」。

(3)　欄外に以下の手書きあり。「一二、九二〇、〇〇〇は請負価格なり　請負経費の規定は明に存在す、それが一二、九二〇、〇〇〇中に算入されあるは明文に依り明なり」。

53　奉駅特第一一号　四洮洮昂公債発行契約に関する会議記録（奉天駅長報）

特秘　写　昭和六年六月十七日　交渉部　資料課長

(訳文)

尹委員　公債発行契約は本日提出さるるが討議に入るに先(さきだ)ち本席に五項の意見あれば各位の討議を乞ふ

㈠四洮四鄭公債発行契約に依りて公債の発行不能なるを以て該契約を取消すも是満鉄に自択の道程を与ふるものなり、例へば立替は満鉄に有利なれば彼は永遠に公債を発行せず若し公債の発行が有利となりたるときは即ち契約に依りて発行せんとするものなり、現在四洮立替金の利息は九厘にして公債利息に比し高きこと四厘なり故に満鉄は遷延十余年に至るも尚且発行せざる其の原因は即ち此処に在り

㈡公債発行には手数料及手続費等を要するが故に之を借

款の割引なきに比較し当方の受くる損失頗る大なり
㈢公債の発行さるる迄は立替と称し其の利息は必ず公債より割高なり
㈣四洮洮昂両線を合併するも其の長さは僅に六五〇粁〔キロメートル〕にして而も負債は既に七千余万元の鉅額に達するが故に此種公債は恐らく売行困難なるべし
㈤若し依然公債契約を訂結せんが以前の四洮契約の損失に対し之を覆すべき正当なる理由を失ふに至るべし
以上の五点より本席は公債発行契約は我に何等の利益なきを以て寧ろ直接借款契約に改むるに若か〔し〕ざるものと認めらるるが尚十余年公債の発行を為さざるときは契約第二十二条に依り無効と為すべきを以て理由となし満鉄に対し借款契約を提出交渉せば満鉄も決して之を拒絶すべき理由なかるべし
主席　尹委員提出の公債発行契約不利の五項理由に対する各位の意見如何
何委員　本席も極て賛意を表す、線路短く負債鉅額なれば斯る公債は絶対に購買する者なし一紙の廃文を保留するよりは寧ろ根本的に取消さば却て爽快なり故に本席は以前より借款に改訂せんことを主張し来れり
尹委員　公債発行契約草案は既に脱稿せりと雖本席が再三審査するに何れにしても害多くして利尠きを感ずるを以て借款に改訂せんことを主張するものなり
労委員　公債は絶対に発行する能はず啻〔ただ〕に四昂のみならず何れの鉄道と雖恐らく実行困難なるべし
主席　各位が公債発行に不賛成なりとせば該契約草案は討議に提出すべきや否や
何委員　根本が既に成立せざれば研究の要なきものと思はる

（以下未入手）

（奉天駅長報）

54　奉駅特第一二号　洮昂鉄道請負契約諸掛費中工事監督費に関する準備委員会の検討（奉天駅長報）

特秘　昭和六年六月十八日　交渉部　資料課長

（訳文）

工事請負契約に依れば全部の建築工事費を除くの外元来所謂其他の雑費は無き筈なり然るに曽て足立顧問より局長に手交されたる満鉄諸掛費の内容説明書内に直接工事監督費に関して四十八万五千八百二十五元の支出あり其の項目は満鉄が本路修築の為支出したる各種総務費に近似するものあり此種費用は当時直接満鉄本社より支払ひたる為決算の際各種工事費中に加入出来ず本路に対し総務費項目にて支

払方要求せるものの如し若し之を本路自ら支出の総務費契約の規定額百十三万元に加ふれば合計百六十一万五千八百二十五元にして即ち立替契約の定額総計一千二百九十二万元に対し僅かに百分の十二余にして総務費の一項は必ずしも多からざるが如し

（奉天駅長）

55　奉駅特第一四号　東北鉄路事務協商委員会第四次予備会議記録（奉天駅長報）

特秘　写　昭和六年六月廿四日　　交渉部　資料課長

（訳文）

期日　　二十年四月一日

場所　　北寧弁事処会議室

出席委員　何瑞章　李銘書　尹寿松（其他欠席）

記録　　陳士侯

議事日程

一、第三次会議録の審査　第二次記録簿の署名

二、四洮鉄路借款契約の継続研究

李委員を臨時主席に推挙す

主席　日程に依り第三次会議録を審査すべし何委員尹委員は四洮借款契約の分析の㈢不正当の利益㈠㈡㈢の三項及十項に補充意見あらば両委員より意見の説明願ひたし

何委員提議　外人が中国に在りて服務する場合は当然国幣を以て給料を支払ふべし之を世界各国に徴するも皆然り故に第十項の日本人の給料手当は日金を用ゆとある決議録内に「国家の雇用する如何なる外国人と雖其の給料手当は当然国幣にて支給すべし」と曰ふ一項を加へて第一項の理由と為すべし

決議　可決

尹委員提議　㈢不正当利益の㈠㈡㈢の三項決議録第三項に「万已むを得ざるときは空名義を与へて実権を付与せず」とあるが本項の取消を願ひ度し

決議　可決

（以下未入手）

56　奉駅特第十五号　東北鉄路事務協商委員会第十六次予備会議記録一、（奉天駅長報）

特秘　写　昭和六年六月二十九日　　交渉部　資料課長

（訳文）

期日　二十年四月二十九日

会場　北寧鉄路駐瀋弁事処会議室

委員　李銘書　郭続潤　万国賓（欠）　何瑞章　労勉　尹寿

松

記録　陳士侯

議事日程

一、第十四次会議録の審査

二、四昂借款契約草案の継続討議

李委員を臨時主席に推挙

主席　徐秘書は既に天津より帰来せるが其の報告に依れば長敦契約草案(四昂のものと大差なしと云ふ)は既に委員長に面会し報告せるが委員長は之を副司令に移牒し其の検閲を経たる後返信を与へるとのことなり

木村理事は既に大連に到着せるに付ては委員長に電報すべく其の原稿を作製せるに付各位の閲覧を得て発信したし

異議なし

主席　日程に依り第十四次会議録を審査し第十三次会議録に署名すべし

尹委員　会議録中本席の発言に関する三個の理由内(二)は(本路は高利を負担する能力なし)と訂正せられ度

主席　日程に依り第二案を討議すべし(訂正すること)

(二)四昂契約(公債発行)草案の継続討議

尹委員　契約草案は二種作製すべし

(一)は即ち借款契約にして昨日既に討議済なり

(二)は即ち(以下未入手)

(奉天駅長)

吉敦関係参考表

一、資本支出予算現行及呈部予算比較表

一、南満承造工程業経発給竣工証明尚未清算之件

一、南満承造工程尚未発給竣工証明書之件

一、南満承造工程分段価額表

一、吉敦線建設費墊款簡明表

一、建築費予算及決算比較表

一、建築費墊款総決算及利息表

57　奉駅特第十六号　東北鉄路事務協商委員会第十六次予備会議記録二、(奉天駅長報)

特秘　写　昭和六年六月二十九日　交渉部　資料課長

(訳文)

主席　日程に依り第二案を継続討議すべし

遷延公債を発行せざる責任

決議　交渉方針に寛厳の二種あり左記弁法に依り四洮鉄路局に於て明細表を作製し次回会議を俟て再び提出詳細討議すべし

㈠負債は五厘公債契約に基き金員使用の日より二十年五月三十一日迄五厘として利息の計算を為し複利を付せざる元利明細表を作製のこと
㈡五厘複利附として金員使用の日より二十五年五月三十一日迄の元利明細表を作製のこと
㈢交換文書の七厘五毛に依り単利にて金員使用の日より二十年五月三十一日迄の元利明細表を作製のこと
㈣交換文書の七厘五毛に依り複利附にて金員使用の日より二十年五月三十一日迄の元利明細表を作製のこと
㈤立替金利息及不当利益
決議　前案と併せ処理すべし
㈥車輛借用料問題
㈦車輛修理問題
決議　六、七両項は総て四洮鉄路局より明細表の送付を俟て再び提出討議すべし
散会
李銘書　何瑞章　郭続潤　尹寿松　署名

58　奉駅特第十七号　鉄路交渉予備会議録（吉長吉敦両路合併契約討議？）（奉天公所長）

特秘　写　昭和六年七月三日　交渉部　資料課長

（訳文）
主席　契約に簡称を用ふる以上当然簡単なるを要す、只中華民国政府鉄道部を部と簡称するは混同し易きを免れず
尹委員　中華民国政府鉄道部を鉄道部と簡称せんと思ふが如何蓋（けだ）し僅かに中華民国政府の名義を以て契約を締結する時は妥当を失する箇所なきにしもあらず、政府の名義を以て契約に署名すれば直ちに効力を発生し更改する能はず、部の名義を以てすれば契約に署名するとも政府に於て不当なりと認むる場合は尚修正し得るを以て稍伸縮の余地あり
主席　尹委員の主張に対し異議なきや
異議なし
議決　中華民国政府鉄道部を鉄道部と簡称することに改め凡そ契約の本文及条文中に於ける「部長」なる文字は一律に「鉄道部」と改む
何委員　契約本文の両路を合併経営するの規定は吉長吉敦両路云々と改め「改」字の下に「併」字を追加すべし
議決　提議通り追加
主席（第一条条文を読む）
尹委員　条文中利息の項は若干文字を記入せざるがこは双方の同意を経たる後挿入すべし

何委員　第一条は契約署名締結の日より何厘の利息を起算すとあるも第九条の本契約は政府に提出其の批准の日より効力を発生すとあるものと稍抵触す、既に批准の日より契約が効力を発生すとある以上借款利息は契約有効の時期に於て利息を起算すべきものなり署名と批准の前後孰（いず）れか効力を発生するやは利息起算と極めて関係あり
郭委員　署名締結が先にして批准は後なり
主席　利息起算は契約署名の日より始むるを以て妥当となすべきが若し政府に於て批准を数ケ月遅延する時は本期間中利息の支払をなさざるべからず
何委員　若し政府に於て契約を批駁し若しくは利率に対し抵減をなしたる場合は則ち（続く）

59　奉駅特第十八号　鉄路交渉予備会議録（奉天駅長報）

特秘　写　昭和六年七月八日　　交渉部　資料課長

訳文
主席　（第五条々文を読む）
尹委員　前交通部の呈文を見るに本預金に対しては回収に努め中日両国銀行に分預するを以て最も勝利となす
主席　規定を改正し中国の銀行に預納すとなすも妨なし
郭委員　債権を保障するため日本側は決して承諾せざるべし所謂両国銀行に分預すとは分預金額を指定するものにあらず即ち吉長吉敦両路の現金は自国銀行に預入るるもの比較的多し
労委員　後日開会の際再び協議すべし
議決　異議なく通過
主席　（第六条々文を読む）
尹委員　本条は吉敦契約に比較する時改正点数所あり
㈠総会計を会計処長と改む
㈡国有鉄路会計則例に照して処理すとあるに「中国」の二字を加ふ
㈢聘用契約を任用と改む
㈣日本人数名を用ふとあるを多くとも三人を超ゆることを得ずと改む
㈤日本人は局長の指揮管轄監督に帰すの一項を添加す
議決　異議なく通過
主席　所定時間を既に経過せるも草案各条未了なるを以て次週継続して討議すべし
散会　午后五時

60　奉駅特第一九号　鉄路交渉予備会議録
（吉長吉敦借款契約に関する件）（奉天駅長報）

特秘　写　昭和六年七月十日　　交渉部　資料課長

訳文

郭委員　契約の署名即ち効力の発生なるを以て契約の慣例として如何

労委員　該条の「自簽定合同之日起至還清之日止」とあるは如何となす、若し新契約成立せざるときは旧契約は時効を消滅する能はず

還清二字に借款二字を附加し要点を明白ならしむべし

（訳註　契約締結の日より償却完了の日に至る、）

議決　労委員の提議通り借款二字を附加し余は異議なし

主席　（第二条々文を読む）

尹委員　年賦償還は吉長吉敦共に三十年となすを以て本条も若干年と定むべし、採決を乞ふ

郭委員　吉長借款原文は二十一期より元金償還を開始し二十年にして始めて償却を完了し得と定む、本契約は既に期限内に於て随時償還すべしと規定したれば期限の長短は問題とならず只吉長に倣ひ償還方法は多より少に進み、鉄道収入状況に応じて逐年増加するのみ本員の意見としては元金償還は少より多に進め前十年間は元金を償還せず鉄道業務の発展に余裕あらしめ十一年目より再び元金償還を開始すべしとなす若し期限を三十年となさば後二十年間に於て償却を了するものなり

郭委員　日本人の慣例としては契約上の条文は極めて簡単にして束縛条件は往々細目又は覚書中に定め置くものなり

本員の意見としては今回の契約改訂に当り全部を本契約条文中に列記し細目及覚書を作成せず又十年間元金を償還せずとなすを少額の利息支払をなすとするも可なりと思惟す

主席　既に別に細目を定めずとすれば条文を修正すべし

尹委員　本条は条文の後に別に一項を添加すべし即ち前項の年賦償還は…（未完）

61　奉駅特二〇号　鉄路交渉予備会議録（続）
（奉天駅長報）

特秘　写　昭和六年七月十六日　　交渉部　資料課長

訳文

方法は第十一年より金額千百万元を四十回に分ちて償還し半年毎に附表の如く一回交附す、其既済元金に対しては支払日より利息を停止す

主席　年賦償還は曖昧不明に過ぐ三十年内に毎年元金償還をなすを最も可とす十年後元金償還は別表に詳細規定するを以て比較的明晰なりとす

郭委員　「三十年内に定期分割償還即中華民国二十年　月日より　年　月　日迄とし其分割償還の詳細期限は附表に於て別に定む但し…云々」と改めたし

何委員　「本契約に定むる借款総額は三十年を以て償還期となす即ち中華民国　年　月　日より中華民国　年　月日迄とし、第一年より第十年に至る間は単に利息を支払ひ第十一年より元利を償還し別表に之を定む」と改めたし

労委員　本借款総額は三十年内に定期分割償還すと改むるを最も可とす

尹委員　本条は関係頗る大なり若し各人の改正意見通り但書の前に附加せず但書の力は誤気に隔てられて妥当を失すべし

郭委員　本条は保留をなし、秘書長に於て各説を総合審査の上各秘書と斟酌し別に条文を起案し討議に再提出ありたし

議決　提議通可決

主席　（第三条々文を読む）

尹委員　本条担保品中には営業収入を含まず

労委員　必ずしも含むことを要せず日本側の要求あるを俟つて加入すべし

議決　原文通〔どおり〕通過

主席　（第四条々文を読む）

議決　本条は之を取消す、原契約文には規定する所ありと雖も工事時期を指して言へるものなればなり（未完）

62　奉駅特二一号　鉄路交渉予備会議録（第十一次会議）（奉天駅長報）

特秘　写　昭和六年七月十八日　交渉部　資料課長

訳文

時日　中華民国二十年四月十六日午後二時

場所　北寧鉄路弁事処会議室

出席委員　郭続潤　万国賓　公用にて請仮　可瑞章　李銘書　労勉　尹寿松　陳士侯

記録

議事日程

一、第十次会議録審査、第九次会議録署名

二、長敦鉄路借款契約草案研究

全員　李委員を推して臨時主席となす

主席　第十次会議録の審査をなしたきにつき各個人発言記録に対し不備の点あらば改正すべし
主席　日程通り第二案を討議したし
二、長敦鉄路借款契約草案研究
主席　草案本文に対し討論ありや
労委員　契約草案に鉄道部長の名義を以て満鉄会社と契約を締結するは相応しからず
尹委員　本契約草案は吉敦契約原文に根拠す吉敦契約は中華民国政府交通総長と南満洲鉄道株式会社とが協定云云せるものなり
労委員　本員の意見は契約は双方的なるものなれば機関の名義を用ふる場合は双方共機関名義を用ふべく個人名義を用ふる場合亦然りとなす（未完）

63　奉駅特二二号　鉄道交渉予備会議録（運賃協定に関する件）（奉天駅長報）

特秘　写　昭和六年七月二十一日　交渉部　資料課長

訳文

主席　郭委員より先づ意見を大略説明ありたし
郭委員　本員は連絡運輸及運賃協定を二個の問題に分つ、而して連絡運輸問題は運賃協定の重要なるに及ばず、日本側提案は全く運賃協定に注意を払ふべし蓋し満鉄は昨年度二千余万元の減収を来し適々（たまたま）東西両四路連運問題発生したるに因り遂に政策を変更し国際会社を登場せしめて買占め秘密割引をなせし事は今や調査に依り明白なり、例へば長春発大連着毎一車運賃は二百元にして通知書面には尚三百元と記入するも実収額は百五十元なり、如斯（かくのごとき）割引方法に依る時は仮に元二千車を輸送し得たりとすれば現在四千車を輸送するに非れば減収運賃を補填する能はず且つ車輛費、運転費等の支出増大すべければ実利を獲得しうるや否や頗る計算を要する所なり、然し満鉄にして若し方策を講じ貨物を独占せずんば其株主及国民は共に攻撃の矢を放ち各国亦満鉄の失敗を伝へ笑ふ、故に満鉄は斯かる苦悩を受け今回運賃協定の要求をなしたるなり、本員は運輸業務に携はる事久しく而して満鉄と対抗すること亦多年なり
中国各路の競争は僅かに鉄道自身にのみ依頼すべからず、恐らく金価の暴騰なくんば他と競争するの実力を有せざるべし、本員先に瀋海車務処に在職せし時、東豊西豊地主の出廻貨物を調査したるに民国十七年僅かに八十車乃至百五十車にして、然も該両県区域の実産額を調査したる所東豊三千五百車、西安二千車、西豊二千五百車なり、

其時代開原に於て日本側は取引所を有し吾国商人は均しく借越（先物取引に依る前借）をなし得、馬車又割引をなし幷に混合保管を施行する等商人に種々の便宜を供与したるを以て開原以東の貨物は殆んど全く其の独占に帰したり、於此（ここにおいて）本員は遂に決然西安二割東豊一割五分の割引を断行せしが翌年即民国十八年の輸送高は西安千車東豊一千四五百車に増加したり右は梅西支線対満鉄の競争現象なり、開原日本居留民は此がために瀋海を以て該地の営業運輸の繁栄を奪ふものなりとし大連本社に向つて連絡中止を請願せしが水泡に帰せり、昨年瀋海吉海両路の連運成り磨盤山（盤石）地方一帯の産物は悉く吸収せられ幷に各駅に密令を発し大連向貨物に対する貨車配給を八十日も遅延せしめ北寧線向に対しては随時円滑に配車をなしたり、当時北寧に於ては負責を実施し居らざりしが貨主は取扱迅速なるの故を以て喜んで託送せり之貨車配給の特別優待なり、満鉄は以上敝鉄の種々なる正当防衛策？に鑑み（未完）

64　奉駅特二三号　鉄道交渉予備会議録（借款支払に関する件及四洮鉄路借入車輛問題）（奉天公所長報）

特秘　写　昭和六年七月二十五日　交渉部　資料課長

訳文

提出するやは知るを得べからず本員は二段に分つて処理せんことを主張す即ち十五年以前に既に立替金契約（前渡契約）を締結せるものは契約通り之を承認し十五年以後契約未締結に係るものは凡て最初の借款契約第一条に拠り利息五厘を以て結算すべし

郭委員　本員の意見としては既締結契約の元利は全く翻し難きを以て契約未締結後の元利を左記理由に依り反駁回答すべしとなす即ち

契約締結後は契約に拠り取扱ふべきが惟だ偶々欧州大戦時に逢会し公債の発行暫時困難なる事情にありしも利息支払期は到達せるを以て四洮局長は隠息以て満鉄と臨時契約を結びたるが再三再四之を繰返すに及んで始めて満鉄に公債募集の誠意無きことを知りたり故に再び臨時契約を締結する能はず而して利息は正式契約通り五厘を以て支払ふを正当となす云々

議決　交渉方針としては契約締結済のものは契約通り論議

し十五年五月以後契約未締結に係るものは五厘を以て計算し七厘五分単利を以て最後的譲歩となす

主席　日程通り四洮借入車輛問題を討議すべし

四、四洮鉄道借入車輛問題

郭委員　四洮鉄道提案の趣旨を伺ひたし

何委員　四洮借入車輛の惨状は前回会議に於て既に詳細報告せり之を要するに情理上既に通らざるのみならず且本鉄道としても永久に如斯莫大なる損失を受くることは実に堪へ難きものあり故に至急救済の途を図るべし

郭委員　既に其の不合理なるを知らば速かに改訂を交渉すべし本員の意見としては本会は専ら東北借款並に各鉄道重大問題の解決をなすものにして借入車輛問題は四洮の局部関係に過ぎず四洮自身に於て解決すべく其提案趣旨は本会と合致せざるを以て討議の要なし

何委員　車輛借入問題は局外者より見れば重大関係なきが如きも四洮としては実に緊急切実の問題なり本員は着任以来日尚浅きも此の惨状を見内心止むに止まれざるものあり正に交渉進捗を画策せしが適々木村来奉し懸案を商議するを以て本会の力に依り解決を図らんとするなり

（未完）

65　奉駅特二四号　鉄路交渉予備会議録（運賃協定問題）

特秘　写　昭和六年七月三十日　交渉部　資料課長

訳文

遂に国際会社の手で秘密裡に割引をなし各地に於てあらゆる方法を用ひて蒐貨に努めたるが毒酒を飲んで渇を医するの実益なきは明白なるを以て今回運賃協定を提議し両国間の競争を停止せんと希望するは極めて明瞭なり、本員は提案に先ち左記各点につき其利害を研究したる上協定可能性の有無を決定すべし

㈠東北各鉄現行貨物等級及賃率の満鉄との比較

各鉄道間の貨物等級の差異、賃率の不同は共に営業の発展を阻害するに足る依て東北各鉄（例へば吉海、瀋海、北寧、四洮、洮昂、吉長、吉敦）と満鉄の現行貨物通則等級及賃率等を逐一詳細に比較研究し公開討議すべし、我国法令に基き新に制定せば競争を防止するに近からん

㈡各鉄道（満鉄東支両鉄を含む）の特定運賃貨物の種類及其設定区別

各鉄道は運賃営業の発展を図るため必ず特定運賃貨物の規定を有す、此種特定運賃貨物の方法は各自異なるを以て相互競争を惹起するに至れり、東北各鉄は互に其繁栄を図るため各鉄道の特種貨物の種類及其施行区域に対し

調査研究を加へ全般的計画をなすべし
但し此種調査研究は独り各鉄及満鉄のみに止めず東支に対しても亦同時に詳細調査し参考に資し周到を期すべし

㈢満鉄混合保管制度と我が各鉄道及商人の利害関係

満鉄は壟断政策を実施し其れに美名を冠して混合保管と言ふ其起因は民国七八年頃東北各地に降雨多く産物水分を多量に含むを以て腐敗を生じ又小船にて遼河水運に依り大豆を営口に運出し随意盗取水を混じたるに因り外国商人は信用せざるに至りたり乃ち華商及満鉄は遂に此機に乗じて混合保管なる一種の方法を制定し品種の優劣に拘らず普通値段にて買入れ区別して販売せり外国商人は此に於て満鉄を信用し此種特産物の販売権は遂に満鉄の掌中に移りたり我国農産物の販路が彼に独占左右せられたるのみならず特産商人も亦莫大なる影響と損失を蒙り此種制度が東北各鉄道の営業を阻害すること尤も大なり満鉄は果して東北各鉄道と相互提携し混合保管……に対し……するの誠意ありや（未完）

66　奉特二五号　鉄道交渉予備会議録
（運賃協定に関する件続）（奉天駅長報）

特秘　昭和六年八月十五日　総務部　調査課長

混合保管制度に対しては仮令根本的に取消す能ずとするも亦制限を加へて之を糾正すべし

四、国際運輸会社と南満洲鉄道株式会社との関係及現在の実施方

国際運輸会社と南満洲鉄道株式会社との関係は密接にして其の分社は遍く我国各鉄道沿線に設けられ商品の運送引受けを為す外穀類の買収を兼営し凡そ満鉄に於て施行し難き手段は国際を使嗾（しそう）して之を為し其の極を用ひざるはなし、華商小利に狃（な）れて到る処之を歓迎し勢力の大なること遠隔の地と雖及ばざるはなし、本席瀋海車務処に在るとき海龍山城鎮の各商は其の眩惑する所となり先を争て歓迎せるが当時人を派し暗に調査し国際運輸会社の進出せる処は極力之を破壊し且つ官銀号と妥協し引換証に依る担保貸付を開始して稍々主権の恢復をなしたり今回若し連運を謀らんとせば先づ満鉄と協議し国際運輸公司の種々なる妨害行為を制限せざるべからず

五、満鉄と東支の連運協定の内容及近来実行の状況

東北各鉄道は相互提携の必要あり全般的計画の為には僅に満鉄と協調を謀るのみならず即ち満鉄と東支との連運協定の内容及其近来の実行状況も亦審査研究せざるべからず

六、最近東支及烏蘇里鉄道が東京に於て会議せる日満連絡運輸の事情東北各鉄道と満鉄との現状が果して改善を協調し各々自由発展せしめんと欲せば自ら相互提携し一切の障害を除去せざるべからざるが最近東支及烏蘇里鉄道が東京に於て会議せる日満連絡運輸の事情は速に調査し研究に備へざるべからず

七、中日鉄路運賃本位の不同

中日各鉄道の運賃は元来金銀本位の別あり故に運賃協定の件に対しては殊の外困難を感ず況〔ま〕して運賃の制定は部令又は交通委員会の令に依りて指定され各鉄道は更改の権なし故に運賃協定に関しては特に考慮の必要あるなり

八、中国鉄道は満鉄に対し従来競争の事実なし

以上八項の問題は各位に於て切実に考慮され度く或は尚其他の問題もあらん之を要するに運賃協定の一件は関係重大なれば如何なることも承認し難し各位若し御高見あらば随意に提出研究に使せられ度し仮令彼の運賃協定の要求を拒絶するとも如何にして反駁するや意見書の提出を請ふて採択に資し度し　尚中国各鉄道は満鉄に対して之より競争の能力なきが該鉄道の所謂競争とは中国の何の鉄道を指すものなるや知らざるも各位に於て意見を提出され度し

67　奉駅特二六号　鉄道交渉準備委員会記録目次

（奉天駅長報）

特秘　写　昭和六年八月十九日　総務部　調査課長

訳文

一、本会成立の原因
二、委員選任の経過
三、本会組織大綱
四、本会略則
五、四洮鉄路借款契約の分断案
(1)債務担保
(2)債権者の利益
(3)不正当の利益
(4)公債を延期発行せざる責任
六、洮昂鉄路立替契約の分断案
(1)債務担保
(2)債権者の利益
(3)不正当の利益
七、四洮公債問題
八、洮昂鉄路諸掛費問題
九、四洮立替利息問題

一〇、四洮車輌租借料問題
一一、車輌修理問題
一二、洮昂鉄路短期借款契約問題案
一三、洮昂鉄路車輌購入立替問題案
一四、洮昂鉄路省政府資金引出問題案
一五、吉長鉄路借款契約の分断案
(1)債務担保
(2)債務者の利益
(3)不正当の利益
(4)権利喪失の条件
一六、四洮洮昂合併案
一七、吉長鉄路軌条取換立替金問題案
一八、吉敦鉄路借款契約分断案
(1)債務担保
(2)債権者の利益
(3)関係重大なる附属文書
(4)吉長鉄路回収権に関する附属文書
一九、吉長鉄路工事引渡問題案
二〇、連運及運賃協定問題案
二一、東北各鉄路車務係員を召集し運賃協定問題及連運討議せる案
二二、中日両者の交換せる出席専門委員名簿
二三、正式会議討議案

68　奉駅特二七号　満鉄に対し交渉せんとする諸掛費項目（奉天駅長報）

特秘　写　昭和六年八月十九日　総務部　調査課長

訳文

一、諸掛費の承認すべからざる逐条理由
二、万已むを得ざるに至りたる場合は直接工事監督費の一項は承認するも可とすること及其の理由
三、諸掛費を覆滅(ふくめつ)せば満鉄は即ち直接工事監督費の一項を以て洮昂鉄路建設の際満鉄が直接支出したる総務費と為すこと
四、本路の承認したる請負工事費二百七万五千九百六十一元五十三仙（諸掛費の立替総額）合計一千二百九十二万より其の直接支出の四十八万五千八百二十五元（即ち直接工事監督費）を除きたる残額一百五十九万零一百三十六元五十三仙は現金を以て本路に交付し嫩江大橋建築の用と為すべし
五、用地費及機械廠費の残金四十万八千九百三十三元十六仙も亦一括本路に交付すべし

六、利息の件は将来満鉄に人を派し清算すべし
七、其の利子の計算には不承認の諸掛費一百五十九万零一百三十六元五十三仙及用地費、機械費の未払廠金四十万八千九百三十三元十六仙を控除するものとす
八、利子の起算日は即ち契約に依り満鉄が完全に工事引渡の日(十六年七月一日)より起算す

69　奉駅特二八号　交渉準備委員会第十二次会議記録(奉天駅長報)

特秘　写　昭和六年八月十八日　　総務部　調査課長

訳文

主席　日程に依り第一案を審議すべし
決議　第九次記録の郭委員提出の運賃協定に関する数項の弁法直に配布し討議の参考に備ふべし
主席　日程に依り第二案を討議すべし
二、長敦借款契約草案を継続討議す
主席　前回の会議に於て本契約草案第二条の条文に対し尹秘書長に於て新に起案することを決議せるが今脱稿纒りたれば衆議を以て修正したきに付修正条文を議決せられ度し
第二条　本契約にて訂結せる借款総額は三十年を以て償還期間と為す　即ち中華民国二十年　月　日より中華民国五十年　月　日迄とし第一年より十年迄は只利息のみの支払を為し第十一年より元金の償還を開始す
其の分割償還の数は附表を以て之を定む
但し償還期間内に於ても鉄道部の都合に依り随時借款金の金額又は一部の償還を為すことを得
主席　本席は　年　日迄に「自」の一字を第一年よりの次に「第」の一字を加へんとす
決議　原案通加ふること、其他異議なく通過
主席　第七条を継続討議すべし
第七条の条文を朗読す(権利の譲渡)
尹委員　本条は権利の譲渡なれば吉敦原契約の第八条通定め度し
議決　異議なく通過
主席　第八条の条文朗読(必要あるときは公債を発行す)
尹委員　吉敦立替契約訂結の際前交通部より交換文書を以て若し公債の発行が本路に有利なるときは会社は其の商議を承諾すべきことを要求し既に日本側より交換文書を以て同意を得たるものなるを以て本条を挿入す
決議　異議なく通過
主席　第九条条文を朗読す(契約の時効)

（以下未入手）

70　奉駅特二九号　第十二次会議記録続文（奉天駅長報）

特秘　写　昭和六年八月二十五日　　総務部　調査課長

訳文

尹委員　本条も亦吉敦契約に基きて定められたるものなるが只「署名」（簽字）の二字を「政府の批准を経て」と改めたり蓋し前年外交部が中日条約訂結の際「署名後十日にして効力発生云々」の数字を用ひたる処立法院に送附されたるとき「侵権」なりとされ其後条約訂結に際し「相互批准を通告したる日より効力を発生す」と為せるが故なり、各位の詳細なる研究を請ふ

主席　王秘書の述べたる政府の批准と署名の日とは効力発生時間に於て相違す結局何れを以て標準と為すべきか恐らく日本側は必ずしも我よりの指定を背せざるべく此点は極めて研究を要す

何委員　本条の（迨）の字は極めて紛らはしきに付（俟）の字に改めるを妥当とすべし

主席　前の（自）の字との関係もあるに付寧ろ（至）の字に改めるに如かず

決議　提案通改正し全契約を秘書処に於て校閲したる後更めて具体的討議を為すこと

主席　第十条条文を朗読す（本契約発生したるとき吉長吉敦両鉄路の締結せる各契約は一律に無効とす）

何委員　前条の二字は稍々曖昧の感あり第〔空白〕条と改むれば比較的明瞭なる様思はる

郭委員　吉長吉敦両鉄路には契約以外の文書甚だ多し（一切の附属文書）四字にては恐らく概括すること能はざるべし

決議　左記条文通り改正す

第九条、本契約は第八条の効力発生の日より凡有中華民国六年十月十二日即ち大正六年十月十二日締結せる吉長鉄路借款契約吉長鉄路借款細目契約並両契約の一切の交換附属文書中華民国十四年十月二十四日即ち大正十四年十月二十四日商訂の吉林敦化間鉄路請負工事契約及該契約の一切の交換附属文書は一律に無効とす

主席　第一条条文を朗読す（契約通数及解釈）

郭委員　正式契約を中国人を以て標準と為すは恐らく日本側は必ずしも承認せざるべし　故に中日両国文を以て標準と為すを比較的円滑なりと思ふ

何委員　文法上の見地より本条条文を看るに「若し本契約の条文、解釈上疑義あるときは」の「如解釈」の下に

「有」の一字挟むときは頗る不円滑なり
郭委員　日本交通（本契約の解釈上疑義を生じたるときは某国人を以て之を解決す）と翻訳すべし
何委員　日本人は解釈の二字を用ひて名詞と為すも中国文にしては動詞と為るが故に意義上多少差異あり
決議　左記の通改正す
第〔空白〕条本契約は中日文各二通を作製し鉄道部は各一通を保存し会社も各一通を保存し以て証拠と為す本契約に関する条文の解釈上疑義を生じたるときは中国文を以て標準と為す
主席　全契約の条数は第四条を取消したる為原条文は四条以下を順次繰上げ合計十ケ条に改むべし
決議　通過
主席　契約は審査を完了したりと雖未だ完全に至らざる虞あれば秘書処に請ふて契約を逐条校閲し且長敦契約改訂の理由を詳細叙述し次会に再審査を行ひ以て鄭重を期すべし
郭委員　前回の会議に交換文書取消の議あり但し契約尚未だ概括出来ざれば若し元利の支払遅延したる時如何にして支払ふべきか方法如何契約に規定なくとも事前に準備し時に臨んで手違を起さざる要あり

決議　提案通
散会

71　奉駅特三〇号　鉄道交渉準備委員会議目録（続）（奉天駅長報）

特秘　写　昭和六年八月二十九日　総務部　調査課長

訳文

第二十三

一、席　次
二、記　録
三、用　語
四、毎週の開会回数
五、毎回開会の時間
六、期　間
七、休憩室
八、事務室

第二十四　四昂鉄路借款契約草案
第二十五　吉長吉敦両鉄路合併案
第二十六　長敦鉄路借款契約草案

72　特第三一号　鉄道交渉準備委員会記録
（会次不詳）（奉天駅長報）

訳文
特秘　写　昭和六年九月二日　　総務部　調査課長

（前欠）
提出するも尚知るを得ず本席は二つに分割して処理せんことを主張す即ち十五年以前既に締結せる立替契約は契約通とし十五年以後未だ契約の締結なきものは一切最初の借款契約第一条に依り五厘計算とす
郭委員　本席の意見では既定契約の元利は之を覆すこと困難なれば契約未締後の元利は左記理由により反駁すべし
契約締結後は即ち契約通処理す但し適々欧州戦争期に当りて公債の発行困難にして利子支払期に至れるを以て四洮局長は苦痛を忍んで満鉄と臨時契約を締結したるが斯くすること数度に及んで始めて満鉄に公債売出の誠意なきを悟れり故に再び臨時契約を締結する能はず而して利子は正式契約に依りて五分の支払を為すを正当とす
議決　交渉方針は立替契約の締結されたるものは契約通とし十五年五月以後未だ契約の締結なきものは五分利計算とし七厘五毛単利を以て最後の譲歩とす
主席　日程により四洮車輌租借を討議すべし

四、四洮鉄路車輌租借案
郭委員　四洮鉄路提案の趣旨を承り度し
何委員　四洮車輌租借の惨状は前回の会議に於て詳細報告したるが之を要するに情理上許すべからざるのみならず本路は実際上永久に此の鉅大なる損失を受くること困難なり故に至急之が救済を謀らざるべからず
郭委員　既に其の許すべからざるを知らず早速交渉改革すべきなり本席の意見では本会は専ら東北借款及各鉄路重大案件の解決を為すものなるが車輌租借問題は只四洮局部の関係なれば四洮自身解決すべきものにして提案の趣旨は本会と符合せざるが故に本会に於て討議の要なかるべし
何委員　車輌租借案は局外人より之を見れば重要なる関係なきが如きも四洮に取りては実に切膚の苦痛たり本席は局に到りて日尚浅きも此の惨状を視て黙過する能はず今回法を講じて交渉を進行せしめんとし適々木村氏来奉して懸案を協商せんとするに当り本会の力を藉りて解決せんと欲するなり

73　特第三二号　東北鉄路事務協商委員会概則送附の件（奉天駅長報）

訳文

特秘　写　昭和六年九月四日　総務部　調査課長

東北鉄路事務協商委員会概則

第一条　本会は東北鉄路事務協商委員会と称す

第二条　本会は東北交通委員会の任命せる各委員を以て之を組織す

第三条　本会は毎週火、水、木、金曜の午后二時より四時迄を以て開会期日と為す　但し満鉄委員列席無きを以て予備会と称す

第四条　予備会開会の際は委員中より一名を公選し臨時主席と為す

第五条　本会の会議録は総て各委員署名の上委員長に報告し検閲を受くるものとす

第六条　本会に秘書長一名を設け責任を以て重要文書の保管を為し且つ本会第七条に列記する各事務を主管す　但し前項の秘書長は委員中より一名を公選し之に任す

第七条　本会に事務処理の便宜上左記三係を分置す

㈠文書係は文書の起案、会議記録の整理、宣伝文字の編述及公文書電報の発送受付事務を掌理す

㈡翻訳係は会場の翻訳及洋文書電報、参考となるべき外国新聞雑誌の訳述等の事務を掌理す

㈢庶務係は会場の設備会計購買及他係に属せざる事務を掌理す

第八条　本会の決議せる渉外関係に関する所有一切の文書及議案に付各会員は総て秘密の厳守を為すべし

第九条　各係の事務員は事務の繁閑に依り各鉄路より原職の儘任用し給料手当を支給せず

第十条　本会に速記生一名書記二名を任用す

第十一条　本会の経費は東北交通委員会に於て負担す

第十二条　本会各係の事務処理細則は別に之を定む

第四節　交渉準備関係

74　鉄道交渉専門委員に関する件（重役会議提出案）

（六年五月五日決裁）

特秘

支那側鉄道交渉専門委員は左記の通り任命することに内定せるに就ては之との権衡上及事務担当の都合上曩[さき]に決定を見たる当社専門委員中岸田英治、森永不二夫を削除し山﨑渉外課長を追加致し度

右に依れば彼我の専門委員は左の通りとなる

支那側専門委員

吉長吉敦局長　郭　続潤
洮昂斉克局長　万　国賓
四洮局長　何　瑞章
吉長吉敦総務科長　尹　寿松
吉海鉄路総弁　李　銘書
北寧副局長　労　勉

日本側専門委員

交渉部渉外課長　山﨑　元幹
交渉部渉外課鉄道係主任　穂積　哲三
奉天公所長　入江　正太郎
経理部次長　竹中　政一
鉄道部連運課長　伊藤　太郎
連運課第二係主任　古山　勝夫

尚交渉部嘱託岸田英治は先方にも同様の事務担当者を置かしむる方針の下に総務係としての用務を担当せしむることとす

本件に関し曩に重役会議の議決を経たる事項左記の通り

一、左記七名を選任す但し必要に応じ臨時増員すること
二、発表は支那側と打合の上なすこと
三、専門委員の職務分担は支那側と協議の結果に依り在奉天各関係理事合議の上決定すること
四、専門委員以外の随員は各関係理事合議の上随時選定すること
五、専門委員　竹中政一、入江正太郎、伊藤太郎、穂積哲三、古山勝夫、森永不二夫、岸田英治

75　借款元利整理案・専門委員打合会　第一回

特秘　借款元利整理案

本案は仮りに支那側より先に要求あるものとし之に対する当方の対案として順次第一、第二、第三の案を提出し終局に於て重役会議決定の案に達せしめんとするものなり

第一案

一、将来の借款金利を年七分五厘とす

説明

契約の解釈及従来の交渉経過より見、吉敦線の工事費についてては契約上問題があるべき理無く洮昂線についてては会社自弁の経費百九十万円が支那側の承認を経ざる儘なるも之も理論的には先方に承認を求め得べきものなり、四洮線に関しては従来交渉の難点は金利の低減に在るを以て今回の交渉は一般借款利率の低減よりスタートを切らんとす

第二案

一、将来の借款金利を年七分五厘とす（第一案通り）

二、将来に向ひ洮昂工事費中より会社自弁の経費百九十万円を削除す

説明

洮昂関係の百九十万円は理論上先方に承認を求め得べきものなれども先方に於て果して之に承認を与ふるや与ふるとして全費目に亘り承認を与ふるや否や相当交渉難渋なるべきを見込し之を削除せんとするものなり

第三案（最終の対案）

一、将来の借款金利を七分五厘とす

二、過去の未払金利（年利九分）の複利計算を単利計算とす

（此の場合四洮五年五月末現在単複利の差額約百六十六万三千円洮昂五年六月末現在単複利の差約四十三万六千円―但し会社経費百九十万円を削除するとせば之に対する金利全然不用となる―吉敦五年十月九日現在単複利の差約四十万四千円合計約二百五十万円―而して今日迄の計算をとれば更に多額となる）

三、過去に遡り洮昂工事費中より会社自弁の経費百九十万円を削除す

四、過去に遡り吉敦線の工事費中の減額（三、参照）と同比率を以て約百八十五万四千円を減額す

（1,976,161 円 479/224.2 キロ ×210.4 キロ = 1,854,524.42）

五、三及四の過去の利子を免除す、この金額単利として洮昂（自二、七、一 至五、六、三〇）五十一万三千円、吉敦（自三、一〇、一〇 至五、一〇、九）三十三万三千円、合計八十四万六千円―之を現在迄計算せば更に増額す

六、以上総額約七百十万円と会社重役会決議額千万円との

差額三百万円は支那側主張の内容を斟酌し之を減額す
説明
単複利計算の可否に就ては問題無き筈なるも支那側にては之が不当を唱へたる事もあり将来之を認めざる事を条件として過去の分丈け単利計算を許すこととす
洮昂関係百九十万円は当初より之が主張を為さざることとす吉敦工事費の高きに過ぐとの支那側の主張を多少容認せざるべからずとせば洮昂と同じ比率を以て吉敦工事費を天引する方他の工事費内容に触るることなくして之を解決する上に便宜なり。

極秘　専門委員打合会　第一回
　　　昭和六年四月十七日　於交渉部応接室
列席者　石川次長　山﨑課長
　　専門委員
　　　竹中次長　伊藤運輸課長　穂積技師
　　　古山主任　森永主任
石川次長
専門委員として決定せられたるは列席委員五名の外入江奉天公所長、岸田嘱託の七名にて入江所長は主として連絡用務、岸田嘱託は交渉庶務を処理する予定なり、鉄道問題交渉に関し最近重役会議に於て決議せられたる具体案につき説明す
伊藤委員
連絡及運賃問題に関しては新線及競争線問題と不可分の関係にあるを以て新線建設及競争線避止を支那側に於て承認するものとして協定案研究中なり
竹中委員
左の四項につき質問す
(1)今日迄の交渉経過
石川次長第一回学良との会見に於て木村理事より学良に手交したる口上書を説明し第二回会見に於て学良は「交渉開始を承諾し高紀毅をして其衛に当らしむること」となりたる旨を述べ高紀毅との会見に於て高は三、四項は交渉に応ずるも競争線問題は私話として研究をなすこと尚専門委員を選定協議することとなり既に支那側より内定委員の通知あり
(2)接続状態
奉海と満鉄、吉海と吉長、打通と四洮の接続状態、伊藤、穂積両委員説明
(3)吉海、打通両線抗議
石川次長、一九〇五年の秘密協約第三項に拠り抗議を

なす
(4)吉敦、洮昂工事費の内容に就て
穂積委員、洮昂線建造費には籌備費の加算なし、純工事費につきては局長承認せるも会社経費につき異議ありて懸案となり居るものなり、王永江に交付の二百万円につきては借款に加算すること異議なき模様なるも交渉の際如何なることを云ひ出すや疑問なり
吉敦は張作霖に二百万円を交付したる外魏武英其の他に交付したる金額を加算すれば純工事費以外の金額は四百万円以上となる
伊藤委員
交渉に際しては連運協定及運賃協定を要すべき全部の鉄道につき提案すべきか又は一部分宛提案すべきか模様に依り考慮すべき要あるやに思はるるが此の点如何
石川次長
交渉開始後支那側の態度を考察したる上決定すべきものなるも若し部分的に提案するものとせば如何なる順序となすべきやは予め研究置願ひたし
竹中委員
借款問題に関しても交渉順序を決定する必要あり且新線競争線問題に関係なしに単独に決定する場合につき会社の譲歩限度を決定する必要あり尚単独又は不可分の場合につき対照的譲歩限度を研究し置く必要あり
石川次長
重役会議決定具体案は不可分のものとして最大限度を示すものにつき単独に決定する場合は更に重役会議の決定を要するものなり
以上述べられたる問題並其の他につき専門委員に於て充分御研究の上具体案を作成更に重役会議に附し会社の方針を決定することにしたし
右にて会見終る

76　専門委員打合会　第二回

特秘　　昭和六年五月七日　於交渉部応接室
列席者　木村理事　石川次長　岸田囑託
専門委員
竹中次長　山﨑課長　伊藤課長　穂積技師
古山主任
註　昭和六年五月五日専門委員岸田英治、森永不二夫を削除山﨑課長を追加し岸田囑託は総務として交渉用務を処理することに決裁
木村理事

鉄道交渉問題は新線、並行線、債務整理、連絡運輸の四問題なるが会社より見れば新線、並行線は我方の「テーク」の問題債務連運は「ギブ、アンド、テーク」の問題と考ふるも支那側は債務整理、連運に就ては自己の「テーク」の問題と考へて居る様思はる

新線並行線に関する我方の提議に対しては学良は諾否何れとも言明せず高紀毅をして政治的色彩を避け鉄道実務者の見地より事務的懇談をなすの趣旨に於て意見を交換せしめ各問題に付解決可能なるや否やを検討し解決可能にして然かも日支相互に利益にして世間に発表するも何等恥づるところなき公平なる案に到達せば直ちに解決せんとする考へなることは了解を遂げ有り尚急を要する問題軽微なる問題より解決を計り徐ろに不急又は重大なる問題の懇談に進まんとするに対し同感の意を表し更に日本側の面子を重んじ解決可能なる問題に付ては此機会に於て解決を図るべき旨を高紀毅に特に命じ居れり

高紀毅は債務整理、連絡運輸両問題に関しては交渉を快諾し居れるも新線並に並行線問題に就ては学良より交渉すべしとの積極的命令を受け居らずと称す思ふに支那側の方針は連運、債務に就て先づ解決を計り其他の問題に就ては右交渉の結果如何により自己に有利なれば解決せんとの底意なりと想像せらる

一、態度方針

交渉順序として並行線問題を前回私談の続きとし専門委員会の議題に上さしめ債務、連運問題と並行して討議すべく唯新線問題は適切なる時期に交渉を開始する考なるが新線問題は債務、連運問題解決迄には目鼻つかざるやも知れぬが並行線問題は解決したき考へなり尤も新線問題は「チヤンス」の如何（政情の関係）に依り案外早く解決するやも知れず

以上の方針を以て進む考へ故専門委員は左記に依り折衝することにしたし

一、支那側は部分的に急速解決を希望すべきも当方は本交渉問題全部の解決を希望するを以て此目的を達し得る迄可成引延すこと

二、債務整理、連絡運輸は並行して商議をなすこと

債務整理は支那側より提案せしめたる上対案を提示すること債務問題は契約及建設経緯、工事状態、決算の順序に商議すること

連絡運輸は支那側に案がないと思ふ故満鉄より提案すること

三、専門委員間に於て論議の結果解決困難となりたる

場合は事務的問題にありても自分は高紀毅と懇談妥協点を見出し更に委員間に於て再商議をなすことに取計ふこと
四、専門委員は遠慮なく対等的態度にて論議し数字的法理的論法「ファクト」の掲挙に依り相手方を説破するに努むること
支那側は抽象的議論に走ること多しと思ふ故具体的事実と数字に依り反駁すること
万、郭両委員は或は過激なる言動をなすことあるべきも会社委員は相手が激すれば激する程我方は冷静なる態度を保持して之を論破すること
五、専門委員は強硬なる態度を以て折衝すること
自分は軟弱なる態度を粧ふ考へなり世間往々態度強硬に出づる者あるも実質は軟弱に終るもの多し自分は軟弱なる態度を取るも実質は強硬に主張したし
六、専門委員は先方に対し四面包囲攻撃をなさず一方逃路を残し置くこと面子を重んじてやること必要且注意すべきことなるも諂ふ態度を取る必要なし
自分は専門委員会議に列席するも外交的政治的関係以外に関しては発言せず傾聴する考へなり並行線問題につき高紀毅と折衝行詰る場合は学良と懇談解決を促進する考へなり以上の態度方針に依り事実を明確にし事理を説得し合理的条件を提示せるに不拘（かかわらず）支那側にて理解せざる場合は日本政府或は会社は此の交渉の内容を公表して天下に支那の不合理頑迷を訴へ置き更に第二の手段に出づべきものと思考す
二、準備
支那側より如何なる質問、要求をなすべきやを予想し答案を予め作成し置くこと殊に債務整理問題は受身の立場にあるを以て充分研究し置くこと
債務整理に関し満鉄は金貸に非らず支那に借款を勧め鉄道の建設を助成せるは大なる意味より云へば満蒙の開発が主眼にて同時に当然会社は間接の利益を受くることを予期せるものなることを明にする趣旨にて研究を遂げ置くこと
連運問題提案は勿論債務問題対案は会社の立場を考慮し最も有利なる場合を第一段とし少くとも三段の案を用意し可成之に先例実例を調査し添付し置くこと
支那鉄道の接続問題は並行線問題に関係あるを以て商議は理事の指図に依ること
各問題の最終解決は左記の順序となるべし

支那側にありては　高紀毅　張学良　中央政府
日本側にありては　木村理事　総裁　日本政府

伊藤委員
連運問題は満鉄より提案するとのことなるが抗議線を含む連運問題は如何にすべきや

理事
連運協定成立せば抗議を撤回することとなるを以て提案し差支なし
連運、運賃、接続問題は何れより先きに提案すべきやは先方の態度を考察したる上決定すべし

石川次長
債務問題、連運問題は分科会議とすべきや

理事
債務、連運問題は交互に商議すること換言すれば第一日は債務、第二日は連運と云ふ順序に一方的ならざる様商議をなすこと便宜なるべし

竹中委員
従来我方にて契約上権利を実行し得ざる為不法払其他の事故あり為めに営業成績不振の因をなせるものなきや

石川次長
洮昂顧問は権限履行し得ず或は内容審査の結果不法払をなせるやも知れず今次の交渉に於て実行することに主張する必要あり

理事
契約上の権限履行主張は当然なり
競争問題につき事実を理解せしむべく明確なる説明書を作成し置くこと
債務整理問題に関しては契約及建設経緯に関しては山﨑、穂積両委員之に当り経理並に数字的問題に関しては竹中委員其の衝に当ること
連運問題に関しては伊藤、古山両委員其の衝に当り穂積委員は之に関与すること
入江委員は主として日支両委員間の連絡に努むること
岸田嘱託は記録を作製すること各委員は数字其他基礎となるべき事項は同氏に交付すること

右にて会議終る。

77　山﨑委員の「借款元利整理案」に就ての所感

昭和六年五月二十二日

交渉部長殿　　竹中政一

山﨑委員は去る五月七日の打合せ会議に於て木村理事より述べられたる所謂三段案を用意し置くことの趣旨に依り首

題の案を用意されたるものなるべく適当の事と存ずるも其の内容に関しては聊(いささ)か所見を異にする点あるを以て茲(ここ)に之を記して木村理事及各委員の御批判を乞んとす

抑(そ)も今回の収支鉄道交渉は木村理事の説明されたる如く「ギヴエンドテーク」の問題は甚だ少くして多くは「テーク」の問題に属す而して形式的に実質的に「ギヴ」の問題即ち権利を譲歩する問題は一に借款整理の一項に局限せらると謂ふも過言に在らず従て此の問題に関し単独に譲歩を為し決定を見るに至らば「テーク」の問題を支那側に納得せしむべき何等の武器を要せざることとなるや火を見るより明かなり翻て支那側の態度を観るに一般に極度の排日気分充満し諸種の情報及事実に徴するに本交渉の諸問題に対する支那側の態度も亦察するに難からず道途伝ふる所に依れば学良の考も近来変更されたりとの事なるも若し夫れ変更したるものありとせば一層排日気分に変更せりと謂ふの当れるを思はしむるものあり此の時に当りて吾人は徒らに譲歩的具体案を示して只単に支那側に当方の意向を知らしめたるに過ぎざるが如き結果を見る事は遺憾の極みと謂ふべし是等の点より考察して借款整理の問題も之を中外に公表して恥しからざる程度の対案二、三を作成し置き其の上の譲歩は諸問題の均衡を参酌して其の都度之が考究を為す事とするも未だ遅からざるを思はしむ

右の見地より之を観るときは山﨑氏の案は甚しく譲歩に過ぎたるの感あり小職は少くとも左の如く改めたしと考ふ

(1)利率は須(すべから)く九歩を第一案、八歩五厘を第二案、八歩を第三案と為すべく其れ以下の歩合は之にカウンターバランスすべき「テーク」の問題なくして容易に提議すべからざるものと考ふ而して前記の八歩乃至九歩の利率は対支借款の如き三十年乃至四十年の半永久的しかも支払に対し危険頗る多き借款を考慮するときは当然の利率と謂はざるべからず

(2)計算方法も亦之を複利と為すことが一般通則にして且実際問題に適合するものなるを以て総ての場合に於て之を譲歩するの必要を認めず第一案より最終案迄之を主張して毫も差支なきものと思考す

之を要するに今回の交渉は支那側に之を纏めんとするの誠意も無く且当方の得んとするものに対し与へんとするものの比較的少きが如く感ある交渉なるを以て此の際相当の譲歩を為すも到底短日月には纏まらざるものと思考せらるるを以て特殊の譲歩の如きは遽に之を提出せず天下に公表するも何等恥る事なき普通の条件を最大の譲歩案として提出するに止むることの賢策なるを信ずるものなり

78　契約上対張作霖の閲字に関する研究

(甲)支那側が主張すべき調印無効論の根拠予想
一、該調印を以て全然偽造なりとする無効論
二、該調印は偽造にはあらざるも右は全く様式を誤りたるものなり「閲」「准行」の文字は右文書の査閲及施行許可の証とはなるべく即ち調印者が契約書の内容たる事項を実施する意思ありたることを知るに足ると雖、違式の調印を以てしては契約に調印せざると同様にして効力を発生したるものと認むるを得ず、違式と認むる点左の如し
一、閲、准行、の文字は下僚の伺書の如きものに対して閲査、施行許可を表示するものにして契約書に調印せるものと解すべからず
二、捺印のみにて署名なきこと
三、印章に官職名の表示なきこと
(乙)当方の主張し得べき点
イ、支那の内政的手続は様式を成さざること
支那は民国当初に於て成文憲法の制定に着手したるも其後内政的関係の為め未だ其の発布を見るに到らず(憲法と称するもの研究又は発布の形式化せられたる時機ありしも之を施行したると異る政権に依りて事実上取消されたりと解すべし)従て内政の様式は其の成文的基礎を有せず
ロ、支那に於ては政権を有する者の行為は形式の如何を問はず有効なること
行政の様式的成文的基礎を有せざる為め其の時々の政権保持者は便宜とする方法に依り法令の発布等行政的手続を為し国民も之を以て効力あるものと認むる習慣となれり従て政治の様式は随時随意に之を改め得べく換言すれば行はれ居る事実が法的効果を有すと認めらるる国情なり
ハ、故に契約上に加へたる調印の形式を以て其の効果を云為するは不当なり、斯かる不成文的行政関係の下に於て従来の様式に泥(なず)み契約書を手形や小切手の如く無効と見做すことは上述の論旨に依り実際と反する形式論にして之を承認する能はず如何なる形式字句印章を用ひたるを論せず契約に調印せることの事実を以て契約の実効を有するものと認む実際権力者の為したることは法令的効果を生ずるを以て張氏の加印は直ちに公法的関係を生じ有効となる即ち契約の相手方は張氏より契約書内容事項の特許を受けたるものと解すべし

79　満洲鉄道交渉関係人物調査表送付の件

極秘　交資三一　第三号三一

昭和六年五月二十一日　　交渉部　資料課長

各満鉄代表委員殿

公所長殿

長春地方事務所長殿

哈爾浜事務所長殿

東京支社長殿

今回の満洲鉄道交渉に関係ある中国側委員及び秘書等の略歴当課にて取纏め中につき出来の分より追次御参考迄に送付す

尚不備其の他御気付の点は至急当課に御通知願度此機会に首題人物調査を完成せしめ置くべく手配中につき為念

極秘

鉄道交渉関係人物調査表　―一九三一・五・一八―

高紀毅(什旃)(交渉委員長、東北交通委員会副委員長兼北寧路局長)

奉天省、遼陽の人　　四十二才(一九三一)

学歴　陸軍速成学堂、東三省陸軍測絵学校、交通部、交通伝習所軍官班卒業

?　奉天砲兵営服務

?　東三省測量学校教官

?　津浦鉄路実習

?　西北軍中校団附営長

?　蒙疆経略使署科長

?　衛隊旅団附奉天第三旅副官長(此頃より故郭松齢に其の奇才を認められ略進して副官長に登り学良にも適当に取り入って居た)

?　第二十七師副官長

?　第十七団々長

?　北東航空処総務処長

?　鎮威軍第一三連運司令部少将副官処長

?　東北国民軍第十九旅々長

?　第三四方面軍団司令部少将副官処長

(郭が事を挙げるや、支隊長として最後迄郭の為め善戦(?)し連山の戦には奇策「私かに張軍に降伏を契ひたりと云ふ」を以て汲金純を欺き勝利を得、多数の大砲を鹵獲(ろかく)し、大に郭の信任を得、遼河の第二回戦に於ても彼れは郭の軍左翼隊の前衛隊長として新民に入つたが興隆店に在つた学良に電話を以て降伏する事を誓つたとも云はる。然し当時郭軍は意気軒昂で容易に張

軍を粉砕し得る確信のあつた際であつたから此種高の手段が果して彼の真意に出たものであるか否かは疑ふ余地が充分にある

高は斯様に常に首鼠両端を持する極めて狡猾な質の人である。其後郭の失敗後、暫時亡命の余儀なきに至り、天津方面に遁れ形勢を観望しつつあつたが次で奉天に帰り附属地を以て隠れ場となさんとて土地を購入し家屋を建設したるが、当時王永江より危険分子としてにらまれ、逮捕されんとし友人の密告によりわづかに遁走、身を完ふしたるが、王永江の隠退により帰奉し、張学良の部下となり、巧みに学良に取り入り、重要位置におかれる様になった。)

一九二九年一月　奉天全省警務処々長、兼全省保甲総弁兼、領東省特別区、地畝局長

遼寧省政府委員兼全省公安局管理処長

一九二九年一月十三日　暫代瀋陽京奉路局長(駐奉天)、

遼寧省政府委員(常、楊銃殺計画に当つて一切の指揮に任じたのも事実で人を殺す位は聊も意に解せざる野人の様に見受けられるが一面宴会の席上等にて「自分は五十に満たずに横死する」とか「死と云ふものは人間一切の苦痛を解決して呉れる」ものだと平気で云ふところを見ると内心又相当煩悶の多い男の様である。常蔭槐の死后其後を襲ひ、交委副委員長、及北寧路局長となる)

一九二九年九月八日　北寧鉄路局長

一九二九年九月　東北交通委員会副委員長(昨夏北寧鉄道が火災の為に修理費として約四〇〇万元を支出せるも完全なる修復をなし得ず、学良をして葫蘆島に逗留数日、帰期を誤らしめ、一時不興を買ひ更迭を伝へられしも、怜悧なる彼は再び巧みに取り入り、今や絶大の信用を荷ふに至れりと。彼は自ら武弁と称するも、機を看るに敏にして機略に富み、王永江を悪むこと大にして彼の為に王永江派は殆んど排斥され尽し、僅かに交渉署長王鏡寰一名を残すのみとなり、殆んど第二の楊宇霆の観ありと噂さる)

門閥系統　門閥なし、始め郭松齢の乾分なりたるも今では学良の最側近者と云ふべく第二の楊宇霆を以て目せらる。

姻戚関係　なし

友人関係　王永江(元、遼寧省主席)と仲悪く彼の死後彼により王永江派は殆んど排斥され尽し、僅かに王鏡寰一名を残すのみなり。盧景貴(交委委員)と悪し、万国賓(洮昂局長)とも宜しからずと云ふ

性格　一見甚だ傲慢、武弁にして又首鼠両端を持する極めて狡猾な質の人である。
趣味　なし。
対日感情　表面悪しからざるが如きも支那人の言によれば狡猾にして頗る排日的なりと。
投資事業　開記公司（北票炭）万国旅社、恵通公司、公共汽車公司、其他、糧桟
北寧線石山站に兄の名にて「バラスト」山の採掘権を獲得し北寧鉄道は勿論奉天市街の道路用として供給しあり。
資産　葫蘆島築港契約により請負より受けしと称さるる二十万元其他を合せ計五、六十万元と見らる。尚天津には相当大きな邸宅を構へている。
其他　奉天官場で目下学良の周囲を巡ぐるものの中、何時でも学良の寝室にまで出入りし得る者は高紀毅、朱光沐、周大文の三名のみであると伝へられるが斯様に高は学良に信任厚く総ての重要政務に就ては悉く学良の相談相手となり、其の勢力は時に東北政務委員会の大建者、袁金鎧、張景恵、臧式毅をも凌ぐこともあるらしく、本年春、翟文選が病気と称して遼寧省政府主席兼交通委員会委員長を辞めたのも高に睨まれて手も足も出なかった事が主要な原因をなしていると云はれる。
それかあらぬか、今次臧式毅の省政府主席となるや臧は高紀毅の上に立たねばならぬ交通委員会委員長の席は堅く之を辞して受けなかったことを見ても其の間の消息を窺ふに充分である。高は宴会の席でも殆んど酒盃を口にすることなく、外国語も解しないし客側が酒を飲みだした時に自分丈は飯を喰ふなど勝手な振舞を敢てし而かも怒り屋だが一度気が向けば無理にどこ迄もやり通す強い意志の持主であるから其れ丈け利用もし易い訳である。
夫人は奉天城外の出身師範学校を出て教師たりしことあり。社交に巧みなることは支那大官夫人連中の随一なりと。彼に二子あり長子は本年満中を卒業し札幌農大の予科に入学修業中なり。
又昨年北寧線の水害防止工事請負の時も自分の親戚のものに工事を請負はせ一般から非難された。

極秘
鉄道交渉関係人物調査表　―一九三一・五・一八―
何瑞章（次衡）（交渉委員・四洮鉄路局長）
安徽南陵の人　四四才（一九三一）
学歴　江南法政専門学校卒業
経歴　前清の挙人、夙に交通部の前身、郵伝部に入り一小

員司より累進
一九一三年八月、交通部秘書
一九一四年七月、交通部簽事
一九一七年七月、株領鉄路副局長
一九一七年八月、京綏鉄路副局長（闞鐸等所謂旧交通系全盛の際同人等の推挙により巨頭葉恭綽に知られ、京綏鉄路副局長に任ぜられる）
？　　京漢鉄路局長署理
？　　株領鉄路工程局々長
？　　鉄路賑災委員会委員
？　　鉄路名詞審訂会々員（前記の通り順次出世し後、鉄道界を出で）
？　　北京教育委員会理事
？　　大総統秘書
一九二二年三月、交通部恭事
一九二二年三月、魯案交通善後委員会理事
一九二七年九月、崇文門税局総弁（張作霖が北京に入り大元帥と称するや胡若愚と同郷の関係にて同氏の推挙により崇文門税局総弁に任ぜらる、張作霖北京退去後暫時閑居す）
一九二九年二月、四洮局副局長（再び胡若愚の推輓により鉄道界に復帰し四洮局副局長となり、周培炳の女房役たりしも周とは意見合はず周の病むや当然局長事務を代行すべき筈なりしを周の忌避する所となり却て其の下なる総務処長彭賡良が局長の印綬を預かると云ふ如き次第とて絶へず悶々の裡に送り、交通委員会に赴きては周局長の不平をもらし同情を求めんとするが如き有様なりしが当時恰も周は遼河橋梁の請負指定の手続に関し交通委員会より其専断を責められ引続き局内部下の収賄等につき張学良に周を悪様に密告する輩を生じ周の学良よりの信用薄らぎし際に乗じ胡若愚及其妻に運動し胡夫妻の学良への推輓により局長の地位を得たるものなりと称さる、又一説には朱光沐が推選したりとも云ふ）
一九三〇年二月　四洮局々長（現職）
門閥系統　祖父時代より歴代官吏なりしが余り有名ならず、朱光沐派と見らる
姻戚関係　親戚に著名なる人物なし
友人関係　闞鐸（元四洮局長、旧交通系）、葉恭綽（元交通部部長）、胡若愚（青島市長）、朱光沐（北平副司令部総務処長）と善し
周培炳（元四洮局長）とは意見合はず

性格　温良にして用心深し
趣味　業務其物が趣味位にして強いて云へば食道楽、喫煙位なり
対日感情　日語を解せざる割合には可なり
投資事業　関係し居らず
資産　合計評価大洋拾万元と云はる
其他　英語を良くす
交通委員会の幹部と感情良きも総て該委員会の指示を受け独断処理するの勇気なし、中国人としては鉄道業務に精通する方なり、四洮局に腹臣の部下を随行し来らず。
　　×　　×　　×
闞鐸等の評によれば人物温厚にして南方人たる関係上意見等を立つることなかるべしと云ふ

極秘
鉄道交渉人物調査表　―一九三一・五・一八―
郭続潤（叡嶺）（交渉委員・吉長、吉敦両路局長）
　　遼寧瀋陽の人　　四一才（一九三一）
学歴　満鉄教習所卒業
経歴　（幼にして商家に入り徒弟奉公をなし後、満鉄従事員養成所に入学、卒業後）

？　満鉄奉天駅電信方
？　公主嶺貨物方
？　四平街貨物方兼補習学校講師
？　営口市内営業所雇員
？　四洮鉄道四平街駅務方（四洮鉄道開通後同局に就職し）
？　〃　鄭家屯副駅長、営業科員
？　〃　四平街副駅長
？　〃　一棵樹駅長
？　〃　三江口駅長（各小車站の站長に進みたるも、南方出身者優勢の鉄道界にありては特異なる昇進をなす能はざりしも、奉直戦後は下積みたりし奉天出身者に曙光を齎らし、太平川站長等に進むに至れり）
？　〃　太平川站長
？　〃　太平川弁理運転事宜
？　〃　太平川車務分段長兼国音電報講習所及車務伝習所教務長
？　〃　第一分段長
？　〃　四平街駅長
一九二八年一月、瀋海鉄路車務処長（当時恰かも奉天官

界に於ては王永江を始め要人間に鉄道熱高まり、瀋海鉄道の布設を見るに至りしが、王氏没後、猶其の地位を保ちける同鉄道総理王鏡寰は、遂に其の勢力を失墜し、張学良の推挙による張志良其の後任となるや、王の一派を一掃し運輸業務の革新を画したるも、適当の人材を得る能はず、彼此物色の際、現察哈爾主席にして彼の義兄なる劉翼飛が張志良に良く、彼を四洮局より任用すべきを力説したる結果彼は一躍車務処長に任ぜられたり)。

彼は四洮より数十名の同僚或は部下を帯同し、任に膺り従来の経営方法を改め、四洮式即ち満鉄式に則り、鋭意発展を策したれば建設技術の幼稚粗悪なりとの非難ありし同鉄道も形勝の地利を占め居る為比年営業成績を挙げ、股票は漸次暴騰し、売物薄の好況に進み、隣接鉄道なる、吉海、北寧等をして羨望せしめ、徒弟出身と嘲笑されし彼も遂に其の手腕を信頼され、漸次其の存在を認識さるるに至れり。

此の時に方(あた)り韓麟生は北寧の一等局長より三等局長たる吉長に左遷され、且副局長斎との折合も面白からず、病と称して奉天に滞在勝にて専ら局務を視る場合少く、他に転出を希望せる為張学良は亡兄韓麟春に対する義理合上遂に彼を天津海関監督に任命せり　茲に於て四洮局長周培炳の空席と併せ、二鉄路局長の空席を生ずるに至り、交通委員会方面を始め、多数の運動者あり、彼も亦飛躍を試みたるも局長級の任命は学良の直接権能に属し、交委会亦如何ともなし難きを観取したる彼は義兄劉翼飛及自己と同村出身なる王維宙をして学良を説かしめ、四洮か吉長かを獲得せんと運動を開始せり、彼の親戚にして奉天公安局警察局長たりし、白銘鎮亦彼に応援し、其の実現に力を注ぎたり。然るに吉海総理李銘書は自己鉄道の不成績を発展に導かんとて百方研究の結果、吉海吉敦の連軌により初めて其の悲況を打破し得べきを知り、常に満鉄と最大の諒解の下に瀋海今日の発展を実現したる郭の手腕を賞揚し、彼を吉長局長に任命せしむることにより、本問題を解決し得るものとなし、張作相に運動を始め、郭亦其の確信を仄かし、内外相呼応して運動の結果、一旦発表されし四洮局長を取消し遂に彼は吉長局長に任ぜられたり)

一九三〇年十一月、四洮局長(四洮局長に一旦任命されたるも、何瑞章が胡若愚夫妻をして張学良に運動せしめたると、処長が一躍二等局長に飛ぶは突飛なりとの

説、勝を制したるものなりと云はる）
一九三〇年十一月十四日、吉長吉敦鉄路局長（著任日）
（就任後連軌問題は彼等の想像を裏切り全く暗礁に乗り上げ進行を見ず遂に彼は満鉄代表を非難し、絶えず交通委員会に譏訴するに至り一時彼の友人等は日本の無力を説き強行手段を以て連軌すべきを慫慂するもの等ありしも実行するに至らず之を今回の交渉にて一括解決せんと秘策を練りつつありと称さる）
門閥系統　なし、張作相と最も善し
姻戚関係　劉翼飛（現察哈爾主席）彼の義兄
邢士廉（現遼寧省政府委員）と姻戚関係あるため張学良と諒解ありと云ふ
白銘鎮（現営口公安局長）と親戚
友人関係　王維宙（東北政務委員会秘書庁長）と善し、彼と同村出身者
性格　忠直
趣味　なし
対日感情　普通（悪からず）
瀋海鉄道時代は満鉄の好意に対し絶えず満腔の謝意を表し、為に一時親日派として排斥されしことなどあり
投資事業　四洮局太平川に糧桟を有するも欠損なりと云ふ
数週間前、奉天商埠地に律長庚と共同にて土地を買入れ、住宅及貸家建築の計画中なり
資産　四、五万元位と見らる
其の他　委員長高紀毅とは交渉問題後相識りしものなり。尹寿松の手腕に信頼し、其の献策に基き終始するものと観察さる。日語に通暁す。

極秘
鉄道交渉問題関係人物調査表　―一九三一・五・二一―
李銘書（子箴又は謙盧）（交渉委員・吉海鉄路局総弁）
遼寧省、黒山県の人　五三才（一九三一）
学歴　前清優貢生
経歴
？　奉天省議会秘書長
？　海龍税捐徴収局長
？　陸軍騎兵第三旅副官長
？　長岳鎮守使署秘書
？　湖南陸軍第一師少校参謀
？　奉軍総司令部秘書
？　黒龍江督軍公署秘書、兼軍務課々長
？　黒龍江省長公署秘書

？　　黒龍江広信公司総稽査
？　？　吉林軍政両署秘書（孫烈臣督軍に従ひ来吉）
？　　吉林軍政両署参議
一九二一年四月　吉林森林局長代理
？　　吉林森林局長、兼吉林採金局々長
一九二六年十一月　吉海鉄路籌弁処総弁（現在同管理局総弁）
門閥系統　孫烈臣系なりしが現在にては作相系
姻戚関係　劉鈞（吉林永衡官銀号総弁）と姻戚関係あり
友人関係　張作相、熙洽の信用普通なれども、栄厚（吉林省政府財政庁長）とは不和、宋常延（副官長）とは特に親密なり
性格　一見好々爺の如きも其の実は性狡猾にして仲々油断のならぬ所あり多少無理な方法にても金儲を為さんとする傾あり。新智識に乏しく全く老吏なり
趣味　一般支那人並の趣味に通ず
対日感情　不即不離なり
投資事業　現在は関係なき如し
資産　採金局長及吉海建設当時に相当の蓄財をなせる模様なるも現在資産額は不明
吉海総弁として現在俸給、現大洋五百元なり
其の他　奉天に家を持ち老母あり、時々出奉して孝養をなし居れり

極秘
鉄道交渉関係人物調査表　―一九三一・五・二二―
労勉（少勉）（交渉委員・北寧路副局長兼駐瀋弁事処長）
広東南海の人　　四八才（一九三一）
学歴　日本留学生なり。金沢第四高等学校を中途退学し後明治大学に転じ同校卒業、法学士。
経歴　日本より帰国後、広三鉄路に入り漸次昇任し局長となる。
？　　広三鉄路局長（其後梁士詒、一派の交通系が財閥を組成し、交通銀行の実権を掌握するや銀行家となり、同行大連支店長（又は経理か？）となる。
？　　交通銀行大連支店長
？　　広東造幣廠総弁。（後広九鉄路と広三鉄路の合併の際再び出でて其局長代理となる）
？　　九広三鉄路合併管理局局長代理（間もなく同局を辞す）
？　　広東印花総処処長。

？　　税務総処長（初め副処長たりしか？）
？　　広九鉄路局長
一九二九年八月　北寧鉄路副局長（南京政府実業部次長、鄭洪年氏の推薦にて北寧副局長となる）
兼駐瀋弁事処長（奉天に来り駐奉弁事処長を兼するに至れり）
門閥系統
姻戚関係
友人関係
性格　同氏は非常に勉強家なるも別に手腕家と称する程にあらず寧ろ温厚の紳士型の人なり。
趣味
対日感情　普通の程度ならん。
投資事業
資産
其他　此度の鉄道交渉問題起り過般高紀毅は其の経過を南京に報告せるに対し鉄道部長孫科より「交渉扼要」の四字の回答あり此際高紀毅は南京との関係を密接にして十分の諒解を得る能はざれば将来交渉成立の暁文句を付けらるる虞ありとなし労勉の広東人として鉄道部長其他の諒解を得るに便なるため同氏を委員に列することに内定過般南京に遣はし逐一報告せしめ帰来後委員の正式発表となる。

極秘
鉄道交渉関係人物調査表　―一九三一・五・一八―
万国賓（彦充）（交渉委員・洮昂（斉克、呼海）局長）
吉林省、農安県の人　二八才（一九三一）
学歴　北京幾輔大学修業（職員録には北京大学卒業と称し居れるも実際は幾輔大学を半途退学せるに過ぎず、中学は天津南海中学校卒業）
職歴
？　京綏鉄路局秘書
？　京奉鉄路局員
一九二八年　黒龍江省交通中学校々長
？　省政府委員（父万福麟の黒龍江省政府主席就任と同時、一九二九年四月免）
？　洮昂、斉克両鉄路工程局長
一九三〇年八月　東北交通委員会材料購弁委員会主任委員
一九三〇年　鶴立崗炭鉱総理
一九三〇年十一月　呼海鉄路公司協理

門閥系統　黒龍江省主席万福麟の第一子にして、万福麟は張学良に対して絶対服従なるため其の地位を保ちつつある状態なるを以て同人は明に張学良系なり

姻戚関係　同人の妻は張学良第一夫人の姪に当り、父の威光と共に、本年未だ三十に満たざる若年でありながら江省官界に隠然たる勢力を有している

友人関係　同人は一般支那官僚のなすが如く自己の友人又は旧師を各方面に採用しつつあり之が重なるものは、林曄甫（斉々哈爾電報局長）林秦圓（斉々哈爾交通中学校教務主任、兼呼海、斉克、両路連合弁事処の庶務科長。林は万国賓の旧師にして交通中学を創設の際招聘し来たれるものなり）。其の他、龍江県政府科長、李某。省政府参議劉某あるも右は友人と称せんよりは寧ろ子分なり

性格　浮動、横暴専恣、言行矯激、金銭には執念深く蓄財の為凡有手段を講じつつあり。哈市に於ては馬忠駿との関係円満を欠き官界一般は馬に同情し評判悪し

趣味　唯一の趣味は賭博にして常に大官連中と勝負を争ふ、酒は好まず。又一説には、賭博をなさず、但し好色とある。

対日感情　排日家（排日家なるも積極的又は計画的排日の事実は聞かぬ、普通の場合には日本人に面会せざる場合多く、昭和四年九月頃同人が前斉斉哈爾公所長、早川氏に語りたる左記談片は同人の対日感情を物語り居れり。

「日本人は満蒙開発をすると声明して居るが満蒙は支那の満蒙である、日本人が来て開発しなくても支那で適当に開発する、若し、支那人が日本へ行つて日本開発を叫んだら日本人は怒るだろう。」

「現在の支那大官連は日本に余り接近すると、楊宇霆や常蔭槐の様に殺されるし、日本に不利な事を謀れば張作霖や呉俊陞の様に爆殺されて仕舞ふから結局日本と交渉を持たない様にして居れば安全だと思つて居る」）

投資事業　国賓は父主席の地位と周囲の大官連中が煽き上ぐる為に自然醸成せられたる自己の勢力を利用し諸種の事業を画策すると共に省内官営の事業に割込みつつあり即ち、鶴立崗炭鉱、呼海鉄路、洮昂、斉克両路の首脳者たるのみならず同人が斉斉哈爾に来るや交通中学を創設し自ら校長となり、又父主席をして大洋数万元を出さしめて貧民工場を設立せし有様なり、然して同人は以前より鶴立崗炭鉱乗取を画策し曽て数年前同炭鉱の大株主たる呉俊陞遺族に対し其の持株の譲渡を迫りたる事あり其後協理に就任後は呼海鉄路局をして同炭鉱の石炭を使用方強要し呼海は止むを得ず同炭をも使用するに至れり。

本年一月斉斉哈爾中国銀行前に龍江飯店と称する露西亜式ホテル設立せられたるが斉斉哈爾副司令官公署、唐副官長は「今般哈大洋二十万元を以て龍江飯店を設立し之を露人に経営せしめ毎月家賃哈大洋二千元を斉斉哈爾官立医院の経費に充当するものとして同ホテルは、当地旅客の便を計り且斉斉哈爾の発展を目的とする為同ホテルの経営に就ては官憲は絶対に干渉せざる主義なり従つて賭博、阿片、ダンス等も放任する方針なり」と言明せし事あり、黒龍江省政府は従前共、官立医院の経費として毎月哈大洋二千九百余元を支出し居れるが故に目下の如き省財政窮乏の折柄僅か毎月二千余元の経費を捻出せんが為めに数十万元を投資してホテルを経営するは甚だ不合理にして受取り難き所なるが、黒龍江省参議並斉克鉄路局員の談によるも、同ホテルは、明かに国賓個人の投資事業にして勿論私腹を肥さんが為めに同ホテルを経営せるものと推測せらる。尚ほ同ホテルは階上階下に何れも大規模の露西亜式賭博場を経営し阿片の吸飲も黙認され居り、支那官憲は他処は厳重に取締りつつあるに不拘(かかわらず)同ホテルのみは全然放任の状態なるを以て斉斉哈爾支那知識階級は何れも慨嘆しつつあり。

其他、大陸運送公司及如意公司にも投資しあり。

資産　世評によれば万福麟の資産を除き国賓個人の資産は少く共現大洋百万元を下らずと。

国賓は目下鉄路局炭鉱等の首脳者として毎月俸給のみにて現大洋一万元内外あるのみならず賭博(同人の為す賭博は殆ど牌九(パイガオ)なり)により大官連中より常に数千元以上絞りつつあるを以て右の言は真相に近きものと思はる

其他、洮南及江省の未開墾地、哈爾浜道外正陽街北、七道街角に家屋等あり。

其他　黒龍江大官連と万国賓との関係

昭和三年七月、呉俊陞、皇姑屯に於て爆死するや万福麟は後任として黒龍江省督軍に任命せられたるが万福麟自身は省長を兼任するものと誤認したるが万は軍事方面に於て子分を有するも行政方面には子分を有せざる為め黒龍江省前政務庁長程廷恒を江蘇省より呼び寄せたり然るに間も無く万の初志に反して常蔭槐省長に任命せられ常は事毎に自己の勢力の伸張を図り万を圧迫せんとし両者の軋轢甚だしかりしが常は張学良に銃殺せられたるを以て万は程を省長代理に任命せんとせしが此の時万は行政方面に於て警務処長宝煙酒事務局長許財政庁長龐等各大官が已に自己の子分となり居りたるを以て程は遂に登用せられず失意の儘南方に帰れり警務処長宝は軍人出身にして奉直戦の際暫編歩兵旅長たりし事あり万と同僚の間柄なりしを以て万の信任篤く煙酒事務局長許も万の参謀長たりし事あり陸軍少将の資格を有し万とは二十数年来の交情を有せり

然るに財政庁長龐作屏及当時政務庁長たりし馬景桂（目下農鉱庁長）は元来常蔭槐系なりしを以て常の銃殺さるるや彼等は自己の地位を保全せんが為め種々策動し就中（なかんずく）財政庁長龐作屏は万国賓が事業欲に燃ゆる青年なるに着眼し公金哈大洋五万元を支出省内実業振興口実の下に国賓に提供し更に進んで賭博により金を貢ぎその他の官僚も政変によりて動揺せし自己の地位を確保せんが為め何れも大同小異の方法を以て国賓の歓心を買ふに至り万福麟は遂に彼等を更迭せしめずして今日に及べり、之が為め国賓は次第に増長し各庁長連中を殆ど眼下に見下しつつある状態なり然れども斯くの如きは全く父の現職により得たる勢力なれば将来万福麟が更迭又は失脚するに至らば国賓も同一の運命を辿るに至る可し又常に外資に拠る事業計画をなす風あり。（例）松花江鉄橋、松浦―伝家甸を外資に拠らんとして宋文郁の反対に遭ひ中止、数年前綏化巴彦、鶴崗線を同様外資に拠らんとして東北政委の反対に遭つた又頭脳明断にして将来益々伸びるべく予想せられるが、其の反面には親の威を笠に着て威張る傾向あり、曽て洮昂線の枕木購入当時、時の交通委員会材料購弁委員会主任委員、李育華が儲け過ぎたと云ふので直に張学良に密告し彼れを遠ざけて自ら該主任委員の席に就く等、短気横暴所謂「ボツチヤン」式なる為交委会方面は元より各方面の中堅派からもひどく毛嫌ひされている。

極秘

鉄道交渉関係人物調査表　―一九三一・五・一八―

尹寿松（秀峰）（交渉委員兼秘書長、吉敦路総務科長兼監査科長）

安徽、桐城の人　　五〇才（一九三一）

学歴　東京岩倉鉄道学校業務科出身

経歴　（日本より帰国後、鉄道界に入らんとせるも当時は各鉄道殆んど英国借款にして英人と広東人たらざれば鉄道員たるを得ず鉄道即ち広東人と称され英語を話さざる尹は遂に鉄道界に入るを得ず日本語を売物に小官吏となる）

一九一二年、奉天交渉司交渉員

一九一三年、公主嶺交渉分局長（公主嶺交渉員として数

年間勤務後王永江に認められ）

一九一五年、奉天省懐徳県試署知事

一九二〇年、奉天省利樹県知事（該知事に昇任し、日本人谷口某の娘を妾とし表面親日を装ふも有名なる排日家にして四平街満鉄附属地の支那家屋が頽廃改造を迫られ居住市民が満鉄に対し不平の声を放つを聞くや機乗ずべしとなし同地鉄東に数十万坪の民有地を買収し附属地に対抗し新市街の設定をなしあらゆる宣伝を行ひ附属地居住支那商人を誘致移転せしめ数年間賭博、阿片を黙許し極力繁栄を図りたる結果今日の繁華なる市街を形成せしめたり当時之により尹は二十万元を利得せりと伝へられたり

又或時は四洮局長闞鐸が奉直関係にて大連に遁れ、督弁、馬龍潭が暗愚にして小人の跳梁にまかせ漸く局員の人望を失はんとするを観取するや、四洮局長の地位を乗取らんと策し副局長、総務処長等の阿片吸引者たるに乗じ、地方長官の名に於て家宅捜索を行ひ、総務処長を引致し遂に辞職を余議なくせしめたるも策成らず却つて奉天派をして同鉄道に手を染むるの機を与へ盧景貴をして漁夫の利を得せしめたり

又或時は自己管内売買街近郊の一寡婦が宋朝の忠臣文天祥の書、時価一万元と称するものを所有するを聞き甘言を以て買収せんとせるも、きかざる為遂に暴威を以て僅に数百元にて買収、王永江に贈り自己の栄達を図らんとせることなどあり、其の峻（きびし）さ人をして寒心せしめたり。後四平街附属地、土地交換のことあるや巨利を得たるなど其の目的の為めには手段を択ばざるの有様なり

当時鄭家屯洮遼鎮守使闞朝璽が熱河都統に栄任するや、之と結び遂に一躍熱河政務庁長に転じ闞氏を輔佐し手腕を揮ひたり。）

？　熱河政務庁長（郭松齢事件に闞の失脚するや浪人となり奉天に来り寓居し、請負業復新公司を設立し其経理となり最近に及びたりしが、郭続潤の吉長局長となるや猛然就職運動を開始し郭亦四洮局站長時代に世話になりし関係もあり彼を現職に任命せり。）

一九三〇年、吉敦鉄路総務科長（現職）

（尹としては郭の部下として犬馬の労をとるを以て慊らざるものありし際今回の交渉により郭の推挙により巨頭高紀毅の知遇を得るに至りしものなり）

門閥系統　なし

姻戚関係　なし

友人関係　王永江（元奉天省長、一九二七年病逝せり）闞朝璽（元熱河都統）郭続潤（吉長、吉敦局長）高紀毅（交委会副委員長）等と善し

性格　権謀に富み蓄財の才あり。其の目的の為めには手段を択ばざる峻さは人をして寒心せしむる

趣味　なし

対日感情　表面親日を装ふも、有名なる排日家なり、かつて日支各種条約を批判せる冊子を作成し其知友等に配付せることあるが用辞は可なり排日的なりしものなりと云ふ。

投資事業　四平街満鉄附属地に対抗し同地鉄東に数十万坪の民有地を買収し新市街の設定をなした当時之により二十万元を利得せりと云ふ

奉天に請負業復新公司を設立し最近迄其の経理をなす

資産　確実に判明せざるも、数十万元ある見込

極秘

鉄道交渉関係人物調査表　―一九三一・五・二一―

徐嘉沢（潤甫）（交渉、文書主任・洮昂局長秘書）

江蘇省、宜興県の人　　四四才（一九三一）

学歴　財政部財政講習所卒業（別に特記すべき学歴なし）

経歴

?　津浦鉄路南段総局核銷課々員

?　遼寧菸酒公売局文牘会計科々員

?　〃　文牘科々長

?　北票煤鉱公司営口分廠経理

一九二六年十一月　洮昂鉄路総務処、文書課々員（潘洮南交通銀行長の紹介にて就職）

一九二八年三月　洮昂鉄路総務処、文書課々長（潘の口添にて陞進）

一九二九年八月　洮昂鉄路秘書役（潘の口添にて陞進）

門閥系統　特記すべきものなし

姻戚関係　同氏実弟、遼寧某庁の秘書役として活動し相当なりと聞く

友人関係　潘祖丞（洮南交通銀行長）とは同郷にして現在も日曜日毎に潘氏の家庭を訪問して親交を結びつつあり。

当初洮昂局には潘氏の紹介にて就職し其後其の口添により課長、秘書役に栄達せるものなり

元来交通銀行は江蘇省系の行員総数の六割強を占むる由にて徐氏も従つて同行内には相当多くの知己を有する見込なり

性格　一見温厚なる人物にして支那人としては身長矮小な

り。表面無口の如く感ずるも然らず能弁にして交際に長じ確実なる人物なり
趣味　文筆に鮮かにして局内にて有名なり
対日感情　普通
投資事業　別になき模様なり
資産　資産は不詳なれども別に取立て説明すべきものなし
俸給は、洮昂局月俸、二三級現大洋弐百元
　　斉克鉄路手当、現大洋五拾元
其他　息子の徐蓋臣並其従弟は何れも当地交通銀行員として奉職中。

極秘
鉄道交渉関係人物調査表　―一九三一・五・二一―
羅振邦（靖寰）（交渉翻訳主任・吉長局秘書兼稽核課長）
　　遼寧省海龍の人　　三四才（一九三一）
学歴　東京高等師範学校卒業
経歴
一九二二年　　奉天教育庁
？　　奉天市政公所教育課長
？　　〃　衛生課長
？　　総商会総務部長
？　　奉天交渉署諮議
？　　東三省交渉署日本課長
一九二七年十二月　東三省交渉総署政務処長兼奉天教育庁諮議。北京軍政執法処諮議。東三省交渉総署諮議
一九二八年一月　奉海鉄路公司総務処長（張志良の奉海総理に就任の際同氏の下に総務処長となり後張作霖が阿片政策を行ふ為め奉天籌済局を置くや、張志良が其の総弁として転出したる時出でて同局総務処長となる。）
一九二八年二月　奉天籌済局総務処長（同局廃止後久しく失職の情態にあり）
？　　吉林交渉署第二科長
？　　外交部駐哈吉林特派員
？　　外交弁事処日文秘書兼、吉林鉄路交渉局秘書兼哈爾浜市政籌備処社会股長（過般郭続潤の吉長局長に就任の際張志良の推薦により吉長秘書に就職せるもの）
一九三〇年一一月　吉長局長秘書兼稽核課長（郭局長の抜擢）
門閥系統　闞朝璽の乾分、張志良の後援あり。
姻戚関係　不明

友人関係　張志良、郭続潤と善し
性格　表面円満なるが如きも稍々狡猾なる点あり。（市政公所在職時代収賄問題起り退職せる等稍々喰へぬ男である）
趣味　日本趣味に通ず特に安来節は上手なりと
対日感情　以前教育権回収を高唱し排日気味ありしも売名手段と見るべく其後対日感情悪しからざるも何れとも断じ難し
投資事業　海龍県祥聚隆糸房二万元。同貸家百余間二万元。朝陽鎮貸家九十余間約二万元。同祥聚隆糧桟三万元。奉天多少公司二千元。同北関祥成玉木局一万五千元。肇新窯業公司二千元。
資産　海龍県土地六〇〇余晌二〇万元。同住宅約七千元。奉天小東関住宅約五千元。現職月俸弐百元
其他　日本語巧なり。

極秘
鉄道交渉関係人物調査表（十）　―一九三一・六・一―
楊白鶴（松亭）（万委員秘書・洮昂局車務処運輸課長）
遼寧盤山の人　　三三才（一九三一）
学歴　東京大倉高等商業学校卒業
経歴　四洮路検査課員
〃　課長代理
熱河興業銀行総務胡長
〃　総管理処協理
熱河都統闞洋文秘書（日本考察実業教育団に随行す）
洮昂局営業課員兼秘書
東北陸軍軍政執法処諮議
洮昂局営業課長兼洋人秘書
一九二七年五月　〃　事務処運輸課長（万局長の知遇を受け赴日、目下東京鉄道省見学中、本年四月万局長は交渉会議秘書とすべく至急帰国を電命したと云はる）
門閥系統　元熱河都統闞朝璽より万福麟に紹介あり入局目下局長の親任厚し
姻戚関係　不明
友人関係　闞氏令息の友人
性格　温良
趣味　不明
対日感情　日本にて教育を受け且中国現勢力を解し親日とは云へざるも日本を理解し得

投資事業　不明
資産　闞氏より学資を仰ぎたるものなるを以て詳ならざるも資産等なきものの如し俸給は二十四級
其他　日本語に巧みなり

極秘
鉄道交渉関係人物調査表　―一九三一・六・二―
労勉（追補）
経歴　北京国務院秘書（梁士詒の国務総理当時鄭洪年との親戚関係より梁の推挽を受く）……広三鉄路局長の前に位置す
門閥系統　広東系（孫科派）に属す
姻戚関係　南京実業部次長鄭洪年の親戚に当る
友人関係　北寧路局内には極めて少し
趣味　作詩を嗜む、飲酒喫煙をなすも其の量多からず
資産　数万元と推定さる、俸給月八百元其他月約四百元の手当、住宅、自動車等も支給せらる
其他　閻錫山の平津地方管轄当時副局長に任命せられ局内に於ける鉄道部探台たる職に当りしも其後奉軍関内進出と共に駐瀋弁事処長に移され富保衡と交替せるが尚副局長の職名を有す。弁事処では処内人員総て奉天係〔ママ〕にして実際の権力は副処長に在り何等の実権を有せざるがため屢々（しばしば）鉄道部に天津総局復帰を懇請せる結果鉄道部より北寧路局に対し復帰方命令ありたるも高局長は富が平津地方税務を兼領しつつあるを理由として之を拒絶せり、其後殆ど名のみの処長として自己の地位の失墜を虞れ処内の事務に付ても殆ど干渉する所なし
夫人は五人、子女十数人ありと云ふ、現在奉天にあるは第四第五にして第一、二、三は広東にある由

80　鉄道交渉に関する日支双方の主張予想

極秘

第一、連運協定に関し中国側にて主張することあるべき予想条項

連運協定上中国側の希望する所にして満鉄側の希望せざるものあるべく満鉄側の希望する所にして中国側の希望せざる所あるべく常に利害相一致せざるものあるは想像せらるる所なるが中国側より主張せらるべくして満鉄側の希望せざるものを想定すれば大凡左の如し

一、在満中国諸鉄道と満鉄との既存の契約を此の際同時に改訂の上之を新協定に包含せしめ打って一丸となし中国側を一団とする対満鉄連運協定を主張することなきや

右に対しては満鉄は満鉄自体の利益を害せざらむが為且之が為他の日本運輸機関と在満中国鉄道との連運協定に累を及ぼさざらむが為、現在連運協定なき中国鉄道との連運を開始するに止むることを希望する、以て右に反対す
反対の論拠として主張すべき点左の如し
㈠連絡径路極めて複雑となり不便なること
㈡貨物、旅客とも自然の流れあり、其の流れに従ふ順路の連運を以て必要にして且充分なるものとす
㈢借款鉄道に就ては特殊の満鉄との関係存するにより、他の鉄路と同一に取扱ふ可き性質のものにあらず
㈣隣接鉄道間には運輸上自ら特殊の事情あり従て其の特殊の事情に基きたる各別の連運協定を以て之を行ふこと最も適切なり
日鮮満連絡あると同時に南満朝鮮連絡又は南満大阪商船連絡あり日満連絡あると同時に南満東支連絡の存する所以は茲に存す
二、社、北寧貨物連運(奉天経由)を中国側にて主張することなきや
満鉄の利害より論ずれば四囲の情勢変化せる今日満鉄の希望する所にあらざるも本連運は大正十五年より昭和二年の間日中連絡の一部として協議せる関係上朝鮮、省とも関係ある連運なるに依り趣旨には反対すべき理由を述べ得ざるも別途に取扱ふ可き性質を有するものとして反対す
三、社、北寧貨物連運(四洮線経由)を中国側に於て主張することなきや
第二項と同様の理由の外別に協定す可き運賃協定の成立するに於ては、此の如き貨物の径路は自ら生ぜざるべしとの理由を以て反対す
四、社、瀋海、吉海、吉敦連絡を中国側にて主張することなきや
旅客連運
㈠社としては吉長経由に依り中国側は東四路連運の存するにより既に大部分の目的を達し居れり
貨物連運
㈡社、瀋海連運にても現在貨物のみにて充分なり
㈠現状、満鉄側も中国側も各径路に連運の実施あり貨物の流出普通径路以外に各種の連運を設く程の必要切ならず
五、社、瀋海、吉海、吉長旅客貨物連運
第四項の理由を準用して排除すること

六、社経由吉敦又は吉長と洮昂又は洮索若くは斉克間連絡を中国側にて主張することなきや

右は実際上貨物連運に生じ得べきものなるが既に今日社経由吉長四洮間連運あり其の延長に過ぎざるものにして主旨に於ては満鉄も之に反対すべき理由なく場合に依りては協議に応ずるの他なきものと思はるるも、貨物連運に限るものにして旅客につきては未だ其の必要なきものとして反対す

第二　運賃協定上中国側にて主張することある可き予想条項

最近に於ける中国側の満鉄に対する運輸政策より見る時は競争地点の運賃協定の如きは中国側にては絶対に提案せざるべし

第三　其の他一般的事項

一、吉長、吉敦合併問題
二、四洮、洮昂合併問題
三、吉林の接続問題
四、借款契約の改訂問題
五、借款鉄道派遣員整理問題
六、二哩〔マイル〕総站問題
七、通遼の接続問題
八、城根線延長問題

鉄道問題交渉日支質問事項

㈠借款関係

1、関連事項

一、借款利率に就て
二、派遣員の減員及減給に就て
三、借款額金建を銀建に変更に就て
四、派遣員給料手当会社負担に就て
五、借款契約条項改訂に就て
六、借款鉄道一粁〔キロメートル〕当り建設費

2、鉄道別

吉長鉄道　支那側より

一、吉長吉敦合併に就て
二、吉長委任経営解除に就て
三、吉長派遣員の減員減俸に就て
四、吉長吉海接続せざる理由に就て
五、軌条購入の経緯
六、吉長長春寛城子連絡線の改築に就て
七、吉長利益金担保借款の担保払除に就て

日本側より

一、軌条売掛代金の処理に就て
二、吉長線の経営方針
三、借款元利の請求
四、吉長利益金担保借款の実行に就て
五、吉長南満連絡運賃の低減に就て

吉敦鉄道　支那側より
一、契約成立当時の経緯
二、貸金額未決定経緯
三、籌備費支出の経緯
四、分段完成より工事完成迄の利子免除に就て
五、工事費増額に就て
六、工事費の内容及経緯
七、工事費高価に就て
八、本鉄道建設当時の収支予想
九、局取扱費と会社取扱費との関係
一〇、起工当時の経緯
一一、工事計画概要
一二、工事建設状態
一三、工事施行法拙劣に就て
一四、工事請負に日本人を多数使用理由
一五、下請制度の不当に就て
一六、吉林興業土木公司に請負はしたる理由
一七、勾配を1/80に決定したる理由
一八、隧道の構造に就て
一九、木橋に就て
二〇、土工数量に就て
二一、吉敦請負金額未支出額要求に就て
日本側より
一、経営方針
二、会計主任を傭聘せざる理由
三、主要貨物、木材禁伐令対策
四、正式に工事を検収せざる理由
五、吉海貸与レールを回収せざる理由
六、蛟河炭坑奶子山との関係

四洮鉄道　支那側より
一、十四年五月三十日契約後更新せざりし事情
二、公債を発行せざる理由
三、利率低減不能の理由
四、前渡金五百万円別途借款となす件(1)
五、工事費以外の金額別途借款となす件

六、派遣員に就て
七、延滞利子単利計算
八、延滞利子利率低減
九、通遼連絡設備に就て
一〇、二哩総站建設に就て
日本側より
一、四洮経営方針
二、貸与車輛に就て
三、四鄭公債元利の欧米に於ける支払に依りて生じたる貨幣交換差の負担

洮昂鉄道　支那側より
一、契約成立当時の経緯
二、借款契約不成立の経緯
三、借款利率に就て
四、借款契約締結日に就て
五、本鉄道建設当時の収支予想
六、建造工事費の内容及経緯
七、会社経費の内容
八、王永江渡の二百万円に就て
九、未交付額四十余万円に就て
一〇、洮昂鉄路引渡経緯
一一、起工当時の経緯
一二、工事建設状態
一三、工事計画概要
日本側より
一、洮昂顧問権限履行に就て
二、会社経費を承認せざる理由
三、嫩江橋梁改築資金に就て
四、経営方針
五、洮昂残材及石炭短期借款契約の期限昭和六年六月三十日なるが如何に処理せらるるや
六、洮昂請負契約附属文書に依る連絡及運賃協定に就て

㈡運輸関係
一、連運及運賃協定の必要
二、如何なる鉄道と連運を必要とするや
三、如何なる競争を支那鉄道がなせるか
四、金貨昂騰せるに満鉄は運賃を低減せられざるか

注(1)　手書きで以下の記載あり。「外百六十万円の口あり」。

第二章　満鉄の懸案解決方針

第一節　方針全般

81　昭和四年十二月十六日重役会議にて決定
満蒙鉄道関係案件処理案

極秘　昭和四交渉停頓後斎藤理事私案解決案

第一　新借款鉄道問題

一、吉五、洮索及延海三線は全然支那の自弁に任せ置き将来其の敷設に付何等か援助方申出ありたるときは其の際考慮すること

二、長大線も前項同様とし其の敷設に付社として何等策動せざること

三、吉会線は満鉄としては何等策動せず政府より何等か申出あらば其の際考慮すること

第二　既設借款鉄道関係問題

一、利息問題　利息問題低減に依るか又は鉄道営業上の利益金の一部割戻しに依るか何等かの方法に依り借款鉄道の収益不足を補充しやる精神には異議なきも夫れを如何にして実現す可きやは尚研究の上総裁が現場を巡視せらるるを俟ちて決定すること

二、籌備費（ちゅうび）切捨て問題　既に借款として整理しあり特に籌備費として計上しある訳に非ざる故此の際別段切捨を為さず其の儘現状通りとし将来借款鉄道の営業が成立つ様研究する際支那側に対し好意を以て考慮すること

三、吉長委任経営問題　一般的に鉄道問題に付支那側と交渉する際支那側が当方の希望条件を聞入るるならば本問題も先方の希望に応ずること

四、四洮線三主任問題　同前

五、社線と借款鉄道との連絡輸送問題　鉄道が相互連絡輸送することは当然にして夫れを要求すべきは勿論な

るが其の他にも尚支那系鉄道と日本系鉄道が根本に仲良く提携経営し行く様具体的の協議を進むこと
六、支那側に契約上当然の義務を厳重遵守せしむること
第三　支那側競争線敷設に関する対策問題
一、未成線に付ては実際問題起りたる場合に其の線毎に抗議すべきや否やを考慮すること
二、既成線に付ては支那側が特に満鉄イジメの為に種々の手段を講じ夫れが満鉄に対し可成り重大なる影響を与ふる虞ありと認むるときは相当の対抗策を講ずることとあるべきこと

満蒙鉄道関係案件処理案

第一、新借款鉄道問題
一、未だ正式請負契約の成立せざる吉五、洮索及延海三線は全く支那の自弁に任かせ先方の希望に依りては社の材料供給其他の方法に依り援助することあるべし
二、長大線に付ては社は支那側の自弁を援助するも若し自弁困難ならば支那側有力者をして長春を中心とし大賚、農安方面に向ふ自動車運送を開始せしめ且長大予定線には後日鉄道線路に利用し得べき専用自動車道路を築造せしむ
三、敦化国境間線問題は差詰め敦化老頭溝間のみを問題とし左記各案の何れかに依る
(イ)昨年五月の契約の実行を一案とす、但し幾分条件を寛和することあるべし
(ロ)吉敦延長線として吉敦局をして吉敦契約に基き敷設せしめ敷設費は吉敦局への貸増とす、但し幾分条件を寛和することあるべし
(ハ)右何れも成功困難ならば前記長大線の例に依り自動車計画を進むること
第二、既設借款鉄道関係問題
一、利息軽減
(イ)吉長線は現状の儘五分とす、但し純益金二割の配当は先方の希望に依り吉林省公益事業等に寄附すること
(ロ)四洮線に付ては金利を二分見当低減せしめ短期借款契約の更新未払利息の整理を為さしむ
(ハ)洮昂、吉敦二線に付ては五箇年を限度とし金利を五分とし借款契約を訂立せしむ
二、籌備費問題
(イ)洮昂線に付ては二百万円の特別費を切り捨つ
(ロ)吉敦線は三百万円を切り捨つ
(ハ)四洮線は元金中より千万円を切り捨つ

三、吉長委任経営問題
支那側に委任経営廃止の強硬なる主張あらば運輸、会計の二主任を日本人とし右二処各課長日支折半を条件として先方の希望に応ずること
四、四洮線三主任問題
先方に希望あらばタリフの制定、運輸規則の制定を会計主任の手に収むるを条件として会計主任のみとす
五、社線と借款鉄道との連絡輸送問題
前記各項の好意表示の機会に於て社線と四洮、洮昂、斉克三線との完全なる連絡輸送制度を承認せしむ、其の際四洮、洮昂二線の合同を勧誘す、社線と吉長、吉敦との関係亦同じ
第三、支那側競争線問題
一、北京議定書の競争線禁止条項は明かに満鉄を脅威する目的に依りて為されたる鉄道敷設の外援用せず
二、打通線に対する抗議は満鉄と洮昂、四洮、斉克三線の連絡輸送を条件とし海吉線に対する抗議は社線と吉長、吉敦、海吉三線との連絡輸送を条件として撤回す
三、支那各鉄道の満鉄対抗計画に対しては借款条項に抵触せざる限り見送ること

満蒙鉄道懸案解決私案

理事　斎藤良衛

(甲)満蒙政策行詰りの原因と対策
日本の対満蒙政策行詰りの近因として最も重要なるものに左の二あり
一、前内閣時代の威圧政策
既得権益の擁護と経済発展とは如何なる政府の出現すとも常に渝(かわ)ることなき我対満政策の根本義なり然るに前内閣は此の目的達成の為支那に臨むに威圧を以てし其の到底期待に副はずと見るや中道にして稍(やや)態度を改めたりと雖(いえども)一旦極度迄に悪化したる空気は急速に之を改むるに由なく啻(ただ)に懸案の解決を困難ならしめたるのみならず邦人は平和的合理的経済活動にすら甚しき困難を感ずるに至れり
現内閣成立以来強圧政策は跡を消したるも一旦支那上下に強く浸み込みたる対日反感は一朝にして消滅すべくもなく時恰も東支線に関する露支紛争発生し南方政府並露国側の東北四省と日本との離間を目的とする宣伝も手伝ひて日本に不利益なる風説謡々頻々として起り対日風潮は今日に於ても猶前内閣時代と何等変りなし、従て此の風潮を改善し険悪なる空気の転換を図ら

ざる限り局面の打開は極めて困難と認む

二、我対満政策の不統一

内閣の頻繁なる更迭に基く政策の変更は暫〔しばらく〕て問はず同一内閣時代に於ても我対満政策は兎もすれば統一と徹底とを欠きたる嫌あり、小職満鉄入社以来の最近二年間に於ても其の実例少しとせず、其の原因に二種あり、一は政府諸機関の歩調の整はざること、二は政策自体の不徹底なり

政府機関の歩調統一問題は政府諸機関の権限統一並方針帰一の問題なるを以て茲〔ここ〕には暫らく之を措き政策自体の不徹底に至りては我社の事業遂行と鉄道関係懸案解決上不可離の関係に在る大問題にして日本に対する誤解も排日気運も之に起因するもの少なからず、政策不徹底の事例は一々茲に指摘せざるも其の内最も我社に関係あるものとして満蒙開発の旗印と既得権益擁護方針との矛盾を挙げざるべからず

既得権は満蒙に於ける我が特殊地位の根源にして之が擁護は素より緊切事中の緊切事なりと雖権益の擁護を徹底せしめむとせば満蒙開発の旗印は為に往々にして徹底せざる場合少なからず、従来に於ける日本の此の点に対する態度を見るに世界人類の福祉の為に満蒙宝庫の開発を援助すと称し事毎に満蒙資源の開放を極力主張するに拘らず他方我が既得権益は寸毫も譲るべからずとするのみならず凡有手段を以て之が拡張に力〔つと〕め権益の保持増進を害すべき満蒙開発は其の害の程度の如何に拘はらず却て之を阻止するの挙に出でたる事例一二にして足らず打通線、吉海線に対する我が抗議は其の好適例なり、此の問題に対する日本側の主張には素より炳乎〔へいこ〕たる条約上の根拠あり、支那側の措置が条約違反たるは言ふ迄もなしと雖他方打通、吉海両線が支那の開発に寄与する所多きは疑を容れず而して両線が社線の利益を害すること少からざるは事実なるも我社には二十余年来の経験と優秀なる陸上港湾の設備と確乎たる財的基礎とを有する外、地理的優秀地位に立ちて二三支那側競争線の出現に依りて甚だしき脅威を感ずるが如き無力なる会社にあらず、競争線の出現に依りて生ずる収入上の欠陥は他に之を補充するの途なしとせず、然るに支那側が打通、吉海の両線を敷設せむとすれば日本は直ちに於〔おいて〕か圧潰しを試み我方の独占的地位擁護を策したるは余りに権益擁護に急にして列国共通の利益たるべき満蒙開発を阻害する行動なりと譏らるるも弁解の辞なかる可し、又日本は屢満蒙に於

ける機会主義確守を内外に声明したるに拘はらず北京議定書の所謂満鉄競争線禁止条項を援用して一途に満鉄の独占的利益を擁護するは自家撞着の嫌あり、蓋し競争線禁止条項は満蒙の開発今日の如く進展せず満鉄の経営にすら甚だしき困難を予想せられたる当時としては必要欠く可からざる規定なりしが今日に於ては事態一変し我政府の対満政策も満蒙開発の新提唱に依りて色彩を変へ、又支那内部の事情も著しく変更したる今日に於ては前記競争線禁止条項の適用も自然緩和せざるべからざるにも拘はらず我方は二十余年前の主張を毫も改めず満鉄の利益に左迄の大影響なき新線而も支那側自弁鉄道に対して彼之故障を申立つるは公正ならず、外貨に依る新線の敷設は別個の考慮を要するも支那が自己の資力に依り自己の領土開発の為敷設する鉄道に対して一も二もなく阻止し却て支那の好まざる借款を強いて満鉄の培養線の敷設を提唱するは日支外交の大局より見て極めて不得策なり

されぱこそ支那側は日本の満蒙開発提唱を以て日本本位の開発主義と看做し之により日本の領土侵略の意図を付度し支那人上下は日本と事を共にするの危険を感じ日本政府は勿論満鉄に対して激越なる反感を懐くは必ずしも無理ならず、支那側に此種の危惧と反感との存する限り如何なる懸案も到底解決の期なかるべし、愚見を以てすれば満蒙開発により最も利益を受く可き国は支那に次いで我国なること、支那との共同和調に依りてのみ我社の利益が擁護され得可きこと等を考慮し従来の権益擁護主張を緩和し又借款強制政策を棄て又従来の借款条件等にして不公正又は不穏当なるものは過去の因縁如何に拘らず之を匡正し支那側の反満鉄原因を除却し真に双方の強調を期図すべきものと信ず、而して満蒙鉄道政策の根幹は今日に於ては従来の如き競争線阻止又は借款政策に置くべきにあらず、却て満蒙開発に貢献する支那の鉄道政策を援助し現存支那鉄道と満鉄との連絡の円滑を期し彼此相互利用を期図するに在りと思考す

(乙)満蒙鉄道関係案件処理方法

満蒙鉄道関係案件に大体三種あり、㈠新設借款鉄道問題、㈡既設借款鉄道関係諸問題、㈢支那側敷設競争線問題是れなり

第一　新設借款鉄道問題

現に彼我間に具体的商議を見たるものに敦化、会寧間、延吉、海林間、吉林、五城間、長春、大賚間、洮南、索

倫間の五線あり、此の五線に付ては昭和二年十月北京に於て我社と張作霖との間に基本的協約を締結し、次で翌三年五月に詳細なる請負契約の調印を見たり、尤も右の内我社と北京交通部との正式取極を見たるは敦化会寧間及長春大賚間の二線にして其他は山本社長と張作霖との中合的取極を為したるに過ぎず

新鉄道敷設着手に付ては命に依り小職主として交渉の任に当り昨年八月より今年六月迄奉天に於て学良、作相等を相手として百方手を尽したりしが目的を達せず、是れ小職菲才の致す所たるは論なきも他方張作霖爆死直後の事とて排日気運異状に強かりし事も不成功の重大原因と思考す、今日に於ては支那側の空気は少くとも表面幾分緩和したるも日本に対する誤解反感は露支紛争以来却て益々甚だしと認むるを以て我方にして此の際如何に努力すとも啻〔ただ〕に目的を達せざるのみならず却て益々排日風潮を悪化せしむべし、依て左記方針に依り本問題を処理するを得策とす、而して交渉開始の時機方法に付き慎重考慮すべきは勿論なるも今より大体の腹を作り置く必要あり

一、未だ正式請負契約の成立せざる三線は全然支那の自弁敷設に委せ先方の希望あらば社の材料供給其他の方法に依る援助を考慮すること

二、長大線は正式請負契約成立したるも支那側をして急速契約を履行せしめむとするも現状の下に於ては到底望みなきを以て我方の権利を留保し置き他方有力なる支那人を援助して支那自弁鉄道を敷設せしむるに力め若し困難ならば同様有力支那人をして長春を中心とし大賚農安方面に向ふ自動車運送を開始せしめ且長大線予定線には後日鉄道線路に利用し得べき専用自動車道路を築造せしむ

三、敦化会寧線は久しき沿革ある線にてもあり是非一気に敷設したきも之亦急速実現困難なるのみならず此の線が最も多く支那側の神経を刺戟するものなるを以て交渉の時機方法に付て最も慎重に考慮すべきは言を俟たざるも好機来らば出来得る限り早き好潮時を見て先づ敦化老頭溝間線のみの敷設に努力し老頭溝国境間は当分権利を留保するに止むること

尚敦化老頭溝線実現は情勢に応じ大体左記方針の孰れかによること

(イ)昨年五月の契約の実行、但し幾分条件を緩和することあるべき事

(ロ)吉敦延長線として吉敦局をして吉敦契約に基き敷設

せしめ敷設資金は吉敦への貸増とす、其の際幾分旧条件に変更を加ふることあるべきこと

(ハ)右何れも成立困難ならば前記長大線の例による自動車計画を進むること

第二　既設借款鉄道関係諸問題

既設借款鉄道関係問題中主要なるものは(イ)借款利息軽減問題、(ロ)借款契約訂立問題及借款元金算定問題、(ハ)満鉄の監理権縮少問題、(ニ)吉長線委任経営改廃問題、(ホ)満鉄線と各培養線との連絡輸送問題、(ヘ)籌備費の処理問題なり、而して此等は何れも相関連し単独に処理し難きは勿論なり

(イ)借款利息問題処理策

支那側は屢借款利息軽減を要求し新設鉄道交渉中にも先方若し此の要求を容るれば我方の希望を容る可しと迄申出でたることあり、既設借款鉄道諸問題中支那側の最も重きを置く問題なり

既設借款鉄道敷設は一は満鉄培養線たること、二は満蒙開発援助、三は投資利潤収得の趣旨に出でたるものなり、而して培養線としての価値及実績は線によりて同一ならずとするも大体目的を達し殊に四洮、吉長の二線の如きは何れも我社に対し年々数百万円の利益を供与し居るを以て今日社としては必ずしも金利減を考慮せざるものにあらず

次に第二の目的たる満蒙開発に対する支那側援助の点より見るに此等諸点が満鉄の援助なければ到底実現し得ざりしこと此等諸線の敷設に基く地方開発は比年進展すること等に照し大体目的に副ふことを得たりと認む、然るに第三の目的たる投資利潤の収得に至りては吉長線以外は当初の計算通りに行かず、殊に吉敦、洮昂二線の如きは利払すらも近き将来に期待し得ざる状態にあり比較的成績良好なる四洮線すらも金利を調節せざる限り当分収支の平衡を期し難き実情にあり

第一第二の目的の大体達せられたる今日に於て金利の低減を考慮しやること必ずしも困難ならずと考ふ、加之(しかのみならず)支那側は金利高を以て排日の一材料と為し居ることも亦考慮せざるべからず、蓋し我社が今日迄金利低減の要求に応ずるに至らざる結果支那側は日本の侵略政策懸念より「日本は支那の負担し切れざる高利を取り借款償還不可能を理由として他日借款鉄道を占領する積りなり」と誤解し此の誤解は支那上下に相当強く之が為我社は恰も侵略政策の手先なるやの誤解を受け我社本来の業務の遂行にも直接間接の不利益を蒙

り居るは事実なり依て一方此の誤解を避くると共に真に支那側を援助するの趣旨を明かにし彼我了解を確立する一助として利率の軽減を承諾すること大局より見て得策と思考す
利率軽減は各線の状況によりて差等を附するを可とし各課が立ち行く様に見てやることを目安とし且外国借款鉄道の普通利率をも考慮に加へて
A、吉長線は現状に於て大体立行き居るのみならず僅かに五分の利率なるを以て其儘とし置く但し純益二割の配当は額も甚だ多からざるに依り先方の希望によりては之を吉林省公益事業等に寄附することも面白かる可し
B、四洮線に付ては金利を二分見当低減し短期借款契約の更新、未払利息の整理等を為さしむること
C、洮昂及吉敦の二線に付ては五箇年を限度として金利を五分に低減し借款契約を訂立せしむ、吉敦線会計主任の問題は之と同時に容易に解決の見込
(ロ)借款契約訂立及請負金額算定問題処理策
未だ借款契約を訂立せざる洮昂、吉敦二線は金利低減を好餌として契約に調印せしむ、金利を低減すれば請負金額の算定も亦自然容易となるべしと考へらるるも此の問題に付ても或程度迄は先方の計算を考慮しやり歩み寄りの方針にて進むこととし度し歩み寄りの額は先方が立ち行く程度を目安とし猶ほ何程譲歩すべきやは先方の出方により定むるの外なし、但し当方が譲歩すとしても先方が立ち行く様にとの我方の好意は充分徹底せしめ置くべきは勿論なり
(ハ)我社の監理権縮少問題
此の問題中現に彼此の話題に上りたるものは四洮三主任を会計主任のみとする問題のみなるが若し「タリフ」の制定運輸規則の制定を会計主任の手に収め得れば先方の要求を容るるも差支なしと考ふるも現局長は此の問題を別に主張したることなきを以て或は現状を維持すべきかと思考す
(ニ)吉長委任経営改廃問題
吉長鉄道委任経営廃止の希望支那側に相当強しと認む、今日の経営振りの実際を見るに吉長線は純然たる委任経営にあらずして局長監督の下に満鉄代表が運輸、工務及会計を主宰する組織にて局長にして社代表の経営を掣肘せむとせば如何様にも為し得る制度なり、現下何等大なる故障なしに代表が経営の実を挙げ得るは代表の人格の力与て力あり、万一代表と局長との間に感

情の衝突等の事故あらば委任経営の実は到底挙ぐるを得ず従て若し支那側に強硬委任経営廃止の主張あらば運輸、会計の二主任を日本人とし右二処各課長日支折半を条件として先方の希望に応ずることとし度し

(ホ)満鉄線と各培養線との連絡輸送問題

現に問題となり居るものに満鉄、四洮、洮昂及斉克四線の連絡輸送問題あり、支那側は自線の社線連絡を好まざる為未だ実現し得ざるも前記各項の我方好意を徹底せしむる機会に交渉を再会せば必ずしも成功の見込なしと言ひ難し然れども若し尚困難あらばせめて洮昂四洮二線の客貨車連絡を実現せしめ我社と四洮との間に既に存する連絡を利用して事実上の三線連絡を実現するも一法なるべく(第三参照)時機を見て四洮、洮昂二線の合併を慫慂すること

(ヘ)籌備費処理問題

籌備費は借款鉄道敷設を喜ばざる支那官憲の同意を買ふ為の一種の賄賂なり、支那に於て賄賂を使ふこと必ずしも之を責むるを得ざるも賄賂を貸金中に組入れ更に高利を附するが如きは極めて不公正なり、又余りに多額の籌備費を費(つか)ひたる結果公称建設費は非常の多額に上り日本人の建設鉄道は他の鉄道に比し一般に甚だ高価なりとの観念を抱かしむ、斯くの如きは是正し置かざれば日本人は永久搾取の汚名を免るるを得ざる可し

第三　支那敷設満鉄競争線問題

支那側は日支間の北京議定書により満鉄競争線を敷設せざるべき約諾あるに拘はらず日本政府の強硬なる抗議を無視し打通、吉海両線を敷設したり而して現下の支那に対しては百千の紙上抗議は何等の効果なく力を以て臨まざる限り日本側の意思如何に拘はらず今後と雖支那側は競争線の敷設を敢てするものと覚悟し我社は今より将来如何なる支那鉄道の競争にも対抗し得可き準備を進むると同時に支那側に対しては満鉄の存立に影響するが如きものにあらざる限り多少我社の利益を害することあるも無用の条約論を振り翳すことを避け寧ろ機会ある毎に相互の理解を厚くすることに努め支那線と社線との連絡方法の確立其の他の方法により支那線を我方に有利に利用するの途を講ずるを得策と考ふ、此の見地より打通線に対する日本政府の抗議は満鉄、四洮、洮昂及斉克四線連絡を条件とし又海吉線に対する抗議は吉長、海吉両線連絡を条件として撤回するを以て得策とす但し北京議定書の規定は将来援用の余地を存じ置かざる可からず

次に支那側は支那各鉄道の連絡運輸方法の確立により満鉄に対抗せむとする形勢日々濃厚に赴きつつあるが之に対しては借款条項等に抵触せざる限り見送り唯之と引換えに我社は支那鉄道との連絡を完全にするに力むること、尚已むを得ざるに於ては自由競争を覚悟して運賃制度を改め支那をして競争の不利を体験せしめたる上にて両者相互利益の保護の為の協調を誘致する方策を取る

82　対支懸案処理方針の件

特秘　重役会議々題

会社関係対支懸案左記方針に依り交渉可然哉　仰高裁

第一、支那側との懸案処理方針

㈠新設鉄道に関する方針

イ、支那側より新鉄道借款借入の希望申出なきに当方より強いて之を要求する如き態度を採らざること

ロ、従来其敷設に関し日本と何等かの取極ある新鉄道に付ては予め其取極の内容を支那側に明かにしおく事

上記に属する鉄道左の如し

長大、敦図、延海、洮索、吉五

(参考)長大線、敦図線に付ては交通総長会社間に、吉五線、延海線、洮索線に付ては張作霖会社間に夫々〔それぞれ〕建設請負契約あり

新邱線に付ては張作霖会社間に口約あり

ハ、敷設に関し日本と何等取極の無きものは勿論何等か取極あるものと雖も新鉄道を支那側が自国の資金により敷設せんとする場合はそれが満鉄に対し致命傷的の打撃を与ふるものに非る限り之に対し別段に抗議することを為さず支那側の希望によりては其の援助に付好意を以て考慮すること

ニ、満鉄に対し致命傷的の打撃を与ふる恐あるか又は日本以外の外国の資金により予て〔かね〕敷設方に付き日本と何等かの取極ある新鉄道を支那側に於て任意に敷設せんとする場合は極力妨害阻止の手段をとること

尚上記の満鉄線に致命傷的打撃を与ふる恐ある線は至急調査研究し予め之を決定し置くこと

㈡已設支那側鉄道に関する案件処理方針

一、借款鉄道に対する利息の件

四洮は年七分とすること

洮昂吉敦二線は正式契約成立後満五箇年間は年五分其後は年七分とすること

正式契約成立迄は従来契約済の利息によること

此以外正式契約成立後満五年間は当該鉄道より輸入せ

る貨物により満鉄の享くる貨物運賃の純利益の三分の一を払戻すこととし右三分の一に相当する額が貨物収入の何パーセントに当るかを調ぶること

（参考）現在の利率左の如し

吉長　五分（但し百円に付き九十一円五十銭）

長大、敦図、延海、洮索、年八分（但し鉄道利益金が毎年借款額の百分の五に達する迄は年五分とし利益金が借款額の百分の五以上百分の八に達する迄は利益金より年五分の利息を支払ふの外其の剰余額の半額を利息として支払ふこととし右に依り利息の損失を蒙るときは交通部は利息が年六分五厘に達する迄其の損失を塡補す

其の他　九分

二、已設借款鉄道の借款額改訂の件

已設借款鉄道の借款総額を其の建設実費に利息を加へたる合理的額に改むること但し正式契約成立の日迄の籌備費に相当する金額に対する利子は申受くること

（参考）右に相当する各鉄道の籌備費左の如し

四洮線

大正十四年五月三十一日現在、三千二百万円

A、第一次より第四次迄の借款手数料を籌備費と見做す場合は左の如し①

1、建設実費、一千六百七十万六千五百円

2、大正十四年五月三十一日迄の右に対する利息、
四百六十三万四千五百円

合計、二千一百三十四万一千円

3、籌備費、二百四十二万八千五百円

4、大正十四年五月三十一日迄の右に対する利息、
五十五万一千五百円

5、籌備費の性質を有する政治借款、
五百四十六万三千五百円

6、大正十四年五月三十一日迄の右に対する利息
二百二十一万五千五百円

合計、一千六十五万九千円

以上総計、参千二百万円

B、手数料を籌備費と見做さざる場合②

1、建設実費、一千八百二十二万四千円

2、大正十四年五月三十一日迄の右に対する利息、
五百万三千五百円

合計、二千三百二十二万七千五百円

3、籌備費、九十一万一千円

4、大正十四年五月三十一日迄の右に対する利息、

十八万二千五百円
5、籌備費の性質を有する政治借款、
五百四十六万三千五百円
6、大正十四年五月三十一日迄の右に対する利息、
二百二十一万五千五百円
合計、八百七十七万二千五百円
以上総計、三千二百万円
洮昂線③
1、建設実費、一千一百四十五万円
2、車輌費、二百三十七万七千円
3、昭和二年六月三十日迄の右二口に対する利息、
一百六十万三千円
合計、一千五百四十三万円
4、籌備費(王永洪に対する貸金)二百万円
5、昭和二年六月三十日迄の右に対する利息、
四十一万四千円
合計二百四十一万四千円
以上総計、一千七百八十四万四千円
吉敦線
1、④建設実費、一千九百四十二万四千円
2、昭和三年十月十日迄の右に対する利息、
九十一万六千円
合計、二千三十四万円
3、籌備費、三百四十六万円⑤
4、昭和三年十月十日迄の右に対する利息、
二十万円
合計、三百六十六万円
以上総計、二千四百万円
吉長利益金担保借款一百四十万円は別途考慮すること

三、吉長鉄道委任経営解除の件
吉長線を他の借款鉄道と全然同一の方法により管理すること

四、借款鉄道管理方の計
借款鉄道は凡て左記の方針により管理すること
イ、⑥満鉄より経理主任一名及経理主任の必要と認むる箇処に日本人局員並経理主任の補佐人若干名を派遣し経理主任及其の補佐人に対する給与は満鉄負担、其の他の日本人局員の給与は局負担とすること
経理主任を満鉄代表となすこと
ロ、タリフ其他運輸に関する根本規則の制定、改廃に際しては必ず経理主任の同意を要すること

ハ、現金の出納は総て督弁又は局長、経理主任の共印に依ること

ニ、借款鉄道の予算及決算は経理主任之を編制とすること

五、支那鉄道との運輸協定の件

借款鉄道は勿論其他一切の満洲内にある支那已成鉄道と満鉄との円満なる運輸協定を遂ぐる為め左の事項に付き解決の方法を講ずること

イ、連絡運輸の開始

連絡運輸の急速解決を要するもの左の如し

(1)斉克、洮昂、四洮、満鉄　(2)洮索、洮昂、四洮、満鉄　(3)吉長、吉敦、海吉、瀋海、満鉄　(4)北寧本支線、満鉄　(5)北寧本支線、四洮、満鉄

ロ、貨客争奪防止

六、支那鉄道相互間又は満鉄との線路接続方の件

支那鉄道と満鉄と又は支那鉄道相互間に於て線路を接続せしめんとする場合支那鉄道及満鉄は其の実行を容認するのみならず出来る丈け便宜を与ふること但し此場合それが何れか一方の鉄道に不利益を与ふる虞ある時は接続に先立ち予め運輸上の協定をなすこと

第二、支那側に対する要望

一、鉄道関係

已に支那側との懸案処理方針中に記述せり

二、社用土地買収の件

東清鉄道条約の定むる所に依れば会社が業務上必要とする土地は一定の手続により之を買収し得べきものなるに拘らず最近十年来は支那側に於ては右条約の規定は鉄道建設当時にのみ適用せらるべきものなりと解釈し此に基き会社の土地買収を否認する方針を執り為めに会社は新に土地を入手すること極めて困難となり社業の進捗に多大の影響を受くるに至れり

実例

長春水源地の拡張は大正七年以来の要求なるに支那側は今日まで合理的措置を講ぜず一時的便法として一部分の土地を暫定的に使用せしめ居れるが漸次水量の不足を来しつゝあり

右支那側の解釈は主義としては勿論同意し難き所なりと雖も我が行政権の伴ふ附属地の際限なき拡張は支那側の苦痛とする所なるべきは推察に難からざるを以て相互の妥協により此の際一定の制限を附して社用地の新買収を処理することに致度し其の基礎的条件左の如し

(一)⑦鉄道業務に直接使用する土地は従前の通り鉄道附属地として買収す
此の際解決を要するもの左の如し
1、長春機関庫附近土地の買収
2、長春転向線用地の買収
3、奉天砂利線用地交換
4、渾河蘇家屯間追加買収
5、撫順線大瓢屯附近土地の買収
6、松樹万家嶺間改良線用土地の買収
7、高麗門鳳凰間改良線用土地の買収
8、四台子鶏冠山間改良線用土地の買収
9、草河口祁家堡間改良線用土地の買収
10、橋頭宮原間改良線用土地の買収
(二)市街用地其他満鉄の業務と間接の関係に在る土地は使用の目的に応じ年限を定め商租等の手続に依り使用す、此の種の新買収地に対しては満鉄は物的施設(電気瓦斯上下水道鉄道支線引込等の施設を含む)を為す外行政的権利を行使せざるものとす⑧
此の際解決を要するもの左の如し
1、長春水源地用土地
2、奉天予備商埠地
3、奉天貯炭場用地
4、本渓湖水源用地
5、大石橋水源用地
6、瓦房店水源用地
7、安東水源用地
8、本渓湖医院拡張用地
9、奉天渾河間鉄西工業土地
10、公主嶺農事試験場用地
11、長春市街用地(陸軍に練兵場として差当り提供)
12、瓦房店市街用地(陸軍射的場用地として使用す)
13、安東衛生施設用地
14、瓦房店衛生施設用地
15、奉天葬祭場用地
(三)⑨会社所有地にして其の必要なきに至れる土地は元来の附属地たると新に買収せる土地たるとを問はず適当の手続に依り之を支那側に還附す
実例
撫安、陳相屯附近に於ける慶線用地は村民の希望を容れ原価売戻しの承諾を与へたり、但し村民側の代金支払の都合にて土地引取を延期し居れり
(四)右に依り会社が新に使用する土地に対しては納税額の

減少を考慮し相当の寄付金を為す等の好意的措置を執るべし

実例

　鞍山、蘇家屯附近の用地に対し已に之を実行し或は承諾の意を通告しあり

(五)[10]鉄道用石山の取得は第(一)項に準拠せざる代りに支那側の取締規則(鉱業法等)にも依らず之れを買収して採掘すること但採石に必要なる用地及運石線の用地は第(二)項に準ずること

此の際解決を要するもの左の如し

　昌円石山二箇所、珠子山石山、沙河饅頭山石山、平頂堡石山、湯山城石山

三、経済的事業経営に付協力の件

日支人の協力に依り有利事業の経営に当るは満洲の経済的発達のため必要なること勿論なり、会社は従来此の趣旨に基き事業に着手せるが支那側地方官の無理解の為め経営上に支障を来たし折角の企図も何等地方開発とならざることあり須く(すべから)進歩的方針に依り此の種の企業を保護せらるることに致度

実例

　札免公司は日露支の合弁にて事業経営の協定成立したるに拘らず黒龍江官憲が避見を固持せる為め円満なる進捗を阻害し事業亦不振に陥れり

又支那側は満鉄の直接間接に経営せる事業に対し不合理なる競争を企て或は日本側の妨害をなすが為め地方民に不利益なる結果を来すこと往々あり宜しく経済主義に則り合理的に措置すべし

実例

　安東に於ては満電に対抗して支那街に電灯廠を計画し米国商人との間に器械購入、資金借款等に関し交渉進行中なり撫奉送電所(満鉄と奉天官憲の合弁)の送電区域拡張に対し抗議し支那側に供給せしめざるは勿論奉天以外の附属地に送電することも亦協定以外なりと主張し事業の拡張を阻止す

　沿線地方に於ては附属地より電力電灯の供給を受くれば経済的にして便利なる地方少からざるに拘らず之を許可せず

需給双方の為め大組織の経営を有利とする性質の事業に対しては例ば大規模の農場経営の為灌漑を必要とする場合の如き若くは新邱炭鉱協力開発の如き何れも支那側の利益亦尠からざるものに付共栄の趣旨に依り互助的に措置するを希望す

此の際至急解決を要するもの左の如し
1、新邱炭坑に関する件
2、復州粘土に関する件
3、夾皮溝金鉱調査の件
4、炸子窯炭坑用地買収の件
5、煙台粘土用地買収の件
6、大石橋海城附近菱苦土鉱に関する件
7、安東支那街発電所に関する件
8、模範農場（大孤山、利興公司、東山、銭家店、札魯特各農場）に対する土地利用の件
9、蒙古に於ける預託牧場に関する件
10、吉会沿線森林共同経営の件
11、札免公司林業経営の件

四、公益施設に対する便宜供与の件
会社の施設中には専ら公益を目的とせるもの尠からず此等に対しては一層支那側の援助協力を希望す従来地方官憲の措置は此点に於て甚だ遺憾の点尠からず
実例
鞍山製鉄所より出づる汚水は附近村民の衛生上之を太子河の本流に直接放流するを可と認め会社は先年来其の工事計画を立案し村民と協議し何時にても実施し得る準備あるに拘らず遼陽官憲は何の理由か二年来之に承諾を与へず為に汚水は今尚整理せられず
遼陽は日支市街とも洪水の被害ある土地なるに付大規模の防水工事を必要とす
此の際至急解決を要するもの左の如し
1、遼陽太子河護岸堤防築造の件
2、鞍山製鉄所汚水処理の件
3、気象観測施設の件
4、診療所設置の件
5、巡廻診療の件

五、満鉄社員の奥地旅行に関し便宜供与の件
満鉄社員が奥地に相当長期間滞在する場合従来支那官憲が之れが妨碍的態度を採りつつあり今度如此（かくのごとく）態度を改めらるる様希望す

六、支那側自体の教育に於ける排日的傾向取締の件
（説明を略す）

第三、支那側と協議すべき事項
一、鮮人問題
二、附属地内の支那人普通教育問題
三、満蒙の経済的施設に対し協力の件

此の際協議を要するもの左の如し
1、農業水利事業の協力促進
2、優良種苗採種圃及模範農場を設置し会社改良の種苗の普及及新式農法の促進に関する件
3、農産物取引の円滑及販路拡張に協力の件
4、農産地主要地点に会社の調査員駐在の件
5、牧畜業の発達に協力の件
6、獣疫予防制遇に協力の件
7、造林試験場の設置、天然林保存、及森林開発に関する件
8、植林事業の協力促進の件
9、中国勧農機関（実業庁、各県勧業科、農事試験場等）と会社勧農機関と提携の件
10、各種組合保護に協力の件
11、附属地と附属地外との交通連絡に関する件

注
（1）手書きで以下の記載あり。3の上欄外「中純手数料一、五一七、五〇〇、同純籌備費九一一、〇〇〇」、4の上欄外「純手数料の内容如何、純籌備費の内容如何」、5の上欄外「5の内容如何」。
（2）手書きでBの上欄外に以下の記載あり。「A1の純手数料を1に入る」。
（3）1の上欄外に手書きで以下の記載あり。「1の内訳如何此の中問題の請負総係費を含み居るなるべし」。3の上欄外に「何故二、六、三〇をとるか」。
（4）手書きで欄外に以下の記載あり。「各分段完成のときか」。
（5）手書きで欄外に以下の記載あり。「張作霖へ 2,700,000? 魏その他へ 1,460,000 合計 4,160,000」。
（6）手書きで欄外に以下の記載あり。「可」。
（7）手書きで欄外に以下の記載あり。「可」。
（8）㈡の上欄外手書きで以下の記載あり。「可」「条件は精細に決定の事」。
（9）手書きで欄外に以下の記載あり。「実用無し」。
（10）手書きで欄外に以下の記載あり。「可」。

83　〔重役会議メモ〕

六、七、一七　総裁、副総裁、伍堂、神鞭、十河、村上、首藤、山西、竹中各理事、総次長、経次長
一、六年度事業費予算執行に関し左の通り経理部長より各部長へ通牒を発す
本年度事業費予算の執行は既に外部と契約完了せるものを除き総て中止のこと。但し中止不可能のものは来週土（二十五日）曜迄に各部より詳細なる計算書及説明書提出

し重役会議に附すること

二、関係会社整理案（人事、監督、改廃等）を総務部、経理部合議の上至急作成し重役会議に附すること

三、十九日午后一時半経費予算更正に関する会議を開く事

当年度事業費予算額　二一、〇〇〇、〇〇〇円
同上追加　一、一〇〇、〇〇〇円
前年度より繰越予算額　一五、七〇〇、〇〇〇円
合計　三七、八〇〇、〇〇〇円

内

㈠特定削減額　一、九〇〇、〇〇〇円
内訳(1)
大連駅（未契約）　三五〇、〇〇〇円
貨車改造（全部）　八一〇、〇〇〇円
鉄道用地（営口）　二〇〇、〇〇〇円
香炉礁埋立地　二九〇、〇〇〇円
安東防水堤　二四〇、〇〇〇円

㈡未着手工事概算額　四、一〇〇、〇〇〇円
本年度事業予算額の弐割と見て

㈢着手工事概算額　三一、八〇〇、〇〇〇円
前年度よりの繰越工事全部及本年度分の八割と見て

案

本年度事業予算の執行は
㈠既に外部と契約を完了せるものを除き総て中止の事
但し中止絶対不可能のものは〔以下未記入〕

注

(1) 手書きで以下の記載あり。「大連駅」の欄外上に「鉄骨費及前面の道路費」「繋船費　三六、〇〇〇」、「安東防水堤」の上に「全予算　一、二〇〇、〇〇〇」「中四八〇、〇〇〇の中二四〇、〇〇〇、之を止むれば三〇、〇〇〇の応急工事を要す」。

84　昭和六年七月廿四日　重役会議

全重役、総次長出席

一、六年度経費不足に関する説明

経理部長より左の要旨の説明ありたり

当年度損失 3,550,000 の見込なれば之を埋める外更に相当利益を挙ぐる為め 15,650,000 の捻出を必要とし合計 19,200,000 の財源捻出を必要とするところ、右の中物件費より捻出可能見込額 12,800,000 人件費より 4,200,000 とし結局 2,200,000 の不足を来すが、之は退職慰労積立金中より本年度費消の目的を以て予算に組入れたる 4,500,000 中の本年度既支出 2,300,000 の残額 2,200,000 を

以て充当せんとす（因に退職慰労積立金は八百五十万円なるが、前年度迄に既四百万円を支出せるを以て本年度四百五十万円の費消を以て同積立金は全部費消し終ることとなる）

以上財政計画を承認せられたり

二、人員整理の件

以上一、の説明に依り人件費の整理を行ふ手案として総務部長より左の要旨の説明ありたり。

(1)六月一日現在の参事技師級以上各部現在員の一割を減ずること

(2)同以下各部現在員の五分（最低）を減ずること

以上の中には既往六月一日以降既に整理したる員数を含む

(3)(1)及(2)に依る人件費の整理額は少くとも総人件費の五分に達せしむること

右にて大体総被整理人員数は日本人約千人、支人約六百五十人に達すべく、日本人丈けに要する退職慰労金及待命手当その他一切の費用六百四五十万円を要す（因に昨年度は日本人約九百人を整理し、之に依る退職手当その他五百万円を要したり）

三、社員給与改正

在勤手当、家族手当、旅費、住宅料を夫々別案の如く改正す

之に依り社員の受くる収入上の影響最高十七パーセント九丈け全収入より減ずることとなる

85　昭和六年八月四日会議

出席者　総裁　副総裁、伍堂、大森、村上、木村、首藤、山西、竹中各理事、市川経次長、山﨑総次長

一、六年度事業費予算決定の件

既過中止を命じたるものの解除を通報すること、之が為め絶対中止不可能のものに関する各部と経理部との意見の相違を解決せり

二、六年度経費予算決定の件

人件費及物件費整理の結果結局営業収支に於て計二百九十万円の純益を挙ぐることとなりたる処、猶二百七十万円の節約を必要とするにつき之が財源捻出の要あることを確認せられたり

三、右に関し伍堂理事より小洋銀払の給料、請負賃の換算率の決定方法変更案提出あり、その能否、利害関係につき至急委員会を設けて研究の事に決定す

尚同理事より経費節約奨励法の制定方提議あり、研究の

こととなれり

注

（1）　昭和六年度人件費予算削減調書（表三枚）省略。

86　六年八月十日会議満鳥数量協定及東支運賃改訂の件

〔出席者〕総裁、副総裁、十河、大森、村上、首藤、山西、竹中各理事、斯波顧問、山﨑次長、鉄聯運課長、森永鉄員

現行大連及浦塩へのＦＯＢ運賃比較

ハルビン浦塩間・ハルビン大連間より二、九八安（円）

安東浦塩間・安東大連間より四、九九八安

議案はこのハンデキャップを除去せんとす

貨車積載量

原則として連絡鉄道間に於ける関係は発鉄道本位主義なるも満鉄東支間に於ては着鉄道本位なり、之が為め東支の受くる負担は一年三十六万円見当なり

原則にかへり東支本位に改むれば満鉄は主として苦力（クーリー）貨の増加年約二万円を要す

議案は場合に依りては発鉄道本位主義を承認せんとするものなり

東支収得運賃の前渡

協定に依れば満鉄は東支の収得運賃を一ケ月後払のこととなれるが、実際は一ケ月以上となる

議案は一ケ月計算を十五日計算とし、長春にてチェックせるものを概算して前渡せんとするものなり、之が為め満鉄の受くる利息収入減年約四万乃至四万五千円

交通事務費残額精算請求の拋棄

会社は以上五百万円の半額請求権あり

議案は右権利を拋棄せんとす

東支への借款応諾

長春会議のとき百万円の借款に応じ会議を成功せしめたり。

今回は三百万円を出づまんと思はるるが会社が東支の代りとして収得する着払運賃、年少くとも六百万円あり、之を事実上の担保とすることを得、而して利率は日歩二銭三厘位はとり得べし。

決定、会議の状況に依り予め経伺せしめ相当の条件に依り借款に応ず

政府への手続方につき研究す

社線発東支線着現行輸入貨物運賃の合理化

現行経由別運賃の相違　　　銭

砂糖	1)浦塩より	東支運賃	3.77
	2)南満より	同	13.3
綿糸	1)	同	3.77
	2)	同	9.09
綿織物	1)	同	4.6
	2)	同	18.19
鉄類	1)	同	3.5
	2)	同	9.8

議案は

右ハンディキャップを可成除去せんとす

東南行数量比較

年次	東行%	南行%
14	51	49
15	49	51
1	59	41
此の間50：50の数量協定成立		
3	52	48
4	58	42
（露支紛争の為178万屯南下したるも之は percentage に入れず）		
5（三月末迄）	73（91万屯）	27（34万屯）
（六月末迄）	22	78
（七月廿三日迄）	20	80
4年／10月―5年／6月	69	31

満烏の第一回数量協定・一九二五

五十、五十の数量協定・一九二九

昨年調予費に関する協定に満鉄は調印したるも烏鉄は遂に調印せず

前期此週期に於ける南下穀物の経路別

洮昂四洮経由	300,000屯
吉長　経由	150,000
東支南線経由	300,000
東行	900,000

社が烏鉄より払戻を受くる金額

本年三月末	一七八万円
七月末	一二四万円

議案は場合に依り前記一二四万円の⅓を限度として払戻の減額を認めんとす

烏鉄への借款

借款の担保は債権（額面百のものを九十八にて発行す）

之を朝鮮銀行に預託す

既に三百万円につき暗示を与へ居れり

烏鉄の収入は年百五十万屯として毎屯鉄道収入四円、港湾収入四円なり
決定、万一の場合は之を犠牲とする肚にて交渉す。況(いわ)んや万一の場合は却下、貨物の増加に依り之をcoverし得べし尚出来れば先づ三百万円案を切り出し先方の債務履行の誠意如何に依り二百万円の追加貸附を為す

87　重役会議議案

極秘　昭和六年八月十日
対東支問題
東支線発東南両経路向連絡運輸に依る現行輸出穀類運賃の合理化に関する件
満鉄の腹案
本問題に付運賃協定を為し其の合理化を行ふの利害得失に付ては今更論議の余地なきものと認む従て満鉄としては既存協定に依る利益に悪影響を及ぼさず而も現在以上に一歩たりとも当社の立場を有利に導き得るときは協議を成立せしむること
而して本問題に付ては左記方針にて協議に応ずること
一、東南行F．O．Bに於て哈爾浜に於て哂当一円五〇銭安達に於て同二円を限度とし南行高とする傾きを認め若し之に依り東南行五〇／五〇の輸送配分比率が保たれざる場合には調節費其の他の方法に依り輸送量の調節を講ずること
二、将来共同の利益の為吸貨上運賃政策を行ふ必要あるときは直に実行し得る様協定し置くこと
三、満鉄が運賃協定上負担する犠牲の限度は長春会議以来満鉄より東支鉄道に対し哈爾浜を含む以遠発南満三港著輸出穀類[1]に対し支払ひつつある払戻金の一哂(トン)当三円九一銭と更に現に長春発に対し地方的に割引せる一円九二銭を加へたる額即ち（3￥.91＋1￥.92＝5￥.83）を限度とすること
但し東支鉄道に対する現在の払戻金制度を尚存続するの必要あるときは将来に対し期限附として漸次減額し全廃に至らしむること
四、右各項は東支、烏鉄及満鉄の三鉄道の協調に依り初めて其の円満なる遂行を期し得るものなるに鑑み可成三者協定とすること
尚右実行上必要ある場合には東支貨車積載重量制限の撤廃、寛城子軍用ホームの無償譲渡、東支修得運賃の前渡、交通事務費残額精算請求権の抛棄、借款申込、其の他連絡運輸上の施設に関し交換的に東支に便宜を供与すべき

こと

満鉄線発東支線著現行輸入貨物運賃の合理化に関する件

満鉄の腹案

現行輸出穀類運賃の合理化に相連関して北満輸入貨物運賃に就ても之が合理化の必要を認むるを以て来るべき会議を期し同時に協議を行ふこと

而して本問題に付ては東支の運賃制度の不合理を現在以上一歩たりとも是正することを得ば可なる方針にて協議に応ずること

以上

対烏鉄関係

数量配分協約の内容改訂と調節費設定に関する件

満鉄の腹案

調節費設定問題は久しき間の懸案なるのみならず数量配分協約の円満なる遂行を期する上に於て其の骨子をなすものなれば来るべき改訂会議を期し是非之が実現を期すること

而して本問題に付ては左記方針にて協議に応ずること

一、烏鉄に於て東南行五〇／五〇の現行輸送配分比率保持を諾し且調節費の即時実行に同意したるときは之と交換的に烏鉄の提議に係る東支西部線区域より支那鉄道に依り四平街駅経由満鉄線に現実に下りたる貨物の数量を南行配分数量に加算することを認むること

但し南部線区域より馬車輸送に依り直接長春駅に又は吉長線経由満鉄線に下りたる貨物の数量を南行配分数量に加算することは之を認めざること

二、烏鉄に於て調節費又は之に代るべき方法の設定に応ぜざるときは協約は不成立を覚悟せざるべからざる場合あるべきに付其の際は請訓すること

尚㈠の調節費設定問題の解決を促進せしむる為必要あるときは予て烏鉄の提議に係り懸案中の一九二九／一九三〇年度払戻金一九三〇／一九三一年度払戻金、借款申込等の問題に付烏鉄の要望に対し好意的に考慮すること

此の場合に於ける考慮の限度は左の通とす

イ、一九二九／一九三〇年度払戻金に付ては烏鉄の提議を容れること

ロ、一九三〇／一九三一年度払戻金に付ては払戻金額の⅓額を限度とし軽減を認むること

ハ、借款申込に付ては五百万円を限度とし之に応ずること

以上

一、数量配分協約の内容要項

㈠協定品目

北満生産の穀類及種子類並之を原料とする製品全部

㈡輸送方法

(イ)東行

東支鉄道各駅所発「ボグラニーチナヤ」駅著及通過

(ロ)南行

東支鉄道各駅所発寛城子駅著（地方消費及工場搬入を除く）及通過

(三)輸送配分率

東行、南行　各五〇％

(四)輸送超過数量に対する払戻金

輸送超過数量に対しては左記階段に基く払戻金を支払ふ

	第一階段	第二階段	第三階段	第四階段	第五階段
全輸送数量に対する超過数量	到5％	超5％ 到9％	超9％ 到12％	超12％ 到14％	超14％
払戻率	一・〇六弗	二・二〇弗	二・八〇弗	三・六〇弗	四・七〇弗

(五)協約の期限

三出廻年度を一期とす

(六)輸送の調節

貨物の輸送実績を協定比率と一致せしむる目的を以て所定の方法に依り輸送の調節を行ふ

(七)東支の運賃変更に対する制限

東支鉄道より東南両経路運賃の均衡を破るが如き運賃変更の交渉を受けたる場合は相手方鉄道と商談を遂ぐるに非れば東支に確答するを得ず

(八)吸貨政策に対する制限

協定貨物を故意に各自鉄道に誘致し又は之と同一の結果を生ずべき一切の行為は之を為さず

(九)協約効力の停止

満洲里大連港間又は満洲里浦塩港間に於て貨物輸送の停止により或期間に亘り輸送の常態が破壊せられたる場合は協約は一時其の効力を停止す

二、調節費実行細則要項

(一)調節を行ふべき範囲

調節は東支鉄道南部線及東部線各駅発貨物に対しては之を行はずして哈爾浜管区及西部線各駅発輸出さるる貨物に依つてのみ之を行ふ

(二)調節費の算定

調節費及同割引額の算定に際しては発駅より最終著地迄の東南行貨物輸送に要する諸費用（鉄道運賃、料金、税金、港湾に於ける諸費用、海上運賃其の他貨物輸送に要する一切の費用）の合算を考慮するものとす

(三)調節費の設定を必要とする超過輸送数量

調節費は東南経路の何れかに輸送されたる輸出貨物の数量が五〇％の比率に対し三％（最低数量三万瓲）を超過したる場合に之を実施す

㈣調節費の実施期

過去二箇月間の輸送の実績に依り貨物の流れが㈢項所定の比率を超過すること明となりたる場合は爾後十日間以内に調節費及同割引率を算定し実施前三ケ月間の予告を以て新聞に公告す

㈤調節費を設定すべき品目

調節費を課し又は調節割引を為すべき貨物の品名又は種類は配分の目的を達するに最も便宜となるべき条件を考慮し共同事務所両鉄道代表者協議の上之を定む

㈥調節費の建値及徴収

調節費は円貨を以て之を設定し著駅に於て貨物引渡の際荷受人より之を徴収するものとす

注

（1）　米屯三、五五。

88　六年八月十二日　会議

〔出席者〕総裁、副総裁、十河、大森、村上、首藤、山西、竹中各理事　斯波顧問

関係会社整理の件

主として幹部の更迭、幹部の待遇改正につき根本方針として之を行ふことに決定し監理部が中心となり関係部長と内議を遂げたる総裁の決裁を受くることに決定

89　六年八月十七日　会議

列席者　総裁、副総裁、伍堂、十河、村上、木村、首藤、山西、竹中各理事、斯波顧問、山﨑総次長

一、傍系会社幹部更迭及新旧幹部給与減額の件

竹中理事より具体案提出説明あり、之に基き各関係理事と内議を遂げ総裁の決裁を求むることに決定

二、待命社員を嘱託に採用の件

待命社員又は退職重役にして優秀なる人は無給の顧問又は嘱託として会社への出入を許すことに決定

三、経費節約奨励方法実施の件

具体案を作成し附議することに決定

同時に収入増加奨励方法をも講ずることに決定

90　六年九月十四日　重役会議

出席者　総裁、副総裁、斯波顧問以外の全理事、総次

長、経次長、経主計課長
一、関係会社退職役員慰労金決定の件
査定方針を決定し具体案作成の上総裁の決裁を求む
二、営口水電改組の件
支那側株主代表より支那側代表重役設置、その他の重役増員に関する総裁宛請願に対して、暫く文書に依る回答を控へ社員を派遣し口頭を以てその得策にあらざる旨を説示せしむ
三、東亜土木企業会社に関する件
満鉄は同社専務を社外株主に譲り、尚減資希望の旨を通知す
四、外国留学出張の件
例年の通詮議することとす
五、参事技師銓衡の件
例年通銓衡することに決定
六、本年十月昇給停止の件
予定の方針を以て各部所長より部所内に周知せしむることとす
七、附属地に於ける外国人の不動産所有に関する件
所有及移転を許すこととす　但し支那人に関しては地域を限り、その他の外国人に関しては地域を限らず、尤も此の差別待遇は表面にはあらはれざることとす
八、七年度事業費予算査定会議開催の件
九月十八日より三日間開催のこととす

91　満蒙鉄道借款契約に関する件

特秘　山本総裁より仙石へ引継書類

一、昭和二年十月十五日北京に於て本職と直接故張大元帥と懇談の結果敦化より図們江々岸に至る線外四線の鉄道建設大綱に関し基本了解成立す、本件に関する書類茲に添付す
一、次で右基本了解に基き昭和三年五月十五日附を以て敦化より図們江々岸に至る線及長大線の建造請負契約（実は借款契約）を本職と当時の北京交通部との間に調印す、其の本書は本社文書課長室金庫中にあり
一、前項契約調印の際三ケ月間之を厳秘に付し此期間を経たる後直に工事に着手することを約束せり、然るに図らずも張作霖横死の事あり、右三ケ月の期間満了するや会社は直に本件に主として関与したる楊宇霆、調印当時の北京政府国務総理兼交通総長潘復及当時の交通部の実権を握りたる常蔭槐等並張学良に対し前記了解に基き工事に着手せんことを巡り迂余曲折を経つつ楊宇霆、常蔭槐

の銃殺を見るに至つて更に頓挫を来したり、張作霖の死後本件遂行の意あるを内示したる張学良も混沌錯綜せる東三省内部の政情と、南方勢力との関係に累せられ遂に今日迄其の意を決行するに至らず、唯張学良は今尚形勢の展開を待つて必ず実行すべきを誓ひ居れり

一、過般蔣介石と張学良との会見に於て東北四省の一般外交(二、三特種のものを除き)と鉄道問題を挙げて中央南京政府に移すに決したりとの情報あり、之に関し張学良は鉄道問題につきては今尚南京政府と相談中なりと云ひ、之を全然中央に移管したることを否認し居れども、尠くとも形式上は大体之を中央政府に移したりとの事真に近きが如し、唯南京政府と雖も東北四省に於ける鉄道問題につき東北四省の実権者を事実上無視することは出来ざるべし、支那人間の事故本件移管の事も形式の上は兎も角実質的には斯明了になり居らざることと想像せらる

一、松岡副総裁曩〔さき〕に満鉄理事奉職中鉄道問題其他につき故張作霖利用の為大正十三年七月二十八日附を以て同人に邦貨金弐百万円の借款契約を調印し之に基き二回に分ち右金額を故張作霖に交付し其の担保として通遼、洮南両県に在る張氏所有土地の地券を受取りたり(本件借款に関する経緯に付きては松岡理事の供述書外務本省に保存しあり)其後満鉄は張氏をして右借款契約に依る利息支払を実行せしめざる方針をとり且張氏より屢々元金の返還を申出てありたるに対しても亦態〔わざ〕と遷延せしむる方針を取り来れり、然して本借款を其の後幾多の問題に利用し其の効果は疾く既に予期以上に発揮し尽されたり依て諸般の事情を顧み昭和三年満鉄財産の大整理を断行したる際内部的には本件借款を帳簿より切り落したり(本件借款合同写及張氏所有土地々券に対する満鉄と領収書写及二百万円に対する故張作霖の受領書写茲に添付す。別紙第一号第二号及第三号)

一、然るに前記の如く満蒙五鉄道の基本了解成立し次で吉敦線延長及長大線に関する具体的契約の調印を見たるに対し故張作霖顧問町野武馬をして昭和三年五月二十九日北京に於て前記地券及借款合同本書を町野武馬宛横浜正金銀行東京支店通知預金証書各金弐百五十万円也二葉(合計五百万円)を張作霖に手交せしめ之に対し張作霖の受領書を取付けたり(本受領書及之に関する内輪手続上の松岡、町野、白浜会計課長の受領書共茲に添付す別紙第四号及第五号)

一、前記受領書に「現金日金二百万円正」と記し又其の註として「右開現金二百万円係民国十三年七月二十八日由

南満洲鉄道株式会社借款金二百万円正還清」と付記しあり恰も現金を受授したるかの如く粧ひあるも右は前記担保たりし地券を張氏に返還し借款を帳消しとしたる事実を指すに過ぎず

一、前記横浜正金銀行東京支店通知預金証書は町野武馬より故張作霖に之を手交せる際「二百五十万円は敦化より図們江々岸に至る線路の工事に着手したるとき之を現金と引換ふべく残額二百五十万円は長大線其他の線路の工事に着手せる時現金と引換ふるものなり」と明確に申渡し置きたるものにして、張作霖死後一面此の事情を張学良にも町野武馬より内話し置き他面、横浜正金銀行へは右通知預金証書に基き現金引出をなさんとする場合は一応、本職又は松岡副総裁の指揮を内密に仰ぎたる後に非れば之に応ずべからざる旨を予め申入れ置きたり

張作霖死後前掲の如く本件鉄道工事の開始行悩みたる為又張作霖横死の為一時右通知預金証書の所在すら不明なりし為旁横浜正金銀行に対しては右支払禁止に関する手続を取り置きたり

一、然るに今回本職及松岡副総裁辞任に決したるを以て本件の如く複雑せる経緯を整理し奉天側との関係を簡明に致し置き然るべしと思考し

(イ)昭和四年七月三十一日附を以て本職より張学良長官宛別紙控の通りの書簡を手交し之と引換に前記横浜正金銀行東京支店通知預金証書(各金二百五十万円也)二葉(其後右証書及地券共無事奉天に移され張学良保管せるを知りたるを以て)を当方に回収したり(右通知預金証書二葉写茲に添付す別紙第七号)

(ロ)又民国十八年八月三日附東北辺防軍司令長官公署事務処より満鉄会社宛別紙第八号の通り前記担保たりし地券の返還を認め且後日何人か右地券に対し満鉄会社より発給したる受領書を提示することあるも無効なりとの趣旨の文書を取付けたり

町野武馬の手を経て地券を故張作霖に返還せしむる際満鉄会社より発給したる地券受領証と之を引換ふべき旨を申し含め置きたれども張作霖北京引上当時混雑の際にてもあり且右受領証は当時張氏手許に存せず多分奉天にあるべしと云ひ要領を得ず旁其の回収は後日に譲ることとしたり然るに其後奉天にても右受領証なるもの見当らず何れにするも本点に付きて何等誤解又は紛糾を惹起する恐れなしと認むるも今回念の為右措置を講じ置きたるなり

一、前記図們江々岸より敦化に至る線及長大線の建造請負

契約の外尚其の調印と同時に延海、洮索二線に関し略(ほぼ)同様の条件を有する建造請負契約書に必ず之を実行すべしとの意味にて故張作霖の捺印したるものあり（右原書は本社文書課長室金庫中にあり）

又吉五線丈故張作霖の捺印せざりしは之に対し吉林督弁張作相が頑強に反対したるが為にして、之に関し故張作霖は帰奉の上時期を見て張作相を馘首しても必ず実行すべきを誓ひたり

附記

一昨年来新聞紙上其他にて屢々張作霖に対し数百万円を交付したりなどの虚報流布せられたるが、事実は以上記述の通りにて、故張作霖又は楊宇霆に対し一厘の現金をも受授したることなく幾度も張作霖利用に便じ現に会社の帳簿よりも切り落したる謂はば鰹節の出し殻同様の地券を返還したる一事実あるのみなり前幹部時代支那側に約束したる吉敦線追加隧道其他の事実に関する籌備費の交付残額を整理したる事実と前記地券返還（地券の入れある箱を北京に持運びたる際其の内に巨額の金員入れありたりと誤認したるものすらあり）の事実等が噂の種となりたる形跡もあり又本文記載の条件付空証文二百五十万円也二葉の振出事実が幾分何等かの形に於て洩れ誤伝されたるものに非らざるかと想像せらる廉もあり

昨年五月前記二鉄道に関する契約調印の際直接其の責任の衝に当りたる国務総理兼交通総長潘復、交通部次長常蔭槐及調印の責を負ひたる交通部次長代理趙鎮等に銀二十三万元及邦貨金二十万円と、其後本件鉄道実現の為の画策に伴ひ関係の向きに対し随時支出したる運動費等数十万円あり、何れも会社帳簿上明確になしあり。右は会社年来の例に倣ひ愈(いよいよ)鉄道工事着手に伴ひ工事費中より整理する見込にて仮払となしあり

素本件に関し恰も巨額の籌備費を渡したる如く風評の伝はる最大原因は、従来の支那通の脳裡に数百万円の籌備費を贈与せざる限り断じて斯かる借款成立するものに非らず、との先入主的謬(びゅうそう)想固着せるに存す。唯漠然一厘も贈与せずと反覆するも之等の徒は到底之を信ぜず、然かも事機密に属するを以て本書記載の如き真相を世間に向ひ公示すること能はず、之れ本件に関し疑惑の止まらざる所以なり。然るに此の八年来満鉄の締結したる鉄道借款契約は何れも極めて少額の運動費にて成立を見たり。中には現実に工事着手迄は殆ど一厘をも使用せざりし例すらあり、本件も亦大体此満鉄の方針に則り極力運動費を少額に止めたり余りに愚なる噂流布せらるるを以て万

一の誤解を防ぐ為右念の為附記す。

昭和四年八月　　日

南満洲鉄道株式会社

総裁　山本　条太郎

第一号

借款合同

張作霖令尚南満洲鉄道株式会社定立借款合同所有議定章程開列於左

一、本借款定為日金二百万円正

二、此借款利息以週年九厘行息

三、此借款暫定壱年清還

四、此借款応将張作霖已置熟地二万五千五百四十三天地九畝六分座落通遼洮南両県以及該地浮余地一併為抵償還所有該地地契全交南満洲鉄道株式会社収存為保証(此契号碼另開)

五、俟本借款清還之時所有文契交換本主

六、此合同繕写華文両份各存壱份

中華民国大正十三年七月二十八日

張　作霖

南満洲鉄道株式会社

社長　安広伴一郎

第二号

今収到民国大正十三年七月念八日訂立借款合同所載抵押地弐万五千五百肆拾参响九畝陸分之大照陸百陸拾弐張

大正拾参年九月弐拾四日(1)

第三号

今収到本年七月念八許訂借款一半日金一百万元正民国十三年九月十四日又収到日金一半一百万元正民国十三年九月二十四日

九月二十六日

張　作霖

第四号

今収到

町野武馬正金銀行支票一枚日金弐百五拾万円正又正金銀行支票

一枚日金弐百五拾万円正又現金日金弐百万円正

合計日金七百万円正

右開現金弐百万円係民国十三年七月二十八日由南満洲鉄道株式会社借款日金弐百万円迄還清

中華民国十七年五月二十九日

張作霖　収

第五号

証

張作霖の貴社より借用せる二百万円に対する借用証書及契約書類確に御預り候事実証なり

昭和三年五月二十八日

町野　武馬

受領証

一、対張作霖弐百万円貸金の契約書並受領証　各壱通
一、右担保差入証及担保物一切

右受領候也

昭和三年五月二十七日　　松岡洋右

受領証

一、対張作霖弐百万円貸金の契約書並受領証　各壱通

右受領候也

昭和三年五月二十七日

経理部会計課長　白浜多次郎

文書課長　山﨑元幹　殿

第六号

敬啓者案拠民国十七年五月簽字之契約由敦化至朝鮮国境鉄路於動工時予交日金弐百五拾万円其長大及其他鉄路於動工時再交日金弐百五拾万円特此声明即請

貴長官査照為荷此致即頌

台祺

南満洲鉄道株式会社　総裁　山本条太郎

中華民国十八／日本昭和四年七月三十一日

横浜正金銀行より通知預金証書返附の要求もあり旁昭和四年八月十四日満鉄支社橋本戌子郎経理課長をして同行に返附せしめ、該証書を抹消して無効とし、且別紙の請取書を徴じ同時に担保として差入の帝国公債証書金五百万円の返還を受けたり

第七号

昭和四年八月十四日

横浜正金銀行　東京支店

南満洲鉄道株式会社　御中

拝啓益々御隆昌奉賀候、陳者左記通知預金証書弐通本日確かに入手致候間此段及御通知候也

一、当店発行通知預金証書第四六三四号並に第四六三五

号各金弐百五拾万円也（合計金五百万円也）
名義人　町野武馬
発行日　昭和三年五月二十二日
利率　無利息
以上
禁譲渡　質入を禁ず
第４６３４　号
通知預金証書
金弐百五拾万円也
無利息
右正に御預り申候七日間据置後御引出の節は参日以前に其の旨御通知の上此証引換に御渡可申候也
昭和参年五月二十二日
横浜正金銀行　東京支店
支配人代理　難波　勝二
横浜正金銀行奉天支店にても右条件にて御渡可申候
町野　武馬殿
注意　此預り金は本人又は本人の委任状を有する代人に非ざれば之を受取ることを得ず
（註　原本加除訂正箇所には支配人代理の捺印あり）
裏面
注意
一、此預金証書万一紛失し又は水火盗難等に罹りたるときは預金主は其事由を詳記して直に当銀行へ届出られたし当銀行は右の旨を新聞紙に広告し広告後六十日を経て尚発見せざるときは保証人二名以上の連印ある書面を受取り元利金を支払ふべし
一、預金主は予て其の印鑑を差出し置かれ元利金受取の際左の余白へ記名調印なされたし
表面の元利金正に領収候也
大正　年　月　日
禁譲渡　質入を禁ず
第４６３５　号
通知預金証書
金弐百五拾万円也
無　利　息
其の他総て４６３４に同じ
第八号
敬啓者
先大元帥会以地契抵借款項已竟償還並将地契収回比時取有貴処収拠自応同時繳還惟該収拠遺失日後無論落于何人之手

概作無効並由敞処担負完全責任概与
貴処無渉特此証明此致
南満洲鉄道株式会社
八月三日
東北辺防軍司令長官公署事務処啓

特秘

昭和二年十月十九日

在支那特命全権公使　芳沢　謙吉

外務大臣男爵　田中　義一　殿

往電第一一一二号に関し張作霖が山本満鉄社長に託したる田中総理宛書翰写別紙の通送附す

拝啓　山本社長来京され具〔つぶさ〕に彼我の意見に対する尊意を述べられ東省鉄道の事項に関して打解けたる談話を交換致候誠意を以て協議し円満解決を切望するにつき既に当局へ此の主旨に従ひ進行し以て睦誼を厚くする様命令致候、只今山本社長帰国に付特に一切を面晤する様御依頼致置候

昭和二年十月十三日

張作霖

田中総理閣下

協約

支那政府（以下政府と称す）と南満洲鉄道株式会社（以下会社と称す）との間に左の条項を協約す

第一条　政府は会社に左記五線の鉄道建造を請負はしむ工事は請負契約調印後直に之を施行す請負金額は別に之を定む

一、敦化より老頭溝を経て図們江江岸に至る線
二、長春より大賚に至る線
三、吉林より五常に至る線
四、洮南より索倫に至る線
五、延吉より海林に至る線

第二条　各線工事完成引渡後は請負金額を会社に支払ふ若し支払はざるときは洮昂鉄路工事請負契約の例に依り借款と為す但利息は別紙借款利率及附件協約に依る

第三条　各線の請負契約は本協約調印後直に之を協定す

第四条　政府と会社とは第一条記載の各線と会社線との連絡及運賃協定を為す

第五条　政府は打虎山より通遼に至る鉄道を通遼以北に延長せず但本線路は将来会社と運輸連絡（運賃に関する事を含む）に関し協議を為す

第六条　政府は吉林より海龍城に至る鉄道の線路を決定す

但本線路は将来会社と運輸連絡（運賃に関する事を含む）に関し協議を為す
第七条　政府は開通より扶余に至る鉄道を建造せず
第八条　本協約は調印の日より其の効力を発生す
第九条　本協約は華文及日文を以て各弐通を作成し双方各其の壱通を保存す
第十条　本協約は調印後両国政府代表の間に正式調印を為す

借款利率及附件協約

支那政府と南満洲鉄道株式会社との間に左記の事項を協定す
第一条　借款利率は年八分とす
但当該鉄道の利益金（利益金とは総収入より利息を控除せざる総支出を差引きたるものを指す）が毎年借款金額の百分の五に達する迄は借款利率を年五分とし利益金が百分の五以上百分の八に達する迄は其の利益金より年五分の利息を支払其の剰余額の半額を利息として支払ふものとす
第二条　各線に会計主任として日本人を傭聘す会計主任は本鉄道に関する一切の収支を管理し且本鉄道に関する支出に付鉄路局長と連署す

借款利息別約

借款利息別約を左の通り協定す
借款利率及附件協約第一条の利益金が年八分の借款利息支払に不足の場合会社は特に利益金が借款金額の百分の五に達する迄は借款利率を年五分とし百分の八に達する迄は年五分の利率の外利益金剰余額の半額を利息と為すことを承諾せる為会社に於て利息損失を蒙るに就き政府は利率年六分五厘に達する迄（更に利益金剰余額の内より）其の損失を補充す[2]

特秘[3]
昭和二年十月十九日
在支那特命全権公使　芳沢　謙吉
外務大臣男爵　田中　義一　殿
往電第一一一二号に関し張作霖が山本満鉄社長に託したる田中総理宛書翰写別紙の通送附す
拝啓　山本社長来京され具に彼我の意見に対する尊意を述べられ東省鉄道の事項に関して打解けたる談話を交換致候

誠意を以て協議し円満解決を切望するにつき既に当局へ此の主旨に従ひ進行し以て睦誼を厚くする様命令致候只今山本社長帰国に付特に一切を面晤する様御依頼致置候

昭和二年十月十三日

張作霖

田中総理　閣下

協約

支那政府（以下政府と称す）と南満洲鉄道株式会社（以下会社と称す）との間に左の条項を協約す

第一条　政府は会社に左記五線の鉄道建造を請負はしむ工事は請負契約調印後直に之を施行す請負金額は別に之を定む

一、敦化より老頭溝を経て図們江江岸に至る線
二、長春より大賚に至る線
三、吉林より五常に至る線
四、洮南より索倫に至る線
五、延吉より海林に至る線

第二条　各線工事完成引渡後は請負金額を会社に支払ふ若し支払はざるときは洮昂鉄路工事請負契約の例に依り借款と為す但利息は別紙借款利率及附件協約に依る

第三条　各線の請負契約は本協約調印後直に之を協定す

第四条　政府と会社とは第一条記載の各線と会社線との連絡及運賃協定を為す

第五条　政府は打虎山より通遼に至る鉄道を通遼以北に延長せず但本線路は将来会社と運輸連絡（運賃に関する事を含む）に関し協議を為す

第六条　政府は吉林より海龍城に至る鉄道の線路を決定す但本線路は将来会社と運輸連絡（運賃に関する事を含む）に関し協議を為す

第七条　政府は開通より扶余に至る鉄道を建造せず

第八条　本協約は調印の日より其の効力を発生す

第九条　本協約は華文及日文を以て各弐通を作成し双方各其の壱通を保存す

第十条　本協約は調印後両国政府代表の間に正式調印を為す

注

（1）　手書きで以下の記載あり。「註本書は満鉄会社より張作霖に提出する担保地券領収書控なり」。
（2）　手書きで以下の記載あり。「（　）内削除張作霖楊宇霆より江藤豊に、了解取付けたり」。
（3）　手書きで以下の記載あり。「同文」。

92　満蒙鉄道問題に関する協議要領

極秘

昭和五年三月十八日午後外務大臣官邸に外務省側より幣原大臣、永井政務次官、吉田次官、織田参与官、有田亜細亜局長、谷亜細亜局第一課長、満鉄側より近く大連に帰任すべき仙石総裁、穂積参事参集満蒙鉄道問題に関し会議せる模様大体左の如し

先づ幣原大臣より総裁の帰任に先ち一応満蒙鉄道問題に付意見交換を為し根本方針樹立の一階梯と為し度き旨を述べ次いで有田局長

満蒙鉄道問題の研究に関しては予て総裁と大臣との御話合に基き大臣より御指示の次第もあり最近斎藤理事又同理事病気後は穂積参事の代席を求め種々研究を重ね居たるが今日未だ満足すべき案を得たりと言ふに非らざるも総裁帰任前一応御協議を願ひ度思考し、右協議の基礎として不取敢〔とりあえず〕従来研究の結果に依り案を作成したる次第なり

と述べ谷課長をして別紙案を朗読せしめ且自ら其の構成に付説明を加へたる後左記要旨の応酬を見たり

仙石総裁

鉄道問題は極めて難問にして従来の事は知らず最近自分、就任以後吉長、吉海連絡問題起りたる際将来の為連絡協定を結び置くを利益と認め其の旨外務省に電報したるも満鉄の趣旨徹底せず右協定も未だ決定に至り居らず元来競争が事業を阻害するや或は却て之を助長するやは一概に断言し得ず之には各国の例もあり満鉄の如き従来競争なかりし為眠り居たる感あり今日徒らに北京会議録にのみ執着するは取らざる所なり

有田局長

今日は北京会議当時と事情異るも一部論者は当時の方針を貫徹し得るものと考へ居るものあるべく政府としても明白に当時の政策を変更しては居らざる次第なり然るに一方今日の事情は当時の方針の貫徹困難を示し居り即ち右方針は変更の必要に迫られ居れりと謂ふべく而して之が変更は個々の場合にも連絡なく行ふことは好ましからず予め全局的考慮を遂げ根本方針を決定し置きて之に遵拠するを必要と思考する次第なり尚支那側競争線恐るるに足らずと謂ふも文明国に行はるる純然たる商業的競争の例を以て満洲の如き秩序整はざる地に於ける且政治的考慮を加味する競争を律することは危険なり

仙石総裁

既に支那に対する根本方針を共存共栄とする以上北京会議の了解を固執する如きは不可にして既設競争線に付ては「プール」なり「タリフ」協定なりの妥協方法あるべく徒に喧嘩腰に出でず好意的に「ギブ、アンドテイク」の精神にてやれば相当の協定可能なるべく此の際右方針にて支那側と接洽(せつごう)し見る価値あるべし尚満鉄としてやるべき事業としては滄石鉄道もあり之は目下支那側の内訌にて中止し居るが新邱炭坑開発の如きも支那側との妥協に依り満鉄の権利を活用し度考へ居れるも之が実現の為にも永続的方針にて支那側の好意を得るに努むること必要と思考し居れり

幣原大臣

本案も右支那側との融和を考慮に入れ居り大体総裁の意見と一致し居ると認む例へば三の利息軽減とか満鉄管理権縮小とかの類なり競争線も何の線が何の程度の影響を及ぼすかは明確ならず本案所掲のものに付ても尚篤と研究を要すべきが満鉄に大打撃を与ふること明かなるものには反対せざるを得ざるべし

或時期に総裁より張学良に対し大局上の見地より自分は競争線等に関する理窟を述べむとする意は毛頭なく相互に共存共栄を図る見地より打明話をするものなることを前置し支那側として満鉄を殺す目的ならば兎も角又斯る目的は到底実現不可能なるべきが然らざる限り相互に調和の方法を講ずること喫緊事なることを説示し満鉄として譲り得る所は譲る方針にて当り見ること如何

仙石総裁

先般来朝の王長春は学良の伝言なりとて従来の如く日本に楯突かむとする考は全く変更し今後は充分提携したしとの趣旨を述べ居り右学良の考の変化は露支紛争の結果なるべく又今後南京政府の態度等に依り更に変化することあるべきも孰れにしても先方が右様態度に出て端緒は開け居るに付之に乗じやり見ること不可なかるべし

幣原大臣

順序としても多数の事を一時にやるは困難に付先づ支那側に対し此の際我方として新線の建設とか新借款とか東三省当局として南京政府を憚るが如き何等新規要求を提起する如き底意を有するものに非らざることを悟らしめて逐次当面の事務的諸問題例へば利息軽減問題辺より解決を図ること適当なるべく之等が解決せば支那側も漸次満鉄の立場を了解するに至り彼我間の空気改善せらるべく即ち本案の三に「先づ出来得る限り支那側の感情融和を図り共存共栄の真義を徹底せしむるに努むることは極

めて必要にして之が為には支那側の反満鉄原因を出来得る限り除去すると同時に差支なき限り支那の鉄道政策を援助すべし」とある主義に拠らむとするものなり

仙石総裁
先づ彼我間の空気改善せば大問題例へば吉会線の完成の如きも支那側より進んで依頼し来ることとなるべし

幣原大臣
右には多少誘ひを掛くる必要あるべきも之も程度問題にて孰れにするも小問題を片付け空気を改善して大問題に取掛ること必要なり

有田局長
但此の間満鉄の死命を制する如き競争線は絶対阻止の必要あり支那側をして此の点は予め明白に了解せしめ置く要あるべし

仙石総裁
如何なる線を作るも満鉄としては従来の経験もあり財力もあり之を以て対抗せば結局鉄道の「ビジネス」として落付く所に落付くべし
即ち「マネー、プール」とか「トラフイック、プール」とかの協定に帰著すべし

谷課長
支那側は単に「ビジネス」の見地のみならず政治的考慮もあることを顧慮せざるべからず

仙石総裁
日本としては今後七十年の満鉄営業権保有期間内に鉄道に付ても鉱山に付ても支那側を教育し何等も日本側に相談する様又右権利終了に当り日本を惜む様仕向け置かざるべからず従来は日支親善と言ふも口頭のみにて何等之が為実際的方法を講じ居らず例へば支那人の満鉄株所有に付何等便宜の方法を講じ居らざるが如き其の一例なり今後は共働共栄即ち共に栄へる為に共に働くこと肝要なり

幣原大臣
要するに支那の根本方針が日本の死命を制せむとするものに非らざることを明かにしたる上小問題より片付け空気を改善して順次大問題に及ぼすことにしたし

仙石総裁
支那側が融和的態度に出て居る此の際之に乗りて見ること不可なかるべく彼をして万事我方に協議するを利益と思考する様仕向けたし

有田局長
感情融和が重要なるは勿論なるも明かにすべき所は明か

にし置き満鉄が致命的打撃を蒙るが如きことなき様せざるべからず之が為には重大競争線は具体的に之を指定して適当の機会に支那側に通じ置くこと必要と思考す

仙石総裁
絶対阻止を必要とすべき線もあらむも斯る線に付ては支那側より我方に相談し来る様平常より仕向け置かざるべからず今日にては硬くなり過ぎ先方より相談し来る如き事態となり居らず

幣原大臣
斯かる線は平常より支那側をして承知せしめ置くこと必要なり

仙石総裁
今回帰任の上は奉天に赴き学良を招待し彼より懇談し出す機会を与ふる積りなるが当方より切出す必要はなかるべし

幣原大臣
大体の方針は前述の通りとし即ち双方生命に別条なき範囲にて出来得る限り妥協に依りやりたし

仙石総裁
差当り打通線に付ては四線の連絡協定を為し吉長、海吉も連絡せしめ可然〔しかるべし〕

有田局長
大方針が絶対阻止を必要とするものは絶対阻止することに決定せば右も差支なかるべし差向き満鉄としては死活的競争線決定の為研究を請ひ度し

仙石総裁
将来の競争線に付ては研究もし支那側よりも相談ある様仕向くべし

有田局長
先方より相談せしむる如きは困難なり

仙石総裁
右は当方の仕向け方に依るものにして将来の問題は必ずしも難事に非らざるべし

93　満洲に於ける鉄道問題に関する件

極秘

一、満洲に於ける日本の鉄道計画は大正二年の満蒙五鉄道及大正七年の満蒙四鉄道以来主として満鉄の培養線を敷設せむとするにありたる処之を最近の経過に徴するに満鉄培養線計画は其の実現性極めて乏しきに反し今や満鉄本線の東西に平行せる支那側二大競争線の出現を見るに至れり、即ち一は満鉄の東部に吉海、奉海両線を連ねて京奉線に連絡する線にして他は満鉄の西部に京奉線の打虎山駅を起点とする打通線及び之と通遼鄭家屯線、鄭家屯洮南線に依り洮昂線と連結する一体の線路なり。而して右の中海吉線は更に北方に延長せらるべく、又打通線は直接洮南に連絡する計画なりやに伝へらる、加之〔しかのみならず〕支那側に於ては満鉄を度外して自国鉄道及借款鉄道相互間に連絡運輸を協定し尚車輛の統一を計らんが為京漢、京綏、津浦、京奉其他各線より抑留せる車輛を満鉄の借款線たる四洮、洮昂、吉長、吉敦の各線並自国建設鉄道に配分し、且又満鉄線に来集する貨物を自線に吸収せんが為自動車其他の計画をなしつつあり、要之〔ようするに〕支那側の計画は之等競争線に依り満鉄の両側に於ける貨物を連山湾若〔もしく〕は営口に搬出し以て満鉄の勢力範囲を其の両側僅かに四、五十哩〔マイル〕の地域に局限し、斯くて漸次満鉄を死地に導き結局満鉄回収の目的を達せむとするに在るやに想像せらる、而して右支那側企画の実現性如何は右両競争線の発展並能率、殊に右両線に連絡すべき連山湾等が大連に拮抗し得べき良港となり得べきや否やに在りと思考せらるる処、現下の状勢を以てするに右競争線が直に所期の発達を遂げ得べきや疑はしく又連山湾も仮令大呑吐港となるの素質ありとするも之が改築に要する経費の調達容易ならざるものあるべく旁〔かたがた〕(1)、我方として必ずしも直ちに悲観の要なきは勿論なるも支那側に於ては右企図に向て規則的に進出し居り、既に日本以外の外資輸入に着手し居る有様なるを以て決して軽視すべき事態に非ざることは之れを牢記するを要す

（註）　葫蘆島及其他の港湾が昭和五年より三年目（昭和七年）に五〇万屯、六年目（昭和十年）に百二十万屯、八年目（昭和十二年）に二百万屯、十年目（昭和十四年）に三百万屯、十五年目（昭和十九年）に五百万屯の貨物を呑吐するものとし且呑吐可能量増加に伴ひ之に適応すべき線路を支那側にて建設する場合、鉄道収入に及ぼす影響如何と云ふに銀安又は欧州豊作の為輸出減少収入減の場合を除き、昭和六年迄は従来通り五百万円位の増加となり、昭和十年迄漸増することとなるも六年間に千三百万円の増収にして、一ケ年僅かに二百万円宛の増加となる、若し石炭増収を考慮せざる時は六ケ年間に六百万円の増収にして一ケ年僅かに百万円宛の増加に過ぎず、然して昭和十年以後に至りては漸減し石炭増収を加算するも昭和七年の収入と同額程度に止まり、若し石炭増収を考慮せざる場合にありては昭和十年以後は昭和五年の収入に甘んぜざるべからざる

こととなる、即ち従来の鉄道収入より減額することなきも発達に伴ふ増収を期待し得ざることとなるなり。

二、満洲に於ける日支鉄道関係は従来諸種の関係上調整策を講ずるの域に達し居らざりし一方、支那側に於ては頻りに我地歩を侵すの状況なりしを以て当座の措置として、我方に於ては前記両競争線の根幹を為せる打通海吉両線の敷設に対しては明治三十八年満洲に関する日清交渉会議録所載支那側の声明違反として之が敷設に抗議し、又[2]奉海線と京奉線との連絡に付ても右は城根線に関する取極の精神に反し、満鉄の将来に影響するところ極めて大なるものとして之を阻止するの態度を持し来り、右の外満鉄の西部競争線を完成すべき通遼洮南線の実現及海吉、吉長連絡問題（本連絡に同意することは海吉線に対する抗議撤回に等しき結果を生むと同時に東部競争線を有力ならしむるものなり）に対しても亦之れを阻止するの措置を講じ来れる次第なり

論者或は「既得権は満蒙に於ける我が特殊地位の根源にして之が擁護は素より緊切なりと雖権益の擁護を徹底せしめむとせば満蒙開発は為に徹底せざる場合少なからず、従来に於ける日本の此の点に対する態度を見るに満蒙資源の開放を極力主張するに拘はらず他方我が既得権益は寸毫も譲るべからずとし満蒙開発に資する事柄と雖も苟〔いやしく〕も我権益の保持増進を害すべきものは一切之を阻止するの挙に出でたる事例一二にして足らず打通線、吉海線に対する我が抗議は其の好適例なり、支那側の措置が条約違反たるは言ふ迄もなしと雖他方打通、吉海両線が満蒙の開発に寄与する所多きは疑を容れず加之両線が満鉄の利益を害すること少なからざるは事実なるも満鉄には二十余年来の経験と優秀なる陸上港湾の設備と確乎たる財的基礎とを有する外、地理的優越地位に立てるを以て二三支那側競争線の出現に依りて甚だしき脅威を感ずるが如きこと無く仮令競争線出現に依りて収入上に多少の欠陥を生ずることありとするも此の欠陥は他に之を補充するの途なしとせず、然るに支那側が打通、吉海の両線を敷設せんとすれば日本は直ちに之が圧潰しを試み我方の独占的地位擁護を策したるは余りに権益擁護に急にして列国共通の利益たるべき満蒙開発を阻害する行動なりと譏〔そし〕らるるも弁解の辞なかる可し、又日本は屢々満蒙に於ける機会均等主義の確守を内外に声明したるに拘はらず北京会議録の所謂満鉄競争線禁止条項を援用して一途に満鉄の独占的利益を擁護するは自家撞着の嫌あり」となし此際凡〔あら〕ゆる反満鉄原因殊に併行線に関する日本の

抗議を撤回して支那の感情融和を図るを要すと主張す

而して之等の論者は支那の感情融和によりて何物を期待するかと云へば(イ)満鉄の営業に及ぼす悪影響を緩和すること(ロ)満鉄関係の借款関係を整理すること(ハ)支那鉄道との連絡関係を密にすること等なりと答ふるを常とす

然れ共支那側が満鉄を包囲する鉄道を建設するの真意は満鉄の回収を容易にし若し回収出来ざる場合にも事実上回収したるに等しき効果を収め以て彼の廿一ケ条問題中の一難問を解決せむとする政治上の目的に出で居ることは想像に難からざるを以て競争線の敷設につき支那側の為すが儘に放任するの雅量無き限り其の感情融和は殆んど望無かるべし尤も支那線との連絡さへ満鉄に都合よく取り決め得れば必ずしも線路の敷設に反対するの要無き次第なるも之れとて支那側の目的が政治上の理由に在る以上満鉄に好都合なる連絡協定の設定の如き思ひもよらず此の事たる現在に於てすら既に或る程度迄は事実の証明するところなり或は打通線に対する抗議を撤回すれば満鉄と四洮、洮昂及斉克との四線連絡協定を為さしめ得べく又海吉に対する抗議を撤回すれば吉長、海吉連絡協定を為さしめ得る望無きにあらざるべしと雖も支那側従来のやり口を見るに一度我方をして競争線の敷設を認容せしめ若は抗議を撤回せしめたる上は数月若は一両年ならずして連絡協定を破棄するが如きこと無しと断言し得るや否や頗る疑有り即ち論者が感情融和によりて得んとするところのものは感情融和の為めに之れを捨てざるべからざるところなり支那の感情を良くすることは日本の一般対支政策よりするも又満鉄の経営上よりするも根本義たるには相違無きも畢竟〔ひっきょう〕一の手段たるに過ぎず故に手段に重きを置くに過ぎて目的を没却するが如きは慎まざるべからず満洲に於ける支那の鉄道敷設は政治上の目的に出で居ること上述の如くなれば支那の感情に余りに重きを置かば満鉄は全然撤退の外無きこととなるなり

三、然れども単なる抗議政策は何等積極的に事態の展開を齎らす所以にあらざるのみならず支那側の態度を矯正する上に於ても其の効果薄弱なること従来の経験の示す所なるが故に満洲鉄道に対する日本の方針、態度は支那国権回復の風潮に顧み又従来我が対満政策乃至満鉄の活動に対する支那側の誤解反感をも緩和するの趣旨に於て此際或程度の建て直しを必要とすべし

先づ出来得る限り支那側の感情融和を図り共存共栄の真議を徹底せしむるに努むることは極めて必要にして之れが為めには支那側の反満鉄原因を出来得る限り除去する

と同時に差支無き限り支那の鉄道政策を援助すべし即ち満鉄と支那側との間に久しく懸案となり居る問題の中例へば(イ)借款利息軽減問題、(ロ)借款契約訂立問題及借款元金算定問題、(ハ)満鉄の管理権縮少問題、(ニ)吉長線委任経営改廃問題等に対しては概ね左記の方針によりて之れを処理するが如きは其の一なり

(イ)借款利息問題処理策

既設借款鉄道敷設は一は満鉄培養線たること、二は満蒙開発援助、三は投資利潤収得の趣旨に出でたるものなり、而して培養線としては大体目的を達し殊に四洮、吉長の二線の如きは何れも満鉄に対し年々数百万円の利益を供与し居るを以て満鉄としては必ずしも金利減を考慮し得ざるものにあらず、次に第二の目的たる満蒙開発に対する援助の方面も大体目的に副ふことを得たりと認む、然るに第三の目的たる投資利潤の収得に至りては吉長線以外は当初の計算通りに行かず、殊に四洮、吉敦、洮昂三線の如きは利払すらも近き将来に期待し得ざる現状にあり而かも支那側は金利高を以て排日の一材料と為し居るが如き状況なるを以て第一第二の目的の大体達せられたる今日利率の軽減を承諾すること大局より見て得策と思考す

(ロ)借款契約訂立及請負金額算定問題

未だ借款契約を訂立せざる洮昂、吉敦二線は金利を低減すれば請負金額の算定も自然容易となり契約調印に導き得べしと考へらるるも若し必要なれば或程度迄は先方の計算をも考慮しやり此際是非借款契約を訂立することに努力すべし

(ハ)満鉄の監理権縮少問題

此の問題中現に話頭に上りたるものは四洮鉄道三主任を会計主任のみとする問題なるが若し「タリフ」の制定運輸規則の制定を会計主任の手に収め得れば先方の要求を容るるも差支なかるべし

（現局長は此の問題を別に主張したることなきを以て差当り現状を維持し得べしとのことなり）

(ニ)吉長委任経営改廃問題

吉長線は純然たる委任経営にあらずして局長監督の下に満鉄代表が運輸、工務及会計を主宰する組織なり従つて局長にして社代表の経営を掣肘せむとせば如何様にも為し得る筈なるに現下大なる故障なしに経営の実を挙げ居るは代表其の人を得居るが為めなり万一代表と局長との間に感情の衝突等の事故あらば委任経営の実は到底挙ぐるを得ざる関係に在り如此次第なるを以て若し支那側に

強硬委任経営廃止の主張あらば運輸、会計の二主任を日本人とし先方の希望に応ずるより外なかるべし

四、次に借款鉄道及請負鉄道の敷設につきては此際焦慮すること無きを要す従つて満鉄と支那政府との間に具体的商議を見たる敦化会寧間長春大賚間（以上二線は正式請負契約あり）延吉海林間吉林五常間洮南索倫間（以上三線は未だ正式請負契約成立し居らず）の五線につきては差当り左記の方針に依り措置すること然るべし

(イ)未だ正式請負契約の成立せざる三線は全然支那の自弁敷設に委せ先方の希望あらば満鉄は材料供給其の他の方法に依る援助を考慮すること

(ロ)長大線は正式請負契約成立したるも支那側をして急速契約を履行せしめむとするも現状に於ては望み少きを以て我方は権利を留保し置き他方有力なる支那人を援助して支那自弁鉄道を敷設せしむるに力むること

(ハ)敦化会寧線は最も多く支那側の神経を刺戟するものにして急速実現は困難なるのみならず交渉の時機方法に付て最も慎重に考慮すべきは言を待たざるも政府は満鉄と共に絶えず実現の時機方法を考究し好機至らば先づ敦化老頭溝間線のみの敷設に努力し老頭溝国境間は止むをえざれば当分権利を留保するに止むること

五、最後に競争線の問題は最も困難なること曩〔さき〕にも述べたるが如く従て単に支那側の感情を良くすると云ふ理由のみにて無雑作に片付け得ざるは言ふ迄も無し

今支那側の計画鉄道を見るに交通部及各省其他に於て計画せられたる満蒙鉄道は三大幹線及枝線計七十五線延長一一、一八〇哩の多きに達す最〔ママ〕も右計画線中には地形其の他の関係より建設不可能のものもあり又重複し建設の必要なきものもあり又鉄道として全く建設するの価値なきものもあり又単に噂に止まるものもあり全部が実現せらるるものとは首肯し難きも既に支那自国資金を以て建設せられたる鉄道は十一線延長約一、〇〇〇哩に及び今後葫蘆島築港其他港湾の完成に伴ひ之に順応すべき線路は漸次建設せらるべく思考せらる而して右の内鄭家屯長春間、鄭家屯彰武間、洮南哈爾賓間、通遼洮南間、太平川扶余間、開通扶余間の諸鉄道の如きは支那側にして若し之を建設せむか満鉄に取りては殆んど致命的の影響あること専門家の確言するところなるを以て支那側にして之れが建設に着手するが如き場合には打通、海吉の場合等とは異り之れが建設を黙視し得べきにあらざるは勿論之れが建設を阻止するにつき凡ゆる手段を執らざるを得ざるべきも其他の各線につきては寧ろ支那側の建設に援

助を与へ差支無かるべく又従来問題となり居れる打通及海吉につきては永続性有る連絡協定の締結を条件として之れが抗議を撤回して可なるべし
事態右の如くなるを以て適当なる機会に於て支那側に対し日本の態度方針を説明し譲るべからざる範囲は予め之れを明確にし共存共栄の主旨を徹底せしめ置くこと大局上有益にして又此際としては是非必要の措置なりとす即ち支那側に対しては例へば「日本は明治三十八年の北京会議録を盾に満鉄の満洲独占とも見らるるが如き主張を為さむとするものにあらず日本は飽迄（あくまで）も支那と共存共栄の方針にて進む覚悟なるが故に打通線の如きに対しても例へば洮昂、四洮、斉昂と満鉄との間に永続性ある連絡協定さへ出来れば必ずしも反対せず又海吉線に対しても海吉奉海と満鉄との間に永続性有る連絡協定出来るに於ては必ずしも抗議を持続せざるべく満鉄の重大なる利益を害せざる限りは寧ろ支那側の鉄道敷設計画に対し出来得るだけ諸般の協力を惜むものにあらず然れども満鉄に挑戦し満鉄の重大なる利益を害せむとする如き鉄道計画に対しては明治三十八年の北京会議録支那全権声明の次第もあり日本としては絶対に反対せざるを得ず例へば鄭長線鄭彰線打通洮線等の如きは支那側に於て若し之れを建設せむとするも日本としては満鉄に及ぼす極めて重大なる影響に鑑み如何にしても之れを容認するを得ず日本は三十八年の北京会議録の支那全権声明は此の程度に於ては飽迄之れを主張するものなり」との主意を前以て明瞭に指示し支那側に於て之れを無視して建設する場合日支関係の悪化につきて充分注意を喚起し置くこと必要なり
要之競争線の問題につきては
㈠満鉄に重大なる利害関係ある諸線（上記）の敷設を防止し
㈡現在問題の打通海吉両線に対しては永続性ある連絡協定の締結に依り抗議を撤回し
㈢三十八年の北京会議録は将来適用の場合を縮少緩和するも右会議録所載の権利に対する主張は決して之れを放棄すること無く将来も必要に応じ随時之れを援用することとすべし
外国官民は従来日本の満洲に於ける競争線問題に対し誤解を有し満洲全部を満鉄が独占せむとするものの如く考へ居るが故に本問題に対する方針にして決定せば其の真髄は之れを中外に説明して誤解無きを期する要の有るべし

満蒙に於ける支那側計画予定鉄道

	線名	区間	距離
幹線　一	連黒鉄道	連山湾—新邱—黒河	八八四
〃　二	連綏〃	連山湾—奉天—海林—三姓—綏遠	一〇六三
〃　三	京開〃	開魯—熱河—北京	五二八
枝線　一	瓦復線	瓦房店—復州	三五
二	城安線	城子疃—安東	一二〇
三	蓋岫線	蓋平—岫巌	七〇
四	営蓋線	営口—蓋平	二一
五	臨安線	臨江—輯安—安東	一六〇
六	営城線	営盤—城廠	四七
七	新城線	新邱—遼陽—城廠	二〇六
八	連赤線	赤峰—朝陽—連山湾	二〇四
九	赤林線	赤峰—林西	一五〇
一〇	開林線	開魯—林西	一七四
一一	開通線	開魯—通遼	五四
一二	打通線	打虎山—通遼	一五六
一三	奉鄭線	奉天—法庫門—鄭家屯	一二五
一四	開通線	開原—通江口	一一八
一五	営臨線	営盤—臨口	一七四
一六	海興線	海龍城—興京	一二〇
一七	臨長線	臨江—長白	八〇
一八	朝輝線	朝陽鎮—輝南	二五
一九	海西線	海龍—西安	六〇
二〇	盤濠線	盤石—樺甸—濠江	六〇
二一	西四線	西安—四平街	五四
二二	四梨線	四平街—梨樹	二〇
二三	三双線	三江口—双山	二五
二四	公伊線	公主嶺—伊通	三五
二五	公懐線	公主嶺—懐徳	三六
二六	鄭長線	鄭家屯—長春	一一二
二七	公長線	公主嶺—長嶺	一一二
二八	長煙線	長春—煙筒山	一二〇
二九	徳窯線	徳恵—窯門	一五
三〇	吉五線	吉林—楡樹—五常	一〇三
三一	額敦線	額穆—敦化	五〇
三二	敦会線	敦化—会寧	一一六
三三	寧額線	寧古塔—額穆	一〇〇
三四	琿密線	琿春—密江	三〇
三五	琿図線	琿春—図們江江岸	三〇
三六	琿ポ線	琿春—ポンエット	五〇
三七	穆東線	穆陵—東寧	八〇
三八	綏東線	綏芬河—東寧	六〇
三九	寧虎線	寧古塔—虎林	二二〇
四〇	梨依線	梨樹溝—依蘭	一五三
四一	密富線	密山—富錦	一六四
四二	吉三線	吉林—五常—同賓—三姓	二三〇
四三	五呼線	五常—呼蘭	一一〇
四四	石楡線	石頭城子—楡樹	四〇
四五	扶石線	扶余—石頭城子	六五
四六	長大線	長春—大賚	一二四
四七	太扶線	太平川—扶余	一〇〇
四八	開扶線	開通—扶余	九三
四九	洮浜線	洮南—哈爾浜	二三一
五〇	肇満線	肇東—満溝	二二
五一	安扶線	安達—扶余	一一五
五二	大湯線	大賚—肇州—呼蘭—通河—湯原	三八〇

五三	興鉄線	興隆鎮—慶城—鉄驪	六〇
五四	拝綏線	拝泉—海倫—鶴立崗—綏東	三二〇
五五	奇綏線	奇克特—綏東	三三〇
五六	望綏線	望奎—綏化	二五
五七	海綏線	海倫—綏化	七四
五八	安拝線	安達—拝泉	一〇八
五九	斉拝線	斉斉哈爾—拝泉	一三〇
六〇	斉索線	斉斉哈爾—景星—索倫	一七〇
六一	斉克線	斉斉哈爾—克山	一三〇
六二	通克線	通北—克山	三一
六三	嫩海線	嫩江—海倫	一七〇
六四	通奇線	通北—奇克特	一四三
六五	嫩博線	嫩江—博克特	一七〇
六六	瑷奇線	瑷琿—奇克特	六〇
六七	黒呼線	黒河—呼瑪	一三〇
六八	呼漠線	呼瑪—漠河	二五〇
六九	室漠線	室葦—漠河	三〇〇
七〇	札室線	札賚諾爾—室葦	三二〇
七一	洮満線	洮南—索倫—満洲里	四七〇
七二	海ハ線	海拉爾—ハンダカイ	一六〇
計			一一二八〇哩

満蒙に於ける日本側計画鉄道

	線名	区間	距離
一	瓦復線	瓦房店—復州	三五
二	城安線	城子疃—安東	一二〇
三	蓋岫線	蓋平—岫巌	七〇
四	臨安線	臨江—通化—安東	二三九
五	城桓線	城廠—桓仁	八〇
六	通輯線	通化—輯安	六三
七	臨長線	臨江—長白	八〇
八	臨撫線	臨江—撫松	五〇
九	通海線	通化—海龍	九五
一〇	新邱線	新邱—新占子	一〇〇
一一	開西線	開原—西安	八四
一二	通林線	通遼—林西	二二二
一三	大東線	大罕—魯北—東烏珠穆沁	二四〇
一四	洮突線	洮南—突泉	七三
一五	洮索線	洮安—索倫	一三〇
一六	索満線	索倫—満洲里	三〇五
一七	室葦線	ハンダカイ—海拉爾—室葦	三七〇
一八	長大線	長春—大賚	一三二
一九	大泰線	大賚—泰来	一〇〇
二〇	扶安線	扶余—安達	一〇五
二一	吉五線	吉林—五常	一〇五
二二	敦五線	敦化—五常	一五〇
二三	五哈線	五常—哈爾賓	一二五
二四	五依線	五常—依蘭	二〇〇
二五	敦図線	敦化—図們江江岸	一二一
二六	延海線	延吉—海林	一六二
二七	海依線	海林—依蘭	一六〇
二八	海虎線	海林—虎林	三一〇
二九	依綏線	依蘭—綏遠	三四〇
三〇	安克線	安達—克山	一〇八
三一	海嫩線	海倫—嫩江	一六九
三二	斉嫩線	斉斉哈爾—嫩江	一四九
三三	嫩黒線	嫩江—黒河	一七五

三四	黒呼線	黒河―呼瑪	一一〇
		計　五、〇七七	

絶対阻止すべき支那計画鉄道左の如し

26　鄭長線　鄭家屯　―　長春

鄭彰線　鄭家屯　―　彰武

鄭彰線は支那側計画になきも鄭長線実現せば必ず建設せらるべきものなり本鉄道は満鉄線に搬出せらるべき社外線貨物を葫蘆島に吸収するに有利なる最短経路となるを以て之れが建設は絶対に阻止を要するものなり

通洮線　通　遼　―　洮　南

本線は支那側計画になきも葫蘆島築港修築に伴ひ実現せらるべく予想せらるる鉄道にて四洮鉄道の価値を全く滅失するを以て絶対に阻止を要す

49　洮浜線　洮　南　―　哈爾浜

47　太扶線　太平川　―　扶　余

48　開扶線　開　通　―　扶　余

13　奉鄭線　奉　天　―　法庫門　―　鄭家屯

45　扶石線　扶　余　―　石頭城子

注

（1）手書きで欄外に以下の記載あり。「此の点研究を要す」。

（2）手書きで欄外に以下の記載あり。「奉海線敷設を認む大正一三、九、三奉天総領事発支那側への公文」。

94　一、洮昂鉄道、二、運輸関係、三、並行線問題

一、洮昂鉄道

一、契約成立当時の経緯

洮昂鉄道布設問題は大正十年七月早川社長来任と同時に交渉を開始したるものなるが機熟せず、其後第一次奉直線の後を受けて奉天側は保境安民を標榜して独立を宣言するに及び、当時の交渉主務者たる松岡理事は中央政府の代表者たる交通総長に交渉すると同時に、奉天側の首脳者たる張作霖の了解を得る必要を認め両面に亘り交渉を進め種々曲折を経たる結果（奉天側の独立、四国借款団との関係等主要なるものなり）結局、張作霖を相手として契約を締結することとし十二年秋に至り具体的契約締結交渉を開始し種々折衝の結果、十三年五月末彼我の間に完全なる合意を見るに至れり、然るに当時種々の事情の為め十三年六月十八日停止条件付契約調印せられ、其後大正十三年九月三日に至り正式に調印をなし翌十四

年八月二十八日交通部の承認を得たるものなり。

二、借款契約不成立の経緯

請負金額の確定に就ては計画外工事其他の関係より折衝を重ねたるも、彼我の意見一致せず、何等の決定を見るに至らざりしが、昭和二年十二月十九日松岡副社長と于長洮昂局長との間に洮昂鉄路建設工事費は建造請負契約に依り其の総額を一、一九二万円とす（註、内会社取扱決算額一、〇七四万八千円局取扱決算額一一七万二千円）との覚書を交換、右趣旨に依り会社取扱決算額の内容を局に通知せり。局は右決算書の中純工事費を減額し承認したるも、会社諸掛費は内容に不審の点ありとて承認するに至らず。会社は内容につき詳細説明する所ありたるも了解するに至らず。未承認の儘今日に及べるものにして借款契約を締結し得ざる次第なり。

本問題につきては専門委員会に於て事理を明白にし円満解決を望む

三、借款利率に就て

関連事項と同様

四、借款契約締結日に就て

洮昂鉄道は大正十四年五月二十八日起工、大正十五年七月四日全線軌道敷設完了、同年七月十五日より全線の仮営業を開始せり、同年九月中旬水害のため一時五廟子以北の運転を休止せしが十二月十四日応急復旧成り全線の運転をなすに至れり

会社は大正十五年十二月一日水害区間を除きたる区間の線路建物其他工事及運転事務を局に引渡し、昭和二年七月三十一日水害区間及未竣工の建物を局に引渡せり

借款期日に関しては前記の如く大正十五年十二月一日引渡を了し（二年七月三十一日引渡の分は水害復旧工事及其他残工事なり）同月十四日全線開通せるを以て会社は昭和二年一月一日を以て借款期日となすことを主張せしも于局長は昭和二年七月一日を借款期日としたしと主張し結局会社は譲歩し昭和二年七月一日を以て全線引渡日即ち借款期日とせるものなり

五、本鉄道建設当時の収支予想

開通初年度に於ては旅客輸送人員二三二六、〇〇〇人、貨物三三六、〇〇〇瓲（ママ）、収入二五七万円、支出金利共二七九万円、差引二二万円の不足となり旅客貨物二割増加の場合は七万四千円の純益を得るものと予想せるものなり

然るに開通後に於て統計に完全なるものなく之を綜合せる開通三年度、即ち十八年度の統計に依れば旅客四四四、〇〇〇人、収入八七七、〇〇〇元、貨物五七四、〇〇〇屯、

収入一二〇万三千元及雑収入を加算合計収入二一五万元、支出は総額二八七万元(石炭代を加算)にして差引七二万元の不足を示せり

斯く輸送人員及屯数に比し収入尠きは長距離輸送旅貨尠きと軍人及軍用品並局用品を輸送せる為なると、加ふるに営業支出多大の為予想収益に反せる結果を招来せるものにて、北満貨物の吸収に意を注ぐと同時に営業支出の節約を考慮し尚銀貨の暴落対策につき考慮せられんことを望む

六、建造工事費の内容及経緯

建造工事費は大正十三年九月三日松岡理事と王永江氏との間に総額を一、二九二万円となすことに決定請負契約締結せられたるものなるが、契約第一条に建造其他一切を会社に請負はすと規定しあるも、第二条に土地材料の購買は局長任意に之を購入すと規定せる関係上実質請負の形式に依りたるものなり。然るに水害復旧費計画外建物費其他土工費煉瓦代木材代等の費用嵩み請負総額内にして支弁し難きを以て折衝を重ねたるも纏らざりしが、昭和二年十二月十九日于局長と松岡副社長との間に洮昂鉄路建設工事費は建造請負契約に依り其の総額を一、二九二万円となすことの覚書を交換し総務費一一三万円、用地費七八万円、機械場費二六万二千円計二一七万二千円は局にて決算を取扱ひ残額一、〇七四万八千円は会社にて決算をなすこととなり会社は土工費其他につき約九〇万円の大譲歩を為せるものなり。会社は局長の希望に依り覚書の金額に二〇万五千円を加へ決算額とし提出したるに局は会社取扱決算純工事費より一〇五、一九九円九四九を減じ八、七七一、八三八円五二一として承認せるも、会社諸掛費は不審の点ありとして承認せず。会社は覚書金額通りに修正会社諸掛費を一、九七六、一六一円四七九に減額説明せしも理解せず今日に及ぶ

今日迄協定工事費として支出せる金額は一二、五一一、〇六六円八四銭にして四〇八、九三三円一六八は未支出なり

七、会社経費の内容

会社経費一九七万六千余円は工事期間中の会社が支出したる金額に対する金利及手数料並に工事監督費其他に要したる金額にして松岡理事と王永江氏との間に於て請負金額決定当時取極められたる弐ケ年間の金利及手数料に比し二ケ年六ケ月の利子を加算せるに不拘(かかわらず)少額なる金額を計上せるものなると且工事監督費其他は総務費にて支弁する予定なりしも年総務費は全部局にて使用せる為

め已むを得ず本経費に加算したるものにして会社取扱工事費中より支弁すべき性質のものなり

之が内容に就ては専門委員より詳細聴取ありたし

洮昂鉄道

八、王永江渡の二百万円に就て

大正十四年四月廿四日奉天に於て洮昂契約協議の際、王永江省長より松岡理事に対し、東三省金融立直の為洮昂工事費より一時金弐百万円貸与方申出あり、洮昂工事費よりは右金額を捻出すべき余裕なき事明なりしを以て政策上工事竣功前返還せしむべき条件のもとに年利九分の利息付にて同年四月廿九日盧局長宛弐百万円を貸与せるものにして会社は工事費中に加算し借款金額を決定せんとするものなり(1)

九、未交付額四十余万円に就て

未交付額四〇九、一八〇円〇六銭は局取扱決算額の中用地費機械場費の残額にして覚書金額通請負金額確定の上追加工事として工事の種類設計等を明示要求せらるるに於ては委託工事の形式に依り支出し異存なきものなり

一〇、洮昂鉄路引渡経緯

本鉄道は起工に先ち露国の妨害あり材料の輸送計画に支障を来せしも大正十四年五月二十八日起工後順調に進捗し完成区間より左記の通り順次仮営業を開始せり

洮南 — 白城子		大正十四年十月十日
白城子 — 鎮東		大正十四年一一月一日
鎮東 — 東屏		十四年十二月二十日
東屏 — 泰来		十四年十二月二十二日
泰来 — 五廟子		十五年一月二十日
五廟子 — 嫩江		十五年二月五日
嫩江 — 昂々渓		十五年七月十五日

会社は引渡準備中大正十五年九月中旬水害の為五廟子以北の運転休止するの已むなきに至りたる為右区間を除き大正十五年十二月一日線路建物其の他工事並運転事務を局に引渡せり

其の後水害応急工事完成せしを以て大正十五年十二月十四日全線の運転を開始し水害区間及未竣工建物は昭和二年七月三十一日局に引渡を了せり

一一、起工当時の経緯

洮昂線請負契約は大正十三年九月三日締結せられたるものなるも第二奉直戦争、鉄道巡警隊の派遣遅延等の為め測量及工事着手遅延したるが大正十四年二月洮昂鉄路工程局設置せられ十四年三月一日四洮局長盧景貴氏洮昂局長兼任となり工程局を十四年三月十七日四洮局内に移し

同年三月十八日より測量を開始し同四月二十一日鉄道部長と局長との間に工事施行方針を協定し同五月二十八日起工せるものなり

一二、工事建設状態

工事は左記により施行せり

一、測量

測量は作業の進捗を測る為二組を編成し洮南及泰来を起点として実施し大正十四年三月十八日着手大正十四年六月二十日終了せり

二、用地

用地の最小巾は線路中心より左右二〇米としその他は地勢に応じ土取土捨に必要なる幅員を取り停車場用地は営業上必要なる地積を購入せり

用地総面積　三三、七九一、九一四平方米

三、各種工事　第八工区に分ち施行せり

A、土工　土工数量　二、八四九、七一〇立方米

B、橋江　橋梁は木造としグーバー氏E四〇の荷重に耐ゆるものとして施行せり、橋梁総数五二ケ所、総延長一、二二二米

C、軌道　軌道敷設は軌道敷設機を使用し最大能力一日三粁〔キロメートル〕　平均二粁二〇〇を以て進捗し大正十五年七月四日全線の敷設を終了

（軌条は契約添付の計画書に新品と記載あるも実際は再用品を使用すること王省長同意せるものなり）

一三、工事計画概要

本鉄道は左記に依り施工せり

一、線路は単線標準軌間（四呎〔フィート〕八吋〔インチ〕半）とし工事竣工期限は起工後約二ケ年に完成すること

一、線路の諸施設は簡易構造とし四洮鉄路鄭白及鄭洮線の程度に建造すること

一、線路用地は単線線路に必要なる幅員の外土取土捨に必要なる幅員を有し停車場用地は営業上必要なる施設に要する地積を有すること

一、土工は四洮鉄路土工定規に準拠し尚地盤軟弱湿潤箇所の切取築堤は特に路面幅法勾配、側溝の設計を考慮施工すること

一、橋梁は木造とし「クーパー」〔ママ〕氏E40の荷重に耐ゆるものを建造すること

一、軌道は一碼〔ヤード〕の重量八十磅〔ポンド〕程度の軌条を使用し信号機転轍器轍叉等其の施設方式は凡て満鉄定規によること

一、車站及房屋は最小限度の設備とし貨物集散及乗降客

の多寡により等級を定め必要の設備をなすこと

一、其他の工事は営業に差支なき程度に施工すること（軌条は契約附属建造計画書に新品と記載あるも実際は再用品を使用することに設計見積をなせるものにして再用品使用につきては王省長同意せるものなり）

洮昂鉄道（日本側）

一、洮昂顧問の権限履行に就て

顧問権限に関しては洮昂請負契約附属往復文書を以て「右顧問は本鉄道に関する一切の収支を代管し且本鉄道に関する支出に付一切の書類に局長と連署することとす」との明文あれ共、顧問派遣以来右権限を実行せしめざるは如何の理由によるや拝承したし

二、会社経費を承認せざる理由

昭和二年十二月十九日于局長と松岡副社長との覚書により洮昂線工事費総額は一二九二万円となし内一、〇七四万八千円は会社にて決算書を作成提出することとなり会社は決算書を局に提出したる処純工事費八七七万円余は承認を得たるも会社経費一、九七六、一六一円四八はその内容判明せざるとて承認せず今日に及べるものなり前記の協定額は種々折衝の結果取極られたるものにして更に内容につき説明を要求せらるべきものにあらざるものと思考するも会社は特に経費の内容を説明したるにも不拘之を承認せられず為めに工事費確定し得ざるは甚だ遺憾とする所なり右に関する局の意向詳細拝承致し度し

三、嫩江橋梁改築資金に就て

嫩江便大橋は建設後既に五ケ年を経過し改築の必要上貴局に於て改築工事費総額二九〇万元を以て改築することとなり本年一〇〇万元の予算を計上せられたる由なるが之が資金は如何なる方法に依り支出せらるる御考へなるや為念承り置き度し

四、経営方針

石炭代を除き収支同額となり何等利する所なき状態にあるが今後如何なる方針にて経営せらるゝ御考へなるや拝承したし尚収支の関係詳細御説明願ふ

五、洮昂残材及石炭借款契約処理に就て

洮昂残材石炭借款は昭和三年六月借款額八二八、七七〇円償還期限三ケ年とし契約を締結したるものなるが利息並に其後供給せる炭代を加算せば期限満了日たる本年六月三十日に於て元利合計弐百万余円となる

洮昂鉄道は開通以来既に約五ケ年を経過し居り経営改善並北満貨物南下策等につき若干の意を用ふれば石炭代位

は支出し得る可能性ありと思考せらるるを以て石炭代金借款は期限満了と同時に一応打切ることとし今後の需要炭に対しては現金引換に送炭することとしたきが貴方は本問題に対し如何に処理せらるる御意向なるや伺ひたし

六、洮昂請負契約附属文書に依る連絡及運賃協定に就て

洮昂請負契約附属往復文書に「右鉄道は弊社鉄道の運輸と連絡関係有之候に就ては右鉄道の運賃は将来弊社と協定すること」との取極あり民国十五年三月四洮洮昂満鉄間に連絡協定を締結すべく連運会議を開催したるも貴局より意外なる要求を固執せられたる為会議決裂するの已むなきに至り其後会議再開の機運の徴ありしも具体化するに至らず今日に及ぶを遺憾とす連運協定及運賃協定は鉄道相互間の発達及交通の利便上重要なる事項と考慮せられ協定の成立を希望するが貴方は如何なる御考へなるや拝承したし

二、運輸関係

一、連運及運賃協定の必要

一地方に現存する幾多の鉄道をして連絡関係を密接にし無益なる競争を避け平等の立場に於て各鉄道相互の利益を増進し以て円満なる発達をなさしめ且荷主及旅客に便宜を供与し交通の進歩発展を図り以て交通機関の利便を完全に発揮せしむる必要上互譲の精神に依り合理的なる運輸の連絡及衡平なる運賃の協定を為すの必要を認むるものなり

二、如何なる鉄道と連運を必要とするや

一、社と四洮、洮昂、斉克、洮索其他将来建設さるる延長線

一、社と吉長、吉敦其他将来建設さるる延長線

一、社と瀋海、吉海線

一、社と瀋海、吉海、吉長、吉敦其他将来建設さるる延長線

一、社と北寧線

一、社と四洮、北寧其他将来建設さるる延長線

三、如何なる競争を支那鉄道がなせるか

競争とは単に積極的作為によるもののみならず経済界の変動に依り鉄道相互が対抗的立場になりたる場合をも含むものにして、銀価の低落は常軌を乱し順路却て逆路となるの不自然なる状態を招来せるを以て、之に対応すべく割戻方法を講じたるに、之に対抗せんが為め、更に運賃を低下せるは競争の挙に出でたることを立証するものなり

四、金貨昂騰せるに満鉄は運賃を低減せられざるか

満鉄の運賃は金貨本位にして特種の場合を除くの外は常に規定賃率に依り取扱をなし、銀価の変動あるも運賃率を更改せざるものなり

曽て銀価が金価の二倍以上となりたる際に於ても、銀貨より見れば驚くべき低廉なる運賃にして輸送をなせることとなり、今次の如き銀価が金価の半額以下となりたる場合に於ても、銀貨より見れば驚くべき高価なる運賃にて輸送をなしつつあるが、満鉄現在の金貨運賃は金貨を採用せる値の鉄道の運賃に比し決して高率に非らざるなり

三、並行線問題

一、打通吉海両線建設に対する抗議の理由

打通吉海の両線は満鉄線に近接し満鉄の利益に有害なる鉄道なるを以て左記に依り抗議をなせるものなり

吉海線抗議の要点

㈠吉林海龍城間鉄道に就ては大正七年満蒙四鉄道借款に関する中日交換公文に依り明かに日本側に於て借款敷設権を有し且之れが為前貸金をも交付せり

㈡右敷設権は未だ曽て放棄せることなし

㈢明治三十八年北京会議中南満鉄道並行線を敷設せざるべしとの中日両国間の諒解に違反すること

㈣満蒙開発上鉄道敷設の益々多からんことを希望すと雖も条約協定を無視するを看過することを得ず

㈤中日の約定を無視して飽迄本線の敷設を強行せば協定違反の一切の責任は当然貴方の負はるべきものと承知相成たし

打通線抗議の要点

㈠本計画線建設せらるるに於ては自然四洮及洮昂線に連絡し満鉄本線に対し明かに競争並行線を形成し而かも其距離僅に七〇哩に過ぎざることとなり

㈡明治三十八年日清満洲善後条約議定当時南満洲鉄道附近に之と平行する幹線又は該鉄道の利益を害すべき支線を敷設せざる旨、貴国政府の声明あり本計画は右声明に違反す

㈢四洮洮昂線は満鉄の資本及技術に依り建設せられたるものにして之に依り直ちに満鉄本線との並行線をなすべき鉄道新線敷設を計画せられるが如きことあるべきは、帝国政府の全く予期せざる所なり

㈣京奉線朝陽支線敷設の砌英国政府は特に帝国政府の了解を求めたる既往の事例あり、更に之れより一層近距

離なる本計画線敷設事実とせば帝国政府の黙視するを得ざる所なり

二、打通吉海両線に対する会社の処理方針

打通吉海両路建設抗議は「中日の約定を無視し無断強行せられたるのみならず両路は満鉄の利益に有害なる鉄道なるを以て」発せられたるものなり。然れども昭和二年十月十五日故張作霖氏と山本社長との協約を尊重せられ、昭和三年五月十五日締結せられたる建造請負契約に依る新線の実現を見るに於ては当然撤回せらるべきものなることは既に御承知の通りなるが、該新線は貴方の都合に依り未だ実現を見るに至らざる今日打通吉海両鉄道は自国資本を以て満蒙開発の為建設せられたる以上之が経営を有利に導くべく苦慮せらるゝは勿論なるが若し貴方に於て無益なる競争を避止し、中日両鉄道が成立つべき合理的なる方法につき提案誠意を以て協商せらるゝに於ては、弊社に於ても互譲の精神に依り商議に応ずべく、幸に協調成り衡平にして合理的なる協定成立を見るに於ては抗議撤回の期を早からしむべきものと思考す

三、競争線とは如何なる鉄道を指称するや

既成鉄道に対し有害なる鉄道を指称するものにして現在鉄道にありては打通線、吉海線を指す

競争線とは幾何学的並行線を意味するものに非らず。従て離隔距離に依り左右せらるるものに非ず。経済的事情に依り其の範囲必しも一定せざるものなり。要は既成鉄道の利益に影響を及ぼす程度に依り競争線の可否を指称せらるるものなり

四、並行線禁止に関する条約上の根拠

並行線禁止に関しては明治三十八年満洲善後条約締結北京会議当時取極られたるものにして、我が外務省が屢次(るじ)抗議を発せるに徴するも明かなり、従て条約の存否、効力の有無等を茲に論ずる必要なしと思考す

五、並行線の制限距離

新線と既成線との離隔距離につきては国内法又は国際法に於て取極めなきも、両鉄道が各自の勢力圏内より来集する貨客に依り自営し得る距離を保持すること必要なり。然して勢力圏の範囲は地理的及経済的関係並新線建設の目的に依り異なるものにして建設の目的明白なる線路、例へば運鉱線、森林開拓線、等の如き従来何等の施設なきものに対しては仮(たと)へ並行するも離隔距離を制限する必要なきが漫然、満蒙開発を目的として建設せらるる鉄道に対しては距離を限定する必要あるは勿論場合に依りては之が建設を阻止せざるべからず、尤も地勢其他地理的

及経済的関係有利なる条件を具備し、自線の利益を確保し得る既成鉄道にありては新線の制限距離を短縮し得べきも、未開地開拓を目的とし自線貨客にて経営し得る新線に対しては、離隔距離は既成鉄道勢力圏外（馬車輸送最大距離即一〇〇哩以上）たるを要し又、既成鉄道勢力圏内の貨物奪取りを目的とする鉄道に対しては離隔距離は尠くとも既成鉄道勢力圏の二倍以上（馬車輸送最大距離の二倍以上即二〇〇哩以上）たるを要す。又既成線勢力圏内の貨物奪取は勿論他線に接続して旅貨の吸収を図り経営を有利に導かんとする鉄道に対しては距離制限は愚か之が建設を絶対阻止せざれば既成鉄道の利益を確保し能はざるなり

一九〇二年北京山海関鉄道還付協定追加協定第五条に「現存線路の各部分より八〇哩の範囲内に於て鉄道を建設することを得ず」と取極めあるは八〇哩以外の物資を吸収し得ざると同時に制限内の物資は奪取せらるることを予期せるものなるも、本鉄道に並行する鉄道が若し実現せらるるとするも八〇哩以外の地点なれば、地勢都市其他地理的及経済的見地より何等本鉄道の利益を害せざるものとし寧ろ自線擁護上距離を取極めたるものと思惟せらるる

満蒙にありては地形其他の関係より自線の利益を確保すべき短少なる制限距離を取極得る有利なる条件を具備する線路なく建設せらるる鉄道は主として東北満の貨物輸送を目的とするものなるを以て、此等の鉄道に対しては弐百哩以上の離隔距離制限をなすか、又は之が建設を阻止するに非らざれば自線の利益擁護はなし得ざるなり

要するに並行線の制限距離を限定することは種々の事情あり至難なるも、既成鉄道の利益確保上制限をなす必要ありとせば既成鉄道より弐百哩以内に新線を建設することを得ずと限定するより外なきなり

六、支那側新線拒否の理由

満蒙に於て新線の実現せらるることは日本が屢次声明せる通り満蒙の開発を促進する上に於て尤も有効にして吾人の希望する所なり。過去に於て四洮洮昂吉長吉敦諸鉄道の建設を日本が援助したるは、右趣旨に出でたるものにて今後と雖も此種の援助をなすに吝ならざるものなり従て貴国に於て独自新線を建設せらるるに対し何等反対するものに非らざるも、中日間に定められたる条約協約を無視して無断強行せらるる行為は中日の親善を害するのみならず、満鉄を不利に導くものにして我政府は右行為に対し反対をなすものなり。尚今後に於ても自由意志

の態度を持し、中日間の取極を無視し任意に新線を建設せらるるに於ては我方に於ても黙視するを得ず、之が阻止せざるを得ざるものなるが東洋の平和を維持する上に於て相提携するの必要上、下記各項に対しては貴方に於ても同感なりと信ずるものなり

㈠満鉄は現存の利益の一部を犠牲とし直接間接満蒙の経済文化に貢献し来りしことは御承知の通りなるが、現在満鉄が挙げつつある利益を減少せしむべき、鉄道を建設し以て満蒙の経済文化の発達を妨害せらるること は希望せられざるべく

㈡満蒙開発の為建設せられたる借款鉄道の経営を困難ならしめ借款の返還を遅延ならしむべき鉄道の建設は希望せられざるべく

㈢既成線の利益を奪取せざれば経営困難なる鉄道の建設は希望せられざるべく

㈣我方に借款敷設権を付与せる鉄道を無断建設せらるるは中日親善に鑑み希望せられざるべく

㈤中日提携東洋の平和を維持する上に於て日本以外の外資に依り鉄道を建設せらるることは希望せられざるべく

七、北陵支線建設に就て

本件に関しては当社は何等関係し居らざるも、伝へらるるが如く瀋法鉄道の一部を構成するものとせば、満鉄に重大なる影響を与ふるものなるを以て日本としては之が建設を阻止せざるを得ざるなり

当時榊原（正雄、榊原農場経営主）が貴国鉄道の軌条を撤去せるは土地不法占有といふ点より実行したるものなるとのことなるが、右行動に対し満鉄は何等関係し居らず

八、奉天電車社線クロスに就て

昭和五年一月瀋陽市政公所より奉天公所に宛「城内北陵間の交通便利と北陵市区の発展の為目下、小西辺門より北陵に至る電車路を修築中なるが、該線路は満鉄線万球場南方の橋洞を通過すべきに付現在該橋洞の高度及幅は不充分なるに付、貴社は本件に付如何なる意見を有せらるるや御調査の上何分の回答ありたき旨」申込来れり。社に於ては奉天公所をして一、支那側の公文余りに乱暴にて公所として此際本社に取次ぎ難きこと二、本件は満鉄一存にて決定し得べきものに非ず、外務省其他関係方面とも協議するの必要あり重大問題なるを以て決定は容易ならざること

の趣旨により一応公文を返戻せしむることに決定せるが、当時交渉中の土地問題等の関係ありたるを以て奉天公所

に於て右の趣旨を口頭にて伝へ公文は一時留置くことと
せるものなり

注

(1) 以下の記載あり。「奉天側はこの貸与金を瀋海建設費に充当したといふ」。

95　支那鉄道と満鉄との運輸上に於ける対抗関係調

昭和六年二月現在

渉外課鉄道係調

極秘

㈠支那側計画鉄道

A、支那側希望するも建設を絶対阻止すべき鉄道

⑴通洮線

本鉄道は通遼より洮南に至る延長約二〇三粁の支那側計画鉄道にして葫蘆島築港進捗に伴ひ最も実現の可能性を有し洮昂、斉克線と結び西部一大幹線を形成するものなり

本鉄道は沿道平坦なるを以て安価なる建設費を以て建設し得

本鉄道は我抗議線なる打通線の延長線にして、我国の資金に依り建設せられたる四洮及洮昂両鉄道との接続に問題を惹起するのみならず張作霖と田中総理との協約（第五条　通遼以北に延長せずとの規定あり）により複雑なる問題となるべきも現時の情勢にありては支那側が不法行為に依り強行せば実現し得るものなり

本鉄道実現の暁には従来斉克、洮昂線並洮南地方より南下し四洮線を経由せし貨物は距離其の他の関係より本鉄道を経由打通線に搬出せらるることとなり我国の借款鉄道たる四洮線の経営を根底より破壊して無価値とならしむるのみならず延いて満鉄の収益に偉大なる影響を与ふるを以て四洮線擁護上且満鉄減収防止上之が建設を絶対に阻止を要す

⑵通哈線

本鉄道は通遼より太平川（又は開通）扶余を経て哈爾浜に至る延長四三八粁余の鉄道なり。太平川（又は開通）扶余間は支那側に於て昭和二年九月測量を終了、強行建設すべく伝へられしも常蔭槐の惨死等の為終に実現するに至らざりしが葫蘆島港起工に伴ひ本鉄道の建設計画再燃し近き将来に於て北満穀倉と結ぶ一大幹線路として建設せらるるに至るやも知れず

本鉄道は経過地概ね平坦にして其の間に松花江其の他二三の橋梁架設に費用を要するも建設費は比較的安価

なり

本鉄道は太平川(又は開通)に於て四洮線との横断又は接続及哈爾浜に於て東支との接続又は横断、並呼海線との接続に関し種々の問題を惹起し且本鉄道の内太平川(又は開通)より扶余に至る鉄道は張作霖と田中首相との協約第七条に依り建設せざることに規定しある関係上重大なる問題となるべきも現時の情勢に在りては支那側が不法行為を敢行せば実現し得るものなり

本鉄道実現の暁には従来哈爾浜管区又は西部線より南部線を経由社線に出廻りたる貨物の大部分は本路に依ることとなり且又斉克洮昂両線より南下し来れる貨物の大部分は太平川(又は開通)に於て本路を経由することとなり満鉄及四洮線に及ぼす影響重大なるを以て満鉄の損害防止並四洮局経営擁護上之が建設を絶対に阻止するを要す

(3) 彰安線

本鉄道は打通線彰武より鄭家屯、乾安、扶余を経て安達に至る延長約五七九粁の支那側計画鉄道にして未だ発表し居らざるも北満貨物及満鉄沿道貨物を葫蘆島港に吸収すべく計画し居るを以て建設するやも知れず

本鉄道は遼河橋梁並松花江橋梁の架設を要するも経過地は概ね平坦なるを以て建設費比較的安価なり

本鉄道は四洮鉄道との横断又は接続に関し種々の問題を惹起すべきも現状の如き支那側が不法行為を敢行せば実現し得るものなり本鉄道実現の暁には満鉄線に近接する並行線となり従来社線に直接出廻りたる貨物を本路に吸収するのみならず鄭洮、洮昂、洮索斉克各鉄道より搬出せられたる鄭家屯経由貨物の大部分も本鉄道に奪取せらるることとなり満鉄及四洮、洮昂両線の収益に甚大なる影響を与ふるものなるを以て満鉄の損害防止上並四洮、洮昂両鉄道経営擁護上之が建設を絶対に阻止を要す

(4) 打通線の東側及吉海、瀋海両線の西側に建設する支線又は之に類似する線

(イ) 長煙線(吉海線西側線)

本鉄道は吉海線煙筒山より長春に至る延長約九七粁の鉄道にして我が抗議線たる吉海鉄道の支線なり

昭和四年十一月東北交通委員会に於て建設命令を発し一時強行建設せらるべしと伝へられたるも実現を見るに至らざりき

本鉄道は平坦線に非ざるも比較的安価に建設し得る鉄道なり

本鉄道は従来東支南線より社線を経て大連に出廻りたる貨物を吉海、瀋海、北寧経由葫蘆島港に吸収せむが為企図せられたるものなるも我抗議線の支線なるを以て之が建設は絶対阻止を要す、而して社線又は吉長線を横断して直接東支と接続するか(東支が標準軌間に改築せられたる場合は之に依て蒙る我被害は更に大なり)又は我方に於て希望する長天線と接続し或は他に延長する場合に於ては社線に及ぼす影響増大するを以て仮に建設の絶対阻止が不可能とするも社線及吉長線横断は絶対に阻止を要す

(ロ)西四線(瀋海線西側線)

本鉄道は瀋海線支線梅西線の終点西安より四平街に至る延長七九粁の鉄道にして我抗議線たる梅西線の延長線なり

本鉄道は平坦線に非ざるも比較的安価に建設し得る鉄道なり

本鉄道は我抗議線たる梅西線の延長線なるが故に之が建設に対し抗議阻止を要するのみならず若し支那側が抗議を無視して本鉄道を建設し且社線を横断する場合は社線に及ぼす影響増大するを以て社線横断は絶対に阻止を要す

(ハ)彰鄭線(打通線東側線)

本鉄道は打通線の一駅彰武より鄭家屯に至る延長一七三粁を有する鉄道にして前記(3)項彰安線の一部に属し彰安線に述べたる如く

(5)奉鄭線

本鉄道は奉天より法庫門を経て鄭家屯に至る延長二〇〇粁の支那側計画鉄道にして之が計画を発表せしこと再三に止まらず未だ実現せざるも早晩建設せらるべく予想せらる

本鉄道の経過地は概ね平坦、遼河の架橋に費用を要するも建設費比較的安価に建設せらるる鉄道なり本鉄道は鄭家屯に於て四洮線との接続に問題を惹起すべきも現時の情勢に在りては支那側が不法行為に依り強行せば実現し得るものなり

本鉄道実現の暁には従来洮昂、斉克、鄭洮線を経て鄭家屯経由四平街に出廻りたる貨物の内打通線に搬出せらるるものの外は総て本鉄道を経由奉天に搬出せらるることとなるを以て四洮線の内四鄭線即鄭家屯、四平街間の収益に著しき影響を与ふるのみならず又社線にも影響を及ぼすを以て四洮鉄道並(ならびに)社線の利益擁護上之が建設を絶対に阻止を要す

(6)長鄭線
本鉄道は長春より鄭家屯に至る延長一五九粁の鉄道にして未だ支那側計画鉄道として発表せられたることなきも彰鄭線実現情勢ともなれば本区間も建設せらるるに至るべし本鉄道は遼河を二箇所横断する関係上相当架橋費を要するも経過地は概ね平坦なるを以て建設費は比較的安価なり
本鉄道は四洮鉄道との横断又は接続並長春に於て東支との接続に問題を惹起すべきも現時の情勢に在りては通遼駅に於ける四洮、打通接続の如く支那側が不法行為を敢行せば実現せらるるものなり
本鉄道実現し彰鄭線と接続の暁には大連港輸出に比し葫蘆島港に有利なる最短輸出経路を形成するを以て従来吉長、吉敦、東支各鉄道より満鉄線に搬出せられたる貨物の大部分は本鉄道に奪取せらるることとなり満鉄は偉大なる影響を受くることとなるを以て満鉄の損害防止上之が建設を絶対に阻止を要す
(7)窯鄭線
本鉄道は東支鉄道南部線の一駅窯門（張家湾）より鄭家屯に至る延長二一七粁の支那側計画鉄道にして彰鄭線実現の場合は本区間も建設せらるるに至るべし
本鉄道は遼河及伊通河架橋に費用を要するも沿道平坦なるを以て比較的安価に建設し得
本鉄道は四洮鉄道との横断又は接続並東支南部線との接続につき種々の問題を惹起すべきも現下の情勢に在りては支那側が不法行為を敢行せば実現せらるるものなり
本鉄道実現し彰鄭線と接続の暁には第(6)項長鄭線と同じく満鉄の収益に偉大なる影響を及ぼすを以て之が建設を絶対に阻止を要す
B、連運及運賃協定を条件として建設を認むべき鉄道
(1)吉五線
本線は吉長線の終点吉林より五常に至る延長一六九粁の鉄道にして経過地は平坦ならざるも特殊の工事なきを以て比較的安価に建設し得
本鉄道は会社に於て委任経営せる吉長線の培養線並東支鉄道牽制線として建設せむとし張作霖と田中総理との間に協定成立せしも具体化するに至らず一方支那側は我抗議を無視し建設せる吉海線完成するや沿道物資の集散微弱なる関係上本鉄道を培養線となさむが為吉長、吉海両線の接続を要求し接続を待て本鉄道を建設せむと計画しつつあり。本鉄道並五常以北の延長線を

我社に於て建設し経営に関与することを得ば蒐貨策上且東支牽制上有利なり

然らざるも本線と隣接線との接続及連運並運賃の協定が満足なる状態に於て成立せば我方は強ひて支那側が自力を以て之を建設することを阻止する必要なく、寧ろ進むで之を援助しても可なり

(2)開洮線

本鉄道は開魯より洮南に至る延長二六七粁の支那側計画鉄道にして葫蘆島より錦州、義州、綏東、開魯を経て洮南に至り洮昂、斉克線と結び瑷琿に達する一大幹線を形成する所謂錦瑷鉄道の一部にして又四国借款団が継承せる洮熱線の一部なり

本鉄道は新遼河橋梁に架橋を要する外沿道地勢平坦なるを以て建設費比較的安価なり

本鉄道の実現は我国の資金に依り建設せられたる四洮鉄道の経営に甚大なる影響を及ぼし延いて満鉄の収益に影響を与ふるものなるを以て洮南に集注する貨物に対し四洮及我社との間に衡平なる運賃及連運協定を条件とせば建設を容認せざるを得ざるべし

(二)日本側計画鉄道

C、日本に於て建設を要求し得る鉄道

(1)長大線

本鉄道は長春より扶余を経て大賚に至る延長二一二粁の鉄道にして借款予備契約締結せられたる鉄道なると共に昭和三年五月十五日満鉄と支那政府交通部との間に請負契約締結せられ支那側に於て局長を任命せば何時にても起工し得らるるものなるが張作霖爆死其の他の事件後支那側の反対に遇ひ未だ工事に着手するに至らず

本鉄道は沿道概ね平坦にして安価なる建設費を以て建設し得べく満鉄唯一の培養鉄道として現在松花江を利用して哈爾浜に出廻る貨物又は東支南部線陶頼昭及窯門に出廻る貨物を吸集し得ると共に支那側にて再三発表せる扶石線（東支南部線石頭城子「三岔河」より扶余に至る延長約九五粁の鉄道）の建設を阻止し得べく更に将来本線を延長して洮昂線泰来に接続せば打通線を牽制し得ることともなり且又太平川（又は開通）より扶余に至る線若くは鄭家屯より扶余に至る線其の他之に類似する線の建設を抑制し得るを以て可及的急速に我方にて本鉄道の建設を必要とす

(2)敦図線

本鉄道は吉敦線の終点敦化より老頭溝を経て図們江岸

に至る延長一九二粁の鉄道にして大正七年六月締結せる吉会鉄道借款予備契約の一部に属し昭和三年五月十五日満鉄と支那政府交通部との間に工事請負契約締結せられ支那側に於て局長を任命せば起工し得らるるものなるが張作霖爆死其の他の事件後支那側の反対に遇ひ未だ工事に着手するに至らず

本鉄道は起伏多く隧道開鑿其の他に費用を要し局子街図們江間は建設費稍〔やや〕高価となるも敦化局子街間は比較的安価に建設し得

本鉄道は満鉄培養線として価値なきも朝鮮鉄道と接続して清津又は雄基に至り満蒙を横断する一大幹線を形成し長広才嶺其の他森林地帯の木材搬出路となるのみならず東北部寧安地方並牡丹江、松花江沿岸より産出する物資の搬出路ともなり且我が軍事上、政治上最も必要なると同時に支那側の鉄道政策を牽制し得る重要なる鉄道なるを以て可及的急速に之が完成を必要とす

(3) 延海線

本鉄道は敦図線の一駅延吉(局子街)より東支鉄道の一駅海林附近に至る延長約二六三粁の鉄道なり

本鉄道は田中総理と張作霖との協約に依り昭和三年五月十三日満鉄と張作霖との間に工事請負契約を締結せしも張作霖爆死事件其の他の為未だ実現するに至らず

本鉄道の内延吉―東京城間は老爺嶺、松義嶺の嶮を経由するを以て建設費比較的高価となるも以北は牡丹江沿岸耕地を経由するを以て安価に建設し得

本鉄道は未開耕地を経由するを以て実現の暁には沿道の開発旺盛となり且海依線と接続したる場合は多量の貨物搬出路ともなり且又老爺、松義両嶺森林開拓と共に多量の貨物搬出せらるることとなるを以て本鉄道自体として優秀なる成績を挙げ得るのみならず軍事上、政治上重要なるを以て敦図線建設に伴ひ本鉄道の建設実現を必要とす

(4) 弓張嶺運鉱線

本運鉱鉄道は橋頭より弓張嶺を経て遼陽に至る延長六七粁五の鉄道にして弓張嶺の鉄鉱搬出を目的とするものなり

本鉄道は急峻なる山嶺を横断する関係上四ケ所の隧道開鑿を要するを以て建設費比較的高価となる

本鉄道は大正七年十二月二十二日飯田延太郎と奉天省との間に締結せられたる中日官商合弁弓張嶺鉄鉱無限公司の権利に属する運鉱鉄道にして社の培養線となるを以て実現を必要とす

(5)渓城延長線
本鉄道は現在本渓湖より牛心台に至る渓城線の終点牛心台より廠に至る延長約七五粁の鉄道にして城廠炭田の開発及桓仁地方の木材輸送を目的とするものなり
本鉄道は河川に沿ひ建設し得るを以て建設費比較的安価なり
本鉄道は日支合弁渓城鉄路公司の有する城廠迄の延長権を実施せむとするものにして社の培養線となるを以て実現を必要とす

D、日本の希望する鉄道

(1)新邱線
本線は社線新城子、新台子両駅間の一地点を起点とし新立屯に於て打通線を横断新邱炭鉱に至る延長約一六七粁の鉄道にして之が建設に関しては支那側と折衝したること再三なるも具体化するに至らず
本線は遼河橋梁架橋費を要するも経過地は概ね平坦なるを以て建設費比較的安価なり
新邱炭鉱は我社に於て権利を保有するに不拘之が搬出路なき為今日迄進展し得ざるも本路実現せば新邱炭田の価値を高め社の有する権利を確保し得ると共に支那側にて計画せる奉法線又は奉鄭線の建設を阻止し得るを以て可及的速に本路の建設を必要とす

(2)扶安線
本鉄道は扶余より安達に至る延長約一九〇粁の鉄道にして北満の穀倉と称せらるる安達、拝泉地方の物資搬出を目的とし長大線の培養線として価値あると共に支那側に於て計画せる太平川（又は開通）より哈爾浜（又は安達）に至る鉄道の建設を阻止し我方に権利を獲得するものなるを以て長大線完成に伴ひ建設を必要とす
本鉄道は松花江に架橋を要する外概ね平坦なる地方を経過するを以て建設費比較的安価なり
唯東支鉄道横断は解決困難なるべきも昂斉線横断の実例に倣ひ折衝せば不可能にあらざるべし
尤も本鉄道は東支南部線が日本の管理に移管せらるる場合にありては建設の必要なきものなり

(3)大泰線
本線は長大線の終点大賚より洮昂線の一駅泰来に接続する延長一三一粁の鉄道にして斉々哈爾方面に来集する貨物を吸収せむとするものなり
本線経過地は概ね平坦にして一部砂丘地を経過するも安価に建設し得本鉄道は支那側に於て葫蘆島築港完成に伴ひ通遼―洮南間を建設し斉々哈爾以北の豊富なる

貨物を洮昂経由支那側鉄道に依り葫蘆島港に搬出する場合にありても我方にて実現せば貨物の過半数は本線及長大線を経由社線に搬出せられ会社の収益を増加し得るものなるを以て支那側鉄道対抗策として本鉄道の建設を必要とす

(4) 海依線

本鉄道は東支鉄道の一駅海林より松花江と牡丹江との合流点依蘭(三姓)に至る延長二四七粁の東北部、牡丹江岸開発鉄道なり

本鉄道は牡丹江に沿ひ建設せらるるを以て安価に建設し得

本鉄道は牡丹江々岸の豊穣広大なる未開耕地を経由するを以て実現の暁には沿道の開発旺盛となり且延海線と連絡して吉林省東北部の一大縦貫線を形成し優良なる成績を挙げ得るものなるを以て延海線実現に伴ひ本鉄道の実現を必要とす

(5) 海密線

本鉄道は海林より密山に至る延長約二七〇粁の鉄道なり

本線は牡丹江を横断し穆稜河に沿ひ建設せらるるも沿道山岳地帯を経過するを以て隧道開鑿を要し建設費比較的高価となる

本鉄道は吉林省東北部密山方面の沃野を開拓し延海線の培養線として価値あるものなるを以て延海線建設に伴ひ本鉄道の実現を必要とす

(6) 敦五線

本鉄道は吉敦線の終点敦化より五常に至る延長二四〇粁の鉄道にして山林地帯を経由するを以て建設費比較的高価となる

本鉄道は五常附近及長広才嶺の豊富なる物資及林産物搬出を目的とし敦図線の培養線として価値ある鉄道なり

(7) 城安線

本鉄道は金福鉄道の終点城子疃より安東に至る延長一九五粁の鉄道にして本線は海岸に沿ふ関係上河川横断箇所多く建設費比較的高価となる

本鉄道は沿道の物資尠きも朝鮮と大連とを結ぶ最短交通経路となるを以て旅客の往来、物資の輸出入頻繁となり金福鉄道を有利に導き得る鉄道なり

(8) 其の他

下記鉄道は前記の諸鉄道完成に伴ひ建設を必要とす

イ、五依線	五常―依蘭	二七〇粁

ロ、依同線　依蘭―同江　二九三粁
ハ、城桓線　城廠―桓仁　一〇〇粁
ニ、臨安線　臨江―通化―安東　三九七粁
ホ、通輯線　通化―輯安　一一四粁
ヘ、臨長線　臨江―長白　一六五粁
ト、臨撫線　臨江―撫松　一一二粁

第二節　鉄道新設計画

96　吉会鉄道完成に関する協議会

極秘

一、時日　昭和三年九月二十日午後二時より四時迄
　　〃　九月二十四日午後二時半より四時迄

二、場所　外務省第一会議室

三、出席者　外務政務次官　森　恪
外務省亜細亜局長　有田　八郎
外務省通商局長　武富　敏彦
外務書記官　中山　詳一
大蔵省理財局長　富田　勇太郎
大蔵書記官　植野　勲
同　金子　隆三
陸軍省軍務局長　阿部　信行
参謀本部第二部長　松井　石根
海軍省軍務局長　左近司　政三
海軍軍令部第三班長　米内　光政
内閣拓殖局長　成毛　基雄
内閣拓殖局書記官　郡山　智
同　北島　謙次郎
同　笹川　恭三郎
朝鮮総督府財務局長　草間　秀雄
同　鉄道局長　大村　卓一
満鉄副社長　松岡　洋右
満鉄参事　穂積　哲三
東拓理事　岡田　信
東拓調査課長　谷川　浩
其の他数名

四、議事経過

別紙内閣拓殖局及満鉄に於て作成に係る原案に付審議を進めたる結果左の如き意見の陳述あり

大蔵省(富田預金部長)

速かに吉会鉄道の完成を促進し之が為関係各方面に於て出来得る限の犠牲を払ひ其の完成を図るは已むを得ざる所なりと信ず然れども本案に付ては収支計算に関する資料を欠き且充分調査の余裕なかりしを以て未だ適確なる意見を述ぶることを得ず唯今日に於ては次の

程度の意見を述ぶることを得るに過ぎず
一、原案第四項新資金一千万円の融通は到底見込なし、従来預金部より事業会社に対する整理資金の融通は概ね其の成績不良なるを以て預金部運用委員会は将来此の如き資金を融通せざる方針を採用しをれり、従て此の如き案を提出するも到底運用委員会通過の見込なし或は債務者は満鉄なるを以て万一の場合には満鉄に於て全責任を負ふべきを以て其の回収に付ては別段不安なかるべしと云ふ者あらんも本件の如く特殊の事業に対する融通に付ては其の事業が一旦破綻するに於ては常に之が救済を申出づること幾多の前例に徴し明かなり
二、預金部より新資金一千万円を融通せざることとするも之を満鉄の一般社債に依りて調達するときは満鉄の利廻りは年五分五厘乃至六分見当に上るべし、従て此の場合に於ては原案に依る年四分八厘と五分五厘との差即ち年額約七万円は何等かの方法に依り之を補填するの要あるも右は必ずしも不可能に非ざるべし
三、原案天図鉄道の純益予想は大体に於て過少と考ふ
四、原案附表に依れば二十年後の最終利廻は年六分を以て精算しあるも右は二百七十万円の分と同様年五分五厘として計算するを妥当と認む
五、同じく附表に依れば二十年後の最終利廻は出資額に対し平均年二分となれるも右は他の類例に鑑み年一分程度を相当と考ふ
六、以上の方法に依るも尚必要あるときは第二号に依る年額約七万円の負担は既貸付金五百二十三万円の利率を引下ぐることに依りて之を補填することとするも異存なし

朝鮮総督府(草間財務局長)
朝鮮総督府としても本事業の性質に鑑み大体に於て原案の趣旨に賛成なり、即ち今後本事業の為満鉄に対し相当の補助金を交付することに付ては異議なきも其の財源は本事業の性質に鑑み之を一般会計よりの補充金に依るを適当と信ず、然れども右は速急大蔵省の了解を得ること困難なるを以て差当り総督府独自の立場のみより之を言明するの外なし、唯原案の如く当初より年額五十五万円の補助は財源の関係上困難なるを以て毎年の補助額は本鉄道に因る利益の増加に順応して漸次増額することとしたし、即ち当初に於ては年額十万円余増収の見込なるを以て現在補助金年額二十万円との合計三十万円を補助す

ることとし漸次収益の増加に伴ひ之を増額することとしたし、但し右は他の関係各方面に於て大体原案程度の犠牲を払ふべきことを承諾したる場合に限るべく其の犠牲が著しく減少する場合に於ては此の補助年額に付ては更めて考慮を要する所なり

(尚提案者に対しては第一案の場合は初め五年間三十万円、次の十年間は四十万円、最後の五年間は五十万円合計八百万円、第二案の場合は初め十五年間は第一案と同様、最後の五年間は五十五万円合計八百二十五万円を補助すべき旨申出あり)

東洋拓殖株式会社(岡田理事)

大体に於て異存なし、尤も本件に付ては種々の希望あるも東拓の立場としては已むを得ざるものと考ふ尚関係各方面に於て此の上とも何分の御援助を希望す

外務省(有田亜細亜局長)

関係各方面に於て異議なければ異存なし、但し飯田延太郎の功労に付ては相当考慮することとし度し

陸海軍異議なし

以上の意見に対し松岡満鉄副社長は到底五分五厘の社債発行の不可能なることを述べ是非共新資金の預金部引受を懇望したれども運用委員会通過の見込なきを理由とし富田氏応ぜず

尚満鉄穂積参事より収支計算の基礎材料は出来得る限り提出すべきも根本は最終利廻を年二分と見るか一分と見るかによりて決定せらるべきを以て此の点に関する御意見を充分承りたし。大蔵省に於ては何故に一分を以て充分とせらるるや、満鉄としては利廻二分と云ふが如きは到底承認し難き所なるも本件は国家的協力事業なるが故に已むを得ず特に二分迄低下せしめたるものなり。此の点充分考慮せられ度しとて一分低下に反対を試みたるも大蔵省の同意を得るに至らず。森議長の意見により此の点に関しては尚大蔵省と満鉄と充分協議することとす

森議長は関係者の意見開陳により大体に於て各方面共一致して本事業の完成を希望せること明かなるを以て支那側との交渉の結果も予見し得ざる今日此の程度に於て本会議を閉づべきことを議場に諮りたる所松岡副社長異義を唱へ社長の意志としても是非共支那との交渉前に政府の最後の肚を知り度旨陳情す

森議長は今日に於ては預金部長としても此の程度以上の意見を述べ得ざるべく又新資金の融通に就ては預金部長に於

て同意せず尤も自分としては本件は他の整理事業と其の趣を異にし寧ろ純然たる新規事業と見るを相当とすべきを以て新資金の融通必ずしも不可なきものと信ずるも預金部長の立場としては今日此の程度以上には言明すること能はざるべきを以て今回は此の程度にて会議を打切るを相当なりと主張す。

結局新資金一千万円は大蔵省に於て融通せられ度き旨の希望条件附にて閉会す。

吉会鉄道の完成に関する件（昭和三年九月十五日）

第一案

一、敦化及老頭溝間の鉄道は吉敦鉄道の延長として大体同鉄道と同一の方法を以て南満洲鉄道株式会社の借款に依り支那側をして之を建設せしむること

右に要する費用一千二百三十五万円は南満洲鉄道株式会社の一般社債に依り之を調達すること

二、老頭溝及図們江間の鉄道は大体現在の天図鉄道線に依り且之を広軌に改築すること（別紙参照）

三、老頭溝及図們江間の鉄道は日支合弁事業の経営とし日本側代表者は之を南満洲鉄道株式会社とすること、此の場合に於ては原則として天図軽便鉄路股份公司の権利義務は新合弁に於て、同公司に対する南満洲太興合名会社の権利義務は南満洲鉄道株式会社に於て之を承継すること

四、新合弁の出資金額は千六百三十一万八千八百二十八円とし日支両国に於て各其の半額を出資し支那側に於て出資すべき金額八百十五万九千四百十四円は南満洲鉄道株式会社より之を貸付け其の利率内五百万円に付ては十年間無利息爾後年六分、残額三百十五万九千四百十四円に付ては最初十年間年四分、爾後年六分とすること（第五項乃至第七項参照）

五、第二項の改築費一千万円は前項の出資金を以て之に充て大蔵省預金部引受南満洲鉄道株式会社社債に依りて調達すること其の利率年四分八厘、償還期限工事竣工後五年据置爾後十五年間に元利均等年賦償還すること

六、天図鉄道に関する実際投資額累計七百八十二万九千三百九円の内六百十六万八千八百二十八円を限り新合弁に於て承継し之を同合弁の出資金に振替へ（別紙参照）残額百六十六万四百八十一円は南満洲鉄道株式会社及東洋拓殖株式会社に於て之を負担すること（第九項乃至第十二項参照）

七、図們江橋梁建設資金の内支那側に於て負担すべき十五

万円は新合弁に於て承継し之を同合弁の出資金に振替へ右金額は南満洲鉄道株式会社より図們鉄道株式会社に対し一時に之を支払ふこと
八、東洋拓殖株式会社を通じ南満洲太興合名会社に於て借入に係る大蔵省預金部資金四百七十二万三千九百七十円は南満洲鉄道株式会社に於て之を承継し其の利率年三分、償還期限工事竣工後五年据置爾後十五年間に元利均等年賦償還すること
九、南満洲太興合名会社に於て借入に係る東洋拓殖株式会社の資金累計百八十八万六千三百八十六円の内百四十五万五千円を限り南満洲鉄道株式会社に於て承継し残額四十三万一千三百八十六円は之を免除すること其の利率年三分、償還期限工事竣工後五年据置爾後十五年間に元利均等年賦償還すること
一〇、第八項の大蔵省預金部資金四百七十二万三千九百七十円に対し東洋拓殖株式会社に於て受取るべき延滞利息及違約金四十二万五千九百八十一円の内二十五万四千五百九十六円を限り南満洲鉄道株式会社に於て承継し残額十七万一千三百八十五円は之を免除すること其の利率、償還期限及償還方法に付ては前項に準ずること（別紙参照）
一一、天図鉄道に関し南満洲太興合名会社に於て投資したる川崎第百銀行外八銀行の資金四十三万二千七百三十円は南満洲鉄道株式会社に於て之を負担することとし同社より同合名会社に対し一時に之を支払ふこと（別紙参照）
一二、天図鉄道に関し南満洲太興合名会社に於て投資したる自己資金三十六万二百四十二円は南満洲鉄道株式会社に於て之を負担することとし同社より同合名会社に対し一時に之を支払ふこと（別紙参照）
一三、朝鮮総督府特別会計は天図鉄道に関する合弁事業を援助する為南満洲鉄道株式会社に対し天図鉄道改築完成前に於ては従来の通毎年二十万円、右完成後に於ては十五年間毎年五十五万円を補助すること
一四、老頭溝炭鉱は日支合弁事業の経営とし日本側代表者は之を南満洲鉄道株式会社とすること、此の場合に於ては原則として老頭溝煤鉱公司の権利義務は新合弁に於て、同公司に対する南満洲太興合名会社の権利義務は南満洲鉄道株式会社に於て之を承継すること
一五、新合弁の出資金額は四十四万二千九百四十八円とし日支両国に於て各其の半額を出資し支那側に於て出資すべき金額二十二万一千四百七十四円の内十万円は之を現物出資とし残額十二万一千四百七十四円は南満洲鉄道株

式会社より之を貸付け其の利率最初十年間年四分、爾後年六分とすること（別紙参照）

一六、東洋拓殖株式会社を通し南満洲太興合名会社に於て借入に係る大蔵省預金部資金五十万六千三十円に付ては第八項に準ずること

一七、南満洲太興合名会社に於て借入に係る東洋拓殖株式会社の資金累計二万八千五百二十一円の内二万二千円を限り南満洲鉄道株式会社に於て承継し残額六千五百二十一円は之を免除すること其の利率、償還期限及償還方法に付ては第九項に準ずること

一八、第十六項の大蔵省預金部資金五十万六千三十円に対し東洋拓殖株式会社に於て受取るべき延滞利息及違約金八万五千七百九十八円の内六万三千二百五十円を限り南満洲鉄道株式会社に於て承継し残額二万二千五百四十八円は之を免除すること其の利率、償還期限及償還方法に付ては第九項に準ずること（別紙参照）

一九、老頭溝炭鉱に関し南満洲太興合名会社に於て投資したる川崎第百銀行外八銀行の資金八万三千三百四円は南満洲鉄道株式会社に於て之を負担することとし同社より同合名会社に対し一時に之を支払ふこと（別紙参照）

二〇、老頭溝炭鉱に関し南満洲太興合名会社に於て投資したる自己資金十六万七千九百七十五円は南満洲鉄道株式会社に於て之を負担することとし同社より同合名会社に対し一時に之を支払ふこと（別紙参照）

二一、以上の外特別費百五十万円は南満洲鉄道株式会社より之を支出すること

第二案

一、第一案に同じ

二、第一案に同じ

三、第一案に同じ

四、新合弁の出資金額は一千四百十五万円とし日支両国に於て各其の半額を出資し支那側に於て出資すべき金額七百七万五千円は南満洲鉄道株式会社より之を貸付け其の利率内五百万円に付ては十年間無利息爾後年六分、残額二百七万五千円に付ては最初十年間年四分爾後年六分とすること（第五項乃至第七項参照）

五、第一案に同じ

六、天図鉄道に関する実際投資額累計七百八十二万九千三百九円の内四百万円を限り新合弁に於て承継し之を同合弁の出資金に振替へ（別紙参照）残額三百八十二万九千三百九円は南満洲鉄道株式会社及東洋拓殖株式会社に於て

之を負担すること（第九項乃至第十二項参照）
七、第一案に同じ
八、東洋拓殖株式会社を通じ南満洲太興合名会社に於て借入に係る大蔵省預金部資金四百七十二万三千九百七十円は南満洲鉄道株式会社に於て之を承継し其の利率年二分五厘、償還期限工事竣工後五年据置爾後十五年間に元利均等年賦償還すること
九、南満洲太興合名会社に於て借入に係る東洋拓殖株式会社の資金累計百八十八万六千三百八十六円の内百四十五万五千円を限り南満洲鉄道株式会社に於て承継し残額四十三万一千三百八十六円は之を免除すること其の利率年二分五厘、償還期限工事竣工後五年据置爾後十五年間に元利均等年賦償還すること
一〇、第八項の大蔵省預金部資金四百七十二万三千九百七十円に対し東洋拓殖株式会社に於て受取るべき延滞利息及違約金四十二万五千九百八十一円は之を免除すること
（別紙参照）
一一、第一案に同じ
一二、第一案に同じ
一三、朝鮮総督府特別会計は天図鉄道に関する合弁事業を援助する為南満洲鉄道株式会社に対し天図鉄道改築完成前に於ては従来の通毎年二十万円、右完成後に於ては十五年間毎年六十万円を補助すること
一四、第一案に同じ
一五、新合弁の出資金額は二十万円とし日支両国に於て各其の半額を出資し支那側に於ては現物出資とすること
一六、第一案に同じ
一七、第一案に同じ
一八、第十六項の大蔵預金部資金五十万六千三十円に対し東洋拓殖株式会社に於て受取るべき延滞利息及違約金八万五千七百九十八円は之を免除すること（別紙参照）
一九、第一案に同じ
二〇、第一案に同じ
二一、第一案に同じ

吉会鉄道の完成に関する案説明

一、敦化及老頭溝間の鉄道
右は大体吉敦鉄道の同一の方法に依り満鉄の借款に依り支那側をして之を建設せしめ其の工事費一千二百三十五万円は満鉄の一般社債に依り之を調達するものとす
二、老頭溝及図們江間の鉄道
㈠別紙図面の通大体現在の天図鉄道線に依り且之を広軌

に改築するものとす

説明

(イ)地形其の他の点より見れば或は灰漠洞線を採るを最も有利とするも右は現在の天図鉄道等に対する関係より見て其の実現容易ならず殊に此の場合に於ては満鉄の借款に依り支那側をして之を建設せしむるの外なきも現在の天図鉄道を利用するときは従来の通日支合弁に依り之を経営すること必ずしも不可能に非ざればなり

(ロ)現在の天図鉄道に依らずして新線を敷設するは当該地方住民の多年の期待を裏切り其の利益を蹂躙することとなり実行上多大の困難を伴ふべし

(ハ)現在の天図鉄道に依らずして吉会線を敷設するときは同鉄道は殆ど永久に地方鉄道としてのみ存続するの外なく従つて益〔ますます〕其の価値を減殺せられ多年関係官庁其の他の為したる努力は殆ど全く徒労に帰するの虞あるのみならず約八百万円に上る債権の回収は益困難なるに至るべし

(二)本鉄道は従来の通日支合弁事業の経営とし日本側代表者は之を満鉄とす

説明

本鉄道を満鉄の借款鉄道と為すよりも従来の通日支合弁事業として存続するの有利なることに付ては茲に多言を要せざるべし

殊に之を借款鉄道と為す場合は支那側に於ける天図鉄道の買収価額と其の実際投資額との差額即ち数百万円に上る欠損は右買収と同時に処理するを要すべく従て之が債権者たる大蔵省預金部及東拓は一時に巨額の損失を負担せざるを得ざるべし、然るに従来の通之を日支合弁として存続するときは旧合弁の債務は大体新合弁に於て承継するを以て将来新合弁の利益金を以て之を償還することを得べし

尚日支合弁を存続する場合に於て日本側代表者を満鉄とするは資金の調達並鉄道経営上現在の南満洲太興合名会社よりも満鉄とするを適当とするに由る

(三)新合弁の出資金額は第一案に於ては一千六百三十一万八千八百二十八円、第二案に於ては一千四百十五万円とし各其の半額を日支両国に於て出資し支那側の出資金額は満鉄より之を貸付くるものとす

説明

広軌改築資金一千万円は日支両国に於て各其の半額を出資し支那側の出資金額五百万円は満鉄より之を

貸付くることとするに付ては別段の支障なかるべし

然れども天図鉄道に関する実際投資額累計七百八十二万九千三百九円の中幾何を新合弁に承継せしめ得るや否は甚だ問題にして要するに我方に於て可及的譲歩を為すに非ざれば之が応諾を得ること至難なるべし依て本案は仮に第一案に於ては之を六百十六万八千八百二十八円(外に図們橋梁建設費十五万円)、第二案に於ては之を四百万円(同上)とせり

㈣新合弁に対する支那側の出資金額を満鉄より貸付くる場合に於て其の金利は第一案及第二案共に内五百万円に対しては最初十年間無利息爾後年六分、残額三百十五万九千四百十四円又は二百七万五千円に対しては最初十年間年四分爾後年六分とせり

説明

新合弁に対する支那側の出資金額を満鉄より貸付くる場合に於ては其の金利に付ても可及的支那側に有利なる条件を以てするに非ざれば合弁の存続至難なるべし

㈤新合弁の日本側代表者は之を満鉄とするを以て天図鉄道に関する南満洲太興合名会社の権利義務は原則として満鉄に於て承継するを相当とすべきも天図鉄道に関する同合名会社の実際投資額は累計七百八十二万九千三百九円にして他方新合弁に於て承継すべき金額は第一案に依れば六百十六万八千八百二十八円、第二案に依れば四百万円なるを以て第一案に依るときは百六十六万四百八十一円、第二案に依るときは三百八十二万九千三百九円の損失を生ずべし又広軌改築費一千万円の中支那側に貸付くべき金額五百万円に対しては最初十年間無利息爾後年六分とせば其の収入資金に比し満鉄は相当巨額の損失を負担せざるべからず加ふるに本件解決の為には以上の外特別費百五十万円を要するを以て此等の損失全部を満鉄のみに於て負担することは到底其の堪ゆる所に非ざるべし

依つて右は天図鉄道に関し重大なる利害関係を有する大蔵省預金部・朝鮮総督府、満鉄及東拓に於て各最大の犠牲を払ひ以て吉会鉄道の完成に協力するの外なかるべし

三、老頭溝炭鉱

老頭溝炭鉱と吉会鉄道又は天図鉄道とは必ずしも不可分の関係にあるものに非ず、然れども右は天図鉄道と同じく日支合弁事業として南満洲太興合名会社の経営に係り且大蔵省預金部及東拓より資金を融通せるを以て天図鉄

道に関する同合名会社の権利義務を満鉄に於て承継せむとする以上老頭溝炭鉱に付ても之と同時に大体天図鉄道に準じて処理するを適当とすべし

新合弁の出資金額は第一案に於ては四十四万二千九百四十八円、第二案に於ては二十万円とし各其の半額を日支両国に於て出資し支那側の出資中十万円は之を現物出資とす、而して第一案の場合に於て支那側の現金出資額十二万一千四百七十四円は天図鉄道の場合に於けると同じく満鉄より之を貸付け其の利率最初十年間年四分爾後年六分とす

老頭溝炭鉱の実際投資額は累計八十七万一千六百二十八円なるも新合弁に於て承継すべき金額は三十四万二千九百四十八円(外に現物出資十万円)なるを以て残額五十二万八千六百八十円は欠損として適当に之を処置せざるべからず

四、如上の趣旨に依り天図鉄道及老頭溝炭鉱に関する南満洲太興合名会社の権利義務を満鉄に於て承継するに付大蔵省預金部、朝鮮総督府、満鉄及東拓の払ふべき犠牲大体左の如し

第一案

㈠大蔵省預金部

(イ)天図鉄道改築資金一千万円の満鉄社債を引受け其の利率年四分八厘償還期限工事竣工後五年据置爾後十五年間に元利均等年賦償還とすること

(ロ)太興合名会社に対する既貸付金五百二十三万円(天図関係四百七十二万三千九百七十円及老頭溝関係五十万六千三十円)は満鉄に於て之を承継し其の利率年三分、償還期限及償還方法に付ては前号に準ずること

㈡東拓

東拓の資金累計二百四十二万六千六百八十六円(天図関係二百三十一万二千三百六十七円及老頭溝関係十一万四千三百十九円)の中百七十九万四千八百四十六円(天図関係百七十万九千五百九十六円及老頭溝関係八万五千二百五十円)を満鉄に於て承継し其の利率と償還期限及償還方法に付ては前記大蔵省預金部資金五百二十三万円に準ずること(残額六十三万一千八百四十円は之を免除すること)

㈢朝鮮総督府

朝鮮総督府は満鉄に対し天図鉄道改築完成前に於ては従来の通毎年二十万円、右完成後に於ては十五年間毎年五十五万円を補助すること

㈣満鉄

満鉄は左の通債務（期限二十年）一千七百二万四千八百四十六円及即金払二百六十九万四千二百五十一円総計一千九百七十一万九千九十七円を負担するを以て

（甲）天図関係

(イ)大蔵省預金部より新に一千万円を借入

(ロ)同じく預金部既貸付金四百七十二万三千九百七十円を承継

(ハ)東拓既貸付金其の他累計二百三十一万二千三百六十七円の中百七十万九千五百九十六円を承継

(ニ)図們鉄道株式会社に対し図們江橋梁建設費支那側負担分十五万円即金払

(ホ)川崎第百銀行外八銀行の資金四十三万二千七百三十円即金払

(ヘ)太興合名会社の自己資金三十六万二百四十二円即金払

(ト)特別費百五十万円即金払

計一千八百八十七万六千五百三十八円

（乙）老頭溝関係

(イ)大蔵省預金部既貸付金五十万六千三十円を承継

(ロ)東拓既貸付金其他累計十一万四千三百十九円の中八万五千二百五十円を承継

(ハ)川崎第百銀行の資金八万三千三百四円即金払

(ニ)太興合名会社の自己資金十六万七千九百七十五円即金払

計八十四万二千五百五十九円

総計一千九百七十一万九千九十七円

他方新合弁に於て承継すべき金額一千六百七十六万一千七百七十六円（天図鉄道関係一千六百三十一万八千八百二十八円及老頭溝関係四十四万二千九百四十八円但し内十万円は現物出資）を扣除（こうじょ）するときは差引三百五万七千三百二十一円の損失を負担することとなる

第二案

第二案に於ては満鉄の負担は益々増加するを以て大蔵省預金部、朝鮮総督府及東拓に於ても第一案に比し幾分多額の犠牲を払ふの要あり其の内容は茲（ここ）に省略す

五、結論

以上の方法に依るときは満鉄は二十年後に於て右合弁事業を其の出資金額を以て支那側に買収せられたる場合に於ては二十年間に第一案に依れば其の利益八百二万余円、第二案に依れば六百七十二万余円にして各其の出資金額に対し毎年平均年二分の利益を挙げたることとなる

中日合弁天図軽便鉄路公司契約書

第一条　支那商人代表文禄は日本商人飯田延太郎と天宝山より図們江岸に至る軽便鉄道共協経営に付左の契約を為す

第二条　本会社は中日合弁天図軽便鉄路公司と名づけ本社を吉林省城に設け並本鉄道沿線適宜の地点を選びて支社を設置す

第三条　本鉄道は天宝山より老頭溝、銅払寺、延吉、龍井村を経て図們江岸に至る

本鉄道は将来交通連絡地方利益開発上の目的を以て線路延長必要の時には支那政府の許可を経て増資し延長又は支線敷設をなすを得

第四条　本鉄道は天宝山等地方の鉱産及輸出入貨物の運輸を以て目的とす

本鉄道は支那官憲の保護及管轄を受け自ら警察を設け或は警察類似の人員を設置せず

第五条　本会社の資本は日本金弐百万円とす

前項資本金は第一期に先づ日本貨幣五十万円を交付すべし、但し事業発展の時は双方協議して分期資本金に満つる迄交付を続行するを得

第六条　本会社の資本は日支両国株主に於て各半額を出資す支那持株は代表文禄より納付し日本持株は飯田延太郎より出資す

前項の株は毎株日金一千円とす

第七条　本会社は双方株主の協議により並支那会社条例に遵照して社債を借るを得

第八条　本会社の決算は毎年六月、十二月の両期に分つ本鉄道は線路敷設完成後は天宝山銀銅鉱公司は既に交通の便利を得るを以て第一年より第二年迄は日金一万円を地方公益の費用として捐金し第三年よりは毎年日金二万円を捐金す此項所定の地方公益捐金費の処分は本省官庁の定むる所による

第九条　本会社の一切の事務は双方株主より協議の上弁理す但し株主事故あるときは代理人を派して之を弁理す、此外設置の董事は日支各半数とす、執務規則は別に之を定む

第十条　本会社双方の株主は双方の同意を得ざる以前に本会社所有一切の財産及其他の権利を典売譲渡する等の行為あるを得ず

第十一条　本会社の営業年限は設立の日より起り三十年を以て満期とす、年限満期以内に支那政府は随時平価を以

て本鉄道を買収することを得

第十二条　本会社は吉林延吉道尹の監督を受け鉄道線路起工以前に先づ線路の実測を行ひ且一切の工事計画を定め並該監督の許可を受くべし

第十三条　本会社は支那政府鉄道に関する一切諸法令の拘束を受く

第十四条　本会社は支那政府及支那側諸方面の折衝には支那側株主代表を以て会社の代表とす但し恒例常時を除く外の代表は先づ日本側と協議し同意の上之を行ふべし

第十五条　本契約書は日支代表商人各一通を所有し別に二通を作り一通は吉林交渉署に一通は吉林駐在日本領事館に存して以て証拠とす

支那側代表　　文　禄

南満洲太興合名会社社長　　飯田　延太郎

代理人　　大内　暢三

中華民国七年三月十六日

大　正　七年三月十六日

本契約書は民国七年三月十六日交通部の認可を経たることを証す

外交部特派吉林交渉員　　王　嘉沢

領　　事　　深沢　暹

日支官民合弁天図軽便鉄道会社改定契約

吉林省公署は民国七年三月十六日支那商側代表文禄と日本商飯田延太郎と議定せる日支両国双方にて資本を集めて天宝山より図們江岸に至る軽便鉄道を建設の為め訂結せる交通部許可の契約案は紛糾せる為め茲に此の懸案を解決せむとする趣旨を以て該契約を根拠とし吉林省公署（以下単に省公署と称す）は日商株主飯田延太郎（以下単に日商と称す）と合弁契約を改定すること左の如し

第一条　本鉄道は名づけて吉林省天図軽便鉄路股份公司（吉林省天図軽便鉄道株式会社）と称す

本会社は延吉龍井村に設置す

前項会社の設置及組織条例は皆省公署より中央政府に之を移牒照会して其の許可を得たる後能く実施すべし

第二条　本鉄道線路は天宝山より老頭溝銅払寺延吉龍井村を経て図們江の左岸に至る幹線総延長六十六哩〔マイル〕余又朝陽川より布爾哈図河の右岸に至る支線の総延長六哩余とす

第三条　本鉄道は専ら天宝山銀銅鉱老頭溝の石炭等の鉱物出入貨物の輸送を以て目的と為す

本鉄道は将来交通連絡及地方利益を開発するの趣旨によ

り吉林公署線路の延長を必要とするときは支那政府の許可を稟請し以て増資延長及支線を設くるを得

第四条　会社は第二条記載の線路を建設するを目的とし資本総額を四百万円と定め吉林省公署より半数を出資す（即ち会社株式の半数を取得す）、其の余の半数は日商より日本方面に対し募集す、一株の金額及株式の様式は会社より株券を発行するとき之を決定す

前項省公署引受けの股券総額が若し一時に準備し能はざる時は当分日商より法を設けて代て支出し以て起工に便す　代弁支出金に対する利子は年六朱（百分の六）と定む、該代弁支出金及利子は将来毎年営業上の利益中省公署に給与すべきものの中より之を控除す

第五条　本会社の営業年限は中華民国七年三月十六日より起りて三十年を以て満期と為す期限満了前と雖〔いえども〕支那政府は随時公平の価格を以て本鉄道を買収するを得

前項買収の代価が若し双方の意見同じからざるときは第三者の公平評価を以て標準と為す

但し若し未償還の代弁支出金あるときは応〔まさ〕に省公署より総て償還すべし

第六条　省公署は会社監督及保護の趣旨により延吉行政長官を督弁として該会社全般の経営事務を監督す　各官庁との交渉事件に対しては皆督弁を経由して之を行ふ　省公署と日商とは日支各三人の取締役（董事）を選挙し該取締役中よりは日支各一人即ち二人の総弁を挙ぐ

本会社一切の事務は両総弁により主管す督弁に申請して会社重要職員を任免す

本会社の営業技術会計等の重要事項は須〔すべか〕らく両総弁より商定後督弁に申請して記名調印を得たる後始めて能く施行すべし

第七条　本会社内重大事件と認むるものあるときは須く両総弁より督弁に相談し並取締役会に提出し全会一致後に之を行ふ　若し全会不一致の時は両総弁より督弁に相談の上決定す　取締役会議規則及権限は別に之を定む

第八条　凡そ会社一切の出入金額に対しては両総弁其の責を負ふ

本会社の出入金額に対しては両総弁は何時たりとも両総弁を会同し会社の会計簿冊及金額を検査す

第九条　鉄道一切の収支皆支那貨幣を用ひ当地吉林官銀号に預入す其の収支方法は別に之を定む

第十条　会社一切の記帳方法は須らく交通部の定めたる会計則例に照して記帳を弁理し皆銀本位を用ふべし

第十一条　凡そ督弁及董事以下の給料手当等は董事会議に

より之を規定す
第十二条　本会社決算は毎年六月及十二月に於てす表冊に製成して省公署に報告す
天宝山銀銅鉱公司が本鉄道線路の完成し開業の時は第一年より第二年に至り毎年国幣壱万五千円を報効して本省公益費となし第三年よりは毎年国幣弐万五千円を報効せんとすの願につきては此の公益費は省公署より随意に支配を行ひ将来天宝山の鉱務発達せる時は更に商議の上増加す
第十三条　本鉄道所用の一切の地所は総て督弁より地方に向ひ租用し且管理す
凡そ線路通過の官地も亦民地に照して価格を払ひて租用すべし
第十四条　省公署本鉄道用地を保護し線路を維持する為に派する支那の警察官は総て督弁により之を節制す　会社は鉄道営業費より巡警隊の費用を支出するが為之に詞を藉りて警察官の管理を行ふを得ず
第十五条　本会社は支那政府各鉄道関係の法令及各条例は一律に遵守すべし
本鉄道は政府及政府派遣の調査者に対する報告に付ては応に詳細意を用ひて弁理すべし
本鉄道に用ふべき各条例及条規の制定は成法によるものを除く外皆督弁より省公署に報告し或は中央政府の許可を受くべし
第十六条　職員は両総弁より督弁に相談の上之を定め日支両国人を同等に選用す　其の総務処長、車務処長は支那国人を用ひ工務処長、会計処長は日本国人を用ふ
第十七条　会社各職員にして左記各項の一に当るものは督弁より予め免職を以て処分す
一、能く任に堪へざるもの
二、操行不謹慎のもの
三、約束を遵奉せざるもの
四、法紀に違反するもの
五、長官を侮慢するもの
第十八条　本鉄道の一切の保線及運用の機械材料の支那製品が外国品に比し品質及価格相同じき時は応に第一に支那品を購用すべし
前項保線及運転の機械材料を購買する時は支那品或は外国品たるを論ぜず先づ書面に之を記載せるものを差出し両総弁の許可を得たる後に非ざれば購買するを得ず
第十九条　支那軍隊或は軍需品は優先して運送すべし、其の運輸方法は支那各鉄道の通行条例に照して弁理し並将

来規定の運賃表の五割引にて計算し若し地方の凶荒に遭ひ救助の糧食及物品を運輸するときは会社は別に運賃を減免すべし

第二十条　本鉄道及鉄道用地内の警察行政司法課税等の権は全く支那政府に属す

第二十一条　本会社が未だ両国の株主の同意及支那政府の許可を得ざる以前は本会社のあらゆる一切の財産及其の他の権利等の典売譲与するを得ず

第二十二条　本鉄道の保護の為若し支那本国又は吉林省の軍隊を用ゆる時は兵餉〔へいしょう〕等の費用は仍ち支那政府或は吉林省より支出す

但し会社は須らく特別に優待すべし

第二十三条　本契約締結後は省公署より交通部に移牒し許可を得たる後方〔まさ〕に効力を生ずべし　従来の民国七年三月十六日文禄と飯田延太郎と締結し交通部の許可を得たるものは爾後全く廃紙たり

第二十四条　本契約は吉林省公署及日商株主代表人飯田延太郎各一通を領収する外別に二通を写取り一通は吉林交渉署に一通は吉林日本総領事館に置き以て存証に資す

中華民国十一年十月十二日

吉林省公署代表　　察　運升

大日本帝国駐奉天総領事　赤塚　正助

日商株主代表人　　飯田　延太郎

図們江架橋協定

一、図們江橋梁は日支両国政府の共有に係り該橋中間を界とし両国に於て各管理す

二、橋梁建築に要する土地は日支両国政府各無償提供す但し民有地なる時は相当価格を以て買収すべし

三、橋梁の建設は間島総領事及延吉道尹に於て適当と認めたる技師に委託設計し確実なる工事請負者を撰択入札に附し該技師をして監督完成せしむ

四、本橋架設費は日本金参拾万円以内とし日支両方各其の半額を負担す

五、橋梁の構造は堅牢を旨とし橋台橋脚共に鉄筋凝土にて築造し橋桁は鋼鈑を以て架設す

六、本橋建設後に於ける警察の取締、税関の検査、橋梁管理及維持修理費に関する細目は別に之を規定す

七、本橋の建設は素と通行者の往復、貨物の運輸を便利ならしむるを目的とす、若し天図、図們両鉄路公司に於て運輸連絡の為通行を求むる時は双方情形を酌譲し許可することを得

八、本橋架設に関し不備の事項あらば間島総領事及延吉道尹随時協議す

大正十五年六月九日　　間島総領事

延吉　道尹

大正十四年十二月二十八日　　朝鮮総督　子爵　斎藤　実

外務大臣男爵　幣原喜重郎　殿

図們江架橋協定に関する件

十二月二十一日発貴電拝誦致候

図們江架橋に関する予備協定吉林に於て成立せる此際当方に於ても至急本件の進捗を図り度存候、同橋架設に関する測量設計及工事の監督は飯田氏の希望に応じ本府鉄道局より技師を派遣し之を行ふことゝし今後約一箇月内に測量設計を了する予定に有之(これあり)、之が為対岸支那地に立入るの要有之候に付ては細目協定成立前予め此の点に関する諒解を得置かれ度候、架設費に関する援助の申出も有之候も本府に於ては差向き援助の費途なく太興合名会社及図們鉄道会社をして全部負担せしむるの外無之、而して両会社に於ては自然東洋拓殖株式会社より該資金の融通を受くるを要することと相成可く之に関しては当方よりも同会社に申入るる心組に有之候、尚別紙図們架橋協定案は貴方へも飯田氏より提出せることと存候処同案条項に関する当方の意見大体左記の通に有之不取敢(とりあえず)御報申上候

記

第一項中「日支両国政府の共有に帰す」とあるは之に依り架橋後直に無償にて両国政府の所有となるものと解せらるる虞あるを以て支那側は政府の所有とし日本側は図們鉄道の所有と致置き将来日本政府が図們鉄道負担部分に対して補償を与へたる上は両国政府の共有と致度候、尤支那側に於て橋梁を二分して各一半を双方各別に所有することを主張する場合に於ては相互に他の所有部分に付使用権を有することと致度候但し国境線を定むる関係に付目下繋争中の次第も有之之に触れざる様致度為念申添候、

第三項乃至第五項　橋梁の構造及建設費に付ては設計の上決定致度若し設計完了前に協定遂行の際は建設費は多少増額することあるべきを予定し置かれ度又其の場合構造に関する字句は左の程度に止められ度候

「本橋梁には天図、図們両鉄道の直通連絡輸送に供する為鉄道を敷設するものとす本橋には歩道を添設す」

「本橋梁に敷設すべき鉄道は当分単線とし将来必要に応じ之を複線式(軌間二呎六吋鉄道の複線式)に為し得る様橋梁を築造するものとす」

第六項は支那側に於て記入を好まざる趣なれば之を削除するも差支無之而して事実上本府鉄道局に於て委嘱を受け作業するに支障なき様致置かれ度候

大正十五年一月二十六日　　幣原大臣

亜二機密第一七号

斎藤朝鮮総督宛

図們江架橋問題に関する件

大正十四年十二月二十八日附貴信に関し当方に於ては本件架橋細目協定案に対する貴府御意見参照の上本月二十五日在間島鈴木総領事に対し陶延吉道尹との間に右細目協定商議開始方電訓せる次第は既に貴方に転電済なる在間島鈴木総領事宛往電(一月二十五日発)に依り御諒承のことと思考する処貴府御意見に依れば本件細目協定案第一項中「図們江橋梁は日支両国政府の共有に帰す」とある点に関し右は架橋後直に無償にて両国政府の所有となれるものと解せらるる虞あるを以て支那側は政府の所有とし日本側は図們鉄道の所有となし置き将来日本政府が図們鉄道負担部分に対し補償を与へたる上は両国政府の共有とすべしとの趣頗る尤と思考せらるるも支那側に於ては本件橋梁が国際的橋梁なるに鑑み之を日支両国政府の共有に帰せんとするは其の多年の主張なるのみならず右の了解の下に客年十二月九日在吉林川越総領事と王吉林省長との間に本件架橋に関する根本的協定成立せる次第に顧み今般本件に関する細目協定商議に当り我方に於て右の点に関する貴府御意見の趣旨を協定文中に記載方を主張するも支那側は之に対し強硬に反対すべく右は延いては該細目協定を不成立たらしむるやの虞もあるに付ては貴府に於ても以上の経緯御了承の上協定文面は依然「日支両国政府の共有に帰す」となし置き而して橋梁帰属の実際問題は内部関係として貴府と飯田側との間に御意見通り十分なる了解を遂げ置かるることとするも一方法かと思考せらるる処右に関しては既に飯田延太郎より貴府に対し願出の趣ありたる由なるに付可然(しかるべき)御配慮煩度貴府御意見御確定の上何分の儀折返し当方へも御回報相成度し

追て本件架橋費は貴府御意見の如く飯田側に於て東洋拓殖会社より之が融通を受くるの外無かるべしと思考せらるる処架橋工事は急速実行の運に至らむこと得策と認めらるるに付ては此の際貴府に於ても東洋拓殖会社に対し可然御口添相煩し度此段申進す

朝鮮鉄道純益予想

年次	旅客 人員	旅客 純益	貨物 数量	貨物 純益	純益計
一	一三〇、〇〇〇	三九、〇〇〇	一八〇、〇〇〇	一九八、〇〇〇	二三七、〇〇〇
二	一四三、〇〇〇	四二、九〇〇	一九八、〇〇〇	二一七、八〇〇	二六〇、七〇〇
三	一七一、六〇〇	五一、四八〇	二三七、六〇〇	二六一、三六〇	三一二、八四〇
四	二〇五、九二〇	六一、七七六	二八五、一二〇	三一三、六三二	三七五、四〇八
五	二四七、一〇四	七四、一三一	三四二、二六四	三七六、四九〇	四五〇、六二二
六	二七一、八一四	八一、五四四	三七六、四九〇	四一四、一三九	四九五、六八三
七	二九八、九九五	八九、六九九	四一四、一三九	四五五、五五三	五四五、二五一
八	三二八、八九五	九八、六六九	四五五、五五三	五〇一、一〇八	五九九、七七七
九	三六一、七八五	一〇八、五三六	五〇一、一〇八	五五一、二一九	六五九、七五五
一〇	三九七、九六四	一一九、三八九	五五一、二一九	六〇六、三四一	七二五、七三〇
一一	四二九、八〇〇	一二八、九四〇	五九五、三一七	六五四、八四九	七八三、七八九
一二	四六四、一八四	一三九、二五五	六四二、九四二	七〇七、二三六	八四六、四九一
一三	五〇一、三一九	一五〇、三九六	六九四、三七七	七六三、八一五	九一四、二一一
一四	五二六、三八五	一五七、九一六	七二九、〇九六	八〇二、〇〇六	九五九、九二二
一五	五五二、七〇四	一六五、八一一	七六五、五五一	八四二、一〇六	一、〇〇七、九一七
一六	五八〇、三三九	一七四、一〇二	八〇三、八二九	八八四、二一二	一、〇五八、三一四
一七	六〇九、三五六	一八二、八〇七	八四四、〇二〇	九二八、四二二	一、一一一、二二九
一八	六三三、七三〇	一九〇、一一九	八七七、七八一	九六五、五五九	一、一五五、六七八
一九	六五九、〇七九	一九七、七二四	九一二、八九二	一、〇〇四、一八一	一、二〇一、九〇五

二〇	六八七、〇四二	二〇六、一一三	九四九、四〇八	一、〇四四、三四九	一、二五〇、四六二

備考　一、平均輸送距離は旅客に在りては三〇%貨物に在りては八〇%とす
二、増加率は二年目一〇%、三年―五年二〇%、六年―十年一〇%、十一年―十三年八%、十四年―十七年五%、一八―二十年四%とす
三、運賃率は朝鮮鉄道運賃率に依る
四、上三案及清津間の純益とす

天図鉄道純益予想

年次	旅客（人）	貨物（屯）	純益（円）
一	三五〇、〇〇〇	二六〇、〇〇〇	二八九、四〇〇
二	三八五、〇〇〇	二八六、〇〇〇	三三五、九四〇
三	四六二、〇〇〇	三四三、二〇〇	四三八、三二八
四	五五四、四〇〇	四一一、八四〇	五四三、五九四
五	六六五、二八〇	四九四、二〇八	六七三、四三二
六	七三一、八〇八	五四三、六二九	七四四、二九六
七	八〇四、九八〇	五九七、九九二	八二四、〇〇二
八	八八五、四七八	六五七、八〇〇	九一三、四五四
九	九七四、〇二六	七二三、五八〇	一、〇一三、六〇〇
一〇	一、〇七一、四二九	七九五、九三八	一、一〇五、五一九
一一	一、一五七、一四三	八五九、六一三	一、二二一、八九六
一二	一、二四九、七一四	九二八、三八二	一、三二七、三九一
一三	一、三四九、六〇一	一、〇〇二、六五三	一、四四二、七〇一
一四	一、四一七、〇八一	一、〇五二、七八六	一、五一四、八三六
一五	一、四八七、九三五	一、一〇五、四二五	一、五九一、四五七
一六	一、五六二、三三二	一、一六〇、六九六	一、六七二、七九〇
一七	一、六四〇、四四九	一、二一八、七三一	一、七五九、〇七〇
一八	一、七〇六、〇六七	一、二六七、四八〇	一、八二八、七二八
一九	一、七七四、三一〇	一、三一八、一七九	一、九〇一、八七八
二〇	一、八四五、二八二	一、三七〇、九〇六	一、九七八、六五六
純益計			二三、一二〇、九六八

備考　一、平均輸送距離は旅客に在りては三五%、貨物に在りては六二%とす
二、増加率は朝鮮鉄道純益予想と同一とす
三、運賃率は旅客に在りては人粁二、五銭、貨物に在りては屯粁三、五銭とす

天図軽鉄公司資金勘定

日支合弁負担	（円）	南満洲太興合名会社投資内訳	（円）	資金関係	（円）
㈠天図軽鉄					
資本金	四、〇〇〇、〇〇〇・〇〇〇	建設費	四、〇八三、七五六・四三〇	東拓低利資金	四、七二三、九七〇・〇〇〇
借入金其他	三九三、九九七・八二五	貯蔵品其他	一七二、三七八・一七〇	東拓普通資金	一、四五五、〇〇〇・〇〇〇
		欠損	一三七、八六三・二二五	銀行より借入金	四三二、七三〇・〇〇〇
小計	四、三九三、九九七・八二五	小計	四、三九三、九九七・八二五	小計	六、六一一、七〇〇・〇〇〇
	円				
立替金利息	一、七七四、八三〇・五二〇	機務費	一、〇二七、八七四・二六〇	合名会社資金	三六〇、二四二・七二五
		東拓支払利息	一、四二二、五四八・二四〇		
		銀行借入金利息	一〇五、七七五・〇〇〇		
		土地建物買収費	二一、七四七・四〇〇		
		合計	六、九七一、九四二・七二五	合計	六、九七一、九四二・七二五
		東拓未払利息及違約金	八五七、三六七・〇〇〇	東拓未払利息及違約金	八五七、三六七・〇〇〇
		東拓一、四五五、〇〇〇の分	四三一、三八六・〇〇〇	東拓一、四五五、〇〇〇の分	四三一、三八六・〇〇〇
		〃　四、七二〇、〇〇〇の分	四二五、九八一・〇〇〇	〃　四、七二〇、〇〇〇の分	四二五、九八一・〇〇〇
合計	六、一六八、八二八・三四五	合計	七、八二九、三〇九・七二五	合計	七、八二九、三〇九・七二五
㈡図們江橋梁					
協定額	三〇〇、〇〇〇円の半額	建設費	三〇八、八三四・三一〇	東拓普通資金	三〇二、〇〇〇・〇〇〇
	一五〇、〇〇〇・〇〇〇			合名会社資金	六、八三四・三一〇
				計	三〇八、八三四・三一〇
総計	六、三一八、八二八・三四五				

備考　資金関係の欄合名会社資金三十六万余円中には天図軽鉄公司に於て直接関東商業金融株式会社よりの借入金一万四千円を含む

老頭溝煤鉱公司資金勘定

日支合弁負担	（円）	南満洲太興合名会社投資内訳	（円）	資金関係	（円）
資本金	二〇〇、〇〇〇・〇〇〇	施設費其他	三〇七、三一七・七五〇	東拓低利資金	五〇六、〇三〇・〇〇〇
借入金其他	二四二、九四八・一三〇	貯蔵品其他	一一九、五七七・六一〇	〃　普通資金	二二、〇〇〇・〇〇〇
		欠損	一六、〇五二・七七〇	銀行借入金	八三、三〇四・〇〇〇
計	四四二、九四八・一三〇	計	四四二、九四八・一三〇	計	六一一、三三四・〇〇〇

機務費	一五〇、〇〇〇・〇〇〇
土地其他買収費	一四四、〇〇〇・〇〇〇
銀行借入金利息	二〇、三六一・〇〇〇
東拓支払利息	二二、〇〇〇・〇〇〇
合計	七七九、三〇九・一三〇
東拓五〇六、〇三〇円に対する未払利息及違約金	八五、七九八・〇〇〇
東拓二二、〇〇〇円に対する未払利息及違約金	六、五二一・〇〇〇
小計	九二、三一九・〇〇〇
総計	八七一、六二八・一三〇

合名会社資金	一六七、九七五・一三〇
合計	七七九、三〇九・一三〇
東拓五〇六、〇三〇円に対する未払利息及違約金	八五、七九八・〇〇〇
東拓二二、〇〇〇円に対する未払利息及違約金	六、五二一・〇〇〇
小計	九二、三一九・〇〇〇
総計	八七一、六二八・一三〇

天図鉄道及老頭溝炭鉱関係南満洲太興合名会社借入金並其の延滞利息及違約金調（昭和三年七月末現在）

借入先	投資の種類	元金	延滞利息	違約金	計
東洋拓殖株式会社 ㈠預金部資金	天図鉄道関係	四、七二三、九七〇	三九七、五四五	二八、四三六	五、一四九、九五一
	老頭溝炭鉱関係	五〇六、〇三〇	七八、五六六	七、二三二	五九一、八二八
	計	五、二三〇、〇〇〇	四七六、一一一	三五、六六八	五、七四一、七七九
㈡普通預金	天図鉄道関係	一、四五五、〇〇〇	三七六、五〇六	五四、八八〇	一、八八六、三八六
	老頭溝炭鉱関係	二二、〇〇〇	五、六九二	八二九	二八、五二一
	計	一、四七七、〇〇〇	三八二、一九八	五五、七〇九	一、九一四、九〇七
	図們橋梁関係	三〇二、〇〇〇	四〇、四一二	二、五〇九	三四四、九二一
㈢合計		七、〇〇九、〇〇〇	八九八、七二二	九三、八八六	八、〇〇一、六〇七
川崎第百銀行	不明	二五〇、〇〇〇	担保	図們鉄道株	四、四〇〇株
同日本橋支店	〃	三〇〇、〇〇〇	〃		

山口銀行	〃	二三〇、〇〇〇	担保
十五銀行	〃	二五〇、〇〇〇	〃　吉 寺土地　一四、二六七坪
若尾銀行	〃	五〇〇、〇〇〇	〃　番町 土地　一、一九一坪
安田銀行	〃	一〇〇、〇〇〇	無し
第三銀行	〃	四〇、〇〇〇	図們鉄道株　三、七〇〇株
昭和銀行	〃	四〇、〇〇〇	無し
朝鮮銀行	〃	五〇、〇〇〇	図們鉄道株　六、八三〇株
以上九口計		一、七六〇、〇〇〇	
総計		九、七六一、六〇七	

大蔵省預金部資金に対する延滞利息に関する件

㈠　天図鉄道分（四百七十二万三千九百七十円の分）　昭和三年七月末日現在

東拓より預金部へ支払			太興合名会社より東拓に受入			
支払期日	契約利息	支払利息	受入期日	契約利息	受入利息	未収即延滞利息
大正十五年六月十二日	一一八、〇九九	一一八、〇九九	大正十五年六月三十日	一四二、四九五	大正十五年八月五日 一三五、九〇〇円 昭和二年九月十六日 六、五九五 計 一四二、四九五	
大正十五年十二月十二日	一一八、〇九九	一一八、〇九九	昭和元年十二月三十一日	一四一、七一九	昭和二年九月十六日 一四一、七一九	
昭和二年六月十二日	一一八、〇九九	一一八、〇九九	昭和二年六月三十日	一四一、七一九	昭和二年九月十六日 五一、六八五	九〇、〇三四
昭和二年十二月十二日	一一八、〇九九	一一八、〇九九	昭和二年十二月三十一日	一四一、七一九		一四一、七一九
昭和三年六月十二日	一一八、〇九九	一一八、〇九九	昭和三年六月三十日	一四一、七一九		一四一、七一九

計	五九〇、四九五	五九〇、四九五	計	七〇九、三七一	三三五、八九九	三七三、四七二

東拓が預金部に支払　五九〇、四九五
太興合名会社が東拓に支払　三三五、八九九
差引（東拓が大興会社の為に立替支払）　二五四、五九六

（二）　老頭溝炭鉱分（五十万六千三十円の分）

東拓より預金部に支払			太興合名会社より東拓に受入			
支払期日	契約利息	支払利息	受入期日	契約利息	受入利息	未収即延滞利息
大正十五年六月十二日	一二、六五〇円	一二、六五〇円	大正十五年六月三十日	一五、二六四	―	一五、二六四
大正十五年十二月十二日	一二、六五〇	一二、六五〇	昭和元年十二月三十一日	一五、一八〇	―	一五、一八〇
昭和二年六月十二日	一二、六五〇	一二、六五〇	昭和二年六月三十日	一五、一八〇	―	一五、一八〇
昭和二年十二月十二日	一二、六五〇	一二、六五〇	昭和三年十二月三十一日	一五、一八〇	―	一五、一八〇
昭和三年六月十二日	一二、六五〇	一二、六五〇	昭和三年六月三十日	一五、一八〇	―	一五、一八〇
計	六三、二五〇	六三、二五〇	計	七五、九八四	―	七五、九八四

東拓が預金部に支払　六三、二五〇円
太興合名会社が東拓に支払　―
差引（東拓が大興会社の為に立替支払）　六三、二五〇

（三）　総　括

東拓が預金部に支払　六五三、七四五円
太興合名会社が東拓に支払　三三五、八九九
差引（東拓が大興会社の為に立替支払）　三一七、八四六

借入金　大蔵省 10,000,000 円の利子 4.8 分
〃　5,230,000 } の利子 3.0 分
東拓　1,800,000 }
満鉄　2,700,000　〃　5.5 分

朝鮮総督府補助金	日本側収得額計	大蔵省 10,000,000 円 4.5 分 5 年据置 15 年償還	大蔵省 5,230,000 円 3 分 5 年据置 15 年償還	東拓 1,800,000 円 3 分 5 年据置 15 年償還	満鉄 270,000 円 5.5 分 5 年据置 15 年償還	償還元利合計	差引負担額
円	円	円	円	円	円	円	円
550,000	825,900	-480,000	-156,900	-54,000	-148,500	~~-389400~~ -839,408	-13,500
〃	849,170	〃	〃	〃	〃	〃	9,770
〃	900,364	〃	〃	〃	〃	〃	60,964
〃	952,997	〃	〃	〃	〃	〃	113,597
〃	1,017,916	〃	〃	〃	〃	〃	178,516
〃	1,053,348	-950,509	-438,099	-150,780	-268,989	-1,808,377	-755,029
〃	1,093,201	〃	〃	〃	〃	〃	-715,176
〃	1,137,927	〃	〃	〃	〃	〃	-670,450
〃	1,188,000	〃	〃	〃	〃	〃	-620,377
〃	1,233,959	〃	〃	〃	〃	〃	-574,418
〃	1,657,748	〃	〃	〃	〃	〃	-150,629
〃	1,710,495	〃	〃	〃	〃	〃	-97,882
〃	1,768,150	〃	〃	〃	〃	〃	-40,227
〃	1,804,218	〃	〃	〃	〃	〃	-4,159
〃	1,842,528	〃	〃	〃	〃	〃	34,182
〃	1,333,195	〃	〃	〃	〃	〃	-475,182
〃	1,376,335	〃	〃	〃	〃	〃	-432,042
〃	1,411,164	〃	〃	〃	〃	〃	-397,213
〃	1,447,739	〃	〃	〃	〃	〃	-360,638
〃	1,486,128	〃	〃	〃	〃	〃	-322,249
8,250,000	26,090,484	-16,657,635	-7,355,985	-2,531,700	-4,777,335	-31,322,655	-5,232,171

差引負担額(－)は6分(＋)は4分とし複利計算せば-8,644,000となり出資額16,662,000円に対し8,018,000円の利益となるも年額2分の利子に相当す

第一案附表の(1)

新合弁出資額　16,761,776円　　補助金年額　550,000円　15年間
満鉄立替額　16,661,776円　　改築費　支那側負担利子 10年間無利子爾後6分
其他　〃　〃　4分　爾後6分

年限	天図鉄道予想純益	日支合弁支那側収得額	支那側負担利子 5,000,000円 10年 0 10年 6分	支那側負担利子 3,280,000円 10年 4分 10年 6分	支那側実際収得額	日本側実際収得額
	円	円	円	円	円	円
1	289,400	144,700	0	4分　-131,200	13,500	275,900
2	335,940	167,970	0	〃	36,770	299,170
3	438,328	219,164	0	〃	87,964	350,364
4	543,594	271,797	0	〃	140,597	402,997
5	673,432	336,716	0	〃	205,519	467,916
6	744,296	372,148	0	〃	240,948	503,348
7	824,002	412,001	0	〃	280,801	543,201
8	913,454	456,727	0	〃	325,527	587,927
9	1,013,600	506,800	0	〃	375,600	638,000
10	1,105,519	552,760	0	〃	421,560	683,959
11	1,221,896	610,948	6分　-300,000	6分　-196,800	114,148	1,107,748
12	1,327,391	663,696	〃	〃	166,896	1,160,495
13	1,442,701	721,351	〃	〃	224,551	1,218,150
14	1,514,836	757,418	〃	〃	260,618	1,254,218
15	1,591,457	795,729	〃	〃	298,929	1,292,528
16	1,672,790	836,395	〃	〃	339,595	1,333,195
17	1,759,070	879,535	〃	〃	382,735	1,376,335
18	1,828,728	914,364	〃	〃	417,564	1,411,164
19	1,901,878	950,939	〃	〃	454,139	1,447,739
20	1,978,656	989,328	〃	〃	492,528	1,486,128
	23,120,968	11,560,484	-3,000,000	-3,280,000	5,280,484	17,840,484

（注）数字の前にある「＋」については省略した．

借入金　大蔵省 10,000,000 円の利子 4.8 分
〃　5,230,000　〃　3.5 分
東拓　1,800,000　〃　3.5 分
満鉄　2,700,000　〃　5.5 分

朝鮮総督府補助金	日本側収得額計	大蔵省 10,000,000 円 4.8 分 5 年据置 15 年償還	大蔵省 5,230,000 円 3.5 分 5 年据置 15 年償還	東拓 1,800,000 円 3.5 分 5 年据置 15 年償還	満鉄 2,700,000 円 5.5 分 5 年据置 15 年償還	償還元利合計	差引負担額
円	円	円	円	円	円	円	円
500,000	775,900	-480,000	-183,050	-63,000	-148,500	-874,550	-98,650
〃	799,170	〃	〃	〃	〃	〃	-75,380
〃	850,364	〃	〃	〃	〃	〃	-24,186
〃	902,997	〃	〃	〃	〃	〃	28,447
〃	967,916	〃	〃	〃	〃	〃	93,366
〃	1,303,348	-950,509	-454,095	-156,285	-268,989	-1,829,878	-526,530
〃	1,343,201	〃	〃	〃	〃	〃	-486,677
〃	1,387,927	〃	〃	〃	〃	〃	-441,951
〃	1,438,000	〃	〃	〃	〃	〃	-391,878
〃	1,483,959	〃	〃	〃	〃	〃	-345,919
〃	1,607,748	〃	〃	〃	〃	〃	-222,130
〃	1,660,495	〃	〃	〃	〃	〃	-169,383
〃	1,718,150	〃	〃	〃	〃	〃	-111,728
〃	1,754,218	〃	〃	〃	〃	〃	-75,660
〃	1,792,528	〃	〃	〃	〃	〃	-37,350
	1,333,195	〃	〃	〃	〃	〃	-496,683
	1,376,335	〃	〃	〃	〃	〃	-453,543
	1,411,164	〃	〃	〃	〃	〃	-418,714
	1,447,739	〃	〃	〃	〃	〃	-382,139
	1,486,128	〃	〃	〃	〃	〃	-343,750
7,500,000	26,840,484	-16,657,635	-7,726,675	-2,659,275	-4,777,335	-31,820,920	-4,980,436

差引負担額(－)は6分(＋)は4分とし複利計算せば -8,121,000 円となり出資額 16,662,000 に対し 8,541,000 の利益となるも年額2分強の利子に相当す

第一案附表の(2)

新合弁出資額　16,761,776円　　補助金年額　500,000円　15年間
　　　　　　　　　　　　　　　改築費　支那側負担利子5年間無利子爾後6分
満鉄立替額　16,661,776円　　其他　〃　〃　10年間4分　〃　6分

年限	天図鉄道予想純益	日支合弁支那側収得額	支那側負担利子		支那側実際収得額	日本側実際収得額
			5,000,000円 5年　0 15年　6分	3,280,000円 10年　4分 10年　6分		
	円	円	円	円	円	円
1	289,000	144,700	0	4%　131,200	13,500	275,900
2	335,940	167,970	0	〃	36,770	299,170
3	438,328	219,164	0	〃	87,964	350,364
4	543,594	271,797	0	〃	140,597	402,997
5	673,432	336,716	0	〃	205,516	467,916
6	744,296	372,148	6%　−300,000	〃	−59,052	803,348
7	824,002	412,001	〃	〃	−19,199	843,201
8	913,454	456,727	〃	〃	25,527	887,927
9	1,013,600	506,800	〃	〃	75,600	938,000
10	1,105,519	552,760	〃	〃	121,560	983,959
11	1,221,896	610,948	〃	6%　−196,800	114,148	1,107,748
12	1,327,391	663,691	〃	〃	166,896	1,160,495
13	1,442,701	721,351	〃	〃	224,551	1,218,150
14	1,514,836	757,418	〃	〃	260,618	1,254,218
15	1,591,457	795,729	〃	〃	298,929	1,292,528
16	1,672,790	836,395	〃	〃	339,595	1,333,195
17	1,759,070	879,535	〃	〃	382,735	1,376,335
18	1,828,728	914,364	〃	〃	417,564	1,411,164
19	1,901,878	950,939	〃	〃	454,139	1,447,739
20	1,978,656	989,328	〃	〃	492,528	1,486,128
	23,120,968	11,560,484	−4,500,000	3,280,000	3,780,484	19,340,484

(注) 数字の前にある「＋」については省略した.

借入金　大蔵省 10,000,000 円の利子 4.8 分
〃　5,230,000　〃　2.5 分
東拓　1,477,000　〃　2.5 分
満鉄　2,700,000　〃　5.5 分

朝鮮総督府補助金	日本側収得額計	大蔵省 10,000,000円 4.8分 5年据置 15年償還	大蔵省 5,230,000円 2.5分 5年据置 15年償還	東拓 1,477,000円 2.5分 5年据置 15年償還	満鉄 2,700,000円 5.5分 5年据置 15年償還	償還元利合計	差引負担額
円	円	円	円	円	円	円	円
600,000	827,700	-480,000	-130,750	-36,925	-148,500	796,175	31,525
〃	850,970	〃	〃	〃	〃	〃	54,795
〃	902,164	〃	〃	〃	〃	〃	105,989
〃	954,797	〃	〃	〃	〃	〃	158,622
〃	1,019,716	〃	〃	〃	〃	〃	223,541
〃	1,055,148	-950,509	-422,409	-119,292	-268,989	-1,761,199	-706,051
〃	1,095,001	〃	〃	〃	〃	〃	-666,198
〃	1,135,727	〃	〃	〃	〃	〃	-621,472
〃	1,189,800	〃	〃	〃	〃	〃	-571,399
〃	1,235,760	〃	〃	〃	〃	〃	-525,439
〃	1,635,448	〃	〃	〃	〃	〃	-125,751
〃	1,688,196	〃	〃	〃	〃	〃	-73,003
〃	1,745,851	〃	〃	〃	〃	〃	-15,348
〃	1,781,918	〃	〃	〃	〃	〃	20,719
〃	1,820,229	〃	〃	〃	〃	〃	59,030
	1,260,895	〃	〃	〃	〃	〃	-500,304
	1,304,035	〃	〃	〃	〃	〃	-457,164
	1,338,864	〃	〃	〃	〃	〃	-422,335
	1,375,439	〃	〃	〃	〃	〃	-385,760
	1,413,828	〃	〃	〃	〃	〃	-347,371
9,000,000	25,635,484	-16,657,635	-6,989,885	-1,974,005	-4,777,335	30,398,860	-4,763,376

差引負担額(－)は6分(＋)は4分とし複利計算せば-7,524,000円となり，出資額14,250,000円に対し6,721,000円の利益となるも年額2分の利子に相当す

第二案附表の(1)

新合弁出資額　14,350,000円　　補助年額　600,000円　15年間
改築費　支那側負担利子10年間無利子爾後6分
満鉄立替額　14,250,000円　　其他　〃　10年間4分　爾後6分

年限	天図鉄道予想純益	日支合弁支那側収得額	支那側負担利子 5,000,000円 10年　0 10年　6分	支那側負担利子 2,075,000円 10年　4分 10年　6分	支那側実際収得額	日本側実際収得額
	円	円	円	円	円	円
1	289,400	144,700	0	4分　-83,000	61,700	227,700
2	335,940	167,970	0	〃	84,970	250,970
3	438,328	219,164	0	〃	136,164	302,164
4	543,594	271,797	0	〃	188,797	354,797
5	673,432	336,716	0	〃	253,716	419,716
6	744,296	372,148	0	〃	289,148	455,148
7	824,002	412,001	0	〃	329,001	495,001
8	913,454	456,727	0	〃	373,727	539,727
9	1,013,600	506,800	0	〃	423,800	589,800
10	1,105,519	552,760	0	〃	469,760	635,760
11	1,221,896	610,948	6分　-300,000	6分　-124,500	186,448	1,035,448
12	1,327,391	663,696	〃	〃	239,196	1,088,196
13	1,442,701	721,351	〃	〃	296,851	1,145,851
14	1,514,836	757,418	〃	〃	332,918	1,181,918
15	1,591,457	795,729	〃	〃	371,229	1,220,229
16	1,672,790	836,395	〃	〃	411,895	1,260,895
17	1,759,070	879,535	〃	〃	455,035	1,304,035
18	1,828,728	914,364	〃	〃	489,864	1,338,864
19	1,901,878	950,939	〃	〃	526,439	1,375,439
20	1,978,656	989,328	〃	〃	564,828	1,413,828
	23,120,968	11,560,484	-3,000,000	-2,075,000	6,485,484	16,635,484

(注) 数字の前にある「+」については省略した．

借入金　大蔵省 10,000,000 円の利子 4.8 分
〃　5,230,000　〃　3.0 分
東拓　1,800,000　〃　3.0 分
満鉄　2,700,000　〃　5.5 分

朝鮮総督府補助金	日本側収得額計	大蔵省 10,000,000 円 4.8 分 5 年据置 15 年償還	大蔵省 5,230,000 円 3.0 分 5 年据置 15 年償還	東拓 1,800,000 円 3.0 分 5 年据置 15 年償還	満鉄 2,700,000 円 5.5 分 5 年据置 15 年償還	償還元利合計	差引負担額
円	円	円	円	円	円	円	円
550,000	777,700	-480,000	-156,900	-54,000	-148,500	-839,400	-61,700
〃	800,970	〃	〃	〃	〃	〃	-38,430
〃	852,164	〃	〃	〃	〃	〃	12,764
〃	904,797	〃	〃	〃	〃	〃	65,397
〃	969,716	〃	〃	〃	〃	〃	130,316
〃	1,305,148	-950,509	-438,099	-150,780	-268,989	-1,808,377	-503,229
〃	1,345,001	〃	〃	〃	〃	〃	-463,376
〃	1,389,727	〃	〃	〃	〃	〃	-418,650
〃	1,439,800	〃	〃	〃	〃	〃	-368,577
〃	1,485,760	〃	〃	〃	〃	〃	-322,617
〃	1,585,448	〃	〃	〃	〃	〃	-222,927
〃	1,638,196	〃	〃	〃	〃	〃	-170,181
〃	1,695,851	〃	〃	〃	〃	〃	-112,526
〃	1,731,918	〃	〃	〃	〃	〃	-76,459
〃	1,770,229	〃	〃	〃	〃	〃	-38,148
	1,260,895	〃	〃	〃	〃	〃	-547,482
	1,304,035	〃	〃	〃	〃	〃	-504,342
	1,338,864	〃	〃	〃	〃	〃	-469,513
	1,375,439	〃	〃	〃	〃	〃	-432,938
	1,413,828	〃	〃	〃	〃	〃	-396,549
8,250,000	26,385,484	-16,657,635	-7,355,985	-2,531,700	-4,777,335	-31,322,655	-4,937,171

差引負担額(－)は６分(＋)は４分とし複利計算せば -7,683,000 円となり出資額 14,250,000 円に対し 6,567,000 円の利益となるも年額２分の利子に相当す

第二案附表の(2)

新合弁出資額　14,350,000円　　補助年額　5,500,000円　15年間
改築費　支那側負担利子５年間無利子爾後６分
満鉄立替額　14,250,000円　　其他　〃　〃　10年間４分　〃　６分

年限	天図鉄道予想純益	日支合弁支那側収得額	支那側負担利子		支那側実際収得額	日本側実際収得額
			5,000,000円 ５年　0 15年　６分	2,075,000円 10年　４分 10年　６分		
	円	円	円	円	円	円
1	289,400	144,700	0	４分　-83,000	61,700	227,700
2	335,940	167,970	0	〃	84,970	250,970
3	438,328	219,164	0	〃	136,164	302,164
4	543,594	271,797	0	〃	188,797	354,797
5	673,432	336,716	0	〃	253,716	419,716
6	744,296	372,148	６分　-300,000	〃	-10,852	755,184
7	824,002	412,001	〃	〃	29,001	795,001
8	913,454	456,727	〃	〃	73,727	839,727
9	1,013,600	506,800	〃	〃	123,800	889,800
10	1,105,519	552,760	〃	〃	169,760	935,760
11	1,221,896	610,948	〃	６分　-124,500	186,448	1,035,448
12	1,327,391	663,696	〃	〃	239,196	1,088,196
13	1,442,701	721,351	〃	〃	296,851	1,145,851
14	1,514,836	757,418	〃	〃	332,918	1,181,918
15	1,591,457	795,729	〃	〃	371,229	1,220,229
16	1,672,790	836,395	〃	〃	411,895	1,260,895
17	1,759,070	879,535	〃	〃	455,035	1,304,035
18	1,828,728	914,364	〃	〃	489,864	1,338,864
19	1,901,878	950,939	〃	〃	526,439	1,375,439
20	1,978,656	989,328	〃	〃	564,828	1,413,828
	23,120,968	11,560,484	-4,500,000	-2,705,000	4,985,484	18,135,484

（注）数字の前にある「＋」については省略した．

と補助金との関係

〃		〃		〃		〃	
550,000		500,000		450,000		400,000	
550,000	-313,000	500,000	-263,000	450,000	-213,000	400,000	-163,000
〃	-289,300	〃	-239,300	〃	-189,300	〃	-139,300
〃	-237,160	〃	-187,160	〃	-137,160	〃	-87,160
〃	-174,592	〃	-124,592	〃	-74,592	〃	-24,592
〃	-99,378	〃	-49,378	〃	622	〃	50,622
〃	-54,417	〃	-4,417	〃	45,583	〃	95,583
〃	-4,749	〃	45,251	〃	95,251	〃	145,251
〃	49,777	〃	99,777	〃	149,777	〃	199,777
〃	109,755	〃	159,755	〃	209,755	〃	259,755
〃	175,730	〃	225,730	〃	275,730	〃	325,730
〃	233,789	〃	283,789	〃	333,789	〃	383,789
〃	296,491	〃	346,491	〃	396,491	〃	446,491
〃	364,211	〃	414,211	〃	464,211	〃	514,211
〃	409,922	〃	459,922	〃	509,922	〃	559,922
〃	457,917	〃	507,917	〃	557,917	〃	607,917
	770,738		770,738		770,738		770,738
	809,274		809,274		809,274		809,274
	841,645		841,645		841,645		841,645
	875,311		875,311		875,311		875,311
	910,676		910,676		910,676		910,676
-8,250,000	6,702,584	-7,500,000	7,452,584	-6,750,000	8,202,584	-6,000,000	8,952,584
	-1,172,596		-867,847		-614,052		-414,052
	7,875,180		8,320,431		8,816,636		9,366,636

朝鮮鉄道予想純益

	予想純益	補助金 700,000		〃 650,000		〃 600,000	
1	237,000	-700,000	-463,000	650,000	-413,000	600,000	-363,000
2	260,700	〃	-439,300	〃	-389,300	〃	-339,300
3	312,840	〃	-387,160	〃	-337,160	〃	-287,160
4	375,408	〃	-324,592	〃	-274,592	〃	-224,592
5	450,622	〃	-249,378	〃	-199,378	〃	-149,378
6	495,583	〃	-204,417	〃	-154,417	〃	-104,417
7	545,251	〃	-154,749	〃	-104,749	〃	-54,749
8	599,777	〃	-100,223	〃	-50,223	〃	-223
9	659,755	〃	-40,245	〃	9,755	〃	59,755
10	725,730	〃	25,730	〃	75,730	〃	125,730
11	783,789	〃	83,789	〃	133,789	〃	183,789
12	846,491	〃	146,491	〃	196,491	〃	246,491
13	914,211	〃	214,211	〃	264,211	〃	314,211
14	959,922	〃	259,922	〃	309,922	〃	359,922
15	1,007,917	〃	307,917	〃	357,917	〃	407,917
16	1,058,314		1,058,314		770,738		770,738
17	1,111,229		1,111,229		809,274		809,274
18	1,155,678		1,155,678		841,645		841,645
19	1,201,905		1,201,905		875,311		875,311
20	1,250,462		1,250,462		910,676		910,676
	14,952,584	-10,500,000	4,452,584	9,750,000	5,202,584	-9,000,000	5,952,584
			-2,363,064		-1,922,819		-1,522,819
			6,815,648		7,125,403		7,475,403

（注）数字の前にある「＋」については省略した．

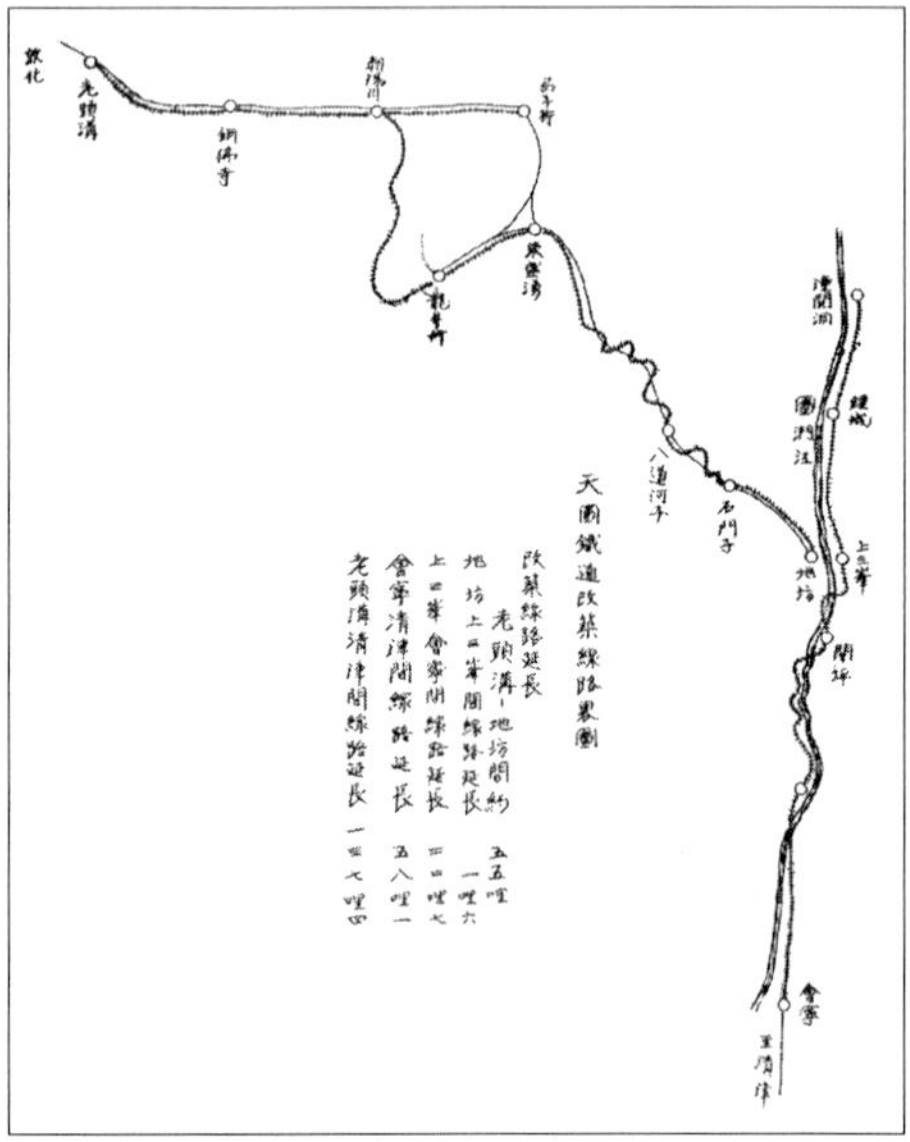

天図鉄道改築線路略図

大正十五年一月二十八日著幣原外務大臣宛
斎藤朝鮮総督来電写

図們江架橋に関する当方よりの提案第一項に関し飯田より原案通り進行し度き旨申出ありたる処対外関係にては「日支両国政府の共有に帰す」と規定するも国内法上は別に取扱ひ得ることと解釈せらるるに付本件は飯田申出の如く原案の儘にて協定を進行せらるることと致度

日支合弁老頭溝煤鉱契約

中華民国吉林実業庁（以下代表人と称す）は日本帝国商人飯田延太郎（以下合弁人と称す）と吉林省延吉県老頭溝煤鉱（以下本鉱と称す）を合弁する為め互に条款を訂すること左の如し

第一条　本鉱は代表人合弁人と老頭溝煤鉱公司（以下公司と称す）を合組して之を経営す、鉱山所在地に事務所を設立す

第二条　公司の業務は老頭溝煤鉱を開採するを限とし他業を兼営せず

第三条　本鉱合弁年限は二十年と定め期満つれば双方協議同意を経たる上契約を続訂することを得

第四条　本鉱鉱区は合弁人鉱区図を作製し代表人重ねて測量の後之を確定す但し鉱区面積は鉱業条例の規定に依り最大十万里を以て限となす

第五条　公司資本総額を日本金弐拾万円と為し日支各半とす即ち代表人と合弁人と各日本金拾万円を出資す代表人の出すべき半額は即ち老頭溝鉱産を日本金拾万円と見積り合弁人の出すべき額は公司成立の時資本金総額の四分の一を払込み其の余は事業の必要に応じ期を分って払込むものとす

第六条　公司が事業拡張に因り更に資金を要する時は双方

協議同意の上借款して之を支弁する事を得双方概して別に資本を増加せず、万一資本の増加を要する時は本契約第五条第二項の規定に準じ鉱産の見積高を現金の資本と同額丈増加するものとす

第七条　公司は毎年一回決算を為し総収入中より一切の支出を除き並十分の一の積立金を提存する外所得利益を代表人と合弁人とに於て双方均分す

第八条　公司に損失ある場合は毎五箇年間に其の損失の総額を統て合弁人の負担とし且之を補充すべし代表人は概して其の責を負はず

第九条　公司に日支経理各一人を置き支那経理は代表人より之を委派し日本経理は合弁人自ら之に任じ或は之を委任す

第十条　公司は実業庁の監督を受け支那経理は公司を代表する権を有す

第十一条　公司の職員は事務の繁閑に応じ日支経理協議の上之を任用す

第十二条　本鉱の鉱夫は須く支那人を雇用すべし

第十三条　公司一切の事務は日支経理合議の上之を処理す、又各種の工事及金銭の出納は日支経理協議の上之を執行す

第十四条　公司の組織は中華民国現行公司条例に遵照して弁理す

第十五条　公司は鉱業管理上の一切の程序及其の他の行為に対し均しく鉱業条例及其の他関係諸法令に遵照して弁理す

第十六条　本鉱の納付すべき鉱税は悉く本省に於て一般に行はるる章程に照して完納す

第一七条　合弁満期後若し契約を続訂せざるときは公司は即ち解散を行ひ所有する財産物件は之を売払ひて双方均分し鉱業権及其の他の権利は同時に消滅す但し不動産を売渡す時は須く支那人をして引受けしむべし

第十八条　本契約は日支文を以て各四通を作製し代表人合弁人各一通を所持する外代表人より農商部吉林省長公署に各一通を呈送す

第十九条　本契約は双方調印後代表人より吉林省長農商総長に呈請し核准の上初て効力を生ず

大正　七　年九月二十一日

中華民国七年九月二十一日

日商飯田延太郎代理

大内暢三

吉林実業庁長

右見証す

大正七年九月二十一日

陶昌善

在吉林

日本帝国領事　深川湯

97　吉敦鉄道建設及貸金額交渉経緯

極秘

明治四十年四月十五日

「新奉及吉長鉄道に関する協約第三条乙第三項将来吉長鉄道に在て支線を添設し或は該鉄道を延長する場合には其の建設のことは清国政府の自弁に帰すべし、若し資金に不足あるときは会社に向て借入を申込むべし、上記以外に清国が自己の借款にて他に鉄道を敷設する場合には南満洲鉄道会社と干渉する所なし」

右に依り日本は本鉄道に関与することとなれり

明治四十二年九月四日

間島に於ける日清協約締結せらる協約第六条

「清国政府は将来吉長鉄道を延吉南境に延長し会寧に於て朝鮮鉄道と連絡すべく其の一切の弁法は吉長鉄道と一律たるべし、開弁の時期は清国政府に於て情形を酌量し日本政府と商議の上之を定む」

右に依り日本は本鉄道の敷設を獲得せり

大正七年六月十八日

吉会鉄道借款予備契約締結せらる

間島に於ける日清協約第六条に基き吉林より延吉南境を経図們江に至り会寧に連絡する鉄道を建設する為支那政府と日本、台湾朝鮮の三銀行との間に借款契約の締結を目的として本予備契約を締結す、要点は左の通り

㈠本鉄道の建設費その他一切の必要なる費用を定めたる上その金額に対する五分利附中華民国政府金貨公債を支那の為に発行す

㈡期限は四十ケ年とし公債発行の日より起算十一年目より年賦償還するものとす

㈢支那は朝鮮総督府鉄道局と共同し図們江鉄橋を建設し該建設費の半額を負担すること

㈣現在及将来に於て本鉄道に属する財産一切並其の収入は本公債の元利支払に対する担保とす

㈤吉会鉄道借款本契約は本予備契約を基礎としその成立の日より六ケ月以内に締結すること

㈥予備契約成立と同時に一、〇〇〇万円の前貸をなすその利子は年七分五厘とす

大正十四年十月二十四日
　請負金額日金壱千八百万円を以て吉敦鉄道建造請負契約締結せらる（別紙第一号参照）
大正十四年十一月二日
　吉長局長魏武英吉敦局長兼務を命ぜらる
大正十四年十一月二十七日
　吉敦鉄路建設工事に関し社長名を以て吉敦局長に宛左記に依り施工致度につき御承諾置相成度旨通知

記

一、各種材料は貴局に於て直接購入すること
二、橋梁隧道若くは土工の如き鉄道の根基となるべき重要工事は最経験ある技術者と熟練なる工事請負者との間に於て十分なる連繫を保ち施工することに於て初めてその完成を期し得べきを以て之等重要工事は当社又は当社の信用する請負者に於て之を請負施工し当社責任を以て急速完成を期すること猶一切の工事請負手続は技師長に於て局長と協議決定すること（別紙第二号）
大正十五年二月一日
　吉敦鉄路工程局創設せらる、交渉開始より工程局創設に至る経緯は別冊第一号請負交渉参照
大正十五年二月二十日
　測量開始　同年八月終了
大正十五年五月二十八日
　支那側代表劉樹春と東亜土木企業株式会社代表相生由太郎との間に吉林省内に於ける土木事業並之に附帯する事業を営むを目的とし吉林興業土木公司設立に関する契約を締結す契約書及章程（別紙第三号）
大正十五年六月一日
　起工
大正十五年九月二十八日
　吉敦局長より工事施工請負細則取極め方提案し来る（別紙第四号）
大正十五年十月十五日
　吉敦局長より各工事見積につき減額方申出あり（別紙第五号）
大正十五年十月二十五日
　社長名を以て局長宛各工事は高価なるものに非ずして見積減額の余地なき旨回答す（別紙第六号）
大正十五年十一月十一日
　工事請負施行細則協定成立（別紙第七号参照）
大正十五年十一月十七日
　魏吉敦局長及技師長連名吉敦建造予算第一号公文を以て

建造計画変更説明書添附、工事費を二千四百万円に増額方会社に同意を求め来る(別紙第八号参照)
大正十五年十二月二十一日
社長名を以て同意の旨局長に回答す(別紙第九号参照)
昭和二年五月二十九日
会社は増額に関し同意を求むべく交通部に照会(別紙第十号参照)
昭和二年五月三十日
右に対し交通部より「吉敦線工事費借款金六百万円増額に関しては本部は魏局長の申請に接し張上将軍の批准を承け並張上将軍の回答をも取附居り本部に於て異議なき旨」回答ありたり
右に依り請負金額二千四百万円に確定す(別紙第十一号参照)
増額交渉其他に関しては別冊第二号工事増額参照
昭和二年十一月十二日
一分段より四分段迄の工事検収終了、吉林―六道河子間営業開始
昭和三年一月七日
五分段の工事検収終了、六道河子―老爺嶺間営業開始
昭和三年三月二十日
魏局長、田辺技師長連名にて会社に予算分類更正方承認を求め来る(別紙第十二号)
昭和三年三月廿三日
会社は右に対し異議なき旨局長に回答す(別紙第十三号)
昭和三年三月廿五日
局長より籌備費として支出せる金二百万円の内金三五万円は局立替金として整理し残額一六五万円は会社取扱工事費中に割掛整理のことに取計ひ度旨申出あり(別紙第十四号)
昭和三年三月三十日
会社は右に対し同意の旨回答す(別紙第十五号)
昭和三年五月
局長魏武英、趙鎮と更迭す
昭和三年五月二十一日
第六分段工事検収終了
昭和三年六月二十一日
第七分段工事検収終了、老爺嶺―蛟河間営業開始
昭和三年八月
東北交通委員会は局長魏武英が趙鎮と更迭するや、魏は交通部に提出せる工事費内容を交通部の趣旨に反し無断

修正せるを以て詳細調査の必要ありとし、先づ王煥文に命じ吉敦線の調査をなさしむ

調査の結果趙局長より会社宛王煥文一行の調査報告は直接交通委員会に報告せしむべきものなるも、会社との親善関係に鑑み一応貴社の意見を徴したる上正式に委員会に提出したき旨照会し来れるを以て、会社は共同調査の上交通委員会に報告せられたき旨を回答し福田監察役を派遣し王煥文一行と共同調査をなさしむ

昭和三年八月二十日

共同調査の結果王煥文より福田監察役宛書面（別紙第十六号）

昭和三年八月二十四日

全線軌道布設終了す

昭和三年九月七日

吉長中川代表より藤根理事宛、趙局長は田辺技師長が会計主任として残留することを希望し居る旨書面あり（別紙第十七号）

昭和三年九月十三日

技師長より藤根理事宛予算分類更正は魏局長交通部に報告手続を果さずして免職となり、趙局長は本更正は不合理にて交通委員会に手続をなし難しと考へ居るに付、直接本社より総司令に交渉せられ度旨照会あり（別紙第十八号）

昭①和三年九月廿一日

藤根理事より趙局長宛王煥文一行と共同調査をなせる福田監察役の報告を添付不完全なるものは仕様書に適合する様補修する旨回答す（別紙第十九号）

昭②和三年十月六日

趙局長宛、会計主任として栗野俊一を推薦するに付聘傭相成度旨照会す（別紙第二〇号）

昭和三年十月十日

全線工事検収終了、蛟河―敦化間（全線）営業開始

昭和三年十月十六日

伸吉敦収工兼評価委員会主任より会社宛施行不良箇所は結氷前に修繕を完了する様手配せられ度合格工事に対しては即日正式手続をなす旨書面あり（別紙第二一号）

昭和三年十月二十七日

右に対し合格工事に対しては速に正式手続履行相成度尚部分的手直しを要する工事は結氷前に完成すべく下請負人に厳令し置きたるを以て完成の上は正式手続可成早く完了せられたき旨回答す（別紙第二二号）

昭和三年十一月廿三日

局長趙鎮、李端と更迭す
昭和三年十一月十五日
醒時報に「吉敦鉄道時事要聞」と題する記事発表あり
（別紙第二三号）
昭和三年十一月廿三日
前局長魏武英より松岡副社長宛逮捕問題に付書面あり
（別紙第二四号）
昭和三年十二月十五日
技師長より吉敦建造各工事手続状況報告あり
（別紙第二五号）
昭和三年十二月十五日
技師長より吉敦線建造工事費評価に関する件報告あり
（別紙第二六号）
昭和四年二月八日
李局長及斎副局長連名にて建造請負工事の当初に於ける予算内訳及総決算書送付方会社に要求あり
（別紙第二七号）
昭和四年三月十三日
右に対し会社は予算の変化を簡単に説明し現予算は適当なることを確信し居る旨を回答建造費総決算書を送付し承認を求む（別紙第二八号）
昭和四年三月廿七日
局より旧予算提示なければ審査し得ざるを以て一日も早く旧予算内訳書送付方要求あり（別紙第二九号）
昭和四年四月二日
李局長宛会計主任聘用方書面を発す（別紙第三〇号）
昭和四年四月十九日
吉敦線工事費内訳送付の可否に付議決す
（別紙第三一号）
昭和四年四月十九日
局長副局長連名を以て請負工事旧予算内容提出方重て督促あり（別紙第三二号）
昭和四年四月廿三日
局長宛建造費の内容調査の必要あれば実行予算の内容を詳細調査相成れば判明する旨回答す（別紙第三三号）
昭和四年五月三十日
技師長より吉敦鉄路収工委員姓名通知し来る
（別紙第三四号）
昭和四年六月六日
技師長より交通委員会より発せる収工委員会に対する指令送付し来る（別紙第三五号）
昭和四年六月廿五日

技師長より吉敦鉄道建造工事清算に関する件報告あり（別紙第三六号）
昭和四年七月三日
吉敦建造費処理方に付打合をなす（別紙第三七号）
昭和四年七月六日
魏前局長より高紀毅への説明資料として建造費の内容説明書を魏武英に交付す（別紙第三八号）
昭和四年七月十一日
李局長宛速に会計主任傭聘相成度旨の書面を発送す（別紙第三九号）
昭和四年七月二十日
技師長より収工委員会は七月十五日を以て成立の旨正式に発表せられたりと報告あり（別紙第四〇号）
昭和四年七月廿五日
吉敦局より工事費及会計主任聘用の件に付書面あり（別紙第四一号）
昭和四年八月
収工委員会は八月七日より全線の検査を開始し同月十四日終了す
昭和四年八月十四日
八月七日より実施の検査に関し吉敦局より電報を以て会社に立会方申出ありたるも会社は去る三年十月既に検収を了せる関係上更に立会の必要なきを以て回答をなさざりしが更に書面を以て照会あり（別紙第四二号）
昭和四年八月廿九日
右に対し昭和三年十月十一日貴路収工評価委員と弊社との間に検収受渡を終了し同日を以て貴路全線検収引渡を了したる次第にて弊社は改めて検収を受くるの必要を認めざる旨回答す（別紙第四三号）
昭和四年九月十六日
局長李端、韓麟生と更迭す
昭和四年十一月十四日
中川吉長代表より会計主任の件、局長より交通委員会に照会中なる旨書面あり（別紙第四四号）
昭和四年十一月十八日
昭和四年八月収工委員現場調査の結果を東北交通委員会に報告す（別紙第四五号）
昭和四年十二月十八日
技師長より吉敦建造経過に付局長に提出せる報告送付し来る（別紙第四六号）
昭和五年六月十九日
吉敦線工事に対する会社の方針決定（別紙第四七号）

昭和五年十月八日
技師長より吉敦線工事費二四、〇〇〇、〇〇〇円の残額一一四、六九二円六四也の交付方非公式に申出あり
（別紙第四八号）
昭和五年十月廿四日
技師長宛第五分段より第十五分段に至る精算承諾書の送付ありたる上建造費残額処理方に付考慮する旨回答す
（別紙第四九号）
昭和五年十一月
局長韓麟生、郭続潤と更迭す

第壱号　吉敦鉄道工事請負契約
中華民国政府交通総長（以下総長と称す）と南満洲鉄道株式会社（以下会社と称す）とは吉林より敦化に至る鉄道の建造に関し工事請負契約を締結せること左の如し
第一条　総長は吉林より敦化に至る鉄道の建造を会社に請負はしむることを承諾す
前項の工事は本契約調印後一年以内に起工し約二年間に之を完成すべし
本鉄道の各分段の工事は交通部の任命する本鉄道局長（以下局長と称す）監督の下に之を建造すべし
第二条③　本契約の工事及設備請負金額は日金壱千八百万円也（実数交付割引なし）とし已むを得ざる理由あるときは双方協定の上之が増減を為すことを得
本鉄道建造各工事及車輛設備一切に必要なる費用は会社に於て之を準備し局長の要求に応じて会社より随時之を立替ふべし
前項の立替金には各分段の工事完成し検収を了りたる日より完済に至る迄年利九分即ち金百円に対し金九円の割合にて利息を附すべし
第三条　局長は常に局所に駐在し本鉄道一切の事務を管理すべく本鉄道の建造各工事は何れも局長の承認を経たる後之を施行すべし
局長は工事期間中会社内に於て工事に精通せる日本人一名を聘傭して之を技師長と為すべし全線工事完成の上は退職す
技師長は局長の命を承け本鉄道の設計、予算作成及建造に関する事務を処理すべく且本鉄道に関する収支に就き一切の書類に局長と連署すべし
技師長の聘傭契約は局長及会社之を協定し交通部の認可を経て局長之を締結す
技師長は職務の執行に必要あるときは局長に請求し酌定

の上日本人数名を採用することを得

第四条　局長は本契約調印後工事開始、土地買収及材料物品の購買に関する準備を為し所要金額は局長より技師長連帯の上会社に申出て会社は之に応じ随時其の支出を為すべし

本鉄道所要の材料及物品等を購買する場合は技師長より其の見積書を局長に提出し承認を得たる上入札又は指定の方法に依り一般市場に就き価格低廉にして品質最良なるものを購買すべし若(もし)支那産材料及製品の品質及価格が日本品又は他の外国品と同一なるときは支那産業奨励の為最先に之を購買すべし

本鉄道所要の外国材料は前項の手続及弁法に依り局長より会社と協議して購買を為すべし

本鉄道建造請負工事の施行は請負に付するものとし成るべく多数の中国人を選ぶものとす

(4)材料及物品の購買、工事の請負並材料及工事の検査等に関する手続は総て国有鉄道通則に依り之を取扱ふべし

第五条　局長は本鉄道建造工事を保護し安寧秩序を維持する為鉄道巡警隊を設置すべく其の人員は局長に於て之を定め之に要する費用は鉄道局の負担とす

第六条　局長は各分段の検収を了りたるときは速に其の運輸を開始し国有鉄道通則に従ひて全権を以て之を経営すべく其の運輸収入は鉄道局に帰す

本鉄道全線の運輸を開始したるときは局長は会社よりの立替金完済に至る迄会社内に於て会計事務に精通せる日本人一名を聘傭し之を会計主任と為すべし

会計主任は局長の命を承け専ら会計事務を掌り其の記帳方法は国有鉄道会計規則に準拠すべく且一切の収支書類に局長と連署すべし

会計主任の聘傭契約は局長に於て締結の上交通部の認可を求むべし

但し不適当なるときは局長に於て随時之を解傭することを得べく其の改訂契約の手続亦同じ

本鉄道の営業収入は総て中華民国貨幣を用ひ中日両国の確実なる銀行に分割預入すべく各銀行は当時の利率に依り利息を付すべし

会計主任は職務の執行に必要あるときは局長に請求し酌定の上日本人数名を採用することを得

第七条　本鉄道全線の工事完成し局長に於て其の検収を了へ交通部に報告したるときは総長は会社より立替の本鉄道建造費用を会社に支払ふべし若全線の検収を了りたる後一箇年を経過するも其の全部又は一部の支払を為さざ

るときは総長に於て会社と協議して期限を延長することを得、但し何時にても資金を準備し回収を為すことを得

前項の立替金元利に対しては現在及将来に於て本鉄道に属する一切の動産及不動産並其の収入を以て第一位の担保と為す

前項の担保は本契約以外の債務の担保と為すことを得ず

第八条　会社が本契約に依り享有する権利の全部又は一部を他に譲渡せむとするときは総長の承諾を受くべし

第九条　本鉄道工事完成し運輸を開始したるときは吉長鉄道と共同経営の必要あるを以て総長は本鉄道工事完成以前に会社と之を商議すべし

本契約は調印の日より其の効力を生じ第七条記載の会社立替金を完済したる時に其の効力を失ふ

第十条　本契約は日本文及支那文を以て各二通を作製し総長及会社各一通を保存す

本契約の解釈に関し疑義を生じたるときは日本文及支那文を以て之を決す

中華民国拾四年十月二十四日

中華民国政府交通総長

大正拾四年十月二十四日

南満洲鉄道株式会社代表　理事　松岡洋右

拝啓　本日附を以て締結したる吉敦鉄道建造請負契約第七条に本鉄道全線の工事完成し局長に於て其の検収を了へ交通部に報告したるときは総長は会社より立替の本鉄道建造費用を会社に支払ふべし、若全線の検収了りたる後一箇年を経過するも其の全部又は一部の支払を為さざるときは総長に於て会社と協議して期限を延長することを得、但し何時にても資金を準備し回収を為すことを得との規定有之候処若将来年賦償還の方法に依らむとするときは三十箇年を以て年賦償還の期限と致度但し右期限内に在りても資金を準備し回収し得ることに御承知の上右御同意被下度此段得貴意候　敬具

中華民国拾四年十月廿四日

中華民国政府交通総長

南満洲鉄道株式会社代表　理事　松岡洋右殿

拝啓　本日附を以て貴我の間に締結したる吉敦鉄道建造請負契約は元来正式借款契約の締結を目的として大正七年六月十八日　中華民国七年六月十八日弊国政府と株式会社日本興業銀行、株式会社台湾銀行及朝鮮銀行の三行との間に締結せられたる予備契約中に記載せる吉林より延吉南境を経図們江に至り会寧に連絡す

る鉄道の一部に関するものにして本契約は右予備契約に基⑤く正式借款契約締結に至る迄の暫訂〔ママ〕に係り吉林幹線を促成するの一方法なるを以て将来吉会鉄道開弁せられ本鉄道を合併するに際し政府より該借款を以て之を買収せむとするときは貴会社は之に応ずることに御同意相成度此段得貴意候　敬具

中華民国拾四年十月廿四日

中華民国政府交通総長

南満洲鉄道株式会社代表　理事　松岡洋右殿

拝啓　本⑥契約第九条第一項に本鉄道工事完成し運輸を開始したるときは吉長鉄道と共同経営の必要あるを以て総長は本鉄道工事完成以前に会社と之を商議すべしとの規定有之候処吉敦吉長両鉄道は其の延長何れも短かく之を区別営業する時は多大の経費を要するを以て統一営業の必要有之候に付吉敦鉄道全線開通の際本総長より貴会社に対し両鉄道合併方法並吉長鉄道契約に必要なる改廃を行ふの提議を為すべく貴会社は其の協議に応ぜられ度又吉長現在沿線各駅の設備不完全にして到底吉敦将来の需要に応ずること能はざるを以て吉敦工事完成以前に速に其の完備を図り以て吉長吉敦両鉄道合併運輸の充分なる発展を期することに御同意相成度得貴意候　敬具

中華民国拾四年十月二十四日

中華民国政府交通総長

南満洲鉄道株式会社代表　理事　松岡洋右殿

拝啓　本契約第二条第三項に前項の立替金には各分段の工事完成し検収を了りたる日より完済に至る迄年利九分即ち金百円に対し金九円の割合にて利息を附すべしとの規定有之候処将来金融市場の状況が公債の発行を弊国に有利なりと認め本総長又は貴会社より中国政府吉敦鉄道公債発行の提議を為したるときは相互に之に応ずることに御同意相成度此段得貴意候　敬具

中華民国拾四年十月二十四日

中華民国政府交通総長

南満洲鉄道株式会社代表　理事　松岡洋右殿

拝啓　吉敦鉄道建造請負契約第六条第二項に局長は会社よりの立替金完済に至る迄会社内に於て会計事務に精通せる日本人一名を聘傭し之を会計主任と為すべしとの規定有之候処弊会社に於て右会計主任を以て弊会社の代表と為し爾

後吉敦鉄道と弊社との関係事項は之と協議せらるることに
御同意相成度此段得貴意候　　敬具

大正拾四年十月二十四日

南満洲鉄道株式会社代表　理事　松岡洋右

中華民国政府交通総長殿

第二号　鉄庶文第五号六七の一

大正十四年十一月二十七日

南満洲鉄道株式会社

社長　安広伴一郎

吉敦鉄路工程局

局長　魏武英殿

吉敦鉄路建設工事に関する件

首題建設工事に付ては左記各号に準拠し施工致度候条御承諾置相成度此段得貴意候也

記

一、各種材料は貴局に於て直接購入すること

二、橋梁若くは土工の如き鉄道の根基となるべき重要工事は最も経験ある技術者と熟練なる工事請負者との間に於て十分なる連繋を保ち施工することに[7]於て始めて其の完成を期し得べきを以て之等重要工事は当社又は当社の信用する請負者に於て之を請負施工し当社責任を以て急速完成を期すること猶一切の工事請負手続は技師長に於て局長と協議決定すること

第参号　吉林興業土木公司設立に関する契約書

支那側代表人劉樹春(以下甲と称す)と東亜土木企業株式会社代表人相生由太郎(以下乙と称す)は本公司設立及営業方針に関し左の事項を契約す

第一条　合弁吉林興業土木公司資本金は日本金壱百万円とし各平等出資す

第二条　第一回払込金は四分の一とす

第三条　吉林省内に於ける土木事業並之に附帯する事業を営むを目的とす

第四条　本公司の役員は董事六名監事四名とし日支双方より各同数を選出す

甲の董事中より董事長一名乙の董事中より専務董事一名を選出す

第五条　本公司に顧問参名を置くことを得

第六条　甲乙両方面の役員は賞与を受くることあるべきも一定俸給の支給を受けず

第七条　本公司の工事に関する業務は専務董事に於て負責

専管す
第八条　本公司の業務は別紙章程に依りて執行す
附則
第九条　本契約書は三通を作成し甲乙及満鉄会社各一通を所有す
大正十五年五月廿八日
中股代表　劉樹春
大連市山県通八十八番地
東亜土木企業株式会社
取締役社長　相生由太郎

吉林興業土木公司業務執行章程

第一章　総則

第一条　当公司は吉林省内に於ける土木業並之に付帯する事業の調査設計及請負並材料供給等の経営を目的とす
第二条　当公司は本店を吉林省城に設置す
但し必要に応じ支店又は出張所を便宜の地に置くことを得
第三条　当公司の存立期間は成立の日より満五箇年とす期間満了の時は董事会の決議を経て之を延長することを得

第二章　資本及株式

第四条　当公司資本金の総額及一株の金額左の如し
資本金の金額　金壱百万円
一株の金額　金五拾円
第五条　当公司の株主は東亜土木企業株式会社及吉林官紳を以て主体とす
第六条　当公司の株券は総て記名式とし拾株券五拾株券及百株券の三種とす
第七条　株金の第一回払込は一株に付全額の四分の一金拾弐円五拾銭とし第二回以後の払込金額時期及方法は董事会の決議を以て之を定む
第八条　株主はその詳細なる住所及印鑑を当公司に届出づべし若変更ありたる場合は亦同じ
第九条　当公司の株式は董事会の承認を得るに非らざれば之を他に譲渡することを得ず
但し相続遺贈に依り株式を取得し確実なる憑証を具し名義書換を請求するものありたるときはその継承を認むるや否やは董事会の決議に依り之を定む
第十条　株主は株券を毀損又は汚穢したるときはその理由を記載したる書面を以て新株券の交付を当公司に請求することを得
但し毀損又は汚穢したる株券を当公司に返還することを

要す

第十一条　株主が株券を滅失又は紛失し若は滅失の程度に達する毀損汚穢を為したるときはその事由を記載し当公司の満足する連帯保証人二名以上の署名したる書面を差出し新株券の交付を当公司に請求することを得当公司は前項の請求ありたる場合その株券の無効なる旨及異議あるものは六十日の期間内にその申出を為すべき旨を公告しその申出なき場合に於て新株券を交付す若異議を申立つるものありたるときは当公司は裁判所の確定裁判又は当事者の示談書を提出せしめたる上新株券を交付すべし

第十二条　当公司は公告を為し株主総会前一定の期間内株券の名義書換を停止することを得

第三章　株主総会

第十三条　定時総会は毎年三月之を招集す

第十四条　株主総会の議長は董事長之に任じ董事長事故あるときは左の順序に従ひ議長に任ずるものとす

一、専務董事

二、出席董事の互選

三、出席株主の互選

第十五条　総会の議事は出席株主の多数決とす

但し議長は自己の有する議決権を行使することを妨げず

第十六条　総会を招集するには開会の日より少くとも三週間前に各株主に対して其の通知を発するものとす

第十七条　株主は代理人を以て其の議決権を行ふことを得

但し其の代理人は当公司の株主にして且開会前代理権を証明する書面を当公司に差出すことを要す

第十八条　総会の議事は議事録に記載し議長出席董事監事記名調印するものとす

第四章　役員

第十九条　当公司の董事は六名とし五百株以上を所有する株主中より之を選任す

支那側及東亜土木企業株式会社より各三名宛選任す

第二十条　監事は四名とし三百株以上を所有する株主中より之を選任す

支那側及東亜土木企業株式会社より各二名宛選任す

第二十一条　董事の任期は三箇年監事の任期は二箇年とす

但し其の任期中の最終の決算期に関する定時総会の終結に至る迄其の任期を延長す

第二十二条　董事及監事に欠員を生じたる場合には補欠選挙を為す

但し補欠当選者の任期は前任者の残任期とす

前条の職員に欠員を生ずるも為に職務を取扱ふ上に差支

なき場合は次回の定時総会迄其の補欠選挙を行はざることを得

第二十三条　董事は就任の際其の所有する株式壱百株を監事に供託することを要す

第二十四条　株主総会に於て董事中より董事長(支那側より)及専務董事(東亜土木企業株式会社より)各一名を選任す

第二十五条　董事長は社務監督の任に当り専務董事は責を負ふて業務を専管す

但し公司の重要なる問題に関しては董事会の決議を経るものとす

第二十六条　董事会は公司の重要事項を諮詢する為顧問二名又は三名を推選することを得

第二十七条　董事監事及顧問は賞与を受くることあるべきも一定の俸給の支給を受けざるものとす

第五章　庶務及計算

第二十八条　当公司の請負ふべき工事其の他の見積り及其の施行並之に関する庶務計算等の事務は東亜土木企業株式会社に於て専ら之を取扱ふ但し董事長の同意を経るものとす

第二十九条　前条の事項は工事直後に東亜土木企業株式会社より其の副本を当公司に送付するものとす

第三十条　当公司に於て前条副本の送付を受けたるときは之を董事長の閲覧に供し然る後相当整理の上何時にても東亜土木企業株式会社の帳簿又は書類と検覈(けんきょう)し得る準備を為すものとす

第三十一条　当公司は毎年十二月末日を以て決算期とす

第三十二条　当公司は総収入金より営業上一切の費用を控除したる残額を純益金とし左の如く分配す

一、積立金　　百分の五

二、役員賞与金　百分の二十以内

三、株主配当金　若干

四、後期繰越金　若干

第三十三条　配当金は毎決算期末日現在の株主に対し之を配当す

第三十四条　株主に対し配当金の通知を発したる後三箇年間支払の請求なきときは其の配当金は当公司の所得とす

第六章　附則

第三十五条　初任董事の任期は第三回監事は第二回の定時総会終結迄とす

中股代表　　劉樹春

東亜土木企業株式会社

取締役社長　相生由太郎

第四号　訳文　敦字第二一〇号

中華民国十五年九月廿八日　吉敦鉄路工程局

技師長　魏武英

南満洲鉄道株式会社

社長　安広伴一郎殿

拝啓　工事請負契約第一条及第四条第一項第四項第五項は本鉄道工事請負の基礎的条件なれば、当然、右条項に従つて施行致す可きものに候へ共、工事事務は頗る繁雑に亘る故細目規定に依り処理せざれば各工事の手続上遺漏の点なきを期し難きに付、工務科長に命じ工事施行細則及工事請負規則を作成せしめ候処、今回同科長より「工事の件は頗る複雑なれば細目に亘りて規定すべきにして南満洲鉄道株式会社と締結の契約の如きは更に細則に従ひて規定致すべきものなり、茲に工事請負施行細則十箇条及工事請負規則二十七箇条並其他附属往復文書を高覧に供するに付御査閲の上御指示相成度」旨申越候

同契約各条とも頗る詳細に亘りて規定しあり、工事請負契約とも何等抵触する点無之候、茲に同案を添附御送付申上候間御査閲の上御同意被下度願上候　敬具

添付書類

第五号　中華民国十五年十月十五日　吉敦鉄路工程局

南満洲鉄道株式会社

拝啓　貴社[8]は本路各工程の見積りに付既に詳細御査定相成候も尚節減の余地有之と被存候間、更に改めて各分別し減額の上見積り直し相願度此段御通知申上候也

第六号　満鉄鉄渉二七第四号の九

大正十五年十月二十五日　南満洲鉄道株式会社

社長　安広伴一郎

吉敦鉄路工程局局長　魏武英殿

拝復

中華民国十五年十月十五日附を以て吉敦鉄路建設工事弊社見積に関し御申越の趣了承、弊社見積価格は普通の価格を以て見積り確定したるものに有之、吉敦鉄路建設工事は四洮洮昂鉄路の如き平坦線とは趣を異にし大部分山間を経過する関係上難工事多く、且運送不便の為工事費高価となり従て単価も自然増加する次第に有之候も、朝鮮洮昂等の鉄道に比し決して高価には無之候

廉価にて施工方貴局の御希望もあり弊社は特別に注意致し且弊社は営利を目的と致すものに無之、将来若し節約し得るものは見積を更改可致も、曩〔さき〕に提出の見積書は減額の余地無之候間右事情御賢察の上御承認委託書御送付願度此段得貴意候

第七号　満鉄鉄計二六第六号の一〇

大正十五年十一月十一日　　南満洲鉄道株式会社

社長　安広伴一郎

吉敦鉄路工程局局長　魏武英殿

拝啓

客月二十八日附敦字第二一〇号を以て御申越相成候吉敦鉄路工事施行細則に関する件別紙貴局御提案通にて異議無之候此段回答申上候

敬具

吉敦鉄道工事請負施行細則

第一条　本細則は吉敦鉄道建造請負契約に基き国有各鉄道請負工事通則に照して之を規定す、凡て会社に請負はしむる各工事は別に契約を締結せず本細則に依り施行す

第二条　本路工事にして局に於て直接処理せんとするものは局より会社に協議之を決定す

第三条　会社の請負工事は左記各項に依り之を処理す

一、局技師長は作製の計画書類及図表を局長に提出し認可を受けたる後、局より図表及関係書類を会社に交附す

二、会社は前項書類を局より受理後、其見積書を局に提出す

三、局は会社の見積書を受理し局長之を適当と認めたるときは「工事委託書」を会社に送附す（様式第一号）

四、会社は前項委託書を受理したるときは「工事施行承諾書」を局に提出す（様式第二号）

五、会社工事施行承諾書を提出後、若し設計変更の必要あるときは前四項の手続を経べし

六、緊急工事にして前五項の手続を経る隙なく直に施行の必要あるものは先づ局長に商議同意を受くべし、但し必ず速に各手続を処理完了すべし

七、会社は工事施行承諾後、物価又は工賃の変動を生じたるときと雖も其原請負金を増減せず

八、工事竣工したるとき会社は「竣工報告」を局に提出す（様式第三号）

九、局は前項の「竣工報告」を受理したる時は検査員を派遣し工事の完全に竣工せることを認めたるときは検

査最後の日を以て「竣工証明書」を会社に交附す（様式第四号）

一〇、各分段の工事竣工したるときは会社は竣工証明書により該分段内各工事を彙集し「分段各工事請負価格明細書」を局に提出すべし、局長之を検査して誤なければ請負契約に依り利息を精算す

第四条　各工事は局の検査を経たる後と雖も施工上に於て欠陥を発生したるときは会社は直ちに改造修築を為すべし、其保証期限左の如し

甲　土工　　　一年

乙　一般構造物　三年

丙　永久構造物　十年

但し其欠陥が天災及不可抗力に起因する場合は此の限に存らず

第五条　会社は各工事の竣工期限を厳守し、若し正当の理由なくして之を遅延したるときは其の責任に任ずるものとす

第六条　工事施行中に於て地下に鉱物、墳墓及其の他物品を発見したるときは局に報告し局長の認可を受くるに非ざれば之を処理し又は移動することを得ず

第七条　会社は其の請負工事施行に関する現場業務を局技師長に委託することを得

第八条　工事用局給材料は工事の進捗に応じ随時準備配給す

第九条　会社は本路工事施行に対しては契約第四条第四項の規定により経験ある請負人を撰択の上之を局に協議すべし

第十条　本細則各条に明記せざる各項は局請負規則を会社に適用す

但し局請負規則中左の各条を除外す

第四条、第五条、第九条、第十条、第十五条、第十六条、第十七条、第二十四条、第二十六条、及第二十七条

（様式一号）

工事施行委託書

一、工事番号　　吉敦工第　　　号

一、工事件名

一、工事代金

一、竣工期限　　中華民国　年　月　日

但し工事は別紙仕様書及図面の通

添附書類

工事仕様書　　　一通　枚

図面（青写真）　一通　枚

右吉敦鉄道建設請負契約並工事施行細則に準拠し施行相成度候也

中華民国　年　月　日　　吉敦鉄路工程局長

南満洲鉄道株式会社　社長殿

（様式二号）

工事施行承諾書

一、工事件名　　工事番号吉敦工第　　号

一、工事請負代金

一、工事期間　著手大正　年　月　日

竣工大正　年　月　日

右施行方吉敦鉄道建設請負契約並に工事施行細則に基き承諾致候也

大正　年　月　日　　南満洲鉄道株式会社社長

吉敦鉄路工程局局長殿

（様式三号）

工事竣工報告

一　工事件名　工事番号吉敦工第　　号

一　竣工年月

右施行完了致候間検収相成度候也

大正　年　月　日　　南満洲鉄道株式会社社長

吉敦鉄路工程局局長殿

（様式四号）

工事竣工証明書

一　工事番号　吉敦工第　　号

一　工事件名

一　原定工事代金　　金

設計変更に依る増減額金

合計竣工工事代金　　金

一　竣工年月日　中華民国　年　月　日

以上工事は正に検収を了し完全に竣工せるものと認めらるるに付右証明す

中華民国　年　月　日　　吉敦鉄路工程局局長

南満洲鉄道株式会社社長殿

第八号　吉敦建造予算第一号

民国十五年十一月十七日

吉敦鉄路工程局　局長　　魏武英

総工程司　田辺利男

吉敦鉄路建設予算新旧対照表　民国十五年十一月調製[9]

費目	旧予算	新予算	比較増
測量費	九二、〇〇〇円	九二、〇〇〇円	
購地費	九四七、〇〇〇	一、四四七、〇〇〇	五〇〇、〇〇〇
土工費	三、〇三一、〇〇〇	五、〇三一、〇〇〇	二、〇〇〇、〇〇〇
橋工費	二、一〇六、〇〇〇	二、一〇六、〇〇〇	
伏樋費	七四、〇〇〇	七四、〇〇〇	
軌道費	五、一〇〇、〇〇〇	五、一〇〇、〇〇〇	
車站費	七五九、〇〇〇	七五九、〇〇〇	
通信信号費	三六九、〇〇〇	三六九、〇〇〇	
房屋費	六五九、〇〇〇	六五九、〇〇〇	
□□垣費	二一、〇〇〇	二一、〇〇〇	
運送費	六五九、〇〇〇	六五九、〇〇〇	
機械器具費	一三二、〇〇〇	一三二、〇〇〇	
工程列車費	三九五、〇〇〇	三九五、〇〇〇	
機械場費	二六四、〇〇〇	二六四、〇〇〇	
車輌費	一、九〇〇、〇〇〇	一、九〇〇、〇〇〇	
総体費	一、四九二、〇〇〇	一、九九二、〇〇〇	五〇〇、〇〇〇
隧道費		三、〇〇〇、〇〇〇	三、〇〇〇、〇〇〇
合計	一八、〇〇〇、〇〇〇	二四、〇〇〇、〇〇〇	六、〇〇〇、〇〇〇

南満洲鉄道株式会社　社長　安広伴一郎殿

[10]吉敦鉄路建造予算増額並竣工期限延長の件

本路建造予算増額別紙計画変更説明書の理由に依り別表予算の通、張上将軍の承認を得候に付御同意相成度申進候也

追て竣工期限延長は更に奉天に申請中に付認可の上更に御通報可申候

吉敦鉄路工事計画変更説明書

一、計画変更大要並理由

本路建造契約当初の計画は工事の速成を図り山脈を横断するに隧道を省き急勾配（四十分の一）の迂廻線を以て山頂を通過せんとせり然るに実地調査の結果山脈の高低起伏多大にして特に老爺嶺に於ては山頂高く地形急峻なるを以て線路の選定は予想外困難にして隧道線に比し著しく延長を増大し且土工量も多大なる為、隧道線に比し工事費を減ずる事極めて僅少なり、而して斯の如き長距離の急勾配線が営業開始を為す場合を想到するに第一輸送力乏しきこと第二運転上の不安を感ずること第三多額の営業経費を要すること等の甚大なる不利あるを以て将来直に勾配改良の必要を生ずるに至るべし

地形叙上の如きを以て当初の計画を変更し、必要に応じ隧道を施工し緩勾配（八十分の一）を用ふる方針に改め実測の結果幸に老爺嶺以外は隧道延長大ならず吉林敦化間

を通じて最急八十分の一勾配にて施工することは本路永遠の経営上有利なりと認む

二、工事費総予算

別表予算表に依る増加の費目並理由左の如し

土工費　地形予想外起伏多大なりしと緩勾配を用ふる為増加す

隧道費　理由書の如く前計画外なりし為

購地費　土工の増加の為並将来営業上の必要を考慮し増加す

総務費　工事期限並工事量の増加に伴ひ増加す

三、工事期限

民国十七年十二月竣工予定とす

契約に依る期限は工事着手より二箇年とし実地着手の民国十五年六月より起算せば民国十七年五月を竣工期とすべきも隧道工事の為七箇月の延長を要す

第九号　満鉄庶庶二六第四号の四

大正十五年十二月二十一日

吉敦線建造請負契約変更の件

決裁案

案の一

社長

吉敦局長　宛

同総工程司宛　連名

拝復

陳者十一月十七日附吉敦建造予算第一号貴翰を以て本路建造予算増額別紙計画変更説明書の理由に依り別表予算の通張上将軍の承認を得候に付同意相成度旨御照会の趣閲悉右に対しては弊社に於て異議無之候右回答得貴意候　　敬具

案の二

社長

鎮威上将軍　張作霖宛

拝啓

陳者曩に貴国政府交通総長と弊社との間に締結したる吉敦線建造請負契約に基き工事に着手したる処、再測量の結果別紙工事予算内訳書の通工事計画に変更を来すの已むなきに至り、同契約所定の請負金額金壱千八百万円也にては到底該工事を完成するの望無之、一方工事は着々進行致し居ることなれば不取敢、右不足額金六百万円也を増額し請負金額を弐千四百万円也に更め、本工事の進捗を図ることに付曩に御同意を得置き候処、本件は同契約第二条に依り貴国政府交通総長と請負金額を協定することに相成居り候に就ては、遅くとも工事完成引渡期日迄に交通総長に於て貴上将軍と弊社との間に成立したる右協定に同意し同総長より弊社に対し書面を以て通知有之様御取計ひ相成度、尚若し右通知相後れ候場合は工事完成引渡後交通総長より右通知有之候迄の間何時にても弊社の請求に応じ、右増加額金六百万円也及利息年九分即元金壱百円に付金九円の割合を以て元利金償還を願ふことに承知致条御了承被下度右此段得貴意候　敬具

第十号　吉敦鉄道建造請負金増額の件

昭和二年五月廿九日
同　年同月三十日

拝啓　陳者吉敦鉄道敷設工事は曩に（大正十四年十月二十四日／中華民国十四年十月二十四日）貴国政府交通総長と弊社との間に締結したる吉敦鉄路請負契約に基き工事に着手致候処（大正十五年十一月十七日／中華民国十五年十一月十七日）同局魏局長より吉敦建造予算第一号公文を以て建造計画変更説明書添付工事費を金二千四百万円に増額方弊社に対し同意を求められ候依て弊社に於ては更に精査致候処局長の提議を至当と認め候に付き十五年十二月二十一日附弊社長名書翰を以て不取敢魏局長宛本件同意の旨回答致したる次第に候本件は局長の提議にして且已に張上将軍も御同意のことにもあり貴総長に於ても亦御諒解御同意のことと承知致居候も為念貴総長の御回答相煩置度此段照会得貴意候　敬具

南満洲鉄道株式会社
北京公所長　古仁所豊

中華民国政府
交通総長　潘復殿

第十一号

拝復　陳者昭和二年五月二十九日附貴翰を以て吉敦鉄道敷設工事は曩に（大正十四年十月二十四日／中華民国十四年十月二十四日）貴国政府交通総長と弊社との間に締結したる吉敦鉄路請負契約に基き工事に着手致候処（大正十五年十一月十七日／中華民国十五年十一月十七日）同局魏局長より吉敦建造予算第一号公文を以て建造計画変更説明書添附工事費を金二千四百万円に増額方弊社に対し同意を求められ候依て弊社に於ては更に精査致候処局長の提議を至当と認め候に付十五年十二月二十一日附弊社長名書翰を以て不取敢魏局長宛本件同意の旨回答致したる次第に候本件は局長の提議にして且已に張上将軍も御同意のことにもあり貴総長に於ても亦御諒解御同意のことと承知致居候も為念貴総長の御回答相煩置度旨御照会の趣閲悉致候査するに吉敦鉄道工事費借款金六

吉敦鉄路建造予算更正新旧対照表

資本支出分類		認可予算		更正予算		増減	
資一	総務費	一、九九二、〇〇〇	〇〇	一、八〇〇、〇〇〇	〇〇	一九二、〇〇〇	〇〇
〃二	籌弁費	九二、〇〇〇	〇〇	三七五、〇〇〇	〇〇	二八三、〇〇〇	〇〇
〃三	購地	一、四四七、〇〇〇	〇〇	一、三〇〇、〇〇〇	〇〇	一四七、〇〇〇	〇〇
〃四	路基築造	五、〇〇五、〇〇〇	〇〇	五、四〇一、〇〇〇	〇〇	三九六、〇〇〇	〇〇
〃五	隧道	三、〇〇〇、〇〇〇	〇〇	三、三六一、〇〇〇	〇〇	三六一、〇〇〇	〇〇
〃六	橋工	二、三三〇、〇〇〇	〇〇	二、六八一、〇〇〇	〇〇	三五一、〇〇〇	〇〇
〃七	路線保衛	四七、〇〇〇	〇〇	四七、〇〇〇	〇〇	〇	
〃八	電報電話	三八四、〇〇〇	〇〇	三八四、〇〇〇	〇〇	〇	
〃九	軌道	五、三〇九、〇〇〇	〇〇	三、八四七、〇〇〇	〇〇	一、四六二、〇〇〇	〇〇
〃一〇	号誌及転轍器	四〇〇、〇〇〇	〇〇	四〇〇、〇〇〇	〇〇	〇	
〃一一	車站及房屋	一、七五〇、〇〇〇	〇〇	一、八九五、〇〇〇	〇〇	一四五、〇〇〇	〇〇
〃一二	総機器廠	八二、〇〇〇	〇〇	八二、〇〇〇	〇〇	〇	
〃一三	特別機廠	〇		〇		〇	
〃一四	機件之設備	三二、〇〇〇	〇〇	三二、〇〇〇	〇〇	〇	
〃一五	車輌	一、九三〇、〇〇〇	〇〇	二、一七六、〇〇〇	〇〇	二四六、〇〇〇	〇〇
〃一六	維持費	二〇〇、〇〇〇	〇〇	二一九、〇〇〇	〇〇	一九、〇〇〇	〇〇
	計	二四、〇〇〇、〇〇〇	〇〇	二四、〇〇〇、〇〇〇	〇〇	〇	

百万円増額の件に関しては本部は魏局長の申請に接し張上将軍の批准を承け並張上将軍の回答をも取付居り本部に於て異議無之候
右回答得貴意候
敬具
中華民国十六年五月三十日
中華民国政府
交通総長　潘復
南満洲鉄道株式会社
北京公所長　古仁所豊殿

第十二号　吉敦建資予算第三号
民国十八年三月二十日　吉敦鉄路工程局
局長　魏武英
総工程司　田辺利男
南満洲鉄道株式会社
社長　山本条太郎殿
吉敦鉄路建造費予算分類更正の件
本路建造費予算は予て其増額に関し民国十五年十一月十七日張上将軍の承認を得て貴社の御同意を求め置候而して局は右予算を交通部規程の分類法に依り報告致置候処其後実施の状勢に鑑み別表の如く更正致度候間御同意相成度此段得貴意候也

理由
総務費の減少は建造期間の短縮に因る
籌弁費の増加は測量を精密にし比較線多かりしと且建造準備費を含めたるに因る、購地費の減小は用地測量費を籌弁費とし事務費を総務費に転じたるに因る、路基築造、隧道、橋工、車輌、維持費の増加は元来軌道費に含まれたる材料運送費を各類目に転じたると各種類予算実行上増加を要するに因る、軌道費の減少は元来他類に属すべき運送費を一括之に包含せしめたると予算実行上減額の余地を生じたるに因る
車輌費の増加は吉長路所有車輌と相互運用計画上増加の必要を生じたるに因る

第十三号　昭和三年三月二十三日
南満洲鉄道株式会社
社長　山本条太郎
吉敦鉄路工程局
局長　魏武英殿
吉敦鉄路建造費予算分類更正の件
拝復
三月二十日附を以て御申越有之候首題の件諒承弊社に於て

異議無之候間左様御承知相成度此段及回答候

第拾四号　中華民国十七年三月二十五日

吉敦鉄路工程局
局長　魏武英

南満洲鉄道株式会社
社長　山本条太郎殿

拝啓　本鉄道建設予算の分配に付ては先に技師長より其の実施状況に鑑み之が更正を提議致し已に貴社に対しても書面を以て御同意を経居候次第に有之候、従て先に貴社より御立替を受けたる資金の一部にも変更を要する事と相成候、即ち中華民国十五年十一月八日の総務費[11]日本金五拾万円及同月九日附の用地費日本金五拾万円は之を総務費弐拾万円及籌弁費拾五万円と改正致し、其の残額日本金六拾五万円及中華民国十七年一月二十一日御振替の日本金壱百万円合計百六拾五万円は改めて之を工事費の項目の下に整理せらるべきものに有之候

右御取調の上御同意相成度願上候

第拾五号　昭和三年三月三十日

南満洲鉄道株式会社
社長　山本条太郎

吉敦鉄路工程局
局長　魏武英殿

拝復

吉敦建造資金の内大正十五年十一月八日交付の総務費五十万円及同九日交付用地費五十万円並に昭和三年一月二十一日交付の仮渡金壱百万円の整理を改めて総務費二十万円等弁費十五万円とし、残額壱百六拾五万円を工事費に於て整理する様御協議有之右御同意申上候　敬具

第十六号　王煥文発福田技師宛工事成績に関する書翰

（昭和3年8月20日）　Aug. 20, 1928.

Mr. M Fukuda,
The South Manchuria Railway,
Dairen

Dear Mr. Fukuda,

On behalf of the body of Engineers who were with us during the recent inspection on the construction work of the Kirin-Tunhua Railway. I wish to say that it has been a great pleasure for all of us to have made your honorable acquaintance and to have worked together with you on a subject of mutual interest. Although our companionship has been short, and our inspection, cursory, but the effect and outcome is far reaching, as the well-being of International Railway Brotherhood and the friendship between China and Japan are depending, in a large measure, on our findings, upon which an unbiased settlement will be arrived at.

As the matter is so important, we, the Body of Engineers and myself, are, after careful deliberation and prolonged discussion, presenting you with our opinions on the work of the Kirin-Tunhua Railway in a general way. Detailed comment by engineers, who have practical experience in constructing the North Manchurian Railways, will be rendered to both the Communication Commission of the Three Eastern Provinces, and the Kirin-Tunhua Railway Administration, a copy of which will be sent you and through you, the Company you represent, for reference and consideration.

In presenting our opinions, I wish to state that to prejudice is allowed to interfere with fair and just criticisms:-

1. The line as a whole, with little exception, is constructed with minimum work and maximum cost.
2. The formation is rather too low in many parts and the slopes are too steep.
3. Many culverts and viaducts are not large enough to meet the requirement of their surroundings.
4. Rock cutting in many parts is not properly done.
5. Many of the wooden bridges are carelessly designed and not properly constructed.
6. Ballast should have been done by contractors to 70% if not 100% complete.
7. Tunnels are made in a very hurried manner and all the concrete work through-out the whole line is poor.
8. Many of the station buildings proper are not at present necessary on account of the present business requirement.
9. Both Tunhia and Chiaobo stations are not artistically, designed, and there is no need of a railway hotel, as it does not pay to have one within the next ten years, and when it does after ten years, the whole station building may have to be re-designed and built to cope with the

demand of growing business.

10. All the wooden houses along the line are of careless design and poorly built, as their cementing work does not stay in the spaces between logs.

11. It is bitterly cold for the employees to work or live in such wooden houses during the winter time when it comes to 35 or 40 degrees below zero.

12. The first and second class houses are very roughly done and the third class houses are too small. They all lack of workmanship and firm foundation.

13. All the stoves in the buildings of the whole line are not made to meet the requirement.

14. All the fourth class clay houses are, with no exception had to the same degree, cracking and collapsing, and they should be attended at once.

The opinion as expressed here is in general, and all the above mentioned things, should be carefully reconsidered by men of engineering profession. International experts ought to be asked, when necessary, to render their criticism on the work of the Kirin-Tunhua Railway, so that justice may characterize its decision and none of us could be carried away by arbitration.

In addition to the opinion expressed on the construction work, I would also like to say the following:-

1. Whatever I say in this letter, I am saying it with no prejudice,
2. Should the South Manchuria Railway change their position with that of the Kirin-Tunhua Railway, how would they feel and what would they do?
3. Kirin-Tunhua Railway borrows money from the South Manchuria Railway with heavy interest rate-9% per annum and it has a voice as to the way of spending it according to agreement on advances of money.
4. All the works were designed by South Manchuria Railway engineers who have been drawing their salaries and allowances remuneratively on the Kirin-Tunhua Railway, and they should be responsible if the design and work are all below the general standard.
5. South Manchuria Railway, as the guardian of fund, should in no wise give any gifts to the late Marshal Chang or any other men holding away at the expense of Kirin-Tunhua Railway.

6. Taking for granted that the Ex-Managing Director was guilty in this giving away of railway money, the cost of the work should not be more that the actual amount spent, i. e. lanor and material and gifts to the late Marshal Chang. Any more than this is one 100% scandal.
7. According to Mr. Matsuoka, the South Manchuria Railway has not taken advantage to make a single cent out of the fund other than a reasonable share of the contractor's profit; this being so, then where is the money gone- the money that by far exceeded the actual amount spent?

   Kirin-Tunhua Railway should deal with those who illegitimately received the money, if the South Manchuria Railway, as guardian of the fund, do not take the responsibility,
8. There will be much more railway construction work in future in the Three Eastern Provinces, and for the benefit of the business of the South Manchuria Railway if not for patching up the feeling between the two nations, South Manchuria Railway should take steps to help the Kirin-Tanhua Railway to recover what has been lost.
9. All the workmen as well as the officers along the line of the Kirin-Tunhua Railway and the Kirin populace as a whole are displeased with the poor work and high cost of the railway; in order to appease their feeling, Kirin-Tunhua Railway and South Manchuria Railway should devise ways and means to put things right.

before closing my letter, I would like to take this opportunity for extending my hearty thanks to you for your coming here and accompanying us to complete the work of inspection, and also for expressing my appreciation of your generousity and openminded manner in dealing with this case, and again, through you, I would like to convey my sincere gratitude to the kind attention given to this matter by Mr. Matsuoka. Vice-President, and Mr. Fuzine, Director, of your Company.

Yours very sincerely,
H. W. Wang
Commissioner of
the Communication Commission of

the three Eastern Provinces.

第十七号　写　庶務部長　田辺技師長

吉長庶甲第一三六号

昭和三年九月七日　　吉長鉄路管理局

満鉄代表　中川増蔵

南満洲鉄道株式会社

藤根理事殿

拝啓、一昨日趙局長と談話の際左の如き意見の交換を致候局長は田辺技師長が会計主任として残留さるることを極力希望致し居り、小生も目下の場合田辺氏が当分残留さるることは双方極めて便利にして工事引継等に円滑を期する上にも必要と存候、右田辺氏に局長の希望を話したるに、田辺氏は王煥文の主張する如く支那側に於て直に吉敦工事不良なりと思ひ居るなれば、寧ろ自分は此際留まらざる方宜敷かと思ふ、然らずして彼等は他に目的ありて工事に難くせを付け居るなれば自分が残りて残務整理旁同会計主任となるを可なりと思ふとの意見なるも小生の見る処にては王煥文等の主張は他の目的なること殆ど明かなりと思ふに付田辺君の残留を希望致し候局長と会見談話の要領左の如くに有之候に付御意見御漏し被下度候

左記

中川曰く、吉敦路も来る十月一日より全線営業開始のことになり居れり、従て契約に依り日本人の会計主任を置くことになるが之に対し局長は何か御意見なきや、

趙氏曰く、十月一日より営業を開始するも工事は未だ完成せるに非ず、従て未だ検収もなし居らざれば検収完了迄は総工程司の必要あるべし、若し十月より会計主任に日人を用ゆるとせば総工程司と会計主任と双方共日人を用ゆることとなり契約の精神に非ずと思ふ

中川曰く、右は局長の誤解なり、工事は十月一日迄には大体に於て完了する予定にて以後の工事は手直し補修等に過ぎず、引継ぎ未了なるを以て日人会計主任を用ひずと云ふべきものに非ず、即営業開始は大体工事完了を意味するものなり、猶日人会計主任を任命の場合は総工程司は退職すべし、此の場合田辺氏は残務整理に当分残ることとなるも、同氏の諸給与等は会社より支給すべきものなり

趙氏曰く[12]、然らば田辺総工程司を会計主任に名義を変更すれば残務整理と会計主任を両方見ることを得て、局の為極めて便利と思ふ又小職は田辺氏は極めて温厚なる人なれば会計主任として残留さるることを希望するものなり、

貴見如何、
中川曰く、小職は全く同感なり、田辺氏が会計主任として残留さるることは工事の残務整理の上よく極めて必要なれば是非実現を希望す、
趙氏曰く、田辺総工程司を会計主任とすることに貴代表は賛成なれば小職は交通委員会に申請手続をなし、一方満鉄へも小職の希望を具申したし、貴見如何、
或は会社にてはすでに会計主任を決定せるに非ずや、
中川曰く、会計主任を会社にて決定せるが如きことは断じてなかるべしと思ふ、但し田辺氏を会計主任となすに就ては小職は吉敦のため極めて喜ばしきことと思ふが同氏は会社内に於ても有数の技術者なれば、或は他に同氏を煩すべき仕事を決定せるや知るべからず
趙氏曰く、本件に関し一応会社の意向確められたし、
中川曰く、承知せり、

第拾八号　（写　中川代表）

民国十七年九月十三日　吉敦鉄路工程局技師長

藤根理事殿

予算更正の件⑬

吉敦建造費総予算内分類更正は民国十七年三月二十日吉敦建資予算第三号を以て前局長魏武英より御協議申上げ同年三月二十三日附満鉄鉄渉二八第四号の一六を以て貴社長の御同意を得て居りますから局長は之を交通部に報告し承認を得る手続を果さずして免職となり、新局長に引継ぎたるも新局長に於ては本更正を不合理にして交通委員会に手続をなし難きものと考へ居るを以て本社より東三省保安総司令に対し前局長より立替の特別費の処置御交渉を願ひ本更正を解決致度
不日趙局長中川代表同行出社致しますから右御確めの上御処理御願申上ます

第拾九号　昭和三年九月二十一日

南満洲鉄道株式会社
藤根寿吉

吉敦鉄路工程局長
趙鎮殿

拝啓　吉敦鉄路建造工事は従来御所定の工事仕様書に準拠し誠実を旨とし施工し来り候処、過般王煥文氏御同道御来社の上工事成績に付親敷〔したしく〕御懇示の次第も有之早速当社監査役福田稔氏を派遣実地精査せしめ候結果、大要別冊の報告に接し申候、査するに未だ御引渡未了各分段の諸工事中に

は工事中なるが故に未だ不完全なるもの有之候得共右は無論不日工[14]事仕様書に適合する様夫々補修を了し正規の手続に依り御引渡を実行し得ることと信じ候、尚直接工事担当者に対しては此の上とも充分誠意を以て事に従ひ、以て御期待に相副ひ候様特に督励致居候次第に有之候間、右御諒知被下度先は不取敢御回答迄如斯に御座候　敬具

追て福田監査役報告書弐通御送申上候間内壱通は便宜王煥文氏に御送被下度願上候

第二〇号　満鉄庶庶二八第五号一〇

昭和三年十月六日　社長

吉敦鉄路工程局

局長　趙鎮殿

吉敦会計主任派遣の件

拝啓

貴局鉄道建造工事も殆んど其の功を竣(お)へ営業開始の期も目捷の間に迫り候に就ては、同鉄道建造請負契約の条項に遵ひ、会計主任を聘傭致度旨吉長局弊社社員中より厳選の結果、現安東地方事務所長参事粟野俊一は東京帝国大学卒業後貴国に於て事業経営に膺(あた)りたる経験もあり弊社入社後は鉄嶺安東等の地方事務所長として行政事務を司掌し成績頗る顕著なるものあり人格亦温厚篤実にして且能く貴国語を解し貴局の経営に資する処あるべくを信じ御推薦申上候間御聘傭相成度此段得貴意候　敬具

第弐拾壱号　訳文

民国十七年十月十六日

吉敦鉄路工程局監査科長

収工兼評価委員会主任　仲躋孔

南満洲鉄道株式会社御中

拝啓陳者本路三、四段工事全部及一、二段の前回未験収の工事に付きては昨日本会委員、技師長及工務科員が貴社特派員土肥(秀二)、溝添(栄三)二氏の立会の下に検査を遂げ大体設計と相違無之正式に収受し得べきも其の内施工不良の為現に欠陥を生じたる箇所尠からず土肥、溝添二氏より修繕を御承諾有之感謝に堪へず候付ては、別冊説明書同封御送付申上候間修繕は結氷前に完了し得る様御施工相成度候、尚ほ合格せし工事は即日正式手続を致置候共、修繕を要すべき工事は完了後再検査を為し合格の上正式手続を致度に付、今回竣工検査せしものと区分し収受し差支無之哉一応御意向承り度此段得貴意候也

追而（おって）吉敦鉄路工程局請負規則第十七条の規定に依れば今回験収せし工事及修繕工事は耐久保証期間内に欠陥を発生したる時は貴社に於て修繕の責任に属し候間左様御了承相成度此段申添候

以上

第廿二号　鉄三渉二八第八号八の二

昭和三年十月二十七日　南満洲鉄道株式会社

鉄道部長　宇佐美寛爾

吉敦鉄路工程局監査科長

収工兼評価委員会主任　仲躋孔殿

拝啓⑮　十月十六日附貴翰拝誦仕候貴路第三、第四段工事十月十一日検収を了し正式に現場引継を完了し得たるは貴局及弊社の同慶に堪へざる処に御座候

右検査の結果合格工事に対しては速に正式手続御履行相成度尚部分的手直しを要する工事に在りては結氷前に完成すべく各下請負人に厳命致置候間、右手直し完成の上は正式手続可成早く完了方御取計相成度御依頼申上候

右不取敢及回答候

追而吉敦鉄路請負規則第十七条の規定に依る各工事耐久保証期間に於ける欠陥に対しては弊社は責任を以て修繕可致候間左様御承知相成度候

第弐拾参号　四三、吉敦鉄道時事要聞（十一月十五日醒時報）

東三省交通委員会は吉敦鉄道工事不良にして前局長魏武英は私かに予算を改竄したる罪の発覚を畏れ逃亡せるを以て東三省保安総司令部に逮捕方を申請せるにより張総司令は吉林省当局に通達し又本埠軍政機関に逮捕に就て左の如く移牒ありたり

⑯東三省交通委員会の報告によれば吉敦鉄道は工事不良にして魏前局長は私かに予算を改竄し発覚を畏れて逃亡し引継を為す能はず逮捕の上予算を証明せしめ厳重交渉を為すべしと

査するに本年五月交通部令にて吉敦鉄路工程局長魏武英を辞職せしめ趙鎮を任命し航政司長王煥文と共に本線を詳細に調査せしめたり、該局長司長の報告に依れば立会検査員は部令により命ぜられたる各節を切実に調査し、先各項の用途を査明し更に工事を検査し然る後一般会計を審査せり

惟ふに該局の支出項目、記入方法の手続は極めて紊乱し居り本年の収支は勿論十五年度分の決算をも終了せず、其の他用度材料関係の如き不整理甚しく為之逐条審査に時日を

費し困難を感じたるが支出各費の中籌弁費総務費[17]、南満派遣員旅費給料及局長局員旅費、警察費並雑費、医院医薬費等の如きは多く事実と差異せり、魏前局長は未だ引継を為さず用度科長兪泰、総務科長石栄障、監査科長毛毓源も亦此の引継を為さざる儘辞職し去り其情弊想像するに余りあるものなり。

工事に関しては梁李二氏各測定図及設計に照し詳細に計算せり全線工事の総務各費に一千一百四十万円を要したり、庶務又趙局長及吉敦技師長田辺利男、吉長満鉄代表中川、庶務科長味岡並各検査立会人各工車務段長等十余名と共に該沿線を調査し吉林より蛟河まで松花江橋梁、老爺嶺隧道、六道河子隧道及沿線路基土坪、軌道、各駅建物等に各々下車して詳細に之が検査を為したるも其の路基の軟弱、便橋の簡易、建築の拙劣等請負金額の高価等の事実は争ふべからざるもので魏前局長が交通部に報告せる所の永久設備、安全等の言と大なる差異を発見するのである。之を吉長鉄道[18]の建設に比較し其の差異又甚だ大なり。吉長は百七十粁(キロメートル)にして建設費は六百万円に過ぎずして諸設備を完全ならしめたるが吉敦は二百十三粁にして二千四百万円に達せり。建設費の高額なる事は関外各鉄道の四、五倍以上にして、其の重要なる管理局、工場、吉林駅等の工事は設計中なる由なるも其の工費は之と大同小異なるべし

此の原因を考察するに㈠本鉄道全線工事は吉林紳商と東亜土木の合弁たる興業公司[19]が請負ひたる事となり居るも、其の実権は満鉄が操縦し重要工事たる松花江鉄橋、老爺嶺隧道及各段の路基築造、軌道敷設、各駅建物工事等は日本大倉組、吉川組及東亜土木等が分割、請負我国人としては張某、李某が十二、十三の小分段の土工及便橋を請負たる耳矣(のみ)

聞く所に依れば日人は請負後、之を更に他人に転売し甚しきは一工事を転売すること四、五回の多きものあり若路局が原価二千円の工事を為す場合に就き言へば前述の結果に依れば最後の請負額は五、六百円に過ぎずして工事の堅実、工事の安価は何によつて得る処あらむや㈠魏前局長は十五年十一月設計変更をなし、上将軍公署へ満鉄より六百万円の追加立替を申請し、それより金二百七十万円の下付を左の如く請求せり

総務用地両項[20]は百七十万円を要し工事費に百万円を要す工事支出金は満鉄より各工事費増加の要求ありたるものなり、此の使途は何なるや未だ悉く審査するを得ず但し現在の工事状況を以てするに或は中止せるものありて、此の巨費を要せざりや明なり、更に工務科の予算工事の支出項は共計

一千三百万円総務費、籌弁費、購地、材料各費は一千六十万円にして現在の既決工事費及支出費用を除き百四十七万円は何れも総て予算項内にして前述の管理局、工場、吉林駅等は之と何等関係なし、又現在竣工せる開通区間を検査するに路基は崩壊し木橋は損壊し又建物は漏裂せるもの少からず、松花江橋梁は計画簡単にして適当ならず老爺嶺隧道は漏水多く傾斜甚だしく沿線の路基は急ぎ保修を要し各処の便橋も亦架換を要すべきもの多し、之加管理局、工場、吉林駅等の建築費を計上すれば尚数百万円を要す、如斯〔かくのごとき〕粗雑にして全線の建設費は二千四百万円なるを聞き誰か驚異せざるものあらむや、又立替金契約利息年利九分を合算すれば二千七百万円となる而して吉敦鉄道現在の運輸収入は毎月五万余円にして全線開通するも数年間は毎月十万円前後なるべし、依て毎月の管理費、俸給、材料費、保線費等の経常費を除けば残余なく利子の支払困難にして債額は増加するのみとなり吉敦の前途は誠に危険にして憂慮に堪へず何等かの方策を考究せざるべからず、右は一路局の影響のみならず又国家に影響する所重大なるものなり

目下全線の工事竣工し満鉄と交渉すべき時なるも各項の工事費並一切の建築は各別に切実公平に査定し其の未竣工なるものは厳重に各段検査員に検査を命じ確実を期せしむべし、若〔もし〕今後の竣工すべき各項工事が堅実なれば請負原価を酌減して既成工事の取返しを為し得ると共に今回の検査は本鉄道に対し資すること不尠〔すくなか〕らざるものである更に本鉄道の籌弁費内を審査するに十六年十月記帳せし旅費汽車賃として二万二十五円六十九銭あり本項の受領書は偽造にして総務科石科長に質問せる処、本項は本年六月奉天辺業銀行に預金送付せる旨の回答せるより実際預金しあるや該銀行を調査するの要あり、又魏前局長は公用品の多数を携出せる趣明細表の提出ありたる故之が追徴を求むべし、小職は如斯巨額の費用を以て満鉄が請負し工事も如上の如く不良なるより此の間種々の事由ある事と思はれ之を黙認し難きに付可然〔しかるべき〕方法を講じ、満鉄に赴き松岡副社長、藤根理事と会見の上条理に依り交渉の要あり

満鉄は曩に福田監察役を派遣し沿線を視察せしむる為八月二十一日四洮聶工程司交通委員会委員及小職等従事員十余名帯同詳細なる調査を為したる結果、[21]福田監察役の言ふ所に拠れば工事不良にして補修改築の要を認むと称せり、請負人たる日人の口吻に各項の弁法は総て魏局長の計画に依るものにして内情は魏局長に質せば自ら判明すと称せり

更に局内に保管せる予算表と日本側の所持する予算表を対照するに相一致せず、思ふに局内のものは民国十四年満鉄

と契約を締結せるものにして借款一千八百万円其の後隧道開鑿及土工購地総務費等の増加により十五年満鉄より二回に亘り六百万円を借款し改訂予算合計二千四百万円となりたるものにして各別に上将軍公署の認可あり交通部にも報告せるものにして次で十六年九月交通部より本鉄道の予算各項の配分不当にして路軌土工、家屋、号誌、電報等の如きは交通部の規定せる建築標準により各項を削減支出すべき指令ありたり、局長は該指令に接したる後支出工事費の原予算の超過せるものを詳細審査するに日本側総工程司田辺利男と協議せるものにして、本工事に付田辺利男の所持する予算表と局の保管せる予算表とは数量符合せず該総工程司の新訂せる予算表は民国十七年三月魏局長と協商改訂せるものにて此の予算表は未だ交通部の認可を経ず局にも書類なく、即ち魏局長と田辺総工程司とが私かに改訂せしものにて該予算表を審査するに路基、橋梁、土工、隧道、家屋等の如き交通部命令の如く削減せざるのみか、却て百五十万円増加せる状態にて総務費は減額せるも総額は依然二千四百万円にして日本側各請負費は増加せざるも中国側諸費は何れも減額しあり、総務費の如きは鉄道の命脈に関し極めて重要なるものに不拘〔かかわらず〕如斯毫末も無根拠予算は局側に於ては承認し難しと為せしも総工程司は強硬に予算改正を主張し、魏局長の認可を経て有効と為したり。而して魏局長の此等の曲意媚外の行為をなせし裡には必ず何等かの情専あるものにして法律上の問題たるべきも奈何〔いかに〕せむ局長居は引継を為さざる間に逃亡し実状を証明する事能はざるものである、依て魏局長を逮捕し真相を明にせざる中は交渉に付ても着手容易ならず、風聞するに前局長は天津仏租界或は故郷に逃亡せりと伝へらるるにより国民政府にも本件を依頼するものである。各審査せし各項は逐条別に報告致すこととし魏前局長の人相表を同封し請鑑〔ママ〕を仰ぎ引渡を願ひたきものである、

如上の如く魏武英は文書を改竄し媚を外国に売りたる上、公物を携出し逃亡せるは実に法律に違反せるものにして逮捕の上適当なる処分を為さざれば懲官の実を挙ぐることも不能であり、又交渉の前途をも有利に展開さすべきである依て、本件は国民政府にも転達し且魏武英逮捕を各地に通告せるものなり

魏武英字は仲衡　年齢四十一才　湖北建始出身　中背にして色白く無髯なり。

第弐拾四号　四四、魏武英逮捕問題に対する魏書翰訳文

十一月二十三日　　　　漢口日界中街　魏武英

松岡副社長殿

拝啓　錦地を拝別後早くも数ケ月と相成候処、時下愈(いよいよ)御清祥奉欣賀候、陳者小生儀其後取立てて申上べき事とて無之候共、最近拙父を喪ひ哀痛に暮し居り候折から奉天の友人よりの通信に依れば吉敦追加予算六百万円は交通委員会に於て不当なるものと認定し、小生に対する逮捕命令を申請せりとの事なるも、右に対しては二回の追加予算共に張大元帥及楊督弁の批准を経たるものなるに付、小生として擅(みだ)りに改め得べきものに無之、是は正しく前案を覆へし其の罪を貴社に帰せしめんとする重大なる魂胆に相違無之候に付、楊督弁に対し書面を以て事情を具し公正なる処置を要求致置候。付ては貴下に於ても充分御考慮の上当局が如何に処理するやを御質問被下度、斯る理由なき事件が頻発せば公私共何事も致難く候。従来小生が担当せし金員に付きては毫も不正なる点無之は予算に就き探究せば明瞭に有之、故意に難題を付せんとするに在るは自明の理に御座候

小生儀引揚の際荷物什器類は長春より奉天附属地富士町六番地江口虎竹方に預け置き候に付きては、奉天地方事務所に於て御保管相煩はし得る様致度候間何分の御配慮御願申上候

実以て斯様に混濁せる世の中は毫も公理を重んぜられず誠に呆れ果てしものに御座候

次に小生儀拙父の葬儀を相済ませし上、出連の心組に有之候に付、其の節御高教拝聴致度候先は右要用迄如斯御座候

敬具

第弐拾五号　写　斎藤理事　藤根理事　庶務部長

民国十七年十二月十五日　吉敦鉄路工程局技師長

鉄道部長殿

吉敦建造各工事手続状況報告

当局工事手続は左記の区別に依る詳細別表の通りであります

(イ)手続総て完了せるもの(詳細略す)

(ロ)局長承認し承認手続以下未了のもの(詳細別紙甲)

(ハ)局長未承認なるも承認の見込確実なるもの(詳細別紙乙)

(ニ)局長未承認にして懸案中のもの(詳細別紙丙)

(ホ)同上の内満鉄負担を是認し工事取消しせるもの(詳細別紙丁)

而して未認可のものに対しては極力説明し殆んど諒解を得て局長署名に差支へ無きものと信じて居ますが、総予算分類更正に関し前局長が交通部の承認を得居らざる点を問題

とし、交通委員会より満鉄本社に交渉し解決せんと計画して居ます
趙局長が四洮に転出前、小職より其問題と各工事手続とは別個に進行して差支へなしと思ふ速かに処理され度しと依頼したるに局長より別文の如き書面を以て交通委員会に伺出たるに「委員会は懸案解決前工事書類に署名すべからず」との指令を交付して居ます
事情斯の如きを以て手続に関して当分現状の儘となる旨承知され度しと李新局長より話されて居ります
次に趙局長より委員会宛伺の本文中魏局長と小職に於て総予算を更正したるが、交通部の承認を得居らず、本件に関し技師長及張会計科長と共に斎藤理事と会談したる際、皆本改訂に理由なしと認めたり云々と記し居るも、本会合に於ては小生より改訂の理由を説明し其理由は主として張上将軍に立替せるものゝ整理の為なるを以て内情は止むを得ざるものなり
魏局長は必ず正式の承認を得る確信ありと云ひ居りしも之を果さずして免職となりしものにして、此内情は奉天首脳者も諒解し居れり。且つ斎藤理事より常蔭槐委員長にも説明せられ居るものに付、趙局長より更正手続願度しと述べたのでありますが趙局長は本件は既に交通委員会の問題となり居り適当の解決案を得ざれば処理し難しとの意見あり、斎藤理事より何とか円満に協議すべしと述べて終会となったものであります
本件は中国側に於て相当理解あるべき筈なるも、何とか難癖を付けて他に有利なる交換を得んと欲し居るものと推測致します
右状況御諒知願度報告申上ます

㈠局長より交通委員会宛伺

鉄路工事竣工を告げたるも争議未だ解決せざるに事前に於て署名差支へ無き哉否に就き請訓の件

拝啓　南満鉄道会社が本路建造請負工事不良の為已に補修を認めたる件に就ては当時経過状況御報告致置候、然る処今般満鉄方面より各種予算の承認工費の支出方依頼有之候処、査するに検収工事には不良の点多しと雖も先方に於て已に補修を承認せし上は便宜取計ひ差支へなかるべきも、魏(22)前局長と田辺総工程司と私に改訂を行ひたる予算は総費を工事費に壱百五十余万元振替へたる為、総務勘定に於て支出に不足を来たしたるに付有効と認め難きに付、曩に本局会計科長張彊懋を派遣し之と交渉し曽て満鉄斎藤理事及田辺総工程司と三方より会合し研究したるが、均しく更

(甲) 認可工事(局長更迭後)㉓

工事番号	工事件名	請負費		局持費	
八六の一	第十三分段一六三―一八二粁路基築造工事設計変更	減三、五五六	九一		〇
一七〇の一	蛟河機関庫各種灰坑築造工事設計変更	減八、〇九〇	〇〇		〇
二三八の一	黄泥河子給水塔新築工事設計変更	四四八	〇〇		〇
二六六の一	蛟河車務段事務所新築工事設計変更	一一二	八〇	五六	〇〇
二八四の一	第七分段七四―九五粁間軌道敷設工事設計変更	減一、一〇二	九七	減三、六二九	一〇
二九九の一	第八分段九五―一一五粁間軌道敷設工事設計変更	減一、〇六三	七九	減三、六九二	四二
三一〇の一	小姑家車站旅客乗降場擁壁築造工事設計変更	減四八〇	〇〇	二七〇	〇〇
三一七	第八分段嘎呀河附近築堤土留柵新設工事	一、七〇〇	〇〇	五〇	〇〇
三一八	蛟河外四駅ポイント小屋新築工事	四、六〇八	〇〇		〇
三一九	敦化外四駅ポイント小屋新築工事	四、八三八	四〇		〇
三三五	蛟河車站木材積込線路基築造工事	一、〇七二	五〇		〇
三三七	額赫穆車站灰坑新設工事	二、四五〇	〇〇	五四一	〇〇
三三八	黄泥河車站　〃	二、四五〇	〇〇	五四一	〇〇
三三九	二道河車站　〃	一、四〇〇	〇〇	五五一	〇〇
三四一	二道河車站左側竪下水築造工事	三〇〇	〇〇	七五	〇〇
三四二	老爺嶺車站信号機新設工事	一、二六〇	〇〇	一、七一六	二〇
三四五	小姑家車站　〃	八六〇	〇〇	一、六六一	二〇
三四七	蛟河車站　〃	一、三〇〇	〇〇	二、七三九	一〇
三四八	拉法車站　〃	四一〇	〇〇	七六五	三〇
三四九	柳樹河車站　〃	一、二三〇	〇〇	二、六〇一	八〇
三五〇	二道河車站　〃	一、二三〇	〇〇	二、六七五	九〇
三五一	黄松甸車站　〃	八二〇	〇〇	一、六九七	三〇
三五二	威虎嶺車站　〃	八二〇	〇〇	一、六六九	一〇
三五三	黄泥河車站　〃	四一〇	〇〇	八五八	五〇
三五四	秋梨子溝車站　〃	八二〇	〇〇	一、七五〇	八〇
三五五	太平嶺車站　〃	四一〇	〇〇	八三八	八〇

工事番号	工事件名	請負費		局持費	
三五六	敦化車站　〃	二二〇	〇〇	五〇四	五〇
三五七	黄泥河子一七六粁附近砂利線軌道布設工事	三、六九八	二五	一三、七二三	四一
三六五	一一六粁五〇〇米附近外二ケ所排水溝掘鑿	九九一	三二		〇
三六九	公里並に坡度標製作工事	四一三	八〇		〇
三七三	蛟河工務段管内站名牌其他製作工事	四〇三	〇〇		〇
三七八	一四七粁附近防水堤築造並に河床付替工事	四一七	四〇		〇
三八〇	蛟河防水堤外側排水溝新設工事	二、四一五	八九		〇
四〇一	額赫穆車站貨物線新設工事	一、二四二	九五		〇
四〇七	蛟河甲種官舎其他浴槽取設工事	二五〇	〇〇		〇
四〇八	敦化甲種官舎　〃	二五〇	〇〇		〇
四〇九	敦化駅本家其他ブラインド取設	四〇三	一〇		〇
四一〇	敦化駅本家其他　〃	四〇三	一〇		〇
四一五	敦化工務段管内站名牌其他製作	三六四	〇〇		〇
	計	二六、一二八	八四	二七、四二四	三九

(乙)　未認可工事

工事番号	工事件名	請負費		局持費	
六九の二	第十二分段一四三－一六三粁橋工工事設計変更	五、七四八	一〇		〇
八七の二	第十三分段一六三－一八二粁橋工工事設計変更	三、五二五	五〇		〇
二六七の一	敦化車務段事務所新築工事設計変更	二二〇	九〇		〇
二九五の一	第十二分段一四九－一六三粁間軌道布設工事設計変更	減四〇三	〇〇	減四八八	六〇
二九六の一	第十三分段一六三－一八二粁間軌道布設工事設計変更	一六、五九二	五〇	減六、二〇一	九〇
二九七の一	第十四分段一八二－二〇五粁間軌道布設工事設計変更	八、八〇〇	〇〇	一、二四五	〇〇
二九八の一	第十五分段二〇五－二一三・四粁間軌道布設工事設計変更	減六四四	〇〇	減四、〇八七	九五
三〇〇の一	第九分段一一五－一三六粁間軌道布設工事設計変更	四、六八六	五〇	七四二	八〇
三〇一の一	第十分段管内軌道敷設工事設計変更	二、〇六〇	〇〇	六〇〇	〇〇
三五九	嘎呀河及拉法河橋墩根固単床工事	二、八〇〇	〇〇	一二〇	〇〇
三六〇	老爺嶺第二工務段詰所を東口に分割移転改築工事	二、九一二	〇〇		〇
三六六	第九分段水溝及涵洞新設工事	四六一	一七	一四〇	〇〇

三七一	老爺嶺第二工務段詰所を黄松甸に分割移転改築工事	三、六四〇	〇〇		〇〇
三七四	蛟河丁種官舎周囲木柵新設其他工事	一、六一四	六〇		〇〇
三七五	敦化丁種官舎周囲木柵新設其他工事	一、七五八	〇〇		〇〇
三八一	威虎嶺警官詰所其他移転改築	五、七三八	九五		〇〇
三八二	敦化車站給水井戸築造工事	三、三〇〇	〇〇		〇〇
三八五	黄松甸警務段詰所移転工事	三、一九二	〇三		〇〇
三八八	額赫穆車站貨物站台新設工事	三、三九二	〇〇	七八	〇〇
三九六	敦化車站附近道路築造工事	三、九五四	七五		〇〇
三九七	威虎嶺車站木材積込線軌道布設	一、七九九	〇〇	七、三七八	六四
三九八	蛟河車站貨車計量機設置工事	一、七四七	五七	二、五八五	八六
三九九	敦化車站　〃	二、三二五	五七	二、五八三	八六
四〇二	敦化車站前地均並道形築造工事	七、一〇〇	二四		〇〇
四〇五	拉法車站構内人道橋架設工事	五六〇	〇〇	四五	〇〇
四一二	蛟河駅本家排水溜枡其他新設	七一〇	二四	三五	〇〇
四一三	敦化駅本家排水溜枡其他新設	七九八	七五		〇〇
四一四	吉林工務段管内井戸増新設工事	一、二九六	〇〇		〇〇
四一四ノ一	同　右　設計変更	五二一	一〇		〇〇
四一六	二道河車站給水井増設工事	七五〇	〇〇		〇〇
四一七	敦化車站地下水調査並に管井築造工事	二、五三〇	〇〇		〇〇
四二一	黄泥河車站給水管井築造工事	四、二三〇	〇〇		〇〇
	計	九七、七一八	二三	四、七七五	七一

(丙)　未認可工事㉔　（総て局扱の工事なるが満鉄負担なりの理由にて）

工事番号	工事件名	工費		材料費其他	
三三〇の一	第八分段管内線路補修（五月一五日―七月一五日）工事設計変更	二、二五〇	〇〇		〇〇
三三一の一	六、七、八月第四工務段管内線路補修工事設計変更	五、八二〇	〇〇		〇〇
三七二	蛟河工務段管内（六月一六日―八月一五日）線路補修工事	四、二〇〇	〇〇	四、七一六	〇五

三七二の一	同右工事　設計変更	一、〇五〇	〇〇	減五	九〇
三七六	蛟河工務段管内路基補修工事	三、四二〇	〇〇		〇
三九三	八月一日―九月一五日蛟河工務段建物補修工事	三三二	〇〇	一八二	〇〇
四一一	八月一六日―九月三〇日蛟河工務段管内線路補修工事	四、五二七	〇〇	三、三八七	八五
四三五	一〇月一日―一〇月九日間敦化工務段管内線路補修工事	一、八九〇	〇〇		〇
	計	二三、四七九	〇〇	八、三三〇	〇〇

備考　是に対しては別紙写の如く再申請をなし置きたり

(丁)　**未認可工事**　(工事手続を取消し満鉄負担に変更せるもの)

三六七	一二二粁六六〇―一二三粁一八〇間線路築堤補修工事	一、九二六	一五	〇
四二六	第五、六分段木造井楼造防寒工事	一、〇五七	〇〇	〇
四二七	第七、十一分段　〃	三、四一八	八〇	〇
四二八	第八、九　分段　〃	一、一六二	〇〇	〇
四二九	第十四、十五、分段　〃	四九七	〇〇	〇
	計	八、〇六〇	九五	

正予算を理由なきものとなし当時斎藤理事は別に救済方法を講じ以て双方の円満を期すべき旨主張したるが今日に至るも尚ほ相当の弁法なきが之を正当なる理論に訴ふれば本件未解決以前に在りては当分の間振替へ致し難く猶ほ又先方は起工以前に在りて未だ局長の同意を求めず竣工の后自ら予算を作成し事后承認を求めたる工事予算数十件あり小職は曽て建造工事を検査し実際価格を評価したる処、事実と相違する点多きを以て未だ承認を与へず暫く其の儘放置

しあり、然り而して現に工事は已に大部分検収を終りたりと雖も、只だ交渉事件は尚ほ懸案に在るを以て解決せざる以前に在りて先づ承認を与へ工費を支出し争議を後日に決定する件の可否に就ては小職は未だ亶(まこと)に処理難致きを以て如上及稟申候次第に付、右に御了知の上何分の御指示相受け施行することに致度此段及具申候也

(二)交通委員会指令(第一〇四七号)

「御申請の趣閲悉せり然る処各懸案未解決以前に在りては御申請に係る事前に署名の件は元より議論の要なし」

右指令す

民国十七年十一月二十日　総工程司

局長

補修工事に関する件

首題に関する左記十三件の工事は営業未開始区域なるが故を以て局負担に非ず満鉄工事負担なりとの御意見でありますが、其内三六七号、四二六号、四二七号、四二八号、四二九号の五件は満鉄工事と為す様申送りましたが其他の八件は満鉄工事として負担せしむる理由が単に営業未開始なるの故を以て満鉄に処理せしむること困難であります

各軌道敷設工事には完成後の補修は含み居らざるものにて、即ち該仕様書内第十五項に於て砂撒布後搗固は一貨車に附四人程度なることを明記しあり、其以後は明かに局補修となるべきものでありまして建造費総予算に於て維持費として計上せるものは全部資金を局に受取りて此種補修工事を支弁するものとなつて居ります

之は工程列車運転を局にて施行する関係上当然の処理と信ずる次第であります　尚三九三号建物補修は既に早くより該建物を局用として使用し居る必要上の補修でありますから局費支弁としたものであります

右御諒察の上御裁決を請ふ

左記

三三〇号の一　三三一号の一　三七二号

三七二号の一　三七六号　三九三号

四一一号　四三五号　◎三六七号

◎四二六号　◎四二七号　◎四二八号

◎四二九号

第弐拾六号　写　斎藤理事　藤根理事　庶務部長

民国十七年十二月十五日　吉敦鉄路工程局技師長

鉄道部長殿

吉敦建造工事費評価に関する件

曩に魏局長免職と同時に交通部は趙局長及王煥文をして吉敦建造に関する事務調査を命じ其結果工事粗悪にして工事費過大なるを以て詳細調査の必要ありとし、当局内に収工評価委員会を組織し、其目的の事務を継続し来りたる処、小生等は収工検査と工事費評価とは全然分類処理すべき旨を説き既に収工検査の方は実際に於て終了したるも、工事費評価に関しては委員に於ても相当困難なる問題にして調査材料不備を理由として容易に終結に至らず

工務科に対し前々より旧予算内訳書提出を切に要求し居るも、小職は所持せずと言明して居ります

前局長は予算書として内訳書も必要なしとし、正式書類には添付せざりしものなりしも、之は収工検査完了を待ちて参考資料として提供致し居り、既に評価材料としては具備し居るものなれば旧予算内訳の如きもの仮りに現存し居る

ものとするも必要なきものと存じます
然るに交通委員会より別紙一号の如き指令ありたるを以て別紙二号を以て回答致置きたるに付御諒承願ひます

更正前予算内訳書提出に関する局長指令

査するに局長引継書類中、曩に収工評価委員会主任仲躋孔より評価上必要なる各種新旧予算内訳書を速に交付する様工務科に転達方申請の書類あるを発見したるに付、当時同科に訓令すると共に一面進達致置候処今般交通委員会より第一一四五号を以て、査するに工事の検収には必ず新旧予算内訳書を須ひ(もち)相互参考に資し始めて検収工事と原工事計画と一致する哉否を明瞭にすべきものなるに、却つて同工務科長は遂に敢て原予算内訳書の交付を拒み之を朦朧混淆せんとする意あるは殊に不合理に付、貴局に於ては速に之を竣拒し期限を定めて其の提出を迫り尚ほ若し頑として拒絶する場合は直ちに収工評価委員会に命じ検収を行はず一面、貴局より南満会社に向つて今後工務費支出に関しては責任を負はざる旨通知すべき旨指令有之候に付、貴科に於ては力(つと)めて十日以内に予算内訳書及評価上必要なる各関係書類を取纏め御提出相成度重ねて催促し面白からざる結果を馴致せしめざる事に可致右及令達候也

更正前予算内訳書提出に関する
局長訓令に対し技師長の回答

第七〇号訓令拝承
評価に関しては其根基となるべき設計図、仕様書、数量計算書、及予算書(甲)並に予算詳細書(乙)は既に提出して居りますが、更に今回旧予算詳細書の提出を御指令ありましたが、前に声明せる通り、之は現に小職所持せざるものであります。[25]魏前局長は各件工事予算書は局内正式書類としては甲号予算書のみにて充分なり、乙号詳細書は査定上の資料たるに止まるを以て正書類とするの要なしとせしも、収工評価委員会の要求に応じ小職より提出せしものにして、既に評価上必要の資料は具備し居り且つ質議あらば応答する考で居ります、右御諒承請ふ
副申
総予算分類更正の件は交通委員会より満鉄会社に御交渉ある旨、局長より承つて居ます。若し評価資料に関し本回答を以て御満足を得難き場合は総予算更正の件と同時に満鉄会社に御交渉せられ度く申添へます

第弐拾七号　訳文

吉敦線建造費総決算書

摘要	会社取扱立替金		局取扱立替金	
自第一分段至第四分段昭和二年十月十二日検収清算	二、二一九、九七一	八二	六、九三八、一五四	三〇
第五分段昭和三年一月七日検収清算	一、〇九一、一三七	八五	一、四〇六、六四一	一六
第六分段昭和三年五月二十一日検収清算	二、七五四、八六四	二六	七五〇、三三五	七九
第七分段昭和三年六月二十一日検収清算	九六三、六二九	八三	一六二、二八六	八七
自第八分段至第十五分段昭和三年十月十日検収清算	六、三八七、四三一	九六	七三八、三六三	六九
昭和三年十月十一日以降立替金			四七二、五〇九	八三
計	一三、四一七、〇三五	七二	一〇、四六八、二七一	六四
合計			二三、八八五、三〇七	三六
工事費総額二四、〇〇〇、〇〇〇円に対し差引残額一一四、六九二円六四銭				

敦字第四六号

民国十八年二月八日　吉敦鉄路工程局局長　李　瑞

副局長　斎　耀塘

南満洲鉄道株式会社御中

拝啓　陳者移管書類に関し、曩に収工評価委員会主任仲躋孔より工務科に対し評価に必要なる新旧予算内訳書を廻付方の照会有之、直に該科に対し提出方下命取計置候処、今般交通委員会指令第一一四五号を以て第二号の申達の趣了承せり。工事験収に就きては新旧予算内訳書を彼我参照し始めて験収すべき工事が当初の計画と符合するや否を明瞭にし得べきものなるに、然かも該工務科長は当初の予算内訳書の提出を拒み曖昧ならしめんとする意思あるは不法なり、付ては該局より至急提出方を厳重に督促し、尚ほ之を拒む時は収工評価委員会に験収中止を命じ、同時に局より南満洲鉄道株式会社に対し爾後工務勘定に関しては責任を負はざる旨を通知せしむることあるべく、命令に接し候依て該工務科に対し十日間以内に新旧予算内訳書全部を提出すべく下命し相当時日を経過するも提出無之、審査致難く候間、貴社より本路建設請負工事の当初に於ける予算内訳書及総決算書を至急御送付相煩様致度此段得貴意候也。

以上

第弐拾八号　満鉄鉄渉二八第四号の六八

昭和四年三月十三日　　南満洲鉄道株式会社

社長　山本　条太郎

吉敦鉄路工程局

局長　李　瑞殿

敦字第四六号を以て御照会の趣了承、吉敦線建造請負金額は当初千八百万円なりしも実地測量の結果隧道を開鑿し線路勾配を緩勾配に変更することは将来営業上極めて必要なりとの故を以て当時の局長に於ては交通部の同意を経て六百万円を増額し、請負額を金二千四百万円となしたるものにて、当時交通部へ提出せる予算は概括的のものなる故その後設計を確定し現実行予算を作成せるものに有之候、御来旨に依れば新予算旧予算との関係を調査するため旧予算呈出方御申越有之候も事情前述の通に有之、弊社としては現実行予算により処理致居る次第に御座候現実行予算の内容に就ては予て技師長より呈出致居候通にて適当なるものなることを確信し、尚当時の局長も承認されたるものに有之候

以上の次第につき右了知相成度建造費総決算書別紙御送附申上候間御査閲の上御承認相成度此段回答得貴意候也

敬具

第弐拾九号　訳文

第九九号

民国十八年三月二十七日　　吉敦鉄路工程局

南満洲鉄道株式会社御中

請負工事旧予算内訳書及総決算書提出方依頼の件

拝啓陳者本路請負工事旧予算内訳書提出の件に関する函請に対し、貴社の御回答に依れば各工事は現行予算を以て処理相成、旧予算書は無用のものなるにつき提出取扱ひ難き旨の御申越に有之候処、目下交通委員会より頻に右旧予算書提出方の督促有之、且工事を験収するには是非新旧予算書を彼我対照し始めて調査し得べき次第なるにつき貴社が一日提出相成らざれば弊局は一日験収する能はず、若此〔もし〕のまま遷延せしむるときは徒らに時日を費し万事進捗致し難く候間申達の必要有之本路請負工事旧予算内訳書を至急御送附相煩様致度此段得貴意候也

第三〇号　庶借二八第二〇号一九

昭和四年四月二日　　社長

吉敦鉄路管理局
局長　李　瑞殿
吉敦鉄道会計主任推薦の件
拝啓益々御清適奉賀候、陳者貴鉄道営業開始以来既に数ケ月を経過致候処、未以て会計主任の御聘傭無之は契約の趣旨に反するは勿論貴我双方の為得策に非る儀に付、此際至急技師長を御解職相成と同時に会計主任を御聘傭相成度
追而(おって)右会計主任は弊社に於て人物厳選の上御推薦申上可く候間右予め御諒承相成度此段得貴意候　　敬具

第二案

吉長　中川代表　　庶務部長

吉敦鉄道会計主任の件に関し局長宛、別紙写の如き書翰発送致したるにつき貴職に於ても極力局長を御鞭達の上目的の貫徹に御尽力相成度尚交通委員会に対しては斎藤理事の御交渉を煩はす事と致度に付局長より交通委員会に呈文発送の際は其旨直に同理事に御通報相成度

第三案

斎藤理事宛　　庶務部長

吉敦会計主任の件に関して局長宛別紙写の通り提議し中川代表より交渉せしむることと致したるに付御承知相成度尚局長より交通委員会宛呈文発送の際は中川代表より直接貴理事宛通報有之筈に付其際は交通委員会に対し可然御交渉相煩度

第参拾壱号　吉敦鉄道建設工事費内訳送付の可否に関し会議要領

場所　副社長室
時日　昭和四年四月十九日
列席者　藤根理事、中川代表、田辺技師長、石井庶務課長、穂積渉外課員

曩に吉敦局長より旧予算内訳送付方依頼に対し、会社は現実行予算は適当なるものなることを確信し、当時の局長も承諾されたるものにて右実行予算に依り処理し居る旨回答せり、然るに今回局長より旧予算内容判明せざれば調査困難従て吉敦決算解決を遅延せしむるを以て、旧予算内訳至急送付方更に依頼ありたり
右に対し会社は局長が誠意を以て処理解決する意志あれば、此の際要求を満す必要あるも真意不明なると今回更に収工委員を任命し再調査をなす情勢にあるを以て会社は内訳を絶対に送付せざる意志を表示せず且特別費及金利を公文に

記載することを避け、左記の通回答をなし置き技師長より時期を見て局長に左記件名別の工事実費を内示することとし、局長より更に実費内訳を要求したるときは技師長は事情を酌量したる上内訳を手交することに決定

局長への回答要領

実行予算確定迄には幾多の変化を経たる上決定されたるものにて、貴局御依頼に依る旧予算とは如何なるものを御指示せらるるものなるや吉敦線建造費内容御調査の必要あれば本実行予算の内容を詳細御調査相成候へば判明可致と思考被致候旨[26]技師長より局長に内示内訳各種工事件名別に実費特別費立替金利合計額を表示したる表

第三二号　訳文

第一四〇号

民国十八年四月十九日　吉敦鉄路工程局長　李　瑞

同　　副局長　斎　耀塘

南満洲鉄道株式会社御中

請負工事旧予算内訳書提出方督促の件

拝啓陳者貴社の請負に係る敝路工事旧予算内訳書の提出方に関しては再三御要求致し未だ御送付無之候処、先般貴社渉二八第四号の六八を以て設計確定後に改正せられ前局長より各項に就き承認を受けられし趣なるも本予算の最後に為したる私改は民国十七年三月に有之、当時全線工事の大部分が竣工し居りたるに設計変更に因り事実を改正するの不純なるは極めて明瞭なる処に有之候、又総予算を二千四百万円に増額したることに就き民国十六年七月前交通部に呈報したるに同年九月十六日附指令第九九五号を以て該路々線図説、工程設計、建築予算、理由の説明並経過状況の趣は之を了承せり、該路全線工事は永久的計画に基き弁理すべき旨の申請なりしに橋梁、隧道、停車場の施設等を審査するに部定幹路設備標準と符合せざる点頗る多く、車輛様式に就きては説明なきを以て前記各項は総て部定標準に準じて名実相伴ふ統一を要し、該路予算の項目別明細に至りては取扱妥当ならず橋梁、土工、家屋、号誌(シグナル)、電信等に多額の記載あり、仮令完全なるものと雖、部定標準に対比し建築支出が斯く巨額なるべきに非らず。充分減額せしむるを要す、隧道費に就きては厳重交渉し尚工程警務に対する支出明細及土地購入の明細価格を呈部承認を受くるを要す、機廠に就きては通車後必要なる設備なるを以て将来の為永久計画を確定し呈部承認ありたる後に起工すべく、其の他全路の永久橋梁、吉林線站、全路電簽も亦至急設置すべきものなるに、曩に提出ありたる計画書

に記載なく該局長の責任上予算内より節減し得る費目を流用し成るべく予算全額に過不足を生ぜしめざる様永久設備を完成すべき旨命令の次第も有之従て呈部せし予算細目に就きては未だ承認を経たるものに非ざるに其の後に於て命令を遵守し橋梁工事、隧道土工、車站家屋等の費目を削減せず、反て多額の増加を為したるは明に違反行為なるに依り交通委員会は前東三省保安総司令に呈請し魏局長の逮捕令を発したることも有之、元来予算を改正するは不法行為なるを以て断じて有効なるものと認め難く候、而して目下工事は完了せず所要費用の清算も必要に候間、総工程司に対し旧予算内訳書を至急提出方御下命相煩度、若し提出未了の間は該総工程司の責任を解除致難く、之が為に発生する他の紛擾は敝路に於て其の責に任ぜざるべきを御了承相成度此段声明候也

以上

第参拾参号　鉄三渉二九第六七号二の二

昭和四年四月二十三日　　南満洲鉄道株式会社

社長　山本　条太郎

吉敦鉄路工程局

局長　李　瑞殿

拝啓公函第九九号を以て御照会の趣了承仕候。本件に関しては先般満鉄鉄渉二八第四号の六八を以て回答申上置候、弊社に於ては現実行予算により決算其の他を処理し来りたるものに有之、右実行予算確定迄には幾多の変化を経たる上決定されたるものにて、貴局御依頼に依る旧予算とは如何なるものを御指示せらるるものなりや吉敦線建造費内容御調査の必要あれば本実行予算の内容を詳細御調査相成候はば判明可致と思考被致候に付、右調査の上先般御送付申上置候建造費総決算書御承認相成度此段回答得貴意候也

敬具

第三十四号　四六、吉敦鉄路建設収工委員任命の件

民国十八年五月三十日　吉敦鉄路工程局技師長

鉄道部長殿

庶務部長殿

藤根理事殿

兼て交通委員会と本局長の間に協議中なりし収工評価委員会は今回「評価」と云ふ字句を特に削除し左記委員を任命して来ました

此内前局長魏武英氏を含み居り余程交通委員会の状況の変化を認められます

詳細後報しますが取敢ず右報告申上ます

左記

収工委員長　　李局長

副委員長　　斉副局長

委員　　瀋海鉄路協理

〃　　吉海鉄路工務処長

〃　　洮昂同

〃　　呼海同

〃　　魏武英

以上

第参拾五号　民国十八年六月六日　吉敦鉄路工程局技師長

鉄道部長殿

庶務部長殿

藤根理事殿

吉敦鉄路建設収工委員任命の件

標記の件に就き五月三十日付にて取敢へず報告致しましたが該収工に関し交通委員会より発せる指令写を別紙追報致します

別紙

魏局長交通委員会宛陳情書

吉敦路工弁理状況及趙鎮誣告の件に関し夫々詳細に亘り開陳し其是非を明かにすることに致度

左記及稟申候に付可然御詮議の上御指示仰度候

武英は去る十五年春吉敦工事を兼務してより以来、夙夜謹慎時に失態を演ぜんことを是れ惧れ、定期克く各大工事を完成したるが十七年夏漸く蛟河鎮開通準備なるに及び、忽ち交通部令を以て免職査弁に附せられたるが、武英は奉職功なく只だ公務に勉むるを知るのみにて未だ前交通執政の意旨を奉体する能はざりし結果、事毎に妨害せられたるが、是れ洵(まこと)に始めより予期せざりし処にして、直ちに吉敦弁理経過各手続概略を具し前大元帥に報告致置候処、次いで各新聞紙上に掲載せる趙鎮より貴会に提出したる報告文中、吉敦工事の不良、不当支出の虚報、予算の私改及び引継ぎの廻避等を指摘し居るを見たるに付客秋直接司令長官に電請し各成案及秘密書類を検査し公平処理方稟申致置候処、同趙鎮指摘の各件は已に詳細に亘りて事実に依りたるものに非らざる為め又揣摩憶測の詞を捏造したるもの多く、類かに故常陰槐の意旨に迎合し故意に困惑せしめたるものに有之、即ち工事に就て之を謂はば本件は前大元帥及交通部に申請し南満会社に於て建造したるものにて、其の工事請負金総額は日金弐千四百万元となし、均しく夫々当時承認を得たるものにて、猶ほ請負建造細則には保証年限を明記し、工事検収の後、若し施行上不良状態を発生したる場合は同会社亦修理の責を負ふべしと定めあり、又不当支出の虚報と謂ふは殊に根拠無き処にして、査するに吉敦総務費は特に節約し創設より列車開通に至る迄毎月俸給、給料及雑費は弐万余元乃至四万元前後なるが、如何なる鉄道工事と雖も毎月約七八万元を支出し居り、吉敦に比較し支出多きものと被存候。況〔いわ〕んや材料価格の低廉、土地手続の完備、金銭及物品経理の整頓の如き則ち十日の共に観る処にして成案の証左すべきもの有之

当初豈〔あに〕克く浮冒零乱の情事あるを得ん哉。又予算私改と謂ふは更に此の間の事情を明かにせざるを覚ゆる次第にて、査する前大元帥流用の弐百七拾万元は全く工費各勘定より節約捻出したるものなるが、矢張り工事範囲内に繰入し始めて契約附属文書㉘（附属文書に本件立替金は軍政各費に流用するを得ずと声明しあり）に符合する議に付、曽て十六年五月三日密書を提出し承認を得たるものに有之候に付、本件改正は乃ち款項流用の結果に基きたるものにて関係書類倶備し居るに付再調査可能に有之候。又引継を廻避すと謂ふも査する武英罷免当時公務出張中なりしに付直ちに主管各科に電致し夫々引継を命じ総務科長は重要文書を後任者に手交して其の領収証を取り、其の他各科も各後任者に於て派員引継をなし、決して金銭の不足及携帯等のことなきに付、元より規避の必要なく猶ほ局内の公用品及支出各費用は均しく主管各処ありて旧案の証すべきものあるに付豈克く任意誣告し聴聞を淆乱するを得んや。茲に顧みて経過実際状況に就き夫々詳細及陳情候次第に付、公平の立場より是非を明かにし公理を維持せられ度、如上従前に於ける吉敦路工取扱実情及趙鎮誣告各件及申請候条、委員長に於て可然御詮議の上司令長官に御進達相受け御指示仰度

右及陳情候也

魏武英　謹呈

東北交通委員会訓令四二七号㉙

吉敦路工の取扱ひ実情及趙鎮誣告の件に関し御裁決の上御指示仰度旨其路前任局長魏武英より本会に訴へ有之候

査するに近来其路は工事の不良に依り南満と屢次確執を生じ而も一切の懸案は南満復た頗る狡猾に立廻はり事々藉口して責任を廻避する為の解決頗る困難を感ずるも、唯其の前任局長は当時親しく事務の引継をせざりしを以て、日本側立替金の支出状況及工事予算状態は其の真相不明となり、遂に清理するに由なき情勢に立ち至りたるが、

本件に関し今般同前任局長より陳情の次第も有之候に付、

本会は別途同局長に対し指令を以て吉敦路工の取扱ひ情況及び故意に引継を廻避するものに非らざる旨稟申の趣閲悉せり。陳情の件果して事実とせば速に帰局し掌理事項を逐一清理し正式引継を行ひ並に其の路に於ける南満立替金の支出及工事予算に就き統べて事実に拠り指証し以て真相を明かにし交渉に利便を与へられ度。猶ほ吉敦鉄路収工委員として貴殿を任命するに付、該路の工事検収を協助せられ度、本件別途吉林省政府に通知並夫々通牒致置候間可然御励行相成度旨令達し一面印刷に附し夫は配付並に吉林省政府に通知致置候に付別紙陳情書添付其の路に及令達候条御了知相成度

仍〔よって〕及訓令候也

十八年五月廿三日

東北交通委員会指令第一五九五号

吉敦鉄路局に令す

収工評価委員会組織規程提出の件回訓

首題の件に関し規程案添付御申請の趣閲悉候然る処、其の路収工評価委員会は収工委員会と改むることに致度、同組織規程別紙の通り修正し御送付申上候に付御査収相成度猶ほ同会委員は已に本会に於て別途任命致置候条可然御取計ひ相成度右及令達候也

十八年五月廿六日

吉敦鉄路収工委員会組織規程

第一条　本路は既成工事の検収を慎重に取扱ふ為収工委員会を組織其の組織及職掌は本規定の定むる処を適用するものとす

第二条　本会は吉敦路局内に設置し其の事務室及器具は吉敦路に於て配給するものとす

第三条　本会に正副主任委員各壱名委員若干名を置く

第四条　正副主任委員は本路正副局長に於て兼任し委員は交通委員会に於て各路の工事専門家を招聘並に本路専門局員を指定し任命するものとす

第五条　本会の職掌左の如し

一、沿線既成工事が原予算及設計と一致する哉否を検査すること

一、各種不良工事を検挙すること

一、既成工事中合法工事を検収すること

第六条〜第十条（緊要事項に非らざるに付之を省略す）

東北交通委員会訓令第四三六号

吉敦鉄路局に令す

今般吉敦鉄路収工委員会主任委員として吉長兼吉敦鉄路局長李瑞を同会副主任委員として同副局長斎耀塘を任命し又前任吉長兼吉敦鉄路局長魏武英、瀋海(奉海)鉄路公司協理陳樹棠、北寧(京奉)鉄路局工務処長代理梁鎮英、吉海鉄路局工務処長趙傑、洮昂鉄路局工務処長兼斉克鉄路局工程科長王僅、呼海鉄路局総工程司兼工程科長史翼及び四洮鉄路局段長正工程司張維和を同会委員に任命し、別途夫々発令致置候条右に御了知の上可然御転達相成度此段及令達候也

第参拾六号　四七、吉敦鉄道建造工事清算に関する件

昭和四年六月二十五日　吉敦鉄路技師長

鉄道部長殿

吉敦鉄道建造各工事は早く所定の手続を完了すべき筈の処、趙鎮局長時代より一部未了の儘今日に至りました、其の懸案となり居るものは前局長魏武英時代に決裁せる各工事費の価格高価にして再調査する必要ありとし且工事施行は実際を検査すべしとの意向を以て、局内に収工評価委員会を造り各工事の検査は昨年十月[30]全線営業開始前之を施行しました、其の結果は委員長より会社に報告せる通にして、会社は之に依る一部の加修をも承諾施行したるを以て各工事に付夫々正式手続を了すべき処、工事費の評価未了等の故を以て未だ手続を為さずして局長は李瑞と更迭しました。李局長は着任以来本問題に関しては交通委員会に転嫁して表面廻避し居たるも内々如何に処理すべきかに迷ひ居たるものの如く、前局長時代の局内収工評価委員会委員が大部分局を去り居ることと、其の無力なりしに顧み新に東三省の専門家を加へたる委員会を組織し、速かに有力なる意見を立てて会社に交渉すべき旨本年四月交通委員会に提議したのであります。然るに一面前々局長魏武英は彼の在職中に執りたる専務に関する趙鎮及王煥文の調査報告中に虚偽誣告多きに憤慨し、彼の執務の真相を開明せる報告を交通委員会委員長高紀毅に提出し、委員長調査の結果之を諒とし、[31]李局長より提議せる収工評価委員会は評価の文字を不用なりとし、同会規則書も評価に関する事項を削除して、吉敦局に回付指令し委員には魏武英をも加ふることになりました。

以上は既に都度報告せる通でありますが、其の後魏武英は更に高紀毅の幹旋により張学良及張作霖等の要路に面接して自己の執務せる実情真相を説明し夫々満足なる諒解を得て、吉敦建造費清算に関し好機運に向つて居るのでありま

すが、唯現局長李瑞は自己の立案を変更せられたるに不満を抱き、且趙鎮及王煥文等が彼を扇動し何等か画策せるとするに非らざるやを懸念します。

叙上の如き状態でありますから、此の機会に高紀毅より収工事務を速かに処理する様李瑞に指令すべき口実を作ることが必要なるを以て、会社より収工清算を催促し同時に契約に依る会計主任派遣の提議を速かに同意され度き旨厳重に局長に申送ると共に、之を交通委員長に提示し局長に於て擅に遷延せざる様督促せられ度旨要求することは此の際有効と存じます。

右は高紀毅が最近南京より帰奉するを以て、会社より此の書面来り居らば魏武英より高紀毅を説得し、直に李局長に指令せしめ度しとの協議がありまして、最も時宜を得た方策と存じますから会社に於ては右趣意御酌定の上催促文を発送する様御取計願ひます。

備考

一、局より収工検査の結果報告は民国十七年十月十六日附収工委員長仲蹟孔の名を以て会社に交付して居ります

二、李瑞局長より民国十八年二月八日附を以て会社に清算を要求し来り会社は三月十三日附社長名を以て清算書を発送しました

三、会計主任派遣の件は民国十七年十月十日全線営業開始の際より実行すべきものにして会社は局と時々協議し居り正式には本年四月二日附書面を以て提議し居るも局長より未だ回答し居らず

第三十七号（民国十八年 昭和四年）七月二日　重役応接室に於て魏吉敦前局長、藤根理事、中川代表、穂積参事官に吉敦建設費に関し協議したる事項左の通り

一、吉敦線建設に関しては局より再三旧予算送附方要求せるも会社は旧見積は請負額確定[32]迄の暫定にして請負額決定の上は旧予算は自然消滅せるものなるを以て旧予算に一切触れず決定請負額により回答を成し来れるものなり

二、各工事決定請負額は魏前局長と会社との間に協定したるものにて会社より提出せる見積に対し局は之を承認して委託書を交付し会社は承諾書を提出せるものにして正当手続の金額なり

三、右金額中には故張大元帥へ交付の特別費一、六五〇、〇〇〇円を加算せるを以て工事費高価となるは已むを得ざるものなり。局に於て請負額の内容に付説明を求むれば会社は取扱工事費には前記特別費を加算せることを明示

し、実費は請負工事費として適当なることを説明するの外なし。特別費の割掛明細を要求する場合には各工事件名別見積に対する特別費と実費との関係表を交付すること

四、支那側が実費の内訳を要求する場合は、会社は単価請負に非らず普通請負なるを以て内訳提示を拒絶すること

五、技師長は立替現金の金利加算せることを説明したりとするも右は会社が請負たる金額に付内容の一部を説明したるに過ぎずと答ふること

六、会社内部に在りては更正見積書は旧見積書に一、六五〇、〇〇〇円（特別費）及五六〇、〇〇〇円（立替現金に対する金利）を加算せるものなるも局には決定見積書以外に旧予算に関する一切書類なく唯技師長の手許に一部保留され居るのみなるを以て右書類は本部に返還を受くること

第参拾八号　吉敦線建造費に就て　（民国十八年 昭和四年 七月六日魏武英に手交）

吉敦線建造費請負金額　金弐千四百万円の内
　会社取扱建造費決算額　金壱千参百四拾壱万七千円余
　局　取扱建造費決算額　金壱千〇五拾八万参千円弱

にして会社取扱建造費決算額中には故張作霖に交付の金百六拾五万円を含み実際会社取扱建造費決算額は金壱千百七拾六万七千円なり

会社取扱工事費に百六拾五万円割掛方下の通り

一、吉敦鉄道建造請負契約締結当時張作霖より参百万円を建造請負額より捻出方命令あり局長は技師長と協議の上命令金額の若干は捻出已むを得ざるものとし不取敢会社[33]取扱工事実費に割掛整理として六拾五万円、局取扱費より参拾五万円を捻出し十五年十一月九日張作霖に百万円を交付したり

二、其の後張作霖は局長に対し再三残額交付方口頭命令あり技師長と協議し尚若干交付の已むを得ざるものと認め、会社取扱工事実費に割掛整理し捻出を計り居りたる処十六年五月三日附書面を以て張作霖より百万円捻出方命令ありたるに依り已むを得ず右金額に達すべく割掛を為すこととし十七年一月二十一日捻出見込立ちたるを以て張作霖に百万円を交付したり

三、結局会社取扱工事実費に金百六拾五万円を割掛たるものにして工事費高価となるは已むを得ざるものなり

第三十九号　庶借二八第二〇号二五

昭和四年七月十一日　　　　　　　　　　総裁名

吉敦局長　李瑞殿

吉敦鉄道建造費清算並会計主任派遣の件

拝啓　陳者貴路建造工事費に関しては昨年昭和三年（民国十七年）十月十六日を以て貴路収工委員長より検査の結果を弊社に御通知有之と共に修工方御要求ありたるに付、弊社に於ては之を承諾し夫々加修工事の施行を終り候、次で本年二月八日附を以て貴局長より建造費一切の清算方御要求ありたるに付弊社は三月十三日附を以て右清算書送附致候

尚貴局会計主任の派遣方に関しては四月二日附を以て申進候次第に有之候

然処其の後右何れも何等の御回答に接せず弊社の頗る迷惑致居候所に御座候

此の上荏苒（じんぜん）時日を経過せしむることは貴我双方にとり不利益と被存候条速に前記工事清算書に依り御決定相成度

尚会計主任至急御聘傭相成様致度此段得貴意候　　　敬具

第四拾号　昭和四年七月十一日　　　　　庶務部長

吉長中川代表宛

吉敦鉄道建造費清算並に会計主任派遣の件

本件に関し別紙総裁名書翰を李吉敦局長に手交せらるると共に速に決定する様貴職よりも厳重御督促相成度し

（写　庶務課長）

民国十八年七月二十日　吉敦鉄路工程局技師長

鉄道部長殿

収工委員会の件

収工委員会は七月十五日を以て成立の旨正式発表がありました

而して此旨満鉄に通知すべく局長より申越がありました御了知願ひます

収工委員の氏名は曩に報告せし通りでありまして此内本日迄に来着せるもの並に会事務員として今回任命されたもの左の通りであります

右不取敢御報申上ます

左記

収工委員来着者氏名

呼海鉄路工務処長　　　史　翼

四洮鉄路工程局　　　　張　維和

吉長鉄路趙条代理　　　王　之翰

北寧鉄路工程司　　　　梁　陳英

前局長魏武英代理　　　張　毅

収工委員会事務員任命

吉敦総務科長　于　龍渓
〃監査科長　王　仰曽
〃監査考工股長　趙　成楷
〃工務科工程股長　陸　耕礼
吉敦会計科総核股長　李　緒軒
〃総務科庶務股長　李　向階
〃経済調査員兼秘書　柳　晃堂
吉長監理課長(吉敦兼務)　王　達
〃養路課長　李　寿松

第四拾壱号　訳文

第二六〇号

昭和四/民国十八年七月二十五日

吉敦鉄路工程局

南満洲鉄道株式会社御中

拝復　陳者今般貴函を以て工事清算書の決定並総会計聘用の件に関し御申越有之候処、本局は工事の験収準備の為本年二月貴社に対し請負工事の旧予算内訳書及工事決算明細書の作成方を御依頼仕り主として旧予算内訳書に依り決算書と比較する趣旨なりしは書面に於て明瞭すべきなるに貴社は第五分段乃至第十五分段の清算書のみを御送付相成記載の清算月日は当方よりの書面の趣旨と一致せざるのみならず、第[34]一分段乃至第四分段の清算書は本局に無之、而して旧予算内訳書は結局御送付相成らざるに付其の現存する各種工事の内訳書も大半は不足し、単価の記載及証憑書類等完備せず、審査不能の為目下本局より魏前局長に対し照会中なるに付回答を俟ちて審査致すべく候。総会計を聘用する件に付きては貴社の御来示に基き交通委員会に申請せし処、委員長より総工程司に予算明細書を提出せしめ工事の験収完了後詮議可然旨達示有之候。元来本路工事の大部分は未だ正式の験収を了せざるも昨年局員をして検視せしめ補修工事の件に関し書面を差出し置きたるも其余の各処の如きは当時僅に列車運転に支障なき程度にして完全せるものと認むるを得ず。竣工証明書を発行せざりし次第に有之候。依て貴社より御送付に係る第五乃至第十五分段の清算書に記載せる清算月日は大部分根拠無之に付、今般交通委員会の訓令に依り各鉄路局の専門技師を本路収工委員に任命し、已に集合の上事務を開始仕り候。尚又総工程司より貴社に転達せしめ置き候通り工事が正式に験収されず詳細に結算されざる間は、総工程司の責任は解除し難く候に付、総会計聘用の御要求に対しては工事の引継を完了し総工程司を解任したる上に御協議申上度候間右御了承相成度

此段及回答候也

第四拾弐号　訳文

敦字第二八九号

昭和四 民国十八年八月十四日　　　吉敦鉄路工程局

南満洲鉄道株式会社御中

拝啓　陣者先般東北交通委員会令を以て本路収工委員会組織章程を下附され並に収工委員を選任し正式に工事検査を行ふべき旨命令相成候に付事務の開始及び検査期日の決定の上、総工程司より貴社に対し派員参加の件に付転達致させ置き候処、今般総工程司より派員参加の必要なき旨貴社より来電ありたる趣復命有之候処、元来貴社が各種工事を御引受相成たる際には総工程司に監督指揮を委託されたるものなるに、去五月一日貴社鉄渉二九第九号の三に依れば弊社の施行する工事に関しては已に貴局総工程司に委託しあるを以て以後は総工程司と協議の上取扱あり度旨御来示の次第も有之、今般派員参加無之に付ては総工程司の責任に於て同行検査することも差支なき儀と存ぜらるべきに付右御了知相成度此段得貴意候也

以上

第四拾参号　鉄三渉二九第六七号一九の二

昭和四年八月二十九日　南満洲鉄道株式会社

総裁　仙石　貢

吉敦鉄路工程局

局長　李　瑞殿

収工検査に関する件

拝啓　敦字第二八九号を以て御申越の趣了承仕候

先般貴路収工委員会に於て工事検査を行ふに付立会人派遣方総工程司を通じ弊社に申出有之候が、貴路最後の分段は昨年十月十一日貴路収工委員と弊社との間に検収受渡を終了、従て同日を以て貴路全線検収引渡を了したる次第にて、弊社は貴局御提議の如く改めて検収を受くるの必要を認めざるに付、左様御承知相成度此段回答得貴意候　　敬具

追而満鉄鉄渉二九第九号の三を以て弊社施行工事に関しては貴局技師長に委託致置き候間技師長と御協議相成度旨回答致したるは敦字第一〇〇号を以て御申出有之候一部加修工事に対するものに有之全線工事に対するものに無之候間左様御承知相成度

第四四号　吉長庶乙第四八号

民国十八年十一月十四日　吉長鉄路管理局

満鉄代表　中川増蔵

南満洲鉄道株式会社

　　庶務部長殿

拝啓　吉敦会計主任の件に関し局長に交渉至急解決方督促致候処、局長より吉敦問題は先般一括して自分の意見を附し交通委員会に申請し置きたれば、同会より何分の指令ある筈なれば暫時待たれ度交通委員会へも至急解決方督促するとの事に有之韓局長としては何とか解決し度き意志は有之様被認[みとめられ]候右不取敢御報告申上候　　敬具

⑸第四拾五号　吉敦鉄道収工復命報告（訳文）

満鉄会社の請負に係る吉敦鉄路全線工事の験収に関し報告申上候間御査閲相成度候

小職等命を奉じてより前後して長春に着し七月二十日事務を開始し、各々分担して図表書類を査閲し且つ吉敦鉄路より該路総工程司田辺利男に通告して同伴沿線各地に出張し総工事に対して逐次検査を行ひ九月三十日完了せるを以て、茲に公文と共に詳細報告書を提出して御参考に資する外、謹で該路現在の工事状況弁理情況及将来の発展に対する意見を貴職の為めに詳細に分類陳述す

窃[ひそ]かに思ふに工事の良否験収は先づ設計、施工、価格の三者を比較検討して方に其優劣を決定するにあり、故に小職等は慎重に験収する趣旨に基き規定せられたる職掌三項に照し工事に就て詳細なる検査を行へる外、工事価格に対しても注意を払ふて考査し附表内に分別記載して御参考に供す

㈠工程修築概要

全線延長二百十一公里半　駅十六ケ所（吉林を除く）　レールは正線八十磅[ポンド]側線六十磅　隧道二千五百八十公尺、正式橋梁五百二十三公尺　木造橋梁一千六百三十八公尺、セメント供渠及閘門の軸長四千一百四十二公尺　木造閘門の軸長一千四百二十八公尺　機関庫二ケ所　給水タンク四個　貯水池二ケ所　家屋（支那尺巾一丈奥行二丈平均を一間と計算し）煉瓦建四百三十間木造二百三十八間　土造三百九十三間　土盛六百五十六万余方岩石開鑿三十万〇七千余方　電線吉林蛟河間十線蛟河敦化間八線等にして線路は半ば深山崇嶺の間を蛇延起伏し而かも隧道鉄橋の両大建造物ありて局外者より見る時は工事の困難なる幾何の費用を投じて此処迄為し遂げ得たるかを賞揚せしむるものありて別に不良と称すべき点なきが如きも工事学識上より実地を考査して論ずる時は該路工事は決して困難なりと云ふに足らず又完全と称することを得ず

今該線工事の最も重要なる点に就き論ずれば傾斜度を八十分の一と為したるは余り急に失し亦カーブの反復屈折も過度の嫌ありて単に一時の工費節減を計りたる為将来の列車運転に累を遺すこと尠しとせず　其他隧道は狭隘にして石畳み粗悪なるため漏水して裂隙を生じ其危険憂慮に堪へざるものあり、底溝も亦浅くして冬季結氷して凸起せる個所甚だ多く修理工事に巨額の費用を要す、木造橋梁は杭の深度浅くして危険を生じ易く橋座の防土堅牢ならず工事半ばにして傾斜す　閘門は基礎固まらずセメント造のものは継目粗悪にして漏水し木造のものは湾曲沈下す機関庫は根底の寸法薄くして内部には単に五種の機械を備付けたるに過ぎず　家屋の煉瓦造のものは工事粗雑木造のものは継目に裂隙ありて充分なる防寒の設備なく土造のものは建築不良にして壁は歪み屋根は漏る岩石の開鑿及傾斜面は整斉ならず　土工は方数不足にして数次修理を加へしも尚若干の不足あり、諸事此類にして総て報告書内に詳細記載せるも此は単に工程表面に就て論じたるに過ぎず　工事優劣上の瑕瑾は尚事小に属す、若し更に価格を以て其高低を衡らば中外各鉄道にも実に穿に見る所にして該路土工は一公方平均日金七十銭　岩石開鑿は二円二十七銭隧道は一公尺一千二百四十二円松花江の鉄橋は一公尺二千九百五十円に相当し　其他木造小橋及木造家屋は現地にて木材を採取したるものにて単に工賃と運搬費のみなるに拘らず橋梁の一公尺平均尚四百二十円に相当するは、他の鉄道に比して倍価以上の支出なり　木造家屋の一間平均一千四百円は一般煉瓦建にも亦斯くの如き高価なるものなし、然かも蛟河敦化両駅の煉瓦建営業所（票房）の楼上楼下を通じたる一間が五千余円に当るは其高価なる以て一般を見るべし　今若し同省に於て同時に建設せる吉海鉄路の価格を以て比較すれば、吉敦の土工、岩石開鑿、隧道の三項のみに就て満鉄が計上せる額に比し四百十余万円少額なるはまことに人をして聴くに騒がしむるものなり、茲に験収の暇に乗じ満鉄が請負へる工事を一一〔いちいち〕寛大に評価するに其実価は日金六百三十万七千余円に当り、更に正項支払百六十五万円（計二百七十万円にして工事費外）を加算するも、日金七百九十五万七千余円に過ぎざるに満鉄の計算一千三百四十一万七千余円は実に五百四十六万余円の多額を算上せり最初当事者は何故に比重大損失を忍受せしやを知らず

㈡工事実施情況

請負契約を見るに第三条に「工事期間中は会社内の工事

に精通せる日本人一名を総工程司として聘任し局長の命令を受けて本路の工程及予算を弁理計画し且つ総工程司は事務弁理上必要の場合は局長に申請して適宜日本人数名を雇用することを得」又第四条に「本路各項工事施行は商人をして請負はしめ其多くは中国人に請負はしむるものとす」又「請負工事及工事験査に関する各弁法は総て国有各鉄路通行規則に照して弁理す」云々と明記しありて契約の本旨は日本人を制限して其路務擅(せんだん)断を防止し以て我が工事監督に便ずるにあり又其多くは中国人に請負はしむることに明定せるは満鉄が専ら日本人に請負はしめて利権外溢し或は経費を乱費して審査に由なきに至らしむるを恐れたればなり最初当事者は契約に按照して適切に実行し以て利権喪失を防ぐべきに工事開始に当りて大に謬り日本人五十余名を採用し局より支給したる俸給旅費十六万余円の多きに達し測量、計画、工事監督、工事検査等の重要職務は総て此等の内より任命し　全線の工事は吉林紳商と東亜土木公司の共同に係る興業公司に請負はしめて十五段の内僅かに第十二、第十三の二段を中国人張子豊、李清和に請負はしめたるのみにて為めに請負　下請　計画　工事監督　工事検査乃至は金銭支出迄満鉄が一手に擅断する所となり局長は大連の監査科に常住して一切顧みず日本人の為すが儘に任せ事後の一承諾人たりしに過ぎず為めに工事価格を任意に増額し事後予算計画を変更し口実を藉りて百六十五万円の支出を追加せり而かも実際に追加したる額は此に幾倍するやを知らず　現在の状態に照して寛大に評価したる吉敦全線の工費は総務　購地　車輌及一切の費用を合して一千四百四十八万七千余円にして追加したる二百七十万円を合するも原予算一千八百万元より尚八十一万三千余を過剰すべきに当事者は省都と離隔せるを利用し傾斜度四十分の一を八十分の一に改めると偽称して土工費二百万円を又迂回線を避けるため隧道五ケ所計一万余英尺を開鑿すると称して隧道費三百万円を　同時に総務、購地費各五十万円合計六百万元を増加せり　満鉄が七年の調査に係る吉会鉄路従断面図（該路原予算一千八百万円は即ち該図を根拠とす）を詳査するに最初より最大傾斜度は八十分の一　隧道延長は九千九百余英尺と定められ現在傾斜度も依然八十分の一なれば何等減少せられしものにあらず又現在の隧道は僅か八千五百余英尺にして毫も増加せられざるのみならず却て原図より一千四百英尺を減少せり。土工も現在の里程を原図に比較して五英里減少せられたるを以て工費増加の必要なきに当事者は敢て欺瞞し吉敦鉄路をして斯かる余分の重債を負はしめて一日の利子日金六千余元を下らざるに立至らしめ償還の日なく危亡目前に在るは誠に浩歎に堪へず

㈢工事検査の結果

今次の収工委員会験工職掌三項に按照し今謹で分別して之を論ず

第一項　完成工事が原予算設計に符合するや否の検査、本路の全工事、予算、設計は総て満鉄より推薦せる田辺総工程司の主宰弁理に係り承弁者は満鉄にして満鉄は又田辺を工事監督者とせり故に田辺は工事、予算、設計の実施に当りて全権を把握し随意に弁理することを得　此に由りて之を観れば吉敦鉄路と満鉄を一体と為したるものなれば満鉄が承弁せる工事が焉んぞ吉敦鉄路の原予算設計に符合せざるべけんや況んや原予算設計なるものは工事開始後随時に編製して価格を任意に増加し内容は随時変更せられたるものにして事前に我方の正確なる審査を経しものにあらず事後之を根拠とするに困難なれば符合するや否は単に其改編の妙、不妙を観るに在りて工事の本体とは関係なし

第二項　不良工事の検査　工事の良否は偏に基礎に在り起工当時に於ける監督、工事当務者の多くは満鉄より派遣せられたる日本人之に当り当時或は工を偸(ぬす)み材料を減じたる点あるも今茲に詳かなる指正を加へず又総工事の内松花江鉄橋工事の外は復査に資すべき詳細なる記録なきを以て此場合其内容如何基礎如何を知らんと欲するも工事の良否を探求するに由なく敢て冒然断定せず単に其表面に就て観察検出したる所の既に破壊現象の露顕せるものを記録して不良の考証と為す

第三項　完成工事の適度検査　満鉄が今次承弁せる工事は若し其価格の高低を問はざれば大体に於て用に適すと称することを得、即ち隧道の狭隘、傾斜度の過急、カーブの過度等は運転上不利ありと雖も尚列車を行することを得、其他木橋の傾斜木造家屋の裂隙等は新設鉄道に有るべからざる事と雖も修理を加ふれば尚数年は弥縫(びほう)すべく深く追及する必要なきが如し　然れども工事と価格を併せ論ずる時は既に破壊せるものあるのみならず総工事に於て適度と称する事を得ず破壊せざるものも規模簡陋、計画不充分にして又一概に適度と認め難し　要するに満鉄が為せる工事は契約訂結の初に於て既に各種工事、構造、数量及費用の概要を説明せず起工に当りては当事者又故意に放任して顧みず満鉄の為すが儘に任せたり　若し満鉄が其承弁せる各種工事価額を現在の計算に比して

倍額に計上するも又は若干減額するも或は又総て臨時費とするも我方は之を質証するに由なし　今次の検査は事後に属し一方が之を追求するも根本の交渉関係に遡るにあらざれば全く微末に属す　従令満鉄が検出せる不良工事を修理するも我方損失の万分の一をも補ふ能はざるなり

㈣立替資金減額交渉の建議

吉敦鉄路の建設は専ら日本が満鉄の営業発展政策より我方に対し再四資金立替承弁を要求したるものにして契約文に拠るも承弁者は専ら資金立替代弁の性質を有し決して彼れの承弁に依りて利益を得るを許容せしものにあらず故に我方は契約訂結に当りては寛大の志を以て満鉄を信用ある会社と見做し立替承弁の名に仮りて利息以外更に倍額余の暴利を貪るものとは思はず原定予算も単に一片の概数のみにして工事の性質数量及価格は規定せず人員を制限して我方審査の余地を存せしのみなり今満鉄は材料購入下請共契約書の規定に依りて弁理せず材料購入も全部投票に附せず殆んど全工事を日本人に請負はしめて実価以外に更に若干を加算す　満鉄が日本人に請負はしめたる工事価格は之を考査するに由なきも中国人張子豊に請負はしめたる土工隧道等の価格を以て比較せば即ち其一斑を見るべく張子豊が受領せる金額は五十七万四千七百余円なるに満鉄の計上せる工事費は九十七万一千余円にして三十九万六千三百余円を過分に計上せり此〔この〕比例に依りて類推すれば満鉄の計算に依る工事費一千三百四十一万余円の内には約五百四十七万余円を多く計上せるものとすべく最初彼方は七年政府の吉会鉄道借款一千万円を控除せずと声明せるも実は暗裡に其半額を控除して尚余あり此の如き不当計算に対して厳重交渉することなく一々之を承諾するに於ては将来若し敦会線を建設するが如き場合にも亦必ず此を例となし更に七年度借款一千万円を加ふるときは数年ならずして吉敦、敦会両線は利息に剝削せられ挙げて債権者の掌中に帰するに至らん小職等庸愚の見を以て貴会に対し此間の事情を鉄道部に申請して（原契約は交通総長の署名あるに因り）部より満鉄に対し不当計算に係る承弁工事費計五百四十余万円の減額を理に照して要求し以て公道を昭〔あきら〕かにせられんことを請願す然なくば満鉄をして此二千四百万円の内には吉会鉄道借款五百四十万円を控除せる旨を承認せしめ以て敦会線の負担を軽減すると共に将来自ら築造する準備と為し且つ能ふる限り吉敦借款の利息軽減を要求すべし此の如く弁理する時は我に其全効果を収め得ずとするも

今後日本人をして我方と事を為すに当りて顧忌する所あるを知らしむべきなり

㈤営業発展の意見

該路の大部分は深山崇嶺の間を走り住民寂寥、農産鮮少にして現在収入として恃(たの)む所は僅かに両側の森林及蛟河の炭坑にして一日の収入平均四五千円に過ぎず、漸く経費を支ゆるに足り一ケ年の利息二百十六万円は毫も支払ひ得る見込なく、且つ将来森林は伐採するに随つて減少するを以て勢ひ収入も日を逐ふて減少し収支相償はざるに至る状態にあり若し線路の延長を謀るにあらざれば坐して死を待ち数年ならずして重利に剝削せられ外国人の手に殺されるに至らん然も借款と敦会線修築は久しく国人の癌とする所にして吉敦線(?)亦借款に依りて此の如き重患を受くるが如きは何ぞ再び其轍を踏まんや故に線路の延長を図らんと欲せば別に適当の弁法を設けて将来に患を貽(やどら)さざらんことを要す現に吉林省政府は珠同穆密線等の敷設計画あり固より有望なる線にもあらず外交借款関係もなきを以て何時修築するも我が任意にして之を延期するを妨げざるを以て先づ危急に頻せる吉敦鉄路の救済を図り以て国土を保全するため貴職より鉄道部に対し前の吉会鉄路借款一千万円は鉄道部にて償還し且つ満鉄に対し今次承弁せる吉敦線工事の劣悪、工事費の寄高を指摘して敦会線は再び該会社の資金を借りて修築すること能はざる旨を声明せられんことを申請すると同時に一面吉林省政府に対し先づ敦化より延吉に至る一段僅々百十余公里経費六百万円を籌備竣工せんことを提議せられたく然る後情況に依りて漸次国境に延長し且つ吉敦線と吉海線を連結せしむべし　此の如くする時は単に吉敦線を救済して吉海線の収入を増加し且つ国防、政治、実業、治安等に対して莫大の利益あるのみならず某国の鉄道侵略政策も之に因り破壊せられん

以上述べたる各節は単に調査の結果獲たる管見の及ぶ所にして冒昧を揣(はか)らず披瀝直陳す　事後の追及は事実に裨益する所なきを知るも猶ほ愚天の千慮或は一得の貢献あらんか惟(た)だ貴職之を洞察せられんことを冀(こいねが)ふ

今次吉敦線工事の良否験収に対し報告書を作製し謹で鑑核施行を請ふ

委員長

副委員長

吉敦鉄路収工委員会

主任委員　韓　麟生

副主任委員　斎　耀塘

委員

陳　樹棠
史　翼
張　惟和
趙　杰
梁　鎮英
王　僅
魏　武英

中華民国十八（昭和四）年十一月十八日

第四十六号　吉敦工務第七四一号の二
民国十八年十二月十八日　吉敦鉄路工程局技師長

鉄道部長殿

吉敦建造経過報告に関する件

魏前局長引継清楚ならざる事項報告方に関し局長より通知がありました

此の機会に建造に関する経過を報告して置く必要を感じ別紙写の如く提出しましたから念の為御報告申上ます

別紙添附書類

一、魏前局長引継清楚ならざる事項報告方に関する局長よりの通知

一、吉敦建造に関する経過報告小職より局長に提出せるもの工務第七四一号

一、収工検査に関し収工委員会主任仲躋孔より会社に致せる照会文（本文本社にあり添附省略）

一、右に関する満鉄の回答鉄三渉二八第八号の二（本文本社にあり添附省略）

一、[36]第一号表　甲種工事一覧表

一、第二号表　乙種工事一覧表

一、第三号表　丙種工事一事一覧表

一、第四号表　建造資金受領一覧表

一、第五号表　未認可工覧表

以上

魏[37]前局長引継清楚ならざる事項報告方の件訓令

東[38]北交通委員会第六九九号訓令を以て吉林省政府より第二号密書を以て事務引継の件に関し魏武英より書面を以て「生吉敦受任の初より已に交通委員会故王会長より生に対し工事費千八百万元の内より参百万元を捻出し故大元帥に送金方命ありたるに付、生は恐懼異常措く処を知らず不得已（のみ）、乃ち満鉄及総工程司に向て参百万元を節約するに非ればば処理するに途なき旨言明せし処、満鉄方面も亦深く其の苦衷を諒とし多方面に亘り節約方総工程司に命じたり乃ち弐百七拾万元の金額ありたるに付、之を故大元帥に報告せ

り。次で老爺嶺及第六道河大沙河及威虎嶺等の処は隧道の増修に因り已に満鉄に於て見積たる処約参百万元を必要としたるが后(のち)、隧道に修改の結果全線勾配は均しく緩慢に改め且線路が黄松甸等の処を迂廻することとなり、盛土築堤等幾多の工事を増し期日も之れが為延期し又参百万元を得るを要したり、是れ其の当時申請して六百万元追加方承認を得たるものなるが、右は乃ち永久の計画に出でたるものにて已に貴台及故大元帥に開陳し衆議一決して始めて決議弁理したるものなり、而して調達金送付の件は弐百七拾万元節約の議決ありて大元帥府に交付すと雖も南満鉄幹部に於ては工事費中より巨額を捻出するは到底不可能なることを感じたるに付再三交渉したる結果、十五年冬季に於て無理に壱百万元を支出し、辺業銀行の手を経て大元帥府に納付したるが、今後之れ以上の捻出は到底不可能の勢にあり、生此の現状を観たるに付、乃ち各事情を密に捧呈書に具し総工程司に命じ工事費中より更に壱百万元を準備せしめ残余の七拾万元は生に於て総務及土地勘定に在りて相当弁法を設けて、節約せむとし本件已に承諾を得たるを以て更に復た満鉄に向て交渉したるが遂に結果を得る処なかりし処、幸にも松岡洋右は当時満鉄副社長として来任したるを以て屢協商を経て始めて更に壱百万元支出方承認を得たるに付客年一月辺業銀行の手を経て大元帥府に納付せり但し満鉄は前後合計弐百万元を支出したるも満鉄方面は唯工事費勘定中より壱百六拾五万元を支出するを承認したるのみにて残余の参拾五万元は矢張総務及準備勘定中より支出するを要したるが、均しく已に総工程司に於て命に遵ひて支配し提出ありたるが毫も虚構なきに依り、始めて議定を行ひ、依りて契約に符合せり（契約附属文書に軍政各費に流用するを得ずとあり本件捻出金は矢張工事費中に包含するものとす）而して不足額七拾万元は総務及土地勘定より捻出せむとせしが、次で総務は已に参拾五万元を負担せるに依り更に支出の途なく仍て土地勘定に於て多方面に亘りて節約し十六年及客年に於て前後三回に亘り合計七拾万元を送金し辺業銀行の手を経て大元帥府に納付せり、即ち総計金額前後して故大元帥に日金弐百七拾万元を送金せしものなるが右は均しく密令及受領証の交付を受け居るものなり（別紙密令各写真参照）蓋(けだ)し本金員は生に於て節約送金すと雖も、而も本局内外者は其の根底を詳知せざるに依り謡言頻に起り遂に疑惑を生じたるが、生が之に対し深く弁明を与へざるは均しく已に承認を得居るものに付、故障の発生すべき筈なしと思惟すればなり。然る処却て故常蔭槐は金員を要求せしも自己の目的を遂行し得ざりしに因り脳羞変じて怒となり突然免職査弁の命を下したり。生在職功なしと雖も未だ他を顧みるの遑（いとま）あらず、斯くて遂に如斯罪名を得たり。誠に当初より予期せざるものと謂ひつべし。生は客年五月退職したるが曽て已に主管各科股に電命し金銭、資産材料及文書は夫々引継せしめたり。査するに金銭は会計出納股専任科員費科に於て銀行貯金及金庫保管中の金額合計約現金四拾余万元（別紙甲乙二表参照）を伝振綱に引継ぎ、土地は総務科地畝股専任科員孫褰峰に於て董連陞に引継ぎ、余す処の壱千百余万官帖及貸附料金は直接会計科及総務科に交付し、材料は用度科倉庫股専任科員顧寰瀛に於て点検の上馬献図に引継ぎ、又警務は総務科警務股専任科員丁戊午に於て趙維欽に引継ぎ、其の他機密文書の如きは総務科長石栄嗪に於て趙鎮に手交引継ぎ現に其の受領証あり。其の他一般文書及器具は均しく明細書を作成し考証に資すべきものあり。要するに客年引継手続は大部分主管者に於て会同報告し、或は受領証あり書類具備し居るに付充分調査するを得べく洵（まこと）に不清理の情事なし。次で各新聞紙上に掲載する処を見るに趙鎮は交通委員会に対し、吉敦の工事不良、支出の捏報、予算の私改、事務引継の廻避等を指摘したる申請書を提出したるが已に事実に根拠せざる以上、復た捏造揣摩憶測の詞多きが、若し復た之を不問に附し置かば却て身の潔白を明にするに由なきを感じたり。故に嚢に交通委員会の指令に依り長春出向の際路局に打電し並派員名刺を持参せしめ翌朝路局に出頭して打合すことを約したるが、李局長は時至るも未だ局に出勤せず且未だ回答をなさず、仍りて復た自ら節を折り身を屈して完全を期する為遼寧に帰へる以前復た派員路局に電報通知したるが亦一片の紙一文字の回答をも見ず。今更に人に依嘱して駐長随時打合せしむるも更未だ明白なる提示あらず。嚢に所謂武英は事務引継ぎを廻避す云々は此の際只管（ひたすら）逐件切実に責任を指摘し、其の罪を明かにするを得るに何んぞ計らむ。反つて寒蟬の如く口を噤（つぐ）むで聞かざるが如し従て指摘する処の各件は全然虚偽なることを知るべく其の些少の嫌疑を利用して詭陥（きかん）せむとすることは攻めずして自ら破ることを得べし。茲に各科股移交の受領証証拠書類を夫々添附開陳し、以て其の真相を明かに致すべく、尚収工に就ては各種工事書類具備し居るに付、各委員に於て之を借受け検閲の後、収工委員会規定の収工弁法及範囲に照らし、先づ満鉄の人を招集して商議進行を行ひ若し路工に不良情況あれば[39]原契約及細則に依りて可及的補修を命ずることを得可く、満鉄は契約関係を以て当然其の責任を辞することなかるべし。但し満鉄方面は今般収工委員会に回電し已に会同検収を行ひ置きたるに付、更に再び派員の必要なきものと思惟する旨回答したるが、目下収工は已に満鉄より検収を終はりたりとの回電ありたる以上、究竟内容の如何に就きては生も亦未だ其の内情を詳知せず且生は学識疎浅、加之〔しかのみならず〕旧疾時折り発生するに付未だ敢て濫〔みだり〕りに末席を汚し自ら罪戻を取るの愚を演ずるに忍びざるを以て、已に交通委員会に申請し別に収工人員を任命し更替に便じ誤を貽さざることに致置きたり。猶保管現金は客年五月生退職の際に於ける各現金手計在高及客年六月主管科員に於て後任者と会同事務引継報告の時に至る各現金手計現在高は別紙甲乙二表に依り調査するを得べきに付、併せて茲に声明す、茲に如上吉敦工事の着手及前後調達金の送付並事務引継経過の各事由に就き統べて夫々具陳するに付御査閲相成度旨表冊写真添附稟申有之候に付、別途指令致置候処、別紙表冊写及写真御添送申上候。貴会に於て御詮議の上可然御取計ひ相成度、猶同人書面中満鉄の収工は已に検収を了へたり云々に就ては、其の概要御回示相受け打合せに資し度旨原表写添附申越候処、査するに魏前局長引継事項に関しては曩に已に貴路李局長に於て慎重接収することに下命致置候猶工事検収事項に就ては曩に貴路の報告に拠れば已に契約に根拠し総工程司に於て責任を以て同行検査せりと云ふも、但し目下引継は已に完了せし哉否、工事検収は如何なる程度に至れる哉、尚未だ本会に報告無之候処、如上書面中越の次第も有之候に付添附書類写別紙の通御送付申上候条至急御取調の上御回報相成度旨令達有之候処、査するに魏前局長は引継清楚ならざる事項甚だ多く何れも重要に関繋するに付別途取調べ報告方夫々通達致置候処、右に御了知の上至急主管各事項に就き夫々詳細に亘り御調査御回報相受け進達することに致度此段及令達候也

吉敦工務第七四一号

民国十八年十二月四日　　　総工程司

局長

副局長

吉敦建造に関する経過報告

訓令第二七三号を以て魏前局長の交代に就き調査報告すべき旨御達示ありましたが、工務科に関する書類は総て総務科監査科又は会計科を経て局長に提出して居りますから該三科長の報告を総合せらるれば工務科よりの報告は自然必要なき次第でありますが、総工程司の事務上満鉄会社関係一切を取扱ひましたから、此の関係に於て建造事務経過を報告します

随て本報告は総務、監査及会計の三科よりの報告と合致するものでありますから御照査の資料となるものと信じます

工事に関する経過

局が会社より建造費を支出せしむる途は建造契約に拠り左の二方法となります

㈠工事の施工を委託するもの
工事は局に於て設計書類を作製し会社に委託、竣工の上は検査証明し各分段完成毎に精算す即ち「吉敦鉄路工程承造施行細則」に準拠す

㈡賃金を要求し現金にて受入れするもの
資金は必要の都度局より会社に要求交付を受けたる上は受領証を送る、会社は各分段毎の工事完成し精算の際共に是を加算す

前述㈠の会社に委託工事を手続上より区別せば左の三種類となります

甲　一、施行調書　二、工程承造書　三、竣工検査証明書総て完備せるもの

乙　一、施行調書　二、工程承造書完備し竣工検査完了の上全般的証明を為したる儘各件毎の竣工証明書未交付のもの

丙　一、施行調書　二、工程承造書共局長未決裁なるもの

工事は竣工し乙と共に検査せるもの

甲種工事

此種に属する工事は別表第一号表のものにして第一分段より第七分段に至る主要工事を含み一切の手続完備し居れり

乙種工事

此種に属する工事は別表第二号表のものにして第八分段より第十五分段に至る工事と第一分段より第七分段に至る間の補足工事を含むものにして竣工検査は十七年十月趙局長の指令せる収工委員会委員長仲躋孔並委員趙成楷外十三名並工務科各検査員は満鉄会社より職員土肥隆溝添栄三の派遣立会を求め、小職も現地立会検査の上工事完了通車支障なきを認め同年十月十日より全線の開通をなしたるものなり

各工事検査の結果修理を要するものは各員協定の上会社に於て修理を承諾し収工委員長より別紙の如き証明書を会社に交付し会社は修理を了せるものなるも其の後局長と交通委員会との間に協議する所ありし為にや未だ各件の証明書を交付し居らざるも実際問題として会社は其の責任を完了し居るものなり

其の後李局長に於て更に交通委員会に協議の上第二次収工委員会を組織し各路の専門家を集め本年八月再検査を施行

したるも此の次は会社に於ては関係なく局長が確信を得る為に施行せるものと信じ居れり。本検査の結果局長御確認の上は速に各分段の精算書に承諾の手続を履行せられ度

別文往復文書写添付

丙種工事

此の種に属する工事は別表第三号表のものにして全線開通までに施行する必要あり、当時多忙の為手続稍〔やや〕遅延せる為趙局長に対し口頭を以て施行承認を得たるものなるも未認可の状態にて今日に至れり

李局長より貴局長に引継せらるる様小職より別文写の如く申請せり而して竣工検査は乙種工事と同時に検査し異議なかりしものなり

資金受領に関する経過

資金受領状況は別表第四号表の如し、但し本表中吉敦建資受領第一〇七号車輌使用料金弐万壱千八百八拾壱円九拾銭は局監査科に於て審査未了の為受領証を未だ会社に送致し居らざるも、他は全部受領証発送完結し居れり

資金受領の内より局直営又は吉長に委託して施行せる工事ありて、其の中別表第五号の各件は建造時中必要止むを得ざりし直営工事なるも未認可の儘となり、従て工事費は局長より仮払支出の認可を得て処理し竣工せるものなり、是又趙局長時代のものにして李局長より貴局長に引継方小職より申請せし次第なり

吉敦工務第六三六号

民国十八年九月十六日　　　　総工程司

李局長殿

建設時未認可工事処理の件

本路建造の終期に於ける別紙調書の未認可工事が趙局長より貴局長に引継がれ候

此等工事は工事書類の局長審査未了なりしも、趙局長は実施の必要止むを得ざることを認め特に開通期切迫の為め施行を急ぎ書類未認可なるも局長内諾の上実施せる次第に候

貴局長御着任以来、建造工事費整理に努められ現に収工委員会に於ても調査し居る事情なるを以て、今回御転任に際し新任局長に此旨御引継被下御諒解を得られ度御願申上候

吉長庶乙第四八号

民国十八年十一月十四日　吉長鉄路管理局

満鉄代表　中川増蔵

南満洲鉄道株式会社

庶務部長殿

拝啓　吉敦会計主任の件に関し局長に交渉至急解決方督促致候処、局長より吉敦問題は先般一括して自分の意見を附し交通委員会に申請し置きたれば、同会より何分の指令ある筈なれば暫時待たれ度、交通委員会へも至急解決方督促するとの事に有之、韓局長としては何とか解決し度き意志は有之様被認候右不取敢御報告申上候　敬具

（以下、表省略）

第一号表　甲種工事一覧表
第二号表　乙種工事一覧表
第三号表　丙種工事一覧表
第四号表　建造資金受領一覧表
第五号表　未認可工事一覧表

第四七号　吉敦線建設に関し会議

昭和五年六月十九日交渉部部長室に於て「吉敦線建設費に関し支那側に内容説明の可否につき」田辺技師長よりの提案に対し、大蔵部長、石川次長、山﨑渉外課長、田辺技師長、穂積技師列席左の通り決議す

一、会社は支那側との諸懸案を一括解決する方針なるを以て吉敦線建設費に関しては部分的に解決せず、従て会社より進んで内容説明の必要なし

二、支那側より進んで吉敦線建設費問題を解決すべく提議し来りたる場合は会社は考慮すること

第四拾八号　民国十九年十月八日

吉敦鉄路工程局技師長

交渉部長殿

建造費残額交付の件

本鉄道営業開始後其成績は新線相応の収入を挙げ、諸経費を支弁するのみならず補充工事をも施工するを得たり然るに近時一般の不況と沿線森林が吉林官銀号の禁伐方針とにより収入減少し未収金は極力回収を計り居るも、最近諸支払に困難を来たすに至り此程局長より小職に対し建造資金の残額を交付受け度旨申込ありたり右局に於て施工せる建造完了後の補充工事は別表の如く金一一九、三〇〇余円に達し裕に建造費残額に相当する財産は増加し居るを以て不日正式請求書提出の事にしたく右交付に関し予め御詮議置願度

該建造費残額は予算日金二四、〇〇〇、〇〇〇円の内会社よりの精算合計日金二三、八八五、三〇七・二六円なるを以て一一四、六九二・六四円なり念の為申添ふ

備考

会社より建造費の精算は各分段竣成毎に精算書を局に提出し居り是に対し局は精算の上精算承諾書を会社に交付すべきものなるに初代局長当時の一、二、三、四分段を除き五分段以下は局長数次の交代にて奉天交通委員会との協議決せず精算承諾書未交付のままなり、本件残額交付を機会に更に精査促進方会社より局長に要求せられたし

以上

第四拾九号　昭和五年十月廿四日　　交渉部長名

吉敦鉄路局

田辺技師長宛

建造費残額交付に関する件

十月八日附首題に関し御申越の趣了承建造費金二一四、〇〇〇、〇〇〇円の残額金一一四、六九二円六四銭の支出に関しては左記に依り処理することと御承知相成度、尚本件は結局奉天当局者の裁決を要すべきものと思考せらるゝも貴職は局長をして承諾書送附に関し奉天当局者と交渉円満解決せしむる様御尽力相成度

左記

未承認の第五分段より第十五分段に至る精算承諾書送付ありたる上、建造費残額処理につき考慮する事

注

（1）手書きで以下の記載あり。「九、二〇～二四、吉敦線完成に関する協議会」。

（2）手書きで以下の記載あり。「吉敦吉長合弁に関する協議申出」。

（3）欄外に手書きで以下の記載あり。「請負金額は双方協議の上千八百万円と決定し六百万円の増額は已むを得ざる理由に基き先方の要求に応じ会社之を承諾したるものなり」。

（4）欄外に手書きで以下の記載あり。「国有鉄道通則」「国有鉄道通則に依り工事の請負を為したるものに今更工事費につき文句ある理由無し、而も会社は局制定の工事施行細則に依り工事を施行せり（細則七）」。

（5）欄外に手書きで以下の記載あり。「吉会予備契約の承認」。

（6）欄外に手書きで以下の記載あり。「会社が吉敦吉長の合併方法及吉長契約の改廃につき協議に応ずるのとき（吉敦全線開通の際）と（支那側が会計主任を傭聘）するのとき（工事完成し運輸を開始したるとき）とは同時且互恵的なり（後記の中川趙局長の会談参照）吉長レール代立替はもと〳〵先方の希望に基きて之を行ひたるものなり、先方にて此の事実を認めなば局長の申請を俟つ迄も無く政府自身進んで之が支払又は借款成立に努むべきは本文書に依りても当然なり」。

（7）欄外に手書きで以下の記載あり。「之に対する局長の承諾書」「吉林興業土木公司をして請負はしめたる模様」。

（8）欄外に手書きで以下の記載あり。「何故この照会か」「特

別費支出要求の前提か」。
(9) 欄外に手書きで以下の記載あり。「増額の真の内容」「土工費より一、六五〇、〇〇〇、購地費より三五〇、〇〇〇、総務費七〇〇、〇〇〇」。
(10) 欄外に手書きで以下の記載あり。「田辺技師長の釈明」「増額の予算も之が内容の更正も局長の申出を承認したるに過ず」。
(11) 欄外に手書きで以下の記載あり。「総務費、用地費の更正即ち籌備費の工事費振替も支那側の要請に依る」。
(12) 欄外に手書きで以下の記載あり。「会計主任と技師長との更迭」。
(13) 欄外に手書きで以下の記載あり。「予算更正が不合理なると否と、新局長が之を交、委に手続せざると否とは支那の内部事情にして会社は与り知らず」。
(14) 欄外に手書きで以下の記載あり。「三年十月十日全線工事検収終了、敦化迄営業開始」。
(15) 欄外に手書きで以下の記載あり。「第三、第四段工事検収終了」。
(16) 欄外に手書きで以下の記載あり。「捕へて見れば」。
(17) 欄外に手書きで以下の記載あり。「その当時の模様如何」。
(18) 欄外に手書きで以下の記載あり。「吉長との比較出来る丈け工事費を合理化せしむること」。
(19) 欄外に手書きで以下の記載あり。「興業公司は一部の請負を為したるに止まるや」。
(20) 欄外に手書きで以下の記載あり。「会社の要求ありたるにあらず」「?·局の如何なる材料に依り此言あるか」(削除)「全然うそなり224、225参照」。
(21) 欄外に手書きで以下の記載あり。「正にこの通り、之をしも認めざれば一般局長の今後の立場如何」。
(22) 欄外に手書きで以下の記載あり。「更正は先方の都合に依る」「手続未了は先方の内部事情なり、斎藤理事は更正予算を理由無きものとなしたる事実なし」「こんなものありや」「236、237参照」。
(23) 欄外に手書きで以下の記載あり。「局長承認すみなるも認可手続未了のもの」「不相変手続未了か」「然り233参照」。
(24) 欄外に手書きで以下の記載あり。「未認可工事は局長の関する限りはその後承認すとなるや否や」。
(25) 欄外に手書きで以下の記載あり。「何故旧予算書の提出を拒みしや会社としても予算更正につき同意を与へたる限り之が提出を許して可なりしにあらずや、それとも前局長との打合に依り何等か拒絶する理由ありしや、過去は兎も角く現在は籌備費の事をさらけ出し(魏武英関係を除く方法を講じ)たらよからずや」。
(26) 欄外に手書きで以下の記載あり。「此の書類の内容」。
(27) 欄外に手書きで以下の記載あり。「乞ふ前局長自身をして語らしめよ」。
(28) 欄外に手書きで以下の記載あり。「此の内容金換算二百万円か」「会社扱百六十五万円　局扱三十五万円―総務費より支出、七十万円―土地費より支出」。

(29)　欄外に手書きで以下の記載あり。「前局長の収工委員任命は果して何を語るか」。

(30)　欄外に手書きで以下の記載あり。「営業開始前一部の手直しをやらせたる事実(三年十月十日以前)支那側に於て之を認めば今更工事に難くせを附け得ざる筈」。

(31)　欄外に手書きで以下の記載あり。「交委が収工評価委員会の「評価」を削りたる理由(四年五月廿六日指令)もこゝに在るべし、然も委員会がその報告に評価類似のことにふれたるは何故か」。

(32)　欄外に手書きで以下の記載あり。「旧予算提出は何故妨ありや百六十五万円の特別費及五十六万円の利子を含めることを俄に内示せるにあらずや(魏の交委宛文書は特別費にふれ居れり)」。

(33)　欄外に手書きで以下の記載あり。「張作霖への特別費二百万円交付の経過」。

(34)　欄外に手書きで以下の記載あり。「第一乃至第四分段清算書が局に無きことは既に竣工証明書を取附けあり問題とならず」「第五乃至第十五分段の清算書の月日は事実上運転開始したる月日なり、若し先方に於て清算に異議あらば運転開始を為すべからざりしなり、本問題解決の前提は先方が原状を回復せざれば不可能なり」「○現にその後の補修は支那側にて引上たるにあらずや」「○先方が手直しを命じたる事実、請負の法律上の性質」。

(35)　欄外に手書きで以下の記載あり。「結局吉敦は工事と工事費(特別費を除きても猶)が釣合ふや否やに帰す」。

(36)　欄外に手書きで以下の記載あり。「本各表を用意しておくこと」。

(37)　左側に手書きで以下の記載あり。「本書に云ふ価幣は皆目金なり」。

(38)　欄外に手書きで以下の記載あり。「張作霖への特別費支出につき魏前局長をして語らしめよ」「会社の特別費支出の方法先づ現金支出次に工事に割掛けか」。

(39)　欄外に手書きで以下の記載あり。「派員拒絶の理由、三年十月十日検収終了と見做せばなり□理由、前述」。

98　別冊第一号　吉敦鉄道建設工事請負契約交渉

極秘

一、吉敦交渉新聞紙上発表と外務省

大正十四年一月卅日在京入江理事発社長宛電

今朝の東京日々紙上に満鉄が三鉄道布設決定資金は外債に仰ぐ方針と題し洮南斉々哈爾線、通遼開魯線、吉林敦化線の三線布設に関し支那側との間に仮契約を締結し解氷期を俟つて四月早々三線一斉に施工し総経費概算六千五百四十万円は大体外債に依る外なく在京中の森理事が政府と交渉中にて来年度追加予算として政府の承認を仰ぐこととなるべし尚西原借款前渡金は銀行団と交渉して満鉄の負担に属せざることは已に了解なりたるも洮斉線は露側の予定線なれば四国借款団の了諒を求むる必要あり、最初外務省に於ても之に反対したるも満鉄は四国借款国の意見に頓著なく計画を進め単に適宜報告を為すに止むることに内定したりとの要領を詳細に亘り掲載せられ居るが、本記事の出処は過般満鮮に出張せし東京日々記者鈴木茂三郎氏が会社内部より調査したるものを掲載したるものなりと信ずる筋合もあるが此際如斯発表は甚だ面白からず唯今外務省よりも本件記事に就いて多少議会の問題となるべきが其際政府として如何答弁すべきやに付打合せもありたるを以て小職は曩〔さき〕に洮斉線に関し社長と御打合せの通り只今言明の限りに非ずとして委細の発表を差扣ゆることにせられ度しと回答し置きたり」との報告あり処理法不明なり

二、籌備費五万円支出と吉敦長大交渉方策

大正十四年七月廿日在北京松岡理事より本社社長宛「吉敦線に関する交渉極力進行中なり当地にて成立迄に二十万円位機密費入用と思ふが此際取敢へず銀五万元機密費として御電送乞ふ無論相当機密費を使ひても尚失敗に終るべしとは限らず唯最善を尽して後止むのみなり此点御含み乞ふ」旨の来電あり、社長は二十三日「吉敦線請負籌備費として貴電により銀五万元電送す機密費として銀弐拾万元を支出することは機密費の増加となり昨年の例に依るも政府の認可を受くる必要あるを以て此際は不取敢籌備費として支出することにし度き故成可く領収証を徹して支出あり度し、尚吉敦線はもと長大線引受の為めに支那側の希望に順応せんとせしものにして貴電の如く長大線絶望の今日独り吉敦線の引受を運動するは如何かと思はるる意見もあり貴見詳細電あり度し」と返電せし処廿四日松岡理事より重ねて

吉敦線籌備費に関する貴電承知、銀弐拾万元とあるも右は銀十万元の誤りなり御承知乞ふ

貴電後段は小生には明瞭に了解出来ざるが㈠吉敦線はもと長大線引受の為云々とは単に鉄道問題全部の一局部に過ぎず、此三ケ月以来先方に於て吉敦線のみを調印せんとするに対し、若し長大線も同時に調印せしめざれば後に至り容易に長大線実現を期し得ざる事を憂へ「リスク」をとりて吉敦線のみの調印を拒絶し去りし次第なり、然るに其後形勢変転以外にも上海事件の拡大を見るに至り、吉敦・長大共に成立絶望となるの形勢を呈せり之れ主として排日及段

政府攻撃の種子を外間に与へんことを恐れたるが故なり、然るに御承知の通り最初より吉敦は長大に比し可能性多く而して長大は長農の形に於て小職の内命したる和登の画策成功しつつあるが故に小職としては長大は一先づ冒険的に和登の計画に成り、への字なりにも釘を打ち置くこととし、せめて吉敦線丈は此際万難を排して必成を期し帰社の上長大線を活かすことに付ては徐に其歩を進むる手順を閣下に進言せんと覚悟せり。元々長大線成立せざれば吉敦線は不要なりとは小職は解し居らず、若し万策尽きて之のみしか得られざる場合に於ても尚且其成立を期することは満蒙開発の為元よりの儀なりと思惟す、万止むを得ざれば支那側の希望に順応し順序として一先づ吉敦線を成立せしめ、次で長大線に及ぶも一策なり。然し何れかと申せば吉敦線は後廻しとするも長大線を直に実現し度きは勿論なりと云ふ考へなれども、長大線を成立せしめ得ざる暁には吉敦線も不用なりと云ふ考は小職としては最初より毛頭懐き居らず。

㈡機密費を電請した為吉敦線に関し運動すとの誤解を懐かしめたるやも知れざるが、小職は何も運動と云ふ程のことは為し居らず。最初より若し北京にて鉄道問題の解決を計る場合は（御承知の通り最初北京に来るときは張作霖との関係上一応北京に無駄足を踏み一週間か十日位にて北京を切上げ、北京にては何等纏らずと張作霖氏に報告し、更に方向を転じて直に吉林を衝かんとする計画なりしが其後張作霖氏天津に来り延留帰らざる一方上海事件非常に拡大為に種々の曲折を経て遂に交通部とせめて吉敦線丈けにても解決し置くこと得策なりと云ふことに落着きたる次第なり、此点御諒察乞ふ）交通部員等に対し多少の鼻薬を給することと申す迄もなき儀にして、別に運動と申す程の事柄に非ず、奉天と北京との差は実に茲（ここ）に存す。実は予め右様の事情を社長に申上げ置かざりしは小職の手落なるが、小職としては余りに支那中毒を為し居る為斯様の事は必要の逼（せま）れる時迄別に申上げずとも分り切つたることなりと誤信した次第なり御賢察を乞ふ

㈢更に小職として別に此際吉敦線の必成を期せざるべからざる重大事由あり、此点は社長御上京前確（たしか）に御耳に入れ置きたりと記憶するも或は小職の記憶違なるやも知れず、但此点の説明は書面にするを欲せざる事情あるに付、何れ小職帰任の際親しく申上ぐべし、夫れ迄は重大事由ありとの小職の一言に御信頼を乞ふ

㈣尚吉敦線成立の間際には普通鼻薬以外更に葉恭綽個人に対し別に二三十万元（二十又は三十万元）を内密交付のこと（大概は御免蒙り度き考なるも）予め覚悟し置かざるべから

ずと思考す

三、王子製紙の吉敦森林鉄道計画

十四年七月廿日社長は北京松岡理事宛左の電を発せり
「東京入江理事より左の電あり
本日王子製紙の藤原銀次郎氏及大倉組の林幾太郎氏来訪さきに社長来訪中両会社より吉敦森林鉄道布設の儀につき協議したる処、右は目下満鉄に於て支那側と折衝中につき、本件に就ては支那側との交渉は暫く見合はされ度しとの事なりしを以て、両会社は其後何等の運動を為さずして今日に至れるが、昨今彼地の形勢を見るに我等両会社の計画せる私設鉄道布設の交渉を試みる方、或は前記鉄道の促成に好都合には非るかと思料せらるる点もあり、外務省とも内相談したる処同省に於ても今日の状勢より推せば或はその方法に依ること時宜に適するかとも考へらるるが一応満鉄と協議すべしとのことなり。依て此際両会社に於て支那側との交渉を開始することにつき満鉄側の意向承知し度しとの申出あり
（以上来電）
（返事の都合あり貴見至急回覧あり度し）
右に対し松岡理事より
「藤原林両氏申出に関する貴電見、御承知の通り現に小職に於て吉敦線に関する具体的交渉の歩を進めつつあり近く纏る見込（以上は時節柄厳重秘密に御願す）
外間の質問に対しては纏る見込なしと申し居れるにつき此際同一鉄道に関し何れの方面よりも手を出さぬこと肝要、但し万一不成功に終る場合は其際改めて藤原林両氏へ相談することに致度し、両氏へ右の趣回答せらるると同時に外務省へも伝へ乞ふ」旨の返電ありしを以て東京入江理事に対しては二十三日社長より
「吉敦線に関する電見問題に関しては目下松岡理事に於て具体的交渉中なれば、同理事の交渉の結果を見るまで当分の間同線に関する他方面よりの交渉は差扣へられ度き旨、藤原、林両氏に伝へ、なほ外務省にも此旨報告し置かれ度し」と訓電せり

四、吉敦吉長合併経営問題と管理権

松岡理事よりの来翰保管なきを以て内容の詳細不明なるが大正十四年七月廿三日社長は北京松岡理事宛
「文見た、吉敦線竣工の暁吉敦と吉長とを合併経営するに付現在の吉長契約を商量改訂する趣旨を吉敦契約附属交換文書と為すこと承知、但之が為吉長委任契約及四洮契約の

如き既得権に影響を及ぼすことは相当の代償を得ざる限り絶対に避くることにし度きを以て右御含み置きあり度し、念の為め」との回電を発し居れり、之に対し

廿四日松岡理事より

吉敦線に関する貴電見、但以下の御趣旨不明なるが右は将来吉長契約又は四洮契約を改訂する場合に処する御方針と解釈する処、其の場合相当の代償を得らるるならば因より希望する処なるが果して之を得らるるか否かは其時の状況如何に因り決定せらるるものにして其相当代償とは如何なるものかさへ想像出来ざる（若し想像出来たりとて今日に於て之を為すこと何の役にも立たず）今日に於て何人と雖（いえど）も何とも申兼ぬべし。只茲に社長の御賢察を仰ぎ度事は元々洮昂契約を締結したる際より、行く行くは四洮契約の如きも此寛大なる条件に無代償にて改めらるるの運命に到着すべきことを覚悟せざるべからざる筈なり、小職因より之を覚悟の上にて右契約の締結を敢行したる次第なり、此点に就ては支那問題の全部に亘る根本論あるも右は何れ帰任の節親しく申上ぐべし」との来電ありたり

五、葉総長に籌備費支給の件諒解電

大正十四年八月十一日北京松岡理事より社長宛極秘電を以て

「吉敦線に関する交渉進捗の程度に顧み其の時機至れりと認めたるを以て、昨日葉交通総長を訪ひ極秘として吉敦線契約愈々（いよいよ）成立の暁は張作霖を初め奉天、吉林側へは絶対極秘を保つこととして葉交通総長に小遣の意味にて不取敢（とりあえず）二十万元を交付する様帰連の上は社長と交渉すべし[1]尚吉敦工事を開始し進捗するに従ひ十万又は二十万円づつ位随時内密交付すること可能ならむ。但し金額にて日本金五六十万円が該工事より捻出し得る最大限度なりと告げたるに、葉交通総長も小職の好意と苦心に対し深く感謝せり。吉敦契約成立の暁不取敢渡すべき銀二十万元も無論右工事費中より弁ずるの意味なり

以上社長何人に対しても御話なく社長限り厳重御含み迄に願度、何れ小職近く帰任の際親しく事情説明申上ぐべし」との来電あり

六、吉敦線契約と吉長の吉林官銀号出資金
返還問題

吉長鉄道建設当時資金に欠乏を来して吉林永衛官銀号より大洋八拾万参千壱百元を借入れ資金の不足を補ひ、右金額に対しては之に相当する株式を発行して交付せり。右資金

に対しては吉長鉄道借款細目契約第三条を以て支那政府に於て之が償還に任ずることに取極められ、吉長局は表面上関係なきこととなり居れり。併し乍ら吉長局に於ては交通部の命令により吉長局利益金振替交通部預金中より屢々(しばしば)其利息支払を為せり。松岡理事は吉敦契約を締結するに際し本出資金を返還して吉長局の面倒を解決せんとし十四年九月三日社長に宛て

「吉敦線建造契約を調印すると同時に年来吉林官銀号と吉長鉄路局との間に悶着の絶へざる同官銀号より同鉄路局への貸金(現在にては元利合計約百万元)を此際官銀号に返済し度きに付、右建設請負代金中より百万元丈一時融通し吉長鉄路局より之を以て官銀号に返済し度しとの希望あり、葉交通総長の希望に依れば之を以て吉林当局を釣り本案に賛成せしめんとするにありと想像する処どの道右官銀号の貸金問題は絶へず吉長鉄路局を煩はし延いては満鉄をも禍する儀に付、寧ろ此際吉敦契約を調印すると同時に過般交通総長へ用立てたる二百万円の例に倣(なら)ひ同一条件に依り百万元を吉長鉄路収入を担保として追貸することにしては如何と存ず、但し先方は利子の事をも考へ吉敦工事資金中より融通を申出でたるものなるべし、仍ち交渉上万已むを得ざる場合は少々の利子位は度外に置き、右申出の儘取計ふことも已むを得ずと思ふ。右御詮議の上至急返乞ふ」

旨の来電あり同日引続き更に

「前電に関し当地にて知り得る範囲内にては大正六年吉長鉄路契約調印の際確か官銀号貸金は八十万元ありしものを満鉄よりの借款中より返済する筈、右は借款額を決定する際の諒解にして其後満鉄は直接与り知らざるものの如くなりしが今日迄之を返済せざりしものなり。然し今回の融通金を以て必ず官銀号貸金を全部返済すること迄は確実に満鉄側は見届ける事勿論なり。中川代表へも以上経緯及現状電照中念の為」

と追電ありしが翌日に至り

「昨日電報したる吉林官銀号より吉長鉄路への貸金未返済の件当方にて事情を稍的確に知り得たり、右に付ては此際御詮議の要なしと認むるに付電請は一応取消す」

と取消したる後更に同日

「吉敦に関し百万元融通の件に付ては昨日再電したるも兎も角一応最初の拙電に付て詮議の結果至急折返し御電示乞ふ」

と電示し来りしかば五日社長は

「吉敦線に関し百万元融通に関する電見。北京政府と吉敦契約調印を条件とし百万元の融通を約束せらるるは差支なきも、現金の交付は右契約に調印し奉天及吉林の了解を確実に取付けたる後且右貸金が相違なく吉林官銀号より吉長

借入金の弁済に充当せらるる方法を講じたる上にせられ度し。

而して吉長鉄道収入を担保とする貸金とするか又は吉敦工事資金中より融通の形式を採るかは貴職の自由裁量に一任す。但し工事資金より融通の場合は之を吉敦工事費を以て整理するを要し工事費と切離したる別個の借款と為さざる様措置せられ度し。

尚会社にて現在知り居る処にては官銀号よりの貸入金は八十万三千一百元にして多額の利子の延滞は無き筈なり御含迄」と回訓せり。

北京松岡理事は同日「本日吉敦鉄道問題に関し社長よりの回訓なりと称し㈠吉林官銀号借金返済のことは同意し難し㈡吉長契約変更に関することも此際定むるは面白からず以上二項とも、もともと吉敦工事請負契約と没交渉なる旨を告げ一面、此電訓に接し他面交通次長に当方限りにて（奉天吉林と打合はせず）直に調印さるるの決心なき以上、本[2]件交渉は打切り小職は直に帰任する外なしと告げたるに交通次長は非常に周章の態度にて㈠は暫く別問題となし㈡に就ては単に漠然たる主義上のこととなすに止むるを以て一応小職より社長に電訓を乞ふ、兎も角明日小職と最後の協議を遂げ契約案文を確定し明後日魏武英を奉天に急行せしめ必ず数日内に奉天側の同意を取付けしむべきに付是非此方法により数日の猶予を希望すと述べ、小職も右懇願を斥くるを得ざるに付之を承諾せり。御含迄に電す。尚明日協議の模様にては小職も魏武英と共に一応奉天に引返す事となるべし。兎も角右小職の措置に対し御賛意を乞ふ」旨の来電ありたり。

七、契約案協定成立と奉天側の諒解に対する運動張作霖の籌備費要求

大正十四年九月十三日北京松岡理事より社長宛て
「交通部側は小職提出の三条件（註　社長宛の手紙による由との朱書あれど社長宛の書翰当係になし）を大体容れ本日全契約案文を議了したり。明日今一度念の為之を総長及次長に示し確定案と為し多分明日遅くとも明後日の列車便にて魏武英奉天に赴き、張総司令の同意を求むる手筈となるべし。右に関しても数日以上の猶予は小職に於て到底忍ぶ能はずと言明しあり、若し幸に愈々成立に至らば遅滞なく材料の註文を発し度きに付御不在中と雖直に右実行し得る様、副社長に御引継置乞ふ」旨来電あり。
九月二十四日夕更に松岡理事より社長宛
「敬啓前略種々の曲折起り漸く本夕確定吉敦工事請負契約

案を携へ魏武英君奉天に向ひ候、同時に穂積技師に別紙写の通りの極秘拙信を所持して同道奉天に向はしめ又は町野大佐は本庄少将より電報せしめ且小生より別に依頼の書面を鎌田野村宛拙信と共に托送致し事情別紙写にて御承知被〔くだ〕下度〔され〕、尚小生は最長四十日を限り大概四五日内に調印方申渡置候、先は至急御報迄草々敬具」との来翰あり。奉天鎌田公所長宛書翰並に在奉野村正宛書翰左の如し

鎌田公所長宛

前略御免、無能振りを発揮して四箇月の淹留〔えんりゅう〕漸くにして葉交通総長と吉敦鉄道建造請負契約案を確定し本夕の急行列車にて魏武英氏之を携へ張督弁及王永江氏並に吉林当局の同意を求むる為出発することに相成候処、御熟知の如く元々本件(3)は張督弁より張作相及王樹翰氏に命じたるに不拘〔かかわらず〕要領を得ずして遂に葉交通総長及魏武英氏に解決方内命したる次第に有之〔これあり〕、而して今回当地にて確定したる契約案内容は大体洮昂鉄路建造請負契約と同一なることにても有之旁々張督弁に於て万異議を申立つること出来ざるものと相信じ候得共、御承知の通りの張督弁の性質なるが故に或は之を王永江氏に諮るべしと魏武英氏に申付け之を王永江氏に諮るに及び、王永江氏は又御承知の通りの性質故不相変〔あいかわらず〕本件は事吉林省に関するものなるが故に先づ張作相及王樹翰両氏に協議すべき旨を答へ、転じて之を右両氏に相談せば之亦相も変らず不得要領の態度に出ると云ふが如き、要するに従来の筋書を繰返すに過ぎざる虞れ万なしとは限らず、斯くては何時迄経つても埒明かざるに終るべく、実は此点を顧慮せるが故に葉交通総長に向つては苟〔いやしく〕も張督弁の委托を受け、然も元来本件の如き性質のものを当然管掌せる筈の交通総長なる以上、契約案文の細目の如き別に張督弁にすら協議するの要なく（而も右確定案の内容は予て張総司令に於て本職に対し内約せる趣旨、即洮昂鉄道建造請負契約と同一なるを以て）直に総長と本職との間に之を調印し、然して後其旨を張督弁外奉天吉林当局に通知すれば足るべく張督弁以下をして之を賛認せしむることは調印後に於て本職の全責任を以て請負ふべしと告げ、極力調印断行を促し候得共、細心に過ぐる葉恭綽氏の性質としては半意を決したるも、遂に断行し得ずして前述の如く右確定案を魏武英氏に携帯せしめ赴奉せしむることに相成候、蓋〔けだし〕葉交通総長の真意は㈠契約案文に付悉〔ことごと〕く張督弁乃至王永江氏其他の審議を経度き意に非ず㈡実は張督弁に於て本件契約締結の機に乗じ前渡金其他の形式により幾何かの融通金を欲する底意あり、然るに本職は一厘と雖斯るこ

とは出来ず現に洮昂線[4]に付ても真の一時の融通にて工事完了迄には必ず責任を以て満鉄に還付すとの約束にて王永江氏に融通したるもの（葉恭綽氏は此ことを内知し居れり）以外　びた一文と雖融通したることなき旨を述べ居るを以て、本件契約調印に先立ち一言張督弁より何等融通金を要せずとの言明を取付けんとするに存じ候。本職は右㈡の点に付ては成程葉氏に於ても予め張督弁に対し防阻の措置を講ぜざるを得ずと認め遂に魏武英派遣のことに同意したる次第に有之候。尤も㈡の点は葉交通総長より本職限りとして内密に話したるものに付其御含に願ひ度き事情前陳の通りなるを以て、此際貴職は張督弁に対し可然（しかるべく）措置し、特に本職が五月以来一日も速に満鉄を去り帰東せざるべからざる重大理由を有し乍ら隠忍四箇月余に亘り北京に滞在し、総に本件契約案を確定するに至りたる苦衷を指摘し且奉天吉林の間に於ては何人も直に責任を以て契約に調印するものなかりしこと、即本件の容易に取運び附かず遂に葉交通総長及魏武英に之を移すに至りたる実情なるところ、現に支那官憲の系統上（兎も角形式上に於ては）本件に関する限り最高責任者たる葉交通総長に於て形式上全責任を執り之に調印するの決心を為したることにても有之、此上は張督弁より葉交通総長に対し直に調印すべき旨を命じ一日も速に本職の面目を立て満鉄を去り帰東を可能ならしむること、張督弁の本職に対する情誼正に可然所以を説かれ此際迅速解決に至る様御尽力相成度。先に述べたる如き両張両王[5]奉吉間盥廻しの芸当を再演する如きことは如何にしても極力防止する様呉々も御頼申候。魏武英氏に対しても大略同様の趣旨を申含め且張督弁のことに付ては貴職又王永江のことに就ては野村氏と連絡を取り措置すべき旨申渡し置候処、想ふに魏武英氏の立場としては奉天限りにて直に引返すことも出来間敷、一応は吉林当局にも顔を合せ本件に付一言の挨拶位は述べざるを得ざるべく、就ては其場合に際し張督弁より積極に本件契約に対しては既に自分に於て同意済なる旨を明にし、張作相及王樹翰に於ても左様心得置くべしとの趣旨を伝達せしむる位のことに致す様御注意相成度。何れの場合に於ても吉林張・王に於て異議を申出て若くは之を遷延せしむるが如き余地を与へざらしむること肝要に御座候。尚葉交通総長より右契約調印と同時に予て（かね）吉林官銀号より借受け居る吉長鉄路局債務元利八十余万元を満鉄より立替返済せんことを希望せるも、本職より右に付経伺の結果安広社長より本件契約と全然没交渉なる此種要求に応ずることは余りに筋途を違へたる儀にして、他日に悪例を残すものなるが故に乍遺憾（いかんながら）之に応じ難き旨回訓ありたりとて本職より断然之を拒絶致候、右は之を以て本件契約に対する吉林当局の同意慫慂の餌に使用せんとの葉魏両氏等の心底なること明白に有之、自然魏武英氏奉天又は吉林に赴きたる後又復此問題を復活するやも斗(はか)られずと予想するところ、右に付ては本職に別に考ふるところ有之候に付、貴職等(野村君も)仮令かゝる申出ありとも之に触るゝことを一切避らるゝことに致度、此段取急ぎ得貴意候頓首

追而(おって)本件は町野大佐及野村氏に御内示相成度、尚町野大佐へは本庄少将より大略本信と同様の趣旨既に電報を以て配意を願候、又対王永江のことに就ては本日別に本職より野村氏に秘信を托送し候間、町野大佐とは本件に付終始協議連絡し、町野氏に於て必要と認めらるゝならば他の顧問各位にも斡旋の労を煩はす様措置被致(いたされ)度為念申添候也

野村正宛

前略御免、今回葉交通総長と本職との間に協議確定したる吉敦鉄道建設請負契約案を携へ本夕発急行列車にて魏武英氏の赴奉する件に付ては詳細鎌田氏に折柬致候に付右に付御承知相成度、然而(しかりしこうして)本職の趣旨は張督弁をして例に依り責任を王永江氏又は吉林当局に移す如き行動を為さしめざるに存じ候処、魏武英氏の立場として一応は本件を王永江氏に話ざるを得ざるべく、又張督弁としても現に交通委員会会長の地位にある王永江氏に何等諮る処なきが如き態度にて出られざるが如き事情可有之(これあるべし)、就ては貴職は鎌田町野両氏と連絡し王永江氏に対し鎌田氏宛卑信に説述せる事情、殊に一月も速に帰東を急ぐ身を以て五月以降四ケ月余りに亘り北京に淹留漸くにして契約案を確定せる本職の苦衷、自己の進退に付現に非常に困却せる事情等内告せられ、奉吉たらひ廻しの再演を防ぎ直に張督弁より葉交通総長に調印方電命相成る様、此際特に何分の配意を本職より折入つて願ふ旨を申入れられ極力本件迅速解決方御尽力相成度此段得貴意候

十四年十月十日北京松岡理事より社長宛

「吉敦に関する野村課長と小職との間の往復写し同課長より転電する筈なるが此際張作霖に対し一厘の籌備費を出すことも不可なり。依つて極力張作霖を諭すべきも若し反省せざれば本職は本件を打切り直に帰社する方可然と存ず、御承認乞ふ」旨の来電あり

社長は翌十一日同理事宛

「吉敦に関する電見、野村と貴職との往復電報写しも野村より送附ありたが本件を此以上進捗せしむること困難なる貴職の見込ならば打切り帰社せらるゝこと差支へなし、先

般小職上京の際聞きたる処に依れば森林に関係ある吉林当局者は大倉組及王子製紙会社と合弁にて本鉄道建設の希望ある由御含迄」と返せり

大正十四年十月十二日在奉野村庶務課長より社長宛「昨日松岡理事より左の電あり

吉敦線に関する貴電見、工事費より百万を絞り出すことも絶対不可能なり、張作霖氏に於て本件に関し籌備費を希望すと云ふが如きは頗る意外なり（無論此の乞ひあるは小職限り腹の底にては予想せるも表面の言ひ分としては）又本件に関し彼が今突如として斯ることを言ひ得る義理に非ず。本職としては飽迄洮昂鉄道と同じく一厘の籌備費も含まさざる鉄道を布設せしむることと信じ今日迄行動し来れり、之れ実に東三省乃至支那の為に計つて忠なるものなり、就ては東三省に対し此意味にて更に尽力方願はれ度し、尚鎌田公所長町野氏とも打合せ張作霖氏に対しても此趣旨により措置方願ふ旨御伝乞ふ、尚鎌田氏へも別に電せしに付御一読あり度し本電参考迄に社長に転電あり度し」

「昨日松岡理事より左の電あり

吉敦線に関する本日発拙電に関し本職の考としては、若し張作霖氏に於て飽迄籌備費を要求する様ならば本件を此際打切りと為し、本職は直に帰社可然と存ずるに付其御含みにて鎌田其他とも連絡あり度し」

十月十二日奉天公所長発社長宛電

「松岡理事より来電並に其他電御参考迄に左の通り

張総司令今猶帰奉せざるや、若し帰奉したならば貴職は直に面会せられ闞朝璽は熱河迄〔鄭通線〕の布設を希望せる模様なるも曩に本職より説明せる如く此際不取敢開魯迄工事着手を当局者に命ぜられ度き旨を説かれ度し。尚吉敦線に関しては野村氏迄電せるに付同氏と御打合の上町野氏等と連絡し張総司令に対し此際直接強硬なる交渉を試みられ度く、尤（もっとも）籌備費に関することは野村氏に対する王永江氏の内話あるに付其御含みにて、本件に関し王永江の立場を困らせぬ様意を用ひられ度し。

張総司令の交渉の時期方法等は王永江等の関係もあり貴職と野村課長に一任し、尚同総司令に対し本職の面目を丸潰しにする考へなるかを聞き糺しありても苦しからず。本電参考として社長に転電あり度し」

「張総司令昨日帰奉、吉敦に関する籌備費問題は不可解なり、町野氏とも打合せ極力運動する筈、尚開白線に付闞都統の希望としては赤峰迄なり、一昨日熱河劉交渉署長来所せる際にも、先は林西に出るか赤峰に行くか一応調査後に非ざれば何れとも決定困難なりと告げ置けり念」

十月十二日奉天野村課長より社長宛
「松岡理事に左の通り電せり、
王永江に面会し小職宛及鎌田宛貴電の趣旨にて話を為し省長は必ず余の此の意見に賛成せらるると思ふ故、此の趣旨に改めて省長に御願せよ、と理事より電命し来れることを話し且籌備費を要する様では絶対に成立の見込なきことを省長が充分了解する様に話し、又洮昂線の如く一厘も取らずに吉敦線を布設することは東三省の開発の為にも望ましきことなれば、省長より張作霖の蒙を啓き是非成立せしむる様御配慮を願ひ度しと話せしに省長は全く同感なるが、張作霖は洮昂線契約の時でさへ何物かを期待し居りたること調印の間際に酷く渋りたることも全く其為なりと思ふ、吉敦線は吉林側の反対もあること故非常に困難なりと想像せらるるが何れ魏武英が張作霖に面会したる上にて張より余に相談あるべく其際は右の含みにて話を為すべし。尚明日にも鎌田君より張に話す様せられよと話された、
魏武英は省長の斡旋にて今夜張作霖に面会する筈、魏武英には貴電のことを注意し置いた社長済
大正十四年十月十二日奉天公所長発社長宛電によれば
松岡理事よりの電として
本職四ケ月を北京にありて窃(ひそか)に諸方面の情態を洞察しつつある処、殊に感ずるは馮玉祥の如何にも真剣に且迅速熱心に西北部開発のことに努力しつつあることなり、而して其開発の根本たる鉄道布設の如き彼れは諸方面に向ひ極力其実現を画策しつつあり、現に本職に向つても此二年来申出あり、最近にも馮玉祥側の某有力者又々来訪申出を為せり、然るに本職は張総司令との関係上表面好意を見せたる形にて実は右申出に応ぜざる腹を以て可然遠大の措置を講じ居れるが、先方が如何にも熱心にして且鉄道布設の必要に関し徹底的理解を有し籌備費の如きは一厘と雖取らず一銭にても安く鉄道を敷設し、元利償還の日の一日も速かならんことを期す二点に於ては実に感服の外なし。此態度と張総司令の鉄道問題に対する態度との懸隔余りに甚だしく、若し張氏に於て反省せざるに於ては必ず悔ゆる時至るべし。満蒙に於ける鉄道の延長は日本にも利益なること勿論なりと雖主として実に張総司令及東三省の為なり、此の事は四年来張総司令に説けること一再ならず、其都度了解せるが如き態度を示せるも実は今尚真に解せざるが如し、満鉄として将亦(まさにまた)日本として張氏に対する第一番の援助は実に此鉄道布設なり。若し張総司令にして魏武英の携へたる案を直ちに承認せざるに於ては、昨日発せる電の趣旨と合せ町野大佐等と打合の上小職の伝言として張総司令に伝へられ度

し、尚右の趣旨は野村氏より王永江氏へも伝へる様希望す本件参考として社長へ転電あり度し

十月十三日奉天公所長発本社々長宛電

松岡理事より左の電あり

「余り永引き最早本職は此上要領を得ざる儘北京に滞在する能はず依て断然本月十八九日頃引上げ帰連の決心を為せり、其以前張総司令無条件に同意を与へざれば本件は一先づ打切る考なり、右魏武英へ御伝へ乞ふ、本日右の趣交通総長へも本職より通知する筈」

同日　奉天公所長発社長宛電

「吉敦の件に関し七時張総司令に面会した、今夜九時より王省長張作霖と協議決定の筈」

十四日奉天野村課長発社長宛電

松岡理事に左の電せり

「王省長は昨夜鎌田と入れ替りに張作霖に面会せし由、鎌田より知らせあり様子を聞く為小職本日省長に面会せり省長曰く、昨夜他の用件にて張の処に行きしに鎌田君の帰る姿を見た故、張に会ふや魏武英より話を聞きしやと余より話を切出せしに、張は魏武英から契約案を受取つたが、君は此契約案を何〔と〕ふ思ふやと云ふから契約案は大体差支ない様だが、金額が少し多過ぎる様に思ふと話し張の気を引いて見た処、張は余り注意せざる様子なりき。此の後何を云ひ出すか判らぬが昨夜の様子では金の事等は考へ居らぬ様にも見へる。

尚張は張作相の意見も聞き又自分も契約案を能く調べて見ると云つて居たとて省長は笑つて居た、尚省長は昨夜は単に話の切出しにて之からが問題なり、何れ張作相から話を聞いた上で話をすることとするとの話しなりし故、松岡理事は交通部と此迄話を纏めたるに東三省側の不同意にて不成立に終るが如きことありては甚だ残念故、此際王省長の御尽力により話を成立せしむる様努力せよと重ねて電命し来れり、此上とも格別の御配慮を願ふと頼み置いた

尚開白線のことも頼んだ、盧局長は張作霖の招電に依り本日来奉せり

十月十六日奉天野村発社長宛電

「松岡理事より左の要旨を王省長に転達方電あり、後の通り返電せり」

○　十九日には必ず出発帰奉する決心なり、夫れ迄に吉敦契約調印方を張作霖氏より葉交通総長に電命する様御配慮願ふ　松岡

○　王省長は軽い風邪の為面会し兼ねた、近来面会を断られたことなし風邪は誠ならん。明日は日曜故訪問を遠慮

したし貴電の趣は明後日話すこととなる故御出発を二十二日迄御延期願度し

尚申す迄もなく御出発の日取り王省長に話した以上は必ず御実行の要ありと存ず。野村。

十七日野村発社長宛電

「松岡理事より左の電あり

十九日の出発は絶対に変更せず、但しそれ迄に張作霖より交通総長に調印方を電命し来らば調印の為滞在す王省長は昨日より出勤せず引籠り中にて本日も面会出来ざりし故、松岡理事の伝言を書面に認（したた）め書き遺した、顧問連にも頼み張作霖に対し極力手配中」

十九日奉天野村課長発社長宛電

「松岡理事より左の電あり

二回の貴電見、吉敦のことは此上変更し難し、斯ることは支那側が兎や角云ふは今更不可解に堪へざる処なり。此旨魏武英に伝へられ度し、

又折角の御回示なれども本夕発の予定は遺憾変更出来ぬ、若し幸にて出発間際迄に張総司令より電命あらば調印の為二三日当地に滞在するも苦しからず、尚魏武英に奉天にて待つ様伝へられ度し」

「愈々本夕立ち奉天に二三日滞在、右社長へ転電し尚坂東（末三）菊地（武夫）両氏へも御伝へ乞ふ」

十月二十一日奉天公所にて松岡理事発社長宛電

「吉敦の件に関し本日張総司令及王省長に面談し其同意を得て本職北京出発の際交通部と打合せ済なる約束案文に本職の調印を了せり、明日魏局長之を携へ北京に帰り直に葉総長の署名捺印を求むる筈、張総司令より右直に調印すべき旨葉総長に電命せり

但し右電命に接せば直に交通総長調印すとのこと打合せ済」

八、籌備費十一万円送付の件

十月二十八日北京公所牛島発在連竹中公所長宛書翰

北公秘二五第一九号二一

金拾壱万円に関する件⑥

金拾壱万円本日渡す筈なるが今日の相場にて七十一元四分の一にて銀七万八千三百七十五元となり御送付の金五万円預金の金壱万円銀三万五千元にて尚銀六百二十五元不足す急ぎ御送付乞ふ

但し相場は時々変動する故余裕を見積り後にて清算する様願度し

同北公秘二五第一九号二二

例の北京渡金拾壱万円は急ぎ受領したき旨申出あり今日受領証引替へ交付せり不足分は預金の分の利子にて補ふ外正金より貸付を受けた

北公秘二五第一九号二三

吉敦契約調印後の手続に関する件⑦

吉敦契約調印後の手続につき魏武英は此の際、部より奉天及吉林に其の通知を為すのみにて足り通知公文は既に出来上り居る故、金受渡済次第自身携帯送届ける筈、外交部財政部の備案及「国務院」の「同意取付け」は「工事完成し」「借款」に切替へらるる際其の手続を為すこととすべしと云ひ居るも本日、次長と会見次長より右契約は段摂政の批准を経て調印したるものにて関係各部の承諾は問題なし、奉天吉林に通知公文を出す外至急、外交部を経て日本公使館に通知せしむることとすべしとの言明を得たり、松岡理事庶務部長にも御伝乞ふ

九、吉敦工程局長任命に関する件

大正十四年十月三十日付交通部書翰を以て会社宛左の来翰あり

(交通部来翰日本語訳文(中国語文省略))

拝啓　陳者本部の貴会社と締結せる吉敦鉄道請負契約第一条に本鉄道分段の各工事は交通部より本鉄道局長を任命随時監督施工すべしとの規定有之候に付ては本部は魏武英に吉敦鉄路工程局々長を兼務を命じ本部を代表して契約内の事務を執行せしむることゝ致候に付御承知相成度候

会社は右に対し同月日付を以て

「拝復　中華民国十四年十月三十日附貴翰を以て貴部と弊社との間に締結せる吉敦鉄道建造請負契約第一条に本鉄道各工区の工事は交通部より本鉄道局々長に委任して随時工事を監督せしむとの規定有之候に付ては貴部は魏武英をして吉敦鉄路工程局々長を兼任せしめ貴部を代表して右契約上の事務を執行せしむとの趣御照会相成了承致候

右御回答得貴意候」旨支那文を以て回答せり

一〇、官庁に対する了解

大正十四年十一月十日東京松岡理事発安広社長宛書翰を以て

「拝啓　小職去る四日午後著京翌五日外務省に木村亜細亜局長を訪ね鉄道問題に関し委細経過を報告すると共に吉敦鉄道建造請負契約書写一部を手交したり、本件は時局の関係上当分極秘とし一切外部に発表を見合はすことに打合せ、

従て本契約書写は大臣次官以外には一切漏さざる様取計はるることに諒解を得置きたり。

同日外務大臣及出淵（勝次）次官にも面会し本件の概略を報告し委細は亜細亜局長より聴取せられ度き旨述べ置きたり。同六日黒金拓殖局長を訪問、満洲に於ける鉄道問題の全般に関し会社の方針従来の交渉経過等を詳細に陳述し、吉敦鉄道契約締結の件及白開線に関する交渉の結果をも併せて報告したり、尚本件は当分極秘を要するに付普通の形式によりて御承認を求むることは漏洩の虞れありと述べ、其意向を伺ひたるに局長は右口頭の報告にて足れりと答へられたるに付同局長に直接右契約書写一通を手交せり、尚形式上の手続は何れ適当の時期を見計ひ担当書記官と東京支社との間に於て打合せを為すこととし可然と思考す、関東長官には同長官限りとして社長より別に右写一通を提出し置きたる筈なるが、右は只長官手許に留置くものにして正式の書類として内閣に廻附せらるゝものに非ず、此旨御含置乞ふ旨をも局長に対して附言し置きたり。

更に昨九日加藤（高明）首相に面会し、右局長に対する報告と略〔ほぼ〕同様の報告を了せり、右報告す」なる旨申来りたり。

一一、時局の為北京政府の承認取付難

十四年十二月七日吉長中川代表より庶務、鉄道両部長宛左の書翰あり。

「前略　十一月廿九日吉敦線の件に付交通部の諒解認可を得る為北京へ使者差出し候処使者昨日帰局致候

右の復命する処に依れば前総長葉氏、次長鄭氏共天津に避難し居りたれば天津にて面会したるに次長曰く魏局長には北京滞在中吉敦線のすべき手続は最急速を要するに付帰局早々取計ふべき旨呉れ呉れ命じ置きたるに斯く延引して今日に至れば如何ともなし能はずとて甚だ不満の態度なりしも、葉氏は今日の政状にては只、魏武英局長の責任を以て東三省当務者並に満鉄と協調し進行を計る外なく技師長の任命に就ても契約には交通部の認可を要することに明記されて居るも此際之を交通部に呈出するも断じて認可せざるべく反つて吉敦線契約に付物議を起すのみにて何等の利益なし、依て此も局長の責任の下に満鉄と契約して可なり、爾後に於て交通部に異論生じたる場合は右は交通部に報告せるに回答なきを以て承認を得たるものと信じ実行せり、右報告の未着なりしは或は戦乱の為途中紛失せるものなるべし位の答弁にて差支なし。

其他のことは局長に於て契約に準じ満鉄と協議実行して可なりとの意見なりしを以て持参書類は一切交通部に提出せ

ず持ち帰りたり猶葉氏、鄭氏は曰く余等は今責任の地位を退くと雖民国交通界を去るものに非れば陰に後援を為すを以て局長に於て東三省当務者と協調本件進行に努力すべしとのことなりしと、依て小職は局長に技師長の契約は至急締結する様相談したるに局長も同感なるも、茲両三日の形勢は奉天並に吉林の首脳者は如何になるや殆んど想像し得ず、今暫く時局の推移を待ち度しとのことなりしも、小職は技師長の契約が実行の第一歩なれば可成早く契約を締結せしむるを可とすと存じ候に付契約文御作製被下、小生手元迄御送置願候へば魏氏に期を見て調印せしめ度く存じ候御一考の上何分の御指示願上候(契約文は日支文各二通)

魏武英は北京の政変と東三省目下の混乱は自己の地位が如何なるやに付非常に心配致し居り候のみならず自己一身の安危に付ても心を痛め本日自分の荷物の内若干小職宅へ持込み候明日家族は満鉄附属地へ引越すことに致し候

支那側にては奉天失脚の上は吉林省の独立を唱へ、吉林人の吉林を実現せんとする一派と大勢順応主義によらんとするものとあり。何れにするも現督軍及省長は其地位を退くべく軍人には吉林人に有力なるものなく現吉長鎮守使丁超氏は吉林人に非るも一般に人気あり文官としては現商議会議長斎氏哈爾浜道尹蔡氏実業庁長馬氏教育庁長于氏は何れも吉林人にて有力なる省長候補者と称し居候兎に角、何等よる処なき風評多く人心の不安其極に達し何れもビクビク致居候二仲技師長の契約と吉敦局の成立は時局の如何に拘らず進行せしむる様にしては如何かと存候此点何分の御指示希上候

一二、吉敦契約発表に関する件

大正十四年十二月廿五日北京公所長発松岡理事宛電(卅一日着)

吉敦契約に関する公使館への通知は交通部新当局に於て就任当時取急ぎ発送すべしと云ひ居りしも其後実行の模様見へず、最近に至り交通部内に此契約の破棄を主張する者あり議論多き由にて、晨報京報其他の支那新聞(十八日)は葉総長が十月廿四日段執政に本契約調印に関する呈文の批准を求めたるも内容閲読の余裕を与へず、執政は単に閲の一字を書きたるに過ぎずして内容を知らず、畢竟〔ひっきょう〕執政を巧に誤魔化したるものにて総額五百万円殆ど全部交通係に持ち去られたりと伝へ葉氏を攻撃し(廿日)本契約は専ら魏武英の尽力に依り成立し魏より張作霖及葉氏を動かし会社と交渉せしめしものにして総額一千万円条件極めて苛酷なりと述べ魏を攻撃し(廿四日)交通部新部員王セイシ、張リヨウ

シヨウ名義の通電の形式を用ひ此契約は葉氏が張作霖の為に前渡金千八百万円を得べく締結せる予備契約にて松岡理事より張作霖に交渉し、張氏より葉氏に調印を促し来りしより葉氏より執政に批准を乞ひ部の印を盗用し秘密裡に調印せるものなり、本鉄道の建設は日本の軍事計画に大なる便宜を与ふべく斯る売国的行為は断じて許すべきものに非ず、成立せる契約は全国々民と共に廃棄の目的を達し、以て国家百年の憂を除くべしと云ひ、其次に世界社の通信として契約の内容と称し勝手に捏造せる似てもつかぬ条文十三条を掲げ、本予備契約の締結後四ケ月以内に本契約を締結すべく且予備契約の締結と共に前記前渡金一千八百万円の交付を受くるものとせり、更に(廿五日)本件は廿四日の国務会議に提出されたる結果郭松齢の奉天入城の後其廃棄に付日本と正式交渉を開き一面厳重に事情を精査し関係者の罪を問ふこととせりと説き居れり

右は専ら交通部前当局及魏を攻撃し居るものなるが前記捏造条文の如き借款契約の無きことを交通部より取消しを為さしむること及部にて差支なくば該契約を発表して其性質を明にせしむることに相談中、但し交通部当局が取消し方を肯ぜざる場合は公使館とも打合せ一面会社の立場を明にすると共に、他方交通部の立場を楽にする方法を講ずべく適当なる処置をとり置き度しと存ず、右に関し何分の御指示願ふ」

十二月廿八日北京公所長発松岡理事及安広社長宛電(吉敦三八)

吉敦工事請負契約に関し、本日廿七日の鉄道時報(漢文)貴理事交渉の経過及契約の内容大体本文に近きものを掲載し居れり

尚本件に関し交通部陸次長及張参事等につき聞きたる処に依れば、現今の当局にては時節柄備案手続は勿論又反対に契約の取消交渉を開始し得ざる状態にあり万事消極政策を執り新内閣に引継がんとの意向なり、就ては会社は其成立せる契約に基き且任命せられたる吉敦局長と協議して材料の購買測量其他起工の準備を予定通り速進せしむることとし一面、吉敦局長より右の状態を普通の事務として書面を以て中央に報告せしめ、中央の紛議の如きは支那政府内部の問題なれば会社としては何等関知せざる態度に出で度しと存ずるが、貴理事の御指令を待ち公使館とも相談の上処理することと致たし

廿八日北京公所長発松岡理事宛書翰——首題の件に関しては初めは各新聞に借款契約成立及前渡金の交付を本とせる捏造的記事ありしが本月廿七日の鉄道時報に大約左の如き

記事有之〔これあり〕漸次其真相は知れ渡ることと存ずるも当方面の空気は契約の文面に於ては前渡金其他の交付金を為す条項なきも、右工事請負契約の結果会社は奉天側と相当の連絡ありて何等かの意味に於て金銭も交付し且つ諸種の便宜を奉天側に供与し居れることを想像し本件を其攻撃の具に利用せんとするものなることは明にして会社としては

一、地方開発の為鉄道を布設することに対し支那政府に於て何等異存なかるべき事

二、時局其他鉄道以外の政費又は軍費に利用せらるべき借款に非る方法を以てする工事請負又は材料の供給は単なる商取引にして何等政治的関係なきこと

三、支那政府が自ら鉄道を建設するに当り鉄道建設に経験と知識とを有する会社が之が工事の請負及材料の供給を為すに何等の不思議なき事

四、右請負契約条項は鉄道借款請負契約に比し非常に支那側に寛大なるものなること

等の趣旨により既成の契約を飽く迄実行すべきものと存ずるが、尚本件に対する説明其他交渉に関する御高見御指示願度し

尚本件に関する差当りの処置としては前電(三八)の如く会社は既に調印されたる契約に依り任命せられたる吉敦鉄道に程局長と協議を為し、材料の購買測量の開始起工の準備等着々進行を急ぐこととし且一面、吉敦に程局長より書面を以て右の状態を普通の事務として報告せしむることとし、支那中央政府に於ける閣議を通過せざりし事其他各方面との了解なかりしこと等は支那政府内部の問題として会社は之に関知せざる態度に出づれば可なりと信ず。

本日も丁士源来訪、本件に関する忠告に来りたりとて吉敦契約は如何なる内容を以て成立したるかは知らざれ共、何れにしろ一方葉恭綽の攻撃及奉天側の不人気を煽る政策に使用せんとする輩の宣伝は他方、該契約を正式に成立せしめ手続料をせしめんとする醜奴の故意の反対運動と見るべきものにして甘言を以て之に接するときは限りもなき増長振りを示すが故に、会社としては之等の空気に何等関係なく事実上契約に基き工事を進行せしむる段取に移らるれば之等の宣伝及運動等は漸次消滅すべき状態にありと申し居れり御参考迄

(鉄道時報記事略)

右に対し松岡理事より北京公所長の意見通り措置して然るべき旨返電せる趣、副社長宛に通知ありたり。

十四年十二月廿八日東京支社長より文書課長宛左記電報あり

「廿八日東京朝日に北京特派員発電として当社の吉敦線契約に関する記事を比較的詳細に亘り掲載さる、右は支那政府部内の反対者より洩れたるものと考へらるるが当社としては本件を何時迄も内密に取り扱ふ訳にも行かざるものとも思はるるに付寧ろ此際正式に政府の承認を経るを適当と思考す。松岡理事同意見なり」

翌廿九日松岡理事より副社長に宛て更に

「吉敦鉄道契約に関し北京より不正確なる新聞電報本邦及欧米方面に発せられ居る事実に顧み、昨報別電の趣旨にて取り敢へず当方国際通信社に対し小職の会見談として陳述し置けり。右は北京公所長にも電せり。本社当方及北京共外間に対し右趣旨により同一歩調に出る様致し度し右外務省とも打合せ済尚外務省は議会に対しても右趣旨により説明する筈御含迄に申添ふ

別電

一、吉敦(吉会線の一部なる意味に於て)鉄道問題は世間周知の如く余程古き問題にして今日俄に突発したるものに非ず、而も本職過般北京出張の際従来の交渉を只完結したるに過ぎず

二、密約に非ず正当政府に於て適法に権限を有せる交通総長と本職との間に公約を結びたるものなり

三、契約の内容は建設請負工事なり、従て理に於ても建設に取りかからざる以上金銀支出の途なし、又実際に於ても本件契約締結に際し葉交通総長は申すに及ばず其他何人に対しても又前渡金其他何等の名義を以てしても一厘も支出したることなし

四、前陳の如く本件契約の締結は要するに以前よりの計画を完結したるに過ぎず、又公然たる契約にして何等秘密事項を含まず、従て何時公表するも差支なき筈なるも只右契約締結の際恰も支那動乱の模様あり其後いよいよ時局紛乱せる為当時之を公表せず

之が為め無用の揣摩憶測を招くの惧ある為進んで之を公表することを一時差扣へたる迄のことなり此外今日迄公表を差し扣へたることに付何等の事由なし

右に関し北京公所長は卅日松岡理事に宛て(吉敦四三)

「貴電により公使館にも通し当地の通信社とも連絡を取ることとせり尚本日の英字新聞に「ロイテル」電として貴理事の国際通信との対話を簡単に掲げ居れるが其末尾に日本政府は右契約に認可を与へざるものとのことなりと附言し居れり原文は其見出しに "Tokyo Government also rejects New Rly. Concession" と題し末尾に "It is understood that the Japanese Government will refuse its a sanction" とあり

小職松岡理事が通信社と会見の際斯の如きことを云はるることは想像もつかぬことなりと述べ置きたるが公使は外務省の一部に妙な空気があるのではないか何かの誤聞ならば結構なりと謂ひ居られたり念」打電せしかば松岡理事は一月二日本社文書課長を通じ、

「吉敦に関する貴電見、日本政府が本件契約を承認せざるやも知れぬと云ふ如きことはあり得べからざることにして「ロイテル」通信員が何か誤解せるものなるべし本職が何人に向っても左様のことを申せしこと無きは勿論外務省と雖（いえども）左様の事を申す筈なし、右公使に通ぜらるると同時に必要と思はるれば此点支那当局及外間に対し明にし置かれ度し」と回電せる処ありたり

一月一日芳沢公使は外務大臣に宛

「大正十四年十二月三十日の北京英字新聞は廿九日の「ルーター」東京特電として日本外務省スポークスマンが全然吉敦鉄道建設に関する密約を否認せること、並に本件は将来提議せらるることあるべきも日本政府は目下未だ其時期に非ずと思惟し居るものと認めらるる旨を報じ、更に松岡氏は廿八日国際通信員との会見に於て最近満鉄と支那交通部との間に契約締結せられたる事実を承認し、右は別に秘密に非るも日本政府は之が承認を拒絶すべしと解する旨語りたる趣を附記せる処、政府に於ては本件鉄道工事請負契約を洮斉鉄道契約と同様に取扱ひ、先づ之を借款団関係国に内報し時機を見て借款団にも内示せしめらるる御方針と解し差支無きや、当方今後の宣伝等に関する措置振りの上にも承知し置き度きに付何分の儀御回報相成度し」と経伺せる処

三日外務大臣より次の如き訓電ありたり

吉敦線問題に関する貴地英字新聞の所謂外務省スポークスマン及松岡の談なるものは何れも多少誤伝ある処、本件は御承知の通り従来経緯ある問題にして洮斉線の如く新線の布設問題に非ず、且借款団及関係列国との関係も亦洮斉線と同様に律するの必要なし」従て過般満鉄と北京当局との間に本件契約大綱成立したるに就ては追て満鉄と支那地方当局との間に具体的協定成立の上は卒直に之を公表すべき意向なりしが、最近貴地方面に於て本契約に関し贈賄密約説等を唱へて殊更に日本を誹議する無根の宣伝行はれ居るに顧み、大正十四年十二月廿八日松岡をして当方とも協議の上国際通信に対し会見談を発表せしめ置きたる次第なり（右会見談要領は貴地満鉄公所長より貴官に通報済の筈）就ては本件は前記細目協定成立し発表の運びに至る迄暫く此儘に為し置かれ度く、尚特に問合の向に対しては前記の

次第御含の上可然(しかるべき)応酬方御取計相成度し

一月九日松岡理事発東京入江理事宛電を以て「吉敦契約文の大略は北京に於ては客月廿七日鉄道時報にて発表せられ居るを以て、東京に於ても必要に応じ差支へなき限り発表することに外務省と打合せ置乞ふ、此方何時発表するやも知れず御含迄と打電せる処、十一日木村亜細亜局長より

「入江理事宛貴電吉敦契約発表に関し本件は最近北京其他の方面に於ても寧ろ下火となりたるのみならず魏局長辞職問題に対する張作霖の態度に徴するに此際早急発表の必要なきが如く思考せられ且若し外務省満鉄双方の発表に不統一の点ある場合は却つて世上の誤解の惹起する虞れあるにつき、矢張過般貴職と打合の通り右双方同様の文句にて同時日を期し発表し度き意向なり

長春栗原領事来電によれば奉天官憲に於ては来る十四、五日本件発表の予定なる由の処、外務省としては発表に際し本件鉄道の沿革を略記せる前文を附記し且英訳を副へ度き考にて、随て発表の時期は一月廿日過ぎとなるべきに付奉天側に於て我方と歩調を合せて発表する様可然御配慮相成度、発表期日確定次第委細電報すべし」との回電ありしかば松岡理事は吉長中川代表をして奉天吉田総領事に真意を伝達せしめ(記録なし不明)たる処中川より左の電あり

「吉田(茂)総領事に面会貴命を伝へたるに全く同意見にて直ぐ自分の意見として本省に打電する旨話された

尚支那側も此際声明書を発表することは必要なきのみならず場合によりては害を為すことありと思ふに付之も自分の意見として王省長に話す、但右は決して秘密にせよとの意に非ず質問を受くれば何人にも公表して差支なしとの吉田氏の談なり。小生本日十二列車にて大連に引返す」

松岡理事は十三日入江支社長に宛

「吉敦契約に関する木村亜細亜局長よりの電見、然るに貴職に宛てたる拙電簡単なりし為誤解を生じたるものの様想はる、小職の意は此際改まりて公表を行ふと言ふ意味には非ず此事に就ては木村氏来電の通り貴職と外務省の間により打合を遂げ措置せらるべきこと勿論なり、北京にては下火となれる事又北京政局は今にはかに予想し得ざる形勢にてもあり今にはかに外務省に於ても我会社に於ても改まりて公表等を為す必要はなかるべしと思ふも、さきに小職外務省と打合たるところ(国際通信者に対し不取敢小職より言明したる諸点を基礎として)に依り新聞記事其他外間に対しては随時小職に於て説明し来れり、又北京公所長も同様処置し居れり、若は契約写を要求さるる場合之に対し公開的態度を以て説明し若は其写を手交せざることは却つて

何等後暗きことあるに非ずやとの疑を抱かしむる嫌あるを以て、斯る場合には契約写をもあつさりと与ふる様致し度しとの考にて、此点につき外務省に打合を願ひたる次第なり、現に当地英国領事よりも契約写をもらはれぬやと問合あり、之に対し小職は何等秘密にすべき廉（かど）はなきのみならず事実大体正確なる内容疾く北京にて交通時報に掲載せられたることにてもあり、之の上之が発表をチユウチヨすべき理由はなきも支那時局に顧み当分差扣へ置く事に、我政府と諒解をつけたるままになり居れるを以て手続上一応右諒解の拘束を解く様電報にて照会中なりと回答せる様の次第なり。

今一応右の趣木村局長に御伝への上何分の儀返乞ふ。

尚本件契約締結の際竹中（政一）公所長と交通総長との間に取交はしたる文書写を政府へ提出漏れとなり居れる様記憶するを以て、其内容別電の通り至急外務省及拓殖局へ御通知乞ふ

尚又張作霖及魏武英より全国に通電を発することは可成差扣へる様吉田総領事より交渉中なり、右序（ついで）に木村氏へ伝へ乞ふ」

旨打電せる処　十四日支社長より

「貴電見、木村局長と相談したる処契約の内容につき質問を受け若くは契約写を要求さるる場合公開的態度を以て説明し又は右写を交附すること、従て自然其の内容が新聞等に漏洩することあるに就ては同局長に於て何等異存なし、ただ積極的に新聞公表の場合には前電の方針にて適当の期に実行し度く外務省に於ても其準備の為目下契約文の翻訳を急ぎ居れりとのことなり」との返電ありたり

一月十四日奉天吉田総領事発外務大臣宛電左の如し

「吉敦鉄道問題に関し魏局長は既に該契約発表文案を作製し王省長に提出せる趣なるにつき、本官一月十三日王省長に対し本件は漸次下火となりつつあるの状勢に鑑み奉天側としても寧ろ本件に対し権威ある沈黙を守る方得策なるべく、何等か発表を必要とする場合に於ても行違を避くる為満鉄若は日本側と充分打合せ同時に発表の手配としては如何と本官気附として申入れ、張作霖に対しても同様の意味合を鎌田より申入れしめたり。若し奉天側に於て発表を見合はすに於ては帝国政府に於ても同様発表を見合はせ暫時本件の成行を観望することにせられては如何なるべきやとも思考せらる何分の儀御回訓願度し」

右に対する外務大臣返電次の如し

本月十四日著貴電に関し当方に於ては燥急発表の考へなきも、本件に関し現に世上種々の浮説行はれ且内容全然相違

せる契約文等真しやかに伝へられ居る実状に顧み、結局適当の時期に於て正確なる契約文を説明附にて新聞に公表して世上の誤解を解く必要ありと思考し準備中なる処、右公表の時期に関しては奉天側及満鉄の意向を尊重して決定し度所存なり」

一月十五日上海田島総領事代理発外務大臣宛電

「一月十四日船津総領事葉恭綽に面会の際葉は同日の漢字新聞に東京電として吉敦鉄道に関し日本政府は支那側の誤解を解く為弁明的声明を為す旨の記事を掲載し居れる処、本件に関しては既に在支公使並に自分(葉)に於て適当なる弁明を為し置き目下余り世間の注意を惹き居らざるに付、此以上の弁明は却つて外間の疑惑を誘起するをそれあるにより之を見合はす方得策なるやに思考すとて日本政府へ電報方船津に依頼したる趣なり」

二月一日発表の件に関し木村亜細亜局長より入江理事宛

拝啓　予て御依頼の吉敦線契約文の英訳漸く出来上り候に付同訳文二通(和英両文同じく二通)と共に茲に及御送付候間御査取相成度尚公表前文は亜細亜局私案に有之上局の決裁を経たる次第に無之候得共為御参考添付致置候条右に御諒知相成度此段得貴意候　敬具

追而右契約文並に前文の翻訳に当りては当方白鳥(敏夫)文書課長に於て其本務以外特に努力したる次第に有之候に付、予て御約束のこと可然御実現の程願上候

公表前文(亜細亜(局)私案)

大正十四年一月十四日北京に於て支那中央政府と南満洲鉄道会社との間に吉林省吉林より敦化に至る鉄道敷設に関する工事請負契約成立せり、元来支那政府に於ては吉林省の富源開発の為夙に既成線たる吉長鉄道を延長して会寧に至らしむるの必要を認め日本側の協力を希望し、其結果既に明治四十年新奉及吉長鉄道に関する協約並に明治四十二年の協約に於て日支両国政府の間に本件鉄道敷設に関し日本側より借款を求むべき旨を協定し大正七年には日本興業銀行は本鉄道敷設資金として金一千万円の前貸を行ひ、其後本計画は僅に実行の機会を待つこととなり居たること聞知の事実なり、然るに最近支那政府に於ては右鉄道建設実現の必要愈々緊急なるを認め不取敢吉林敦化間の鉄道線に関し南満洲鉄道会社に対し本件工事請負を希望し来りたるを以て、満鉄に於ては上記経緯に顧み本件鉄道計画を完成せしむる趣旨に依り右支那側の要望に応ずることとなり茲に満鉄及支那中央政府間に前顕吉敦鉄道建設請負契約の締結を見るに至れる次第なり、就ては満鉄に於ては近く支那当局地方官憲の協力

を得て建設工事に着手すべく本鉄道完成の上は南満経済開発に貢献する処大なるべきを疑はず、若し夫れ本件に関し日支間に密約存せりとか満鉄に於て支那当局に多額の前貸を為せりとか云ふが如きは本件の沿革及契約の性質に通ぜざるものの誣説に過ぎず、上記の如き周知の公約を基礎とし之に規定せる処を実施せるに過ぎざる契約に付何等密約を伴ふの要無きは勿論又本件契約は純然たる工事請負契約なるが故に工事開始前に前貸論議の余地なきは言を俟たず

（契約文英訳略）

一三、魏吉敦局長罷免の件

十五年一月六日吉長鉄道中川代表より庶務部長松岡理事鉄道部長宛

「魏局長廿五日付交通部より免職され総務李荘懐局長を命ずの辞令一日著いた、魏氏は直ぐ善後策の為奉天に行きたるに張作霖初め奉天幹部は右任命を認めず且昨五日付自今北京交通部の命は一切無効とする旨通知あり会社としては如何なる態度を執るや今日の六、七にて行く(8)」との来電ありしが翌七日更に

「今朝松岡理事に面会昨日電せし件詳細話したるに理事の御意見にては（奉天の承認せざるものにて、東三省に於て存在不可能なれば結局奉天の認むる魏氏を支持するの外なく万事東三省官憲と協調事務を進捗せしむべし」

右は会社の方針なるのみならず何人と雖異議ある筈なしとの事に付右方針にて進むことに御承知乞ふ当理事の魏氏に対する伝言もあれば小生今日十一列車にて帰局す承知乞ふ」との電あり、本社に於ては直に副社長より右の趣在京社長に報告指示を仰ぎたる処九日六一一号電を以て吉長局長に関する電見、局長の更迭は支那内部の関係なれば誰を認め誰を認めずと云ふこと出来ざるも会社としては事実上局長の仕事を為し居るものを相手とするの外なし目下の情勢として魏武英が依然其職に留まり実際上其職務を遂行し得るならば貴電の通りの方針にて差支へなし右外務省とも打合せ済」との訓電ありたり九日中川より更に

「今回本路局長に任命されたる李氏は自分は其任に堪へざるの理由にて辞職を電請したそして誤解を避くる為家族を其儘とし単身暫く当地を退くこととなりたる」旨の来電ありたり

一四、吉敦契約に関する葉恭綽通電

大正十五年一月七日北京各支那新聞紙上に表はれたる通電

左の如し

北京各部院、銀行公会、各銀行、各省軍民長官、各法団
及各新聞社宛

恭綽先に病を養はんが為引退せしより茲に二ケ月久しく世間と遠ざかり時事を聞かざりしが偶々昨日新聞を閲読せるに交通部八百万元借款及吉敦鉄路借款の両項の記事あり事実と甚相違せるに付特に茲に声明し真相を明にし置くべし

交通部[9]にありては歴年中外より借入れたる零砕なる借款計七百余万元に達し居り利息極めて重く中には一割五、六分のものあり部の財産は尽く抵当となり居り救済の途なき為恭綽就任後各債権者と交渉し本年八月中部より借款券を発行し之を取纏め抵当品を回収し改めて鉄道の収入すべき郵便物運賃を以て其抵当に充て置けり

以上にて年数十万元の利息を節約し得ることゝなりし次第にて畢竟旧債の整理を為したるに過ぎず要は新に八百万元の借款を起し郵政収入を抵当と為す等の事あらん尚云ふ処の旧借款使途不明のことは更に笑ふべき事実に属す

吉敦鉄道の問題に至りては同鉄道は吉長鉄道の延長線にして吉長は線路甚だ短く発展期し難きものあり然るに吉林は物産豊富にして輸出の途なきを以て此両方面の救済の為夙に同鉄道延長の議あり

本年夏間に至り南満会社と交渉を開始し更に部にて慎重なる審査を為し討議数日の後始めて建設請負の法を協定したるものにて借款の形式を避けたるなり蓋(けだし)国権重大其用費には一文の割引なく何時にても返済し得ることゝなり居り別に附件として公文を附し其費用は絶対に軍政等の費用に流用することを得ざる旨を声明し置けり勿論先渡金等一文の金銭を支出せしめたることなし此外絶対に秘密の附件なし新聞紙上に記載せる前渡金を軍費に充てたり云々は全く虚言なり真相を知らんと欲すれば此を満鉄会社に問合はすれば可ならん惟ふに此種の建設請負契約は運用宜しきを得れば従来の鉄道契約に勝ること万々にて以て損を防ぎ益を得る所以と為すに足るべし吉会鉄道案の存廃は別問題なるが本件は何等抵触せず況や吉長原契約の改訂及吉会鉄道案の廃棄等転じて本請負契約より促進する所以ともなるべく具眼者には其理自ら明瞭なるものあらん恭綽交通事業に従事する茲に年あり大事を処理する当に須く慎重なるべきを知悉す只道途遠隔伝聞誤あらんことを恐れ特に茲に梗概に述ぶべし大方の公鑑を仰ぎ度切望に堪へず

一五、魏武英声明書の件（略）

十五年一月九日吉長中川発、松岡理事宛電に依れば「魏氏より吉敦鉄道に付各機関に対し発送する声明書目下作成中内容は葉恭綽の声明書を敷衍せると契約全文を添付せるものにて之を携へ十一日奉天に行き奉天官憲の承認を経たる上十四日頃発表のこととなると思ふ、会社の発表も其頃に願ひ度き旨魏氏より依頼あり念」との来電ありしが、十一日魏氏、右声明書案持参出奉せる旨の電あり、十三日更に奉天より（中川）松岡理事宛「訂正すべき箇所は魏氏に通告手配済したとの報告ありしが同日北京公所長より帰京せる李壮懐氏より魏氏に声明書発表の意思ある旨聞知せるが……右に関しては張恩鍠氏の懇切なる注意もあり目下交通部内の空気に鑑み当分発表されざるを策の得たるものと思考さる可然御取計置願ふ委細書面との注意あり

同日付の書面北公秘二五第一九号の六〇を以て

「予て親交を結び居る交通部張恩鍠氏本日来訪談話中左の一節あり。

交通部より先に吉長局長に任命せられたる李壮懐氏昨日帰京本人は魏局長とも会社側とも円満なる関係を有し居るも右交通部の命令により立場を失ひ帰京の不得已〔やむをえざる〕こととなりし由にて其謂ふ処によれば魏武英は交通部の同氏に対する今回の処置不穏当にて部内に於ける同氏攻撃の議論猛烈なるに憤慨し自己の立場を明にする為吉敦契約の成立に関する諸般の手続及関係各箇所との諒解等一切の成行を明にする為近々声明書を発表せんとする意向なる由なるが右は世間の誤解を解く為至極結構なる措置と存ぜらるるが右声明書発表され前当局及交通部関係各箇所との関係に言及さるる如きことあらば葉総長外関係各箇所は目下の北京に於ける情勢に鑑み迷惑を感ずること少からざるべきに依り当分差扣へらるる方宜しかるべく何れ契約に関しては執政令も発表されたることとて一応は貴所を経て廃棄方を申出ることと思ふも事情は追々明白となるべく万一更に誤解を重ぬることあらば其時に至り発表するも遅からざるべし云々

元来吉敦契約に関し交通部内に反対の議論高まりたるは東三省関係の問題は何事によらず難癖をつけ以て国民軍に迎合し、自己の地位を安固にする目的に基因するものにて関係各箇所にては表面は此等の議論に雷同附和し居るも衷心は窃に魏氏の沈黙に感謝し居るもの少からざる事情なるに依り声明書は万一の場合の奥の手と為し置き此際は発表を見合せ関係各箇所をして窮地に陥れざる方却つて策の得たるものと思考す可然御取計願ひ度し」との報告あり

十四日奉天公所長発、松岡理事宛電によれば
「魏局長今日来所例の通電に関しては本人も非常によく了解し居り当分見合はすと云ひ居れり」とありたり

一六、吉林省議会の対吉敦線契約態度(略)

十五年一月十三日吉林公所長より庶務部長並に奉天公所気付松岡理事宛吉林省議会の態度に付左の来電あり
一、三四日内に公文を以て訊問すること
二、契約入手の上利権損失の有無を審査すること
三、右審査の後態度を決すること
右は先般北京に発生せる契約無効問題に刺撃せられ且今回の日本出兵に対し密約あるに非ずやとの疑惑に依るものなるも地方鉄道敷設其ものには異議なしと
右に対し庶務部長より
本件に関し電報報告ありたる処貴職に於て必要生じたる場合は別紙松岡理事電報写の趣旨により貴地総領事とも協議の上説明等御措置相成度当契約条項は何等外部に発表を躊躇すべき点なきも発表時期等につき最初外務省と打合の次第もあり、外務省の承諾を得て発表すべく目下其手続中に付御含置相成度と回電せり
十九日付峰簇嘱託の来翰に依れば
「吉敦に対する省議会の態度は十三日吉林公所長より打電致置候に付御承知のことと存じ候が希望せる線に対してさへ火事泥的に何か張との間に彼の時期を見て密約を結びしに非ずやと疑惑致し居り申候様の次第結局は進行し得るものと信じ候も若干曲折あるものと覚悟するを要し申候只今劉副議長より来信あり今迄に開会三次……吉敦については張氏より成行について声明あり各代表は一言を発せざりしにより劉氏より賛成の意を陳述し置きたり結局は取消の如きは問題にならざるべしと申居り候」とあり。
松岡理事は支社長を通じ、右の趣外務省に伝達せしめたり

一七、吉敦契約無効声明に関する件

十五年一月七日北京公所長発松岡理事宛電(時局九八)
「許世英内閣々員大体就任し本日第一回の閣議を開きたるが、吉敦契約は手続尚不完全なれば事情を審査し交通部より同契約の不成立を通知し一般に声明すべし、との決議事項あり」
八日北公秘二五第一九号五五
「時局九八電の通り昨日の閣議に於て吉敦契約の不成立を声明し通知すること丶なれるが未だ何等の通告にも接せず、且公報其他にも決議等の掲載もなきが大体左の要領を以て

進行致し度しと存ず
一、会社は契約の条項に依り更に工事の進行を急ぐこと
二、支那側の新聞宣伝に対する応戦は最早や大概に止め正式に取消其他の交渉を受けたる際会社は既に準備し工事に着手せる次第もあり、今更取消の相談に応じ難き旨を回答すること
三、其後の交渉は公使館を煩はし他の空気をも見合はし適当に応渉方を依頼すること

右に関し公使館とも打合せを為したる処、堀参事官及重光書記官等何れも大体に於て異議無之、殊に此際支那側の排日的空気に因する宣伝に真面目に応酬することは徒に問題を大にするのみにして効力をなくすることゝ思はるゝに付、寧ろ無関心の態度を執るに如かずとのことなりき。右の方針其他本件に関し特殊の御注意等至急御指令願度し。

　十二日北公秘二五第一九号五八

本月十一日の京報社会日報鉄道時報其他の当地支那新聞に吉敦契約は不日執政令にて取消指令発表さるべし指令草案内容左の如し
交通総長龔心湛の申請によれば葉前総長在任中、満鉄会社と吉敦鉄道契約を締結したるが同鉄道は辺要の地にあたり居る故、即時外交部と共同し契約を取消すか然らざれば当分実行を見合はすことにしたしとの趣なり。右は国務会議に附議せる結果外交部は共同し其不成立を声明し秘密の事情を徹底的に調査せしむることゝせり茲に令す云々
の記事あり早速交通部印鋳局方面に御指令発表の有無を問合せたるも昨日迄は尚発表されたる模様なし、との報告ありしが今日更に電報を以て十二日附執政令交通総長龔心湛宛左の指令の発表ありたる旨を通報し来れり[10]
「龔総長の指令に依れば葉交通総長の任内に満鉄会社と吉敦鉄路契約を締結し居るが、同鉄道は辺要地に当り居る故即時外交部と共同して契約を取消すか然らざれば当分実施を見合はすこととしたき趣なり。本契約は国務会議の協賛を経居らざるに付、部より成立せざる旨を声明し茲に秘密裡に擅(ほしいまま)に訂結されたる事情を徹底的に取調べ処置すべし此に令す」
十三日更に其後の事情に関し通報あり(北公秘二五第一九号六一)
一、契約の審議取消のこと
　右は十二日付吉敦五八及十三日付吉敦五九にて報告したる通り龔交通総長の申請に基き執政令の発表を見たるものなるが、交通総長の申請は龔交通総長が本件の事情に通ぜず且為にせんとするものに乗ぜられたること及陸次

長一派のものが昨年貴理事の長き滞在中、一言も本件に関し御話を承はらざりしこと等より多少不満に考へ居る点もあり、右の行動を黙過し居れるが如き状態等より契約の取消を為すか然らざれば当分実施を見合はすことし度しと云ふが如き申請を為したるものにして、執政令は段執政の当時よりの立場及最近王正廷氏の意向等に依り交通部の申請書よりも余程緩和したるものにして事情を取調べ其上にて適当に処理すべしと云ふが如き意味のものなり。右の事情につき会社に対し通告ありたる場合は吉敦五五報告中第二項に申上げたる通り回答する外なしと存ずるも、右は先方の書面来りたる上にて本社に報告し徐々に取運ぶこと正式にして且機宜に適したるものと存ずるが、差当り政府公報を以て右の如き発表を為したる以上は仮令之が会社に通告前と雖会社としては先以て其結果を憂慮するの態度に出づべきことは当然なるに依り、別紙吉敦六二写の通り公使館とも打合の上芳沢公使宛書面差出し置きたるに付御諒承置乞ふ

二、契約正文発表のこと

右に関しては本日張参事来訪先づ日本新聞に日本文の正文を発表せられ之を転載したる形を以て支那新聞に発表せしめ誤解を解くの一材料たらしめんと非公式に申出ありたるが、会社は何等秘密条項なき本契約を発表することは毛頭異議なき処なれ共、手続としては先づ交通部と満鉄とが互に之を発表し差支なき往復文書にても取交し然る後之を為すこと妥当なるべしと存じ右の方針にて話を進め居れり。

三、魏武英氏の声明のこと

吉敦六〇の通の事情なるに付当分之を見合せ必要なる場合には何時にても発表し得る最后の且有力なる武具として留保すること此際適当と存ず

四、吉長駐京弁事処経費貸与のこと

右に関し本日張恩鍠氏来談の節今回魏武英氏の代りに任命せられたる李壮懐氏は北京側と奉天側との立場上必然に生れ出でたる局長にして、孰〔いず〕れか一に帰すべきものなること明白なれ共第一奉直戦の後に現はれたる現象の如く、中央政府の立場上之を取消すことも困難にて自然両局長を存し当分駐京弁事処の設置を見るが如き外なかるべしと思はるるが、吉長鉄道よりの外経費の出途もなき次第に付何とか立替の件御考慮願はれ間敷哉との非公式の申出あり

右に関し交通部の経費中より何等か都合せらるれば好都合なる旨を申出置きたるが、万一折入っての願ありたる⑾

節は四洮駐京弁事処の例に倣ひ交通部より一札を入れしめ、将来吉長利益金の内より支払を受くべき債務として之を立替ふることとし、四洮鉄道の例に於けるが如く中央に於ける連絡を取るべき一の機関として利用することは会社にとりても大した負担にも無之、却つて便宜多からんと存ぜらるるに付御承認相成様予め御願申上ぐ、追て正式に申出ありたる際書面を以て申請することと致すべし。

芳沢公使に対する申請

満鉄北公秘二五第一九号六二

大正十五年一月十三日　北京公所長　竹中政一

在支那特命全権公使　芳沢謙吉閣下

吉敦鉄道建設請負工事契約に関する件

謹啓　大正十四年一月十七日附満鉄北公秘二五第一九号二七を以て契約書及附属文書の写相添へ御報告申上置候首題の件に関し本年一月十二日附を以て同月十三日の政府公報に之が取消声明に関する執政令の発表を見るに至り其事の甚暴なるに驚嘆致候次第に御座候、本件は既に御承知の通り完全なる権限を有する中華民国政府葉交通総長と満鉄代表松岡理事との間に合法に締結調印せられたる契約にして更に右契約に基き交通総長は大正十四年十一月三十日附を以て吉長鉄路局長魏武英氏[12]を吉敦鉄路工程局長に任命し魏局長は本件に関する任務を帯びて弊社当局と右契約に依る鉄道の建設に関する細目の協定を為し既に材料の注文、起工の準備等着々進行せしめ居れる事情も有之候際突如として此が取消に関する執政令を見申候処万一右様の奇怪事実現致候様の事有之候はば甚だしき迷惑に有之候に付貴官に於かせられ御同見に在せられ候はば中華民国政府当局に対し右の事情御声明置被下候様此段御願申上候　敬具

右に対し松岡理事より同理事離任するに付一切の書類は社長及庶務部長に引継ぎたる旨魏の声明書は発表せざる様手配せる旨及駐京弁事処は拒絶するを可と考ふる旨の回答あり

一月十四日芳沢公使発外務大臣宛来電

「吉敦鉄道問題に関する執政府指令公布(前掲)の件に関し本使は十三日王外交総長訪問の際該公報所載の事実を指摘し且本契約は御承知の通満鉄と前任葉交通総長との間に合法に成立し居るものなるに不拘〔かかわらず〕突然執政令を以て之が不成立を声明せらるるが如きは誠に意外なり

斯の如きが既往幾多の国際的合法契約に対し非常なる不安を与ふるものにして我方は右指令に対し絶対不同意にして

該契約が之に依り何等の影響をも受くることなき旨を声明したる処総長は本契約の内容は自分も承知し居らず僅に数日前当地満鉄公所員より本問題に関し個人の資格を以て其内容及経過の真相等の説明を聞きたる次第なるが前記指令は主管たる交通部に於て起案したるものにて外交部にては承知し居らざるべき⑬を以て明日交通総長に付本問題の経緯を取調べたる上何分の回答を為すべき旨を述べたり」

一月十六日交通部より会社宛左の公文あり

(日本語訳〔中国語文省略〕)

拝啓　昨年一月廿四日本部葉前総長が貴社と締結致候吉敦鉄道請負契約及同関係附属文書は未だ国務会議の議決を経ず手続又未完済なるを以て執政の命令を奉じ成立不能なる旨特に貴社に対し鄭意に声明致置候次第にて前記吉敦鉄道契約及関係附属文書は効力を発生すること能はず

本部が前に任命せし吉敦鉄道契約執行の吉敦鉄路工程局局長魏武英は已に本部に於て任命を取消し申候に付爾後若し該員が貴社と接衝し及金銭を受領せる等の事有之候とも本部に於ては一切其の責に任ぜざるに付御承知相成度

右御通告申上候

竹中北京公所長⑭は芳沢公使に対し右写交付該契約擁護に関し可然取計ひ方依頼すると同時に本社に其旨通知対策に関し指示を仰げり

一方芳沢公使は満鉄の希望に応じ一月二十二日附を以て外交総長に対し左の抗議を提出せり

以書翰致啓上候　陳者客年十月二十四日附を以て貴国葉交通総長と南満洲鉄道株式会社代表松岡理事との間に訂結せる吉敦鉄道契約に関し貴国政府に於ては一月十二日附執政指令を以て「吉敦鉄道請負契約及各種附属文書は本契約が国務会議の議決を経たるものに非ずして手続尚完備し居らざる為不成立のものたるべき執政命令に接したるに付特に茲に貴社に対し前記吉敦鉄道契約に関する職務執行の為任命せる吉敦鉄道工程局局長魏武英は既に解任せるものに有之爾後同人より貴社と協議せる事項及調印引出を為したる一切の金額に対しては本部は一律に責任を負はざることを鄭重声明す云々」と通告ありたる趣に有之候

本件に関しては本月十三日本使貴外交総長と会見の節面陳したる通り該契約は交通総長との間に合法に成立したるものに有之〔これあり〕之に対し単に執政令を以て或は又前記南満鉄道会社に対する交通部通告を以て其不成立を声明し又は相手方

たる南満洲鉄道会社の承諾なくして有効に之が取消をなし得べきものに無之、本使は当事者たる南満洲鉄道株式会社の利益の為に茲に右の趣声明致候　敬具

大正十五年一月二十三日

日本帝国特命全権公使　芳沢謙吉

支那共和国外交総長　王正廷殿

北京公所長に於ても亦

「交通部よりの通告に対しては当社は右通告を承認し難く契約の規定により予定の通り工事を進行せしむる旨公使と協議の上貴職より不取敢抗議し置かるべし」との社長訓電に基き二十六日附満鉄北公秘二五第一九号七七を以て公所長名を以て交通総長龔心湛に対し左の抗議を提出せり[15]

吉敦線に関する件

拝復　本年一月十六日附貴部第七二号を以て弊社長宛首題の件に関し「昨年十月二十四日附にて本部葉総長と貴社と訂結せる吉敦鉄道請負契約及各種附属文書は本契約が国務会議の議決を経たるものに非ずして手続尚完備し居らざる為不成立のものたるべき執政命令に接したるに付特に茲に貴社に対し前記吉敦鉄道契約及各種附属文書は効力を発生せず本部に於て先に吉敦鉄道契約に関する職務執行の為任命せる吉敦鉄道工程局長魏武英は已に解任せるものに有之爾後同人より貴社と協議せる事項及調印引出を為したる一切の金額に対しては本部は一律に責任を負はざることを鄭重声明致すに付御諒承相成度」との通牒に接し候処該契約は貴国政府交通総長と弊社代表との間に合法に締結せられたるものに有之貴部よりの右通牒は弊社に於て承認難致候に付右御諒承相成度弊社長の依命此段回答得貴意候　敬具

交通総長龔心湛は一月二十二日附を以て臨時執政宛会社に対する吉敦鉄道契約不成立声明並同契約調印事情査明に関する報告呈文を提出せり

訳文左の如し（十五、二、二、北公秘二五特一九号八二）

「南満洲鉄道会社に対する吉敦鉄道契約不成立声明並該契約調印事情査明に関し報告す御査閲乞ふ先に本部より申請せる葉前総長が其任内に南満洲鉄道会社と訂結せる吉敦鉄道契約に就ては指令第二十六号にて該契約は未だ国務会議を経居らざるに付部より不成立のものたるべきを声明し並欺瞞隠蔽擅に訂約せる事情を査明報告すべき命令を奉じたるが同契約は昨年四月より南満洲鉄道会社との交渉開始され十月に至りて議定を遂げ同社理事松岡洋右より奉天張督弁と協議し奉天にて先に調印し張督弁に於て一面葉前総長に調印方を電請し置き更に本件の担当者たる吉長鉄道局長[16]魏武英をして同契約本文及附件を携帯晋京せしめ葉前総長

に於て十月二十四日に調印せるものにして心湛本部に就任の初正に輿論紛糾の際にあり即一面吉長鉄道局長魏武英の罷免及査弁を行ひ一面執政に申請し以て挽回を期したる次第なるが右御指令に基き前に本月十六日南満洲鉄道会社に対し書面を以て同契約及各附件不成立のものたるべき旨を声明し同時に外交部に通知の手続を了へ置きたる外同契約は工事請負にて借款により鉄道を建設するものと性質同じからず葉前総長十月二十四日附執政宛呈文内にも同契約は暫定的のものにして工事完成し借款に引換へらるる際初めて正式契約締結さるべく此正式契約訂結の時初めて国務会議に提出して差支なきものなり云々の語あり今回調印の契約は手続上不備の点あるも本体に於て欺瞞隠蔽私擅に訂結せる等の事実なきこと明白となれり茲に南満洲鉄道会社に対し右吉敦契約の不成立のものたるべきを声明せること及取調を遂げたる契約締結事情顛末報告す当否御査閲の上御指令あり度し」

右に対し執政より一月三十日附を以て報告の趣承知の旨指令ありたり

一八、契約成立報告の件

十二月十一日庶務部長は東京松岡理事に宛「吉敦契約に付当方にて認可申請の手続可致哉御指図乞ふ、尚関東長官丈の諒解は貴理事に於て直接得られ居る事と存ずるが同庁何れかの局課に御話済なりや参考に承知し度し」と問合せたる処十二日同理事より「吉敦に関する貴電見、関東長官へは社長より口頭にて手続せられたる筈、当方は首相外相拓殖局長に本職口頭にて話済契約書写は外務省及拓殖局長に提出しあり時局上本件の外間に漏るるは甚面白からざるに付正式の申請手続尚時機を見ることとし度し」との返電あり

十二月九日附土肥吉林公所長代理より将来吉敦の件に関し当地方に諸種の問題を生じたる場合、吉林総領事の手を煩はす要旨多かるべく事前右契約内容に付充分同領事の研究を求め置く方宜しかるべしと信ず、同領事亦其口吻を漏し居れりとて吉林総領事に吉敦契約書写送付方のサヂエストもありしかば二十二日庶秘第五四二号を以て川越(茂)総領事宛

「吉敦鉄道布設実現の場合は自然貴官の御配慮を煩はすこと不尠（すくなからず）と思考被致候間過般調印せられたる契約書写別紙御送付申上候間御査閲相成度本件は御承知の通り未だ正式に政府に認可を申請し居らざるに付貴官御含迄に内閲に供する次第に付本省へ御報告等相成らざる様且極秘御取扱相

願度特に得貴意候

吉敦契約に関しては十五年一月九日関東長官経由内閣総理大臣及外務大臣に対し認可方申請せる処洮昂契約の場合と同じく報告に止められ度しとの関東庁側の意見により左の報告文提出せり

満鉄庶々二五第二六号三

大正十五年一月十九日　　社長

内閣総理大臣

加藤高明殿

吉敦鉄道建造請負契約報告の件

曩に支那政府交通総長より弊社に対して吉林敦化間鉄道建造請負契約を申出で来り候処該線は弊社の受託経営致居候吉長鉄道の延長線として弊社に多大の利益を齎すべきものなる為弊社は特に其実現を切望致し居りたるものに有之候就ては支那現時の実情に顧み右申出を急速に承諾するの必要を認め昨年十月二十四日交通総長弊社間に別紙契約書写の通り請負契約を締結致候間右御諒承被成下度此段及報告候也

一九、吉敦局成立（略）

吉長局長魏武英は吉敦鉄道建設着手の件に付奉天張作霖より正式指令を得る為め奉天に出張中の処一月二十日帰局中川代表に対し次の如く説けり

吉林省督軍兼省長張作相と同道張作霖に面会し吉敦鉄道建設に至急着手し度き理由並に結氷中の測量並に材料準備を必要とする事を説明したるに張作霖は張作相の意見を求めたる処張作相は既に建設のことに確定せる以上は速に之に着手し一日も早く完成せしむるは吉省の為め利益なる旨答へたれば張作霖は魏局長に対し然らば直に帰任建設のことに着手すべき旨命令せり」と右の如く張作相同席にて指令を受けたれば吉林方面も問題なかるべく魏局長は非常に意気込居り両三日中に主要職員を任命し愈々吉敦鉄道工程局を建つることにし度き旨申居れる由なりしが（一五、一、二二吉長庶甲五号）二月一日吉敦鉄路工程局より、公返第七号を以て

拝啓　陳者民国十四年十月二十七日交通部令に依り魏武英を吉敦鉄路工程局局長に兼任を命ぜられ張上将軍より路務切実進行の下命有之二月一日附吉長路局内に事務開始仕候条此段及通知候也

の旨通知ありたり　会社は之に対し十日附了承の旨回答せり

二〇、第二回取消通告

十五年二月二日交通部より公文第二三七号を以て北京公所に対し左の如く通告し来れり

（日本語訳〔中国語文省略〕）

拝啓　本部より前翰を以て吉敦鉄道契約不成立の旨声明致置候に対し貴社より該契約は貴国政府交通総長と弊社代表との間に合法の手続を以て締結せしものにして御来翰の趣は弊社に於て承認致難く右弊社長の命により御回答申上候旨の御来示有之候処鉄道借款或は立替金契約を締結するに際しては弊国政府従来の手続に於ては必ず国務会議の議決を経且外交部より正式に該締結国公使に通告したる後に於て始めて成立するものに有之今次の吉敦鉄路契約は未だ嘗て前記手続を経ざるものに付当然成立せるものと為すこと能はず右御回答申上候に付御諒承相成度候

本社庶務部長は右に対し二月十六日満鉄庶々二五第二六号六を以て北京公所長に次の如く訓令せり

「交通部の吉敦鉄道契約不成立の通知に対する回答案は貴案適当と存ず仍〔よっ〕て右に依り回答相成度し

尚交通部よりの通知書中（鉄道借款或は立替に依る工事請負契約の締結は弊国政府従来の手続によれば必ず国務会議の議決を経たる上外交部より締結国公使に正式通告後始めて成立するものと相成居り候）との字句あるが、従来四洮吉長借款契約締結並切替に際して当社の関する限りに於ては右様の手続を執りたる前例[17]なし、交通部は果して一々右手続を執り居るや否や為念公使館につき問合せ置かれ度し、将又従来四洮及吉長借款契約の締結当事者は交通財政両総長の連名を常例とし居るも、大正十一年十月二日締結の鄭洮線工事費三百万円借款は交通総長（高恩洪）単独の名義にて締結し爾後交通財政両総長連名にて切替の契約を締結して有効に成立し居る前例の如き先方の議論を覆すべき材料として利用し得べきことと愚考す。但差当り能ふ限り可成先方の主張を否定するに止め細目の議論に立入らざる様致度し右貴職御含迄」

北京公所長は右訓令に依り二月二十三日公所長名を以て龔総長宛次の如く回答せり（北公秘二五第一九号九四）

（日本語訳〔中国語文省略〕）

拝復　陳者本月二日附貴部第二三七号書翰に依れば吉敦鉄道請負契約は未だ国務会議の議決を経たる後外交部より正式に該締約国公使に通知し居らざるを以て当然成立すること能はざる旨の御来示に有之候処該契約内に本契約は貴国政府と弊社間両代表の署名と同時に成立効力を発生する旨の文字記載有之候に付貴部今回御来示の各節は承認致し難

く右弊社長の命により御回答得貴意候
二月廿四日政府公報上に本契約経過概要として次の如き報告掲載せられたり
吉敦鉄道は吉林省城より敦化県に至るものにして昨年春南満会社より奉天張督弁に対し建設を要求し張督弁より屢々部に対し進行を促し一面吉長鉄路管理局長魏武英をして該社理事松岡洋右と弁法を協商せしめたるものにて是該鉄道築造の議の発端なりとす。其後折衝数ケ月にして吉敦鉄道築造委託契約十箇条附属文書五件及声明書一件を訂結し、該社理事松岡洋右は張督弁と直接商議の上奉天に於て先づ調印を為し、張督弁は十月十一日葉前総長に調印方電請し来部せしめ、葉前総長は十月廿四日夫々調印を了し同日報来り他面局長魏武英をして該契約の本文及附属文書を携へ告書を執政に呈し閲を受く之契約調印の経過なり
該契約は資金立替工事依託の性質のものにして該鉄道全長四百華里概略二ケ年竣功立替資金総額日金一千八百万元にして全額交付割引なく、年利九分工事期間内日本人一名を総工程司に用ひ全線竣功後解任し、営業期間内日本人一人を総会計となし悉く局長の命に服従のこととし局長は工事の監督及全線管理の権を有し、本件立替金は軍政各費に流用するを得ざる旨の声明を文書により交換し、回収は随時之を為し得べく市況良好のときは亦公債発行を商議し得べく、全線竣功の際は即時立替金の償還を為すものなるも若し工事竣功後一年にして償還し得ざるときは延期して三十年賦と為し償還のこととなせり。吉会鉄道に関しては曽て前渡金を有せる契約の締結せるものあるが現訂本件契約は吉会鉄道の正式借款契約締結以前の暫行契約にして吉林幹線促成の一法たるものなり。将来吉会鉄道開通の際即時該鉄道を回収するを得、又吉会鉄道契約は民国六年二十一箇条約に根拠し改訂せられたるものに対し吉長鉄道管理権の回収及該鉄道営業発展の見地よりして吉敦鉄道は吉長鉄道と合併すること及合併の際、吉長鉄道契約の改廃を提議し得ることを明定せり該鉄道の所要材料は局長の承認を経たる後一般市場に於て入札又は選択購買を為すものにして手数料を要せず、列車の運転材料の購入工事の請負及材料の験収工事の検査は総て国有鉄道一般規則によりて処理することとなせり。是該契約及附属文書の内容の要点なりとす今や該契約は未だ国務会議の議決を経ず手続不完全にして未だ立替資金の交付も之なきものなるを以て部よりの報告に依る執政指令成立不能の声明を為すべき旨を奉じ一月十六日部より南満会社に対し取消を声明したるに該社は否認の回答を為し来り、目下極力交渉中にして未だ解決せず此

該契約取消交渉の状況なりとす

二一、第三回交通部通告

（日本語訳（中国語文省略））

拝啓　二月廿三日附貴社御返翰に依れば吉敦鉄道契約内に本契約は貴国政府と弊社間両代表の署名捺印を経たる後同時に効力を発生す等の語有之、貴部前翰を以て御声明の成立不能の儀は承認致難きに付承知相成度旨御来示有之候処、吉敦契約第九条第二項には本契約は締結の日より効力を発生す等の語有之候得共、該契約の署名締結手続は未だ完備せざるが故に外交部よりも正式に書面を以て貴国駐京公使に対し根本上尚成立不能の旨御通知申上ある次第にて本部に於ても右様の訳合にて御来翰の各節は承認致し難きに付御諒承相成度右御回答得貴意候

南満洲鉄道株式会社

交通部啓　中華民国十五年三月九日

北京公所に於ては右に対し左の回答文添付本社の指令を仰ぎ来れり

回答案

拝復　貴部三月九日附第四三九号を以て吉敦鉄道請負契約成立せざる旨御通知有之候得共弊社は曩に御答覆したる理由により承認致し難候社長の命により此段答復候

北京公所長　古仁所豊

中華民国政府交通部龔総長殿

庶務部長は三月廿六日満鉄庶庶二五第二六号八を以て左の如く指令せり

三月十三日附北公秘二五第一九号一〇三首題の件に関する貴信了承、交通部公函第四三九号吉敦契約不成立の通知に対する回答は貴案適当と存ず、仍て右に依り回答相成度し

依命

尚交通部公函中「外交部に於ても未だ貴国駐京公使に通牒を発し居らざる次第に有之根本に於て成立し居らざるものに付云々[18]」との字句あるも従来四洮吉長借款契約締結並更改に際して当社の関する限りに於ては右様の手続を執りたる前例なきこと前信申送りたる通りなるが、交通部は果して諸対外契約に対して一々右手続を執り居るや否や念の為公使館に付問合せ置かれ度、其結果当方にも御通知願度し」よりて北京公所長は右備案の件公使館につき取調べたる処

一、吉長鉄道借款契約（大正六年十月十二日調印）は民国六年十月十六日附

二、四洮鉄道借款契約（大正八年九月八日調印）は民国九年

五月十七日附
(イ)同一千万円短期借款契約は本契約の分と同時に民国九年五月十七日附
(ロ)同一千二百五十万円は不詳
(ハ)同一千三百七十五万円は民国十一年八月五日附
(ニ)鄭洮三百万円は民国十一年十一月十三日
(ホ)四洮一千八百二十万円は不詳
(ヘ)同八百十万円は不詳
(ト)同二千八百四十万円は民国十四年二月廿日附
(チ)同三千二百万円は民国十四年六月十二日附
にて孰れも外交部より帝国公使館宛備案しあり
此外正金関係の四洮鉄道契約其外諸外国関係の借款契約も同様一々備案手続を為し居るものの由とのことなりしかば備案不詳のものに付再取調を促したる処、何れも備案洩の由回答あり、尚公使館当務者岸田書記官より吉敦鉄道契約の場合の如く、外交部より公使館へ備案せられざる契約の有効か無効かは別問題として、右各国の借款契約が備案洩れとなり居り、交通部が其後の契約にて之を承認し居る例を以て直に備案洩れ契約も有効なりと主張することは根拠頗る薄弱と思はる、常に屁理屈を並べる支那側として、交通部が備案洩れの借款を其後に至り承認せることが間違であつたと言はぬとも限らぬとの注意あり、為念」
との言ありたる旨附記せり

二二、鄭洪年籌備費の件

十五年七月廿六日北京公所長より庶務部長宛
梁士詒鄭洪年四月北京にあり葉恭綽天津にあり、共に今後の内閣問題につき画策中にて大に運動費を要する模様なるが、過般鄭洪年氏より例の残り此際御交付願へれば好都合なる故御交付のことに取次願ひ度き旨申入あり御詮議の上何分の御回示願度し。との来電あり
廿七日庶務部長より⑲
「廿六日発貴電は昨年松岡理事が葉恭綽に内約したる四十万円の残額(二十万円は魏武英に交付済なり)請求のことと思考するが、右に就ては魏武英より申出あらば会社に於て考慮する様尽力すべし。但内閣問題を援助の趣旨とすることは種々差障りを生ずべきに付御含置乞ふ」旨返電すると同時に吉長中川代表に対し、右両電の趣旨を転電し同時に「本件魏武英より貴職を経て何等か申出あるべきかと被存に付、右貴職限り御含置相成度、尚本件は貴職よりは魏武英に対し先方より申出を慫慂する様の態度に出でられざる

様致度為念」と注意し置けり。
八月十一日に至り北京公所長より
「鄭洪年依頼の件御回訓見たが会見の機会もあり談話の都合もある故御詮議の成行御知らせ願度し」との来電あり
庶務部長より十三日
電見、六日中川吉長代表他用来連の際内々問合せたるも未だ魏武英より何等申出なき由なり
鄭洪年より魏に依頼し居らざるものと思はる、魏氏より申出あらば直に詮議に上るべし。と回電せる処、公所長より
小職としては先方より交付請求転電方依頼を受けたる次第故、之に対する回答に付御詮議の上至急御回示願度し
と督促あり
庶務部長は
「廿七日拙電及本電の趣旨は先方依頼に対する貴職の御回答となると思考す、貴電の意味或は魏武英を通ずることが工合悪敷（あしき）とのことかと想像するも是迄の分も同氏を通じたること故、先方に於て此点差支なしと察し居れり念」と返電
十九日公所長より
拙電には「十一日貴電末段以下御想像の如き意味少しもなし」との電あり

注

（1）欄外下に手書きで以下の記載あり。「注、川上理事の場合」。
（2）欄外に手書きで以下の記載あり。「吉長契約改訂の事は漠然たる主義上のこと」。
（3）欄外に手書きで以下の記載あり。「吉敦線は張作霖の発意に出づ」。
（4）欄外に手書きで以下の記載あり。「洮昂特別費は一時の融通との約束」。
（5）欄外に手書きで以下の記載あり。「張作霖、張作相、王永江、王樹翰」。
（6）欄外に手書きで以下の記載あり。「籌備費金十一万円（102）」。
（7）欄外に手書きで以下の記載あり。「吉敦契約の調印者が交通部長のみなること」。
（8）欄外に手書きで以下の記載あり。「初め魏武英は奉天側よりかく迄信用されたり、こんな通知を何か役立たせる事は出来ぬや」。
（9）欄外に手書きで以下の記載あり。「交通部借款の利率」。
（10）欄外に手書きで以下の記載あり。「北京政府の吉敦契約に対する措置、あるいは之が南京政府の何等かの難くせの種とならずや」。
（11）欄外に手書きで以下の記載あり。「之の北京奉天対立の事実が何等かの役に立たざるや」。

(12) 欄外に手書きで以下の記載あり。「魏は一旦北京より任命され、次に解任され、然も奉天にては之が解任を認めざりき」。

(13) 欄外に手書きで以下の記載あり。「吉敦契約に関する重要なる総統令を外交総長が知らぬとは」。

(14) 欄外に手書きで以下の記載あり。「公使不承認」。

(15) 欄外に手書きで以下の記載あり。「会社不承認」。

(16) 欄外に手書きで以下の記載あり。「支那政府翻意、但し借款契約に生ずときは南京迄行かねばならぬか(94参照)」。

(17) 欄外に手書きで以下の記載あり。「契約当事者に関する交通部の解釈と前例、必ずしも交通部の言の如からず(99)」。

(18) 欄外に手書きで以下の記載あり。「借款契約は外交部より公使館に備案することに依り効力を発生すとの交通部の説」。

(19) 欄外に手書きで以下の記載あり。「籌備費金四十万円(36)」。

99　別冊第二号　吉敦鉄道請負工事費増額其他

極秘6・6・20

二三、魏局長の増額申出

大正十五年十月四日魏吉敦局長中川代表田辺技師長と共に来連過般中川代表をして予め意を通ぜしめたる三百万円融通の件に付申入あり、而して実行の方法としては隧道其の他工事の為追加を要すべき二百五十万円と右此口とを併せ五百五十万円の請負金額増額の形式とせば如何との提議あり、局長は右は曩に会社側と若干の諒解もあり張上将軍も予期し居る旨の口吻を洩して懇願あり、会社側としては本来吉敦工事請負金一千八百万円中には斯る籌備費を加算し居らざるも局長は当初可成節約し二三百万円を剰し度き切望を表し相当籌備費捻出の余地あることを想像せしめたる経緯もあり、又一方工事請負金が実測精査の結果二百五十万円不足を来すこと明となり、併せて工事立替金利息約二百五拾万円(此点に関し契約文言不備なり此際之を救済する為)をも加算し一括して工事請負金の増額を計るは会社としても必要のことにてもあり旁々(かたがた)先づ絶対に断る態度に出でず研究の余地を存し最初の会見を終りたり右の趣旨にて社長に電請したる次第なり

然るに本来魏局長が本件は中々の大問題にして容易に解決すべきものに非ることを承知の上出連したるに付、必しも承諾を与ふる要なきと一方本件はテクニカルに非常の面倒ありて簡単に処理すべきに非る事を考慮したるのみならず、会社としては過去に於て解決せし問題の為三百万円の籌備費を支出するは些か死金の感あり、一方工事請負金増額は

正式の交渉により成立不可能に非るが故に婉曲に断る方針に傾きたり。右の趣旨にて大蔵理事再び魏局長と面接、例へば長大線の如き新線布設の場合には申出額の籌備費捻出の余地あるも、本件に関しては困難なることを諒知せられ度きこと、但し一百万円程度のものなれば社長とも相談の上何とか致すことを得べき旨回答、右に対し魏局長は新線布設も結構なるも、本件を解決せざる以上、自分としては新問題を提議し得ず、又一百万円にては奉天側の満足せざること明なり。自分の体面上此の如き不結果なる回答を取次ぐことを得ざる旨述べたり。結局魏局長には何等決定的の返事を与へず社長帰連の上協議し其の結果を齎して大蔵理事が奉天に赴き回答することとなり魏局長は廿日出発帰奉せり

大正十五年十月十二日大蔵理事発東京安広社長宛電

先般魏武英奉天にて病中其使として吉長中川来連し張作霖より吉敦に関し三百万円調達方申出ありたるも突然のことにて何とも決せず、其の儘になり居りたること御承知の通りなるが、今般局長中川と同道来社重ねて右申出たり。鉄道部長の言に依れば本来吉敦予算千八百万円中には斯る籌備費は加算し居らざるも、局長は当初可成節約し二三百万円近く剰し度き希望なりし由、随て相当籌備費捻出の可能なることを幾分コンミットしたる形にて、同人は立場上絶対に之を断ることを難し居る様子なり。小生としては此際不得止（とめえず）と思ふが御意見御電示を仰ぐ、尚一方本件に関し松岡理事が奉天側の内諾を得る際、王永江より野村に籌備費の話ありたるも之を拒絶したる経緯もある由なれば、御都合に依り松岡理事の考も参考に御聞き下されば好都合なり、若し右要求に応ずるとすれば請負金額の増額となる訳合なるが目下北京と話を纏むることは不可能に付、契約作製上テクニカルに相当面倒あり、尚研究中なるも実際必要なるトンネル工事費二百五十万円と此口を合せ五百五十万円を増額のこととし、此増額に付後日交通部の承認取付方を張作霖に引受けしめ、其の引受を得ざる間は奉天省への貸金として処理することに取極むる外に考案なき見込なり、

と打電せる処十月十三日社長より

「御意見の通り北京交通部の承認取付方張作霖に引受けしめ、其の引受を得ざる間は奉天省の貸金として張作霖と書面にて契約することにて処理せられたし、松岡君の意見は聞くことは見合はす」旨返電あり

二四、増額問題に対し奉天総領事の注意

十五年十月十九日奉天吉田総領事より社長宛左の電あり

「本官発大臣宛電報第三一八号、十月十九日遼東新聞所報に依れば今回満鉄は吉敦線工事中、老爺嶺大沙河六道河子威虎嶺の四所に隧道を設ける事有利なるを発見し目下調査中なるが調査終了後、右工事費予算約三百万円追加の改正契約を北京政府交通部側との間に行ふべし云々とあり、本件実質は張作霖が鉄道資金の名目の下に満鉄に対し財政の窮迫に応ずる為の強要なること明にして、彼が頻りに本件を以て満鉄側に迫り居れる趣は当地に於て過日専ら風説し居り、右新聞報導事実なりとせば満鉄も遂に張の圧迫に堪へずして之に応ぜんとするものなるかと想像せらるる処、目下本官は御来訓に基き張作霖に対し奉票武力維持策が我通商を阻害し、我商民の利益を迫害し居る事実を指摘し、之が救済に関する我求めを容れざる不都合に対し帝国政府が甚不快に感ずる次第を暗示し居る折柄、満鉄が張の斯る要求に聴従し帝国政府又、之を黙過すとありては奉票問題に対する交渉は遂に所期の目的を達し難きに付、満鉄が張に対し既に承諾を与へたりとするも奉票問題に関する我要求を容れざる限り此種の財政的張作霖援助は帝国政府の容認する能はざる処なりとして本件中止方満鉄に御訓令あり度し」

大蔵理事は翌廿日右に対し吉田総領事宛左記回答すると同時に東京社長に対しても其旨通知せり

吉田総領事宛電

外務大臣宛貴電拝見、貴電中、事実並会社態度に付誤解の点もあるに付不取敢小職より弁明申上ぐ、何れ拝晤詳敷（くわしく）説明申上ぐべきに付御承知乞ふ、吉敦鉄道は事実精査の結果予想外に難工事にて既定請負金額にては施工不可能にてトンネル費二百五十万円と外に二百万円合計四百五十万円は実際是非共増額の必要を生じ居る処、之が実行には現下北京の政情に顧み差当り張作霖の承認を得ること最便利と思考す

張作霖より三百万円融通申込は事実なるが、此申込は特別の事情無くば即刻拒絶して差支なきも、前記の如く一面必要なる請負金増額に付ての承認問題とも関連し、又籌備費のことに付ては是迄に多少の経緯もありたることに付、極めて慎重に対手方と折衝したり、今日迄何等コンミットしたる処無く、結局断る趣旨にて処理し来り社長の帰連（来る廿七日）を待ち居る状態なり、今後共斯る場合万事予め貴方と打合せる方針に付新聞記事等御信頼なく遠慮なく御尋ねあり度し

東京社長宛

吉田総領事発外務大臣宛別電に接したる処、本件に関し曩

に御回訓の次第ありたるも、其後各般の事情を愬と考察したる上少くも此際本件に同意を与へざる方有利と認めたるに付、今日迄何等コンミツトし居らざるのみならず断る方針にて処理し居り御帰社を待つこととせり、総領事の推定には間違もある故、訂正方右の次第小職より弁明発電す御参考迄右に対し廿一日支社長より大蔵理事宛

「吉敦線隧道四ケ所の工事費に関する十九日付奉天吉田総領事発外務大臣宛電信は既に貴方に転電しある由なるが、本件に関し本日小職、亜細亜局長より出頭方申出ありて本件に関する真偽質問あり、右は多分事実に非るべしと一応回答し置きたるも真偽至急知らせ乞ふ」旨来電あり廿日社長宛発電せる旨回答せし処不明とのことにて再報せり

二五、張作霖に対する籌備費支出に付松岡理事に問合

大正十五年十月二十一日　大蔵理事発松岡前理事宛書翰

大層御無沙汰をして居りますが其後御変りはありませんか満洲にも秋が来て居ります誠にいい気候で申分はありません。偖而〔さて〕突然の御尋ねですが、今般吉敦線工事が意外の難工事であつた為、隧道費其他約四百五十万円の増額を必要とするに際し、魏武英から籌備費として張作霖に対し参百万円の加額を申込んで来ました。畢竟貴台の約束された千八百万円に対し実際必要の分四百五十万円と、張作霖の参百万円と合せて弐千五百五拾万円としやうと云ふ希望です。張作霖への籌備費に対しては予て貴台が御折衝の節、木部君及野村君の記憶に依れば一切之を贈与しないことに決定し、張作霖氏も王永江氏も夫れを承知して居る筈との事であつたとのことですが、果して如何でしたか。御記憶に関する限り尚詳細御知らせ願へれば誠に結構です。若し夫れが事実だとしますれば当社として此際三百万円の籌備費支出に付ては極力拒絶したい考を持つて居ります。同じ三百万円を出すなら長大線なり、林西線なりの新線に出した方が遥に有効で、既に定つた線路に対し支出することは如何にも馬鹿らしく、又折角貴台が籌備費なしに御相談になつたものが、小生の時代になり之を支出することは小生の面目にも関係すること故、何にしても之を拒絶したい考へです。併し其当時貴台の腹の中に於て先づ弐、参百万円は已むを得まいとの御考へがありましたならば、或程度迄は先方の云ひ分を聞くのも止むを得なからうと考へますので、其辺の事情を御伺ひする次第です

大変勝手ではありますが詳細のことは御手紙により承知し度く存じますが不取敢、当時出す腹が御有りになつたかど

うかは電報で御知らせ下されば誠に好都合です。
何分の御返事を待上げます

右に対し松岡前理事より十月二十六日附電報を以て

「書面見た。野村氏等の云ふ通りなり。今回のことは魏局長の猿知慧にして自己の手柄にせんとするの意にして、張作霖等の予め話合ひたるものに非ずと想像す。御方針に付ては全然同感なり。但し魏氏の面目を潰さぬ様にせられ度し。委細書面との返ありしが十月二十一日夕附（日附三十一日の誤記か）書面を以て

拝啓　二十一日附書翰只今接到拝誦、当地も好季節引続き大いにさぼり居候。阿々。偖〔さて〕御問合の件は小生も全然御同感に有之候。而して小生は吉敦線に関しては頑強に籌備費をはね付け（他の線も同様趣旨なるは京都にても申述べし通り）置候。張のもうかることは無論なるも、張は曽て小生に向つては籌備費等のことに付一言も（洮斉はじめ）言及せしこと無之候。今度の事は要するに魏武英の猿智慧より割出したる忠義立なりと察し候。此男役にも立つが其代りこんな小智慧を出して誠に五月蠅〔うるさ〕き男に御座候。小生は只腹にしまつてうねりくねり（彼を信頼せし様の態度にて）彼を引廻し利用し来り候。彼を一番よく知り又うまく引廻すものは中川（増蔵）吉長に御座候（無論現に此消息御承知ならんも）中川君をして可然引廻さしむるが宜敷と存じ候。張や王（永江）に引合はせ只彼の首をつなぎたるは小生故、小生は此男を利用すること誠に楽なりしも（又小生と葉恭綽との関係は彼知悉せる故）かかる関係なき老兄の御面倒御察し申候。腹を立てぬ様にして可然御利用被成度候。今回のことにても実に言語道断なりと嘖り付け度き位なるも、まあ体よく談を御付け被成度、彼の面子も多少は御立て遣り被成度候。只今は既に夕方五時にて満鉄支社員退社後故、明朝簡単に支社に依頼し御返電の考なるも右不取敢

匆々不一

二六、籌備費問題と奉天側の内情

十月二十八日附吉長中川発大蔵理事宛電

昨廿七日魏局長奉天より帰局、其談に依れば奉天にて会社との交渉の状況を詳細楊宇霆に説明し、張上将軍には如何に回答すべきかに附協議したるに、楊宇霆氏曰く、今となりて本件の可否を卒直に云へば張上将軍は必ず激昂し、如何なることになるや計られざるに附、此の際は（会社に交渉したるに会社としては別途支出するものに非ず、工事費其他より摘出するものなれば工事の進行に伴ひ蓄積し提供するものにて可成、貴意に応ずる様努力するも摘出し得る

金額は目下不明なるのみならず、前述の如くに付今一時に供給することは不可能）なる趣旨にて話すべしとのことに付、右張上将軍に話したるに何は兎も角若干にても可成早く送附され度しとのことなり。依りて又楊宇霆氏と会見善後策協議したるに差当り五十万でも送られ度し、其後の手続に付ては楊氏責任を以て取計ふべしとのことに付、満鉄と協議すべきを約し帰任せりと。

依りて魏局長は工事費又は他の適当の項目にて差当り五十万仮支出願ひ、魏氏の手より奉天へ送附のことに御承認得度旨懇談あり何分の返待つとあり。大蔵理事は廿九日吉敦籌備費の件電見本件に就ては其後吉田総領事より外務省を通じて此際一切の借款に関する交渉に応ぜざる様にとの注文より仮令五十万円にても一応吉田氏の諒解を得置く必要あるに付、二三日中に小生奉天に行く予定、其上にて場合によりては一応小生が直接楊宇霆又は張作霖に本件に付面談するやも知れず、右は貴下の御含迄に洩せるものにて魏局長へは絶対に秘し置かれ度く、同氏には満鉄より相談中との返ありしのみと答へ置かれ度しと回答せる処、十一月三日中川より更に

「例の件に付局長より二三日中に是非奉天に送金し度し、社の都合きかれ度しと再三照会あり、如何に返するや本件不可なる旨先方に返するは極めて困難なる点御考慮あり度し、如何返待つ」との来電あり

三日返電目下奉票問題に附奉天総領事に於て種々困難なる交渉を続け居る折柄に付例の件も解決中に困難なるが何れ四五日中には何とかする見込ある旨局長に話され度しと回答し置けり。

十一月四日奉天公所長鎌田、楊宇霆を訪問、吉敦鉄道敷設に関し籌備費のことで何か聞き込んだ所なしやと探りを入れたる処、楊は次の如く語りたる旨来翰あり

一、籌備費問題に付ては無論知つて居ります、夫れは魏武英が悪いのです。最初吉敦線問題が解決を見、愈々敷設に決定した際、吉林なり北京なりでは可なり問題とされました。世間が余り八ケ間敷いので張総司令は魏局長が何か賄賂でも取つたかの様に考へたのか、自ら局長を呼出して質問した、其時魏局長は自分は一文たりとも不正な金は儲けたことはない交通部方面の関係は私は分りませんが、尠くとも私自身としては少しも疚しい点はないと明確に答へた。そこで総司令は重ねて工事費から少しも残らないかと尋ねたので、魏武英は自分が多年の経験からすると二百七十万円位は残し得るかも知れない、もつとも切り詰めてやることにすれば或は三百万円迄は何とかならんとも限らないと

答へた張総司令はそれでは工事費から残し得る丈残して全部持つて来い、と厳令して置いたのである。若し今日一文も残らなかつたと云ふことになると結局局長は総司令を瞞したと云ふことになるから総司令も承知しない、或は立所に局長を免職するかも知れない。今茲で四百五十万円の追加予算に五十万円を計上して総司令に差出して見た所で、果して納得するかどうか之も疑問である、此際最善の策としては満鉄が総司令に対し工事費からは二三百万円等と云ふ籌備費は絶対に捻出不可能である、と云ふことを出来る丈理解せしめる外方法はないかと考へる。之に付ては魏局長と能く相談した方が良からう。自分は此事に関係することを欲しない

四日吉長中川より大蔵理事宛

「張作霖二三日中に出発の筈に附それ前に五〇持参出奉せざれば局長の立場極めて困難なるに付、明日長春にて受取れる様特に御配慮され度く局長より再三の依頼に附御考慮乞ふ、尚本件は内外共絶対秘密に付他に洩るること絶対なし御含置乞ふ返待つ」旨の来電あり

五日更に

「例の件に附明日魏局長及貴下と奉天に面談し度し、是非御出掛を待つ小生今夜十三列車にて奉天に行く、尚張作霖の晋京は十日に決定の由念」との返電あり

大蔵理事赴奉魏と会見社長に対し次の如く請訓せり

二七、張作霖の百万円支出命令

大正十五年十一月六日奉天公所にて大蔵理事発社長宛電報

第六一三号

例の件、此の際魏は三百万円を提供せざれば到底自分の位置を保ち難しと主張す。魏辞職し新たに奉天側の人任命さるれば満鉄としては吉長線の経営上万事困難なるのみならず、予て問題の工事中の借款利子二百万円の取立殆ど不可能となる懼れあり、依て魏と打合せ左の如く決定した、御承認乞ふ

魏は此際直に工事追加額として六〇〇〇万円の承認を張作霖より書面にて取ること、此六〇〇〇万円の内訳は実は工事費三百万建設中の利息弐百万籌備費百万なるも、奉天側には工事費追加六百万として魏より説明すること、右承認の書面を受取りたる上満鉄は籌備費として百万円支出を承諾すること、五十万の予定が百万となりたるは遺憾なるも㈠建設中の借款利息問題㈡籌備費問題㈢追加承認問題の三問題を一時に解決する利益ありと考へ止むを得ず承認せる次第なり尚右は吉田総領事に詳しく話し済、長大線林西線の件

は総領事に別に考あり、此際切離すことに打合せた、何れ帰連後詳しく御報告す

拝啓　陳者弊鉄道現に用地費総務費及工事費の為日金一百万円必要有之候間御交付被成下度此段御照会申上候

吉敦鉄路工程局長　魏武英（署名）

十一月七日

南満洲鉄道株式会社　安広社長殿

張上将軍に稟請せる呈文及批示抄

工事不足に関し追加稟請の件

吉敦沿線は山岳起伏し工程非常に困難に有之、黄松甸子通過の為工費更に巨額となり、契約規定の日金一千八百万円及其後追加の隧道費三百万円の外、尚土工費二百万円購地費五十万円総務費五十万円計、日金六百万円追加の必要有之、已に満鉄会社と協議済に有之、右追加可然御取調の上御批示相願度稟請仕候。

吉敦鉄道工程局長　魏武英

追加方許可す。但し不取敢一百万円を総部に送附すべし

〔張作霖印〕　六日

中華民国十五年十一月　日

八日奉天公所大蔵理事より文書課長宛

昨日電報の通り籌備費一〇〇万円に決定したるに付ては残り五〇万円明日中公所長宛送られ度しと電あり

九日吉敦建資受領第二七号にて購地費として五十万円同二六号にて総務費として五十万円交付せり

二八、籌備費百万円提供に関し後日の為魏局長及大蔵理事間協商要領（一五、一一、一二）

魏は張作霖に対し此百万円は籌備費の全部には非ざるも、余は工事全部終了の上剰余を見たるとき之を差出すべしと申置きたりとて、大蔵理事に対し「果して剰余を生ずるや疑問なり、されど剰余なくとも可なり、其時は自分が罷免さるるのみ、罷免さるるとも貴社としては既に工事中の借款利子二百万円も借款中に計上済のことなれば差支へなき筈なり」と述べ大蔵理事了承す

一、工事費千八百万円に二百五十万円を増し総額二千五十万円と為すことが、今日迄の話でありしに三百万円増となすは何故かを大蔵理事より魏に尋ねたるに、魏は今次の追加借款の利子もあり、又難工事のこと故如何なる追加を必要とするやも計られず旁々、五十万円の余剰を残

し置き度しと答へ、大蔵理事之を了承し、若し工事費に剰余あらば全部用地費に使用する様指示し、魏之を承知す。

一、本追加借款に交通部の承認を求むることは、魏に於て之を引受くる旨言明せり

二九、鄭供年の籌備費支出申出

十一月廿二日大蔵理事発北京公所長宛電

魏武英が鄭供年より接受したる書面に依れば鄭供年より牛島参事に対し吉敦工事に関し籌備費弐百万円を奉天側に交付方要求したるに牛島参事は出来ることと思ふが、本社に提議され度しと回答されたる由にて魏武英より会社に申出ありたるが、牛島参事が、右様の返事を為したること万々なかるべしと思考するも適当の時機を見計ひ、吉敦線に関しては工事費意外に増加の関係もあり、今後到底籌備費支出の余地なきこと婉曲に且明瞭に断り置かれ度し（但本月初旬魏武英を通じ張作霖に対し吉敦工事費増額内諾を機会に籌備費として百万円を交付したるに付貴職限りの御含の上厳秘せられ度し

三〇、承認取付問題

以上之通吉長中川をして局長に伝達せしめたる処十二月廿八日中川より庶務部長宛左の通知あり（吉長庶甲一五九）

拝啓　吉敦線工事増額に関する張作霖宛外弐通拝受致候、早速局長と協議致候処、局長の意見にては本書面は会社より奉天公所を通じ直接張作霖に送付相願、局長に対しては右書面の写と魏局長よりも張作霖に対し至急会社に回答する様尽力すべき旨御移牒相受け、而して局長より張作霖に対し支那文を以て会社より移牒の全文を認めたる上、右は妥当と認めらるるに付承諾の返答され度き旨張作霖に申請することにし度し、右は単に局長よりの取り次ぎのみにては局長の立場再々回答を請求することも出来ず自然延引する恐れあるに付、前述の如き方法により度き主旨に有之候。又張作霖宛書面の内容に就ては今回の御書面にて差支なき旨申居り候。以上局長の意見は至極尤ものことと存候に付右様御取計相煩度不取敢張作霖宛及局長宛書面同封返戻致候条何分の御指示相仰候

敬具

追而局長技師長宛の増額承諾書は手交致置候

会社は右に依り昭和二年一月八日奉天公所長に対し

吉敦鉄道工事費増額の件に関しては曩に十一月六日付張作霖より魏局長に対し承認ありたること貴職御承知の通り

なるが、尚張作霖の会社に対する責任ある承諾を取付け置く必要あり、付ては其手続として十一月十七日付を以て局長技師長連名にて会社宛本件承諾申請書を差出さしめ、右に対しては十二月廿一日附にて承諾の旨回答すると共に同日付満鉄庶々二六第四号の四張作霖宛書面を局長をして取次せしめ回答を取付けしむる積りにて局長宛送付し置きたるに、十二月廿八日付中川代表より吉長庶甲第一五九号書信にて右張作霖宛書状は会社より直接送付するの妥当なる趣にて返信し来りたり。右にては魏局長大蔵理事間の話合と相違し甚遺憾と思ふも、会社としては要するに張作霖に右書状交付の上責任ある承諾を得るを以て足るわけなれば直接送付すること便宜にして且差支なくば敢て魏をして取次がしめ、魏の立場を苦むるの要もなきかと思考さる付ては、更めて別紙書信魏局長に送付すると共に張作霖宛書状は局長希望通り貴職を煩はして交付し度き考なるも、本件は張作霖魏局長会社間の可成りデリケートなる関係にあることなれば一応為念貴職の意見伺ひたる上にて最善の処理致度考なり、付ては折返し貴見御回報願度き旨通知せる処、十一月公所長より「本月八日付庶秘第一七九号を以て御来示ありたる首題工事費増額の件は、最初の発端が楊宇霆氏と魏局長との間に充分の諒解を遂げてあるものなるを以て、小職より直接張将軍へ取次ぐとも果して将軍が直に承諾せらるるや疑はしく、本件は矢張り魏局長より楊宇霆氏へ懇談せしむる方妥当にして成功すべしと被存に付、右鄙見御回報申上ぐ」との回答あり、よりて在京大蔵理事に対し右通報すると同時に「公所長に取次を命ずるも責任を以て引受くる能はざることと思はるるに付、今一応魏局長に対し其責任を明にする文書を送り彼より楊宇霆にても懇談せしむること可然と思はる何分の儀折返し御回示乞ふ」を請訓せる処右可然との回答あり

依りて会社は一月廿六日更に局長に対し

「拝啓　吉敦鉄道工事費増額の件に関し張上将軍宛外二通の文書客年十二月廿二日付敝社長より中川代表を介し御送付申上候処、中川代表より小職宛吉長庶甲第一五九号を以て貴局長の御意見を伝達し「本書面は会社より奉天公所を通じ直接張上将軍に送付相願、局長に対しては右書面の写と猶局長よりも張上将軍に対し至急会社に回答する様尽力すべき旨御移牒相受け而して局長より張上将軍に対し支那文を以て会社より移牒の全文を認めたる上、右は妥当と認めらるるに付承諾の返答され度旨張上将軍に申請すること としたし、右は単に局長よりの取次ぎのみにては局長の立場再々回答を請求することも出来ず自然延引する恐れある

に付、前述の方法により度き主旨に有之候云々」の旨申越し張上将軍宛及貴局長宛書面返戻有之候然るに本件は当初より貴局長の御提案に基き全く貴局長を介して処理したる事件に有之、敝社より右書面を提出するは妥当ならずと思考致候に就ては、予て貴局長の大蔵理事に対する御約諾の趣旨に基き貴局長に於て右御取次の上速に事件を完結せらるる様致度右依命御照会申上候」旨発信すると同時に中川に対し

　別紙依命魏局長へ送付可致に付交付相成度、尚右提出に就ては局長自身の御考も有ることとなれ共、当初より関係もある筈に付楊宇霆氏の助力を求めらるること好都合かと思考す、御参考迄申添ふと注意せり

　吉敦局長よりは右に対し二月八日

　敬覆者准貴会社庶同二六号第四号の四函聞開於吉敦線工事費増額提出致張上将軍函一件敬已収悉除向前途先理一切手続再行通知外相応先行函覆即請査照為荷此致

南満洲鉄道株式会社安広社長

　　　　吉敦鉄路工程局啓

　　三一、承認取付北京公所にて交渉

昭和二年三月十九日庶務部長は北京公所長に対し吉敦線工事はトンネル開鑿其他の為契約金高の増額を要し昨年十一月魏局長よりの申出に基き金額二千四百万円とすることに内諾を与へたり。元来此工事費増額は原契約第二条に依り交通総長と会社間に協定する筈なるが、当時急を要し一方交通総長と協議を遂ぐるに不便なりしを以て、支那側は局長より張作霖の内諾を得せしめ置きたり。其後局長は張作霖より右増額を承認する正式書面を取付け、尚張作霖に於て責任を以て交通総長を同意せしむる手続実行方を局長が引受け居りたるが、局長は先般来社の上寧ろ張作霖を通ずるを止め、直接交通総長と会社間に右増額に対し正式往復文交換に至る様取計ふことを申出て、其用務をも兼ね今回出京せり。随て予定の筋書通りに行けば、総長より会社宛右増額の承諾を求むる書面を受取り会社は之を承諾する回答書を出す手筈なるが、局長今日迄本件運動の結果如何と若し話が進み居らば交通部来東の形式とを問合せ返乞ふ尚本件を原契約に適合する様結末を付くることは局長より大蔵理事に約諾したる処なれば、会社に於ては直接交通部にも張作霖にも交渉せざる考にて、又何等運動費等を支出する能はず。実は張作霖は増額金中より百万円既に受取り居れり。御参考迄に関係書類郵送する旨打電し置き同日

一、十一月七日付局長より社長宛来翰

二、吉敦建造予算第一号書類
三、右に対する社長より局長及総工程司宛回答
四、社長名張作霖宛書信（未提出の模様）
五、社長名局長宛書信
を送付し、次の如き要領書を附記せり
吉長局長は曽て吉敦工事に関し三百万円位捻出して提供することを張作霖に洩したることある趣にて、彼は工事開始以来之が実行を心組み居り数回会社に請願し来りたるも会社は応諾せず、漸く今回の増額中百万円を張に提供することを承諾して別紙往復文の示す如く増額の内承認を張より局長をして得せしめたり。
然るに尚二百万円（少くとも其半額位）は局長は自己の地位擁護と更に張に提供するの必要を感ずるが為、過般来連の節重ねて其目的を以て（必ずしも之を明言せざるも）請負金額の増額又は其按配変更を要求したり。鉄道部に於ては内々実情を酌みて種々の案を考出したるも、諸種の障害ありて局長の要求に応ずるに至らず物分れとなり、局長は北京に出発したり。随て工事金額の内訳等に就ては会社対局長の表面は兎も角も、実際に於ては最終的に決定し居らず。局長は他日更に種々注文を齎すものと察せらる。唯今回は張の誕生日の迫り居る為、右の話は打切りて上京し交通部よりは金額に就て承認を得ること丈を此際取計ふことを約束したるものなり。
今回交通総長との請負金変更を正式文書に記すことは右様の次第にて甚デリケートの関係にあり、実は会社より総長宛増額照会文を発し先方より之が回答を受取ることをも考へたるも、斯くては先方を受動的の地位に立たしめ又候運動費等の問題を生ずる恐あるを以て、此考案を中止し電報所載の通り、先方より照会文を発せしめ当方より之に承認を与ふる回答を発する形式に改めたるものなり
右本件に関する御処理上参考迄に記述し置くこととす
三月廿五日北京公所より
吉敦の件魏武英に質したるに局より届け来れる呈文は張上将軍の聴許を経るものにて奉天、交通委員会にて研究中に属する旨記載しある故、其儘にては交通部に於て同委員会に照会し回答を得たる上決定すべきものと主張し時日を遷延する虞あるに付委員会関係のことを削り呈文修正中にて潘総長の帰京を待ち急ぎ手続を終るべし。委員会に対しては交通部の手続を終りたる上同意を求むることとすべしとのことなり、潘総長昨日帰京する旨の返電ありたり

三二、交渉経過並に籌備費問題及契約成立

昭和二年四月六日会社に於ては局長の中央に対する運動成功して交通総長より会社に対し、本件交渉を切出したる場合の対案として次の如く社議を決定せり(庶秘二二六五号)

決裁案

吉敦鉄道請負金額を二千四百万円に増額の件に関しては昨年十二月廿一日満鉄庶々二六第四号の四決裁を以て会社は同意の旨魏局長に回答せり、本件交通総長正式の承認に就ては張作霖を介して取付くることとすべき旨、局長より大蔵理事に約せり。然るに右実行は局長に於て難色あり

且魏局長が最近正式に局長に任命せられ事情の変化を見たるに依り、此際直接魏局長より総長の承認を受くること寧ろ便宜なる旨先般局長出連の際中川代表を通じて会社に申出あり

会社としては結局に於て総長の同意あれば足る訳なれば其間の手続に関しては暫く局長の意思に委すことを内諾せり

局長は張作霖の誕生祝を兼ねて直に赴燕し目下滞京中なり

局長が右新なる申出通り運び得るやは頗る疑問なるも、幸に局長の運動成功して総長より話を切出したる場合は、先〔まず〕左記第一案により往復文書を交換し、若しそれにて交渉困難なる場合は第二案協定の形式により、尚至難なる場合は第三案形式の往復文書により本件の解決をつけ度し

尚右にて協定纏らざる場合は、局長大蔵理事間の約諾を履行せしむること勿論なり

第一案

来文

拝啓　陳者吉敦鉄道布設工事は曩に弊国政府交通総長と貴社との間に締結したる吉敦鉄道建造請負契約に基き工事に著手致候処、再測量の結果契約当初の計画を変更したる為請負金額を金弐千四百万円に増額するの必要を認めたるを以て、曩に同局長魏武英より会社に対し右の次第を申出て予め之に対する御同意を得置たる処茲に同契約第二条の規定に依拠し右請求金額増加方、弊総長より更めて御協議致候に附右御同意を得度此段照会得貴意候　敬具

年　月　日　交通総長

社長宛

復文

拝復　陳者　年　月　日附貴信を以て吉敦鉄道敷設工事は曩に弊国政府交通総長と貴社との間に締結したる吉敦鉄道建造請負契約に基き工事に著手致候処再測量の結果契約当初の計画を変更したる為請負金額を金弐千四百万円に増額するの必要を認めたるを以て曩に同局長魏武英より貴社に対し右の次第を申出て予め之に対する御同意を得置きたる

処茲に同契約第二条の規定に依拠し右請負金額増額方弊総長より更めて御協議致度候に付右御同意を得度旨御照会趣閲悉致候右に対しては弊社に於て異議無之候
右回答得貴意候　敬具

年　月　日　社長

交通総長宛

第二案

吉敦鉄道敷設工事は民国十四年十月廿四日／大正十四年十月廿四日締結吉敦鉄道建造請負契約に基き工事に着手したる処、再測量の結果（添附別紙理由書並変更工事予算表の通り）契約当初の計画を変更するの已むなきに至りたり、依て同契約第二条の規定に依拠し請負金額を金弐千四百万円に増額することに協定同意す

年　月　日　交通総長

社長

第三案

往文

拝啓　陳者吉敦鉄道布設工事は曩に大正／中国民国十四年十月廿四日貴国政府交通総長と弊社との間に協定したる吉敦鉄道請負契約に基き工事に着手致候処、大正／中華民国十五年十一月十七日同局魏局長より吉敦建造予算第一号公文を以て建造計画変更説明書添付工事費を金弐千四百万円に増額方弊社に対し同意を求められ候。依て弊社に於ては更に精査致候処局長の提議を至当と認め候に付十五年十二月二十一日付拙信を以て不取敢魏局長宛本件同意の旨回答致したる次第に候本件は局長の提議にして且已に張上将軍も御同意のことにもあり、貴総長に於ても亦御諒解御同意のことと承知致居候も為念貴総長の御回答相煩度此段照会得貴意候　敬具

昭和　年　月　日　社長

交通総長宛

復文

拝啓　陳者中華民国／大正十四年十月廿四日弊国交通総長と貴社との間に締結したる吉敦鉄道建造請負契約に依る請負金額壱千八百万円也を金弐千四百万円也に増額の件　年　月　日附貴翰　号を以て御照会の趣閲悉致候右は弊総長に於て異議無之候　敬具
右回答得貴意候

年　月　日　交通総長名

社長

以上は右に依り直に北京公所をして交渉に当らしむる趣旨の決裁に非りしかば、昭和二年四月十八日改めて左の条件により交通部と契約締結方決裁を経たり(庶秘第十五号)

決議案

一、別紙庶秘第二六五号　決裁案の形式に依ること
二、曩に交通部が発表したる吉敦工事請負契約の無効声明並魏吉敦工程局長の免職を取消すこと
三、右一項の代償として満鉄は交通部に対し左記借款に応ずること
(イ)金額　金六拾万円
但　壱箇月金拾万円宛六箇月間
(ロ)元利償還　吉長利益金引当
(ハ)利率　償還期限及方法等は大体吉長利益金借款に準ず
但交渉の都合によりては担保として吉長の財産及収入を吉長本借款と同一順位に書入れしむることとすべく右交渉の纏らざる場合は前記吉長利益金借款と同程度の条件にて締結すること

よりて右に関する契約締結権限を北京公所長に委任せり
二年五月五日北京公所牛島参事より庶務部長宛
「北京政府にては昨今事大小となく総て張作霖の指揮命令を奉ずることとなり居り、潘総長は四洮其他の契約は急ぎ締結し度きは自分等の切望する処にて、本問題には無論何等故障の生ずべき理由もなく、実は総長限りにて手続して差支なきも、後日の為是非張氏の諒解を得置き度に付一つ書式の文書を張氏に提出し説明し置きたりと云ひ、尚手続は先づ吉敦吉長の分を後四洮の分を済まし度きが、吉敦吉長の分に関しても去る四日潘氏張氏に会見せる際、張氏より吉林の会社関係の新線に関する成行を問はれたるも自分にて関知し居らざりし事情等もあり旁々、魏武英を呼び寄せては如何との注意もあり、不日魏武英来京したる上必ず締結するに付今三四日俟ち呉れと申出、潘総長は昨夜立ち往復三日の予定にて蚌埠に赴けり、潘氏今回帰京の上は愈手続済むことと思考する」旨の電あり
庶務部長は七日
「六日電見潘復が貴職への約諾に背き今に至り責任廻避の態度は支那人有り勝のこととは云へ甚不都合なり、斯様の態度にては近く調印に至るや疑敷と思考す。当方の態度は前電の通りにて吉敦借款の成立に寧ろ重きを置くも、去りとて此方を余り焦る為魏武英に彼の責任を解除したる様の口実を与へたる挙句、結局不調に終る時は甚不利益に付魏武英出京後の話合は最慎重に行はれ度く余り困難ならば当方よりの話を中断して石井課長は帰連し、近く帰任すべき

古仁所々長の帰着迄見送ることに致し」と注意せり。
九日牛島参事より
「七日付電見潘総長は前電通り帰京の上は直ぐ調印することとは思考するが為念、陸次長に調印見込確めたるに次長も総長帰任の上は急ぎ手続すべく一両日中には必ず帰任する故、それ迄是非俟ち呉れとて帰期問合の電報を出せり。
石井課長帰連右返電の模様俟ちくれと云ひ、直に総長宛聞き合せの電報を出せり。「石井課長帰連右返電の模様に致し度し」との返電ありしが十二日更に
「潘総長十日夜帰京直に各種の手続に付回答を求めたるに、総長は吉敦に関しては魏武英への指令、国務院への提出文及其の他の関係文書を張作霖の手元に差出し承認を求め置きたる処、楊氏より確に必要ある旨回答ありたるに付、直に手照し、張氏より曩に楊宇霆に増額の必要の有無に付電続して差支なきも、楊氏十五日帰京重ねて打合せたる上十六日迄には必ず調印する旨誓言を得たり。但吉長六拾万円借款は差当り三拾万円丈借用することとし、残額三拾万円は之を弐拾万円としても十万としても差支なきに付、吉敦に関する籌備費として十万円交付願度しと申出あり、御詮議の上御指示願度し。之にて差支なければ十六日調印致度く第一回の貸付金十万円及右十万円合計二十万円北京正金銀行宛御電送乞ふ」旨電あり、十三日庶務部長より公所長宛
十二日電の意味は左の通りと解す
㈠吉敦増額借款丈此際調印すること
㈡之と交換的に三十万円の吉長借款を締結し、其の第一回分とし十万円を交付すること
㈢尚同時に籌備費中十万円をも交付すること
右案に依れば決裁を得たる吉長借款の半額三十万円と、籌備費五万円は四洮の方に利用する為残存する訳なり、四洮に関する先方の言明は必しも当てにならざるも、前電の通り当方は差当り吉敦に重きを置く故、右案にて吉敦丈調印し差支なし。
北京正金宛二十万円送金取計ふ旨打電、十四日右資金電送せり
十四日北京公所長より
十三日電見当方十二日付電の総長より申出たる吉敦に関する籌備費十万円は曩に御決裁を得たる四洮に関する十五万円の外に、それ丈と云ふことにして、総長は右御承諾を願へれば吉長借款はこれを総計に於ては五拾万円又は四〇万円に低額して差支なしと云ふ次第なり、差支なきやありや返とあり、前電と喰違ひ意味不明なる箇所ありとて問合せ

たる処十五日

吉敦増額に関する件

㈠吉長利益金引当六十万円借款は此際金額多きは他より嫉まるる恐れある由にて差当り三十万円毎月十万円宛三個月の契約とし

㈡其の後の模様に依りて更めて二十万円若くは十万円追加のこととし度く

㈢故に御決裁を得し六十万円を結局五十万円若くは四十万円に変更することとなる

㈣但し籌備費として十万円の支出を要す、右は四洮切替に関する籌備費とは全然別個のものにて未だ御決裁を得居らざるものとの返ありしかば十六日

「十五日電見、吉敦の件は

㈠十万円の籌備費を交付す

㈡同時に三十万円の借款に応ず

㈢右借款は更に十万円を追加差支なし

若し吉敦と同時に四洮切替に調印するならば申す迄もなく規定の決裁通り凡てを運ばれ差支なきも、吉敦丈調印の際に於て直に調印に至らざる四洮に対し借款又は籌備費何れにても吉敦と合計額に於て決裁済の範囲を超過する金額借款にて二十万円籌備費にて五万円以上予約を与ふることは避け度し

右にて吉敦丈の調印すら直に運ばざるは、元来吉敦と雖既に張作霖が魏武英に認可を与へ居る故、必ずしも当方は直接交渉する必要なきに付是迄約諾したる条件も此の際全部之を取消し話を打切り、石井課長は帰任のことと致度しと打電せり。

五月二十日北京公所長より

「吉敦契約其の他手続延々となり恐縮に堪へざるが、総長も部内に於ては部務会議の意見を尊重する必要あり。外部にありては国務会議の手続張作霖の同意等をも必要とし、意の如くならざりし由にて漸く二十五日迄に吉敦吉長関係全部の手続を終ることとせり、関係書類は交通部にても整ひ居れり。右期限迄に手続終らざれば石井課長は全部談判を打切り帰連さるることに先方に通告し置きたるに付、同課長それ迄滞在承知乞ふ四洮契約も月末迄には手続終る筈」との電あり。石井課長は条件も確定し居るに付必要なる書類携帯即刻帰任すべき旨命ぜる処二十三日公所長より

「吉敦契約其の他に関しては本日潘総長左の通声明せり

本件は一方張作霖の承認を求むる傍之を部務会議に諮り来る廿五日迄には愈々手続を済すこととなし居ること曩に誓言せし通りなるが、吉敦契約の無効声明取消及増額承認の

ことは廿日顧総理宛国務会議に対する呈文を手交し廿三日其指令を取付たる筈にて、楊宇霆氏よりも口添を為し居り遅くとも廿四日迄には取付を済す筈なれば吉敦吉長に関する全部の手続は廿五日迄には必ず完了せしむる筈、尚吉長利益金引当今回の借款は全額四十万円と決定し、其全部を交通部より奉天側に用立てねばならぬこととなり、交通部の報酬としては其の内八万円乃至十万円位奉天側より交付を受たる筈、就ては数ケ月に別ち貸与を受くることを見合せ四十万円全部一時に借受たることと致し度、廿三日か廿四日には楊宇霆氏牛島に会見を求め此事相談する筈自分（潘総長）も同道し三人鼎坐協議すべし、是非予め承諾し置かれ度し云々　今回の申出は間違なしと思考するに付右にて契約全部手続完了せば先方申出通りにて承諾のことに承知願度し、右条件は可成決裁案に依らしむべく努め居るも先方は前回吉長百万円借款と略（ほぼ）同様の形式にし度旨希望し居るに付已を得ざるときは右にて締結差支なきや

四洮借款切替に関しては本月末日迄に手続完了することと思考するが為念総長宛右切替は交通部の都合により延引既に一ケ年に及び、更に次の切替期日目睫に迫り居るが、若し本月末迄に交渉纏らざるときは会社は此一年分を九分にて利息支払を請求すべきに付予め承知し置かれ度旨書面にて通告し置きては如何かと思はる

石井課長帰社に就ては屢々御督促電を頂き居り申請なきが右の通りの事情にて前電通り廿五日迄滞在を願度し、其前是非帰社の必要あれば御来電次第是非帰社することと致すべし併せて返乞ふ」旨の来電あり

廿三日庶務部長は

「廿二日電見　吉敦調印の際に吉長借款四十万円全部一時に渡し且つ借款は前回の百万円と大体同様の形式にて差支なし　但廿五日調印出来ぬ場合には前回訓令の通り交渉を打切られ度し

四洮に関する通告の件は追て回電すべし　石井課長は調印成否に関らず廿五日の結果を見直（ただち）に帰連あり度し、小職奉天行要務もあり此上延期は事務に支障を生ず承知乞ふ」と指令せしが

廿五日

吉敦契約が若し調印に至る場合は既に送りたる廿万円の外に三十万円即時交付を必要とするかと察し、三十万為念廿五日電送せり（科目庶務部仮払）

廿七日北京公所長より庶務部長宛

「吉敦の件交通部は曩に十四年契約の無効声明と局長の免職を発表したるとき国務会議にて捏ね廻したる関係上、此

取消にも同じく国務会議に附議する必要ありとし、総長より呈文を顧総理の手元に差出したること前電通りなるが、総理は如何なる考か一存にて決裁を与ふる訳には行かず、正式に会議に附議する必要ありと主張し、さればと云ひ会議も開かず次第に有利なる南軍の形勢を慮り居るものの如く、楊宇霆の再三の注意も張作霖の口添も其効無く曽ては飛ぶ鳥を落せし奉天側の威光も漸く昔日の如くならざる状態にて決定に至らず、今日に及びたる次第にて石井課長の滞在も延引し居り申訳なきが、総長は間断なく熱心に斡旋し居り、本日午后愈々総理に対し最後通牒的に諾否を問合せ、若し不賛成ならば即時に一切の書類を取返し、別に張作霖の承諾を得て総長責任を負ひ手続を済す筈

或は十四年の局長免職と契約無効声明との取消には触れず、単に今回の増額承認の契約のみを為すこととなるやも知れず

吉長百万円契約更新と同じく四十万円契約は前電の通りとし廿九日迄には手続完了する筈、石井課長其上にて帰任承知乞ふ」旨の通知あり

廿九日、「吉敦増額及吉長に関する借款の件本日双方の手続全部完了せるも日曜日の為調印は明日午后になると云ふとの電ありしが

卅一日

「昨日午後六時調印全部完了の旨の来電ありたり往復文書左の如し

拝啓　陳者吉敦鉄道布設工事は（大正十四年十月廿四日／中華民国十四年十月廿四日）貴国政府交通総長と弊社との間に締結したる吉敦鉄路請負契約に基き工事に着手致候処（大正十五年十一月十七日／中華民国十五年十一月十七日）同局魏局長より吉敦建造予算第一号公文を以て建造計画変更説明書添付工事費を金弐千四百万円に増額方弊社に対し同意を求められ候依て弊社に於ては更に精査致候処局長の提議を至当と認め候に付同意の旨回答致したる次第に候本件は局長の提議にして且既に張上将軍も御同意のことにもあり貴総長に於ても又御諒解御同意のことと承知致居候も為念貴総長の御回答相煩度此段照会得貴意候　敬具

昭和二年五月廿九日

南満洲鉄道株式会社

北京公所長　古仁所　豊

中華民国政府

交通総長　潘　復殿

三三、吉敦契約増額報告の件

昭和二年六月廿八日関東長官及拓殖局長経由内閣総理大臣

及外務大臣に対し左記報告書を提出せり

内閣総理大臣宛

大正十四年十月廿四日支那政府交通部と弊社との間に締結致候、吉林より敦化に至る鉄道の建造請負契約に基き翌年六月工事に着手致候処、客年十一月十七日吉敦鉄道局長より再測量の結果、別紙理由書の通り契約当初の計画を変更するの止むなきに至りたる為、同契約所定の工事請負金額金一千八百万円也にては到底該工事を完成するの望無之に付右工事費を弐千四百万円也に増額方弊社に対し同意を求め来り候。依つて弊社に於て更に精査致候結果、同局長の提議を至当と認め候一方当時既に工事も進捗し居り且同線が弊社線の培養線たる事情に顧み、弊社は其完全を期し候為右局長の提議に対し同年十二月十二日不取敢同意の旨回答致候。素より右工事計画変更に伴ふ請負金の増額は前記契約所定の請負契約金額金壱千八百万円也を金弐千四百万円也に交通部と協定致候に付、右御諒承被成下度別紙契約往復文書並に工事計画変更理由書添付此段及御報告候也

計画変更理由書

吉敦鉄道建造請負契約当初の計画は工事の速成を図る為山脈を横断するに隧道を省き四十分の一急勾配の迂回線を以て山脈を通過するに至りたり。然るに実地調査の結果山脈の高低起伏多く特に老爺嶺に於ては山頂高く地形急峻なるを以て線路の撰定は予想外に困難なるのみならず、迂回線は隧道線に比し著しく延長を増大す、而して斯の如く長距離の急勾配線は営業開始を為す場合に想到するに第一輸送力乏しきこと　第二運転上の不安を感ずること　第三多額の営業費を要すること等の不利あるを以て将来直に勾配改良の必要を生ずるに至るべし

地形叙上の如くなるを以て当初の計画を変更し全線を通じ八十分の一緩勾配にて施工することは本鉄道の経営上有利なり

外務大臣同文

然るに七月一日支社長より大蔵理事宛

「本年一月貴職と木村亜細亜局長間に打合ありたる事項中、洮昂吉敦両鉄道借款増額の件は貴職より半公式を以て木村局長へ伺ひを立て、政府は之を以て拒否を決することになり居たる由の処、今回芳沢公使の報告に依れば満鉄は北京に於て目下吉敦鉄道に対し六百四十万円の増款契約を進めつゝある由にて、局長としては金額に於ても打合の額と相違し且約束の書類も受取り居らざる由なるが、右は果して事実なりや至急照会の上回答あり度しと小職迄申出あり至急経緯知らせ乞ふ」旨の来電あり

二日大蔵理事より

「木村局長へ左の通り御答乞ふ

吉敦請負金増額に付交通部の増額を五月三十日取付けたるは事実なるが御約束の手続を踏まざりしは全く申訳なき次第なるも右は左記事情によりたるものに付不悪〔あしからず〕御諒承乞ふ

東京より帰来後洮昂に付ては未だに支那側と金額打合付かず又吉敦に付ては張作霖が魏武英を圧迫し更に新しく二百万円の籌備費を強要して止まず之を承諾せざれば到底、北京政府の正式承認を得る見込なく如何にして之を防止し得べきかの見込立たざりし為、御約束通り御伺に至らざりし折柄、北京公所より前交通総長潘復と急速に締結の可能性ある旨の申出ありたるに付、其機会を捕ふることを試み始めたるが、其交渉も先方の態度不鮮明の為殆ど二ケ月に亘り成立の見込立たず

当方よりは度々話の中絶を申込たる位にて、必ずしも成立を予定せざりしも、結局最後に於て其目的を達したり。交渉開始の頃はあたかも張作霖の没落切迫し居る様見へたる為機会を逸するを恐れ事を急ぎたる次第なり

右の如き事情にて張作霖の圧迫により予定額にて本件をまとむること頗る困難なりしのみならず他方、又仮令張作霖の承認を取付け居りしとはいへ右は勿論形式上完全のものにあらず。若〔もし〕も此まま張作霖が没落して南方が之に代る如きことあらば、本件の形式を整ふること殆ど不能に陥るものと思考せられ万難を排し此際の締約を有利と思考し出来得る限り速に事を運びたる為手続に遺漏を生じたり。

右の次第に付不悪御諒承を得度く、尚認可申請は既に数日前関東庁へ提出済に付、貴省へ廻付の際は宜敷御詮議を願度し

本件北京に於て交渉中北京公所より予め芳沢公使に御話を申上げ、締結後も直に文書を以て御報告申上げ置きたるに付御含置乞ふ

増額金額は前に御話したる通り六百万円にして唯別に四十万円の吉長利益金担保借款を結び本件の進捗に便ならしめたり」と回答せり

二年九月五日に至り改めて社長より拓殖局経由総理大臣及外務大臣宛左の増額報告書を提出せり

満鉄庶庶二七第五号の一〇

昭和二年九月五日　　南満洲鉄道株式会社

社長　山本条太郎

内閣総理大臣男爵

田中義一殿

吉敦鉄道建造請負契約工事費増額報告の件

大正十四年十月二十四日支那政府交通部と弊社との間に締結致候吉林より敦化に至る鉄道の建造請負契約に基き、翌年六月工事に著手致候処、客年十一月十七日吉敦鉄道局長より再測量の結果、別紙理由書の通り契約当初の計画を変更するの止むなきに至りたる為同契約所定の工事請負金額壱千八百万円也にては到底該工事を完成するの望無之につき右工事費を弐千四百万円也に増額方弊社に対し同意を求め来り候、依て弊社に於て更に精査致候結果同局長の提議を至当と認め候、一方当時既に工事も進捗し居り且同線が弊社線の培養線たる事情に顧み弊社は其完全を期し候為右局長の提議に対し同年十二月十二日不取敢同意の旨回答致候。素より右工事計画変更に伴ふ請負金の増額は前記契約所定の請負金額の増額に係り、随て交通部弊社間に協定すべき事理に有之候得共、当時支那内部に於ける動乱のため右協定交渉に便宜ならず、止むを得ず一時の弁法として右増加額に対し張作霖の承認を求めて工事を進行し来り候処、今般別紙の通り契約所定の請負金額金壱千八百万円也を金弐千四百万円也に交通部と協定致候につき御諒承被成下度、別紙契約往復文書並工事計画変更理由書添附此段及御報告候也

計画変更理由書　　前回同様

外務大臣宛同文

十月七日東京支社長より文書課長宛

吉敦鉄道借款増額報告の件に関連し拓殖局より同鉄道工事経費変更理由を前経費と対比し少しく詳細に説明せるもの及工事進捗状況概要の要求あり至急送附乞ふ旨の来電あり

十月八日　庶務課長より

「吉敦線工事計画を変更するに至りたる事由はさきに政府に提出したる報告（庶秘第一〇二号参照）に詳記しありて更に附加すべき処なし。新旧工事費及工事進捗状況別紙送附するにつき拓殖局へ進達相成度」

吉敦鉄道建設新旧予算対照表外略

三四、吉敦増額契約備案の件

二年六月十日北京公所牛島参事官より庶務課長宛

「今回締結の契約三種（特に吉敦契約）は外交部経由公使館に備案の手続を為さしめ置かざれば反対派内閣成立の場合、前年同様の云ひ掛りを為さしむる虞れあり、三十日契約締結と同時に総長に手続を請求し置きたるが石井課長御承知の通り契約締結に際しては交通総長に於て種々の方法にて顧総理の同意又は国務会議の同意を求めたるも総理決定を

与へず、已むを得ず張上将軍の認可を経て調印を為したるものにて、総長は備案手続は其の内必ず済ますべしと切言し居り小職に於ても随時之を督促することとすべく、且一面公使館より督促の途もあり芳沢公使堀参事官重光書記官とも打合せたが総理は張作霖撤退せば直に南軍と共鳴する心底に見へ居り急激に右の手続を促すことは又々国務会議に附議し居らぬ云々の説を為さしめ面倒となる虞れあり恰も本月六日頃には四十日以内には北京撤退と思はれし奉天軍も河南の形勢其の後持直したる模様故当分見送り愈々張作霖今当分北京政府を維持する見込立ちたる上張上将軍及楊宇霆の口添もあり仮りに総理をして国務会議の同意を与へしめ然る後手続を為さしむる様潘総長に申含め置くことに止め置きては如何と思考す御回訓待つ」旨の来電あり、庶務部長は十一日

「備案手続の件は貴職の御考通取計ひて差支なきに付適当の時期を見計ひ手続を完了する様御手配され度し」と回答せり。

十一日北京公所長発電左の如し

吉敦工事費増額に関する魏武英の呈文に対し交通総長は本日承認の指令を出し魏は明日立ち帰任す。

三五、吉敦局長魏武英並に潘総長に籌備費支出の件

吉敦鉄路工事請負額に割掛け当時の交通総長・次長葉・鄭並に魏局長其他へ手交すべき金百弐拾万円の内会社計算によれば百弐拾万四百拾八円を支出し目下支出の余地なきことになり居るも魏局長の言に依れば尚十万円内外ある筈なりと云ふ、右会社計算と局長の言とに差あるは北京に於て王正廷を通じ北京大学へ寄附されたる大洋五万元其他魏局長に秘し居る分計日金七万円余と当時の金銀換算の差なり。右の外建物に附加せし籌備費十万円あり。

以上に依れば会社計算に於て十万円魏武英（心算は弐拾万円内外と云ふ）右の差は後日魏氏に説明するとし目下北京にて進行中の吉敦増額契約調印完了の上は差当り金五万円を右金額の内より魏武英に手交され度し。

（鉄道工事費に加算する為此分を鉄道仮払とす（臨建）（昭和二年五月卅日）

六月六日北京公所長より庶務部長宛北公秘二五第一九号一三八を以て

「籌備費十万円は潘総長の意見により金八万円を総長に交付し陸（夢熊）次長劉（景山）司長に各一万円宛交付すること致し総長の分は五月卅日既に交付を了へ正金銀行より潘

氏渡の証明書を取り付け置きたるも陸、劉の分は両氏に於て社長の御好意は感謝するも自分等は単に職務上為すべき仕事を為したるものなれば辞退致し度しと云ひ次長或は司長在職中は受理し難しと申居るに付他日機会を見て渡すことに御承諾を得度不取敢正金銀行に金預金として預入し置きたるも或は其内一応送還し置く方便利かと思考す何れ交付し得る機会の遠近を察し送還と預入置とを決すべきに付御承知置願度し」との来翰ありしが七日電を以て

魏局長より左の通り

「交通部へ別途融通の五万円急ぎ取定の上返願度し」とあり十日庶務部長より吉敦線に関し魏に対する籌備費五万円は本日電信為替にて送金取計ひたるに付貴職より手交され度し支出科目鉄道部仮払と打電

十一日北京公所に於て受領証引替交付を了せり

三六、吉敦鉄路特別費追加支出の件

昭和六年一月十九日決裁

昭和二年十一月五日吉敦線建造工事に関する会議席上に於て副社長より奉天側代表魏武英に対し支出方を約せられたる吉敦鉄路特別費追加額金百万円也奉天に於て同人に交付相成可然哉

支出科目　別途未収金　吉敦鉄路局

（工事費に決裁するものとす）

昭和二年十一月五日午前十時吉敦線建造工事に関し副社長室に於て会議要項

会合者　松岡副社長
藤根　理事
魏　局長
田辺技師長
中川　代表

魏局長曰く

過般来副社長の吉敦線建造費立替金に対する利子計上方に関する御意見了承せり元来立替金に対する利子を各分段に割り当て分割計上するも工事終了後一括計上するも自分には異議なし。但し現在の状態に於ては予算内にては車輛費総務費土地費等に不足を来す如く考へらる、右不足額合計は略一百万円の見込に付寧ろ立替金利子を別途考ふることは取扱上便利に非ずや然らざれば建造費増額の手続を要することとなる

松岡副社長曰く

元来立替金利子を各分段毎に整理するは契約の趣旨にして、之を全工事完了の際計算するは後日に問題を残すこ

ととなるに付契約通り分段毎に整理するを適当と認む
建造費予算中の車輛費は当初より充分とは認め居らず実際に営業上車輛不足なれば別途の方法を考慮するも可なり、故に車輛費は別問題とし猶幾何の不足となるや、又不足すると云はるるは現予算二千二百万円(但特別費二百万円を含まず)にては工事完成出来ぬと云ふ意味なるや

中川代表曰く

右予算不足と云ふことは総務費用地費に於て技師長と局長の両者の見込に相違あり其差約五十万円にして局長の見込に依れば予算超過五十万円となる

田辺技師長曰く

右総務費用地費等に局長と見込の相違を生じたるに付、各項目に亘り再査定を為し各譲り合はせし結果三十五万円の予算超過となれり内容概略左の如し

総務費	一、六〇〇、〇〇〇
用地費	一、三〇〇、〇〇〇
車輛費	二、〇〇〇、〇〇〇
測量費	二〇〇、〇〇〇
工事費	一六、二五〇、〇〇〇
金利	一、〇〇〇、〇〇〇
(立替金に対する分段引渡迄の利子)	
合計	二二、三五〇、〇〇〇
外に特別費	二、〇〇〇、〇〇〇
総計	二四、三五〇、〇〇〇

藤根理事曰く

右増加額は分段引渡の時期及立替金を分段に割り当て方の如何に依り右計上の金利は若干の減額を為し得るに非ずや

田辺技師長曰く

貴説の如くせば金利に於て相当の減額の余地あり、之を切詰めて計上せば約十五万円を減じ得べく即増加額は二十万円となる

魏局長曰く

本件は技師長説明の如く約三十五万円超過することあるべきを予想さるるに付予め会社の了解を求むるものにして小職等は之を可成減ずることに努力するは勿論なり

松岡副社長曰く

建造費予算三十五万円超過すると云ふことは結局奉天側へ特別費追加壱百万円は出すこと出来ず、差引六十五万円より支出の余地なしと云ふこととなるや

中川代表曰く

副社長の御説の通りなり

松岡副社長

魏局長の体面を考慮し奉天側へ追加壱百万円の支出は承諾す。而して三十五万円の予算超過は吉敦局に於て可成節約に努められ度し、然も尚予算超過の場合は別に考慮すべし

三七、陸夢熊に籌備費一万円支給の件

昭和三年一月廿日北京公所長より

「昨年牛島参事より御決裁を得て未支払分なる金二万円の内陸氏の分一万円先方より申出ありし由に附直に（本日中）に電送乞ふ」旨の来電あり

庶務部長は同日送金の手続を了せり

右に関する詳報左の如し（三、一、二六、北公秘二五第一九号一四七）

昨年五月吉敦鉄道工事費増額契約締結の際贈呈のことに御決裁を得たる前交通部次長陸夢熊氏渡金一万円は昨年六月六日北公秘二五第一九号一三八にて報告致置たる通先方の申出に依り其当時交附を見合せ他日機会を見て交附することと致置たる処、去る十月十九日牛島参事同氏を訪問せる際同氏より恰も旧暦年末に当り故郷より送金ある筈なるも間に合はぬやも知れざるに由り過般の分融通を受け度きが会社名義は困るに附、牛島大人の名義に依り融通金として融通し呉れずや尚当地正金銀行には積善堂の名義にて預金口座を有するに付此内に払込み呉れても可なりと申出ありたるに付、廿日打電御送金願たる次第にて廿一日御送金を受け早速牛島参事より正金銀行陸夢熊氏預金積善堂口座に銀一万元払込み之に対する正金銀行の預金証明書を取附置たるに附御承知被下度、而して該証明書は廿一日の当所支払伝票と一括会計課に送附致せるに附御査閲願度し

十九日の拙電は金一万円とあり、右は元来金にて御決裁を得たるものなるも御送金が銀なりし関係もあり且昨今にありては金相場昨年契約当時の如く低廉ならず金銀殆ど平価なる事情なれば金として僅かの端数を附くるより銀にて一万円也として交附し置たるに付併せて御承知置願度し

尚該金額正金銀行積善堂（陸氏分）名義預金口座に払込みと同時に銀行よりは当方宛同名義預金に銀一万元受入たる証明書一通及積善堂宛預金通知メモ一枚を呉れたるに付該メモは之を陸氏に手交し置きたるが陸氏は今朝（廿六日）牛島参事を訪問し該メモは当方にて預置きくれと申出たる由に附先方依頼通り当所金庫内に保管せしめ置けり何れにしても該一万元が積善堂陸氏の正金銀行中に払込まれたる手続

は完全となり居る訳に附御承知被下度先方は吉敦契約に関連して該金額の贈与を受けたりと外間に洩れぬやと懸念するものと思はる

右併せて御諒承置願度し

100　浜黒鉄道

一、建設計画略史

浜黒鉄道は哈爾浜から呼蘭、綏化、海倫、墨爾根及璦琿を経て黒龍江岸大黒河に至る延長大約四百六十哩(マイル)の予定線で初め哈爾浜の対岸約三十哩なる対青山を起点として計画せられたが為対黒鉄道と呼ばれた事もあつた

墨爾根斉々哈爾間百九十八哩も亦本線の支線として予定せられた事がある

本線の沿線地方は地味豊沃穀芻豊穣の区として知られてた地方なるが為早くから種々の機関企業家等に依て建設の計画があつたが何れも財政上或は政治上の関係から中途に於て挫折し呼海線として初めて其実現を見たのは一九二六年の事である。

1、初期の支那側計画

一九〇九年黒龍江省議会は哈爾浜呼蘭綏化海倫間の鉄道建設を計画し議会の通過を見たが資金困難の為中止した、然し乍ら由来黒龍江省官民は満洲の鉄道が凡て外国の勢力下にあり外人勢力侵入の経路となるを概しつつありし事故本路建設の議は其後に於ても跡を絶たず一九一一年には官商合弁蘭海鉄路有限公司の設立を見

第一段を哈爾浜対岸馬家船口及東清線対青山駅を起点とし呼蘭を経て興隆鉱に至る計百五十支里

第二段を興隆鉱より綏化に至る七十支里

第三段を綏化海倫間二百支里

第四段を海倫より錦璦線の一駅に至る四百支里とし総計八百二十支里日本式狭軌鉄道を計画し此年地方長官より本計画の条例を発表することとなりしが革命の為中止することとなつた、越へて一九一二年省代表を北京に派遣し中央に協済方を陳情したが中央に於ても財政窮乏の為其目的を達せず結局沙汰止みとなつたが（当時江省に於ては既に資本一百万両を調達し居たり）交通部に於ては問題の重要なるに省み一九一四年測量隊を派遣し哈爾浜の対岸馬家船口より呼蘭綏化海倫間を測量を完成せしめて居る

2、一九一六年露亜銀行契約

本契約は一九一三年国際借款団が実業借款及鉄道借款を除外し之を各国の自由競争に委することとした時恰(あたかも)支那に於ても革命戦後で政府の財政窮乏し列国の利権争奪戦を誘

発した際で直接原因としては日本の満蒙四鉄道敷設権獲得に刺戟せられてアムール前総督ゴンダッチは一九一四年十月露帝の命によりシベリヤ鉄道長官ウエシツリーを帯同来哈しホルワッド長官と会し対青山墨爾根、及墨爾根黒河間の二線布設権獲得を協定し一九一六年露亜銀行をして支那政府との間に浜黒鉄道の建設及経営を目的とする契約を締結せしめ露亜銀行をして支那政府に対し之が保証金として五十万両を提供せしめたものである

附録一参照

3、一九二〇年日貨三百万円輸入説

一九一九年横浜正金銀行が露亜銀行との間にシンヂケート契約を締結し其権利義務の継承を受け契約一部の改訂を支那政府に議するや張作霖は之に対し一九二〇年四月奉天公所長に対して「浜黒鉄道に就ては目下日露両国と協議中の由なるが余としては寧ろ単独日本と交渉することを希望し三百万元借款も是非日本との間に成立せしめ度意向なれど兎角条件苛酷にして商議に便ならざるを遺憾とす、今回張参謀長鮑貴卿督軍と協議の結果或は満鉄に諮る事あるやも知れず」と談(かた)りたる事あり又満鉄を通じ鮮銀より三百万円を借款せん等の説ありしも実現に至らずして止めり

4、一九二一年金純徳計画

一九二一年三月黒龍江省西布特哈総管金純徳は東三省銀行の浜黒債券発行に関し黒龍江省署及東三省巡閲使署に対し次の如き呈文を提出建設の促進を計つたけれ共終に成功するに至らなかつた

呈文

東省保金の大要が移民殖辺にあることは論を俟たず之が為には交通の利便を図るを急務となす多年浜黒鉄道布設の議あるも従来資金の出所なく未だ実現を見るに至らず向(さき)に露亜銀行と債券引換発行に関し契約を取極めありしも露国内乱の為結局契約不履行となりたるを以て茲(ここ)に適当なる方法を講ぜざるべからざるに立至れり査するに各国が鉄道敷設の際には必ず銀行を設立するを例とす是鉄道は銀行によりて命脈を維持し銀行亦鉄道に藉(よ)りて金融を円滑ならしむる所以なり

元来東三省銀行は幣制統一財界救済の主旨を以て設立され自ら江省広信公司吉林永衡官銀号の保障となり居れるが此の際若し該行に於て該鉄道の債券を引受発行することとならば該鉄道開通の暁は啻(ただ)に東三省の銀行たるのみならず併せて浜黒鉄道の銀行となり一挙両得の策たるを失はず若し此の議にして採用せられんか官資の支出は別議とし債券売出順序は東三省を最先とし次に内省に及ぼすこととし先づ

蘭海間より起工すれば必ず人気を喚起し募債容易なりと思惟す云々

5、一九二一年米国の策動

往年聯合国の西比利亜(シベリア)出兵に伴ひ一時聯合国の西比利亜鉄道及東支鉄道の管理を行ふに至り其の技術部代表として米国技師スチーブンスの哈爾浜に常駐するに至るや北満に於ける米国の活動は実に眼醒しきものあり、浜黒の有利なるを観破したる彼は江省の財政窮乏の好機に乗じ、一九二一年十月在哈爾浜東支鉄道交渉局総弁馬忠駿を籠絡し米国資本に依て其の建設を計画し

一、毎年利益の一割を黒龍江省に提供し

二、二十五箇年後に於ては支那側に於て随時之が買収を為すことを得べく

三、支那側に於て若し其の期間後に於て買収不能なる場合には更に十箇年間延長し三十五箇年後には無償にて支那側に交付すべし

との条件を以て交渉を開始し呉督軍の意稍(やや)動きたるも黒龍江省議会の猛烈なる反対と張作霖の申請却下とに依りて不成功に帰したり

6、一九二二年交通銀行出資布設計画

馬忠駿スチーブンス計画中絶後専ら支那側の資金のみを以て建設せんとするの議起りたるも一般不景気の為進捗せざりしが偶々一九二二年二月呉督軍滞奉中葉交通総長の来奉するあり呉督軍、葉交通総長と協議の結果交通銀行より一千万元の融通を受け解氷期より起工することとして交渉稍順調に進みたる由なりしが奉直関係の切迫によりて資金調達に困難を来したると本問題を聞知したる馬忠駿及哈爾浜市長董士恩等の策動によりて立消に帰したり

7、一九二二年スキデルスキー計画

スチーブンス計画の失敗に帰したるは外資流入によりて路政が外国の干渉を受くるに至るべきを恐れたる所謂国権論者の反抗によること勿論なるが次で台頭せる支那資本に依る建設計画も資金調達不能の為実現の途を得ざりしを以て茲に馬忠駿は再び米資を背景とする露商スキデルスキーと結びて、将来浜黒鉄道の一部を形成すべき哈爾浜海倫間の建設計画を立て、呉俊陞を動かし省議会中の反対者を威圧して一九二二年四月十七日、黒龍江省政府と露商スキデルスキー兄弟との間に呼海鉄道建設契約書を締結せしめたり

(契約書附録二参照)

伝へらるる所に依れば本計画の表面上の出資者は馬忠駿、スキデルスキー及伝家甸二道街水発盛の三者で其の出資額は馬忠駿四〇%スキデルスキー三〇%水発盛三〇%と云ふ

事になつて居るけれども実際上に於ては
米国バルトウイン会社　四五％
米国アンダーソンメーヤー一〇％
馬忠駿　二〇％
スキデルスキー　一五％
水発盛　一〇％
でバルトウイン汽車会社は鉄路の建設汽車等一切の材料を供給しインターナシヨナル銀行等も関係ありと伝へられて居る
本計画は極めて隠密の間に行はれ殆ど成功の域に達したけれども、元来本計画に関して何等露亜銀行の諒解を受くる所なかりしが為同銀行よりの強硬なる抗議によりて中央政府に於ても承認を与ふるの不可能なるに至り遂に不成立に終つた

8、一九二二年耿之光計画

馬忠駿スキデルスキー計画の失敗に帰したのを見極めた黒龍江省議会議員耿之光は一九二二年九月呼嫩鉄路公司なる名称のもとに先づ露亜銀行との契約を取消したる後、往年斉昂鉄道敷設工事を請負ひたる天津英商泰和洋行をして浜黒線を建設せしめんとし同洋行との間に大要附録三の如き予備契約案を締結せり(契約附録三参照)

耿之光は省議会に対し次の如き建議案を提出したるも行政長官より何等の回答に接せざりし為(?)必要なる方案を提出するに至らずして其の儘立消となれり

建議案

呼嫩鉄道敷設の建議(訳文)

惟ふに黒龍江省は土地肥沃にして物産の豊富なるは久しく各省の羨称する所たるも唯交通不便にして運輸梗塞する為農工商共に窮地に陥り財源枯渇して発展の途なし曩(さき)に当局諸公は此に見るありて浜黒鉄道敷設に関し露亜銀行と契約を締結して其の敷設を期したり然れども是利権を人に授くるものにして誠に慨嘆すべきなり幸にして原定の契約は露国に敷設権を与へしにあらず又露国の資本を借入するにあらず只同銀行の信用を借り我に代つて債券を発売せしむるに過ぎず現に露国は瓦壊し留布(ルーブル)は殆ど廃紙となり同銀行の信用は既に全く喪失したれば契約を取消し得るは毫も疑義なし故に省公署より交通部に照会し明に其の取消を宣布するを請求すべし又案ずるに其の原定の幹線は浜江の北岸より海倫嫩江を経て黒河に至る故に浜黒と命名せるなり然るに露国の政変より嫩黒間は大に粛条の景況となり加之(しかのみならず)山高く路険しくして工事浩大なり此の区の起工は将来に譲り急速敷設の必要なきに因り呼蘭の南なる江岸より海倫を

経て嫩江に達する一大幹線を敷設し呼嫩鉄道と命名せんとす同幹線中先づ呼海の一区約四百五十支里の間に敷設し資金に余裕あるを待て海嫩の一区を敷設して完成を期するは破約に等しき露亜銀行の契約に毫も関係なく其の完成も比較的容易なるべし此の鉄道敷設の議は今日新に起りしものに非ず唯其の性質未定の為其の弁法決定せざりしなり従前其の弁法に就ては官設論あり民設論あり民資官営論あり官民合弁論ありで議論紛々として決せざりき、以上諸説を熟考するに国帑欠乏せるが為官営は容易に実行する能はず民資欠乏の為民設も成り難し。官民合弁は官吏の信用薄く商民疑懼の念を懐けば是又空談たるのみ、只民資官営法は官民相提携し官の能〔よく〕する所のものは官之を担任し商民の能する所のものは商民之を担任し和衷共済し官其の監督に任ずるものなるを以て最妥当の弁法と為す、故に此の弁法を採用し先づ省城に準備事務所を設け省長を督弁と為し別に本省議会より準備委員若干名を推挙し専ら資金の調達経費の予算敷設等を司らしめ、成立の上は地方の信望あるものを挙げて会弁と為し其の進行に便にすべし。但し実効を収むるを期し他人の垂涎を免れ辺疆の利権を保護せば地方の幸又国家の幸なり資金調達の方法及線路は別に提出す右公決を請ふ

9、一九二三年馬忠駿計画

大正十二年八月馬忠駿の省議会に提出せる

呼嫩鉄路建設大綱

一、本鉄路は之を呼嫩鉄路と称す

二、本鉄路の建設管理は黒龍江省政府(以下単に江省政府と称す)に完全なる自主権あり

三、本鉄路は黒龍江省呼蘭県松所市場馬家船口を起点とし嫩江県城を終点となす

四、本鉄路の建設及材料購入等一切の費用は、約大洋三十万元を以て限度とす

五、本鉄路の工事は江省政府より米商保大文鉄工廠(Boldwin Philadelphia)(以下単に米商と称す)に請負はしめ江省政府は委員を派遣し局を設け完全に監督を為す権利あり該請負契約は別に之を定む

六、本鉄路の建設及材料購入等一切費用は総て米商より立替を受け期を分ちて受取り常に年一割の利子を附し期を分ちて返還す

該立替金契約は別に之を定む

七、米商立替金は江省政府の名義にて借款し本鉄道所属財産を以て担保となし収益を以て元利を償還す

八、本鉄路は借款返済の日迄米国人二名を聘し監察員と為

す其権限は別に之を定む

九、本鉄路全線の工事は三年を以て完成す、若し延期することあるも一年を超ゆるを得ず

本項は米商其責に任ずべきものにして請負契約書内に之を定む

十、本鉄路の工事は一区域の竣工毎に江省政府より委員を派遣し米商と立替の上検収し以て運転営業を便にす

管　良仏

祁　呂核

10、一九二四年スキテルスキー契約

大正十三年四月十八日黒龍江省と露商スキデルスキー兄弟との間に再度呼嫩鉄道建設契約の成立を見たり

請負契約書全文附録四の如し

11、一九二五年官商合弁呼海線建設計画

大正十四年八月廿六日哈爾浜事務所情報によれば戴芷卿の談として

「松浦鎮より海倫迄の布設費予算額七百五十万元にして之を官商合弁とし民間持株二百万元(尚民間持株と称するも実は呉俊陞、張作霖等二三要人の権利権と解釈するを以て至当と為すべし)奉黒両省持株五百五十万元(広信公司七割、辺業銀行三割)に定められ本年は松浦鎮呼蘭間六十支里を画成し完成せば直に列車運転の予定なり。軌幅は材料供給の関係上露鉄と同じ」とあり会社に於ては標準軌道を採用せしむる為種々力を尽したり。十四年九月一日正式に呼海鉄路工程局を組織し高雲崑を経理とし廿日四洮局技師史翼一行をして測量を実施せしめ十五年一月三十日如意公司との間に呼海工事請負契約を締結せり

(附録五参照)

如意公司は呼海理事長吉祥の経営に係るものにして吉祥は全部を挙げて「オストロモフ」に下請せしむることに契約せるを以て結局全部「オストロモフ」の請負となる訳なり

起工当初経済上の関係より全線を二段に分ち第一段を松浦綏化間とし十四年十月起工、十五年八月松浦呼蘭間、九月松浦馬家船口間、昭和元年一月呼蘭綏化間を完成せり

第二段は綏化海倫間にして昭和三年春起工十二月中旬完成せり本線は前述せるが如く初め官商合弁組織なりしが商株の応募幾何もなかりしが為省署に於ては全部之を回収して純然たる官営となし省城に呼海斉克両路総弁公署を設け事務を執行せしが最近総弁公署は之を廃止せり。

第(二)日本側参加関係

1、一九一九年露亜正金浜黒シンヂケート

一九一九年二月十四日横浜正金銀行竹内金平氏は露亜銀行エル、ド、ゴイエル氏との間に浜黒鉄道シンヂケート契約を訂結し正金銀行は露亜銀行より其所有に係る浜黒鉄道の建造及経営に係る一切の権利義務の譲渡を受けたり

（契約書附録六参照）

一九二〇年（大正九年）五月北京公所情報に依れば

露亜銀行浜黒借款契約中本公債は磅（ポンド）及弗（ドル）にてのみ発行すべし会計主任は露国人たるべしとの各条項あり、正金間シンヂケート契約の条項と抵触する所ある為右条項を修正し同公債は日本貨幣にて発行することを得べく且会計主任は日本人たることを得ることに交通部の了解を得る必要あり、哈爾浜道尹馬忠駿氏露亜銀行の依頼を受け来京交通部と商議中なり但近来露国に対し著しく鼻息荒き支那政府は言を左右に托し回答要領を得ざる模様なりとあり

2、浜黒に対する日資参加の次第

大正十二年一月正金北京支店小田切取締役より頭取宛書翰過般露亜銀行代表者 Pelishügeuu 来訪して述ぶる様巴里本店は浜黒鉄道前貸元金未払利息等合計約六拾参万五千両の償還を支那政府に請求せんとする意向なり当地に於て右の手段を取るも支那財政の現状に照し政府として到底自ら以て償還の途なき事明白なるが同鉄道と同様の計画を為しつつある者尠からざるに付政府は或は其の方面より右金額を借入償還すると同時に露亜との契約を取消して彼等と公然新約を訂立するやも計り難く斯くては露亜は折角獲得せる利権も画餅に帰することとなり自分に於ても何となく遺憾に感ぜざるを得ず思ふに本店の趣旨は鉄道自身の問題よりも資金運用の問題に重きを置くものなるに付、此際一の便宜方法として日本側に於て右前貸の一半を肩代りすることを承諾せらるるに於ては、本店も支那に対し強いて前貸元利の全部償還を請求することなかるべしと縷々陳述致候本役は之に対し支那政府にして右浜黒日露合弁の件を承認する場合には日本に於て前貸の半額を負担するは当然の次第なれ共、其の承認に先ち其の負担を為すことは正金の欲せざる処なるべく随て自分一個の考としては同鉄道問題は成行に一任する外致方なきものと考ふるも、一方露亜に於て前貸金の返済を強迫するときは或は却て支那をして日露合弁を承認せしむる結果を齎すこともあるべしとも思はれざるに非らず、何れにしても事の関係軽少ならざるを以て巴里本店の意向は之を本行幹部に告知して審議を乞ふべく其の回答に接したる上改めて確答を与ふべき旨相答置候　就ては貴方に於て本問題全般に就き考慮を加へられ本役の執るべき態度に関し至急御指図相成候様致度と

の文書を添へ外務省亜細亜局長より満鉄に対し意向問合せありたり

会社に於ては参加せざるを有利と考へ十二年二月二十一日附を以て「本件は小田切氏の意見の如く成行に放任するを政策とすべく、仮令(たとい)支那政府に於て露亜銀行との契約を取消すことありても場合に依りては其の方却つて我方の単独行動を為すに便利なるやにも察せらるる」旨回答せり

大正十二年八月二十七日東京支社情報に依れば本問題に関し正金小田切氏談として

露亜北京支店長プチヒゲナンに対し正金側の意見としては予て(かね)の露亜と正金との契約を支那に於て承認せざる限り露亜の前貸金の一半を肩代りすることは絶対に不可能とするを以て仮令、前渡金督促の結果支那の弁済となり延いて一切の契約を破棄するの已むを得ざる場合となるも、そは成行に一任するの外なしとの回答を発したるより以来本問題の経過は今尚昨今の如く何等の進展を見ず

察するに此際露亜は該問題に手を染めんよりは寧ろ現状維持を得策とし従て前渡金の督促等の手段に出でざる儘今日に至れるものならんか勿論支那の現状より見れば本問題の進展は近き将来に於ては殆ど絶望の姿なり」とありしが大正十三年?松岡理事上京中小田切正金取締役より浜黒線の借款権譲渡問題に付交渉ありしものの如く、十三年四月四日東京支社長より小田切氏の依頼により其後の経過問合せあり会社は之に対し

一、半額肩代りとは露亜の支那側に交付したる五十万留(ルーブル)の半額即ち二十五万留と解す

若し然らずして元利合計の半額なりとすれば我方は支那の支払はざる利子を支那に代つて露亜に支払ふこととなり其の結果は実質上半額以上の肩代りとなり不合理なり

此点如何

二、半額肩代りせば露亜対正金の契約を無期継続するやと

外務省及小田切氏の意向を質さしめたる処

一、肩代り額は元利合計六十八万八千両、日本金約百二十万円の半額なり

右は合弁契約の本質上当然のことなるべし

二、正金出費の暁露亜対正金の契約は無論継続し得る見込なるも此点は更に契約を締結する要あり

外務省の意向は大蔵省より低利資金を引出し右資金に充当せんとするを以て本社は暫く其の成行を見るを可とするの回答に接せり

松岡理事は四月二十六日及五月二日両度に亘り

外務省の意向通大蔵省より低利資金の融通を得て肩代り資

金に充当することを得ば此上もなきことにて極力右の如く取計成立する様希望す若止むを得ずして会社が之を引受くる場合には露亜対正金の浜黒鉄道合弁契約中無期継続せらるべき事を条件として会社肩代額は前渡金元金の半額と致度とて極力元金半額を主張せり

五月二十四日東京支社長は亜細亜局長の召喚により小田切正金と共に外務省に出頭同局長より

「政府は浜黒問題に関し昨日の閣議に於て来る六月十三日期限満了の正金露亜両銀行の契約を継続せしむること及之に要する資金は満鉄より出資せしむることに略決定したるにつき外務省としては左記項領

一、正金及露亜銀行の契約を更に相当期間(一年位を希望するも不得止〔とめえざ〕れば現契約の規定と同様に二年?とし更に更新の途を開き置くこと)を延長すること

二、右契約の延長に就ては正金銀行に於て露亜銀行との間に交渉を遂げ現契約の条項に従て延長するの形式となすこと

三、右延長に関し必要の場合には露亜銀行に於て借款契約締結当時支那政府に交付せる前貸に対し日本側に於て若干円を分担して之を露亜銀行に交付すること

四、右分担金は満鉄より支出し正金銀行の名義を以て露亜銀行に交付すること

右出資金に就ては満鉄と正金銀行との間に適宜協定を遂げしむること

の趣旨に依り本問題を解決したし　就ては此際更めて満鉄側の意向を承り度しとの談あり

支社長は之に対し

第一、大蔵省低利資金融通希望

第二、満鉄より出資するとせば

イ、本契約を無期継続すること

ロ、出資金は露亜の出費せる元金の半額以下に止むる事

の二条件を要求せり

其の後松岡理事上京の際外務省に対し

「重役会議に於て申合せたる主旨により将来政府より充分の援助を受くることを要請して承諾」の書面を呈出し正金との取極は

一、肩代りは表面政府に対しては元利合計の半額となり居るも極力元金丈に止むる様交渉せしむること

二、露亜銀行対正金の契約中彼我の権利義務に平等ならざる点は此際修正せしめ平等にすること　但し右交渉成功せざるときは従来の契約を其の儘更新するも期限は少くとも五ケ年とすること

とし進行の承諾方申出来りたり、社長は「露亜の有する権利実現の見込薄らぎたるのみならず今日に於ては呼嫩鉄道の建設も漸次具体化し張総司令が全然露亜の権利を認めずスキデルに其権利を与へし如き状勢に鑑み又此際日本側が現金を出費せざれば露亜が支那に浜黒線の権利を返すことは将来当社が其の布設権を獲得せんとする上に却つて好都合と思はるるに付ては当社としては此際半額肩代りは出来得れば謝絶しては如何かと考へらる」とて松岡理事及外務省の意向を確めたるに松岡理事より既に交渉済にて今更提言出来ざる仕儀になり居れば此儘進行方承認あり度しの返あり

十三年八月二十日　外務大臣及大蔵大臣連名

「浜黒鉄道に関し御申出の次第有之候処本鉄道は満洲地方に於ける我経済的発展に重要の関係ある次第に付本件の目的達成上は勿論資金（今後の利子を含む）回収方に付ても充分貴社の立場を支持可致意向に有之候」の書状に接し二十一日附を以て正金間に権利譲渡契約を締結せり（契約書附録七参照）正金銀行於ては満鉄の希望に応じ種々露亜と交渉の結果九月二十二日浜黒シンヂケート契約を締結せり

（契約書附録八参照）

満鉄は十三年十月十四日正金銀行に対し大正十三年八月二十一日附契約書第二項及同年十月十四日附追加契約書に基き一九二四年九月二十三日上海に於て同地露亜銀行に交付したる資金として上海銀三十五万二千七百六十一両四銭六分を支払へり

3、露亜の浜黒借款権譲渡申込

露亜銀行奉天駐在代表者グラーベ大正十五年二月二十四日松岡理事訪問「時機到来せば満鉄は露亜銀行とコラボレートす」べき旨「小田切正金重役」より「ドホイヤー」へ返事したる趣を以て「或時期とは如何なる時期なるか又コラボレートとは如何なる方法又は意義に依る協力なるか」を質問せり

松岡理事は之に対し「満鉄の関する限り昨年呼海鉄道建設に関し黒龍江省官憲の求むる儘に一少距離の材料供給契約を結びたる迄のことにして浜黒鉄道借款の如き問題には何等交渉を有せずと回答せり

幣原外務大臣は十五年四月十七日付芳沢公使宛露亜より強いて申出ありたる時は

㈠本件に関し満鉄側に問合せたる処満鉄に於ては来年三月三十日宛ベルチエ書翰中に指摘するが如く浜黒鉄道に関する露亜の権利譲渡に対し主義上之に同意したることなく満鉄側の意向は本年二月四日小田切より露亜側に送付

したる口上書に依るも明なる通り単に追て支那政情安定の時期を俟ちたる上本件譲渡につき考慮すべきや否やを相談致度と云ふに過ぎず

(二)今般露亜側の申出に係る浜黒鉄道借款契約上の権利なるものは露亜支那政府間の契約に基くものなるを以て右権利の実行又は擁護に関しては露亜としては直接且単独に北京政府に申入れらるること適当なるべく此際右につき満鉄に対し何等提議あるとも同会社に於て処理し得ざるものと認めらると回答すべき旨訓令せり

右に対する芳沢公使宛外務大臣訓電概略一五、六、七

一、露亜銀行の権利譲渡の件に付ては満鉄の意向は此際露亜正金シンヂケートに参加の意思なきに付此辺誤解なきを期せられ度との趣なり

二、露亜銀行覚書第二提議に対しては正金として到底考慮の余地なし

4、浜黒借款と国債財団関係

一九二三年二月七日附駐支米国公使の小幡公使に対する書翰に於て米国会社は浜黒に対し関係を有せざる事を声明し併せて

My government has requested me to inform you also that in any case it would not be prepared to give any support to any American interests in regard to this project pending a determination of the question whether the right of the Yokohama Specie Bank with respect to this on the fact should be pooled into the Consortium

と声明せり

小幡公使は十二年四月二日松岡理事宛

一、新借款団は露亜の有する本件権利に対し何等干渉し得べきに非ず

二、露亜正金シンヂケート契約の有効なるは勿論なるも支那政府の承認なき為正金は大正九年紐育(ニューヨーク)借款団会議に提出を見合せたり

三、正金にては借款団にプールすべき意向を有すれ共政府の意向明瞭ならざるを以て満鉄に於ても本件に関し当分積極的措置に出ざる方穏当なるべしと思考する旨通告せり

露亜清算配当金受領

会社は一九二四年六月三十日現在に於ける露亜銀行の支那政府に対する浜黒鉄道借款前渡金上海規銀五〇〇、〇〇〇両の元利金上海規銀六九二、六一九両三四の半額を分担する為同行に対し正金銀行名義を以て一九二四年六月三十日勘定にて上海規銀三四六、三〇九両六七を貸付したる処（九

月二十三日同行に対し交付したる銀額は前記貸付銀額三四六、三〇九両六七並同額に対する貸付起算日と現銀交付日との間に於ける利息銀六、四五一両七九合計三五二、七六一両四六）露亜銀行は大正十五年九月突然清算を開始せるに付正金上海支店に於ては同行清算人に対し右貸付金上海規銀三四六、三〇九両六七に対し貸付日の翌日即一九二四年七月一日より十五年九月二十五日迄の毎半年複利計算による利子を加へ元利合計上海規銀四一二、八五八両四六の支払方を請求し同時に正金の露亜に支払ふべき債務は右債券と相殺すべき旨通告せり。之に対し露亜清算人は右請求額を確認し同時に相殺方承認せるを以て正金上海支店に於ては直に上海規銀八三、〇二九両七四の相殺を実行したる上上海規銀三二九、八二八両七二に対する配当金支払方請求せり

会社受領額

一、昭和二年三月十二日

第一回清算配当金並相殺額　金一四一、〇四八・七六

二、昭和二年三月三十日　金　六〇、七〇四・六六

第二回配当金（規銀四九、四七四・三〇両）

三、昭和二年四月二十五日　金　六三、二二五・九四

第三回配当金（銀四九、四七四・三〇両）

四、昭和二年六月二十二日　金　二一、六二八・一二円

第四回配当金（銀一六、四九一・四四両）

五、昭和三年十二月二十一日　金　二二、六六八・六五

第五回配当金（銀一六、四九一・四五両）

呼海材料供給契約

大正十四年八月黒龍江省自営を以て松呼間鉄道建設の議定あるに際し東支側の運動あり、黒龍江省当局間は露式軌間採用の気配ありしかば会社は種々の方面より極力標準軌間採用を運動し十月十日松呼間の材料車輛附属品等を犠牲的の価格を以て供給し其目的を達したり

（右材料代は最後納入昭和四年七月十日六三三、七八五円にて全部終了）

附録参考文書

9　A呼海材料購入に対する呉俊陞及干駟興の程廷恒紹介状

B同程廷恒委任状

C同財政庁長及広信公司の保証状

10　第一回材料売買契約書

11　第二回呼海間材料供給契約

12　呼海用水槽車売買契約

13　第一回　一九二三、三、一三

14 第二回　一九二五、八、二六
15 葉交通総長の張作霖宛密電　一九二五、九、一五
16 露亜抗議に対する交通部回答　一九二五、九、一九
17 呼海鉄道に関する露亜銀行ベルチエーより正金銀行小田切に対する書信　一九二六、三、三〇
18 幣原外相芳沢公使宛訓電　一九二六、五、六
19 小田切正金重役がベルチエーに手交したる満鉄の覚書
20 露亜ベルチエーが正金小田切に送付したる覚書　一九二六、五、一九

101 新線関係

一、長大吉敦延長線其の他鉄道建設の必要理由

満蒙開発の要諦と称すべきものは交通の普及にあり経済的開発と云ひ文化的施設と云ふも畢竟交通の発達に俟たざるべからず而して交通発達の基礎たり幹根たる鉄道建設の目的は民衆に交通の利便を供し物資を交易して物価衡平の効を収め産業の発達文化を疎通して人類福祉の増加を求めんとするものなることは既に周知せらるる所にして右主旨に基き長洮線の一部たる長大線、吉会線の一部たる吉敦延長線並洮索線延海線の建設に対し賛同約諾せられたるものなり前記の各鉄道は自線の利益並沿道を開発するのみならず既成鉄道の経営を有利に導くものにして之が建設実現は満蒙開発促進上緊要なるものなり

二、長大其他鉄道営業収支予想

長大線　開通第一年

旅客	貨物	純益
一八〇、〇〇〇人	三七〇、〇〇〇屯	九六三、〇〇〇円

開通第五年

旅客	貨物	純益
三九〇、〇〇〇人	七四〇、〇〇〇屯	二、一〇〇、〇〇〇円

開通四年目に於て八分の金利を完全に支払得る見込なり

敦図線　開通第一年

旅客	貨物	純益
二五〇、〇〇〇人	三〇〇、〇〇〇屯	八三一、〇〇〇円

開通第五年

旅客	貨物	純益
四七五、〇〇〇人	五七〇、〇〇〇屯	一、八五〇、〇〇〇円

開通六年目に於て八分の金利を完全に支払得る見込なり

洮索線　開通第一年

旅客　貨物　純益

九〇、〇〇〇人　一五〇、〇〇〇屯　一七二、〇〇〇円

開通第五年

旅客　貨物　純益

一七二、〇〇〇人　三一〇、〇〇〇屯　七一六、〇〇〇円

開通九年目に於て八分の金利を完全に支払得る見込なり

延海線　開通第一年

旅客　貨物　純益

一八〇、〇〇〇人　二〇〇、〇〇〇屯　六一三、〇〇〇円

開通第五年

旅客　貨物　純益

三四三、〇〇〇人　四一二、〇〇〇屯　一、六四五、〇〇〇円

開通十年目に於て八分の金利を完全に支払得る見込なり

三、長大其他鉄道と既成鉄道との影響に就て

新設せらるべき鉄道と既成鉄道との関係

㈠長大鉄道

本鉄道は乾安未開地方開拓を目的とし従来馬車又は河川にて長春及其の附近に搬出せられたる貨物を輸送するものにて自営し得るは勿論既成鉄道を有利に導く鉄道なり

㈡吉敦延長線

本鉄道は交通不便の為開墾せられざりし地方を開拓し長広才嶺其他森林地帯の木材搬出路となるのみならず東北部寧安地方並牡丹江松花江沿岸より産出する物資の搬出路となり従来馬車又は自動車に依りたる旅貨を輸送するものにして自営し得るは勿論既成鉄道吉長吉敦両線の収益を増加せしむる鉄道なり

㈢洮索線

本鉄道は交通不便の為開墾し得ざりし地方の開拓を促進し且興安嶺材を搬出せんとするものにして自営し得るは勿論既成鉄道洮昂四洮其他鉄道の収益を増加せしむる鉄道なり

㈣延海線

本鉄道は交通不便の為開墾せられざる東北満牡丹江沿岸の開拓を目的とし並老爺松義両嶺森林開拓と共に多量の貨物を搬出せんとするものにて既成鉄道東支線に対し一時的に多少影響を与ふべきも未開地の開墾せらるるに従ひ影響僅少となるべし

四、新線契約締結経緯

昭和二年(民国十六年)十月十五日張作霖氏と山本社長との間に満蒙五鉄道に関し大綱を確定右大綱に基き建造請負契約左記の通り決定したるものなり

(1)洮南より索倫に至る線

(2)延吉より海林に至る線

右二鉄道は昭和三年（民国十七年）五月十三日張作霖氏と山本社長との間に建造請負契約締結され張作霖氏は右契約に捺印の上閲准行と自書せるものなり

(3)吉敦延長線

(4)長春より大賚に至る線

右二鉄道は昭和三年（民国十七年）五月十五日交通部次長趙鎮氏と山本社長との間に建造請負契約締結され趙鎮氏右契約に自書捺印せる外交通部印押印せられたるものなり

(5)吉林より五常に至る線は張作霖氏帰奉の上契約を締結することとし保留せられたるものなり

五、奉海線承認経緯

六、開海線放棄経緯

洮昂請負契約締結当時支那側は奉天側より奉海線を建設することに同意を与へ且つ奉海鉄道の競争線たるべき開原海龍城線に対する日本側の借款権を放棄したる場合正式調印を為すべしとの諒解あり其後種々協議を重ねたる結果大正十三年六月十八日支那側より若し奉天側が自ら奉天より海龍城に至る鉄道を布設したるときは日本側は開原より海龍城に至る鉄道を敷設せざるべきことを承認する旨を表示したる正式公文を受領したる時に於て洮昂鉄道工事請負契約草案に調印を為すべしとの来翰に接せしを以て会社は同日附を以て同意の旨を回答し八月二十八日社長より右手続方奉天総領事に申請九月三日奉天総領事は張作霖氏王永江氏宛右旨通牒なし洮昂請負契約正式調印せらるると同時に奉海線の建設を承認。開海線の借款権を放棄することとなりたるものなり

七、日本の満蒙鉄道投資理由

満蒙の開発は交通機関の発達にあり之が先駆をなすものは鉄道の建設にあり近年支那側に於て鉄道熱俄かに勃興し数条の鉄道建設せらるるに至りたるも過去民国十三年（大正十三年）以前にありては日本に於て開発を促進せしめたる外何等進展を見ざりしなり右は内乱相継ぎ財政疲弊の為満蒙の開発に注視するの暇なかりしに依るも当時の為政者は交通機関の改良に留意せず満蒙の重要都市すら看過し交通機関として従来の習慣に依る馬車を利用するに止め鉄道の建設を重要視せざりし結果なると一面鉄道建設を企図するも資金及技術的知識に於て欠くる所ありしが為なり

日本は満蒙を開発し日支の福祉増進を図らんことに努め又満鉄は日本政府の使命を帯せる特種会社なる関係上之に追従支那側に於て満蒙の開発を促進し得ざる事情あるに鑑み

満蒙の発展最善方策たる鉄道の建設に留意し且又日支提携東洋の平和を維持せんが為鉄道建設に要する資金にして外国資金に拠らんとする場合は優先に日本資金に拠ることとし公約協約契約を締結し資金を投下開発を促進せしめたるものなり

八、渓城鉄道の延長に就て

渓城鉄道は大正三年九月二十五日奉天巡按使、満鉄総裁、煤鉄公司総弁との間に覚書の交換を為し次で大正五年四月十八日覚書に基き渓城鉄道を日支にて経営するが為会社と煤鉄公司との間に渓城鉄路公所章程を約定せるものにして章程第一章第二条に

「本公所は会社及公司合弁とし奉天省本渓湖より城廠に至る間の鉄道の運輸業並其の他の附帯事業を営むを以て目的とす」と規定あり本鉄道の一部たる本渓湖牛心台間は既に営業を開始せるも牛心台城廠間は未着手なり将来同地方開発の為建設の必要生じたる場合は同意せらるることと思考するも一応意向を拝承し置きたし

九、長扶自動車道路

本計画は我既得権を有する予定鉄道と重大なる関係を有するを以て長大鉄道実現迄の暫訂〔ママ〕として実施せらるることにつきては異議なきも長大鉄道建設せられ本施設買収の必要生じたるときは之に応ずることを条件としたし尚本計画は馬車と競争して安全なる経営をなし得る場合は弊社は資金其他につき相当の考慮をなすべし

新線関係（日本側）

一、開豊線の広軌改築

開原より西豊に至る軽便鉄道建設せられ営業をなしつつあるも輸送力僅少運賃高価なる為馬車に圧せられ営業成績不振なるが本鉄道を広軌に改築せば鉄道の本能を発揮し物資を安価に輸送し得、産業の発達を図ると同時に公司の経営を有利に導かしむることを得べしと思考せらるるが本鉄道改築に関し如何なる考へを有せらるるや拝承したし

註　本鉄道の改築及連運は「ギブ」に対する代償条件としたし

二、新邱運炭鉄道

新邱運炭鉄道建設に関しては屢次折衝諒解を得居るものなるが彼我種々の事情あり未だ具体化するに至らざるを遺憾とす

本機会に於て本鉄道実現につき彼我の意見を交換し促進を切望す

註　本鉄道敷設は「ギブ」に対する代償条件としたし

三、長大線社線横断契約に就て

大正二年十月五日締結満蒙五鉄道に関する交換公文第一項丙には日本国資本家の資金を借入れ支那政府自ら建設すべき鉄道の中長春に於ける吉長鉄道停車場より起り南満鉄道を貫越し洮南府に至る線を規定せるが大正七年九月二十四日締結満蒙四鉄道に関する交換公文中に於ては支那政府の建設することに決定せる鉄道として長春洮南間を規定せるが長春の起点に関しては何等定むる処なし（満蒙四鉄道予備契約も同様）但し四鉄道契約は五鉄道契約と重複する処あるも四鉄道契約を以て五鉄道契約を廃止したるものと考へ得られざるに依り五鉄道契約の有効を云々するの余地なく、結局長洮線建設に際しては吉長線長春駅を起点とするものと考へざるべからざるが、昭和三年五月の建造請負契約は長洮線の一部たる長春大賚間の工事を請負ひたるものにして起点は満鉄長春を意味し、又同契約附属往復文書連運協定大綱に連絡駅は満鉄関係既成停車場を共同使用駅と為すことに規定されあり、又吉長と満鉄長春駅との間には既に充分なる接続施設あるを以て若し将来吉長長大直通を為すに際しても差したる不便なきを以て大正二年の公文に依り満鉄を貫越する線路を建設する必要なきものなり

102　新線競争線に関する件

極秘　　大蔵理事

根本の問題に付き討議する時の主張

1、満鉄は満鉄及大連港の繁栄を故意に阻害する様な如何なる計画にも絶対に反対することを主張す

2、日支の間に厳存する一切の条約、協約、協定は飽く迄主張す

3、上記の二主張に抵触せざる限り満鉄は支那側の凡ての鉄道布設計画に反対せざるのみならず場合によりては十分の助力を辞せず

根本問題に関し日支の間に諒解成立せる場合

日本側よりは何を持出す可きか

1、日本と約束ある新線に付ては次の提案をなす

(イ)絶対的に急速敷設を主張す可き線[1]

敦図線

長大線

(ハ)若し上記以外に既約線の敷設なし得る場合には下の順序による

(1)吉林—五常線[2]

(2)延吉—海林線

(3)遼陽—橋頭線

(4)牛心台―城廠線

2、形勢の如何により万一上記以外何等約束なき線の敷設をも日本に許すことありとせば次の順序により要求す

(1)新邱―新台子線

(2)大賚又は扶余―安達線

(3)通遼―林西線

(4)大賚―泰来又は安達線

3、如何なる地方には新線を阻止す可きか又如何なる地方には新線を敷設す可きか地方別に示せば次の如し

㈠第一区域

東は大連―奉天―海龍―吉林―五常―一面　を連ぬる線の以東

西は葫蘆島―打虎山―通遼―洮南―チチハル　を連ぬる線の以西

北は東支線以北

㈡第二区域

第一区域の線に囲まれたる地方

第一区域に於ては極力新線を敷設する様支那側に於て計画し必要に応じ日本側は之を援助すること

第二区域内に於る新線は計画線一線毎に日支協議の上其設否を定むること

4、第二区域内の新線は如何なる線を阻止す可きや

(1)満鉄に来る貨物を奪はんとするもの

(2)満鉄出資の借款に経済的致命傷を与へんとするもの

5、上記の方針により各新線に付き検討すれば次の如し

㈠哈爾浜より直接葫蘆島に至る線

△予想線四あり

A、哈爾浜―扶余―通遼―葫　八五九粁〔キロメートル〕

B、〃　―〃―鄭―彰―葫　八三四〃

C、〃　―窑門―〃―〃―〃　八三一〃

D、〃　―長春―〃―〃―〃　八五一〃

満鉄線によれば　哈爾浜―大連　九四四粁

〃　―営口　七二四粁

哈爾浜―奉天―葫　八四三〃

△予想線の満鉄に及ぼす影響

満鉄の失ふ処は

A、B　東支西部線及哈爾浜発の50%と四洮発の70%　全体の20%

此以外残りの部分も競争のため収入減となる虞れあり

C、上記の外南部線の50%

D、上記の外長春自駅発の0%(西側全部と東側1/5)

及吉長方面発の⅕　30％

△抗議の理由

(イ)特に多大の近距離となるに非ず現存の哈爾浜―奉天―葫の線と大差なきに斯る線を敷かんとするは一に満鉄虐めと解する外なく共存共栄の主儀に反す

(ロ)此種の線は純然たる満鉄並行線にして明かに条約違反なり

(二)安達より直接葫蘆島に至る線

△予想線二あり

E、安達―扶―鄭―彰―葫　八三一粁

F、〃―〃―通遼―葫　八五六〃

満鉄線によれば安―長―大　一〇七一粁

〃―〃―営　八五一〃

安―扶―鄭―四―大　一〇五五〃

〃―〃―〃―〃―営　八三五〃

△予想線の満鉄に及ぼす影響

満鉄の失ふ処は

E、F　東支西部線の70％と哈爾浜発の20％　並に四洮線発の70％　全体の16％

此以外東支西部線及哈爾浜発の残部並に四洮線発の残部に対しても相当の競争行はれ従而（したがって）満鉄にとり収入減となる虞れあり

△抗議の理由

此線は支那側より地方開発の為と云ふ強き主張あること予期せらるそれに対しての反対理由

(イ)日本は予而錦瑷線に対してすら支那も列国もそれを認めて該線の布設を中止せるに洮昂四洮のある今日更に其中間に線路を敷くことは錦瑷線以上の満鉄並行線となり明かに条約違反なり

(三)洮南より通遼に至る線

△距離は

G、洮南―通遼　二〇三粁

洮南―鄭家屯―通遼　三三八〃

△此線の満鉄に及ぼす影響

満鉄の失ふ処は洮昂線発及洮南駅発の80％

四洮駅の失ふ処は洮昂線発及四洮駅発の80％として凡そ十七万屯其の運賃として一八七万元を失ふこととなる

△抗議の理由

(イ)将来大に発展せんとする斉克線及洮昂線二合線の貨物を故意に満鉄線へ送らざる目的を有すと見られ満鉄支那鉄共存共栄の主義に反す

(ロ)満鉄の投資鉄道たる四洮線は将来洮昂、洮索及斉克線に合線よりの貨物を得ることにより初めて利益を得可きなるにそれを殆ど全部四洮線を通らぬ様にすることは著しく四洮線の利益を害し従而満鉄投資の安全を危殆ならしむ

参考資料

貨物の集まる駅の順位　昭和四年度

駅名	数量	パーセント	満鉄線の東側より来る分
	万屯	%	
長春	三〇八	六二	
東支より	二二七	四六	
吉長方面より	七〇	一四	
自駅	一一	二	六五%
四平街	五三	一一・五	
四洮方面より	三四	七・五	
自駅	一九	四	七二%
奉天	五三	一一・五	五%
開原	四〇	八	七〇%
公主嶺	二三	五	四四%
鉄嶺	一二	二	四五%

五〇〇

全体一、八五六万屯

更に東支の発地方別下の通り　四六%の内

西部線より	五二	一〇・五
ハルピンより	九八	二〇
南部線より	五二	一〇・五
東部線より	二五	五

注

（1）「(ロ)次に極めて強硬に敷設を主張す可き線」には線が引かれ削除されている。また、手書きで以下の記載あり。「此二線一括して急速敷設を要す」。

（2）手書きで以下の記載あり。「吉長線その他と吉五線との連絡」。

103　新線敷設に関する条約又は契約上の根拠

極秘　昭和六年三月調　交渉部渉外課

一、新線敷設問題の経緯

1、一九〇五年の日清満洲善後条約附属秘密協定第一条

該協定に規定したるは吉長鉄道の敷設に関するものにして満蒙に於ける新線建設に関する最初の約定なりしも、

既に建設されたるを以て問題にあらず

2、一九〇九年の間島に関する協約第六条

次で約定されたるは本協約第六条に於ける吉会鉄道の敷設に関するものなりしも、一九一八年迄交渉進捗せず

3、一九一三年満蒙五鉄道に関する交換公文

其後本公文の交換となり　日本は

a、四洮鉄道
b、開海鉄道
c、長洮鉄道
｝の借款権を得

d、吉海鉄道
e、洮熱鉄道
｝の借款優先権を得たり

右の内四洮鉄道は一九一五年の四鄭鉄道借款契約並に一九一九年の四洮鉄道借款契約により建造されたり

4、一九一八年の満蒙四鉄道に関する交換公文

帝国は一九一三年の満蒙五鉄道に関する交換公文の改訂を希望し、折衝の結果本交換公文となり開海、海吉を一線とし、新に臨海線を加へ、左記四鉄道の借款権を認めしめたり。

a、開吉鉄道
b、長洮鉄道
c、洮熱鉄道
d、洮熱鉄道臨海線

而して同年日本興業、朝鮮及台湾三銀行と支那政府との間に「満蒙四鉄道借款予備契約」成立し三銀行団は支那政府に対し二千万円の前渡金を交付せり

同年前記三銀行と支那政府との間に「吉会鉄道借款予備契約」も成立銀行団より支那政府に一千万円の前渡金交付されたり

5、其後の経過

右諸鉄道は主として支那側の内政関係より実現さるるに至らざりしが、一九二〇年新四国借款団の成立と共に左の二鉄道は該借款団に解放され

a、洮熱鉄道
b、洮熱鉄道臨海線

借款権あるは左の三鉄道のみとなり

a、開吉鉄道
b、長洮鉄道
c、吉会鉄道

更に右の内開吉鉄道は一九二四年洮昂鉄道の建設の代償とするの意味合より瀋海線の建設を承認し開海鉄道不建設を声明し、吉海線は抗議中なりと雖も支那側にて既に建設を了したれば、実際上借款権を行使し得る

状態にあるは左記二鉄道のみなり

a、長洮鉄道

b、吉会鉄道

右の内吉敦鉄道は一九二五年の吉敦鉄道建造請負契約により吉会鉄道の一部として建設されたり

6、一九二九年の山本、張（又は交通部）約定

斯て帝国の新線建設問題は甚だ心細き状態にありしところ前記山本条太郎氏と張作霖（又は交通部）との約定により左記各鉄道の建設請負契約の成立を見たり（吉五鉄道は支那側の記名調印成立年月日を欠如し居り、契約案に終りたるものなるべし）

a、敦老鉄道

b、老図鉄道

c、延海鉄道

d、長大鉄道

e、洮索鉄道

右五鉄道の内洮索鉄道は支那側の手により満鉄より材料を供給して建設中（一部開通）なり

7、其他

右の外支那側が建設を承認したるものに左の二鉄道あり

a、弓長嶺運鉱鉄道

b、渓城鉄道

渓城鉄道は現在本渓湖、牛心台間は既に開通

8、現在主張し得べき新線

斯の如くにして現在実際一応主張し得る新線は左記六鉄道と解せらる

a、吉会鉄道（敦老、老図間）

b、長洮鉄道（長大鉄道）

c、延海鉄道

d、弓長嶺運鉱鉄道

e、渓城鉄道

今満蒙に於ける新線敷設の経緯を一覧すれば左表の通りである。

然れども右五鉄道は何れも根拠たる契約は個別的に存在し、内容性質を異にすを以て其の効力につきては個別的に検討を要すべし。

殊に支那には国内法として民業鉄路規則、専用鉄道暫行規則等の実施さるるあり、近くは鉄道部にて立案せられたる鉄道法が立法院の審議中なりと云ふを以て、諸鉄道と此等関係法令との関係をも併せて研究するを要すべし。今此等の関係並に効力を検するに先立ち、契約等に現はれたる未成鉄道の内容を左に一覧すべし。

a、弓長嶺運鉱鉄道

二、新線敷設の根拠と其の効力

1、吉敦延長線（吉会鉄道）

a、吉会鉄道との関係

吉会鉄道中吉敦鉄道は其の一部として竣工、其の延長たるべき敦老、老図両鉄道も吉敦鉄道と共に吉会鉄道の一部として、将来吉会鉄道正式借款成立し支那政府が該借款を以て此等三鉄道を買収せむとする時は満鉄会社は之に応ずべきことは夫々交換公文に表示せられたる所なり。

b、主張の根拠

右敦老、老図両鉄道敷設の根拠は一九二八年五月一五日交通部代理次長趙鎮と南満洲鉄道株式会社社長山本条太郎との間に締結されたる吉敦鉄道延長建造請負契約（契約は敦老、老図の二鉄道に分たる）にして、其の原文左の如し（敦老鉄道建造請負契約）

中華民国国政府交通部（以下甲と称す）と南満洲鉄道株式会社（以下乙と称す）とは敦化より老頭溝に至る鉄道に関し請負契約を締結すること左の如し

第一条　甲は敦化より老頭溝に至る鉄道の建造（別紙建造計画書に依る）を乙に請負はしむ。

（備考）老図鉄道建造請負契約は固有名詞が「老頭溝より図們江岸に至る」とある他全部同一につき之を略す。

本鉄道建造契約は一九〇九年の間島協約第六条、一九一八年の吉会鉄道借款予備契約と関係ありと雖も該建造契約附属交換公文に依り之を解するに先づ建造請負をなし、次で正式借款契約を締結し本鉄道を買収するの立前となり居れるものと思料さるるに付正式借款契約成立せざる今日敷設の根拠は本建造契約に求めざるべからず

c、契約の効力

該契約の効力は契約書上に求めざるべからざるを以て、之が内容を検するに支那政府の契約当事者の記名調印として、「交通部代理次長　趙鎮」として「交通部印」及「交通次長」印あり。契約の形式としては完備せるものと解せらるるも代理交通次長にして斯る契約を締結するの権限ありや否やにて本契約の効力は決定すべし。当時代理交通部次長の権限が如何なるものなりしやは判明せざるも、権限如何に不拘（かかわらず）、支那国政府の契約を締結するの件を委任するの正式委任状あれば本契約の効力は充分なるものと解するを得べし。

果して有効なりとするも契約第三条には「起工期は遅くとも壱箇年を経過することを得ず」との字句あり然るに右期限は既に経過し居れるを以て新線の請負建設

満蒙に於ける新線敷設の経緯一覧

年			
一九〇五 善後条約	吉長		
一九〇九 間島協約	吉会		
一九一二	開通		
一九一六 満鉄五鉄	開海 吉海	長洮 四洮 洮熱	渓城（一九一四）
一九一八 満蒙四鉄	（吉会） 開吉	長洮 四鄭開通 洮熱 臨海	牛渓開通（一九一四） 弓長
一九二〇		四国借款団に開放	
一九二二		鄭白開通	
一九二四	放棄声明	鄭洮開通	
一九二八	吉敦開通		
一九二九 北京契約	敦老 老図 支那開通 延海	長大 洮索 支那起工	

を主張し得るや否や疑問なき能はず、尤も起工期限が経過せるに付ては其の起工期限の到来に先立ち一九二九年五月十一日社長名を以て東北政務委員会主席張学良宛、吉敦長大両鉄道の起工遅延は会社の責任に非ざるを以て契約の効力は起工遅延により何等影響を受くべきものに非ざる旨通告をなし居れり。

本件契約は起工期限の経過を以て解除条件とし居れるに非ざるを以て、契約の効力に何等影響を受くるものに非ざるは当然なるのみならず会社の起工義務の不履行につきては前述通告を以て債権者たる支那側の責任にあるを通知し居れるを以て、解除権、求償権は会社側にあるも支那側には全然なし、故に起工期の遅延を以て支那側が解除の請求をなすは勿論、無効を主張するは信義の原則上断じて為し能はざる所にして依然之が履行を主張し得るものと解するを得べし。

d、支那鉄道法との関係

支那鉄道法案は既述の通り目下立法院に廻付され審議中なる由なるも該法案にして原案の儘実施せられ、之が適用を受くるものとすれば果して如何なる影響あるべきや。該法案によれば「国有鉄道は迅速完全の目的に於て、外国専門会社の工費立替及請負を酌用することを得」(第八条)る旨の規定あるを以て本鉄道の敷設は正に之に該当すべく此の点は問題なし。次に注目すべきは借款優先権を認めたるものにして原約期間中に履行する能はざりしものは該法施行日より其効力を失ふ旨の規定なり(第十条)原文を見ざれば正確に判定し得ざれども「各路線の借款敷設の優先権」なる字句にして正確なる訳なりとせば右は借款の場合の優先権にして満蒙五鉄道に関する交換公文に規定せられたる吉海、洮熱両鉄道の如きを

満蒙未成鉄道の契約要項

鉄道名	約定性質	権利内容	当事者	備考
吉会鉄道	協約に基く契約	借款権	日本銀行団 支那政府	
敦老鉄道 老図鉄道	契約	工事請負権	満鉄交通部	
長洮鉄道	交換公文に基く契約	借款権	日本銀行団 支那政府	
長大鉄道	契約	工事請負権	満鉄交通部	
吉五鉄道	契約	工事請負権	満鉄 中華民国大元帥	未成立
延海鉄道	契約	工事請負権	満鉄 中華民国大元帥	
渓城鉄道	契約	合弁敷設権	満鉄 本渓湖煤鉄公司	軽便鉄道 牛、城間
弓長嶺鉄道	契約	合弁敷設権	飯田延太郎 東三省政府	軽便運鉱鉄道
洮熱鉄道 洮熱臨海鉄道	交換公文に基く契約	借款権	日本銀行団 支那政府	四国借款団に提供

指すものと解すべく、果して然らば現在主張し得る吉海、長洮の両鉄道は借款優先権に非ず借款権なるを以て該条に抵触せざるものと解せらる、然れども該字句を以て他に優先して獲得せる借款権なりと解すれば吉会鉄道借款予備契約は正式借款契約を予備契約成立の日より六ケ月以内に締結すべき規定あり(長洮は四ケ月以内)正式契約成立後工事を速成すべき取極となり居れば(長洮も同様)もし該法案が実施さるるに至らば効力を失ふこととなるべし。其他第八条には外資により鉄道を建設する場合「平等互恵にして主権を損せざる」ことを要するの字句あり、右は新鉄道借款をも認むる趣旨と解せらるるが、平等互恵主権云々の字句は、契約条項の一たる派遣員等に付実際上問題となる虞なしとせざるべし。斯の如く新法案は解釈によりては借款契約に影響あるものとも解せらるるも請負契約たる吉敦延長線敷設には何等影響なきものと思料せらる。尤も満蒙四鉄道、吉海鉄道両借款契約の如きは既に当時の支那国当該官庁が認許を与へたるものなるのみならず、夫々日支両国の間に交換或は締結せられたる満蒙四鉄道に関する交換公文並に間島に関する協約に基礎を有するものなれば、かかる国内法を以て一方的に取消すこと能はざるは明白なるところなりと解せらる。

2、長大鉄道(長洮鉄道)

a、長洮鉄道との関係

長大鉄道は長洮鉄道の一部を為すものにして長洮鉄道につきては一九一八年九月二八日の満蒙四鉄道契約成立し借款権あるも正式借款契約成立に至らざるを以て正式借款締結の要求はなし得るものと解せらるるも現在に於ては建設するの権利は有せず尚該予備契約と長大鉄道建設請負契約との関係につきては後者附属交換公文に於て将来正式借款契約成立したる場合は会社は該借款を以て本鉄道を買収せむとするに応ずる旨の約定をなし居れり

b、主張の根拠

一九二九年五月一五日交通次長と満鉄社長との間に締結せられたる長大鉄道建造請負契約(形式は吉敦延長線と同様に付き略す)

c、契約の効力

吉敦延長線と同様に論ずるを得べし、請負契約不履行の責任につきても吉敦延長線と共に学良宛通告を発し居れり

d、支那鉄道法との関係

吉敦延長線の項に述べたると同様につき略す

3、延海鉄道

a、主張の根拠

本鉄道は延吉より海林に至るものにして、一九二九年五月一三日中華民国政府大元帥張作霖と南満洲鉄道株式会社社長山本条太郎との間に締結せられたる延海鉄道建造請負契約を以てその請負建造の根拠とす、其形式は全然吉敦延長と同様につき略す

b、契約の効力

契約は前掲吉敦延長と同一形式なるを以て之を略するも、本契約の効力につきては考慮を要すべき二点あり、即ち、其一は署名調印の点なり、該契約書によれば支那責任当局の署名調印としては「閲准行」の三字と「張作霖印」の印章押捺しあるのみにして署名を欠く、此種の契約としては必ず官職名と署名の記入を要するは当然にして、之を欠如するは契約の効力の根本に影響あるものと解せらる、然れども支那の状態を見るに成文法完備せず当時の最高官たる大元帥が契約の一方の当事者たる場合かかる特殊なる契約に於て如何なる方式に拠るべきかは何等法典に示すところなし、かかる場合、許可を意味する字句を書き張作霖氏の捺印ある場合は有効と主張するを得べきに非ざる歟(か)、仮に之を有効とし次に効力上問題となるべきは起工期限の経過なり、此の点に関しては既に吉敦延長線の項に述べたるところなるが、本鉄道建設請負契約は起工期限を一年とせるにも不拘之に対し会社より当方の責任に非ざる旨の通告をなし居らざるにつき起工遅滞の責任の所在明白ならず、当事者の何れかに解除権、求償権発生し居ると解すべきも、事実は別として手続上何れにあるやを判定すべき証拠なし、故に支那側より契約の解除を求め来りたる場合、主張につき相当弱点あることを覚悟せざるべからざるものと思料せらる。

c、支那鉄道法との関係

何等影響なきものと解せらる。

4、弓長嶺運鉱鉄道

a、主張の根拠

本鉄道主張上の根拠は一九一八年一二月二二日飯田延太郎と東三省政府との間に締結せられたる合弁契約書にして、関係条項は左の如きものあり

契約書

外交部奉天特派交渉員関海清は東三省巡閲使奉天督軍兼省長張作霖の委任を受け日商飯田延太郎と弓長嶺鉄鉱を合弁開採するが為其の契約を議定すること左の如し

中華民国奉天省(以下甲と称す)は日本国商人飯田延太郎

（以下乙と称す）と共同出資の下に中日官商合弁弓長嶺鉄鉱無限公司を設立し奉天省遼陽県弓長嶺鉱石嶺興隆寺大鉱子小鉱子黄溝黄泥溝山南坡等三鉱区の鉄鉱を採掘する目的を以て双方の同意を経て条項を議定すること左の如し

第一条　本公司は中日官商合弁弓長嶺鉄鉱無限公司と称し専ら鉄鉱を採掘し及び其の附属事業を経営するを目的とし製鉄其の他の事業を兼営せざるものとす

本公司の本店を奉天に置き出張所を遼陽若くは橋頭に置くものとす

第二条　本公司は中華民国法律上当然行ふべき手続は現行鉱業条例及其の他関係諸法令に按照して弁理するものとす（以下略之）

第十一条　本公司は鉱産物を運輸する目的を以て鉱区所在地より運鉱鉄道を築造し南満鉄道本線或は支線と相連絡せしむ之が詳細の弁法は双方協議の上別に之を定む

第十四条　本契約成立後三箇月以内に於て公司章程を作製し採鉱工事に著手し開業の準備を実行するものとす若し契約成立後一年を超ゆるも工事を開始せず或は中途一年以上工事を停止するか或は乙方甲方の同意を得ず本契約上既得の権利を擅に他人に移転したる時は本契約を廃棄するものとす

（以下略之）

大正七年十二月二十二日

中華民国七年十二月二十二日

在奉天総領事　赤塚正助

外交部特派奉天交渉員　関海　清

飯田延太郎代表　野口多内

右契約第十四条の規定に依り翌一九一九年三月一日総弁野口多内、同李友蘭の名に於て中日官商合弁弓長嶺鉄鉱無限公司章程成立したるが、その第七条には左の規定あり

運鉱軽便鉄道敷設の件に就ては双方の株主より主務官庁たる交通部及農商部に向つて商議弁理するものとす

b、契約の効力

以上は運鉱鉄道建設主張の根拠なる処、該契約締結より十年以上経たる今日尚以て敷設を主張し得るや、仮に主張し得るとせば如何なる形式内容に於てなるや、此等は些か研究を要すべし、大正七年十二月の契約書第十四条によれば「契約後一年を超ゆるも工事を開始せず或は中途一年以上工事を停止……したるときは本契約を廃棄す

るものとす」とあり、本条を厳格に解すれば未だに起工するに至らざる実状にある今日支那側より契約無効の主張をなすことを得べく、されば運鉱鉄道敷設の主張も勿論根拠を失ふ次第なり、然れども本鉄鉱採鉱権の許可は漸く昨年ありたるものにして不起工の責任は全く支那側にあると云ふを得べきを以て支那側も単純に無効を主張し得ざるものと解すべく起工遅延に関して何等かの諒解成立し居るとすれば更に飯田側に有利なるべし、仮に此の点は有効なるものとして、効力問題に関し他の点より之を観察するに該鉄道は弓長嶺鉄鉱の鉱石運輸を以て其の目的とするを以て、鉱山の採掘権が確立せざる以前にありては理論上之が敷設はなし能はざるものなり、而して鉱業権を見るに、採掘許可証が下附せられたるは昨一九三〇年二月二十日なるも右は農鉱庁の許可証に過ぎず支那国内法より云へば農鉱庁の許可証下附は越権行為なるを以て該許可証は無効なりとも云ひ得べきが如し然れども支那政情の現在を以てしては已むを得ざることにして効力の有無は農鉱庁自身負担すべく採掘権者としては有効なりと主張するを得べし、既に採掘権確実にして支那官庁と結びたる契約に敷設を許すの条項ありとせば現在に於ては勿論主張し得るものと解せらる、唯軽便鉄道たるべきこと、線路は弓長嶺より満鉄本線又は安奉線の何れかの一方に敷設し得るのみなることは、注意を要する点にして、契約に運鉱鉄道敷設の詳細なる弁法は双方協議の上別に定むとあるを以て之が敷設につきては更に詳細なる弁法を取極むるの要あるべし

c、支那専用鉄道暫行規則との関係

而して右詳細なる弁法の取極は支那官憲（当事者として）と飯田との間に協議せらるべきものなるも、東三省政府と飯田との契約に依れば該「公司は中華民国法律上当然行ふべき手続は現行鉱業条例及其の他関係法令に按照して弁理する」こととなり居れるを以てもし詳細なる弁法を取極むる場合は関係法令たる「専用鉄路暫行規則」を準拠法とすべきものと解せらる。果して之が適用あるものとすればその影響如何、今要点を摘記すべし。

専用鉄道を敷設する場合は地方長官に申請し交通部の許可を経ることを要す（第三条）る規定あるところ本鉄道につきては中央当該官庁の許可なきを以て無効なりとの論も成立し得るものと解せらる、然るに本契約は東三省政府との合弁契約たるのみならず当時の支那の内政状態に於ては洵（まこと）に已を得ざりしところ仮令効力なしとするも責任は正に支那東三省政府が負担すべきものと主張するを

得べし
次は線路の距離の問題なり、専用鉄道はその延長二十支里を越ゆるを得ず但し特別の事情あるものは交通部の許可を得べしとの条項あり（第二条）本鉄道は調査に依れば軽鉄を敷設する場合弓長嶺橋頭間三四・五粁（キロメートル）、弓長嶺遼陽間三六粁あり、何れも二十支里を数倍超過し居れり、即ち該規則の適用を受くるとせば交通部の特別の許可を要する次第なり、然るに事実に於ては許可を得居らざるものなれども、既に契約を以て弓長嶺より南満洲鉄道本線又は支線に達することを許可せられたるものなるを以て前述同様新に許可を得るの必要なきものと解せらる。
次は諸規則に関するものなり、該規則によれば専用鉄道は敷設運輸其他各項の規則に関しては凡て交通部の許可を受くることを要する旨の条項あり（第九条）将来鉄道の敷設に関しては双方協議の上詳細なる弁法を取極むる場合は当然交通部の許可を経べきものと思考せらる
工事完成したる場合に関しても交通部の検査を申請し許可を得たる後に非ざれば列車を運転すること能はざるの条項あり（第十条）此の点も従はざるべからざるものと解せらる。
d、支那鉄道法との関係
本鉄道は専用鉄道と解せらるるを以て新鉄道法案が実施さるるとしても該法第一条に云ふ「専用鉄道条例」の適用を受くるものと解すべく、右新専用鉄道条例は未制定につき現在に於ては従来の専用鉄道暫行規則を適用さるるものと解するの他なかるべし。

5、渓城軽便鉄道

a、主張の根拠
本鉄道の一部をなす本渓湖牛心台間九哩（マイル）四鎖（チェーン）は一九一四年二月一日開通を見たるものなるが経営主体につき紛糾を重ね居たり一九一四年九月二五日奉天巡按使張錫鑾、南満洲鉄道総裁代理佐藤安之助、商弁本渓湖煤鉄有限公司総弁趙臣翼、同島岡亮太郎との間に締結せられたる覚書は経営主体を明かにすると同時に本鉄道敷設の法的根拠をなすものなり、今覚書全文を掲ぐれば左の如し

覚書

本渓湖より城廠に至る軽便鉄道（以下単に渓城鉄道と称す）に関する諸種の紛議を解決し且つ鉄道の成立を確実ならしむる為奉天巡按使南満洲鉄道株式会社（以下単に会社と称す）及本渓湖煤鉄有限公司（以下単に公司と称す）の各代表者は熟議の末左の条件を約定す
第一条　渓城鉄道の事業は会社及公司の合弁とし其の資

本は会社十分之七公司十分之三の割合たるべきこと
第二条　渓城鉄道の為公司出資の金額は会社より借款するを得べきこと
第三条　渓城鉄道の監督は公司の支那側総弁之を兼任し俸給を給せず理事は会社派遣の相当社員之を兼務す其の他の職員は事務の都合に依り適宜日支両国人より之を任用す
第四条　以上は本案を解決すべき大綱にして其の余の詳細弁法は会社と公司とに於て随時商定施行するものとす
本覚書は日支両文にて各三通を作製し各国関係者署名調印の上各其の一通を保留す
（日付、記名、調印、略之）
右覚書に基き一九一六年四月一八日南満洲鉄道株式会社総裁男爵中村雄次郎と商弁本渓湖煤鉄公司総弁王宰善との間に「渓城鉄路公所章程」成立し、その第二条に於て満鉄と煤鉄公司との合弁たる渓城鉄路公所は本渓湖より城廠に至る間の鉄道の運輸業並に其の他の附帯事業を経営し得る旨の約定を見たり。

b、契約の効力

本鉄道中牛心台、城廠間は未建設に属するも、這（これ）は主として経済的事情に基くものの如く、渓城鉄路公所が牛心台―城廠間に軽便鉄道を建設するにつきては前掲の根拠により何等支障なかるべきものと思料せらる。但し其の路線は何等決定し居らざるを以て此の点は何等かの取極を必要とするに非ずやと解せらる。

c、支那鉄道法との関係

本鉄道は現在城廠迄の敷設を認められ居るものにして、該法案第九条第十条により何等影響なきものと解せらる。

三、参考資料

1、開海鉄道不建設に関する公文

大正十三年九月三日　在奉天　総領事　船津辰一郎
東三省総司令　張作霖殿
奉天省長代理　王永江殿
拝啓　陳者南満洲鉄道会社長より今般東三省官憲より若（もし）奉天省側が奉天省城より海龍城に至る鉄道を自ら建設するときは日本側は開原より海龍城に至る鉄道を建築せざることを承認する旨正式に公文を以て表示方に関し当社より日本政府に経伺の依頼有之候に付ては帝国政府より右の趣旨を表示有之候様御配慮被成下（くだされ）度旨願出の次第有之早速本国政府に請訓に及びたる処右承認を与へ差支なき旨回訓に接し候仍（よっ）て本総領事は若奉天省側が奉天省城より海龍城に至る

鉄道を自ら建築するときは日本側は開原より海龍城に至る鉄道を建築せざる旨本国政府の訓令に基き此段特に及通牒候
敬具

２、起工遅延責任に関する張学良宛通告

拝啓　陳者弊社は客年五月十五日附契約により吉敦鉄道延長及長大鉄道の建造を請負ひたるを以て直に諸般の準備を了すると共に貴方に於て契約所定の鉄道局長を任命し弊社起工に支障無からしむる様督促を重ね来り候得共今日迄局長の御任命なく従て弊社として遺憾ながら起工に着手し得ざりし次第の処契約所定の期日も数日を余すのみと相成候に就ては此際直に該鉄道局長御任命相成弊社起工に便ぜしめらるる様致度候若依然として局長の御任命なく従て起工に遅延を来し候とも右は弊社の責に無之に付右に御了承相成度元来本件諸契約の効力は前記の如き貴方の都合に基く起工の遅延に依り何等影響を受くべきものにあらざること明白に候得共為念申添候
敬具

昭和四年五月十一日
南満洲鉄道株式会社社長　山本条太郎
東北政務委員会主席　張学良殿

３、中華民国鉄道法案

鉄道法（鉄道部にて立案し立法院にて審議中　交資三六号に拠る）

第一章　総綱

第一条　其一地方の交通を以て目的とするもの及一般運送業に非るものは、民業鉄道条例又は専用鉄道条例を遵照し、一般人民により集資之を経営することを得
民業鉄道条例、専用鉄道条例は別に定む

第二条　地方政府は省区内市民の交通発展の為、地方官営鉄道条例を遵照し、自ら〔空白〕款鉄道を敷設することを得。地方官営鉄道条例は別に之を定む

第三条　已に起工画定の国営鉄道にして、未だ起工せざるものに対し、商民は鉄道部の審査を経、行政院に呈請し、国民政府の特許を得て民業鉄道条例に依り株を募集し承弁することを得

第四条　国民政府所管の各要道は、悉く之を国有鉄道とし本法及国有鉄路各法令の規定を適用し、他国と合弁の鉄道或は特別契約委託にあるものは、契約抵触の各条を除き前項の法令の制裁を受くるものとす。

第二章　敷設

第五条　政府は全国要敷設鉄道完成の為、幹支線の起終点を調査審定し、其先後の序次国営民営を分別し、随時之

を公布することを得。
第六条　前条国営に属する各鉄道敷設工事の緩急は、財政上の状況に因り之を数期に分ち、毎期継続して施行することを得之に関しては鉄道部に於て定む
第七条　政府に於て予定線路公布後、変更増減の必要生じたる時は鉄道部より修正案を国務会議に提出し、其議決を経て国民政府之を公布するものとす
第八条　国有鉄道は外資を借用することを得。但し平等互恵にして主権を損せざるを限度とす。
国有鉄道は迅速完成の目的に於て、外国専門会社の工費立替及請負を酌用することを得。
第九条　何人と雖も鉄道部を経て行政院の許可を得、国民政府の特許を得たるものにあらざれば、中国領土内に於て鉄道を敷設延長或は買収を為すことを得ず。地方政府も亦鉄道部を経、行政院の許可を得、政府の特許を得たるものに非ざれば、外人と契約を訂立外資を借用して鉄道を敷設し、或は外人に前項の特権を准許することを得ず。
第十条　外交成案に因り、各路線の借款敷設の優先権を明許或は黙認せるものにして、原約期間内に履行する能はざるものは、本法公布の日より其効力を失ふ。
国際間に互認せる民国領土内の鉄道敷設権或は其範囲は、国民政府は一切之を承認せず

第三章　管理

第十一条　国有鉄道の管理権は全部鉄道部に属す。
第十二条　地方官営或は民業鉄道は鉄道部之を監督す。
第十三条　鉄道の土地収用は、土地収用に関する各法令に依り弁理すべきものとす。
第十四条　鉄道軌幅は一、四三五公尺即ち英尺四尺八寸半とす。但し特別の事情あるものにして鉄道部の許可を経たるものは此限りにあらず。
第十五条　鉄道一切の技術標準は、鉄道部公布の画一標準図式に依り弁理すべし。
第十六条　鉄道貨価等級連絡運輸は均しく鉄道部公布の法令を遵守して弁理すべし。
第十七条　国有鉄道地方官営或は民業鉄道にして、連絡運輸或は交互通車をなす時は、鉄道部公布の規定により弁理すべく、凡有用費及運賃は双方協議の上之を定め、意見一致せざるときは、鉄道部に於て採決するものとす。
第十八条　国有鉄道平時に於ける軍事運輸は、国民政府公布の軍運条例及鉄道部と軍政部商訂の各規定を按照切実履行すべく、戦時に於ては軍政部は臨時の処置をなし、

派員協同管理となすことを得。民業鉄道は平時戦時を問はず軍用に供するの義務あり、其規則は鉄道部に於て之を定む。
第十九条　鉄道建設の目的を以て募集せる公債は他途に流用することを得ず。
第二十条　国有鉄道の会計は、一切政府所定統一法規を遵守弁理すべし。
第二十一条　国有鉄道の収入或は剰余は、鉄道部事業拡張及整理に充つる外、債務償還及予備準備金となすを以て先とす国有鉄道収入にして、支出を敷衍する能はざる時は、国家は之を借債の担保とし、或は之に補助することを得。
第二十二条　国有鉄道の収入は、法律の規定に依るに非ざれば如何なる機関と雖も提用するを得ず。
第二十三条　国有鉄道は、一切の鉄道と関係ある附属営業を兼営することを得。

第四章　民業及地方官営鉄道の買収

第二十四条　政府は若干年内に、法定手続に依り、如何なる民業鉄道をも買収することを得、其掲示せる期間内に於て各該鉄道は合併或は他線買収行為をなすことを得ず。
第二十五条　政府に於て民業鉄道買収の価値は、現在財産の公平なる見積り及、最近三年間営業平均利息の合算を以てし会社と其金額を協定す。其詳細なる規則は鉄道部別に之を定む。
第二十六条　政府民業鉄道買収に当り、必要額限度内に於て公債を発行して之に充つることを得。
第二十七条　地方官営鉄道にして之を国有となす必要ある時は民業鉄道に準じ弁理することを得。

第五章　附則

第二十八条　本法は公布の日より之を施行す。

第三節　連絡運輸・並行線問題

104　満蒙に於ける支那側鉄道の我満鉄及借款鉄道に対する対抗策の避止に就て私見

極秘　五年七月三日仙石総裁に提出

交渉部　渉外課長

一、我方が吉長、吉海の継続を認め又吉海、奉海、京奉三線の客車直通を認むるならば結局吉海線に対し従来我方が為したる抗議及明治四十四年京奉線の奉天城根に達する事を認めたる協定の違反に対し我方が為したる抗議（昭和三年四月支那側が洮昂線の車輌を無断奉海線に廻入したるとき我奉天線領事は本協定違反につき抗議したり）を撤回する事となるにつき我方は単に既定の方針たる吉長、吉海の連絡運輸協定及運賃協定の成立及協定の精神より見て当然の処置たる前記三線直通客車の南満奉天駅経由以外に更に左の事項を此の際解決するを可と認む

1、吉敦、吉海、奉海、京奉四線吉敦、吉長、南満、京奉四線並吉敦、吉長、南満三線及吉敦、吉海、奉海、南満四線相互間の競争避止を主議上認めしむる事（葫蘆島及営口と大連との関係を考慮す）（吉海と奉海、奉海と京奉とは既に貨物の連絡協定を締結せり）

二、我方が通遼駅に於ける四洮、打通両線の接続を認むるならば結局打通線に関し従来我方が為したる抗議を撤回する事となるにつき此の際我方は斉克、洮昂、四洮、南満四線の貨物連絡協定及運賃協定を東支に対する場合と斉克、洮昂、四洮、打通、京奉五線に対する場合とに応じ夫々（それぞれ）適当に締結せしむる事（斉克、洮昂、四洮、京奉の四線連絡及四洮、京奉の二線連絡協定は既に成立せり）以上は主として貨物に就て述べたり、旅客運送連絡の問題は之が解決必ずしも至難にあらずと思ふ

若し之等の問題を先方より何等かの申出を俟ちて解決せんとせば或は時期を失すべく、支那側は望蜀の欲を以て着々我抗議を無視したる施設を為すべく、斯ては遂に各種の案件の解決を益々至難ならしむべきにつき此の際事の大小を問はず支那側の条約又は協定違反を機会として改めて抗議を提出し然る後抗議撤回の条件として前記各般の案件を解決せられたらば如何かと存ず

105　吉林接続問題、通遼連絡施設問題其他処理経過報告

極秘　昭和五年七月廿四日

昭和五年七月二日　山﨑渉外課長着京総裁に面接鉄道問題につき現状を陳述総裁の指図に依り本社に左の通り発電す

㈠吉長、吉海、接続に関する問題は中川代表に与へたる訓令通り進行せよ

㈡通遼に於ける連絡設備問題はもと々々今迄打通線の敷設及通遼連絡施設が我承認を経ずして行はれたる関係もあり二年十二月の北京協定に依る連絡設備すら認むる訳に行かぬ従て四洮に於て費用を出すことは出来ぬ強ひて先方に於て実行せんとするなら成行に任せよ

㈢直通旅客列車運転問題は吉長吉海接続問題と同時に解決せよ

昭和五年七月三日　総裁の命に依り山﨑課長穂積参事外務省に出向鉄道問題につき現状を報告す

昭和五年七月四日　本社より左の通り返電あり

万事総裁の御意見通り手配することとす、㈡に付ては若し四洮局に於て連絡設備をなさざる時は京奉側任意之を行うべく四洮局にとり頗る不利となる又従来当社に対し好意を有せる四洮局長を窮地に陥らしむる結果を来すことあるべく、㈢に付ては直通旅客列車は奉天駅に寄る筈になり居るとの情報あり之が事実とならば当社としては公衆の便宜上之を拒絶すること出来ず自然当社は海吉線を承認する形となるべし

右念の為め総裁に談じ置かれたし

同日　外務省より吉長海吉両鉄道連絡会議開催に関し石射吉林総領事よりの来電写及外務大臣の訓令写送付し来る

内容左の通り

石射総領事よりの来電要領

第一回

海吉側は無条件接続主張の態度を改め協定会議開催を申出来れるは営業成績不振の為め局面打開の必要に迫られたる結果と認められ若し我方に於て右接続問題を引延せば支那側の吉敦海吉連絡の企を刺戟する惧あるべく之に反し此の機運に乗ずるときは東北交通委員会をして吉長に執り相当有利なる連絡協定を承諾せしめ得べきかと思考す右中川へ回示の必要あり何分の御回電ありたし

第二回

海吉側は吉敦との接続測量を開始せりと中川の報告あり右は吉長海吉接続達成の牽制策ならんかとも思考さるる

も実況取調中なり尚情報に依れば海吉側は会議開催に付既に省政府の同意を取付け東北交通委員会に稟請中なりと右連絡問題に関する我方の対策は早きに及んで決定し置き時機を失することなく善処し得る用意あること必要なりと思考せらる

第三回

吉長海吉運賃協定会議開催に関し交通委員会委員長の承諾を得たるにより近く期日を定め開催したき旨郭濬海車務処長より申出ありたるを以て満鉄本社に指図を仰げりと中川より報告あり

第四回

海吉側より会議開催に関し催促し来れるに対し中川は再び満鉄本社に指図を仰ぎ同時に「先づ会議を開催進行し仮に議定したる事項に対し外務省の事後承認を求むることにしては如何」との私見を申送りたる由なるが本官は中川に対し事後承認云々は支那側をして線路接続を当然の帰結との念を抱かしめ甚だ面白からず不同意なる旨を告げ其の旨満鉄へ伝達する様申置けり

尚又支那側は吉林、北平間直通列車運転を来る七月一日より開始する予定なる由なるが右列車運転は京奉線延長に関する協約第六条の適用を受くべきものなりや否や右措置に関し政府の意向回訓ありたし

第五回

中川は本社に赴き運賃協定及連絡会議開催に関し総裁の指揮を仰ぎたるに

イ、外務省の承認を待つことなく支那側の申出に応じ差支なき旨指令ありたりと

満鉄は此際直に右会議の開催に応ずる意向なり

ロ、若し外務省より本官に対し未だ回訓なきときは右総裁の指令に基き措置し差支なきものなるや否やに付為念（ねんのため）本官より本省へ意向確かめ置かれたしと

ハ、仙石総裁は本件の如きは三月十八日の協議に於て大体自分に一任されたるものと思考し居らるる由

上記の通りなる旨中川より報告あり同人に回答の必要もあるにつき右満鉄の取計にて差支なきものなるや総裁へ一任云々の実否と共に至急回訓ありたし

前記石射総領事よりの請訓に対し外務大臣の訓令要領

満洲鉄道問題に関しては従来満鉄側の意見をも徴し之が対策を攻究し来り去る三月十八日仙石総裁とも協議を遂げたる次第なるが要するに支那側が満鉄にとりて致命的となるが如き競争線を建設せんとする際には之が阻止に努むるは勿論なるも然らざる限りはなるべく寛大の態度

を以て支那側に臨み以て彼我関係の調整を企画せんとするものにして海吉線の如きも永続性ある連絡協定の締結を条件として之が抗議を撤回せんとするものなり従て吉長海吉会議開催に付ても当方として別段異存なきに付右旨中川に指示差支なきも若し万一同会議に於て満鉄が満足する如き且永続性ある協定の成立を見ざるときは我方としては海吉線に対する抗議を持続せざるを得ざるやも計り難きに付其の含みにて会議に臨むことにしたし

総裁一任云々は「三月十八日に於ける協議の際総裁に対し本大臣より上述の根本方針に基き支那側と適宜接触方希望せるを」指すものなるべし

吉林北平間直通列車運転開始に関しては従来政府は海吉線建設並北寧瀋海連絡不承認の態度を持続し来りし立前上之を承認し得ざるが今後上述せる根本方針を取り且会議の模様を見ることとせる関係上省政府に対し又海吉瀋海両鉄道当局に対し若し満鉄が満足なる協定成立を見ざるが如き場合に於ては我方として当然本件直通列車運転にも抗議せざるを得ざるものなることを適宜承知せしめ置く様取計はれたしと

同日　中川代表より交渉部長に宛たる書面中に

会議開催に関し会社として主張すべき要点は先に御指示の条項のみにてよきや今一応御考究何分の御指示を仰ぐと

同日　前記の通り外務大臣の意向並中川代表より会社に請訓を求め来りたる関係もあり又従来の条件にては満鉄が満足し得ざる点あるを以て山﨑課長私見を陳述総裁の意向を確めたる結果総裁の承認を経本社に左の通り発電す

前電鉄道問題第一項吉長海吉接続問題に関し外務大臣が石射総領事宛発したる回訓に依れば満鉄が満足し且永続性ある連絡及運賃協定の成立を見ることを条件として会議に臨むことを要望しあり会社が中川に訓令したる条件と多少相違する様思はれ旁々〔かたがた〕中川よりも先きに指示されたる条件のみにてよきや否やとの請訓の次第もあれば会社は既定の条件を変更せらるる積りなりや至急御詮議の上総裁の決裁を経之を以て外務省とも事前に充分の打合を遂げ置きたし私見としては苟〔いやしく〕も海吉線に対する抗議を撤回するからには今少し条件を厳重にし吉長吉敦海吉瀋海北寧満鉄各線相互間の競争を避止すべき連絡及運賃協定をも条件とすること必要と考ふ尚海吉瀋海北寧直通列車問題と関連して御詮議願ひたし右総裁御承知なり

昭和五年七月十日　返電を催促したるに本社より左の電あり

吉長海吉の件は中川代表を社に招致し慎重に対策研究の上何分の返す中川病気なるが十七日頃出社し得る見込と

昭和五年七月二十一日　本社より左の通り返電あり

海吉線抗議撤回の条件として左記吉林総領事より外務省に請訓することとせりと

㈠東四省官憲と日本政府間に於て将来敷設せらるる海吉線の北方延長線（吉敦及其の延長線をも含む）の貨客の待遇に関し両経路により差別を為さざる様取極むること

㈡吉長海吉間に連運協定（運賃協定を含む）を設定すること

㈢吉長海吉奉海満鉄四線連絡運輸（運賃協定を含む）を設定すること

尚右の外吉林総領事より本件交渉不成立の結果支那側が任意に線路接続を敢行する場合外務省は如何なる行動に出づる意向なるやを予め確め置くことの電を発する筈

昭和五年七月二十二日　本社に左の通り電す

電見たが条件の変更につきては総裁帰任の上篤と審議せらるる筈

106　昭和五年十一月二十四日交渉部長室に於て吉長、吉海両線接続条件に関し会議を開催　協議要領下の通

特秘

列席者　木村部長　村上部長　石川次長
鈴木次長　山﨑課長　穂積課員

一、吉長、吉海両線接続条件たる十一月十七日付議重役会議案第二項即吉長、吉海、瀋海、満鉄四路連運及運賃協定をなすことは鉄道部として運輸上より見るときは良策と認め得ざるも政策上より見たる満蒙鉄道問題の一般及将来の対策上より観て此際左記交渉部の意見に同意す

交渉部意見

日本は共存共栄を提唱せんとする関係上一応支那側に対し其の趣旨を徹底せんが為満蒙全鉄道が共存共栄の精神により均衡公正なる条件の下に不正競争を避止し以て満蒙開発に協力する為相互に衡平なる運賃及連運協定を締結せんとするものにして吉長、吉海両線接続の如きも此方針の下に重役会議案第一項第二項条件協定成立後に実施したき旨を提示して以て支那側の意向を確めむとするものなり若し支那側之に応諾せざる場合は支那は前記の如き公正なる我提案を排除し何等互譲妥協の誠意なきものたる以上我社に於ても支那側の挑戦に対し自衛上已む

なく競争の挙に出るの外なき旨を中外に声明し以て日本の立場を有利ならしむるを得べし
只本接続条件は第一項第二項共容易に支那側の諒解を得難かるべきも今後の対支一般懸案交渉上如此〔このごとく〕我公正なる態度に拘らず支那側の挑戦的方針を明瞭にし置くこと必要なり
二、本交渉は容易に支那側の同意を得難かるべしと思はるるを以て自然交渉の進行は遷延すべく且亦目下出廻期に際せると既に工事期を逸せるを以て恐らく之を提案するも、その儘推移することとなるべきにより其の間本期の輸送成績を見たる上更に協定条件を再考するも可なり

107　連絡運輸、運賃、並行線又は競争線に関する協定案骨子

極秘　案

序

今次の鉄道交渉に於て我方が最少限度に於て得むとする支那側鉄路との連運及運賃の協定、満鉄線に対する並行線又は競争線の避止、既得鉄道借款権の確保と支那側が求めんと予想せらるる借款金額又は利率の低減、鉄路経営参加条件の緩和、吉林に於ける吉長吉海両鉄路の接続、通遼に於ける四洮打通両鉄路の接続、吉海　打通両鉄路に対する我抗議の撤回は斉しく相表裏し互に不可分の関係に在り、即ち本案連運及運賃の協定及並行線又は競争線に関する協定の成立のみを俟つて支那側の求めむとするものを与ふるものにはあらざること勿論なり
本案の骨子は我満鉄線に対する並行線又は競争線の建設避止を連運又は運賃協定なる経済的範疇の下に巧みに具体的に織り込まんとする用意に出でたるものなれど之が為め同一目的の下に存在する明治三十八年北京協約の附属了解事項には毫も触れずその儘その効力を存置せしめむとするものなり

連絡運輸、運賃、並行線又は競争線に関する協定案骨子

1、連絡運輸実施

㈠吉海、瀋海、満鉄の連絡運輸

㈲一般協定

一、吉海、瀋海、満鉄は双互の利益を増進し交通の進歩発展を期すべき見地に基き連絡運輸を実施すること
二、本協定鉄路中の一鉄路と本協定経路の延長と見做し得べき他の鉄路との間に連絡運輸をなす場合は本協定各鉄路との間にも亦連絡運輸をなすこと
三、奉天より瀋海、吉海経由吉林及び北平より北寧、瀋

海、吉海経由吉林間に旅客列車直通運転をなす場合は奉天より吉長経由吉林又は大連より吉長経由吉林間にも亦旅客列車の直通運転をなし得ること

(ロ)連運協定要項

一、瀋海満鉄間には現に貨物連運を施行せるを以て本連運の拡張として満鉄、瀋海連絡運輸協定に準拠し吉海を入るる三路の貨物連絡運輸協定をなすこと

二、貨車は積替を原則とす、但し一車扱貨物は必要に応じ相互協議の上貨車を直通せしむることを得

三、運賃は別に協定する特定運賃を除き各鉄路の合算とすること但し

社又は局用品の運賃に就ては別に定むる所に依る

四、協定各鉄路は連絡運輸別に運賃の差別をなさざること

五、運賃設定上必要なる金銀換算率は別に協定すること

(二)斉克、洮昂、四洮、満鉄の連絡運輸

(イ)一般協定

一、斉克、洮昂、四洮、満鉄は双互の利益を増進し交通の進歩発展を期すべき見地に基き連絡運輸を実施すること

二、前記同様

三、奉天より打通線経由斉々哈爾間又は北平より打通線経由斉々哈爾間に旅客列車直通運転をなす場合は奉天より四平街経由斉々哈爾間又は大連より四平街経由斉々哈爾間にも亦旅客列車の直通をなし得ること

(ロ)連運協定要項

一、四洮、満鉄間には現に貨物連運を施行せるを以て本連運の拡張として満鉄、四洮連絡運輸協定に準拠し洮昂、斉克を入るる四路の貨物連絡運輸協定をなすこと

二、前記同様

三、〃

四、〃

五、〃

2、同価運賃の設定

(イ)一般協定事項

(一)吉長、吉海、瀋海、四洮、北寧、満鉄の各路は無益の競争を避け平等の立場に於て双互の利益を増進する目的を以て運賃協定をなすこと

(二)各鉄路は本運賃協定の主旨を尊重し秘密割引、割戻等相手方の利益に反するが如き不正行為を為さざること

一鉄路の行為に依り各路の衡平を破るが如き事件発生の場合は各路協同之が廃除に努力すること

㈢本協定は永遠に且忠実正確に履行するものとす

㈺運賃協定事項

㈠左記両地点間の運賃料金の合計額は経路の如何を問はず客貨別及等級別に応じ同一なる特定運賃を設定すること

一、吉林より大連又は葫蘆島に至るもの

二、大連又は葫蘆島より吉林に至るもの

三、吉林より営口又は河北に至るもの

四、営口又は河北より吉林に至るもの

五、鄭家屯より大連又は葫蘆島に至るもの

六、大連又は葫蘆島より鄭家屯に至るもの

七、鄭家屯より営口又は河北に至るもの

八、営口又は河北より鄭家屯に至るもの

㈡吉林又は鄭家屯以遠発吉林又は鄭家屯を通過海港に至る貨物及び海港発吉林又は鄭家屯以遠に至る貨物も亦本特定運賃の運用を受くるものとす

㈢前項特定運賃設定上必要なる金銀換算率は別に協定すること

㈣本特定運賃を適用すべき貨物の品名に就ては別に協定すること

㈤特種事情に依り特定運賃改訂の必要生じたる場合は協定の上決定すること

3、満鉄線の新並行線又は新競争線建設避止

㈠満鉄及某(支那側)は其の各鉄路が斉しく満蒙の経済的発展に寄与すると同時に共存共栄の主義に合致せむことを庶幾する目的の下に満鉄又は東支南線を挟み吉海、瀋海、洮昂、四洮、北寧線の中間に於て新鉄路又は之に代はるべき交通路の出現を希望せず(但し長大線に就ては吉敦延長線と共に別途に規定せらるるを前提とす)その他之に隣接する地域に於て以上の各鉄路に接続しその現状に著しき影響を与ふるが如き新鉄路又は之に代はるべき交通路を設けんとする場合は各鉄路は斉しく之に依る利益に均霑(きんてん)すべきことを約す(但し通遼、洮南線は絶対に敷設せしめざる事を適当の機会に明約せしむ)

108　吉林を中心とし海港に至る特定運賃協定の必要

極秘

1、協定の必要

駅を起点として海港に至る運賃協定をなすの必要は吉長線の利益を擁護するのみならず之に依り支那側鉄道と満鉄の競争を避止し満鉄の減収を軽減ならしむるのみならず満蒙鉄道必要地点に対し衡平なる特定運賃及連運又は数量協定をなす前提を構成するものなり

2、運賃率比較

イ、穀類運賃

線別	等級	規定運賃 一瓲粁に付	割引運賃 一瓲粁に付	金換算五五円 一瓲一粁	金換算五五円 一瓲一哩
吉長線	四級	現大洋三、分○	○	一、銭六五	二、銭六六
吉海線	〃	哈大洋五、○ 現大洋三分五に相当	二割○二毛 二、分七九	一、五三	二、四七
瀋海線	〃	現大洋三、五	二割○二毛 二、七九	一、五三	二、四七
四洮線	〃	現大洋三、五	○	一、二五	三、一○
北寧線	〃	〃　三、○	○	一、六五	二、六六
〃関税報桟費負責加算		現大洋三、五五	○	一、九五	三、一四
〃穀類特定			一、八六	一、○二	一、六四
〃同上に関税報桟費負責加算			二、二三	一、二三	一、九八
〃穀類特定の三割引			一、三○	、七一五	一、一五
〃同上に関税報桟費負責加算			一、六八	、九二四	一、四九
満鉄線（連絡扱とし規定運賃率より二五銭を控除したるもの）					
長春—大連	三級	金銭 二、四六九	金銭 特定二、○一六	一瓲一粁 二、銭○一六	一瓲一哩 三、銭二四六
四平街—大連	〃	〃　〃 二、五○七	〃　一、九九四	一、銭九四四	三、銭二一○

奉天—大連	〃	〃 二、五六六	〃 一、八八〇	一、八八〇	三、〇二七
長春—奉天	〃	〃 二、六三一		二、六三一	四、二三六
〃 —営口	〃	〃 二、五三八		二、五三八	四、〇八六
四平街—奉天	〃	〃 二、七二六		二、七二六	四、三八九
〃 —営口	〃	〃 二、五八七		二、五八七	四、一六五
奉天—営口	〃	〃 二、七三五		二、七三五	四、四〇三
東支線					
哈爾浜—ボクラニーチナヤ			金 二、〇五七	二、〇五七	三、三一〇
哈爾浜—長春			二、三一八	二、三一八	三、七三〇
昂々渓—ボクラニーチナヤ			一、六六七	一、六六七	二、六五〇
〃 —長春			二、四八五	二、四八五	四、〇〇〇
烏鉄線					
ボクラ—浦塩 ハルビン発送			一、七二一	一、七二一	二、七七〇
〃 —浦塩 昂々渓発送			一、四一一	一、四一一	二、二七〇

以上の内北寧線は最低運賃率を示す

ロ、木材運賃

線別	等級	規定運賃 一噸粁に付	割引運賃 一噸粁に付	金換算 五五円 一噸一粁	一噸一哩
吉長線	四級	現大洋 三、分〇	二割五分 二、分二五	一、二三八	一、九八〇
瀋海線	〃	〃 三、五	五割六分 一、五三	、八四一	一、三五〇
海吉線	〃	哈大洋 五、分〇	〃 一、五三	、八四一	一、三五〇
	〃	現大洋二、分五に相当 現大洋対哈大洋	一〇〇対七〇		
満鉄線	〃	金 一、六八	二割五分 一、二六六	一、二六六	二、〇三八
〃	〃		特定 一、三二〇	、九九二五	一、六〇〇
	〃		二割五分 、九九二五		

3、距離の比較

A、吉林吉長経由満鉄奉天駅　二六八、八 哩

B、吉林吉海経由瀋海瀋陽駅　二七〇、一

Aの方短　一、三

A、吉林吉長経由満鉄奉天駅　二六八、八

C、吉林吉海瀋海経由満鉄奉天駅　二七六、九

Aの方短　八、一

D、吉林吉長経由満鉄クロス地点　二六七、四

E、吉林吉海瀋海経由満鉄クロス地点　二七五、二三

旧瀋陽駅を経由せず

Dの方短　七、八三

旧瀋陽駅を経由の場合はEは二七五、哩八三となりDは

八、哩四三短となる

以上に依り吉長線満鉄線経由の方距離短縮なるを示す

4、運賃比較

	銀対金　五五円 一車	一屯	同価となるべき金換算率
イの一、吉林より瀋海線瀋陽駅及満鉄奉天駅に至る穀類運賃比較（社線普通運賃）			
A、吉長経由満鉄奉天駅	三〇七、二六	一〇、二四	一〇一円
B、吉海経由瀋海瀋陽駅	二〇〇、三一	六、六八	
Bの方安価	一〇六、九五	三、五六	一屯当社線普通運賃　八、〇二
イの二、同上（社線特定運賃を適用の場合）			
A、吉長経由満鉄奉天駅	二四九、八六	八、三三	七八円
B、吉海経由瀋海瀋陽駅	二〇〇、三一	六、六八	
Bの方安価	四九、五五	一、六五	一屯当社線特定運賃　六、一四
ロの一、吉林より満鉄奉天駅に至る穀類運賃比較（社線普通運賃）			
A、吉長経由満鉄奉天駅	三〇七、二六	一〇、二四	九二円
C、吉海瀋海経由満鉄奉天駅	二二四、二四	七、四七	
Cの方安価	八三、〇二	二、七七	一屯当社線普通運賃　八、〇二
ロの二、同上（社線特定運賃）			
A、吉長経由満鉄奉天駅	二四九、八六	八、三三	六五円
C、吉海瀋海経由満鉄奉天駅	二二四、二四	七、四七	

Cの方安価	二五、六二	、八六	一屯当社線特定運賃　六、一四

ハ、吉林より営口及河北駅に至る穀類運賃比較（社線普通運賃）

C、吉長経由営口	四五三、三六	一四、五一	九一円
E、吉海瀋海北寧経由河北	二八八、八六	九、六三	
Eの方安価	一四六、五〇	四、八八	一屯当社線普通運賃　一二、二九

ニ、吉林より大連に至る穀類運賃比較（社線特定運賃）

E、吉長経由大連	四九二、六六	一六、四二	八〇円
G、吉海瀋海経由大連	四三四、九一	一四、五〇	
Gの方安価	五七、七五	一、九二	一屯当社線特定運賃　一四、二〇

ホの一、吉林より瀋海瀋陽駅及満鉄奉天駅に至る木材運賃比較（社線普通運賃）

A、吉長経由満鉄奉天駅	一一六、三七	五、八二	一一七円
B、吉海経由瀋海瀋陽駅	七三、〇四	三、六五	
Bの方安価	四三、三三	二、一七	一屯当社線普通割引運賃　四、〇九

ホの二、同上（社線特定運賃）

A、吉長経由満鉄奉天駅	九七、〇五	四、八五	九五円
B、吉海経由瀋海瀋陽駅	七三、〇四	三、六五	
Bの方安価	二四、〇一	一、二〇	一屯当社線特定割引運賃　三、一二

への一、吉林より満鉄奉天駅に至る木材運賃比較（社線普通運賃）

A、吉長経由満鉄奉天駅	一一六、三七	五、八二	九五円
C、吉海瀋海経由満鉄奉天駅	八八、九九	四、四五	
Cの方安価	二七、三八	一、三七	一屯当社線普通割引運賃四、〇九
への二、同上（社線特定運賃）			
A、吉長経由満鉄奉天駅	九七、〇五	四、八五	七〇円
C、吉海瀋海経由満鉄奉天駅	八八、九九	四、四五	
Cの方安価	八、〇六	、四〇	一屯当社線特定割引運賃三、一一
ト、吉林より大連に至る木材運賃比較（社線特定運賃）			
F、吉長経由大連	一七八、九二	八、九五	八八円
G、吉海瀋海経由大連	一五九、〇四	七、九五	
Gの方安価	一九、八八	一、〇〇	一屯当社線特定割引運賃七、二二

5、特定運賃協定の利害比較

イ、現状維持の場合

支那側は競争せんが為銀価暴落せるに不拘（かかわらず）之に順応する運賃に改訂せざるのみならず却て規定運賃を二割乃至三割（木材にありては五割六分の割引）割引して（運賃比較参照）運賃差を大ならしめ集貨に努めつつあり銀価が回復せざる限り満鉄に於て何等かの政策を講ずるに非ざれば長春奉天間に於て下の如き収入減は免れざるべし

現行支那運賃は運賃比較に示せる如く吉海瀋海経由の方吉長経由運賃に比し孰（いず）れも安価なるを以て吉林に出廻る貨物予想数量四〇万屯（木材三〇万屯、穀類一〇万屯）の内社内貨物及奉天以北に到着する貨物を除きたる数量（穀類一〇万屯、木材一〇万屯）は吉海瀋海経路に依り搬出せらるることとなるべく尚現行支那側の運賃にては吉長線沿道に出廻る貨物迄にも影響し吉林より樺皮廠間に南方より出廻る貨物は方向を転じ吉海瀋海経路に依るこ

ととなるべく予想せられ会社の享くる減収は下の通となるべし

普通運賃の場合　一、五七二、七〇〇円

特定運賃適用の場合　一、二〇二、八〇〇円

ロ、競争する場合

支那側と競争せんが為めには支那現行運賃と同価以下に値下せざれば効果なく且今日の情勢より見満鉄が競争を開始したりとせば支那側は益々反抗心を増長して貨客の待遇を極度に差別し且荷主に圧迫を加ふべきを以て満鉄の施設其の他輸送上有利の点ありと雖も従来の数量を吸収輸送すること不可能なるべく従て数量減と運賃値下の為長春奉天間に於て下の如き減収は免がれざるべし

吉林奉天間は吉海瀋海を経由するより吉長を経由する方距離短きも支那側現行割引運賃に対し同額となる、長春奉天間に於ける運賃割引額は下の通り

穀類にありては

瀋海瀋陽駅と満鉄奉天駅との場合

普通運賃八、円〇二の四割四分即三、円五六割引

特定運賃六、円一四の二割七分即一、円六五割引

両経路共満鉄奉天駅の場合

普通運賃八、〇二の三割五分即二、七七割引

特定運賃六、一四の一割四分即、八六割引

木材にありては

瀋海瀋陽駅と満鉄奉天駅との場合

普通運賃四、〇九の五割三分即二、一七割引

特定運賃三、一二の三割八分即一、二〇割引

両経路共満鉄奉天駅の場合

普通運賃四、〇九の三割四分即一、三七割引

特定運賃三、一二の一割三分即、四〇割引

吉長線の貨物を従来通り収集し又吉林に出廻する貨物社用品奉天以北其他を除きたる二〇万の内六割木材六万屯、穀類六万屯計一二万屯を吸収せんには両経路満鉄奉天駅到着の場合に於て穀類、木材共下の如く割引せざれば効果を収むること不可能と思考せらる

普通運賃の場合　四割以上

特定運賃の場合　二割以上

右に依る会社の減収は下の通りとなる

普通運賃の場合　七七五、四〇〇円

特定運賃の場合　四八一、五二〇円

ハ、特定運賃協定の場合

同価特定運賃の協定は満鉄優勢の立場にある場合は交渉容易なるも現下の如き銀安にて支那側運賃低廉の場合に

ありては之が協調容易ならず従て満鉄の減収を軽減せむが為支那側をして規定運賃以上に値上せしむることは銀価騰落の関係より見不可能にて結極規定運賃にて協定をなすこととなるべし

而て協定成立の場合に於ける輸送数量につきては荷主の向背に委することとなり予断し難きも満鉄の施設其他の関係より見れば有利に導かれ得べく且賃率は競争の場合に比し高率となるを以て満鉄の減収は軽減せらるるものと思考せらる左に輸送数量折半の場合に於ける会社減収額を算出せば下の通

普通運賃の場合	六四〇、〇〇〇円
特定運賃の場合	三五四、〇〇〇円

６、結論

以上に依り現状維持、競争、協定の三場合につき会社減収を比較せば下の如し

	普通運賃	特定運賃
現状維持	一、五七二、七〇〇円	一、二〇二、八〇〇円
競争	七七五、四〇〇円	四八一、五二〇円
協定	六四〇、〇〇〇円	三五四、〇〇〇円

右の如く輸送数量折半の場合にありても協定する方有利なるを示す尚東部競争線より支那側に於て遥かに競争力強大なる西部線に対し協調し数量協定又は運賃協定をなすことは現在及将来に於て満鉄の減収を軽減する上に於て尤も有利なる策と認められ本機会に於て接続条件として提議し協調の前提となすは機宜の処置と認めらる

次に三、四年の統計に依り奉天に到着する木材の状態を見るに下の如し

	昭和三年度	昭和四年度
大連より	一〇、二六七	二二、七四〇
瀋海より	五七七	二、八二九
長春より	二、一一〇	二、八八〇
吉長より	四九、五三九	一四、八〇九
吉敦より	七、三四二	二九、五八一
東支より	五六、〇〇二	三六、一六六
安東より	二六、七四三	三一、一六五
本渓湖より	八、七一六	六、四三五
朝鮮より	二、九五一	五、〇四一
其他	六、三七〇	五、九〇七
計	一七〇、六一七	一四七、五五三

吉敦吉長より到着する木材は五万屯内外にして従来吉長線を経由せしも今後は吉海を経由することとなるべく又東支及安東より到着する約七万屯の木材は吉林材を使用

することとなり吉海線を経由奉天に到着することとなるべく従て前記減収以外に減収を招来することとなるを以て特定運賃を協定し輸送量の増加を図るを得策とす
尚又吉海線、打通線並目下築造中の葫蘆島問題なかりせば銀貨の低落は東支との関係を有利に導き満鉄の収入を増加すべきものなるも吉海線の建設は吉林貨物に対し又打通線の建設は洮昂四洮を経由鄭家屯に来集する貨物に対し競争を惹起せしめ又葫蘆島港完成の場合は前記の地点は勿論奉天に来集する貨物に対し極端なる競争をなすの已むなきに至らしむ要は葫蘆島の開港期日並銀貨が幾何の程度迄昂騰すべきや、が問題なるも葫蘆島の呑吐開始は二、三年の後に遍り又銀貨は四囲の事情により急速昂騰を許さざる状態にあるを以て此際一応平和的態度を以て支那側と接衝社の収入を安定ならしむる協定をなし一方東支対抗策を講ずる方将来の為有利なりと認む、万一支那側に於て共存共栄の趣旨に反し互譲の道を辿らず我方の要求に応ぜざる場合にありては已むを得ず抗圧的極端なる競争の挙に出て満鉄の収益擁護に努むることとなすは対支政策上妥当なる策と思料せらる

109　北京条約会議に於ける並行線問題の取扱

極秘

並行線に関する条項は明治三十八年十一月二十九日第七回本会議に於て小村全権によりて提出せられたる追加条款六箇条中に含まれたるものにして並行線に関する原提案は左の如きものなり

第二　日清両国政府は南満洲に於ける鉄道の利益を保護するの必要あるに由り同地方に於ける鉄道敷設に関しては両国政府間に予め協議を整ふべきこと

華訳文〔省略〕

本条項の討議は他の追加要求と共に十二月四日の第十一回本会議に於てなされたるが、本条項に関しては支那全権は左の如く修正を要求し来れり

日本政府は東清鉄道契約期限内に於て若し南満洲即遼河以東各地方に鉄道を建設せんとするが如き場合には予め中国政府に向つて商議し以て鉄路の利益維持を期すべきことを承諾す〔抄録者訳文〕〔中国語文省略〕

この修正案を示されたる帝国全権は該修正案が全く我が提議の主旨と異なる旨述べ改めて「我案の精神は日本は既に南満洲に於て鉄道の経営を許可せられ之を経営する以上は相当の利益を得ざるべからず故に其利益を害するが如きこ

とせられては鉄道経営成立せず依て此事を協定し置かんと欲した」ものなりとて我主旨を説明し修正を拒絶したり之に対し袁全権は鉄道敷設は自国に関する限り他国に拘束せらるる謂れなきを述べたるも小村男及内田全権は交々(こもごも)他国に鉄道の権利を許したる以上「鉄道の利益を害することとなりては清国が地主として与へたる利益は空となる此利益に相当に保護するの責任は即ち此の利益を与へたる地主に有るにあらずや」而も「既に南満洲に於ける鉄道敷設のことに付ては清露両国互に協議すべしとのことを露国に許されたるを以て日本も亦之を移せるに過ぎず之を承諾せらるるとも重大の影響はなからん」と述べ更に露国の長春―法庫門―新民屯線敷設要求の風聞あるを述べ斯くては我方に非常の打撃を与ふるものなりと添へたり。之に対し袁全権は「清国にては貴国の管理せらるる鉄道に対抗するが如き鉄道を造り南満洲鉄道の利益を害するが如きことは断じて為さざるなり又斯様のことあらば貴国は異議を唱ふるを得べし此の鉄道の利益を保護することは当然のことなり」と言明したるにより小村男はすかさずその主旨を明になし置きたきを以て条約にあらずとも可なるを以て会議録にても記録し置くべしと主張し、仍(よっ)て袁全権より左の如き草案を示したり

中国政府は東清鉄道を維持するが為該路未回収前に於て該路附近に並行幹線を建設せざるべきことを承諾す（抄録者訳文（中国語文省略））

これに対し小村男は「鉄路」の下に「利益」の二字を挿入すること「幹路」と限定するは不可なることを指摘、袁全権は「幹路は建設せざるも枝線は敷設して差支なきにあらずや」と反問したるも小村男は「両方とも含めざるべからず枝線にても貴国にては利益ありと認めらるるも我方にては東清鉄道の利益に障害ありと認むることあるやも知るべからず故に日本の承諾なく勝手に敷設せらるることは我に大なる関係あり」と主張したり

仍て袁全権は更に修正案を示したり

中国政府は東清鉄道の利益を維持するが為該路未回収前に於て該路附近に並行幹線及該路の利益に有害なる支線を建設せざるべきことを承諾す（抄録者訳文（中国語文省略））

我全権は之を我主旨と合致するものとし、我提案を取消し右修正案を会議録に留むることとなりたり

粤漢鉄道追加契約　一九〇五　回収済

一九〇〇、七、一三　於華府

清帝国鉄路局総弁　盛宣壊

中英銀公司

第十七条　本追加条約を締結する目的は利益が公司により其後継者若くは其指定人に渡され得べきを許すにあり然れ共米国政府は他国人に此契約の権利を譲渡するを得ず又総弁は本鉄道に有害なる並行線の敷設を許すことなし

北京山海関鉄道還付協定追加協定

一九〇二、四、二九

第五条　一八九八年十月十日附協約第三条を以て枝線或は延長線の建設は北清鉄路管理処に於て実施さるべきことに協定せられたるが本鉄道現存の利益を確保するが為に、本協定の精神は茲（ここ）に確認せられたり。仍つて現存線路の各部分より八〇哩（マイル）の範囲内に於ける凡ての鉄道の―本協約の日附より以前に借款契約を調印せざるものの―建設は北清帝国鉄路局総弁に依つて実施せらるべし

右に依る線路次の如し

北京或は豊台より長城に至る以北の一線路

通州より古治或は唐山に至る一弦線

天津より保定府に至る一線は帝国北清鉄路の利益のために他の手に帰することを許可せざるべからず

一九〇二、四、二九　北京に於て調印

署名　エルネスト　サトウ

署名　袁世凱　　胡郁芬

備考

一九二八、一〇、一〇　附協約

山海関牛荘鉄道借款協約

第三条　中後所より新民庁に至る一鉄道線路の建設及該線路上の十三站付近の一点より営子に至る一鉄道線路及女児河より南票炭坑に至る一枝線の建設に対しては総弁は茲に特定せる新線路の建設は本契約の日附より三個年の期間内に完成すべきことを約定せり

滬寧鉄道借款　一九〇三、七、九、締結

盛　宣　壊

中英銀公司

第十七条第二項　督弁大臣及銀公司は互に書面上の允許を与へたる場合に非れば上海南京鉄道の幹線及枝線の経過区域内に於て他人をして之に競争すべき鉄道並上海南京鉄道の方向に併行すべき線路を建設せしめて本鉄道の利益を毀損するを得ず

広□鉄道借款　一九〇七、三、七

中英銀公司

清国外交部

清国政府は更に本鉄道と競争して之に損害を及ぼすべき他の線路を建設せざるべきことを承諾せり

110　支那借款鉄道経営参加条件の変改案骨子

極秘

一、序

会社の借款鉄道に対する現行の経営権参加程度は

イ、吉長の如く委任経営の下に運輸、工務、会計三主任の外約五十名の随員を派遣して経営の全権を掌握せるものあり

ロ、四洮の如く運輸、会計の二主任及保線技師の外七八名の助手を派遣して経営の枢機に当り居るものあり

ハ、或は洮昂の如く顧問一名助手二名

ニ、又は吉敦の如く会計主任一名助手数名の派遣に止むるものありて一定する処なし（洮昂顧問は現在の処未だ所定の権限を実施し居らず、吉敦に対しては契約通り会計主任を派遣するに至らず）

然るに吉長経営に関しては吉敦鉄道請負契約附属往復文書に於て交通部長よりの「……吉敦吉長両鉄道は其の延長孰れも短く之を区別営業するときは多大の経費を要するを以て統一営業の必要有之候に付吉敦鉄道全線開通の際本総長より貴会社に対し両鉄道合併方法並吉長鉄道契約に必要なる改廃を行ふの提議を為すべく貴会社は其の協議に応ぜられ度」旨の公文あり会社は之に応諾したる関係上昭和三年十二月八日右合併問題に関し支那側は委員を任命し会社に協議方申出来りたることあり

其の後一回督促ありたるが斎藤理事の……本件交通委員会の申出に応ずる外なしと思考するも交通委員会及両鉄道局長異動の形勢も見ゆるに付本社としては協議日取を延ばし置く方得策と思ふ……旨の意見に従ひ支那側に対する回答を差控へ其の儘となりたる経緯もあるが何れにするも結局は支那側の要求を斥け難き問題にして此の際吉敦鉄道に於て一会計主任の派遣に迄譲歩し其の権限も極度に低減したる現状を改め且は北寧、京滬等に於ける外国人の参加権が極度に縮少せられたる時代の大勢に抗して四洮程度の管理権を獲得せむことも到底不可能の挙なるべし

本案は大体右の見解に基き四洮、洮昂、吉長、吉敦各線を通じ同一の経営関与方法を定めむとするものにして比較的穏当と思考せられ且最実現性の豊富なる最後案を示したるものなるが夫れさへ実際交渉に当つては第五項に列挙せる権限即「運賃の制定又は変更、他線との連絡運

輸其の他本鉄道の財政に影響を及ぼすべき重要事項に関しては局長は会計主任と協議すべき」旨の規定等に関しては相当難関に逢着すべきことを予期し居れり

二、案

一、会社は会計主任一名及其の随員四名以上を派遣す（説明一）

二、会計主任の俸給其の他一切の給与及待遇条件は政府と会社との間に於て協定す（説明二）

三、局長又は会社は何時にても六ケ月前の予告を以て会計主任又は随員を更迭せしむることを得るものとす（説明三）

四、会計主任は経理事務（予決算及用度事務を含む）を組織管理し又本鉄道に関する一切の収支書類に局長と連署す（説明四）

五、運賃の制定又は変更、他線との連絡運輸其の他本鉄道の財政に影響を及ぼすべき重要事項に関しては局長は会計主任と協議の上鉄道部の認可を経て之を決定す（説明五）

六、随員の俸給其の他一切の給与及待遇条件は局長と会計主任との間に於て之を協定す（説明六）

説明一、

1、会計主任一名に限りたるは洮昂に於て顧問一名、吉敦に於て会計主任一名に限りたる前例あると北寧京滬之に於て外国人権限の著しく減殺せられたる大勢に鑑み三主任派遣の到底不可能なることを予期したるが為なり

2、顧問なる文字は支那側の喜ぶべき処なるも之を止めて会計主任としたるは実務掌握に対し名義上に於ても便ならしめむが為なり

3、会社に於て派遣する趣旨は債権者たる会社の代表者たる地位を明確にし従て職務遂行を確実ならしめむが為なり

4、随員を四名以上とせるは大体此の程度以上の陣容を必要と思考したるが為なり

説明二、

1、派遣員の俸給は会社支弁とすることに於て其の権威を発揮する理なれ共実務に当る以上支那側より受くるも不合理に非ずと考へ従

2、従前通り支那側より受くることとしたり、同じ理由に依り給与其の他の待遇条件は直接政府と交渉することとせり

説明三、

予告期間六ケ月は多少長きに失するが如くなるが余りに短期間に過ぐるときは支那側の悪用すべき虞れなきやを考慮したるが為なり

説明四、

本項は会計主任プロパーの職務にして最重要なるものなり

1、会計事務とせずして経理事務としたるは金銭出納以外予決算の編成、用度事務等をも包括せしめむとするものなり

2、組織管理とは経理事務処理以外人事、職制等をも掌握せむとするの意なり

説明五、

本項は運輸主任を傭聘せしむることとせば当然運輸主任の職務中に包括せらるるものなるが、本案に於ては運輸主任を譲歩し会計主任のみと為したる関係上其の権限内に入るることとせるものなり

本項は会社の営業上より見るときは極めて重要なる権限なるが支那側としては恐らく此の儘採用することを肯ぜざるべし支那側不承知の場合の限度を定め置き度

説明六、

随員の身分関係は主任に比し比較的軽微なるが為会計主任局長間の裁量に一任することとせり

三、現行各借款鉄道派遣員規程

1、吉長鉄道

第三条　政府は会社の南満洲鉄道を経営せる成績顕著なるに鑑み本鉄道を借款期限内会社に委託し代（かわっ）て指揮、経理並営業せしむ但し借款全部の還清を終りたるときは会社は鉄道線路、建造物、車輌及諸設備等を普通営業の場合に於ける良好なる保存状態に於て政府代表者に引渡すべし

第四条　会社は前条の目的の為日本人三名を選任し之を工務主任、運輸主任及会計主任の各職に当らしむべく其の俸給は政府と会社との間に於て之を協定すべし

前項の各主任は会社より其の姓名及履歴を交通部に通知したる後就職するものとす更迭の時亦同じ会社は本条第一項の主任中一人を選び代表者と為し本契約の範囲内に於ける会社の権利義務の執行をなさしむることを得

重要事務に関しては会社の代表者又は各主任は必ず予め局長と協議の上之を処理し議纏らざる場合は双方より各別に交通部及会社に報告し交通部と会社との間に於て之を決定すべし

本鉄道に於ける収入支出一切の証書類は局長の連署を経

て其の効力を生ずるものとす
運賃の制定及増加減免並各種条規の制定に関しては予め局長と協議せる上に非ざれは公表することを得ず
第五条　本鉄道に於ける日支職員の任免黜陟及俸給の制定は主任に関するものを除き局長・会社の代表者協議の上之を定むべし但し支那人職員に関するものは局長之を提議し日本人職員に関するものは会社の代表者之を提議す
第六条　日本人職員にして左記事項の一に該当するものあるときは直に局長より会社或は会社の代表者に通知し即時之を解傭せしむべし
一、任に堪へざるもの
二、操行修まらざるもの
三、約束を守らざるもの
四、法規に違反する者
五、上長を侮慢するもの
2、四洮鉄道
第十四条　会計主任には日本人を以て之に充て督弁に於て会社の同意を得て之を任命す
其の傭聘契約は督弁に於て之を定む会計主任は会計部所要内外人員表を督弁に提出し督弁之に依りて任命を行ふ会計主任は右人員各自の分担事務を定む会計主任は本公債期限内督弁又は総弁の命を承け本鉄道に関する支出に付一切の書類に総弁と連署す
本鉄道に関する諸勘定は会計主任指揮の下に支那各鉄道通行簿記法に依り日支両国語を以て記帳すべし
鉄道局は其の営業開始後毎年度終了後に於て日支両国語を以て決算報告書を刊行し請求に応じ之を交付すべし
第十六条　督弁は日本人一名を運輸主任に任命す運輸主任は督弁及総弁の命を承け運輸を掌る
本鉄道の工事完成し技師長の任務終了したる場合には督弁は更に日本人一名を保線技師に任命し技師長の職を解くべし保線技師は督弁又は総弁の命を承け鉄道の保存を掌る運輸主任及保線技師は督弁に於て会社の承諾を得て之を任命す其の傭聘契約は督弁に於て之を定む
3、洮昂鉄道
第五条　局長は乙(即ち会社)の推薦する顧問一名を本鉄道に傭聘すべし其の傭聘契約は局長に於て之を定む
前項顧問の権限は別に之を定む
附属往復文書(ハ)洮昂鉄道顧問傭聘契約に関する往復文書
……顧問は本鉄道に関する一切の収支を代管し且本鉄道に関する支出に付一切の書類に局長と連署することとし其の職務を遂行するに必要なる二名以内の日本人助手を

採用することを得ず右顧問は弊社を代表するものと致度候間御同意被成下(くだされ)度候

附属文書(二)　洮昂鉄道の運賃に関する往復文書

……右鉄道は弊社鉄道の運輸と連絡関係有之候に付ては右鉄道の運賃は将来弊社と協定することに御同意相成度

4、吉敦鉄道

第六条　本鉄道全線の運輸を開始したるときは局長は会社よりの立替金完済に至る迄会社内に於て会計事務に精通せる日本人一名を聘傭し之を会計主任と為すべし

会計主任は局長の命を承け専ら会計事務を掌り其の記帳方法は国有鉄道会計規則に準拠すべく一切の収支書類に局長と連署すべし

会計主任の聘傭契約は局長に於て締結の上交通部の認可を求むべし

但し不適当なるときは局長に於て随時之を解傭することを得べく其の改訂契約の手続亦同じ

本鉄道の営業収入は総て中華民国貨幣を用い中日両国の確実なる銀行に分割預入すべく各銀行は当時の利率に依り利息を附すべし

会計主任は職務の執行に必要あるときは局長に請求し酌定の上日本人数名を採用することを得

附属往復文書　会計主任聘傭に関する往復文書

……規定有之候処弊会社に於て右会計主任を以て弊会社の代表と為し爾後吉敦鉄道と弊社との関係事項は之と協議せらるることに御同意相成度

四洮鉄道に関しては会社の借款契約の外正金銀行の締結せる四鄭鉄道借款契約あり、同契約に定むる処は会社の四洮鉄道借款契約に定むる処と異る処なし

従て会社側に於て仮令四洮鉄道借款契約の改訂を行ふも四鄭公債の償還完了せざる限り四洮局は公債所持人に対し契約条項の履行を強制せらるる訳合なり

右に対し会社の関する関係に於ては大正八年九月八日附四洮鉄道借款契約附属文書(イ)四洮鉄道借款契約と四鄭鉄道借款契約との関係に関する件に於て「四鄭鉄道借款契約及同契約附属往復文書の条項に依り横浜正金銀行が有する権利義務に関する一切の事項は同行の委任に依り弊社に於て代弁可致」……の規定により公債所持人の権利の代表者として三主任を派遣する外四鄭鉄道借款契約上に定むる各種権限を行使すべき責任を免るるものに非ず

極秘

1、日本側にて実施の連絡運輸状況

一、満鉄四洮連絡運輸

本連絡運輸は大正六年九月頃より四洮局の申出に依り臨時的に取扱ひ来りたるを大正七年四月より正式連絡運輸に引直し爾来最も円満なる発達を遂げ吉長線と共に社の培養線としての価値を充分発揮し来りたるものなり

又連絡運輸協定の骨子及び最近に於ける連絡運輸成績に付略述せば次の如し

Ａ　連絡運輸協定

(一)四平街駅構内四鄭鉄路局連絡設備に関する協定(大正七年五月)

(二)直通貨車に関する契約(大正七年四月十九日)

(三)四平街駅舎共同使用に関する契約(大正九年十二月)

右協定契約の要約は

(イ)両鉄道用地境界より南満四平街駅に至る間に於ける線路機関車灰坑其他設備は南満に於て之を建設無償にて四洮の使用に供すること

(ロ)線路其他設備にして改築及模様替を要するときは相互協議の上決定工事は南満にて施行すること

(ハ)駅舎及構内に於て必要なる設備は満鉄にて為し之を無償にて四洮の専用に供すること

(ニ)貨車は相互に直通せしむ

此の外満鉄四洮間には現に客車を融通使用しつつあるが右は正式協定は支那側の反対あるを虞れ局長の諒解を得て車務処長と当社鉄道部長間の往復文書により之を実施せり

尚当駅に限り四洮線の貨車の構内人替は別に契約して一切当社之を行ふこととせり

Ｂ　連絡運輸成績

(イ)貨物

	社線発四洮着	四洮発社線着
昭和一年	一七一、五五七、五米屯	四一九、三九四、二米屯
二年	一四一、七一二、七　〃	三三一、四三六、九　〃
三年	一四四、〇七一、　〃	二六四、一三二、三　〃
昭和四年	一八九、二一三、二　〃	二三五、三四〇、一　〃

(ロ)旅客

	社線発四洮着	四洮発社線着
昭和一年	二五、二九一人	三九、八四三人
二年	二四、五一〇〃	三七、三六六〃
三年	二五、七〇五〃	三二、〇四四〃
四年	二一、四五五〃	三四、六二三〃

二、満鉄吉長連絡運輸

本連絡運輸は大正七年八月より開始し爾来今日に至る迄

拾余年間健全なる発達を遂げ四洮と同様社の培養線としての価値を充分発揮し来れり

Ａ　連絡運輸協定

(一)吉長、南満、両鉄道に関する協定(明治四十三年九月十日)

(二)長春駅共同使用協定(一九一九年五月締結 一九二五年四月改訂)

右協定を要約すれば

(イ)接続線を建設すること建設は吉長にて為し費用を吉長南満にて折半負担すること

(ロ)吉長鉄道主要駅と満鉄主要駅との間に直通旅客及貨物連絡の取扱を為すこと直通旅客は南満長春駅にて乗り換をなし直通貨物は吉長長春駅にて積替をなすこと

註　其後大正八年十二月貨車直通をなし吉長長春駅に於ける積替を廃せり

(ハ)満鉄は満鉄長春駅舎及構内に必要なる設備を為し吉長の専用に(無償)供すること

Ｂ　連絡運輸数量

(イ)貨物

	社線発吉長着	吉長発社線着
昭和元年	七〇、〇四七　屯	四五八、六七七、二屯
〃二年	九〇、一二一、八	五三一、八二二、七
〃三年	八二、〇八九、二	五〇五、〇九五、七
〃四年	五八、〇八九、三	四二一、五七〇、八

(ロ)旅客

	社線発吉長着	吉長発社線着
昭和一年	二、四九二人	二一、九〇八人
二年	二、二八五	二一、八七〇
三年	三、四三九	二一、四九三
四年	三、〇二二	一九、一一一

三、吉長線経由満鉄吉敦連絡運輸

本連絡運輸は正式に之を取扱へば満鉄、四洮、洮昂、三線連絡と同一の運命に会ふを恐れ昭和二年十一月吉長南満鉄代表の斡旋により満鉄吉長間、吉長吉敦間に別箇の協定を締結し之によりて実質上満鉄吉敦連絡運輸実施を見るに至りたるものにして素より形式として完備せるものに非ずと雖も仮令将来京奉、瀋海、吉海、吉敦四線連絡実施さるるとするも案に破棄せらるるが如きこと万なかるべし

Ａ、連絡運輸成績

(イ)貨物

	社線発吉敦着	吉敦発社線着
昭和三年	一、五九二、六屯	一〇一、五八四、九屯

昭和四年　二、一三七、九　一六五、八三一、九

(ロ)旅客

	社線発吉敦着	吉敦発社線着
昭和三年	一人	三一八人
〃　四年	一〇人	一、五一〇人

四、満鉄、瀋海、連絡運輸

本連絡運輸は大正十五年一月より昭和三年九月迄交渉の回を重ぬること実に参拾余回、其の間協定破棄問題洮昂車輛流用問題等日支間の交渉事件を惹起せるを始めとし幾多の迂余曲折を経て昭和三年十月一日より愈々貨物連絡運輸の実施を見るに至りたり

茲に留意を要する点は北寧鉄路局は自己の利益に立脚し名を国有鉄道統一に藉（よ）り盛に交通部又は東北交通委員会を動かし満鉄、瀋海間の関係を疎隔せむと謀れるに反し瀋海は実際上満鉄と提携し大連港と結ぶに非れば自立の途なき現状を知悉するが故に密に款を満鉄に通せむとし満鉄又厚意を以て彼を遇し瀋海は社の培養線として価値を発揮せり

A、連絡運輸協定

(一)南満奉海連絡運輸暫行協約(昭和三年一月二四日)

協定の内容を略述せば

(イ)接続線は甲乙両線を建設甲線は南満奉天駅より南満本線の南側に沿ひ四〇〇粁三〇〇附近より太平河附近を経奉海奉天駅に至り乙線は南満奉天駅より南満本線の北側に沿ひ四〇二粁六〇〇附近にて南満本線と交叉し其の下方を直通し太平河附近を経奉海奉天駅に至る連絡線其他設備は南満用地内に在るものは満鉄にて建設管理維持し南満用地以外のものは奉海にて建設管理維持すること

(ロ)両鉄道は各自の奉天駅に於て対手方列車の進入其他に対し必要なる設備を為し且管理維持すること

(ハ)連絡貨物の積替は南満発奉海著貨物は奉海奉天駅にて奉海責任の下に積替を為し奉海発南満着のものは南満奉天駅にて南満責任の下に之を行ふ旅客の連絡運送は連絡線完成後直に施行すること

註　車輛直通の事実上之を認むることとし協定表面には直通の字句を記載せざることとなれり(右は交通委員会が北寧より先きに満鉄と直通協定することを承認せざるためにして事実上は総て直通し居れり)

B、連絡運輸成績

貨物

	社線発、瀋海着	瀋海発社線着
昭和三年	三九、八〇一、六屯	一三九、三九〇、七屯
昭和四年	六二、一八七、五〃	二八六、一一三、九〃

2、支那側にて実施の連絡運輸状況

支那側鉄道相互間の連絡運輸は打通線瀋海線及吉海線建設後台頭し来りたるものにして、新興支那の国貨国鉄主義の提唱に基因するものなり

今之を東部及西部関係に分ち略述すれば次の如し

一、東部関係

(イ)北寧瀋海連絡(昭和三年十二月二十八日より実施)

本連絡会議は昭和二年十一月二十五日より北〇にて開催されたるが北寧、瀋海間に貨車直通問題に付意見の相違を見解決するに至らざりしが昭和三年十二月二十八日より旅客、貨物共実施せらるるに至れり

(1)貨物

昭和四年度　瀋海発　一九、〇〇〇瓲
　　　　　　北寧発　三、四二五瓲
昭和五年度　瀋海発　八八、一五七〃
(四月より十一月迄)
　内　瀋陽、皇姑屯着　六〇、八三二瓲
大部分石炭なり
　　　　　　北寧発　二七、一七一瓲

(2)旅客未詳

(ロ)瀋海吉海連絡運輸(昭和四年十一月十日より実施)

吉海鉄道昭和四年五月全通するや本連絡問題も必然的に論議せらるる所となり七月大体の討議を終了せり然るに当時未だ吉林分点までの線路建設せられざりしを以て之が建設を待ち実施することとなり昭和四年十一月十日より旅客貨物共実施せらるるに至れり

連絡運輸成績

(1)貨物

昭和四年度　吉海発瀋海着　四七、九一二瓲
　　　　　　瀋海発吉海着　二七一瓲
昭和五年度　吉海発瀋海着　三一、四七八瓲
(四月より十一月)
　　　　　　瀋海発吉海着　五、四八七瓲

(2)旅客未詳

(ハ)東四路連絡運輸(北寧、瀋海、吉海、吉敦)

東北交通委員会は昭和五年三月二十六日附を以て東北鉄路連運会議を天津に開催するに付北寧、瀋海、吉海及吉敦各鉄道は代表者を派遣すべしと命令せり之より先き北寧鉄路局長は瀋海、吉海両鉄道に対し満鉄に対

抗し利権の回収を図るため三線連運を開始したき旨通知すると共に連運契約草案を之等鉄道に送付せりと称せらる

前述の如き関係に於て本連絡会議は昭和五年四月一日より天津北寧鉄路総局内に開催せられ

(一)鉄道間接続駅
(二)旅客連絡運輸
(三)貨物連絡運輸
(四)客貨の運賃
(五)車輛直通
(六)直通電信架設
(七)移別特別運送
(八)北京、吉林間直通列車運転
(九)鉄道間交互計算

等の諸問題を議了し昭和五年七月一日より実施の予定なりし所準備整はざりしため実施することを得ざりしが

旅客連絡は昭和五年十月十日より実施し貨物の連絡は昭和六年一月二十四日より実施せらるるに至れり

此の結果北寧、瀋海、瀋海、吉海間に取極めありたる連絡協定は単独なるものとし之を無効とすることとなれり

二、西部関係

(イ)西四路連絡運輸(北寧、四洮、洮昂、斉克)

昭和二年十月打通線の建設完了し十一月より全線営業を開始するや交通部は十二月一日命を発して四洮、洮昂両局長を北〇に招集し次いで四月十二日北寧、四洮、洮昂関係者を北〔空白〕に招集し十二月一日より北寧四洮連絡運輸会議を続いて十二日より北寧、四洮、洮昂三線連絡運輸会議を開催せり其の結果

(一)四洮線通遼駅を拡張し連絡設備をなすこと
(二)北平斉々哈爾間直通旅客列車運転
(三)貨車直通
(四)旅客貨物の連絡運輸
(五)満鉄に対抗するための運賃割引

等を議決細目事項の協議を経次第実行に移る筈なりしが南京事件、上海事件、北伐等対内的事情の為実施の期を逸したりしが張作霖の爆死後政情稍(やや)安定を見るに至り交通部の後を享けたる東北交通委員会は再び本連絡運輸の実現を計画し昭和三年十一月関係鉄路代表者を奉天に招集し連絡運輸会議(細目協定会議)を開催し貨物連絡運輸の打合には相当時日を要するを以て之を

後回しとし先づ旅客連絡細目協定をなし同年十二月三日より之を実施せり

貨物連絡運輸は昭和四年五月より六月迄の間に関係鉄路代表者会議を開催し同年九月二十日より実施の予定なりしが北寧にて準備整はざると運送責任問題等のため実施に至らざりしが十二月之等の問題も解決細目協定成立するに至れるを以て昭和四年十二月二十五日より貨物連絡も亦実施せらるるに至れり

連絡運輸実績

昭和五年度（四月より十一月）　北寧着　二七、五八六瓲
（七月十月）　北寧発　七、二九一〃

3、支那鉄道と満鉄との対抗関係

一、支那側の態度

支那側との連絡運輸は鉄道本来の使命に依り円満に発達し来りたるが昭和元年満鉄洮昂との連絡運輸会議の決裂を魁けとして以来幾多の障害続発するに至れり

然して連絡開始以来拾数年間日支交通及鉄道相互間親善の楔子となり一面支那の国内鉄道連絡運輸事業促進に多大の効果を齎らしたる日中連絡運輸関係迄累を及ぼさむとするに至れり

日中連運に関する対日態度の激変及其の満蒙鉄道に対する干渉の事実は交通部が各鉄道に対する訓令に依て之を察知し得らるべし

今之を例示せむに

(イ)昭和三年二月交通部より東三省各鉄路局長及省長宛訓令

交通部の許可を経ず独断にて満鉄の招集により満鉄との連絡運輸協定締結したる奉海の不始末並独断にて満鉄との連絡運輸契約改定をなしたる四洮の処置を叱責し爾後国内連絡たると国際連絡たるとを問はず総て事前に交通部に申出づることを要し交通部に於て酌量の上交渉の衝に当り各鉄道の単独交渉を許さず

(ロ)昭和三年八月交通部より四洮局長宛訓令

交通部は前号に記載せる如き奉海及四洮の不法行為を指摘し満鉄との各種協定事項の改修に当りては新旧を問はず交通部の審議を経たる後初めて其の効力を返生するものたるべき旨を指示す

(ハ)昭和三年一月交通部より吉長鉄路局長宛訓令

交通部の許可を経ず昭和二年十月満鉄と締結したる鉄道省線吉長線間連絡運輸便法は無効とする旨訓令す

(ニ)昭和二年十月四洮洮昂両局長宛訓令

満鉄との連絡運輸協議に当りては両鉄道協調し満鉄借

款利子軽減を条件として四洮洮昂同一方針にて満鉄に望むべき旨を指示す

(ホ)昭和二年十一月関係各鉄路宛訓令

京奉、四洮洮昂三鉄道連絡運輸並京奉奉海鉄道連絡運輸協定促進方に関し訓令す

此の支那政府の干渉なるものは昭和三年六月北京政府崩壊後は東北交通委員会之を継承するに至りたるものにして同会の陣容漸次整ふや旧政府と変らざる根強き干渉を試むるに至り其の交通政策は排日的且保守的にして事の大小を問はず、苟くも我国鉄道との提携に便し又は満蒙に於ける邦人の事業を助成するが如き事項に対しては事の損得に拘らず之を敬遠し又は迫害する態度に出づることを常とせり今其の顕著なる例を示せば次の如し

a理由なく国際運輸会社に対する四洮線運賃後払契約を解除せしむ

b理由なくジャパンツーリストビューローの四洮線乗車券代売を解かしめたるが最近中国旅行者に之が代売委託方の慫慂す

c北寧、瀋海、吉海、吉敦連絡会議の開催を命ず

d東北政務委員会は遼寧、吉林、黒龍江、熱河各省政府及各鉄路局に対し運賃低率方を指令す（昭和五年八月）

e吉黒官塩を北寧、瀋海、吉海経由吉林に輸送すべき旨の訓令を発す

f東北交通委員会の決議により郵便物は努めて国有鉄道に拠らしむべく昭和五年九月十五日より実施せられ吉黒両省共に迂回しても満鉄線通過を避けることとなる

其他日々の情報は事毎に支那側の反満鉄熱を強調し居るがその事例を一々挙げ得ることは繁雑なるに付省略す

二、支那側の吸貨策

瀋海又は打通線の開通延て吉海線の開通は直ちに支那側鉄道の吸貨策を促進せしむるに至れり

即ち社線の東部関係にありては瀋海線先づ西安及海龍附近の貨物に対し運賃割引をなし開豊線又は馬車により社線開原又は其の附近に出廻る貨物の吸収に努め且吉海全線開通するや昭和四年十一月吉海瀋海連絡運輸を実施且極端なる運賃割引を実施せるを以て吉林方面の貨物は多く吉海瀋海に吸収せらるの状態となり社の勢力圏に於ける貨物の移動を甚だしく不自然ならしめたり

又西方関係に於ては打通線の開通により北寧はその古き歴史と支那鉄道中最も堅固なる地盤とを利用とし東北交

通委員会と提携し凡(あら)ゆる吸貨策を実施せり

今之等吸貨施設及運賃上に表はれたる吸貨策に附東部関係及西部関係に分ち略述せば次の如し

連運実施

(A)東部関係

(イ)北寧、瀋海連絡開始　昭和三年十二月二十八日

昭和四年度実績　瀋海発　一九、〇〇〇噸

北寧発　三、四二五〃

昭和五年度　瀋海発　八八、一五七〃

(四月より十一月迄)

(内瀋陽、皇姑屯著六〇、八三一屯大部分石炭なり)

北寧発　二七、一七一噸

(ロ)瀋海吉海連絡開始　昭和四年十一月十日

昭和四年度　吉海発瀋陽著　四七、九一二噸

瀋陽発吉海著　二七一〃

昭和五年度　吉海発瀋海著　三一、四七八〃

(四月より十一月迄)

瀋海発吉海著　五、四八七噸

(ハ)東部四路(吉敦、吉海、瀋海、北寧)　連運協定成立

昭和五年六月(未実施)

(B)西部関係

(イ)四路(斉克、洮昂、四洮、北寧)連運実施　昭和四年十一月二十五日

昭和五年度　(四月—十月)北寧著　二七、五八六噸

(七月—十月)北寧発　七、二九一〃

(A)東部関係

(一)瀋海線　西安発各駅著　普通運賃の二割引

東豊発　〃　〃　一割五分引

(二)瀋海、吉海連絡特定運賃

一車扱小口扱共吉海発瀋海瀋陽著正規運賃の一割乃至六割引とせり其の中最も重要なる穀類の割引運賃を示めせば次の通り

	発駅	正規運賃	割引運賃	割引率
東站	吉海	七、三二	三、五九	五一%
	瀋海	九、〇二	四、九一	四五%
総站	吉海	六、九七	三、四八	五〇%
	瀋海	九、〇二	五、〇二	四四%
口前	吉海	六、二四	三、六五	四二%
	瀋海	九、〇二	五、九〇	三五%
西陽	吉海	五、〇七	三、六二	二九%
	瀋海	九、〇二	六、五七	二七%

双河鎮	吉海	四、二六	三、四八	一八％
	瀋海	九、〇二	七、五七	一六％
取柴河	吉海	三、七七	三、三五	一一％
	瀋海	九、〇二	八、二六	一一％

(B)西部関係

(一)斉克、洮昂、四洮線関係　なし

(二)北寧線関係

昭和四年十二月五日より実施のもの(穀類のみに適用)

(イ)通遼、天津車站間　原特定運賃(屯哩銀三銭)の二割五分引即ち銀十一円五十二銭

(ロ)通遼、天津以西北平以東間　原特定運賃の二割五分引

(ハ)瀋陽、天津間　原特定運賃の一割五分引銀十一円十七銭

(ニ)瀋陽、天津以西北平以東間　原特定運賃の一割五分引

(ホ)通遼、営口間　特定運賃の三割引一屯銀五円〇三銭

(ヘ)営口、秦皇島発通遼著一、二、三、四、級　普通貨物(既に特定あるものを除く)に対し三割引

但し十一月末日迄とせるも十一月一日より更に六ケ月之を延長せり

(ト)営口、瀋陽間三、四、五級品　一率に屯銀三円とす

三、満鉄の態度

支那鉄道と満鉄との対抗関係が昭和四年以来窮迫するに至りたる主なる原因は銀価の暴落による中国鉄道運賃安と利権回収熱に伴ふ中国鉄道の運賃割引其他諸施設の実行にあり今其の大要を述ぶれば大正十四年一三〇円を下らざりし銀価は昭和元年に入り印度幣制改革の具体化其他の弱材料に加へ郭松齢の反乱を一転機として著しく下落し遂に九〇円台となり打通線の建設されたる昭和二年引続き瀋海、吉敦両鉄道の完成せる昭和三年の両年に於ては猶一〇〇円を前後しこの程度の銀価にては満鉄の運賃に対し更に脅威を与ふる所なく之等支那側鉄道が日支間に種々の交渉問題を惹起せるにも拘はらず満鉄の打撃は至つて僅少にして瀋海、吉敦の如きは寧ろ社の培養線としての働きを完ふせり

然るに吉海線が完成されたる昭和四年に入りて我が国の金解禁見越を材料として銀価は低落の一途を辿り年末に八〇円となり更に昭和五年に入り一般的銀の生産過剰と世界的不況を原因として釣瓶落しに下落し遂に同年六月五三円台を出現すると共に漸く中国人の間に銀建運賃たる中国鉄道の運賃安に対する注意を喚起し忽(たちまち)にして社線輸送の手控となり中国鉄道利用の好地位にある中国商人は俄然六月中旬頃より打通線並皇姑屯経由の北寧線利用

に移り従来嘗て例を見ざる四平街穀類の打通線経由河北著となり又開原穀類の皇姑屯経由河北著の珍現象を見るに至れり

斯の如き銀価下落による中国鉄道の運賃安に加へて新興中国の利権回収熱は弥（いや）が上にも赫熱し東北交通委員会を中心とする国貨国鉄主義の提唱となり満鉄を挟み東部に東四路連運（北寧、瀋海、吉海、吉敦）西部に西四路連運（北寧、四洮、洮昂、斉克）の実現を見尚極端なる運賃割引をなし税金其他運送附帯費用の軽減を策したる結果遂に満鉄をして中国鉄道対抗運賃を設定するの已むなきに至らしめたり

然りと雖右対抗運賃は支那側鉄道と殆んど同価となるべき運賃を設定し経路の選定は荷主の自由裁量に依らしむることにせるものにして社は積極的に競争の挙に出でたるものに非ず

四、満鉄の吸貨政策

前述の見地に基き第一運賃割引対策第二運賃以外の対策を樹立し着々対抗の実を挙げつつあり今之等の状況に付略述せば次の如し

第一、運賃割引対策（以下鉄道部調に依る）

満鉄の対策は運用の円滑を期するため主として特殊機関たる国際運輸株式会社をして割引運賃を実施せしめ居れるが過去及現在の対策の主なるもの左の如くにして大体の対抗関係を窺知し得べし

A、穀類（輸出貨物）

1、四平街発営口著割引運賃　国際扱

(1)目的　打通経由河北著に対抗

(2)割引運賃　一瓲に付金二円五〇銭引

(3)規定運賃　同　金九円七九銭

(4)割引率　二割五五

(5)期間　自昭和五年六月二十日
至　〃　十一月末日

(6)四平街以遠の社線発にも本運賃を均霑せしむ

(7)成績　オール社線経由　一、〇四二車
打通経由河北著　一六五車

備考、期間を十一月末日迄と為せるは営口開河中に限り対抗の必要あるに依る

2、開原発営口著割引運賃　国際扱

(1)目的　皇姑屯経由河北著に対抗

(2)割引運賃　一瓲に付金一円二〇銭引

(3)規定運賃　一瓲に付金七円七九銭

(4)割引率　一割五四

(5)期間　自昭和五年八月一日
　至同　十一月末日
(6)開原附近の社線発にも本運賃を均霑せしむ
(7)成績　左の通にして皇姑屯経由河北著の優勢なるはその殆ど全部が政商東永茂の取扱にして北寧線に特別のコンネクシヨンあるが如くに見らる
　オール社線経由　一〇九車
　皇姑屯経由河北著　七七二車

3、四洮線並同以遠各駅発営口著割引運賃　国際扱
(一)目的　打通経由河北著に対抗
(二)割引運賃　一瓲に付金四円五〇銭引
(三)規定運賃　同　金九円七八銭
(四)割引率　四割五九
(五)期間　自昭和五年十月二十日
　至同　十一月末日
(六)成績　社線経由　七九車
　打通経由　二一六車
註、右打通経由の成績良好なるが元来が営口との取引に地の利を得たる上に特殊契約に依るものが大部分なりし為ならむ

備考

営口港は十二月に入ると共に所謂結氷期となり港が閉鎖さるるを以て輸出貨物たる穀類は十二月以後営口に向くるとせば解氷期たる三月中旬までストックせらるることとなり斯くては大量貨物の長期保管に基く量目欠減、金利等の不利ある上に河北駅は之等大量貨物のストック設備なき為自然結氷期中の北寧経由は取引を中断するの余儀なきに至ることは略（ほぼ）明なるを以て営口著吸貨運賃は以上何れも十一月末日を以て打切りたるものなるが営口解氷期前適当の時機には再び割引政策を行ひ北寧経由輸送を牽制するの要あるものなり

4、四洮線発開原著割引運賃　一般特定
(一)目的　開原の市場的勢力を利用して四洮線貨物を社線経由に誘引し併而（あわせて）開原市場の振興に資する為大豆、高粱に限り割引するものなり
(二)割引運賃　一瓲に付金七二銭引
註、四洮連絡大連著運賃一瓲一一円七四銭と四洮線貨物を一旦開原にて打切り更に大連向発送する場合の運賃計一瓲一二円四六銭との差額を軽減せるものなり
(三)規定運賃　一瓲に付二円五二銭
(四)割引率　二割八六

㈤期間　　自昭和五年十一月十四日
　　　　　至同　六年四月末日
㈥成績　　未　詳

5、吉敦線各駅及吉長線吉林、九站、孤店子、樺皮廠駅発大連埠頭著割引運賃　国際扱

㈠目的　　吉海、瀋海連絡に対抗
㈡割引運賃
　各駅発全部を挙ぐることを省略し代表として吉林発を左に掲ぐ
　吉林発
第一回（十一月十五日より）一瓲に付　金一円五〇銭引
第二回（十二月　三日より）同　　　　金二円五〇銭引
第三回（十二月十五日より）同　　　　金三円七〇銭引
　註、右数回に亘り割引率を変更せるは吉海、瀋海連絡運賃が九月一日、十一月二十七日、十二月二十五日の三回に亘り割引率を逓増せるがためなり
㈢規定運賃　一瓲に付金一四円二〇銭
㈣割引率　　第一回　一割〇六
　　　　　　第二回　一割七六
　　　　　　第三回　二割六一
㈤期間　　自昭和五年十一月十五日
　　　　　至同　六年六月末日
㈥成績　　実施後十二月末日迄
　　　　　長春経由　　九八二車
　　　　　吉林瀋海経由　二七六車

6、四洮、洮昂線発大連埠頭著欧米向板粕及粉粕原料大豆割引運賃荷主と特約

㈠目的　特殊粕の欧米輸出助長及北寧線打通経由対抗吸貨のため日清、三井、三菱の特殊製造者に原料大豆の割引をなすものなり
㈡割引運賃　一瓲に付金二円七五銭乃至三円八五銭引
㈢規定運賃　一瓲に付一一円七四銭
㈣割引率　　二割三四乃至三割二八
㈤期間　　　自昭和五年十月一日
　　　　　　至昭和六年九月末日
㈥成績　　　未詳

7、斉克線発大連埠頭著大豆割引運賃　国際扱

㈠目的　　東支線に依る浦塩経由並打通経由に対抗
㈡割引運賃　一瓲に付二円乃至二円五〇銭引
㈢規定運賃　同　　　　一一円九九銭

㈣割引率　一割六八乃至二割〇九
㈤期間　自昭和五年十二月一日
　至　六年　九月末日
㈥成績　未詳

8、四洮線鄭家屯以遠洮昂線泰来以南発大連埠頭著穀類及種子割引運賃　国際扱
㈠目的　打通線経由に対抗せしむるため
㈡割引運賃
　輸送数量
　一〇〇車以上に達したる場合一瓲に付　金弐円
　三〇〇車　〃　金弐円五〇銭
　五〇〇車　〃　金参円
㈢期間　自昭和六年二月四日
　至〃　九月末日
㈣成績　未詳

B、麦粉（輸入貨物）
イ、営口発奉天著割引運賃　国際扱
㈠目的　営口より北寧経由奥地向に対抗
㈡割引運賃　一瓲に付金二円引
㈢規定運賃　〃　金五円一六銭
㈣割引率　三割八八
㈤期間　自昭和五年　八月九日
　至同年　十一月末日
㈥奉天以遠著に対しても本割引運賃を均霑せしむ
㈦成績　オール社線経由　三二五車
　北寧（皇姑屯）経由　一九七車

ロ、大連発奉天著割引運賃　一般特定
㈠目的　麦粉に対する営口市場と大連市場との対抗関係を考慮し営口と同時に大連を以て北寧輸送に対抗の為
㈡割引運賃　一瓲に付金三円八八銭引
㈢規定運賃　一瓲に付金七円七六銭
㈣割引率　五割
㈤期間　自昭和五年　八月九日
　至同　年十一月末日
㈥奉天以遠著は託送替に依る
㈦成績　三九一車

ハ、麦粉に対する右運賃は十一月末日を以て打切りたるは営口が流氷期間に入り港の閉鎖と共に河北駅と河南との交通杜絶せるに因るが遼河が完全に結氷せば河南河北間の氷上交通自由となるを以て輸入後営口にストックされたる貨物が再び北寧経由奥地に向

けらるるを以てその時は略右と同様の運賃割引をなす予定にて既に手配済なり又解氷後も引続割引を要し殊に最近の銀貨(ママ)下落振に依るときは従来より更に強度の割引を必要とすべし

C、民塩（奥地向土産貨物）

イ、営口、太平山、蓋平発奉天著割引運賃　国際扱

㈠目的　北寧経由に対抗

㈡割引運賃　一瓲に付金二円五〇銭引

㈢規定運賃　〃　金五円一六銭

（営口発なり、太平山、蓋平発も略同じ）

㈣割引率　四割八四

㈤期間　自昭和五年十月一日

至同　十一月末日

㈥奉天以遠著にも本割引を均霑せしむ

㈦成績　左の通にして北寧経由の優勢なるは瀋海線向が絶対的に北寧瀋海連絡を有利とせしため瀋海向の殆ど全部を奪はれたるがためなり

社線経由	営口発	三九車
	太平山発	七〇車
	蓋平発	一〇車
	計	一一九車
北寧（皇姑屯）経由		一五四車

ロ、民塩割引運賃も麦粉と同様に十一月末日一応打切りたるも遼河氷上交通開始と共に極近に前同様割引運賃を実施する予定にて手配済又解氷後も引続き実施の予定なり

D、曹達灰及苛性曹達（輸入貨物）　国際扱

曹達灰及苛性曹達はその取扱商たるブランナーモンド商会が本拠を大連に有する関係より大連経由を以て北寧に対抗するものなり

㈠目的　ブランナーモンドが営口の太古洋行の仲介に依り北寧経由に依らんとする明なる傾向を未然に防止するため

㈡発著駅　大連埠頭、吾妻駅発遼陽以北各駅著及吉林著

㈢割引運賃　約三割引内外

㈣期間　昭和五年十月二十八日より当分の間

㈤年間数量予想　約一〇、〇〇〇瓲

E、吉敦線及吉長線吉林著砂糖、麦粉（輸入貨物）国際扱

㈠目的　瀋海、吉海連絡に対抗

㈡割引運賃　一瓲に付金四円三四銭引

㈢規定運賃　同　金一四円二〇銭

(四)割引率　三割
(五)期間　自昭和五年十一月二十日
　　　　至同　六年十一月十九日
(六)成績　未詳

第二、運賃割引以外の対策

一、東部背後地産穀類に対する馬車賃補給　国際扱

南満の豊庫として知らるる開原長春間満鉄線の東部背後地は同時に瀋海、吉海線の背後地にして両線の競争地帯なり既に両線の存在する以上適当の分野を以て両線の勢力圏の限界線を作成することは当然なり

然る処昨年六月以来銀暴落に基き金価より見たる瀋海線の運賃が著しく低落せる結果は自然瀋海線出廻穀類の価格を割高ならしめ従而（したがって）それ丈吸貨力を増大し瀋海線の勢力圏が満鉄のそれを圧迫することは自明の理なり

此の銀暴落により金建運賃たる満鉄の受くる影響をアジヤストして従来の勢力圏を或程度に保持するためには短刀直入に運賃割引をなすことも一策なれども

(一)其の臨時的性質を帯びる点

(二)背後地産穀類は殆んど全部が百姓の自家馬車に依り搬出売買せられ穀類価格の高下に従ひて或は東して瀋海線に出廻り或は西して満鉄線に出廻る状態に在るを以て競争限界地点に在る穀類に対し銀安に基き瀋海線出廻穀類の受くる良き影響丈馬車賃の名目にて補給を為せば売手たる百姓の懐中勘定は何れの線に出廻るも同一となり自然従来の取引関係を保持し従而従来の勢力圏を保護し得るの見地より運賃割引に代へて馬車賃補給策を採り

(一)限界地以遠産穀類に限り
(二)大連埠頭向託送を条件として
(三)開原、長春間主要出廻駅に於て
(四)一瓲に付最高金四円を限度として馬車賃を補給し
(五)国際運輸会社をして取扱はしめることとし本年度出廻穀類より実施しつつあり

其の成績は現在着手後日猶浅く数量としては大ならざれども将来は予期の効果を充分に収め得る見込なり

二、撫順の背後地興○産穀類に対する馬車賃補給　国際扱

東部背後地産穀類に対すると略同様な趣旨と方法に依り瀋海線出廻に対抗のため一瓲に付最高一円を限度として本年度出廻穀類より馬車賃補給を為しつつあり

三、国際運輸をして混合保管の下検査又は代理受寄実施
国際扱

混合保管貨物の市場的優越性を潤沢に利用して吸貨に資

するため四洮、洮昂、斉克線発社線向大豆に対し国際をして混合保管の代理受寄を行はしめ又東部背後地に於て其の下検査を行はしめつつあり

四、海港に於ける倉敷料の減免　一般特定

昭和五年十二月一日より大連、営口、安東の三地に於て鉄道に発著関係に有する貨物の大部分に付三十日間の倉敷料及人出庫手数料を免除し且三十日後の料率も大宗貨物たる穀物、種子類に対しては特に破格の低率を以て取扱ふこととし以て海港に於ける吸引力を強め商機に便せり

五、寄託貨物に対する運賃料金出庫払の制定　一般特定

著後寄託貨物又は運送貨物の引取と同時に寄託する貨物の運賃料金は入庫の日より三日以内に支払ふことを要し然らざるときは三日以後の日数に対し一日百円に付金一〇銭の延滞料を徴する規定なりしを

㈠大連、営口、安東の海港に於ける

㈡穀物種子類並其の製品に限り

出庫と同時に運賃料金を支払ひ得る様特別規定を制定し以て荷主の金融上の苦痛を除去し従而其れ丈商売を容易にして満鉄線の貨物吸引力の増加を図れり

六、国際運輸をして奥地に銀資提供

中国鉄道に対抗して満鉄線の貨物吸引力を高めるために国際運輸株式会社をして満鉄線輸送を条件として奥地各地に於て欠乏せる銀資を融通せしめ以て取引の円滑を期すると共に満鉄への吸貨を図ることとし同社の需要銀資百五十万円に対し債務保証を為せり

第四節　借款整理問題

111　行詰まれる満蒙鉄道問題打開策私見

極秘

本論は問題が如何なる点に行詰まれるかを明にし之を如何にせば交渉の端緒を得るやに付私見を開陳するものなり

一、敦図及長大線

此の両線の工事請負着手期限は昨年五月十五日を以て経過し居り当時会社は張学良に対し右は全然会社の責任にあらざること及之が為め契約自体は何等影響を受くべきにあらざる旨を通告したる関係あり。即ち会社は何時にても支那側に契約の履行を督促し得る立場にあり

二、延海線

本線の工事請負契約の締結者は張作霖なり。而して工事着手期限については何等定むるところ無きを以て本契約は何等実効力なきが如きも之を張作霖個人の契約として同人の死去に依り契約が全然無効になるものとは解せられず。即ち会社は之を根拠として成規の契約締結方を支那側に催告し得べし

三、吉敦請負工事費の件

同線の第一分段より第四分段迄の検収は既に完了。之が工事決算額も彼我の間に決定済みなるが、支那側は残余各分段(十五分段迄あり)の検収を了しながら之が工事費に就て我の提出せる決算を認めず。或は原予算の提出を求め或は分段の再検査を要求するなどして今日まで全工事費の確定を見るに至らず。思ふに支那側は其の工事費として会社が支那側に承認を求めたる約二千四百万円の内容に付疑義を挟み、あはよくばその張作霖に交付したる二百七十万円(尤も之は支那側に於ても承認し居れる故これ迄棒引にせんとは考へ居らざるやも知れず)及魏局長その他当時の関係者に交付したる約百四十六万円(之は支那側に於て明確に承知し居らず。唯こんな性質の金が出居るに相違なしとは想像し居るべし)の棒引を欲し居るやも知れず。即ち工事費の予算提出を求め、又は私(ひそ)かに工事費の割高を云々して工事の再検査を求むる所以ここに在りと思はる。会社は従来之を拒絶したるため今日の停頓を来せり。而して之が打開策は会社と支那側との請負契約が純然たる請負契約にしてその請負金額

（二千四百万円）も当初より確定し会社は此範囲内に於て決算額を通知し（前記各籌備費及工事中の利子を工事費中に含ましめ）居る関係上之を押し通して之が承認を督促するの外無し

四、洮昂請負工事費の件

本件工事請負金額は当初支那側との間に千二百九十二万円のことに契約せる関係上会社はその内訳として会社扱工事費約八百七十七万円。洮昂局扱費総務費百十三万円。同用地費七十八万円。同機械場費二十六万二千円及会社諸掛費約百九十七万円（請負経費、直接工事監督費、本社費として計上之を局長に内示せり）の計千二百九十二万円の決算額を通知したる処支那側は其の他は之を承認したるも独り会社諸掛費の内容について疑義を挟みその我方の説明たる交渉事務費、踏査費、監督費等を認めざる態度に出て支出明細書及各種証憑書類の提出を要求し会社の未提出に依り交渉は停頓したり

蓋し当初の請負契約を実費請負契約に変更したる当然の結果なり。即ち結局会社は支那側の要求に応じ明細書を提出しその内容に亘り折衝せざれば解決の方法無し

洮昂に対する未収金は以上の外王永江省長に対する立替金二百万円、車輛購入代金立替金約二百三十七万円及石炭代金等あれども之等は支那側に於て明に承認せるところにして問題とならず

五、四洮短期借款の件

本借款は大正十四年五月三十一日の締結にかかり、元金三千二百万円之に対する利子及延滞利子（共に年九分）五年五月三十一日現在約千五百九十万円なり。本借款の期限は大正十五年五月三十一日なるを以て会社は期限前は固より後と雖も毎年之が支払を要求したるも応ぜず借款の更新も行はれずして今日に及べり。本件交渉に就ては従来種々の経緯を経本年五月の利子支払請求に対しても四洮局長は何等回答せず其の真意を解するに苦しむが支那側従来の主張より推せば支那側は年利率九分が高きに失し、尚会社が延滞利息に対し更に利子を附加するは不可と云ふに在るものの如し。然も右は何れも借款契約に依る当然の処置なるを以て会社亦従来の主張をすてず。本年五月の請求も同一方針に出でたり。之と関連し会社は昨年七月利率低減の要求には他の借款利率の関係もあり之に応ずること能はざるも本件借款の更新並借款延滞利子の整理及斉克、洮昂、四洮、満鉄四線連絡協定の成立を条件として四洮借款金額の二分に相当する金額を別途援助することとし（車輛租金、車輛修繕費其他四洮局

の会社に対する支払代金別記四路連絡運賃収入金等の割戻に依り四洮の会社に対する債務弁済に充当相殺す）四洮局長に通知したるも局長は東北交通委員会の承認を申請したりとのみにてその後何等の回答を与へず。即ち今日の会社の立場は期限とくに到来せる借款元利の償還を何時にても求め得るのみならず、又方法を変へ前記借款に対する二分相当額の援助案に対する四洮局長の回答を督促し得る立場に在り

112　鉄道関係対支借款現況概数

極秘

一、契約額　約八三、六二〇、〇〇〇円

本金額は別表に示すが如く、借款契約又は鉄道建造工事請負契約其他当然借款契約に書換を要すべき支出金十項より成り、凡て吉長吉敦四洮洮昂四鉄道に関係するものなり（中吉長利益金を担保とする交通部借款百万円及四十万円の二口は交通部の政費に流用せられたるものなり）

此等の契約は大正六年に締結せられたる吉長鉄道借款契約の外悉〔ことごと〕く大正十三年以後昭和三年六月迄最近五六年の期間に締結せられたるものなり

二、交付額　約八三、二六〇、〇〇〇円

本交付額と契約額八三、六二〇、〇〇〇との差額約三十六万円は別表に示すが如く吉長六百五十万円借款の元金控除、吉敦洮昂工事費実際支出額と契約額との差、洮昂車輌代金同特別貸金等に対する金利加算等により出入あるが為なり

三、利子延滞額　約二七、五二八、〇〇〇円

本利子額は借款契約の規定により又は従来の慣例に依り複利計算を原則として夫々〔それぞれ〕延滞の日より昭和五年中に於ける該当期限迄の利息合算額なり

四、契約締結又は更新を要すべき金額　約一〇三、一五〇、〇〇〇円

契約締結又は更新を要すべき元金七五、六二七、〇〇〇円と右に対する延滞利子二七、五二八、〇〇〇円の合算額

五、支那側との関係

四、の金額に対し今日迄支那側に於て公式に苦情を申出居るものは

(イ)元金に於て

(1)洮昂建設工事費中会社諸掛費約二百万円にして

(2)吉敦鉄道に対しては同路収工委員会の東三省当局に対する報告に於ては契約額二千四百万円は実費に比し約

五百五十万円高価に過ぐとの語あれ共会社に対しては公式に何等の表示を為し来りたることなし

(ロ)利子に於ては

(1)四洮鉄道に於ては「切替交渉の成立せざる以前複利計算を以て利子を計上せられたるは承服し難き」旨交通部より異議ありたることあり

単利計算によるものとせば複利との差額約二、五〇〇、〇〇〇円なり

(2)吉敦工事費に関しては単利複利問題に関し何等表示に接したることなきも単利によるものとせば複利との差額約四〇〇、〇〇〇なり

(3)洮昂に関しても同前なり

単複利の差　約四四〇、〇〇〇円

六、会社利廻計算

大正六年より昭和二年迄の期間に満鉄の発行したる社債の利廻りを通算するに大体に於て発行者利廻り複利最低五分七厘、最高七分四厘の間にあり

平均六分六厘強に当る将来に関して新に社債を発行するものとせば単利の場合最低六分最高八分迄と推算するを以て安全率となすべし、よつて満鉄としては支那側が他の諸条件を承諾するものとして互譲の精神により七分五厘迄の低減を為すも損失を蒙る処なかるべし

今延滞開始以来の利子を右により七分五厘迄低減するものと仮定せば複利計算により九分との差額は約五、三〇〇、〇〇〇円なり

但利率低減に対し考慮すべき点二あり

(一)将来一般金融市場の状況が硬化し七分五厘以下の率を以て社債を募集すること能はざるに至りたる場合の救済策

(二)複利計算原則の維持

七、籌備費問題

籌備費の問題は会社内部に於ける整理上の関係に止まり外部に対して表明すべきものに非ず

若し籌備費なるの故を以て恩恵的に之を切捨つる等の案を提出する時は支那側をして既に確定せる工事費既定借款等に対し再審査を要求するに至らしむる危険あり

吉敦鉄道籌備費並洮昂工事費中諸掛費等に関しても説明の困難なる点尠からず

若し互譲の精神を以て借款或は工事費の減額を為す場合には天引主義に依るを可とすべし

113 借款整理案

極秘　昭和六年一月調

四洮鉄道

A、借款切替をなし得ざる経緯

第六次四洮短期借款契約の期限は大正十四年五月三十一日なるを以て会社は之が更新に関し交渉する所ありたるも交通部は支那側政情不安定を理由として応ぜず

其の後支那側は借款利率九分を八分に低減方要求あり会社は之に対し公債発行迄借款利率を八分八厘五毛に低減することとし之を提案せるも支那側は之に応諾せず不調となり第六次以後の切替は実行するに至らず今日に及ぶ。

尚昭和四年六月二十二日四洮周局長より財政窮乏し経営困難なるを以て借款利率を年七分以下に低減方要求あり。

右に対し会社は七月二十九日附を以て借款利率の軽減は種々困難なる事情あり貴意に応じ兼ぬるも車輛粗金、車輛修繕費等会社への支払代金及四路連絡運賃収入金等の割戻に依り四洮借款金額の二分見当に相当する金額を捻出し右金額にて四洮局債務弁済に充当相殺決算の形式に依り援助致し度右援助に先ち左記事項を解決したき旨回答す

一、四洮借款契約の更新。同借款延滞利子の整理

一、斉克、洮昂、四洮、満鉄の四線連絡協定

本問題は会社より四洮局へ提案せる条項の具体的実行を待て実施することとなれるものなるが先方に於て実行せざるを以て本件も何等具体化するに至らず

第六次短期借款額三、二〇〇万円は正式に局が承認せるものにして其の内容につきて兎角の問題を惹起することなからんも右三、二〇〇万円中には鉄道建設費以外政治費其他に流用せられたる金額もあり之等を総て四洮局に負担せしむることは局財政困難の折柄妥当ならざるの感あり之に付ては適当の考慮を必要とす

四洮短期借款三二、〇〇〇、〇〇〇円中政治費に流用せられたる元利は左記の如く一〇、二三二、一五四円六八銭なり

大正八年十一月十五日　会社より直接交付　五、〇〇〇、〇〇〇円

〃 ①九年三月五日　借入金手取差額一〇〇、〇〇〇円

〃　八、一一、十五以後利息七・五%　一一四、〇四一円

〃 十年五月三十一日　五百万円の公債発行手数料　五・五%　二七五、〇〇〇円

〃 十年五月三十一日　九、三、五以後の利息

七・五％　四六四、三八三円五六
〃十一年五月三十一日　同上元利に対する一年分利息
九・五％　五六五、五七五円三五
右利息新借款手数料
〃　五・五％　三二、一〇六円六四
〃十二年五月三十一日　同上元利に対する利子
九・五％　六二二、二六〇円一二
右利息新借款手数料
〃　五・五％　三四、二二四円三一
〃十三年五月三十一日　同上元利に対する利子
九・五％　六八四、六二六円一四
〃十四年五月三十一日　同上元利に対する利子
九・二五％　七二九、九三七円五八
〃十四年五月三十一日　別途会社より貸付金
一、六〇〇、〇〇〇円
計　一〇、二二一、一五四円六八

註② 政府貸付金五百万円中より政府は四鄭短期借款二六〇万円を償還すべしと誓約し乍ら其の中百万円及大正八年二月十八日より同年十一月十七日迄の二六〇万円に対する利子(七分)十三万六千五百円計一、一三六、五〇〇円より償還せず五百万円は四洮の政府貸付金とし一、一三六、五〇〇円(現大洋換算四二六、一八七元五〇)は之を四洮に対する交通部出資政府長期貸金として記帳整理すべき旨揆字六十六号を以て民国九年一月十四日命令ありたり

B、四洮短期借款整理案

第一案

第六次短期借款三二、〇〇〇、〇〇〇円は既に支那側に於て承認し居るものに付之を変更することなく年九分の利子を七分五厘に低下する場合

借款額　三二、〇〇〇、〇〇〇円
借款利子　自大正十五年六月一日 至昭和五年五月卅一日
単利　一一、〇〇〇、〇〇〇円
複利　一二、六六三、一二五円三三
元利合計　単利　四三、〇〇〇、〇〇〇円
複利　四四、六六三、一二五円三三
会社譲歩額(九分と七分五厘との差)
単利の場合　二、四〇〇、〇〇〇円
複利の場合　三、二三四、二八四円四〇

理由、第六次短期借款三二、〇〇〇、〇〇〇円は既に支那側に於て正式に承認し居るものにして之が内容を変更することなく唯爾後の借款利子に対し先方は低減方を

希望し居るものなるに付洮昂、吉敦等と一律に借款利子を年七分五厘に低下せしめ速に借款切替をなすの必要あり

第二案

第六次短期借款金額三二、〇〇〇、〇〇〇円より政治費に流用せる元利一〇、二三二、一五四円六八を別途政治借款として控除し年七分五厘の利子を徴収する場合

一、四洮借款　二一、七七八、八四五円三二

利子（大正十四年六月一日 昭和五年五月卅一日）　単利　八、一六七、〇六七円
　　複利　九、四八七、五〇三円七九

元利合計　単利　二九、九四五、九一二円三二
　　複利　三一、二六六、三四九円一一

二、政治借款　一〇、二三二、一五四円六八

借款利子（大正十四年六月一日 昭和五年五月卅一日）　単利　三、八三二、九三三円
　　複利　四、四五二、六三四円七七

元利合計　単利　一四、〇五四、〇八七円六八
　　複利　一四、六七三、七八九円四五

三、会社譲歩額

第一案と同じ

理由③、第六次短期借款三二、〇〇〇、〇〇〇円中には四洮建設費以外政治費に流用せる金額を加算しあるものにして局財政不振の折柄建設費以外のものまで鉄道に負担せしむることは妥当ならず経営を益々不利に導くものと思料せらるるを以て政治費に流用せる金額は短期借款三二、〇〇〇、〇〇〇円と切放し別途政治借款となすの方法を講じ四洮の負担額を軽減するは最も妥当なる策なりと信ぜらる

尤も別途政治借款を締結するにも幾多の曲折あるべきを以て本案は政治借款成立の確実性を確めたる上実施するを要す

洮昂鉄道

A、社提案を承認せざる経緯

一、工事関係

a、純工事費(会社取扱決算額)
　　八、七七一、八三八円五二一　局承認済

b、会社経費(　〃　)
　　一、九七六、一六一円四七九　局未承認

c、総体費、用地費(局取扱決算額)
　　一、七六三、〇六六円八四　局承認済

計　一二、五一一、〇六六円八四

鉄道建設費は契約に依り一二、九二〇、〇〇〇円と規定しあるに係らず契約の不備（第二条、鉄道建設に要する土地材料は会社の立替金より局長之を任意に購入す）の為実費計算に依らざるべからざる変態を生ずるに至れり社が一、二九二万円の範囲内に於て計画施行せんとする工事以外局は総局宿舎等計画外工事の施行を要求する等の事故発生工事費確定に付ては彼我の意見一致せず何等の決定を見るに至らざりしを以て昭和二年十二月十九日松岡副社長と于洮昂局長（大藪顧問立会）と奉天に於て左の覚書を交換し決算書を作成することとなれり

覚書

一、洮昂鉄路建設工事費は建造請負契約に依り其の総額を一、二九二万円とす

註　工事決算は総務費（一一三万円）用地費（七八万円）及機械場費（二六万二千円）は当該予算に対する決算を洮昂局にて取扱ひ残額予算（一、〇七四万八千円）は凡て之を工事費として満鉄にて決算をなすものとす

右覚書に基き決算書を提出したる結果局は

a、純工事費八、七七一、八三八円五二一に対しては承認をなしたるも

b、会社諸経費一、九七六、一六一円四七九に対しては其の内容不明なるを以て承認するを得ず詳細内容送付方申出ありたるが社は覚書に基き会社取扱工事費の総額を決定したるものにして其の内容を詳細に報告すべきものにあらざるべしとの社是に基き内容を報告せず従て局は承認するに至らざるものなり

c、総体費、用地費一、七六二、〇六六円は局に立替支出したるものにして局に於て何等異議なきものなり

覚書による局決算額二一七万二千円と一、七六三、〇六六円八四との残額四〇八、九三三円一六は用地費、機械場費の残額にして之を交付すべきや否は別途考慮を必要とす

社が会社諸経費の減額をなさざる所以は昭和二年十二月の覚書を尊重するの外社は洮昂線工事の結果次の如き損失を蒙り居るを以て之を会社諸経費を以て補塡せんとする意図あるが為なり

一、既に社雑損として整理済金額

(イ)軌条の値下　二六八、五七六円五〇銭
(ロ)軌条類運賃　六一、〇九二円七一銭
(ハ)木材類運賃　二一五、〇三四円二五銭

一、今後整理を要すべき金額　五四四、七〇三円四六

(イ)軌条値下其他　四五、四三二円四六
(ロ)枕木木材類値引　一五三、二二〇円一一
(ハ)土工費の値下　四四一、八七四円三一
(ニ)煉瓦代金差額　八六、七五五円〇六
(ホ)其他　五二、七六八円八〇
　　七八〇、〇五〇円七四

右の如く今後整理を要すべき金額[4]は七八〇、〇五〇円七四にして右金額は会社諸経費中工事期間中の金利を以て補填することになり居るものなり

会社諸経費の内容左の通り

臨時建設事務所経費　四八五、八二五円
工事期間中の金利　一、三二九、五四六円
本社費　一八、六七〇円四七九
資本調達手数料　一四二、一二〇円〇〇
計　一、九七六、一六一円四七九

二、車輛費関係

車輛購入立替金　二、三七六、六一九円二四
金利（実際支払の日より昭和二年六月三十日迄）　一三三、八七六円四九
計　二、五一〇、四九五円七三

[5]車輛購入代金支払方法に関して大正十五年九月七日于局長より公函を以て最後の立替日より二ケ年以内に元利を償還すること若し右期限内に償還不能の場合に於ては洮昂建造請負契約第四条に依り未償還元利を同工事請負金額に加算することに同意す且本件に関しては奉天省長公署の承認を得たる旨の回答あり

車輛費の最後の立替日は大正十五年十二月廿七日なるを以て期限は昭和三年十二月廿六日を以て満了す右期限満了に際し会社車輛立替元利を工事費に整理すべき旨提案したるに対し局は右に対し何等異議なき旨回答あり然し借款期日を工事費同様昭和二年七月一日となすことに対しては先方に於て明確なる回答に接せざるも利率は孰れも年九分なるを以て実際問題として局の損失とはならざるを以て問題なく解決するものと思料せらる

三、特別費関係

王永江貸金　二、〇〇〇、〇〇〇円
金利（実際支払日より昭和二年六月三十日迄）　四一三、一一三円一八
計　二、四一三、一一三円一八

特別費二〇〇万円は大正十四年四月二十八日王永江に

貸付けたるものにして本立替金に対しては立替の日より年九分の利子を附し洮昂鉄道工事完了以前に元利を償還することに取極められたるものなるが工事完成後も返金なきを以て洮昂建造工事費に加算整理することを声明せるが先方に於て異議を申出たることなし

但し本金額を工事費中に如何なる項目を以て整理すべきか又は各工事費に割掛整理すべきかに付考究を要すべきものなり

四、会社要求借款額

昭和二年七月一日に於る左記金額を以て借款金額とす

工事関係元利	一二、五一一、〇六六円八四
車輛関係元利	二、五一〇、四九五円七三
特別貸金元利	二、四一三、一一三円一八
計	一七、四三四、六七五円七五

五、借款期日

昭和二年七月一日とす

理由、洮昂鉄道は大正十四年五月廿八日起工大正十五年七月四日全線軌道敷設完了同年七月十五日より全線の仮営業を開始せり同年九月中旬水害の為一時五廟子以北の運転を休止せしが十二月十四日応急復旧成り全線の運転をなすに至れり

大正十五年十二月一日水害区間を除きたる区間の線路建物其の他工事及運転事務を局に引渡す

昭和二年七月三十一日水害区間及未竣工の建物を局に引渡す借款期日に関して前記の如く大正十五年十二月一日引渡を了し（二年七月卅一日引渡の分は水害復旧工事及其他残工事なり）同月十四日全線開通せると借款金額の関係上会社は昭和二年一月一日を以て借款期日となすことを主張せしも于局長は昭和二年七月一日を借款期日としたしと主張し結局会社は譲歩し昭和二年七月一日を以て全線引渡日即ち借款期日とせるものなり

洮昂請負契約（全線の引渡を為したる後六ケ月を経過するも右請負金額の全部又は一部を支払はざるときは未払金額は貸金とす）に依り前記昭和二年七月一日より六ケ月即ち昭和二年十二月三十一日を経過するも請負金額を支払ざるに依り貸金とし契約を締結するものとす

B、借款整理案

第一案

(6)昭和二年七月一日に於ける借款総額一七、四三四、六七五円七五を社要求通り承認せしめ爾後規定通り年九分の利

子を徴収すること
借款元金　　一七、四三四、六七五円七五
利子　昭和二年七月一日 昭和五年六月三十日　単利　四、七〇七、三六二円四六
　　複利　五、一四三、七三四円九五
元利　単利の場合　二二、一四二、〇三八円二一
　複利の場合　二二、五七八、四一〇円七〇
理由、本鉄道建設費は請負額一二、九二〇、〇〇〇円以上を要したるものなるが昭和二年十二月于局長と松岡副社長との覚書に基き工事費総額を一、二九二万円とすることに協定成立せるものにして社は右協定に基き処理し来れるに対し支那側は会社諸経費を承認するに至らず右協定の主旨を破棄せんとするが如き挙に出で居るものにして支那側に於て会社提出決算通り承認せざる場合に於ては会社も亦協定を破棄し新に実費計算による工事費を提出すべき旨を述べ支那側の反省を求むること尚洮昂総工事の結果会社は既に五四四、七〇三円四六銭を社の雑損として整理し尚今後七八〇、〇五〇円七四銭を整理せざるべからざる事情あるを以て社の提案通り承認せしむる様強硬に折衝するを要す
第二案
昭和二年七月一日に於ける借款総額一七、四三四、六七五円七五を会社提出通り承認せしめその代償として以後の金利を年七分五厘に低下せしむること
借款元金　　一七、四三四、六七五円七五
借款利子　自昭和二年七月一日 至昭和五年六月三十日　単利　三、九二二、八〇二円〇四
　　複利　四、二二四、三六七円四五
元利　単利　二一、三五七、四七七円七九
　複利　二一、六五九、〇四三円二〇
会社の譲歩額（年九分と年七・五分との差）
　　単利の場合　七八四、五六〇円四二
　　複利の場合　九一九、三六七円五〇
理由、第一案の理由に基き極力会社提案通り承認することに努め支那側に於て右提案に同意せる場合に於ては交換的に洮昂鉄道の営業収益思はしからざるを以て之を緩和せしむる見地より利子年九分を年七分五厘に低下するものとす
第三案
昭和二年七月一日に於ける借款額一七、四三四、六七五円七五より局未承認たる会社諸経費一、九七六、一六一円四八を差引き借款利子は規定通り年九分を徴収するも

のとす

借款総額　一五、四五八、五一四円二七

借款利子（自昭和二年七月一日至昭和五年六月三十日）

単利　四、一七三、七九八円八五

複利　四、五六〇、七一〇円〇一

元利

単利　一九、六三二、三一三円一二

複利　二〇、〇一九、二二四円二八

会社譲歩額

会社諸経費　一、九七六、一六一円四八

借款利子（第一案の利子との差）

単利　五三三、五六三円六一

複利　五八三、〇二四円九四

計

単利の場合　二、五〇九、七二五円〇九

複利の場合　二、五五九、一八六円四二

理由、会社提案中支那側の承認せざるは会社諸経費のみなるを以て此の際右金額を譲歩し速に借款金額を確定せしむることは之を荏苒する場合に比し会社整理上にも有利なるのみならず局営業不振の折柄少しでも借款額を低下し局財政を緩和せしめ社の洮昂に対する懸案を有利に導くことは当を得たることと思料せらるるを以てなり

第四案

第三案通り会社経費を譲歩するの外爾後の借款利子も亦年七分五厘に低下すること

借款元金　一五、四五八、五一四円二七

借款利子（自昭和二年七月一日至昭和五年六月三十日）

単利　三、四七八、一六五円七一

複利　三、七四五、五四九円七八

元利

単利　一八、九三六、六七九円九八

複利　一九、二〇四、〇六四円〇五

会社譲歩額

会社諸経費　一、九七六、一六一円四八

利子

単利　一、二二九、一九六円七五

複利　一、三九八、一八五円一七

計

単利　三、二〇五、三五八円二三

複利　三、三七四、三四六円六五

理由、第三案の理由と同じ

第五案

昭和二年七月一日に於ける借款総額一七、四三四、六七五円七五より王永江に貸付たる元利二、四一三、一一三円一八を切放し之を別途政治借款とし利子は年七分五厘とする場合

一、鉄道負担借款額　一五、〇二一、五六二円五七
利子（自昭和二年七月一日 至昭和五年六月三十日）単利　三、三七九、八五一円五八
複利　三、六三九、六七七円六七
元利合計　単利　一八、四〇一、四一四円一五
複利　一八、六六一、二四〇円二四
二、政治費借款額
利子（自昭和二年七月一日 至昭和五年六月三十日）単利　五四二、九五〇円四七
複利　五八四、六八九円七八
元利合計　単利　二、九五六、〇六三円六五
複利　二、九九七、八〇二円九六
三、会社譲歩額
第二案の場合に同じ
理由、王永江に交付元利二、四一三、一一三円一八は洮昂工事費借款に加算整理することに先方の了解を得居るも本貸付金は何等鉄道建設に使用したるものにあらず之を建設費に加算することは妥当ならざる様思料せらる
且日本の建設鉄道は非常に高価なりとの宣伝行はれ居る今日対外的にも建設費を安価にし置くことは必要にして且洮昂鉄道の財政関係より見るも最も当を得たるものと思料せらるるを以て王永江に交付せる金額は之を別途政治借款とすることを提議するものとす

第六案
昭和二年七月一日に於ける借款総額一七、四三四、六七五円七五銭より局未承認たる会社諸経費一、九七六、一六一円四八を差引き更に王永江に貸付けたる元利二、四一三、一一三円一八を切放し之を別途政治借款として整理、利子は年七分五厘とする場合
一、鉄道負担借款額　一三、〇四五、四〇一円〇九
利子（自昭和二年七月一日 至昭和五年六月三十日）単利　二、九三五、二一五円二五
複利　三、一六〇、八五九円九二
元利合計　単利　一五、九八〇、六一六円三四
複利　一六、二〇六、二六一円〇一
二、政治費借款額　二、四一三、一一三円一八
借款利子（自昭和二年七月一日 至昭和五年六月三十日）単利　五四二、九五〇円四七
複利　五八四、六八九円七八
元利合計　単利　二、九五六、〇六三円六五

複利	二、九九七、八〇二円九六

三、会社譲歩額

第四案に同じ

理由、第五案に同じ

吉敦鉄道

A、社提出金額を局が承認せざる経緯

一、会社取扱工事立替金(局未承認)

吉敦全線工事昭和三年十月十日完成するや社は総額二三、八八五、三〇七円三六の決算書を局に送付せるが局は右の中会社取扱工事費一三、四一七、〇三五円七二銭が高価なりと称し承認を与へず会社取扱工事費調査の名目の下に吉敦線収工委員会を組織せり、収工委員会は頻々たる局長の更迭に伴ひ何等具体的なる調査を完了すること能はざりしが韓局長時代に最后的調査を行ひその調査の結果を昭和四年十一月十八日交通委員会に報告し居る模様なり

右報告に依れば局は会社取扱工事費より五四六万円余を減額すべきを主張し居るがその根拠とする所は吉敦線工事請負者中唯一の支那請負人たる張子豊が請負ひたる下請金額五七四、七〇〇円と右に対し会社が局に提出したる工事費九七一、〇〇〇円との差額三九六、三〇〇円に対し会社工事費が何程高価なるやの%を求め之を会社取扱工事費総額に乗じて算出したるものにして会社が局に提出せる工事費中には右下請負額に吉林興業土木公司、割掛、工事期間中の金利、機器損料、会社経費、籌備費等の割掛を加算提出せるものにして
⑦ 且割掛率も全工事に対し同一とせず工事の性質に依り或は多く或は少く割掛居るを以て之を以て減額の根拠となすは甚だ無謀なりと云ふべし

今先方の主張を離れ会社の立場に於て会社の純工事費を算出せば次の如く八、五四一、四八六円二五となる即ち

会社工事立替総額	一三、四一七、〇三五円七二
割掛整理せる金額	四、八七五、五四九円四七
純工事費	八、五四一、四八六円二五

今割掛整理額の内容を示せば

a、籌備費(張作霖に交付)	一、六五〇、〇〇〇円
b、籌備費(魏武英に交付)	一、三七〇、四一八円一六
c、分段引継迄の金利	五八八、三八八円五四
d、局立替金に対し 分段引継迄の金利	四一一、八七五円八三

ｅ、籌備費の金利　　　　一四五、九三七円九四
ｆ、吉林興業土木公司割掛　　　　一八四、七二二円九八
ｇ、機器損料及運賃　　　　二八四、二〇六円〇二
ｈ、会社経費　　　　二四〇、〇〇〇円
計　　　　四、八七五、五四九円四七

ａ、張作霖に交付籌備費一六五万円は局収工委員会に於ても之を加算しあることを承認し居るものにして之を公表するも何等支障を来すものにあらず当然局に要求し得べきものなり
ｂ、魏武英に交付籌備費一、三七〇、四一八円一六は今日迄会社が発表を極力避け来れるものにして魏武英以外その内容を知るものなく収工委員会も亦何等此の内容を知らざるものなり局より再三再四会社取扱工事費の内容提出方要求に対し社が其の内容を発表し得ざりしも此の籌備費あるが為にして社が之を公表する場合に於ては支那側対内的に甚だ面白からざる結果を招来する虞あり此の籌備費を如何に取扱ふかは頗る困難なる問題にして社の最も苦心し居る所なり
ｃ、ｄ、ｅの金利は契約に依り当然之を徴収し得べきものにして魏局長と打合せ工事費に割掛整理することになり此の内容を公表するも何等差支へなきものなり
ｆは吉林興業土司の配当金に充当する為割掛たるものにして之亦公表し差支へなきものなり
ｇ、ｈ、は工事施行上当然必要のものにして局に公表するも差支へなきものなり

二、局へ立替金（局承認済）

局へ立替金は総体費、用地費、軌条、橋梁等材料購入費に充当したる金額にして右は局長及技師長の連署を以て会社に立替方要求あり会社はその都度支出し来れるものにして此の総額は次の如し

昭和三年十月十日まで立替支出の分　　　　九、九九五、七六一円八一
昭和三年十月十一日以降立替支出の分　　　　四七二、五〇九円八三
計　　　　一〇、四六八、二七一円六四

本立替金は前述の如く局の要求に依りその都度支出したるものにして右立替金中より張作霖に対し三五万円の籌備費を支出し居るが右は局の内部関係にして社の関知せざる所なり
本立替金は局は無条件を以て承認し居るものなり

三、吉敦線建設工事立替総額

会社取扱工事立替金　　　　一三、四一七、〇三五円七二

局へ立替金　　　一〇、四六八、二七一円六四
計　　　二三、八八五、三〇七円三六
（吉敦鉄道請負総額二四、〇〇〇、〇〇〇と立替総額二三、八八五、三〇七円三六との差額一一四、六九二円六四を如何にするやは別途考慮を必要とす）

四、借款期日

借款期日を昭和三年十月十日とす

理由　本鉄道は大正十五年六月一日起工昭和三年八月二十四日全線軌道敷設完了し三年十月十日より全線の営業を開始せり

第一分段より第四分段まで　昭和二年十月十二日検収済
第五分段　昭和三年一月七日　検収済
第六分段　昭和三年五月廿一日〃
第七分段より第十五分段まで昭和三年十月十日〃

前記の通全線の検収は昭和三年十月十日なるを以て之を以て借款期日とす

吉敦請負契約によれば立替総額に各分段検収の日より全線検収の日までの金利を加算せる金額を全線検収を了りたる後一ケ年を経過するも支払はざるときは三十ケ年の年賦となすことに規定せられあり

B、借款整理案

第一案

会社が提立せる立替総額二三、八八五、三〇七円三六を承認せしめ金利は契約規定通り年九分の利子を徴収する場合

立替総額　　二三、八八五、三〇七円三六
借款利子（各分段引継日より昭和五年十月九日迄）　単利　五、四三三、九六四円六一
　　複利　五、八三八、五七〇円〇七
元利合計　単利　二九、三一九、二七一円九七銭
　　複利　二九、七二三、八七七円四三銭

理由　吉敦線は山岳地帯を経過するものにして土地高低起伏多く老爺嶺隧道の開鑿松花江橋梁架設費等多額の費用を要したる外本工事中より張作霖に対し二〇〇万円の籌備費（一六五万円は会社取扱工事費中より、三五万円は局立替金中より支出）を支出し居るを以て此等を差引き一粁（キロメートル）当り建設費を算出するも工事の困難、線路施設の程度より見て吉海、瀋海等支那側鉄道の建設費より高価ならざる旨を述べ会社立替総額通り承認方を極力主張すること

第二案

会社が提出せる立替総額二三、八八五、三〇七円三六を提

案通り承認せしめその代償として金利を七分五厘に低下せしむる場合

立替総額　二三、八八五、三〇七円三六

借款利子　自昭和三年十月十日 至昭和五年十月九日

単利　四、五二八、三〇三円八四

複利　四、八〇七、八〇八円八八

元利

単利　二八、四一三、六一一円二〇

複利　二八、六九三、一一六円二四

会社譲歩外（九分と七分五厘との差）

単利　九〇五、六六〇円七七

複利　一、〇三〇、七六一円八二

理由　第一案の理由により会社の提案を承認せしめその代償として局営業不振の折柄多少にても借款利子を低減する意味合を以て利子を七分五厘に低下せしむるものとす

第三案

会社が提出せる立替総額二三、八八五、三〇七円三六より魏武英に交付籌備費一、三七〇、四一八円一六銭を減額し金利は規定通り年九分を徴収する場合

立替総額　二二、五一四、八八九円二〇

借款利子　分段引継日より 昭和五年十月九日

単利　五、一八七、二八九円三四

複利　五、五八〇、七九四円四一

元利

単利　二九、〇七二、五六六円七〇

複利　二九、四六六、一〇一円七七

会社譲歩額

単利　一、三七〇、四一八円一六

利子

単利　二四六、六七五円二七

複利　二五七、七七五円六六

計

単利　一、六一七、〇九三円四三

複利　一、六二八、一九三円八二

理由　吉敦線立替金額中会社工事立替金中純工事費以外に割掛したるものは前述の通り四、八七五、五四九円四七銭にして此の中魏武英に交付せる籌備費金一、三七〇、四一八円一六以外は契約上及工事の性質上公表し差支へなきものなれども魏武英に交付せる籌備費を公表する場合には事件を益々紛糾せしむる虞あるを以て之を絶対に発表することなく支那側に於て立替総額の減額を希望し居る際なれば社は局との親善関係により多少の減額をなすべしとの理由に依り魏武英に交付籌備費の範囲内に於て減額をなすものとす

第四案

第三案通り一、三七〇、四一八円一六銭を減額し尚借款利

子を七分五厘に低下する場合
立替総額　二二、五一四、八八九円二〇
借款利子（自昭和三年十月十日至昭和五年十月九日）
単利　四、三二二、七四一円一二
複利　四、五九四、五三七円五五
元利　単利　二六、八三七、六三〇円三二
複利　二七、一〇九、四二六円七五
会社譲歩額　一、三七〇、四一八円一六
利子　単利　一、一一一、二二三円四九
複利　一、二四四、〇三二円五二
計　単利　二、四八一、六四一円六五
複利　二、六一四、四五〇円六八

理由　第三案の理由の外局営業不振の折柄局の財政を緩和せしむる見地に基き七分五厘に低下するものとす

第五案
会社が提出せる立替総額二三、八八五、三〇七円三六より張作霖に交付せる籌備費元利二、一四五、九三七円九四を引放し之を別途政治借款として整理し利子は孰れも七分五厘とする場合

一、工事費負担立替額　二一、七三九、三六九円四二
利子（分段引継日より昭和五年十月九日迄）
単利　四、一二九、八四三円一六
複利　四、三八五、五五五円九九
元利合計　単利　二五、八六九、二一二円五八
複利　二六、一二四、九二五円四一

二、政治借款額　二、一四五、九三七円九四
利子（分段引継日より昭和五年十月九日迄）
単利　三九八、四六〇円六八
複利　四二二、二五二円八九
元利合計　単利　二、五四四、三九八円六二
複利　二、五六八、一九〇円八三

三、会社譲歩額
第二案と同じ

理由　張作霖に交付せる籌備費二〇〇万円（会社立替工事中より一六五万円局立替金中より三五万円）及その金利は之を吉敦線工事費中に加算整理することは妥当ならず且支那側は日本借款鉄道の建設費は甚だ高価なりとの宣伝をなしつつある今日鉄道建設費以外の此種費用まで建設費に含め整理することは面白からず且局営業不振の折柄その借款額を少額になすべきことは合理的の方法なるを以て之を提案するものとす

第六案

会社が提出せる立替総額二三、八八五、三〇七円三六より魏武英に交付せる籌備費一、三七〇、四一八円一六を減額し尚張作霖に交付せる籌備費元利二、一四五、九三七円九四は之を工事費と切放し別途政治借款として整理し利子は孰れも年七分五厘とする場合

一、工事費負担立替額　二〇、三六八、九五一円二六

利子（分段引継日より昭和五年十月九日迄）

単利　三、八七一、七一六円二二
複利　四、一一一、六六三円九九

元利合計

単利　二四、二四〇、六六七円四八
複利　二四、四八〇、六一五円二五

二、政治費借款額　二、一四五、九三七円九四

利子（分段引継日より昭和五年十月九日迄）

単利　三九八、四六〇円六八
複利　四二二、二三二円八九

元利合計

単利　二、五四四、三九八円六二
複利　二、五六八、一九〇円八三

三、会社譲歩額

第四案に同じ

理由　第五案に同じ(8)

整理すべき借款及其の利率

吉長鉄道借款（五百六十八万七千五百円）　利率五分
吉長利益金担保借款（百万円）　利率九分
吉長利益金担保借款（四十万円）　利率九分
吉長軌条代金（九十万七千六百九十七円）　利率九分
吉敦工事費（二千四百万円）　利率九分

(一)以上債権の利率を全部七分としたる場合二百二十三万九千六百六十三円

(二)吉長鉄道借款を現行通五分とし他の債権を七分としたる場合二百十二万五千九百十三円

(三)(一)(二)との差額十一万三千七百五十円即ち全債権を七分とする方有利なり

註一、右の数字は便宜上元金を基礎としたるものなるが右元金の外に利益金担保借款軌条代金及吉敦工事費には未払利息存するを以て精密に計算せば前期差額数字よりも大となるべし

註二、吉敦工事費二千四百万円は契約額にして未だ精算され居らず従つて契約額を元金と見做して計算せり

注

（1）手書きで欄外に以下の記載あり。「十万円の中」「本表は

四洮作成」。

（2）手書きで欄外に以下の記載あり。「四洮政府との貸借」。

（3）手書きで欄外に以下の記載あり。「担保の問題」「この案には四洮の財政上の都合に依り政治借款の一部を負担せしむる事」。

（4）手書きで欄外に以下の記載あり。「此の経過」。

（5）欄外に以下の記載あり。「昭和二年六月三十日は日支の面々確定せりや」。

（6）手書きで欄外に以下の記載あり。「他線を七分五厘とせば本線丈け九分とするは如何か」。

（7）手書きで欄外に以下の記載あり。「本公司と吉敦局との関係」。

（8）以下に表が入るが、文書番号115と同一表のため、省略。

114　借款元利の調整に就て

極秘

凡そ一国の他国に対する借款は債務履行の遅滞久しきに及べば自らその債権的効力を薄弱ならしむる傾向を生ずるは欧州大戦中成立したる米国の欧州各国に対する軍費借款の例に徴し明なり、況(いわ)んやロシアの如くその立国の主義上前政府の債務を否認せんとする場合、或は支那の如く財政紊乱して債務の履行困難なる場合に於てをや、即ち欧州大戦中に成立したる我国のロシアに対する約一億円の借款の整理は日露国交回復条約に於て遂に将来の商議に留保せられ、又我国の支那に対する借款は前年支那の関税自主を認むる日支間の条約に依つて整理に附せらるる事となりたれども、今尚各国の債務整理会議は開催せらるるに至らず、その予備交渉に於て我西原借款の如きは支那側に於て或は全然之を除外すべしと云ひ、或は一割減、或は三分の二又は三分の一減を唱へその解決は容易ならざるべし、米国のシームスカレー鉄道借款の前渡金も恐く同一運命に逢着すべしと思はる、整理会議の結果に就ては之が予測を許さざるも或は元利の切捨或は期限の長期に亘る附与等債権者の為めさして有利なる効果を齎すべしと思はれず、支那の外債踏み倒し策の動機がその財政紊乱に因る弁済困難に在るは勿論なるも、借款に依りてはその全部又は一部が全然その契約責任者の私腹を肥す為めに使用せられたるか、或は時の軍閥の私権を拡張する為めに使用せられたるか孰れにしてもその契約締結の動機に不純を感知して現責任者自身は全然債務履行の誠意を欠きたるに因る場合も少からず、西原借款然り、シームスカレー借款亦然り、如斯(かくのごとき)風潮の下に我社の対東北鉄道借款を検討するに、そのあるものは正しく同一性質のものあり、例へば四洮短期借款の大正十四年五月三十一日現在元金三千二百万円中の一千万円の如き之が元金は五百万円及百六十万円の二口なるが、五百万円中百万円が四鄭鉄道建設工事費不足短期借款二百六十万円中の償還財源に充当せられたる外は全部使途不明にしてそれが中央政費に流用せられたる事は支那側自身之を承認するところなり

同様の例は吉敦借款二千四百万円中にもあり、その張作霖に対する籌備費二百万円、魏武英に対する籌備費百三十七万円は仮令魏武英名義の受取にかかり、会社は之を一般工事費中に割掛けてその使途を糊塗したりと雖もその後魏自身瀆職の罪を以て問はれんとしたること並に吉敦収工委員会が工事費の高価なるを立証せんとして牽強附会の論を為したることなどより綜合すれば頭匿して尻匿さざるものと云ふ可く、工事費中の一部が鉄道工事費以外張作霖の手に渡り他の使途に供せられたる事を暗黙の間に認めたりとするも作霖亡き跡の今日学良自身と雖も公然之を承認する事は難事とすべく之を敢てせば工事費の割高を承認せざるを得ず、然も収工委員会の報告を如何にせん、況んや対南京政府交渉に於てをや、洮昂工事費の王永江に対する二百万円の借款（正式の受領者は時の局長盧景貴なり）に至りては事実瀋海線の建設費に流用せられたるを以てその趣を異にすと雖も之亦洮昂自体としてはその財政難の今日その負担困難なるを訴ふるやも計り難し、洮昂工事費の中懸案となり居る約二百万円の経費亦支那側をして全部之を承認せしむる事は従来の経緯に鑑み困難と思はる

要するに仮令当時の情勢に於て権道上已むを得ざりしとは云へ苟（いやしく）も或は借款の使途を厳重に監督せず或は借款の目的を二途に出でしめたる事は支那の如き責任者常に更迭し加之（しかのみならず）連帯責任の感念に乏しきものに対しては結果より見て策の得ざりしものと云ふの外無く、殊に籌備費を工事費中に算入するが如きは余りに技巧に過ぎたるものと云ふを得べし

翻つて各借款鉄道の将来より考ふるにその何れもが予定の増加率を以て収入を増加するとするも到底その負担に堪へず、況んや今日の金銀比価が当分継続するものと仮定せば今後四十年間に亘り各鉄道は経常費を負担する以外借款元利の償還は全然不可能と云はざる可からず、比較的成績良好なる吉長の如きすら早くも昨年十月の元金償還を怠りたり、而も尚そのレール借款百万円、利益金担保借款百四十万円の元利を負担するに至れば同様の立場に逢着すべきや明なり

貧すれば貪し、弱者はひがむ、今後支那側が果して誠意を

以て我借款元利の償還に応ずるや否やは過去数年間我借款契約の更新又は締結交渉に悩みたる苦しき経験に鑑み頗る疑問とするところなり、即ち会社は之等鉄道を培養線とし之に依りて生ずる運輸収入の増加を以て満足すれば即ち已む（それさへ今日は余り多く期待出来ず）又政策的に永久に借款元利の償還を望まざれば即ち已む（担保権の実行は終局の理想とするも之が実現は容易ならず国を賭するの時なり）苟くもフイナンシヤーとして金融上の利得を期待せば、此の際断然借款利率の外進んで元金にも斧鉞を加へ以てその財政的立場を安固ならしめ、その元利償還を保証せしむるを得策なりと信ず、或は借款元利の低減程度と他の鉄道交渉案とを交換的に考慮せむとの説あり、恐く云ふ可くして行はれざる可し、寧ろフイナンシヤーとしての独自の立場より各借款鉄道の財政的立場を基礎としその償還可能なる範囲に於て借款元利を調整しその償還を確保する事単に紙上の債権に止め終局に於て元も子も失ふに優れるを思ふ、殷鑑遠からず近く開催されんとする債務整理会議に於ては既に我方より進んで担保附鉄道借款の整理を附議せんとする情勢なり、英国の支那に対する北寧又は津浦借款の如きも亦既に遅滞せりと称せられ而も北寧はその剰余利純を以て自線又は隣接線の援助に汲々たる有様なり

115　満鉄関係鉄道借款一覧表

〔五三〇～五三一頁に掲載〕

116　四洮鉄道会計主任権限に関する実際

一、第十四条第五項に定むる

極秘

会計主任は会計部所要内外人員表を督弁に提出し督弁之に依りて任命を行ふ会計主任は右人員各自の分担事務を定む」べき権限実施に関する実際

1、従来会計主任より人員表を提出したることなく従て局長随意に任命を行ひ来りしが大正三年二月宇佐美会計処長より契約条項に基き人員表を提出し局長の専断を防止せんと力めたることあるも因習の久しき従来の積弊を打破するに到らず、現在に於ては漸く局長より下相談を受くる程度に迄漕ぎつけたる由なるが一面より考ふるに右人員表提出に関する規定は会計主任に限られたるものにして運輸主任工務主任に其権限なく、且昭和二年八月八日制定の四洮鉄路管理局編制専章第十六条に於ては「四洮鉄路管理局に於ては借款契約の

規定により保線技師運輸主任及会計主任三名に外国人を任用するの外其他の補助外国人は局長事情を察し自由に任免することを得」等の規定を設ける関係上運輸主任工務主任の日本人助手等にも悪影響を及ぼす危険あり会計主任のみ強く右権限の主張を為し得ざる破目にあるものなり

2、会計処人員各自の分担事務を定むべき権限に関しては宇佐美会計主任就職以来局長の更迭毎に必ず新任局長に対し事務分担表を提出することとし漸次会計主任が任意に定め得る様仕向けつつある由なるが因習の久しき未だ一時に成功を収むるに至らず目下は決定前下相談を受くる程度に止まる由なり

二、会計主任は……一切の収入を処理し且本鉄道に関する支出に付き一切の書類に総弁と連署す（第十四条第五項）べき権限の実行、確実且完全に実行し居れり

即ち借款契約には支出書類に付き連記する様明記せられ居り、収入書類に関しては明文なきも現在一切の収支書類に連署し居り、支那側も之を回避するが如き傾向なし

三、予算の編製

従来は総務処編査課主体となり各処より夫々各処自体の予算を編成提出せしめ之に基き局長の命令通り編成を終了し局長より訓令として会計処に配布し以て全然会計主任にタッチせしめざりしが、現会計主任就任後其の不当を力説したる結果十七年度予算は総務処長及会計主任協議の上編成せしが、十八年度以降会計主任主体となりて編成し居れり

四、鉄道局は其の営業開始後毎年度終了後に於て日支両国語を以て決算報告書を刊行し請求に応じて之を交付すべし

（第十四条第七項）の実際

十七年度分より実施し居れり

五、預金の支出は督弁及会計主任の連署せる支払命令及使途明細書を以て証憑と為す規定の実施

確実且完全に実行され居れり此点に関し支那側に於ては回避又は嫌悪するが如き傾向なし

借款一覧表　　　　昭和6年1月20日調整

利率	利払期	延滞期間	延滞利子額9%				延滞利子額7.5%としたる場合				延滞利子額7%としたる場合			
			複利		単利		複利		単利		複利		単利	
5	4.21 10.21													
9	5.31	自昭和2.6.1 至5.5.31	309,785	90	270,000	00	242,296	88	225,000	00	225,043	00	210,000	00
9	5.30	〃2.6.24 5.5.30	115,316	41	105,731	51	94,734	14	88,109	58	87,997	16	82,235	62
9	4.5 10.5	〃3.4.6 5.10.5	223,458	81	204,232	02	183,445	57	170,193	35	170,362	46	158,847	13
9	5.31	〃大正14.6.1 昭和5.5.31	15,897,509	73	13,400,000	00	12,663,125	33	11,000,000	00	11,624,660	58	10,400,000	00
9		〃3.10.10 5.10.9	(4)5,838,570	07	5,433,964	61	4,807,808	88	4,528,303	84	4,469,436	63	4,226,416	92
9		〃2.7.1 5.6.30	(8)5,143,734	95	4,707,362	46	4,224,367	45	3,922,802	04	3,923,551	75	3,661,281	91
9														
			(11)27,528,375	87	24,121,290	60	22,215,778	25	19,934,408	81	20,501,051	58	18,738,781	58

(8)昭和2年6月30日現在の元金￥17,434,675.75に対する自昭和2年7月1日至5年6月30日間の利子(単利との差436,372,49なり)

(9)本金額は昭和5年6月30日現在額にして繰入利子￥182,692.27を包含するものなり

(10)契約額と交付額との間に存する差違￥360,092.38

吉長に於ける元金控除	−383,456.25
吉敦請負工事費未交付額	−114,692.64
洮昂	−408,933.16
洮昂車輛代金利子	+133,876.49
〃特別貸付金利子	+413,113.18
	−360,092.38

(11)借款締結又は切替を要すべき総額は現存之金額￥75,627,680.99と年利9分複利計算に依る延滞利子￥27,528,375.87の合計額￥103,156,056.86なり

此外に尚昭和2年8月23日付文書により2年8月23日—3年5月迄交通部に立替たる同部顧問中山龍次に対する立替金　銀22.800元あり

満鉄関係鉄道

借款名	債務者	契約年月日	契約額		交付額		期限	既償還額		現存元金額	
吉長鉄道借款	財政部，交通部	大正 6.10.12	6,500,000	00	(1)6,116,543	75	昭和 22.10.21	812,500	00	(2)5,687,500	00
吉長利益金担保借款	交通部	14.5.31	1,000,000	00	1,000,000	00	5.5.31			※ 1,000,000	00
同上　別口	〃	昭和 2.5.30	400,000	00	400,000	00	5.5.30			※ 400,000	00
吉長軌条売掛代金	吉長鉄路局長	3.4.6	907,697	88	907,697	88	借款成立時			※ 907,697	88
四洮第六次短期借款	財政部，交通部	大正 14.5.31	32,000,000	00	32,000,000	00	大正 15.5.31			※ 32,000,000	00
吉敦請負工事費	交通部	14.10.24	24,000,000	00	(3)23,885,307	36	未定			※ 23,885,307	36
洮昂請負工事費	東三省総司令，奉天省長	13.9.3	12,920,000	00	(5)12,511,066	84					
〃 車輛代金	洮昂鉄路局長	15.9.7	2,376,619	24	(6)2,510,495	73	未定			※ 17,434,675	75
〃 特別貸金	〃（王永江）	14.4.28	2,000,000	00	(7)2,413,113	18					
〃 残材石炭借款	洮昂鉄路局長	昭和 3.6.30	(9)1,516,124	64	1,516,124	64	昭和 6.6.30			1,516,124	64
										(11)※ 75,627,680	99
	計		(10)83,620,441	76	(10)83,260,349	38		812,500	00	7,203,624	64

備考　既存元金額欄中※印を付したるものは借款契約締結又は切替を要するものを示す

註(1)本金額は明治40年4月新奉吉長鉄道協約続約に依り貸与したる￥2,150,000.00中未償還額￥1,988,750.00の振替額及右振替額と￥6,500,000.00との差額￥4,511,250.00に対する@91.50の割合を以て交付せる￥4,127,793.75との合算額なり

(2)昭和5年4月22日に於ける現存元金額にして昭和5年10月以来元金支払遅滞せり

(3)本金額は会社の実際支出したる金額にして其内訳次の如し(1)会社取扱工事費￥13,417,035.72　(2)局に対する立替金(3.10.10以前の分)￥9,995,761.81(同日以降の分)￥472,509.83

(4)各分段引渡の日より各立替金に対する昭和5年10月9日迄の複利計算による利子合算額(単利との差404,605.46)

(5)昭和2年6月30日に於ける締切高にして其内訳次の如し(1)純工事費￥8,771,838.521　(2)総務費，用地費其他￥1,763,066.84　(3)会社諸掛費￥1,976,161.479

(6)車輛購入代金実際立替金￥2,376,619.24に同代金実際支払の日より昭和2年6月30日に至る迄年9分の割合による金利￥133,876.49を加算したるもの

(7)王永江渡￥2,000,000.00に実際引渡日たる大正14年4月28日より昭和2年6月30日迄の金利￥413,113.18に加算したるもの

第三章　張学良政権による利権回収

第一節　東支鉄道問題

117　**支那側の東支鉄道回収策と「ソヴエート」領事館の対策**

昭和四年一月七日　関東庁警務局長

客年十二月二十七日午后六時哈爾賓より長春に達したる情報に依れば哈爾賓「ソヴエート」領事館支那南化協同して東支鉄道回収策を協議しつつありとの詳報に接し俄然緊張し総領事「メリニコフ」を中心に労農総領事館側に於ては緊急会議を開きたる後「クズネツオフ」奉天総領事をして直接張学良と折衝せしむると共に一方東支鉄道副理事長「チルギン」は東支鉄道督弁呂栄寰に「エムシヤノフ」管理局長は行政長官張景恵と夫々必死の折衝を為し支那側の態度の緩和牽制に当り居れり

奉天に於ける折衝の要旨左の如し

東支鉄道電話回収事実を左の条件の下に承認す

一、東支鉄道事業に対し直接支那政権の干渉を許さず

二、東支鉄道理事会の決議を尊重し東鉄の現在の経営に保障を与ふる事

三、東支鉄道現営業にして支那の主権に干するものに付ては露支外交代表に依つて交渉すること

四、露奉協定中不満なる条項の改訂に付ては南北妥協の正式会議に応ず

「以上」

118　**労農従業員間に噂さるる東鉄回収**

昭和四年一月八日　長春地方事務所長

哈爾浜電話局の占収に続き数日前東鉄本庁恩給課の家宅捜査説ありて近時支那官憲は東鉄回収の前提として東鉄労農側に対し凡有〔あらゆる〕圧迫の手を下しつつあるが最近支那官憲は東鉄従業員にて特に共産運動に干与しつつある者の名簿を作

製したが名簿に登録されし者の数約三百余に達し之等は不日欧露に放逐さるべく現東鉄局長「エムシヤノフ」の如きも近く其職を追はれ後任に支那人が任命され代理局長として支那側に好感を以て迎へられて居る前東鉄長官「オストロウモウ」〔ママ〕が起用され斯くして東鉄は漸次に支那側に蚕食され労農側従業員に代ふるに支那人或中国籍露人を以てし遂に東鉄全体を支那側に回収されると盛に労農側従業員間に喧伝されて居る。

119　東支鉄道の回収問題に就て情報片々

昭和四年一月十日　国際運輸株式会社取締役
兼哈爾浜支店長　剛崎虎雄

電話局回収に味を占めた支那側はロシア側の無抵抗、無力を見縊り東支鉄道の回収を実現すべしとの噂とさとり赤露側は戦々恐々の態に見えますが当方入手の材料を其儘御参考迄に左記致します

▲ロシア側の策動

一、当市地段街ビクトリアホテルに滞在中の白系露人団(旧軍人)は在哈白系露人を呼出し支那側が東支回収実現の暁には現在の赤系従業員に代り東支従業員たるの意思ありや否や赤露が万一武力其他暴力を以て抵抗する場合之に対抗する意思ありや否やを訊問し居るに対し多くは其覚悟ありと答へつつありとのことなり

二、回収実現の黒幕として暗中策動し居ると言ふオストロモフは実現の暁には東支の最高要職に就くとのことなり

三、赤露としては回収反対の準備なしと見做して居る支那側の調査によれば東支沿線は勿論国境方面に於ても何等武備用意なしと見て居る

▲支那側の見方

伝家甸糧業組合主なる有力者の言によれば

一、東支回収は既定の事実である

二、呂督弁、張長官等は打合せの為めに赴奉中なるが近く入奉する蔣介石(1)と協議次第断行するものと思わるる

三、東支回収は全然無償とする

建設費は要し居るも建設のため支払はれたる露貨(紙幣)は多く中国人の収得となり居るが露貨は其後無価値となつたから其為め受けた支那人側の損失埋合せの為無償とするも不可なしと言ふにあり

▲南北支那妥協の将来に関する一考察

南北支那の妥協は永続せぬものと想はる東三省側は他日に備ふる為め軍備(新軍器)及財力の充実に専念し居るものの如し回収されたる東支は将来東三省政府の有力財源たるべ

し。

「以上」

注

（1）「蔣介石」の横に手書きで「蔣賦?」の記載あり。

120　蘇聯の東鉄利権譲渡交渉説に就て

昭和四年一月十二日　　哈爾浜事務所長

当地露字紙「ザリヤ」が一月四日及五日の両日蘇聯が東支鉄道に関する利権を仏国及日本に譲渡せんとて交渉中なる旨を報導し一大センセーションを起せるが右記事の出所に就て内探せる所

一、仏国への譲渡交渉

に関するもの（左記）は行政長官公署の依頼により掲げたものなり而して別途当所が蘇聯領事館側より探知せる所によれば右は事実なりといふ。

二、日本への譲渡交渉説

は前記の如き支那側の依頼ありしため「ザリヤ」社が勝手に作り出したるものにして特に日本を引合に出したる理由は不明なり。

左記

東支鉄道に於ける蘇聯の権益譲渡に関する

仏国との交渉（一月四日ザリヤ紙所載）

特別区に於ける蘇聯の地位不安定なるに就ては消息通の認むる処にして当地蘇聯要人は頗る焦慮の態である。

極東問題に対し此の種の不安を懐けるは単に当地在住の蘇聯要人に止らず莫斯科（モスクワ）側に於ても既に其の勢力失墜を認め何等かの方法に依り今後の損失を防がんと努めている。

之れより先き莫斯科政府は債務の代償として東支鉄道に於ける自国の権益を仏蘭西に譲渡すべく同政府と交渉せしむるため東鉄の事情に精通せる一代表を巴里に派遣したと伝へられている莫斯科政府は東支鉄道の権益を放棄し其の地位を擁護せんと努めているが之と共に他の方面に於て何物かを得んとせる事は明白である。

仏蘭西との前記交渉は目下巴里に於て慎重極秘裡に行はれているが消息通間には蘇聯側の希望する結果は殆ど得られぬものと見做されている。

蘇聯は仏蘭西との交渉を開始するに当り支那側の諒解を得んとする何等の予備交渉を行っていない。加之（しかのみならず）現在支那の政局を見るに各国は等しく支那との友交関係を結び凡有る紛糾を避けんと努めつつある情態なるを以て仏蘭西は本問題に関し蘇聯との協定を締結するに至るものとは殆んど思はれない。

事情斯くの如くなるも兎に角蘇聯が東支鉄道の権益譲渡に

関し交渉を継続しつつある事実のみは明白である。

121　東鉄回収問題

昭和四年一月十五日　　長春地方事務所長

支那側が東鉄回収を画策しつつあることは各種情報に散見する処なるが当地大東報（張学良系）が東鉄理事会の消息として次の通報して居る参考の為訳報す

東鉄回収の進行

東鉄理事会の消息によれば東鉄回収問題に関し東鉄督弁呂栄寰及監事長劉沢栄は奉天に於て東三省当局及交通委員会と協議中であるが今後東鉄労農側に対しては大体左の方針により積極進行することに議決した由である

一、管理局の実権を支那側にて掌握すること

二、東鉄従業員は支那人六露人四の比例とすること

三、東鉄附帯営業の電話を回収せるにより更に鉄道専用の電報電話も支那側に回収管理すること

四、既往の露支間未決問題は此の際強硬手段を以て一気に解決を計ること

（了）

122　東支鉄道回収弁法協議説

昭和四年一月二十三日　　関東庁警務局長

東支鉄道問題に関し本月十九日張学良、呂栄寰並に国民政府鉄道部科長黎重光等参会回収弁法を協議したるが議定事項左の如しと云ふ

一、東支鉄道回収後は全露国人の十分の七を淘汰す

二、東支鉄道回収の理由は中露最後に訂立せし所の条約に依拠して之を回収す

三、東支鉄道回収に償還すべき債務は最初露国紙幣を用ひ余は年限を定めて分還す

四、東支鉄道範囲内に於ける露国側の独自経営する電報電話事業は一律に回収す

五、東支鉄道回収後は露人の高級俸職員は淘汰す

六、東支鉄道回収を若し露国側に於て応ぜざる際は強硬手段を以て之が回収を実行す

七、東支鉄道警備の兵力は今後四個旅を増加し別に護路司令を任命して把守し以て露国の兵を進めて西北部の侵略を防ぐ

八、該鉄道の収入は路権回収前に於ては均しく中国銀行及交通銀行に送りて保存し露国側の分用或は提用を許さず路権の完全回収を俟ちて総額を分配す

九、東支鉄道に服務する露人職工にして品行不良或は共産党の行為ある者は速かに淘汰し以て其他の職工を煽惑せ

しめて暴動に加担せしむるを防ぐ。

「以　上」

123　張呂の帰哈と東鉄回収策

昭和四年二月五日　　長春地方事務所長

特別区行政長官張景恵及東鉄督弁呂栄寰は本五日午前七時長春着列車にて吉林張作相と共に来長直に東鉄特別車に乗換八時四十四分哈市に向ひたるが東鉄回収問題に関し随員李某より聴取せる処に拠れば張行政長官は東鉄回収に対し頗る強固なる意見を持し短期間の回収を企望して居る張行政長官呂督弁及交通委員会委員等を数次召集し回収対策を協議した結果東鉄は三期に分ち回収する即ち第一期に在りては露支平等の権限を以て管理すること第二期に入り管理の全権を支那側に収めること第三期に至らば旧露国紙幣を全留布(ルーブル)同様の価値あるものと看做し之を以て東鉄回収資金に充当する最後的強制手段を用ゆることに議決した模様である云々

124　東鉄回収に対する労農側の対策

昭和四年二月十九日　　哈爾浜事務所長

哈爾浜自動電話回収以来支那当局が東支鉄道の回収を画策しているに対し労農側は極度に神経を尖らしている若し支那側が回収を実行する場合は同盟罷業軍事行動呼倫貝爾(フルンボイル)蒙古人等を煽動し北満を擾乱して支那側に対抗する計画であると其の準備として左の処置を取ることに決した。

一、沿線の各駅の職業組合及共産党機関に回収に対する内命を発すること。

二、特別区内に在る在郷軍人に秘密裡に動員準備をなすこと。

三、満洲里方面の国境に赤軍を移動集中して支那を威嚇すること。

四、呼倫貝爾蒙古人を積極的に煽動し擾乱を起すこと。

目下満洲里には沿線各地の共産党諸機関代表集合し会議中であると。（札蘭屯職業組合及消費組合員の談）

125　支那に於ける東支及南満鉄道回収運動に対する哈府労農幹部の意向（哈府通信）

昭和四年二月二十六日　　哈爾浜事務所長

支那国民党が南北を統一して以来全国的に利権回収熱盛んとなり先には東支鉄道回収の噂あり又満鉄をも回収すべしとの宣伝があつた此等に対する根本政策はインターナシヨナル及労農中央政府では相当研究しつつあるものと思考するが哈府極東革命委員会員より聞知する処に依ると右対策

に関し幹部中に硬軟二派があると即ち

一、硬派

革命委員会幹部中の硬派は目下支那の国民党の革命は中産階級以上の各反動分子を網羅したものであつて無産革命には非ず主義に於て相反する現下の国民政府に北満の鉄道権を譲与する事は不可能である。若し労農が支那に鉄道権を委ねるとすれば露西亜の極東に於ける政治経済的進出は全く其基礎を失ふ事となる故に東支鉄道回収に対しては積極的強硬態度に出る必要があると論じている。

二、軟派

軟派は近き将来に於て労農露西亜は東支鉄道を結局支那に還附する様になるであらう若し現在にても国民政府が吾人と同様なる主義政策を行ふに至らば還附して何等差支なく然し吾人は大勢の趨〔おもむ〕く所将来支那に東支鉄道を還附する時機の到来するものと前提して中国共産党を極力後援して所謂目下の国民党政権内に共産党を少くも其半数を参与せしめる如く指導せねばならぬ即ち支那に於て左傾派が逐次勢力を得るに至らば吾人の主義の延長に外ならず将来支那が完全なる社会主義国家を建設したる場合は従来の不平等利権は勿論還附すべきである。

鉄道問題も出来得る丈け現状を維持し従業員露支折半等に対しては今より支那共産党員を就職せしめる様に努力し仮令全従業員が支那人となつた場合に於てもインターナシヨナルの政綱に拠り之を支配すれば十分である。

又日本の満蒙経済侵略防止のためには支那人間に満鉄回収熱を鼓吹し支那のブルジヨアを以て日本のブルジヨアに対抗せしめる様策動する要があると主張している。

126　東鉄露支理事間に重要問題の交渉開始さる

昭和四年三月二日　　長春駅長

情報送付の件　左記情報御送付致します

奉天より帰哈早々病気のため引籠中の東支督弁呂栄寰氏は二十七日より出社直に副理事長チルキン氏と密談数刻に及べり当日は呂氏赴奉の際奉天官憲より対東鉄政策として指令ありたる問題に就てチルキン氏と瀬踏的交渉をなせしものにして主として呂氏は下記重要問題に関し左の如き意見を開陳せしものと看做されて居る

一、東鉄収入の増加を計ること

東鉄の営業は逐年隆盛に向ひつつあるも其の収益は支出に比し左程大ならず何等か之れに対し方法を講じ収益の増大を計ること

二、東鉄の経費を節約すること

最近の東鉄経費は其の収益金を以て補ふことを得ず借金政策を採らざるを得ざりしが斯かる現状打破のため可求的冗費を節約し経費の軽減を計ること

三、管理局長の権限を縮少すること

管理局長の権限は非常に暴大なるに反し副管理局長（支那側）の権限は余りに少なり之れがために往年従事員採用問題に関し鮑貴卿督弁とイワノフ局長との合〔ママ〕に確執生じ鮑氏相当強硬の態度を持せしも管理局長の権限余りに暴大に失するため成果を収めずかかる例もあるにつき可求的其の権限を縮少すること

四、支那側権力の増大を期すること

露奉協定により東鉄は露支協同の一商事事業たるため露支の権力は均等ならざるべからざるに今日迄依然として露国側の権力は支那側の何倍す之れに対し徹底的方針を以つて均等を計ること　（貨）

127　東鉄土地獣医両課に対する露支の争闘

昭和四年三月六日　長春駅長

東鉄管理局各課の要職に対する露支の争奪は更に紛糾拡大するものの如く曩〔さき〕に支那側が奉天最高官憲に提出許可を仰げる支那側掌握の要職中土地獣医両課は其の本来の性質上哈爾浜地畝局に直属し一商事機関たる東鉄の管理するものにあらずとし当両課の東鉄管理に対しては支那側は極力之が反対を主張し既に去る二十三日東鉄督弁呂栄寰氏は副理事長チリキン氏に此の旨を通達せり当問題の成否如何は東鉄の附属地経営上に於ける権力を根本的に崩潰するものにして千九百二十三年張煥相の東鉄土地課権限の剝奪により其の使命の大部分を消失せる土地課を此の度根本的に撲滅せんとする方針なる為東鉄将来に多大の悪結果をもたらすものなり従つて当問題の具体化するや東鉄理事范其光イツマイロフ蘇俄領事メリニコフ氏は急遽赴奉し奉天幹部と折衝中なり　（貨）

128　東支鉄道回収問題

昭和四年三月十四日　哈爾浜事務所長

東支鉄道回収問題に対し南京政府は余り急いで居ないので結局従事員折半問題も当分解決がつかない。唯郭副局長は楊系の人物であるため奉天側では馘首し会広鎔を任命せんと内定したが呂栄寰は之に対し東鉄の回収如何に拘はらず改組の必要があるので、それが済むまで当分人事の異動を延期され度しと電請し目下停頓状態にある。

129　「エムシヤノフ」及「エイスモント」更迭せん

昭和四年三月二十五日　　　哈爾浜事務所長

駐哈蘇聯総領事「メリニコフ」は三月二十四日駐奉総領事代理「マルトワイノフ」の電報に接して即日赴奉したが其用向は東支問題に関し現管理局長「エムシヤノフ」副局長「エイスモント」を更迭せしむるを条件として支那側の要求を緩和せしめんとする為であると。

元来「エムシヤノフ」等の更迭問題は久しく伝へられて居た事であるが蘇聯側が今回愈々之を決したのには次の如き内情がある。

「エムシヤノフ」着任以来東支鉄道の収入が漸次減少して昨年度からは財政破綻の評さへ伝へらるるに至つたが此不成績は支那側は勿論蘇聯側も予期せざりし処で副理事長「チリキン」及総領事「メリニコフ」は共に其真相の探求に努めた。

然るに「チルキン」は能力上之をなす事能はず「メリニコフ」は副領事「ズナーメンスキー」の調査に依り其罪が全く「エムシヤノフ」の財政々策不良なる事に在るを確信するに至つたのである。之に対し「エムシヤノフ」は副局長「エイスモント」に責を負はせんとして居る。又前理事「ゲツケル」も反「エムシヤノフ」派で辞任帰莫して「エムシヤノフ」に不利なる報告をなした。更に今回日本視察の途上当地に来つた「ジユーコフ」も政府から真相調査を命ぜられ居るが其第一印象は同じく「エムシヤノフ」に不利なるものである。之れと同時に目下莫斯科に抑留されて取調を受けて居る経済調査局長「デイキー」の不正行為には「エイスモント」も関係して居るので遂に「エム」と「エイス」を更迭せしむる事に決したのであるが蘇聯側は之を恰も支那側の意志を尊重して彼等を除く如く装ひ支那側の要求緩和を謀らんとして居る。

斯くて「エムシヤノフ」及「エイスモント」の更迭は愈々確定したるものの如く「チリキン」も之と同時頃罷めらるるやも知れずと観察されて居る。

而して彼等の後任に就ての情報は副理事長「ジユーコフ」管理局長「エリキン」副局長「アブラーボフ」の呼声が高い。

「ジユーコフ」は現に莫斯科カザン鉄道長官で日本視察の途中目下哈爾浜に在り二十九日離哈浦塩経由途日すべく「エリギン」は今東支鉄道監査部副長で反「エムシヤノフ」派に属し「アブラーモ」は東支本社技術課副長であるが之れは支那側が露人副管理局不必要を構へて居るからどうなるか不明である。

尚「エリキン」が反援助「スキデルスキー」思想を持つて居る事は将来注目に値する。

130　東支鉄道電政権の回収計画

昭和四年三月二十六日　　哈爾浜事務所長

三月二十六日附当地華紙国際協報の報ずる処によれば東北交通委員会は先般来屢々会議を開催し東支鉄道電政権回収問題を審議した結果辺防司令長官に対し数箇条より成る解決弁法を具陳する処があつた当局も同案を是認し近々東支督弁に電命して愈々回収を決行することとなつた。其解決方法は大略左の通りである。

一、国有鉄道連絡弁法東支鉄道改締新契約及現行電報協約に照し主権整備の原則に依り合法的手段を以て凡有の東支鉄道各駅間の長距離電話並に電信条例の規則に違反するものは一律に其営業を停止し由て主権を確保す新契約成立前東支鉄道の設置せし電報局は鉄道自用及前契約にて特に許可したるものを除く外公衆電報の取扱をなすを得ず

二、日支共同出兵当時長春哈爾浜間の鉄道電柱に架設せし日本電線一線は依然日本側の使用に供しつつあるも該線は当然鉄道管理局に於て回収し孰れの方面にも租借使用せしむるを得ず（註一、日支共同出兵当時日本軍の架設せし電線は撤兵と同時に東支鉄道之を買収せり。二、目下満鉄事務所の使用しつつあるものは租借せしものに非ず全く本項に該当せず）

三、已に回収せし哈爾浜電話局を除く烏吉密河満溝等の沿線各駅市内電話は未だ政府の許可を受けず契約上何等根拠なきものなるを以て一律に電政機関に移管引継をなすべきものとす

四、露国が浦塩に拘留中の哈市自動電話機千個は鉄道管理局に命じ速かに交付せしむること

五、新契約成立前東支鉄道電務処長は支那側より充任し其他通信関係諸機関各部の職員は奉露協定に照し折半とし新契約調印前に於ける国境通過の電報は中国政府派遣員の検査を受くること。

131　支那側東支の獣医課及土地課の回収に着手す

昭和四年三月二十六日　　哈爾浜事務所長

呂栄寰は奉天の命なりとて三月二十五日公文書を以て東支管理局獣医課及土地課を解散し其の業務を夫々市政管理局と土畝管理局に引継ぐべく文書を以て要求した之に対し露西亜側は獣医課に就ては既に四年前張煥相が同

様の要求をなしたに対し市政管理局に獣医部を設け特別区の関係事業を管掌し東支の獣医課は其監督を受くる事として諒解成立せる事実あり又土地課は従来東支附属地全部を監理せしが現在に於ては事実上其大部分は地畝管理局の監理する所となり土地問題も未だ解決せざる状態なるを以て之に応ずる能はざる旨口頭を以て回答とすると同時に文書の作成に着手した

茲に於て支那側は元来奉露協定なるものは一地方官憲の締結せる協定であり且又同協定による東支鉄道協同管理弁法は其実質に於て露国側の権利過大にして所謂協同管理の精神に反する所多きを以て南北統一せられたる今日に於ては当然根本的に改訂せらるべき性質なりと言明して支那側の企図を明示し且若し露国側にして今次の要求に応ぜざる場合に於ては強力を以ても意志貫徹の決意ある旨を仄かした依て露国側は緊急会議を開いて対策を講ずる所あり差し寄り理事イズマイロフを赴奉せしめ在奉中の哈爾浜総領事メリニコフと共に奉天官憲と直接交渉をなす事に決した。斯くてイズマイロフは本二十六日又は明二十七日離哈赴奉の筈である。

132　支那側東鉄管理局総務課土地課及獣医課廃止を要求す

昭和四年三月二十七日　　哈爾浜事務所長

支那側が東鉄管理局土地課及獣医課の廃止を要求せる事は既報の如し

其の後更に本件に関し探査する処によれば支那側は単に右二課の廃止のみならず総務課の全廃を要求しつつあり其の理由は従来総務課は露国側の政治的策動の巣窟にして鉄道事務に貢献する処殆どなしと云ふにあり

露国側は庶務的事務を行ふ課を必要として反対しつつあるも支那側の態度は可なり強硬なり

之等各種の要求に対し露国側の最後には譲歩するに至るべく前報「エムシヤノフ」及「エイスモント」の更迭を含めて支那側が乗り取らんとしつつある会計課長の椅子及管理局長権限縮少問題を緩和せむとする策戦なるが如し

尚理事「イズマイロフ」の離哈赴奉は明二十八日に延期されたるが如く同人は一両日奉天に滞在して赴日し爾後浦塩経由にて日本鉄道視察に赴く莫斯科カザン鉄道長官ジユーコフと行動を伴にする筈

133　東鉄露支幹部職籍争奪後聞

昭和四年三月二十八日　　長春駅長

情報送付の件　左記情報御送付致します

東鉄露支幹部間に管理局要職について争奪あるは再三既報せしところなるが其の後露支両理事は自国側要人と数度の密議を凝し既に支那側の如きは決定的成案を得て奉天最高官憲に許可を仰ぎ正式理事会の開催に先立右支那側案を露国側に交付せり

当案は其の内容極秘に付しあるを以て詳細を知り得ざるも其の大略の内容を仄聞するに支那側は露奉協定を盾にあくまで管理局要職に対し折半主義を実現し管理局に確固たる支那側権力を基礎づけるものにして商業部長職の支那側移転に関しては大略非公式に両理事間の決定を見たるも支那側は更に会計課長職をも自国側に於て掌握せんとする腹案の如く此れに対しては露国側はチルキン副理事長を筆頭に断乎として承諾を与へず為に当職争奪に対し相当の軋轢を見るものと予想さる支那側の会計課長職支那側移転に関する其の主要なる論拠は当課は予算決算の枢機を握り東鉄財政を管理し有する鉄道政策実現の諾否権を有するが故に最も利害関係を有する支那側が此れを占むるを当然なりと言ふにあり之に対し露国側は充分此等支那側の利益を保証し其の益金に対しては絶対的均等分配を条件として依然露国側を以て占めんとする模様なり兎も角職籍の最後的決定を見るまでには幾多波乱重畳あるべし　（貴）

134　支那側東鉄利権回収策益尖鋭化す

昭和四年三月二十九日　長春駅長

情報送付の件　左記情報御送付致します

支那側は露奉協定に基き従業員折半主義を主張して東鉄管理局の要職を奪はんとし或は東鉄本来の使命に則つて土地獣医両課の廃止を高調する等最近に於ける支那側の対東鉄態度の強調は真に刮目に値するものあり然るところ其の強硬態度は更に尖鋭化し此の度東鉄電信課の回収にまで進まんとす。即ち東北交通委員会より東鉄の電信電話回収に関し東鉄督弁に手交されたる提案の内容は左の通りなり東鉄は支那国有鉄道との関係上新たに電信約定を締結の必要あり現行約定は支那主権尊重の意味よりして当然破棄の必要あるべく更に東鉄沿線各駅の電話は同じく支那主権防衛上の見地より廃止すべく又新約条成立と共に東鉄は営業以外の一般公衆電報の取扱は支那側交通部に移転されざるべからず尚北満が擾乱し各国軍隊出兵の際架設せし長哈間の電線は今尚日本側の使用に充つるも之れ当然他国に電線専用権を譲渡するものにして主権の侵害につき回収の手段を講ぜざるべからず其の他目下東鉄購入の電話器が浦塩に於て取押へ輸送見合せ居るは可求的速急に到着すべく手配すべき等相当広汎の内容に亘るものにして最後に当新約条の締結迄は臨時弁法として東鉄電信課長は支那人を以て代らしめるものなり
（貨）

135　支那の東支回収に対する労農側の対策

昭和四年三月二十九日　　哈爾浜事務所長

久しき間呂督弁が労農側と折衝中なりし従業員折半問題局長の権限縮少問題及減俸問題に対し労農側は均しく不同意を表明すると共に先決問題として左の二項を提議せり

一、支那各機関に対する経費補助及び教育経費合計年三百万元の取消

一、従来支那側の使用せし免票、官庁舎の使用料、電灯電話燃料の帳簿上に於ける未払金は二十余万元に上るが右未払金償還の手配をなすべきこと

支那側が以上二項を承認するに於ては労農側は他の如何なる条件をも承諾すと申出たり

督弁は非常に困惑し支那側理事を召集し長官とも数回に亘り商議せしも解決の方法を発見し得ず故に本問題は目下の処停頓の状態にあり
（二十八日）

136　哈爾浜蘇俄総領事メリニコフ氏赴奉と其の使命

昭和四年四月一日　　長春駅長

情報送付の件　左記情報御送付致します

支那側東鉄利権回収問題につき奉天最高官憲と協商のため曩に赴奉せるメリニコフ氏の使命に対し巷間各種の噂あるも其の真使命とする処は大様左の如くである即ちメ氏の赴奉は最近支那側が東鉄に対す悉く強硬政策をとり露西亜側の勢力を駆逐せんとする態度なるため露奉協定の真精神に基き或る程度迄の譲歩点を確定し今後勢力の失墜を防遏（ぼうあつ）するため背水の陣を引かんとするものなり此れと同時にソエートト露西亜は東鉄を根拠とし北支に共産主義の宣伝をなさんとする事実が各種の事件により大体的に暴露され相当支那側の激昂を買ひ居るにつき此れが緩和策として何等実質的に効果なき通商条約を新に締結し将来ソエート露西亜の立場を有利に導かんとするものなり

前記の問題を中心とし相当込入たる交渉が行はれるものの如く此れがために去る三十日急遽東鉄副理事長チルキン氏の赴奉を見しものなり
（貨）

137　東支鉄道問題

昭和四年四月二日　　哈爾浜事務所長

奉天に於ける東支鉄道問題に関する露支交渉は露国側の思惑全く外れ三十一日夜メリニコフは奉天発、チルキンは長春より何れも引返せり

138　東支鉄道組織一覧表

昭和四年五月現在

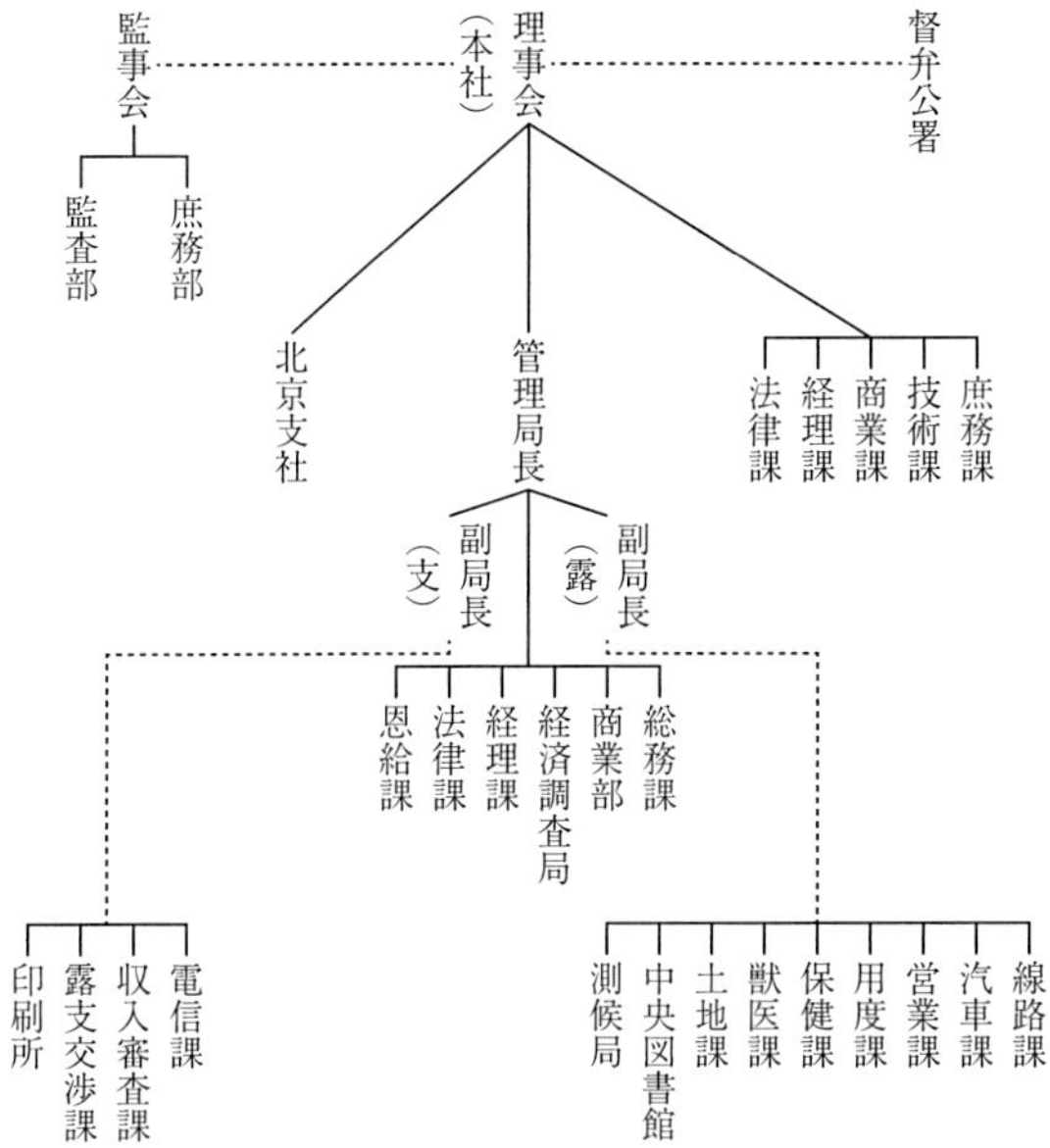

第二節　各種情報

139　支那内治外交関係　外交関係（排外、利権回収運動）

松岡理事

排外、利権回収関係

領事裁判権撤廃問題

庶調情第５０８号　　調査課情報係

長春地方事務所長情報摘要（一二、八、一三、第一〇〇号）

領事裁判権撤廃問題に関する司法部の通達

本月二十七日長春地方審判庁長は北京司法部より左の意味の通令に接した

北京政府に於ては華府会議に於ける国際協定に基き支那全土に於ける各国の領事裁判権を撤廃せしむべく外交部より北京公使団に交渉せしめつつあるも未だ解決するに至らず惟ふに各省の司法事務は未だ完備せざる感あるを以て此際各省一律に国際司法機関を設置し司法事務の改革を図り領事裁判権撤廃の交渉に資せしむべく至急左記各機関完備に努むべし

一、国際法庁

二、国際弁護士公会

三、高等学会の設置

四、国際法律館の設置

五、国際法律顧問の招聘

庶調情第５３０号　　調査課情報係

北京特報（一二、八、一五）

領事裁判権撤廃に関する意見徴求

八月廿四日外交部は英、仏、伊、米其他の公使に対し列国が領事裁判権撤廃延期を企図し居るが右は支那の法権回収上大障碍となるに付如何なる処置を採るべきやとの意見を徴した

英貨排斥運動

庶調情第６００号　　調査課情報係

営口片山情報摘要（一二、九、一五）

営口に於ける英貨排斥宣伝

営口旧市街南方直隷会館附属輔善林に於て九月八日より五日間盂蘭会〔ママ〕を営み一般人に芝居の無料観覧を行つた為毎日

数千名の参謀者があつた然るに其最終日十二日群集中に左記訳文の如き英貨排斥の宣伝ビラ数百枚を撒布した者があつた但し市中の英貨販路は未だ何等影響が無い模様である

宣伝ビラ訳文

抵制英国貨

同胞諸君

世界中最も陰険且驕傲にして世界平和の破壊常習国は何処なるや之即ち彼の野心勃々貪欲飽くことを知らざる英国ではないか、英国人は到る処に割拠し我が中国に対しては殊に悪辣なる手段に出づるを常とす即ち西蔵〔チベット〕交渉問題の如く或は片馬進兵、威海衛還附問題、天津及漢口租界問題等の如きものがある然るに我が政府及人民は之に対し常に遠慮勝ちで彼国及同国人を優待し居るに拘はらず彼の英国人は従前の侵略的野心を抱懐し現在に於ても今猶改むることなく着々其の野心を満足せしむべく種々の手段を講じて居る彼の臨城土匪事件に藉口し我国の鉄路共管説を提唱して来た

然るに一国家は一個人の身体の如きもので国家に於ける鉄路は人体に於ける血脈の如きものである

若し人体中より血脈を取去れば人は生存し能はず之と同一理由にて我国の鉄路が若し英国により管轄せられたら我主権は喪失し我国家は存在し能はざるに至るべく我国家存在せざるに於ては我等人民は亡国奴として朝鮮人と同一の運命に陥るに至るであらう英国が斯くの如き手段を採るは之正に吾等の仇敵である吾等は本問題に関し極力対抗せねばならぬ

其の最も良好なる対抗策としては茲〔ここ〕に一の絶妙なる方法がある即ち速かに英貨を排斥することである即ち吾等は英貨を買はず英貨を売らざるにある諸君は中国人ではないか、諸君は亡国を恐れないか既に亡国を恐るるものとせば英国が今や我国を滅ぼさんとして迫り来るに当り諸君は彼を憎まざる者が無からう

夫れ現在如斯〔かくのごとき〕状態にあるに諸君は尚未だ英貨を購求せざるべからずと称する理由があるか英貨を買求めなければ生存は出来ないか

吾等は諸君に大なる要求を為すに非ず唯僅かに英貨を買求めざること英貨を売らざることの二つだけであつて之を以て中国を救ひ得るものであるから此の一些事は諸君に於て実行困難な事とも思はれない実行出来得る事と信ずる故に諸君に要求する所は今日以後英貨の排斥に努め速かに英貨を排斥するにある今後吾等が持久し以て徹底的に英貨を排斥するときは英国人に於ても自ら緩和し来るであらう

英貨とは如何なるものなるか今茲に其の主なる二三を列挙せば

英貨とは英国洋行或は商店等に於て販売する総ての物品及支那商店にて販売する英国品即ち英国紙巻煙草、英国砂糖、英国石油、英国石鹼、英国薬品、英国綿糸布等であつて英貨は重なるものと否とに拘はらず総てを排斥し以て不買不売を実行することである

我が愛国的同胞よ現今禍は頭上に落下して来た速かに之を実行し努めて英貨を排斥せよ　中華救国営口支団泣告

以上

旅大回収、二十一ケ条撤廃問題

庶務部庶務課

大正十二年四月廿四日附長春地方事務所情報摘要(一七)

旅大回収運動に対する長春市民の態度

旅大回収問題に対する長春市民の態度は依然冷静である最近上海商界連合会が長春商界へ該運動の宣伝ビラを配布して来たが何等の反響もない

関東州及満鉄租借権問題

一二、二、三、クリスティアン・サイエンス・モニター紙　ボストン

一月廿五日北京特別通信

日本の旅順及大連租借に関し三月廿七日前に支那政府の採るべき措置は支那に於ける興味の中心となれり

両院は日本をして速やかに遼東半島より撤退せしむる方策を採らんことを政府に迫れり而して日本の態度は明らかに撤退を拒否せんとするに在るが如し

支那は三月廿七日後旅順、大連及び遼東半島より撤退方を日本に要求すべきや又は無為に待つべきや、これ第一の直接問題なり

支那政府はこの問題に対して早速答を為さざるべからず、而して其の答は日本が遼東半島及満洲を二十世紀の終り迄保持するや否やと支那がこゝ二十年間内に此の地方の支配を回復するや否やとの問題を大体に於て決定するものならん

(一)「南満鉄道」

日支両国の権利の如何なるものかを了解せんとせば関係条約の全文を検覈(けんかく)することを要す(こゝに揚ぐる条項はマックマレー氏「支那に関する条約及契約」より引用す)

一八九六年東清鉄道敷設及運転に関する露支条約調印せられ該鉄道は八十年後無償にて支那の所有となり三十六年後

は支那は露国より該鉄道を買収することを得る旨が規定せられたり、条項の全文を掲ぐれば次の如し

第十二条　清国政府は鉄道工事作業期間及工事完了し運転開始の日より八十年間は該会社の如何なる欠損に対しても責任無し此の八十年の期間満了と共に該鉄道及附属物一切は無償にて清国政府の所有に帰す

全線の工事完了し運転開始の日より起算して三十六年後は鉄道建設の為に要したる資金の負債及其の利息を加算したる金額を支払ひて該鉄道を清国政府の手に買収することを得

第三条に依れば鉄道会社は条約批準の日より十二ケ月以内に鉄道敷設工事を開始し線路及附属地確定の日より六ケ年以内に全線の工事を完了することを要す

一八九八年三月廿七日八ケ条より成る遼東半島租借に関する条約調印せられたり其の内に次の如き条項あり

清国政府は一八九六年東清鉄道会社に許与したる特権と同様の特権を本条約調印の日より東清鉄道本線の一駅より大連湾に達する支線及若し必要なる場合は同本線より営口、鴨緑江口間の遼東半島沿海地の重要地点に達する支線にも許与することを約す

一八九六年八月廿七日清国政府と露清銀行との間に締結せられたる条約の全規定は前記の支線にも適用せらるこの総括的予備条約に基き一八九八年七月六日東清鉄道の支線たる南満洲鉄道の敷設に関する特別条約が調印せられたり

条約の前文に曰く「光緒十二年(一八九六年)鉄道敷設に関し東清鉄道会社に与へたる許可に依り東清鉄道本線上に選定せる一地点より遼東半島の旅順口及び大連港に至る支線を敷設することを得と」

該条約の第一条に曰く　旅順口及大連港に至る支線は東清鉄道南満支線と称すと

これ実に南満洲鉄道なる名称の起源にして旅順、大連より長春に至る鉄道を指称するなり

かくして南満洲鉄道は東清鉄道の主要なる一部を形成するに至れり

一八九六年東清鉄道敷設に関する条約中に規定せられたる「三十六年後支那は該鉄道を買収することを得、又八十年後支那は該鉄道を無償にて取得することを得」との条項は遼東半島に達する東清鉄道の支線にも適用せられたり、而して此の期間は該支線の工事完了し運転開始の日より起算せらるべきものにして其の始期は一九〇三年七月一日と公表せられたり

一九一五年日本の契約せる九十九ケ年延長が若し無効となりたるときは支那は一九八三年に南満洲鉄道を当然所有することを得べく又一九三九年には鉄道建設の為に要した資金負債及其の利息を加算したる金額を支払ひて該鉄道を買ひ戻すことを得べし、南満洲鉄道は一九〇五年日露講和条約に依り東清鉄道本線より分離せられたるものなるを以て一九一五年日支条約が廃棄せられたる場合と雖（いえど）も支那は露国との間に東清鉄道早還に関する特別新協定を為し之に依りて還附の要求を為すも一九三九年迄は南満洲鉄道の還付を要求する権利は之れなきなり

㈡安奉鉄道

安奉鉄道は日露戦争の際日本が軍用の目的を以て敷設せるものにして戦後商業上の目的を以つて支那との間に同線の改築に関する条約を締結せり（一九〇五年十二月廿二日調印）而して日本が同線を所有する期間は次の如く規定せられたり

第六条、日本は前記の安奉鉄道改築工事完了の日より十五年後該鉄道を支那に還附すべし但し軍隊撤退の為め現在の鉄道を使用する必要上十二ケ月間の猶予を与へ其れより二ケ年以内に該鉄道の改築工事を完了すべし

故に日本の該鉄道所有期間は光緒四十九年を以て満了す期間満了の際は日支両国の選定したる外国技術をして該鉄道の財産全部を評価せしめ其の評価価格に依り支那に買却せらるべし光緒四十九年は一九二三年なり

㈢遼東租借

露国の遼東租借に関する最初の条約は一八九八年三月廿七日調印せられたり

少くとも第一条は公明なるものなり即ち露国海軍をして北支那沿海地に根拠地を得せしめんがため清国皇帝は旅順口、大連湾及此の二港に接する領水を露国の租借地と為すことを承諾す而して此の条文は前記の領土に対する清国皇帝の主権を侵害するものに非ず

第二条は境界を規定せり即ち前記の規定に依る租借地の境界は該租借地が陸上に於て正当防衛の為に必要なる範囲内に於て北方に延長せらるるものとす而して正確なる境界は露都ペテルブルグに於て協定せらるることとなれり境界の確定に依り清国皇帝の主権は侵害せられざりしと雖も明らかに露国政府は此の租借地及其の領水を完全に掌中に収むることとなりたるなり

斯くして露国は二十五箇年の契約を以て此の地を租借せるものは永久租借を意味するものなりき露国が二十五箇年後に於て該租借地を支那に還附する意志なかりしことは露国

が旅順口要塞の築造及大連湾の施設に投ぜる金額に徴するも明かなる所なり

㈣日本の譲受

日露戦争に次いで露国は遼東半島に於ける租借権を日本に譲与せり

一九〇五年九月五日日露講和条約の条約文次の如し

第五条、露西亜帝国政府は清国政府の承認を以て旅順口、大連並に其の附近の領土及領水の租借権及該租借権に関し又は其の一部を組成する一切の権利、特権譲与を日本帝国政府に移転譲渡す云々……

第六条、露西亜帝国政府は長春、旅順口間の鉄道及其の一切の支線並に同地方に於て之れに附属する一切の権利特権及財産及同地に於て該鉄道に附属し又は其の利益の為に経営せらるる一切の炭坑を補償を受くることなく且清国政府の承認を以て日本政府に譲渡移転すべきことを約す

日本は清国政府の承認を得る手続を取り一九〇五年十二月廿二日日清間に条約調印せられたり

第一条　清国政府は前記の講和条約第五条及第六条による露国が日本になせる移転譲渡を承認す

之れによりて日本の得たるものは即ち

一、遼東半島前租借期間二十五ケ年の残期間即ち十七年六ケ月の該地租借権及支那の承認を得るときは該期間延長することを得る権利

二、旅順及大連より長春に至る鉄道の所有及一九三九年に於て支那の申出に依り該鉄道を支那に買却する義務及一九八三年には無償にて支那に還附するの義務

三、一九二三年即ち光緒四十九年迄安奉鉄道を運転する権利等とす

次に日本の取るべき処置は一九〇六年七月七日の勅令に基き南満洲鉄道会社の組織を規定するにありき該会社は半官組織にして満洲に於ける日本の鉄道及鉱山其他の企業権を有せしむることとせり一九〇六年八月一日公布の制令は該会社が継承すべき鉄道線を規定せり

一九〇五年十二月廿二日に調印せられたる満洲に関する日支条約附属条約に依れば該会社は左記の鉄道業に従事す

大連、長春間、　南関嶺、旅順間、　大房身、柳樹屯間、
大石橋、営口間、　煙台、同炭鉱間、　蘇家屯、撫順間、
奉天、安東県間、

右の内大連、長春間及奉天、安東県間の鉄道は吾人の最も重要視する所なり

㈤二十一箇条要求

一九一五年日本は二十一ケ条の要求を支那に提出せしが此

の内には日本が露国より譲受けたる租借権、鉄道及安奉線に関するものありき

此の二十一ケ条約は一九一五年五月二十五日に調印せられたり而して南満洲及東部内蒙古に関する条約を包含せり第一条に曰く

両締盟国は旅順及大連の租借期間並に南満洲及安奉両鉄道の各営業期間を延長して九十九箇年と為すことを約す

尚正確を期する為めに各期間の終期を定めたる公文交換せられたり

公文要点次の如し

本日調印の南満洲及東部内蒙古に関する条約の第一条に関し旅順大連租借期間は民国八十六年即ち西暦一九九七年に至り満了するものとす南満洲鉄道還附期限は民国九十一年即ち西暦二〇〇二年に到達するものとす原条約第十二条に記載せる運転開始の日より三十六年後は清国政府に於て代金を支払ひて回収するの権あり云々の一節は之れを無効とす、安奉鉄道の営業期間は民国九十六年即ち西暦二〇〇七年に至り満了するものとす此の中に看過すべからざる一要点あり

元来南満洲鉄道は東清鉄道の一部なり、されば南満洲鉄道原条約第十二条とは東清鉄道南満支線敷設に関する一八九八年の露支条約を指すものに非ざることを日本が明らかに承認したること即ち是なり該条約には七ケ条あるのみなればなり

東清鉄道に関する一八九六年の条約第十二条中には三十六箇年後は支那が該鉄道を買収することを得る旨の条文あり而して右の公文には特に此の一項を削除したるなり

㈥現今の状態

若し一九一五年の条約を有効なりとせば日本は一九九七年三月廿七日迄遼東半島租借地を所有する権利あり又二〇〇七年七月一日迄該半島より長春に至る鉄道を所有し得べく二〇〇七年の終り迄安奉鉄道を所有することを得べし

二〇〇七年を以て安奉鉄道の還附期とせるは日本が光緒四十九年は一九二三年を以て終り一九二四年民国正月を以て終るに非ることを認めたるものなり其の差たるや僅かに数週に過ぎざれども今冬は重要なる問題となるものなりされどマクマレー氏に依れば前記還附期は一九二四年民国正月となせり即ち一九二三年—一九二四年は光緒四十九年に相当すとなせる也

若し一九一五年条約を無効なりとせんか支那は次の如き権利を取得す

一、遼東半島租借期限延長を拒絶する権利

二、一九二三年の終り迄に一九〇五年の条約に規定せる公平なる評価々格を支払ひて安奉鉄道を買収する権利

三、一九三九年七月一日には一八九六年九月八日及一八九八年七月六日の対露条約に依り南満洲鉄道を買収する権利又一九八三年七月一日には無償にて該鉄道の返還を要求する権利等也

(七)有効問題

一九一五年の条約は果して有効なりや

一九一〔ママ〕五年ヴエルサイユ平和会議に於て支那代表は一九一五年条約は日本の最後通牒の脅迫に依りて止むを得ず締結せるものなる旨を声明せり

こは支那国民一般の態度にして該条約は強圧の下に締結せられたるものなるを以て無効なりと論ぜり又憲法は条約の締結には議会の協賛を経るべきことを命ずるに該条約は議会の協賛を得ずと附言せり

議会が条約を否認せることは曽てなかりしに拘らず一九二三年一月には此の一九一五年の日支条約を特に否認せり、斯くて支那は此の事実を以て租借地及鉄道の還附期限延長に関する条約の無効を主張する公明なる根拠となせり

日本は一九一五年条約の有効を主張するルーテル紙報道に依れば日本政府内田外相は一九二三年一月廿九日の議会に於て日本政府は隣邦民国政府が絶対不変更の条約を廃棄せざることを確信する旨を声明せりと云ふ

此の点に関する日本政府の態度は更に縷言〔るげん〕の要なからん

支那は此の際日本の反対に関して強く反抗する位置に非ず

支那は此の問題に関しては山東問題に於けるが如く世界的輿論の援助を受くること不可能ならん而してこは満洲問題に関する一般興味の欠乏に因るべく又日本は山東還附は之を誓言せしも満洲に於ける正当なる地位は堅く之を保持するにも因らん又極東問題に興味を有する者は還附論を為すに先だち支那が既に還附されたるものを如何に処置するかを注目し居るにも因らん。

若し支那にして還附の要求を為して失敗することあらんか将来再び該問題を提出する場合には極めて不利なる位置に立たざるべからず、何となれば此の種の問題は国際裁判に附すべきものなるが支那にして原告の位置に立たば挙証責任は支那にあればなり

翻つて考ふるに支那は十数年後には目下の混乱状態を回復し四億の民衆を代表する支那政府の希望は大に尊重せらるるに至るべく又財政状態も現在の苦境より脱するの日あるべきことは想像に難からざるなり

仮令支那が一九一五年条約無効の主張に成功し日本をして

大連及旅順より撤退せしめたりとするも得る所のものは唯単なる空殻に過ぎざるべし何となれば一九三九年迄は南満洲鉄道還附の要求は不可能なるが此の鉄道なくんば遼東半島諸港は実際上無価値なればなり

㈧支那のとるべき方針

支那政府が一九二三年三月廿七日前又は其の当日に於て遼東半島租借期間及南満洲鉄道の安奉鉄道所有期間の九十九年延長を承諾せざることを公式に日本に通牒せんとすることは目下支那の熟慮せる問題也

之れと同時に支那政府は日本が遼東半島より速急に撤退すること及一九二三年中に安奉鉄道を支那に売却すること等を要求せざるも時来適当の時機に於て該問題に関し日本と協議開始の権利を確実に保留せんとするもの也と声明するを至当とす

支那政府は今日より十六年後に於て南満洲鉄道を買収することを得る地位に達し日本をして要求拒否の場合に於ける一大紛擾の実現を自覚せしむるを得るに至らん。但し夫れ以前に日本は該延長問題を自ら取消すや疑無し

かゝる変化が日本に起るや否やに関らず現在に於ては支那が租借期間満了の理由の下に日本の遼東撤退を要求し得ざるは明瞭にして又一九二三年中に安奉鉄道を買収し得ざるも明らかなる所也、此の十余年間に支那の状態が回復し租借地及鉄道の還附されたる場合其れを管理する能力を確実に有するに至り全世界の輿論も斯く還附することを強要し且又支政府も全民衆の為めに立ちて現在の北京政府より遥かに大なる尊敬を受くるに至らば日本も現在より以上に支那の要求を容るるに至るは吾人の確信する所也

要するに支那が対日問題を提起する好機会は一九三九年迄に来るべく然も自然的に来るならん。

（庶務部庶務課　高島訳）

庶調情第１７１号

大正十二年六月九日午后一時卅五分奉天公所電報（六〇九）

庶務部調査課長

支那学生の旅大回収運動

留日学生旅大収回復後援会は旅大回収後援のため代表トウシセン(日大学生)ハンテイカン(早大学生安徽人)を奉天、北京、天津、漢口、南京、上海に派遣すべきに付共に回収を図られたき旨母国各方面に一日附通電を発したるが右両代表は既に当地着教育庁長等に面会し連〔しき〕りに暴論を吐き居れり

庶調情第177号
大正十二年六月七日附　奉天公所情報摘要(一二三)

庶務部調査課長

二十一ケ条問題に関する余日章博士の演説

曩に支那国民を代表して華府会議に赴ける余日章博士は六月六日哈爾賓青年会、商務会等の依頼に応じ同地華楽舞台に於て該会議の経過情況を演説したが聴衆二千余人の盛況を呈した

同氏は其の経過情況を述べたる後治外法権、税則問題、山東問題を解釈し最後に左記二十一ケ条問題に言及したが満場沈痛を極めた

二十一ケ条問題(要点)

吾人は常時日本側に対し自発的に日支条約を取消さんことを主張したが日本は之に反対し支那が本件を会議に提出するなら日本は会議を脱退すると言ひ出した於是列国は暫時之を提出せぬ様吾人に勧告したが吾人は飽く迄提出を主張し吾等一同更に商議の上王寵恵より之を提出することとした之王氏の地位は当時公使にも非ず閣員にも非ざる一個の代表者たる資格を有したれば同氏の推挙は最も適宜の処置であつた斯くして待つこと七日遂に大会は開かれ米国ヒウス氏は中国代表に対し提議の有無を問ふた、王氏は此の機会に乗じ一気に二十一ケ条問題を宣言して了ひ大会の会議録に記録を残すこととなつた、査するに右条約中第五項は中国の死命を制するものなれば当時中国側は調印を為さず機会ある時再び提出することを保留した斯くの如く吾人は二十一ケ条問題に対しては終始一貫承認せぬものなれば向後も取消の方法を講ぜざるべからず而して之国民自決の問題であつて政府に依頼すべきでない

庶調情第227号
大正十二年六月十四日　東三省民報掲載

庶務部調査課長

旅大回収問題に対する奉天省議会の意向

奉天省議会は昨日旅大回収後援会の血告書に接して其の言論の悲壮なるに感動せられ之に対する態度を表明すべく左の返電を発せり

昨日潘湯両氏は日本留学生を代表して来奉し已に会談を遂げ又二回の通牒をも閲了したり之等の報道に依りて愛国の熱誠が言外に溢れ居るを知り感服に堪へず今回旅大回収問題の発生するや中国人斉しく憤慨する処なるが就中(なかんずく)日本留学生諸君は最も激烈となす蓋(けだ)し諸君は彼の民族の陰謀辣計を目撃する所深きが為にして是を以て領

土の愛すべきを感じ生命を犠牲とするを顧みざる熱誠の余り血書の壮挙に出でたるものなり惟ふに迫害を受くる者の忍び難きは勿論にして此の血書を見て恥ぢざる者は中国人と言ひ難し諸君は日本に留学して猶且我が領土の尊重を高唱すまして本会は人民の代表機関なれば人民の気概を鼓舞するを思はざるものに非ず唯衆謀を徴収し慎重の態度に出て以て成功を期せんとするのみ之奉天省は地位的関係に於て他省と事情を異にし内憂外患に関し深慮を加ふに非ざれば目的の円満達成を期し難ければなり要するに吾等は該問題に就ては臥薪嘗胆固より一日なりとも忘るるもの非る事を声明す茲に特に返電す

奉天省議会頓首

庶務部調査課

庶調情第５１７号

北京特報（二、八、二四）

二十一ケ条問題が国際聯盟会議に提出せられん乎

シンプソンは二十一ケ条問題を国際聯盟会議に提出せんことを主張し外交部は駐米公使施肇基に密電を発して意見を徴して居る

因に八月廿四日の北京黄報に左の如き記事あり某方面の消息に依れば政府は未解決なる二十一ケ条問題を第二十六次国際聯盟会議に提出して列国の公平なる裁断を仰がんとし已に本月廿日より瑞西「ゼネバ」に開会の聯盟行政会に対し我国の出席代表より該案を提出し其の無効を議決せんことを要請するに決した

日本方面にても着々之が対策を講じ日本の出席代表に電告して予め列国代表と打合せの上中国が該案提出の際之を否決する様諒解を求めて居る

該条約に対しては国民一致反対して今猶未解決なるも政府は愈々（いよいよ）最後の決心を具陳し其の目的を達成せざれば止まざるべしと云ふ

調査課情報係

庶調情第一二一一号

民治倶進会にて旅大及安奉線回収案提議の内情

関東軍参謀部情報　写

（二三、三、一四）

奉天民治倶進会々長洪維国は知人の故を以て我諜者に語る所に拠れば

民治倶進会は表面上民意機関と称するも実は省政府の特設に係る故に過般来提議せられたる旅大及安奉回収問題は決して民治倶進会の本意に非ずして省政府軍政長官の委命に依るものにして省政府は往々之等問題に就て弾圧

手段を講ずることあるも之れ一種の芝居に過ぎざるなり
蓋し弾圧は一方策なるを以てなり
又去る五日我省議会に於ける茶話会の席上にて概要左記の如き討議を為せりと参考迄

左記

支那内政は紊乱し加之東三省は特別の境遇にありて内政を顧みるの遑なく旅大の如きも昨年既に租借期は満ち又安奉線十五ケ年の期限満ちたるも之を回収するの実力なし然るに輿論を喚起して回収を高唱せしむる所以のものは蓋し一面に於ては民智を啓発し以て将来に効果を収めんとするの手段に過ぎざるは勿論他面日本をして現在の支那人は愛国の熱誠を有し従来の如く安眠を貪り自己の領土を放棄して顧みざる者に非ざるを知らしめむが為なり尚外間の輿論にては三月二十七日示威運動の通電を発する由なるも東三省にては決して之を実行し能はず是れ地勢の関係上他省と其の趣を異にするが故なりと云ふ
因に去る十日吉林省教農工商の四会より奉天省議会に宛て次の入電あり
　旅順大連及安奉鉄道の期限満ちたるに因り曽て京奉の当局に対し回収方を請願せしも未だ効果なし故に今回世界各国に向け日本は我領土を占領し我主権を侵害するに就き公理正義を瞭かとなし以て東洋の平和を維持すべきことを通電せむと欲す依て貴会の協助を請ふ云々
右に対し奉天省議会は張総司令及王省長の意図に依り返電を発する筈なりと

国貨提倡、排日運動

庶務部庶務課

大正十二年四月廿一日　吉林公所情報摘要(二七)

張総司令の対日借款禁止令

四月廿日張総司令発王吉林省長宛電令要旨
中国商民が日資借入のため諸種の外交問題を惹起し国交を害することあるに依り爾後許可なくして日本側と借款を締結することを禁ずる若し其の必要ある時は必ず予め其の用途、返済方法、担保物件等詳細具陳し認可を経られたい

庶調情第183号
大正十二年六月三日附　在上海　伊藤武雄情報摘要
庶務部調査課長

揚子江一帯に於ける排日状況

大正八年に於ける漢口の排日運動は比較的単純に治まったが今回の排日行動は相当有力な支那実業家が自己の商略上

に利用しつつある根強いものであるが為容易に終息すべくもない

本年三月末漢口商務総会を中心とし所謂対日経済絶交が実現せらるるに至り之が忽（たちまち）にして長江一帯に波及した、之が為最も影響を被れるものは即ち汽船会社で日清汽船の旅客貨物の輸送は殆んど中絶の姿となり遡江は客船に石炭を積込み「バラスト」として居る有様である而して船舶発着の際は学生等が之を監視し商人や艀船の船頭に暴行を加ふる事珍しからぬ宜昌に於て或る戎克は単に日本人を乗せたる故を以て二つに打ち割られ埠頭に曝された事実がある

江西は概して静穏であるが九江方面に於ては日清汽船が依然積荷皆無の状態である為に招商局が頗る有利なる立場に在るは勿論である

安徽の蕪湖方面は中学生が主となり女学生や小学生迄が附和雷同し官憲も之等を援助する傾向がある

湖南に於ては日清汽船及載生昌汽船は旅客貨物共激減し支那学生が船側に於て厳重な見張り及検査を行ふ態度は実に傲慢で六月一日長沙事件の勃発したのも蓋し自然の成行である

之等の見張番及学生は日本品の疑あるものは用捨無く没収し之に対し商務会は相当の賞与金を支給するもので支那商人の困惑も一方ならぬ模様であるが官憲も又手を下し得ざるのみならず地方に依つては却つて之を援助せざるべからざる立場にある

五月三十一日漢口に於ける水陸示威運動は頗る熾にて水上には数十艘の汽船及民船は抵制日貨、誓回収旅大、廃止二十一ケ条経済断交等の白旗を押立て陸上は武昌商務総会幹部を先頭として武昌城内を練り歩き黄鶴楼の茶館にて民国万歳を唱えた迄は良かつたが余りの多勢だつた為天井が墜落し死傷者七十余名を出すと言ふ騒ぎを演じたと言ふ

斯くの如く長江一帯に亘り商務会が主重となり排日の気勢を煽りつつ日本商品を抵制し自国の商品の活路を拓くに努めて居る又漢口天津に於ては日本人の紡績工場設立を防止する為新工場設立禁止の命令を出さむとする模様もある要するに今回の排貨行動は単なる感情上の排日運動に非るは明かである

庶調情第２３３号

大正十二年六月二十日附　哈爾賓事務所情報摘要(三八一一)

庶務部調査課長

南方排日運動の根源哈爾賓に在りとの説疑はし

南支那に於ける排日運動の根源は哈爾賓に在りて長沙事件

も之に関連し同地商務総会が之を煽動したる形跡ありとの噂に関し商務総会李副会長(会長旅行中)に質したるに彼は全然之を否定し仮令日貨排斥等の運動を為すも結局は双方の損失を招くのみなること明かにて従来南方商務会より斯る煽動を為し来れる際多数会員の意向も斯る軽挙を慎むことに一致しありと語り国際協報主筆張復生も哈爾賓商務会員は南方各地と異り利己的観念濃厚にて進んで斯る行為に出づる素質を有せずと語り居れば右の噂は根拠甚だ薄弱の様に想はれる

庶調情第２４４号
大正十二年六月二十一日附　安東地方事務所情報摘要(八〇八)

庶務部調査課長

安東に於ける親米排日の巨頭王筱東(安東事務署報)

安東実業銀行頭取王筱東は其の地位を利用し横暴至らざるなきも財政的辣腕は張作霖に認められ又省長王永江とも極めて親善なる故道尹と雖〔いえども〕之を掣肘〔せいちゅう〕する事が出来ぬ従つて市民は内心悉く彼に反対なるも表面之に反抗する者が無いから益々増長し常に排日的態度を採り旧市街に対する満鉄施設の電灯水道に妨害を加へ近くは採木公司の買収料にまで容喙する有様で邦人の憎悪甚だしい

庶調情第２４８号
大正十二年六月二十一日附　安東地方事務所情報摘要(八一〇)

庶務部調査課長

排日行動に関する奉天省長の戒告(安東警務署報)

安東支那警察庁は六月十七日奉天省長公署より左記要旨の訓令を受けた

近来天津に於ける各団体は旅大問題より各省と連絡して排日行動に出でて居るが東三省は日鮮に接壌し日本民の在留する者極めて多ければ特に注意し徒らに交渉問題を惹起せしめぬ様管下一般に転達し日本側には万事譲歩的態度に出て平和を維持するに努むべく決して排日的団体と連絡をとる様のことをしてはならぬ云々

庶調情報第二六九号
大正十二年六月二十七日附　奉天公所情報摘要(三二二)

庶務部調査課長

排日気勢に関する張作霖の談(奉天特務機関報)

目下支那に於て排日気勢を揚げ居る地域は直隷派の勢力圏

内で之等は皆直隷派の策士連が自派の失政に因る列国の対支悪感及直隷派の暴政に対する内外人の反感を緩和し人心を対外的方面に転換せしめんとする術策に出づるもので直隷派の首領連が政争に之を利用しつつあるは明白である而して其の実行者は多く学生を標榜する無頼漢で日傭的に排日旗を振廻すに過ぎず一般農商民は却て迷惑を感じて居る有様である又日本留学生が東京に排日運動の本部を置き支那各地と連絡し日本の対支論調を捕へて盛んに排日的宣伝電報又は通信を支那内地に発送して居るが之等は何れも不良学生のみであつて之等に対し日本官憲が取調を閑却して居るのが不可解である日本は単に一局部の排日問題を捕へて交渉を重ねても其の根源たる巨頭に大鉄槌を加へなければ何等効果があるまい

庶情調第三〇八号
大正十二年七月五日附　青島松本情報（一四）
庶務部調査課長

排日問題に関し商業会議所連合会の対策講究

山東奥地に於ける排日気勢益々旺盛となり就中燐寸（マッチ）、石鹸、綿糸布、桐材商並に海運業者は非常なる打撃を受け居る為在支日本商業会議所連合会は来る七月十日より五日間上海に会合し対策を講究することとなり青島よりも実情説明の為代表者派遣の筈
尚上海支所の報導に依れば外務省よりは横竹商務官臨席することになつて居る

庶調情第338号
大正十二年七月十六日　奉天公所情報摘要（三八）
庶務部調査課長

排日に関する北京大学生会の通電
（奉天特務機関報）

最近奉天省議会は排日に関し北京支那大学生会の発したる左の如き通電に接したり
中華民国の全国父老兄弟に謹告す我国共和成りて以来国勢日に衰へ政局混沌として気息奄々薄暮西山の感あり内乱方（まさ）に酣（たけなわ）にして外患交々臻（いた）るの際に於て日本は唇歯相依るの関係上宜しく互助して共存を計るべきものなるに拘らず反て我主権を犯し我内乱を助長し我の危機に乗じて二十一ケ条を締結し旅大の還附を拒み我の不幸を欣ぶに似て侵略主義を逞うしつつあり是れ我国民の忍ぶ能はざる所なり故に先づ経済の絶交を行ひ以て其反省を促し共に東洋の平和を保持せんとす然るに彼れは毫も顧みる所なく湖南に於て六月

一日の惨劇を演出し屢(しばしば)交渉をなすも更に解決を見ず彼れは又軍艦を派遣して示威戦の態度を現す等傍若無人の振舞をなしつつあり現に本校は校務整理中にあれど此の大問題に対しては誓て勇往直前以て国民の先導たらんことを期しつつあり凡そ我同胞は敵愾心を団結して無形の兵力となし百折不屈以て其目的を達成すべく努力し五分間の熱度たるの譏を貽(のこ)すこと勿れ若し吾人愛国運動を圧迫し又は外人に阿諛(あゆ)する売国奴有れば是れ全国民の公敵なるが故に群起して之を誅すべし尚ほ政府に請ひて厳重なる交渉を提出せしめ決して譲歩せず以て完全に其目的を達せしめ而して国体を維持せんことを期す　云々

庶調情第408号

大正十二年八月二日附　天津情報摘要(一五五)

庶務部調査課長

天津に於ける排日状況続報

支那棉糸布業者は相場の関係上今、日貨を引取らざれば其損失莫大なるべく之を看取した日本側同業者は支那側の重なる同業者に対し

1団体会を脱退すべきこと

2商品に放行単に貽付すべからざること

等を勧告の結果七月卅日迄に脱退者十数名を出し日本側と取引を開始するに至つた

然るに東洋綿花会社の邱買弁は支那側に於て劉雁賓、許鳳三、季幼亭、王斌郷等多数排日団員のため袋叩きの厄に遇ひ重傷を負つて人事不省に陥つた事件が突発したため棉糸布業者は恐怖心を起し再び取引を肯んぜぬ様になつた依つて日本側では支那警察庁に対し犯人の厳罰及排日団体の解散を要求しつつある

仄聞する処に依れば米人が排日煽動のため其首領床則久に五万弗(ドル)を支給し二十才未満の者には一日銀四十仙(セント)二十才以上の者には六十仙を給し排日排貨を実行せしめ居る模様である

排日団体代表会の時子周、劉鉄菴、方卓忱等の首領株は七月卅一日夕会合し席上時子周は

「明一日楊警察庁は個人の資格にて日本商業会議所及天津総商会の各代表を招待懇談する筈で此会合は両国民諒解の上に一大光明を与ふるに至るべく前途大に祝福すべき次第である然るに今回の東洋綿花会社の使用人に対する暴行事件は両国国交上実に遺憾で何等益する処がない両国民は互に誠意を披瀝し感情の疎通を図らざるべからざる時期に達し居れば慎重の態度を執らねばならぬ

と団体代表会としては意外の親日議論を吐いた之れは右暴行事件に関し警察側が彼等首領連の頭上に大鉄槌を下さんことを怖れ機先を制して殊更軟弱の態度を装ひたるものとも思はれるが大勢は既に秋風落日の感があることは争はれぬ事実である

日支両商業会議所員の会合

七月中旬警察庁長楊以徳は個人の資格を以て日本商業会議所及支那総商会両役員に対し双方会合の上胸襟を披き談合されたき旨申越したが当時我商業会議所会頭は上海に於ける連合会に出席不在中であつたのと排日は真面目な商人の真意より出て居るに非らずして直隷派の煽動と不正商人及一般排日団の強制等に基因すること明白なる場合楊庁長にして取締の誠意だにあらば首領株数名の逮捕処分に依り問題は解決すべきことなるに拘らず之を決行せぬより観れば両国会議所役員の会合も無意味に終るべしとの議論も出て其の儘となつて居たものであつた然るに楊庁長より再応懇請ありたれば八月一日楊家花園に於て会合することとなり日本側よりは竹内会頭以下十五名支那側は卞月庭以下十五名出席、先づ主人役たる楊以徳立つて

「日支両国の現状は恰(あたか)も大病人の如きもので此の病因を考察し適当なる投薬を為さざれば両国の関係は愈々危態に陥り救治すべからざるに至らむ各位は正に国手の立場にあるものなれば適当なる薬剤を選定以て之を治療せられむことを望む」

と述べ次で支那側卞会頭は

「此処に会同の各位は既往の議論は避け現在及将来に於ける日支関係を如何にすべきかに就て慎重に考慮し両国親善の為障害となる不良不穏分子に対し諒解を与ふることに相互努力すべきである又支那の現状よりせば対外関係よりも対内関係を改善し秩序を維持すべきであつて日本も亦侵略主義なりとの誤解を招くが如き原因は一掃せらるる様尽力されたい」

と論述し最後に竹内会頭は

「日支の現状は恰も夫婦喧嘩の如きもので楊庁長は仲介人として仲直りの斡旋に努められて居る次第なれば卞氏の御説の通り将来互に意志の疎通を図り融和提携して今後夫婦喧嘩の醜態を演ぜぬ様切望す」

と説き宴に移り各自意見の交換を為し八時過散会した楊庁長は今回の会合を以て最も有意義のものとなし日支両国紳商の意志疎通せる上は今後排日行動の取締につき十分効果あらしむべしと語り居るが果して徹底的処置を執り得べきか猶疑問を存す

調査課情報係

庶調情第五一六号

吉林公所長情報摘要（一二、八、一三、第八〇号）

吉林省議会の国貨維持策に対する張作霖の返電

先に吉林省議会が外国貨物の輸入を禁じて利権の外溢を防ぎ以て中国々貨を維持せん事を電請したるに対し張作霖は王省長宛本件は必ずしも非とすべきには非ざるも其運動に当り余りに排外的行動に出て外交問題を惹起せしむるが如き処あらば直に取締る可しと返電した

因に吉林国貨維持会は省議会内に本部を設け居るも有名無実殆んど活動し居らざるが如し

北京公所長

北調七号　大正十二年九月二十一日調

松岡理事　庶務部長殿

一、上海、漢口、に於ける国貨提倡運動の状況

写送付先　支社、哈事、各公所、奉、長、安、各事務所、調査局、調査課、松岡理事、大蔵理事

南満洲鉄道株式会社　社長室調査課

北京派遣員　伊藤武雄

上海、漢口に於ける国貨提唱

支那上下挙げて日本震災に同情を表しつゝも北京と漢口、上海等とは自ら風気を異にして居り北京の衷心日本に同情し日本の立場を了解しこれと支那との関係に思ひを及ぼす者少からざるに漢口、上海は商人的気風と際者師の横行に都合よきところ亦一面支那の飾らぬ腹の底を見せるに便宜よし。摂政々府が米の輸出解禁を決議するや上海にては一部之に反対する者あり解禁と二十一ケ条取消とを交換的に許せと主張せるものありしが今又十六日国貨提唱大会を開けるあり。

二十一ケ条撤廃が商業戦に利用され居る今日、日本工業の大打撃を受けたるに際し国貨提唱をなせる亦不思議なりとせず。流石に北京に於ては終始日貨排斥手段を忘れなかつた学生会すらこの際日本工業の一半は大打撃を受けたり対支輸出は自然減少すべし震災に対する徳義上に於ても亦この上排貨するときは中国自ら代用品なき今日却て困難すべしとて日貨排斥の標語を停止せるに比して上海、漢口との風気の差の大なるを見るべし。漢口、上海に於ける国貨提唱の状況を次に報告す。

一、上海（中華新報九月十七日所載）

第二次国貨提唱市民大会の盛況

昨日午後三時本埠対日市民大会は総商会大庁に於て第二次

国貨提唱大会を挙行す。予め各工廠、各公司等より寄贈出品を期し之を会場に陳列し参考に便資し分つて参会者に贈与す

到会者は各団体代表及び国貨に注意を怠らざる人士等約二千余人。階上階下の席は悉く満員にして後には鵠立するもの多く立錐の余地なき盛況を呈す。大要次の如し。

一、会場の設備

表の大門に掲げたる横額に「提唱国貨大会」と大書し其の上に国旗を交叉し両側を通路となす園中の樹木は国貨提唱に関する広告にて満ち招待員隊伍を分ちて迎立す。進んで三角亭あり亭中に国貨を陳列し部門を分ち皆標題に説明書を附したり。第二門前は各商店の職員が伝単を分発する所となす。

尚ほ女招待員ありて専ら女界の招待を担任す会場中前方を女賓席とし後方を男賓席とし四壁には会場の規則を貼り秩序頗る厳粛なり。

二、開会の実況

時間に至りベルを合図に開会す幹事長馮少山主席となり開会の辞を述べて曰く

本会は二十一ケ条に反対し旅大を回収し而して経済絶交を進行することを称へ今日迄なほ素志を持し来り爾来時に国貨提唱大会を開き決して以前の主張を放棄せず其実は常に消極的方面より積極的に進行したのである。一方面に於てはなお経済絶交を堅持し目的を達せざれば止まざるもの也。或者は曰く、日本の震災実に甚し正に相当の解緩をなすべしと之れ実に大なる誤解に属す。要するに日災救済は人類互助の天職に係るを知る。吾人は已でに慈善団を組織し力を竭(つく)し資を助けたり。是れ古訓に所謂被髪纓冠(えいかん)の挙なり。事は慈善に属す国家存亡に関係する所の問題と混合すること能はず。加之に之れを以て姑息養奸し国際階級、世界混乱の風習を醸成するものである此れ吾人の深く区別を加へんことを望む所以なり。諸君に向つても亦国貨提唱の実行を切実に希望す即ち資本あるものは国貨実業に投資し労力あるものは国貨製造工廠の加工となり工業学識あるものは科学に根拠し国貨発明の先導となり少くとも須く国貨を愛用し劣貨(日本貨を指す)不買を以て標準の律とすべし云々

次に陳良玉の演説あり語気極めて沈痛なり。

復た次に陸礼華女史立つて日災救済と経済絶交の界を述べたり次いで

王東園演説して曰く最も世界戦争を惹起し易きものは経済である経済は国の命脈に関す。昔日の戦は一国に局して居たが現今では其の範囲も拡大して来た吾国は通商最も遅く

れ加之商業学識幼稚なる故に著々として失敗し利源は外溢して経済は疲弊し遂に種々の恐慌を引起したり又一方面に於ては政治の不良に因り外交に失敗し此の大国を以て徒に俎上の肉となるに至れり。

夫れ割肉の痛心誰か之れを知らざらん然り之れを知つて然る後須く起て根本の奮闘をなさば則ち国勢或は転機の一日あらんか其の方法は国貨提唱に如くものなし我毅力を堅し吾資本を充て吾労力を出し精愈々精を求むれば則ち自ら不利に趨くことなかるべし云々次に

林炎夫は起て愛国的実力ある工廠の組織方法を述べたり。

又曹慕管は血液を以て経済に喩て謂く、血液循環すれば則ち生き停滞すれば則ち死す国家の生存も亦如此、血液尽き経済竭〔つ〕きて則ち身死し家敗れ国亡ぶ中国の経済は特に枯渇の時代に入る而して人復た口に其の野心を肆〔ほしいまま〕にす起て之れに抗すれば或は生機あらん否れば則ち殆〔あやう〕し。本会の経済絶交をなし国貨を提唱する此の方法は実に回生の良剤なり願くば人々と共に其の方法を講求せん。

イ、国貨製造工廠の増設

ロ、貨物の加工改良

ハ、広告術を以て販路を拡張す、販路の程度は一国の交通を視るべく政治の隆盛と云ふことも亦先決問題となす時局如是、有志経商安〔いずく〕んぞ起つて之れを図らざるや。云々

次に

方椒伯国貨提唱の要旨を述べて曰く

イ、調査、国の内外に分ち国内にありては国貨の種類と優劣を調査し外国人の嗜好と夫れと同一物品の比較を調査し以て販路拡充を図る

ロ、各国工廠の商業状態を考察す

ハ、科学を研究し国貨改良の方法に実用す

ニ、調査研究して得たる所のものを集めて書物を編輯す

ホ、陳列所を設置して参考に供し選択に資す

ヘ、以上五項を宣伝し国人の耳目を清醒し国貨を愛用せしめ無駄を省けば自然利源に余裕あり然れば則ち国富み民強からん。云々

次に中華音楽会の音楽あり、武徳会の国技表演あり或は韓某の幻術あり。又兪宗周「今日を忘れる勿れ」と云う題を以て演説す最後に少年宣講団の奏楽あり終りて奨品を分与して散会す因に当日各廠よりの出品物に関するもの下表の如し。

公司友廠名	品名及数量	発行所地点
一、中華興器襪廠	石鹸七箱	缶州路
二、馥茂香粉廠	化粧品	缶州路

三、振芸現具公司	玩具十四件	北四川路虬江路
四、家庭工業社	歯磨粉・香浜酒・麦酒	西門
五、金錫香粉紙廠	香粉紙十二ダース	蓬路一三四〇号
六、双輪牙刷公司	（歯ヨウジ）各種一百四十四本	四馬路五四七号
七、少年宣講団	紙球五十個	西門
八、中華鳳記玻璃廠	各種コップ八ダース	宝興路
九、中華皮鞋公司	愛国皮鞋一双	南京路抛球場
十、愛華香皀廠	旅大石鹼十ダース	三洋涇橋　徳銘里
十一、上海模範工場	各種土製玩具三十七件	南京路
十二、貿易呢帽公司	ラシヤ製帽子二個	
十三、中華化学工業社	薬水粉五百包	閘北実通路
十四、南洋兄弟煙草公司	国貨香煙	南京路

以上

漢口（社会日報九月十八日所載）

漢口に於ける日貨排斥の堅持（救済によつて中止することなし）

漢口の輿論に曰く。日災救済は国際によるものなれば正にかくあるべき挙動なり而して日貨排斥も亦国権を正道に回(か)へす為めなれば日本の震災の救はざるべからざるが如く日貨も亦排斥せざるべからず。而して各其の正当の意義ある所を見れば原(もと)より並び行はれて差支なきものなり。且つ京津滬漢の各外交団体は已でに極力経営して居る所であるが若し一旦事を中途にして廃すれば則ち国内の奸商や或は在支日本商人の乗ずる所とならん之れ已でに成功せることを放棄するのみならず今次の日本の受けたる奇災を我国に於て収償せんとするものである云々

聞く所に依れば、武、漢の各法団も亦救済と排貨を以て然二個の問題とし各々分途して進行すべしと主張し彼れと此れとは互に相影響すべきものでないと云つて居る。云々

一方に於て救済に尽力し一方に於ては此の機を外さず排貨の実を挙げんとする彼れ等の矛盾せる考は一寸我々の忖度に苦しむ所なり。

国恥紀念日国民大会状況

庶務部調査課長

大正十二年五月八日　北京公所情報摘要(十一)

国恥紀念日国民大会

昨七日午后一時より国辱紀念国民大会が天安門で開催され、約二千の会衆を見た、席上旅大回収其他を決議したが意気毫も昂らず当日韓国復国団代表鄭大星亡国の恨を述べ中国民の援助を求むるの演説をなした

示威行列亦甚だ振はず余りに温順なので張合なき程であつた。最も注意に価するのは当日「軍閥打破」等の対政府攻撃の旗多く対日の観念薄らぎ排日運動を利用して労働者解放軍閥打破を主張するに至つた現象である

猶当日は朝鮮独立のビラ多く朝鮮独立示威の観があつた。

庶務部調査課長

大正十二年五月九日　営口外人係情報摘要(八)

営口に於ける排日示威運動

五月七日(所謂国辱紀念日)には何等の運動なし本日(九日)に至り当地旧市街なる基督教秀実中学堂附属小学校生徒約七八十名排日的軍歌様のものを唱へつつ旧市街大通りより営口公園に至り「国辱紀念」の唱歌を高唱し午前十一時解散せり一般に対しては何等の反響をも与へず

邦字新聞購読禁止問題

庶調情第三号

庶務部調査課長

大正十二年五月十一日附　奉天公所情報摘要(十二)

盛京時報購読禁止の原因

盛京時報は曩に東三省官界人物評論を連載し王永江、袁金凱、史紀常等数名を除く外　李景林、張作相を初め悉く痛罵し殆んど完膚無からしめ奉天官界の結束に水をさした為張作霖の怒を買ひつつある折柄張氏の第四夫人馬賊に挨〔ママ〕はれたりとの謡言を其の儘掲載したから張氏は八日遂に購読禁止令を下したものである

庶調情第二九号

庶務部調査課長

大正十二年五月十七日　営口片山情報摘要(一三)

盛京時報問題と営口

五月十日佟遼瀋道尹は張作霖より盛京時報購読禁止方の電命を受け商務総会其他関係の間に之を令達したため営口市内では十一日以来同紙の配達が中絶されて居る

張作霖の此の措置は彼れが内心排日的である為めとの噂が

支那人中にある

庶調情第三〇号
大正十二年五月十七日附　営口片山情報摘要(九)
庶務部調査課長

営口道尹の国貨提唱

営口佟道尹は五月十二日商務総会に於て収入印紙貼用励行、盛京時報購読禁止等を厳達した後熱心に国貨尊重を提唱した

庶調情第二四号
大正十二年五月十八日(午後三時十五分)　奉天公所電報(六一二)
庶務部調査課長

盛京時報購読禁止の件

盛京時報問題、和平解決すべしと今于冲漢より伝報あり

秘　新聞掲載御断
斉公第六七号
大正十二年六月二日
斉斉哈爾公所早川正雄
松岡理事殿

張使復々新聞購読を禁止す

張巡閲使は過般盛京時報購読を禁止し問題を惹起したるが当督軍署員の談に拠れば昨一日省長宛公文を以て復々遼東新報及び哈爾賓日日新聞を支那人に購読せしめざる様取計ふべく命令せり

但し盛京時報の轍を踏まんことを恐れたるものか禁止理由を明記せず且秘密取扱とし穏健の手段を取る方針なる由尚ほ交渉署国防籌弁処等は既に夫れゞ新聞社に対し購読停止通知を発したりと云ふ

庶調情第一五〇号
大正十二年六月二日附　斉斉哈爾公所情報摘要(六七)
庶務部調査課長

張総司令再び日本新聞の購読禁止

張総司令は六月一日黒龍江省宛公文を以て遼東新報及哈爾賓日日新聞の購読禁止を令達した

但し其の理由を明記せず秘密裡に取扱つて居る

蒙古に於ける水田経営問題

庶務部調査課
大正十二年四月廿四日　鄭家屯公所情報摘要(一六)

蒙古に於ける大倉組の水田経営

通遼の西約百二十支里清河上流の未開放地で大倉組が華興公司の名義の下に水田を経営することとなり既に朝鮮人三百余名現地で事業に着手して居る該地面積は約二百方地（約六千六百町歩）で本年耕作予定三十余方地（約一千町歩）である

右は原来奈曼王府と馮徳麟幕僚某少将との合弁経営計画のものであつたが其後彼等は勧業会社に持ち込み同社が引受けに応ぜなかつたため大倉組で経営することとなつたものだと言ふ

庶調情第397号

大正十二年八月四日　鄭家屯公所電報（一二）

庶務部調査課長

大倉組水田事業に対する支那官憲の圧迫

通遼派出所よりの報に依れば支那官憲は一両日前より王省長の命なりと称し市内華興公司（大倉組）事務所の立退を命じ水田朝鮮人数名を拘留一名は今尚拘留他は一時放免する等同公司水田事業に対し有らゆる圧迫を加へつつあり同公司小作鮮人間にも日本人に対し幾分不穏の行動を為すものありと云ふ

庶調情第五一五号

鄭家屯公所長情報摘要（一二、八、二五、第六七号）

調査課情報係

通遼大倉組水田附近にて領事館員行方不明

通遼方面大倉組水田問題発生後鄭家屯領事館より派遣しありし巡査光田乙三郎氏は本月十一日通遼に向ふため鮮人一名を伴ひ該農場を出でし儘行方不明となつた領事館にても極力捜査中であるが恐らく不逞鮮人の為め殺害せられたのであらうと云ふ

因に大倉組水田所在地より下流約二十支里の地点に支那人経営魚城公司の水田あり不逞鮮人独立団は該公司内に事務所を置き団員約五十名居るとのことである

庶調情第五五〇号

鄭家屯公所長情報摘要（一二、九、四、第六八号）

調査課情報係

大倉組水田問題其後の状況

通遼方面大倉組水田事件に関し東三省保安総司令部外交科長丁鑑修は実状調査の為九月二日大倉組奉天出張所主任川本静夫と同道来鄭し都道尹と打合せ領事館をも訪問し三日実地調査の為通遼に向つたが帰途再び当地に立寄り吉原領事と交渉の筈

光田巡査の行方は今尚不明である
鄭家屯領事館では先に奉天総領事館より派遣せられた巡査四名と協力し通遼附近各水田より約二十名の不逞鮮人を捕縛し来り現在通遼の大倉組事務所内で訊問して居る、又丁鑑修は通遼着の上直ちに同地官憲に打合せ歩騎兵各二十名を出動せしめ不逞鮮人の逮捕に向はせ一方日本官憲の引上方を申込んだが領事館側は之を拒絶し共同捜査をなすこととなつた

庶調情第580号
大正十二年九月十一日　鄭家屯公所長情報摘要（第七二号）
調査課情報係

鄭家屯光田巡査の所在判明

通遼大倉水田問題後行方不明となつた鄭家屯領事館勤務巡査光田乙三郎は九月九日に到り通遼の西約百支里の大田公司農場附近に埋没されあることが判明した
右は先に捕縛した鮮人等の洩した口振より端緒を得発見するに至つたもので死体には二つの銃創ある由

附属地問題（教育）　雑輯
庶調情第190号
大正十二年六月十二日附　長春地方事務所情報摘要（四四）
庶務部調査課長

長春に於ける余日章博士の演説

中華民国青年会総幹事、基督教協進会執行委員として民国に多大の信望を収めつつある余日章は上海、哈爾賓、吉林を経て六月七日長春に来り自強学校内にて左記要旨の演説を為した
当日の聴衆は約六百人に達する盛況であつた

一、治外法権の撤廃
自分は華府会議に於て該案を提唱し支那司法制度を調査の上一ケ年後に於て之を決定すべく列国も承認した然るに今に到るも之を実行せざるは甚だ遺憾である右に就ては列国の背信行為を責むる前先ず以て無関心なる政府及国民を鞭韃し其の撤回期を速かならしめねばならぬ然らざれば折角力争して獲得した利権も徒労に帰する次第である

二、関税問題
関税率は須らく平等なるべく輸入税に対しては我が国権の定むる処に拠るを正当とす然るに税率制定が列国の手中に握られて居つて輸入税を軽減し輸出税を加重す斯くては国民の国貨提唱は実行を納め得ぬ該案は華府会議に於て一ケ年後の調査を俟つこととなつて居るが我が無能

の政府が果して之を実現し得べきや疑問である、吾人は政府の覚醒を促し国権を以て輸入税の加重、輸出税の低減を行ひ以て国貨を擁護する必要がある

三、二十一ケ条問題

該案取消案を提出せる状況を詳述し最も重要なる第五項警察権に関しては力争の結果日本に取消を留保せしめるに到つた事及び該条約は袁世凱が帝政援助を得んとして一個人にて承認したもので国民は絶対に承認し能はざるものなるを説き今後は政府に信頼せず各地後援会と一致協力して其の撤回に努力せざるべからずと結ぶ

四、膠済鉄路回収問題

華府会議に於て該利権回収案提出せらるるや之が回収資金調達に関し一笑に附せられたものであつたが余は此の資金を民間に於て募集せば五ケ年目に回収し得べしと力説した結果向ふ六年目より十五ケ年間に買収を了することとなつたのである然るに未だ一年を経過せざるに国民の回収熱が冷却せんとする模様あるは遺憾である国民は宜しく奮起し速かに資金を籌出し回収の目的を達せんことを切望す

要するに博士の演説は日本を目標として利権回収を説き対日反感を激発せしめたものであつた

庶調情第五号　　調査課情報係

洮南派出所情報摘要（一三、三、三〇　第三七四号）

洮南支那官憲の親日的態度

一、新知事郭眘周氏は親日的傾向あるを認む

二、新電報局長范氏も其の言動より推測するに日本人に親まむとする傾向あり

三、警察所長江永恩は在留邦人の居住其他に就き厚意を以て尽力しつつあり

北公報第四三号

大正十三年三月廿八日　　北京公所長

松岡理事殿

庶務課長殿

旅大収回問題と北京

昨廿七日は旅大租借満期一箇年の当日なるに不拘（かかわらず）当地各新聞は同問題に関し一言も論及せず市中に於ても何等示威運動に類する如き事行はれず極めて静穏に経過せり。之を昨年微温的ながら兎に角示威行列行はれ新聞の論説欄を賑はしたるに比すれば極めて注目に値する変化なり

当地益世報は昨日「中俄交渉中の感想」と題する社説中に

於て東京朝日の社説を引用し且つ還附後に於ける青島の実績に論及し徒らに空論を事として実益を失ふの愚を戒め居れり。之は直接に日支関係を論じたるものに非ざるも以て言論界の傾向を察するに足る可し。

140　交資綜第十四号　昭和五年九月二十六日　資料課

最近に於ける東北四省の鉄道敷設計画

秘

一、東北交通委員会の統一計画
二、各支線敷設説に就て
三、工事中の各支線に就て

㈠

昨年来暴落を続けた銀価は本春に入り六十円台を割つたので、銀建である東北各鉄路の運賃は満鉄東支の金建運賃に比し約四割格安となり、結局運賃四割引を実施したも同様な状態になつたため、今まで満鉄東支を利用した内外特産商等も採算上支那側鉄道を利用せんとする傾向著しくなつたことと、王伯群交通部長時代以来の東北鉄道網計画が、利権回収熱に刺戟されて再燃して来たこと等のため、本春来俄に群小鉄道敷設計画が続出するに至つた。

而して東北区に於ける鉄路行政を主掌する東北交通委員会に於ては、斯る区々の敷設請願に悩まされた結果之が統一整理の必要を痛感し、四月二十五日以来東北鉄路路政会議を続開し三幹線及び二十数個の支線に就き之が敷設を審議し来り、最近に至り略成案を得るに至つた模様であるが、之が実現の緒につかんとするに先立ち、中原の戦雲は急変し東北軍を駆つて京津管理を断行せしめたので、東北最高幹部の本案審議が目下困難となり、時局収拾を待つて交通委員会委員及各鉄路局長の間に相当大なる人事異動が行はれること、及び関内出兵に伴ふ軍費調達の必要よりして敷設費の捻出困難なると同時に、外債募集が政務委員会によつて厳禁され居ること等の障害あるため本計画案の実現は之を近きに求めること至難と見られて居る。

併し本計画は、一時停頓状態に陥つたと雖（いえども）、交通事業に目醒めた東北当局が外国側鉄道の満蒙開発を坐視する筈がない。必ずや何等かの形式に於て之が実現に努むるであらうから、左に今日までの経過を略述して参考に資することとする。

現在伝へられつつある敷設運動を述べるに先立ち、東北交通委員会の統一方針——鉄路網計画——を略述するを便利とする。

本春雨後の筍の如く発生した敷設運動は、遂に之が審査事務に当る同委員会内路政処をして事務繁忙のため同処に副処長設置の要を提議せしむると共に委員会に於て統一的計画案を樹立するまで一切の敷設請願を受付けしめぬこととなり、斯くて根本案を討議するため四月二十五日同委員会内に第一回東北鉄路路政会議開催の運びとなり、交通委員会委員盧景貴を議長として（副委員長高紀毅は病気欠席）郭致権（委員兼路政処長）程式峻（技正室主席技正、路政処副処長に擬せらる）オストロモフ（顧問前東支理事長）孫遜（路政処第一科長）郭恩元（同第二科長）譚咸慶（秘書）廖鴻献（路政処第三科長）の八名を以て討議の結果幹線として左の三線を選定したものの如くである

㈠綏遠（撫遠）―同江―依蘭―海林―敦化―吉林―海龍―通化―安東―三道浪頭

㈡黒河―通化―克山―龍江―洮南―通遼―打虎山―葫蘆島

㈢葫蘆島―錦西―朝陽―赤峰―囲場―熱河（承徳）

次で二十九日以来毎週火曜に定例会議を開き結局右三幹線は左の如く変更された模様である。即ち㈠の東部縦貫線は同江―吉林間を吉林省当局の運動にかかる吉同（吉五）線に一致せしめ、別に五常より浜江経由海倫に支線を出し、海龍―浪頭間を北寧局長高紀毅の提唱する北寧線中心主義に一致せしめて海龍―葫蘆島となし、㈡の西部縦貫線は黒河―龍江間を軍事上の必要よりして通化克山経由を嫩江訥河経由に改め、洮南―葫蘆島間を通遼経由を廃して開魯経由の新線によらんとしておるが、開魯経由に関しては今尚異論あり決定に至らぬ模様である。㈢の西部斜向線は赤峰―熱河を支線に入れ赤峰―多倫と改めて西部横断線となしている。

右三幹線につき従来の計画案と比較研究するために、一九二七年十月交通部長王伯群が全国路線網規画会をして作成せしめたる全国路線計画案（以下王案と云ふ）と、一九二九年鉄道部長孫科が米国より招聘したる「ケメラー」委員会をして作成さしめたる全国路線統一案（以下ケ案と云ふ）とを引用すれば次の如くである。

㈠同江―葫蘆島幹線に就ては、王案は五常経由北寧線利用を主とし別に海龍―浪頭支線を採用するに反し、ケ案は吉同線は無く呼海線、東支南部線を経由して吉長、吉海、瀋海、北寧線を利用し海浪線がないが交通委員会案は両案を併用してある。

㈡黒河―葫蘆島線に就ては、王案は嫩江経由にして洮南より開魯に直通し（北京に至ると共に）綏東経由葫蘆島に至るに反し、ケ案は嫩江経由は同様であるが洮南より通遼

に直通し、打通線を利用している。交案は目下両案の孰れとも決し兼ねている。

㈢葫蘆島―熱河線に就ては、王案は葫多線と開北線を併用するに反しケ案は開北線のみである。交案は王案の葫多線を採用している。

斯くして、同委員会は討議案と従来東北に於て計画された諸支線案とを取纏めて東北鉄道網計画縁起(後述)を作成し、五月一日之を各鉄路局に送付して其の意見を求めると相前後し支線案の討議に入り、此程其討議も略完了し二十数線敷設を決議するに至つたと云はれてをる。未だ其の詳報に接しないが、其の大要は二十五乃至二十七の支線を五年乃至七年以内に建設完成せしめ、其の経費暫定四千万元は四省官民の出資に俟ち、猶不足する場合には独乙実業団に対し商議せんとするにあるが、一切の計画は政務委員会及び南京鉄道部に報告の上鉄道部派遣員の来奉後其の検査承認を俟つて測量を開始することとなつている。

鉄道網計画縁起は該計画の消息を知るに好都合のものであるから左に採録して見る。

東北鉄道網計画縁起(五月一日)(前略)本会は(東北鉄道網)を計画すること已に一年、民国十八年春には南京鉄道部に申請して其の批准を得、且東北政務委員会の賛同を蒙て積極的に之を進行せしむることに決定した。本年政務委員会開会に際しては右問題の討議さるること二回に及び、官民合弁して尚足らない時は実状を酌量して外資を利用するも可なる旨決議された。而して外資は米独の投資を比較的に歓迎するが、但し相当の条件の下に鉄道自体をして外人の抵制を受けしめず如何なる危険をも生ぜしめぬことを以て原則とする。右は既に張委員長により批准されたものである。又前日四路連運会議に於て各路代表は再び此の問題に関し討論を行ひ次で先般東北鉄路会議を開催、鉄道網計画を行つた。

(中略)

東支及満鉄両鉄道を抵制するには鉄道網の実行より外方法はない。而して鉄道網中重要なるものは大幹線即ち満鉄を挟み東支線を切断する東西両幹線であつて、(中略)(図面参照)更に之を北寧線に集中し、良港を築いて捌口を作つたならば単に満鉄の死命を制し得るのみでなく、東支鉄道に取ても重大な脅威である。(中略)東北各路の連運施行され葫蘆島築港完成されるを俟つて直に東西両大幹支線の増築に着手する。

而して同委員会の討議した東西両幹線に対する支線計画を挙ぐれば左の如くである。

1、安海線安東を起点として寛甸―桓仁―柳河を経て海龍に至る約六百支里、建設予定費一千万元
2、撫長線撫順を起点として新賓―通化―臨江を経て長白に至る約六百余支里。建設予定費一千万元
3、延海線海龍を起点として輝南―濛江―撫松―安図を経て延吉に至る約六百支里、建設予定費一千万元
4、吉同線吉林より起り舒蘭―五常―珠同―同賓―方正―樺川―富錦を経て同江に至る約一千四百余支里、建設予定費五千万元已に吉林省に籌備処を設置せり。資金四分の一は民間より募集す
5、張九線吉長線下九台站より東支線張家湾に至る八十支里、建設予定費三百万元、吉林省政府捻出す
従来満鉄に吸収されたる東支南部線及吉長線出産物を右線により吉海線に吸収せしめ、次で満鉄の利益を奪取せんとするものである。測量には全部吉海鉄路員を使用し着手後四ケ月にて通車、六ケ月後工事完成の予定
6、洮索線洮南―索倫間約四百支里、建設費七百万元
7、洮満線索倫―満洲里に至る約八百支里、建設費三千万元
8、洮長線洮南より安広―大賚―扶余―農安を経て長春に至る約七百支里、建設費二千万元
9、斉黒線黒龍江省城より大嶺―二龍―陡溝子―托洛子―寧年―拉哈―訥河―嫩江―黒河の原案は改更され、省城―克山―克東―北安―龍鎮―頭站―二站―呉家窩堡―璦琿―黒河、約一千支里、建設予定費四千万元、黒龍江省の負担にて本年末竣工
10、寧訥線斉克線寧年站―訥河間にて六月末竣工
(註以下の支線は各個に請願されたるものを集録した感がある)
A、呼海支線、興隆鎮―東興鎮間(平行線)二百二十支里
B、〃　綏化―鉄驪間(斜行線)二百四十支里
C、〃　綏化―富景間(斜行線)百四十支里工費二百七十万元　総て吉林省政府より捻出す
D、望綏線綏化―望奎間百余支里、工費二百万元の中百万元は呼海線負担残額は県支出、望奎県長の請願
E、通魯線通遼―魯北間、二百四十支里、工費二百万元
F、魯西線開魯―林西間約六百支里、工費六百万元
G、呼巴線呼蘭―巴彦間約二百支里、工費三百万元
H、延敦線延吉―敦化間約三百支里、工費七百万元、延吉敦化人民より募集す
I、瀋中線瀋陽―遼中間約百二十支里、工費三百万元、遼

寧省政府より支出、八月起工

J、朝撫線朝陽鎮―輝南―濛江―撫松間二百二十支里、工費三百万元、瀋海鉄路出資

K、葫多線葫蘆島―朝陽―赤峰―多倫間八百支里、工費二千万元、熱河省政府負担

以上計画せる各支線は総て順次実行に移されるものである。

（縁起終）

（二）

前記鉄道網縁起に記載されている如く、群小各支線が計画され交通委員会に提出されたが、其の中比較的実現性を有するものを挙げれば東部縦貫線網中の朝輝線、及吉五線であつて其他は諸種の事情により実現難に陥つてをる。

朝撫線（朝輝線）

瀋海支線の朝撫線は撫松在住有志の運動により一昨年より交通委員会の問題となつてをるもので、瀋海鉄路公司は本年三月測量隊を同地に派遣し再調査の上、総理張志良、協理陳樹棠の連名を以て右延長計画書を交通委員会に提出した。同委員会は七月二十四日右計画書に工事意見書を添付して東北政務委員会に提出したので、同委員会は同日委員会議に於て可決し直に之が実現方を遼寧省政府に移牒したが、省政府現在の財政状態では工費一千五百万元近くの巨款を捻出出来ず、且つ外債によることは政務委員会により厳禁されておるため、省政府は八月一日該計画を交通委員会に廻付し再審査を命じ、本案は一時停頓状態となつた。同委員会は之が打開策として交通委員会其他と商議の結果原案を変更し全計画を数期に分ち施工することとなり、先づ第一期工事として朝輝線（朝陽鎮―輝南）十二哩（マイル）余を完成せしむることに決した。

右朝輝線敷設の議纏るや政務委員会は八月九日附にて交通委員会に対し瀋海路公司と内国銀行団との間に百万元（内訳官銀号五〇万元、辺業銀行五〇万元、一哩平均七万元見当）の借款をなし本線の敷設実施を許可する旨の指令を発した。

朝輝支線の敷設概算表を示せば次の如くである。

朝陽鎮―輝南十四哩と輝南駅の二哩を合し、原予算は現洋一、二二四、二八〇元であつたが、節約のため橋梁を木質に改め最小限度の建設費を九九五、一八四元と決定した

内訳総務費		三〇、〇〇〇	
	土地購入	三四、五〇〇	
	土工	三二〇、〇〇〇	
	鑿石	七〇、〇〇〇	
	橋梁	六一、二〇〇	九九五、一八四元

レール　二六六、八八〇
枕　木　五四、〇〇〇
バラス　四八、〇〇〇
駅家屋　四四、〇〇〇
其　他　六六、六〇四

而して交通委員会内部にては成るべく本年度内に起工せしめたき希望を有し居るも、気候借款其他の関係にて或は明春早々起工となるやも計られぬ模様である。

吉同線

吉林省当局は昨年来吉林同江間約一千粁（キロメートル）の鉄道敷設を計画し、昨秋省政府技監たる張国賢をして実地踏査せしめ、本年一月其の報告の提出されるを待ち省政府は之を交通委員会に廻附し、同委員会は研究中のところ路政会議開催された為に之に移管し審議中であつたが、最近同線を鉄道網中の最緊要線となし省政府に至急着手する様督促した模様であるから、張作相の帰吉を待つて実現さるべく、所要経費は財政庁支出とし目下総弁選定中なる旨伝へられてをるが、省財政窮乏の折柄とて資金捻出のため工事着手期全然未定である。

尚第一期工段として方正珠河間と吉林五常間との両説あり、方珠線は経済上有利とされあるも東支線の培養線たる感あれば吉五線より着手すべしとの説有力となつた模様であつて、吉海線との連絡は吉敦線の鉄橋を借用し龍潭山附近より同線に分岐することとなるらしい。

朝熱線及朝赤線敷設説

曩に熱河政府は官民の朝熱線敷設要求により、鉄道用地は熱河側にて引受け敷設説は奉天側にて調達することを条件として東北交通委員会に之が敷設を提議したところ、同委員会に於ては本線を最緊急線と認め同委員会より技師を派遣して沿線を踏査せしめ、其建設費千六百万元につき公債を募集せんとしたが銀暴落による財界不振の際とて成立の見込立たず其儘沙汰止みとなつている。尚本件に関し交通委員会と英米銀公司との間に借款成立説伝へられたが、交通委員会は政務委員会の外債禁止方針に基き外債募集の意思なく全くの誤報であつて、又八月上旬朝熱線延期に対する代線として朝赤線（朝陽―赤峰間）の計画説あり、北寧局よりの測量隊出発説さへ伝へられたが之も事実無根の模様である。

其後九月二日鄭家屯情報は、熱河政府の朝赤線敷設計画（工費四百万元）を報じてをるが兎に角本年中には起工困難と見られている。

瀋海線鉄開支線敷設説

八月十三日鉄嶺情報は、瀋海路総理張志良が交通委員会に対し申請せる撫順方面より鉄嶺開原に至る二百四十支里の支線敷設案は既に認可あり九月着工の予定と報じ、同二十日撫順満日特電は、之と共に建設費五百万元は内二百万元を東三省銀行団より借款し、三百万元を瀋海鉄嶺開原の三県官民より募集する趣なることを報じておるが、同二十五日の奉天情報によれば、鄒交通委員会委員は之を否定し同委員会の統一方針に基き此際本線を至急に敷設する意思なき旨を述べている。

張九線

本線は吉長線下九台より東支線張家湾（窯門）に至る全長八〇支里の連絡線であつて、吉海線が其営業不振の救済策として東支吉長両線の貨客を吸収すべく培養線建設計画を立て交通委員会と協議の上、建設費予算三百万元は吉林省負担とし、測量及建設一切は吉海線にて担任し工期六ケ月を以て本年度内に建設せんとしたものであるが、同線は経済的価値に乏しく且省政府の資金捻出困難の今日未だ決定して居らぬ模様である。

綏望線

本線は呼海線綏化より望奎に至る全長一三〇支里の呼海線支線であつて、望奎県長靖国端の発起により昨年秋高呼海局長の実地視察を経、工費百二十万元は一般に株式募集としたが、それまで望奎県にて左の如く百万元まで一時立替支出の予定となつているが、其後何等進捗した模様がない。

（地税附加税三十六万元、市街地払下費二十四万二千元、呼海線立替四十万元計百万二千元。）

山通支線敷設説

南雑木駅—木寄—興京—通化

遼寧省政府は通化地方民より実業の振興、匪賊の討掃、国防の鞏固を目的とする山通支線（山城鎮—通化）敷設の申請に接し瀋海鉄路に対し其審議を命じたるところ、総理張志良は、曩に実地調査をなし瀋海線南雑木駅—通化線を計画したが工事費の出所なく、該人民申請の山城鎮起点は距離甚しく山岳多く工事至難にして且山通自動車通路の工事開始されたる由にて、柳河方面の交通も近く便利となるに付き本鉄路は該支線建設の必要を認めずと復命し取止めとなつている。

其の他煙長線（煙筒山—長春）瀋法線（奉天—法庫門）等の敷設説伝へられたが孰れも不採算的なりとて立消えとなつている。

㈢

最後に工事中の鉄道は全て西部縦貫線に属し洮索、斉克両線とも工事進行中であるが所期の如く年内完成は至難の模様である。

洮索線工事状況

本線は洮安(白城子)より索倫に至る全長百八十粁に亘る内蒙古開拓線であつて、全線敷設費予算は現洋六百万元にして、民国十八年十月司令官の認可を経て北寧鉄路局より月々十万元を支給している。

土盛工事は天津正元公司が請負つて連れ来れる天津苦力二千五六百人により既に余公府(建国営站)より十支里の先まで完成し、結氷前に索倫まで到達する予定であるが、前途は山岳地多く工事困難なれば予定通り完成し得るや疑問視さる。

白城子―興安鎮站(葛根廟)間のレール敷設工事は洮安興安建築公司の請負にて既に竣工した。

又興安鎮站西方の洮児河上に架設すべき木橋は奉天金記公司の請負にて二十日余の日数にて竣工せしむべく目下材料の輸送を急ひで居る。

既設区間の仮営業開始

レール敷設工事が葛根廟に達すると間もなく洮安―葛根廟間の仮営業を開始したが、各駅には未だ何等の設備なく軌道沿線の地盤未だ固らないため運転時間も一定せず、白城子＝葛根廟間一六〇支里を約六時間にて走行して居る。

斉克線克山延長問題

斉克線(斉々哈爾―克山)は二月下旬泰安鎮までレールの敷設を了したるも、斉克局が露支紛争の結果に鑑み計画を変更し黒河―寧年線を本線として拉哈―寧年間の工事を開始した為、克山―泰安鎮間四十六粁は土盛工事のまま放棄されて居る。そこで既に敷設費として四十万元を支出した克山県民は数次代表を派遣して各要路関係筋斉克局長等に極力奔走諒解を求めた結果、哈大洋八十万元(一説には六十万元とも云ふ)を借款(広信、洮昂又は北平の銀行より)し直に工事に着手する旨の回答に接した由であるが、寧拉線に流用した材料の補充は未だ行はれた模様なく両地間の贅龍溝に橋梁を架設する必要あるを以て恐らく工事完成は来年となるものと見られて居る。

斉克線拉哈延長工事

斉克支線寧年―拉哈站(四十八粁)間は当初泰克線の完成を待つて工事に移る予定であつたが、昨年の露支紛争により軍事上の見地より黒省に於て斉黒線敷設の実現を計つた結果今春に至り東北交通委員会の敷設命令を得て先づ嫩江まで敷設に決し、第一期寧年―拉哈站間、第二期拉哈站―

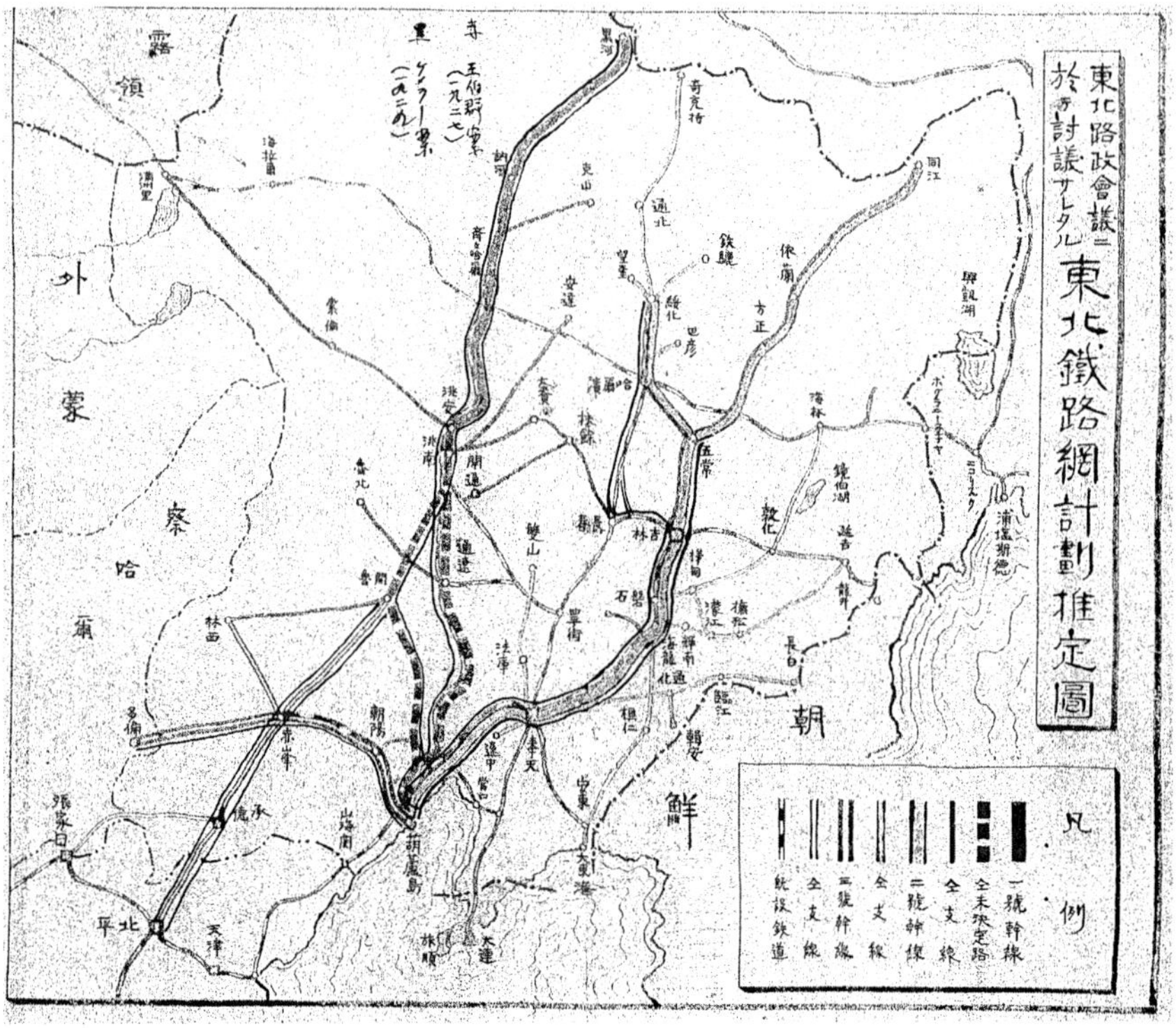

東北路政会議に於て討議されたる東北鉄路網計画推定図

訥河間、第三期訥河―嫩江間の順で工事を進めることとなつたもので、寧年拉哈站間は既に二回測量を了して居る。而して寧拉間の工費は泰克間敷設に準備した資金を充当する予定で、土盛工事は奉天福厚公司の請負にて六月二十日より苦力約一千名を以て工事を開始して居り、予て〔かね〕安利洋行を通じて米国に注文した六十封度レール（三十五粁分）は七月初大連に荷揚したので之が現地着と共に敷条に着手する予定である。

141　考察第一九号　解氷期を前にして満洲交通界に関する一考察

秘　昭和六年二月二十日　資料課

一、特産輸送経路の推移

本年度満洲特産の剰余数量即ち輸出可能数量は約五百五十五万屯と推定せられ、昨年に比すれば約五十万屯一昨年に比すれば約二十万屯の増加である。此の大量が今日迄各鉄道に出廻つた数量は南北満合計約二百十六万三千屯であつて全数量の約五分の二が出廻つたと云ふことになり、後の五分の三即ち約三百四十万屯は駅及院内の滞貨又は原産地に残つて居るのが現状である。

而して今日迄の輸送経路を見るに大部分が満鉄又は東支に流れ込むで大連浦塩に出て、営口河北又は秦皇島等に出たものは極めて少なく約五万屯内外のものであつた。然るに三月半に至れば解氷期に入り、営口は漸く活動期に入るので同港に向ふ貨物は激増し、其上支那側の自国鉄道及港湾への蒐貨策は愈々本舞台に入ることとなるから、輸送経路は今日迄とは余程の変化を来すことと想像せられる。

但し特産の出廻経路は運賃関係、相場の変動、港湾の輸出能率等によつて常に変動を来すのであるから、現在残つて居る約三百四十万屯の大量が浦塩大連営口の三港間に如何に振分けらるるかは吾人の最も注意すべきところであつて、殊に支那側の蒐貨策がどこ迄実現出来るかは現在に於る支那鉄道の経済力、国民の国権回収熱がどの程度であるかを知る一つの機会として興味ある問題である。

二、東支鉄道

本年度東鉄出廻特産の予想数量は約二百七十万屯であつて、うち今日まで出廻つたものは東行約六十三万屯南行が約三十五万屯合計九十八万屯となり約百七十万屯と云ふ莫大なる数量が今後に残されたものである。此の残留特産が如何に解決さるるかは現在満洲経済界注目の焦点と云ふも過言でなく、或は北満豆恐慌を伝へられ或は哈爾浜財界破綻を伝へらるる所以でもある。更に情報に依れば、浦塩港は荷役不足にて老若男女を問はず労働にたゆるものは徴発して荷役に当らしめ、軍隊までも出動して手不足を補ふと云ふ有様であるが、斯く労働者に不足を来したのは、従来露支相半ばしたる同港苦力のうち、露人は五年計画のため各都市に召集せられ、支那人は露貨の下落と鮮銀閉鎖により送金の道絶えたるため、同地を引上げたる者多きによると云はれて居る。斯る現象が今後いつまで続くかは一に出廻貨物の多少によるものであるが、前述の如く、百七十万屯の大量特産が其背後地に扣へて居るのだから愈々その窮状を増すものと想像せられ、相当の貨物が東行より南行に移る結果となるのではあるまいか。

次に注意すべきは、東支の運賃である。現在東支沿線にて残留せる特産の大部分はその西部線出廻のものであるが、東支として之れを吸収する為には運賃の値下を断行せねばならぬ。然るに東鉄三一年度予算には著しいオーバーエスチメイシヨンの嫌ひがあり(哈事報)此点から見て東鉄が通し運賃の大割引を敢行する余力を持たないことを推断し得ると思ふ。此推断を前提として考へるとここにまた東行より南行の増加が予期せられ、満鉄及斉克への流れを思はしめる。以上の様な悲観材料を多々有する東鉄が今後如何に処理して行くかは見逃すことの出来ぬところである。

三、営口河北と秦皇島

支那側の収貨策は予て東北交通委員会及北寧鉄路が中心となつて種々画策せられ、特産期に入るや荷主への宣伝、賃銀の値下各線の連絡輸送等で実現に努め、且つ銀価の暴落を利して満鉄東鉄に相当の打撃を与ふるに成功したのであるが、何分、唯一の自国勢力下にある輸出港たる営口河北は結氷のため用を為さず、折角自国鉄路により輸送したる貨物も結局は大連浦塩に渡さねばならぬ有様であつた。

然るに解氷期の近づくと共に其意気を更新し、先づ解氷に至るまでの間は、秦皇島の利用と砕氷船による営口の活用に努め、解氷後営口河北の最大能力を発揮せむとして、目下新碼頭の築造に着手して居るのである。

秦皇島は開灤炭の輸出港として築造せられ、其他の輸出入は従来極めて少なかつたのであるが、近年支那側は同港を拡張して特産の大量輸出に充てむと目論むで居るのである。然し其実現は容易でなく、今年は取敢ず、一月三十日以来同港を欧洲復航同盟の自由率適用港として大連浦塩同様の特産輸出に対する特典を獲得し、且つ本月一日よりは上海香港向貨物の海陸連運負〔ママ〕制度を発表する等、支那側が同港を利用せむとしつつあるは明である。茲〔ここ〕に注意すべきは開灤と北寧鉄路との関係であつて、両者共に英人系であることは、其の親密なること当然にて、開灤が北寧に対し秦皇島の利用を可能の最大限に提供するであらうと想像せらることである。次に営口河北の利用を早めむとする砕氷船の運転は営地情報に依れば本月二十日より二隻の砕氷船にて開始する旨告示したとのことにて、果してどれ丈の能力を発揮し得るかは疑問であるが其意気たるや壮とすべきである。

目下同港に就て注目すべきは、解氷後に備ふるため現在築造中の新碼頭である。営地情報によれば、其規模は二千五百屯級汽船二隻を繋留し得るものとのことであり、又他の情報によれば一千屯級二隻とも云はれて居るが、何れにせよその竣工後は現在施設と相俟て相当の呑吐能力を有するに至るべく、解氷と共に支那側は同港を輸出港として、自国鉄路により輸送せる貨物は出来る丈同港に直接運ばむとするは当然にて、之が社線並に大連港に及ぼす影響は吾人の最も注目すべきところである。

四、鉄道港湾の築造計画

更に、解氷期に至つて注意すべきは、予て支那側で計画中の鉄路工事、及び港湾の築造である。多くの鉄路計画中果して何れから着手するかは吾人の最も知らむとするところであり、容易に推測を許さないが、先づ今迄に充分な測量を遂げ、且つ資金支出に支障ないものから着手するであらうことは想像せられる此の点から観察して、先づ現在既に着手したものの延長工事は当然行はれるであらうが洮索斉克の二線は此部に属する。次に新に工事に着手するものとしては、瀋海支線たる朝陽鎮輝南間及び錦朝線の延長たる朝陽赤峰間の鉄道は、共に資金も準備せられたとのことであるから最も可能性があるものと思はれる。其の他の新線計画は種々喧伝せられるが、現在の如き銀価の暴落と財界の不況では、今春直ちに着工することは先づ不可能と見て差支へないであらう。但し昨今伝えらるる如き銀借款又は金貨借款、或は先に伝えられたる材料供給の如き、若し有利な条件で成立するとせば、無論事情は違つて来る。

反之、港湾の築造は支那側の政策上熱望するところであつて、不況と雖も万難を排して実現に努力するものと思はれる。営口河北の新碼頭は前述の如く解氷期迄には完成するのであらうし葫蘆島の工事は解氷期に入つて一大活動を開始するは、之迄入手の諸情報によつても推察される。同港の工事は請負年限を五年半とし、一九三五年秋にならねば完成せぬのであるが、請負契約第七条にも記載ある如く、一部の竣工をまつて使用し得ることとなつて居るから、今年中に行はるる工事の進行状況は充分の注意を要する。

五、結語

之を要するに、満洲交通界は解氷を目前に扣へて、例年になき莫大なる数量の特産輸送を将来に残し、只管其の出廻を期待せる一方、日露支各鉄路は其れに対する準備をさをさ怠りなく、不況銀安による過去の収入減少を如何にもして補はむと目論見つつあるが、運賃の割引は益々収入減を来し、コストをも割るに至るおそれがあるので、進退両難に陥る結果となり、各路の策戦は極めて興味深きものがある。

反之、世は春に向はむとして長き冬籠りより脱する如く、交通界各種の計画は解氷期に入りて、花々しき活動を開始するであらう。

今や、満洲交通界は多事ならむとして吾人の注目を惹くことの多きを思はしめる。

142　資料須知　第一号　回顧と展望（秘）

秘　昭和六年四月十六日　資料課

はしがき

本篇は昭和六年度における各地情報機関の執務上の参考として起草されたものであり、且今後も時々補正が加へらるる予定だから、尚続出する各論と合綴して座右に常備されんことを望む。

一、一昨年下半期から昨年にかけて世界、支那及日本の三者を含めての吾人の環境には異常なる変化が起つた。世界及日本に起つた深酷なる財界変動に関しては、今更ここに絮説するまでもあるまい。故に吾人は前記の期間に於て、吾人の最も親しき対象たる支那に如何なる変化が現はれたかについて少しく回顧したい。即ち

1. 一九二九年下半期に起り、翌年一月から急調に転じた銀価下落
2. 関税自主権の獲得（一九三〇年五月）及自主的輸入関税率並に厘金税廃止の実施（一九三一年一月）
3. 最後の軍閥戦争と思はれる南北戦争の終結（一九三〇年十月）
4. 国民会議の召集及約法の公布を決定して、所謂党独裁の民主主義的基礎を明かにしたこと（一九三〇年十一月及三一年三月）
5. 遼寧四行号聯合発行準備庫章程を公布して、東北幣制の統一化合理化に一つの基石を据へたこと（一九二九年五月）
6. 東北鉄道網経営基調経済化の一結節たる葫蘆島築港工事開始（一九三〇年七月）
7. 張学良の陸海空軍副司令受任及南京入り（同年九月及十一月）
8. 北満を中心として昨十一月以来東北を襲ふた特産恐慌が奉天系金融機関の統制力を増大せしめたこと
9. 新対露方針の決定（一九三一年一月）
10. 国民党遼寧省党部の成立（同年三月）

二、前記十項中必要と思はれる部分に対して短註を加へることとしやう。先づ銀価の下落であるが、この出来事は(1)支那の外貨に対する購買力を鋭減せしめ、国貨工業を刺激した。但し一部の想像するやうな物価騰貴は起つて居ない。支那人生活費の昇騰は上海租界ですら約二割、農村への影響は至つて軽微らしい。銀安よりもはるかに強く支那国民経済に打撃を与へて居るものは、世界不況による農産物及其加工品の輸出不振である。(2)特に東三省について言へば、彼我鉄道運賃の実質的差違が大きくなつたために、東北鉄道網の満鉄及東支に対する競争力の増大したことである。但しこれは全債務の償還、材料

費、人件費の不可避的なる膨張等によりて相当程度に緩和せられ、遂には支那にも金為替本位制の施行されることによりて根本的に解決さるべき問題であらう。それは兎も角銀安のもたらす影響中吾人の今後に注意を要する事項は⑴国貨生産及其販路の拡大⑵金為替制度実現の準備としての幣制統一過程の促進であらう。⑴が満洲の財界に重要関係あるばかりでなく⑵もまた奉天系金融勢力の北満発展なる形に於て、意識的又は無意識的に南方と相呼応するであらう。

三、2、3、4項は支那が経済的政治的及法律的に急速且確実なる歩調を以て資本主義的発展を遂げつつあることを立証する。但し此等の問題については各位の自ら考察するるにゆだねるには専ら東北のみに関係ある5項以下を取扱ふこととしたい。一昨年六月奉天に四行準備庫の創設されて以来、内外人は久しく該庫其他の発行する兌換券即ち所謂現洋票なるものの前途に深い疑惑の眼を向けて居る。且所謂兌換券は、その出発点からして制限兌換の性質を負はされて居た。何となれば一昨年五月の準備庫章程は「本省城の金融市場を安固ならしむる目的を以て一切の現金を省城境内より搬出することを禁ず」なる条文を含むところの遼寧省城金融管理及禁止現金出境章程を伴ふて公布されたものだからである。然し奉天政権の財力に照し、完全兌換を企だてて中躓するよりは、制限兌換から漸次に無制限に進む方が安全且賢明であつたと考へられぬこともない。爾来二ケ年間奉天の財界はデフレーシヨン及農産物値下りから久しく苦境に沈んで居るに拘はらず、現洋票の価格は兎も角も額面を維持して来た。かくて現洋票の信用は培かはれ、最近では遼寧省境を越えて其流通区域を拡げ得るまでに発展した（三月十六日附斉公資第三五〇号）即ち奉天政権の東北幣制統一及整理の希望は既に現洋票を工具として具体化の一歩を踏み出したと見るべきであらう。実際、幣制合理化の努力は鉄道経営の経済化と共に奉天政権を中心とする東北資本主義化運動の根軸であると認められる。但し奉天の四行準備庫は天津及上海で中南外三行の組織する同名機関に比べると、名実共に多くの欠陥を持つ。此欠陥が本年度に於て如何に補正せられるか或は其反対に経済上財政上の圧迫から此欠陥が却つて拡大される懸念もないとはいへない。

四、次は第6項の説明であるが、東北交通委員会の本質、東北鉄道網の経済化及葫蘆島築港の問題に関しては、或は本須知に或は綜合資料に、屢々指摘したところだから、茲では唯東北鉄道網の統制権の問題に関して若干の展望を試みるに止めたい東北鉄道網を構成する十線のうち五線が地方有、五線が国有となつて居る。南京政府は国有の分を其直接管理下に置くことを望んで居るが、然し北寧線を除いた四線は敷設から経営まで一切地方の責任において行はれた歴史を有し、名義は兎に角事実は地方の所有と見るべき性質のものである。但しそれ等の四線は総凡日本の借款を負ひ、鉄道も其事実上の所有者たる地方政府も久しく債務を履行することが出来ない。そこで債権者たる日本、名義上の所有者たる南京政府、事実上の所有者たる東北政権、此微妙なる三角関係が今後如何に展開するかによりて、東北鉄道の統制権の帰属が種々に予測せられる次第である。南京はこれ等の鉄道を回収しやうとして機会をねらひ、東北政権は勿論現状維持を欲するものであるが双方とも彼等の希望を貫徹するためには借款支払を引受けねばならぬ。其場合南京には引受けの能力があるが、奉天にはそれがない。然るに債権者たる日英のうち、残額の少ない英国は借款関係の断絶を好まぬ関係から債権行使に冷淡であり、日本も亦支払能力なきに拘はらず、債務関係が東北から南京に移ることを望まない。さればといつて権〔ママ〕務両者とも何時までも現在の不合理な状態のまま放置することの出来ないのは明かである。現に南京に設置された内外債整理委員会や鉄道部による全国鉄道統一整理事務の進捗等につれて、将来何等かの変化がこの三角関係の上に起ることと思はれる。

五、第7項は、東北政権の南京合流が東北自身及この新政治コースの指導勢力たる張学良の政治的社会的立場に如何なる影響を与へるかに関するものである。南京政権は上海を中心とする南支那資本家階級を其社会的経済的基礎とするが、東北政権には斯の如き背景がない。彼等の恃むところは武力と地主と軍閥資本及それに依存する官商に過ぎぬ。満洲にも民間資本の発生は認められるが尚重要でなく、且多くの場合軍閥資本及官商と利害相反の関係に立つ。天津銀行業者の一部は近来東北政権との接近をはかりつつあり、この事は後者のために有利な現象と思はれるのであるが、然し何の程度に具体化するかは後日の問題である。右の如き状態であるから、東北政権は南京と合流したとはいふものの其客観的性質は依然として支那的軍閥であり、指導勢力たる張学良及彼を囲繞する新進文武官僚の集団が、何等かの程度に於て主観的に資本主義化して居るといふに止まる。随つて東北には南京側から見て尚清算さるべき多くの残滓がある。東北政務委員会、東北辺防軍司令部、東北交通委員会、過剰軍隊、紊乱せる財政及幣制畸形なる党組織等々。これを要するに昨秋の南京合流は東北政権に一時の安定と表面的発展とをもたらしたが、今後はそれの持つ内面的欠陥から幾多の困難に遭遇することを免かれぬであらう。但し東北政権内に於る張学良の独裁権力が南京といふ強大なるバツクを得て頓に其輝きを増したことは注意を要する。

六、第８項は大豆恐慌が東北の金融界に与へた重大影響に関するものである。四大銀行の創痍は申すに及ばぬが、中にも永衡及黒龍両官銀号に於て深かつた。奉天系の金融当事者はこの機会に乗じて完全に北満金融の覇権を手に入れることに成功した。即ち特購事務所の設立を出発点とし、哈洋二千百万元の増発と共に永衡官銀号を哈洋発行団に羅致したことである久しく特産界で奉天系に拮抗して来た吉林系も遂にその誇りを捨てねばならぬ日が来たのである。但同銀行が止むなく取りつつある積極的特産政策が、今後如何なる困難に逢着するであらうかは刮目に値する。随つて折角奉天系が獲得した東北金融界の覇権も其前途は楽観を許さぬものがある。

七、第９項は東北の特殊立場が遂に南京を動かし、対露外交に関する新方針の樹立を見たことである。最硬論者たる胡漢民の失脚は、東北の立場を一層有利に導びくであらう。今次の露支交渉に於ても哈府議定書の承認問題が暗礁として懸念されて居るやうだが、併しこれは支那側の実質的承認で納まることと思ふ。それよりも困難な問題は南京側が赤化宣伝防止の保障を求めて、国交回復交渉を紛糾せしめることであらう。兎に角哈府議定書が実質的に採用さるる限り、東支鉄道其他に関する露支間の新取極めは大体に於て日本及満鉄に有利なものだと予測し得るであらう。

八、最後の五省区党部成立は、地方政権が極力これを形式化しやうと努めたに拘はらず、矢張現実的効果を伴なふことを免かれぬであらう。即ち党部は地方政権の意志に反して、東北に於けるデモクラシー運動の核心をなすべく予期される。南支那では反動的役割を荷ふといはれる国民党部が、後れた東北では却つて進歩的機能を発揮する次第である。この意味に於て党部の勢力は先づ交通及産業労働者、青年知識分子及一部の資本家層に其根を卸すであらう。又下級党部の増設に伴なふて、農村に於ける反地主富農層即ち小作人及農業労働者と結ぶことも出来やう。勿論東北政権は党部のかくの如き機能を出来得る限り抑制するであらうが、併し結局は自ら進んで資本主義化し民主主義化せざる限り、不可避的に台頭する民衆的勢力を統御して其政権を維持することが出来なくなる。換言すれば東北政権は自ら其軍閥性を清除し得るか、然らざれば他の支那的軍閥と同じ運命を辿るか、二者其一を選ぶ外ないであらう。

九、以上によりて吾人は一九二九年下半期以来支那及東北に起つた基礎的事件と其歴史的意義とを概観し、同時にそれの近き将来に於ける推移を考察した。即ち支那は前記の期間に於て漸く新興資本主義勢力の安定時代に入つた。南京政権の内部には産業資本の広東閥と銀行資本の浙江閥との対峙がある。併しこれは去る二月下旬の胡漢民失脚事件が証明した通り、次の内乱の原因となり或は南京政権を破綻に導びく如き何等の懸念なきものである。南京政権の威力は昨秋以来著しく東北に加はり、此威力を背景とすることによりて、張学良の東北に於ける独裁権は重味を増した。但し張の独裁権は東北政権を其根基とし、而して東北政権の本質は武力と地主と「軍閥資本」を地盤とするところの伝統的軍閥以外の何物でもない。幸に指導勢力たる張学良及其周囲の新進文武官僚は資本主義思想の信徒であり、南京政権も亦今日までのところこの勢力を後援して居る。かくて東北の内包する長所と短所、進歩性と反動性とが相互に交錯しつつ今後如何なる歴史を描き出すか、茲に遺憾に堪へざるは、日支特に日本と東北との関係がかの山東出兵の一役以来、毫も改善さるるところなくして今日に及び、将来とても何等楽観すべき手がかりを発見し得ないことである。露支国交の好転が期待される今日、特に深甚の注意を要する。日支関係に就ては後に各論中奉天及南京の項に説及ぶ予定である。

143 奉天事務所長報（六、八、一四奉公資第五五七号）鉄道交渉に関する外協会の支那側委員に対する警告書（秘）

秘　写　昭和六年八月十八日　　調査課長

今回木村理事の来奉に伴ひ共に中日鉄道交渉は再び緊張味を呈し来りたるため、当地外交協会は事東北の存亡に関するものなりとし去る十三日支那側各専門委員に対し左の如き警告文を発した。

拝啓木村理事が日本政府の意を承て鉄道交渉を提議して

以来我国民衆は之を最も重大視し、其の無理要求は暗に日本の政治作用を含むものなることを屢々指摘せるが、幸ひに我当局も其の機謀を看做し、爾来（談判）なる二字は「商洽」の意味なることを表明し之が負責進行に資しあるは慶賀に堪へざるところなり、其の後幾度か予備会議を開催したる模様にて正式交渉の時期も近きにありと思惟せらる。勿論信を置くには足らざれ共日人の狡猾外交手段は時に軌道を脱すること屢々にして大金を以て委員を買収しつつありとの消息もある程なるが公等は愛国廉潔の士にして甘心此の喪節墜行の挙を敢てせざるものなりと信ず。

今次鉄道交渉の成否は我国東北の存亡の繫る処、公等は切に責任の艱鉅を認識し不屈不撓無長の精神を以て互に援け合ひ最後の勝利を目指して努力せられんことを希望する次第なり

若し力量の及ばざるを自覚せるときは潔く引退すべく、相手方に解決の誠意なき時は会議の経過を公開すべし。而して之に依る交渉破裂は何等惜しむに当らず。若し公等が表面を塗糊せんが為めに国権の喪失を招くが如き行為を敢てするならば全国民衆は絶対に緘黙(かんもく)することなきを承知し置かれ度し之を要するに今日の国家は昔日の如き暴君専制の国家に非ず。今日の民衆は昔日の如き圧迫甘受の民衆に非ざるなり以上は国家利害の関る処なれば更に漠視し難く述すること以上の如し。

諸公幸ひに亮察せられよ　　敬具

■岩波オンデマンドブックス■

史料 満鉄と満洲事変――山﨑元幹文書
上 満洲事変前史

井村哲郎　加藤聖文 編集協力

2011年9月28日　第1刷発行
2025年1月10日　オンデマンド版発行

編　者　アジア経済研究所図書館（けいざいけんきゅうじょとしょかん）

発行者　坂本政謙

発行所　株式会社 岩波書店
〒101-8002 東京都千代田区一ツ橋2-5-5
電話案内 03-5210-4000
https://www.iwanami.co.jp/

印刷／製本・法令印刷

ISBN 978-4-00-731525-1　Printed in Japan